明德集

端木正教授八十五华诞祝寿文集

黄瑶　赵晓雁◎编

北京大学出版社
PEKING UNIVERSITY PRESS

图书在版编目(CIP)数据

明德集:端木正教授八十五华诞祝寿文集/黄瑶,赵晓雁编.—北京:北京大学出版社,2005.10

ISBN 7-301-09813-8

Ⅰ.明… Ⅱ.①黄… ②赵… Ⅲ.①随笔-作品集-中国-当代 ②国际法-文集 ③法学史-文集 Ⅳ.①I267.1 ②D9-53

中国版本图书馆 CIP 数据核字(2005)第 119840 号

书　　名:明德集——端木正教授八十五华诞祝寿文集
著作责任者:黄　瑶　赵晓雁　编
责 任 编 辑:裴建饶　王　晶
标 准 书 号:ISBN 7-301-09813-8/D·1321
出 版 发 行:北京大学出版社
地　　址:北京市海淀区成府路 205 号　100871
网　　址:http://cbs.pku.edu.cn　电子信箱:pl@pup.pku.edu.cn
电　　话:邮购部 62752015　发行部 62750672　编辑部 62752027
排 版 者:北京高新特打字服务社　82350640
印 刷 者:北京中科印刷有限公司
经 销 者:新华书店
730 毫米×980 毫米　16 开本　32.5 印张　564 千字　插页 10 页
2005 年 10 月第 1 版　2005 年 10 月第 1 次印刷
定　　价:52.00 元

端 木 正

（20 世纪 90 年代初摄于北京）

1999年在海牙和平宫前

2003年春节端木先生夫妇与最高人民法院前院长任建新先生夫妇合影

1999年 12 月与夫人姜凝合影于中山大学法律学系门前

1999年 5 月与王铁崖先生合影于荷兰海牙

1984年冬与法国著名法学家苏珊娜·巴斯蒂夫人合影于中山大学

1984 年与荷兰著名航空法专家 Dideriks 教授以及
中山大学法律学系领导和国际法师生合影

50年代初与陈序经夫妇、陈耀真夫妇在岭南大学合影 [后排左 2 与 3 为陈序经先生夫妇,左 5 为毛文书(陈耀真夫人),左 6 为陈耀真先生;前排左 1 是陈序经之女,左 2 和 3 均为陈耀真之女]

2004年 10 月与香港作家联会创会会长曾敏之先生合影于北京
(《大公报》记者强涛先生摄影)

1990年 2 月在北京人民大会堂香港基本法起草委员会第九次大会上(自左至右：端木正、霍英东、周南、荣毅仁等)

2004年 11 月与张梅颖(右)和梁爱诗(中)合影于中山大学法学院端木正教授从教 55 周年暨 85 华诞庆贺会

2004年 11 月全国人大常委会副委员长、中国民主同盟中央主席丁石孙先生给端木先生的 85 华诞寿礼

此“寿”字是 2004 年 11 月中国民主同盟中央给端木先生的祝寿贺礼，由著名书法家、民盟中央委员关东升先生书写

中山大学法律学系(法学院)自 1980 年复办以来的历任系主任(院长)合影(前排自左至右:李启欣、端木正;后排自左至右:刘恒、王仲兴、黄建武)

2005年春节于广州全家合影

祖孙清华人(2005年7月与毕业于清华大学的外孙庞名昕合影)

1990年 7 月同中山大学法律学系领导及
同事一道与 87 级国际法研究生毕业留影

2001年 3 月与本书的两位编者合影于广州

序

曹建明*

当我看到《明德集》书稿时，我深感这部书分量之重，情意之深。这部书是端木正先生的亲友、同仁和学生们献给他八十五华诞的寿礼。时值端木老八十五华诞喜庆之际，大家踊跃撰文，并以合集出版的方式给端木老祝寿，以此表达对端木老的崇敬、爱戴和感恩之情。

端木老所从事的教学和研究工作涉及历史学和法学两个学科，在这两个学科领域他都作出了突出的贡献。端木老早年即主攻法学。20 世纪 40 年代，端木老先后在武汉大学、清华大学获得法学学士、法学硕士学位，又留学法国，于 50 年代初，获法国巴黎大学法学博士学位，并获巴黎大学高级国际法研究所毕业文凭后，他心系祖国，1951 年毕业后即回到祖国。回国之初，任岭南大学历史政治学系副教授兼代系主任，1952 年院系调整后任中山大学政法学系、历史学系副教授。端木老在历史学方面造诣极深，学术成就斐然。他是中国第一个翻译著名法国史学家索布尔的《法国革命，1789—1799》的译者，此书和他于 20 世纪 70 年代后期所翻译的勒费弗尔的《拿破仑时代》在我国法国史研究中均有着重大的影响。他主编的《法国大革命史辞典》一书是中国第一部法国史工具书。他对法国巴贝夫研究的深度和在资料的掌握方面，迄今尚无人出其右。“文革”刚结束之时，他在广州、北京、河南、东北等地举办一系列法国史专题报告会，引起国内外世界史同行的高度关注和好评。因此，在 1979 年端木教授重返法学界之前，已经奠定了他在中国历史学界的地位。

端木老为中国的法学教育作出了杰出贡献。1980 年中山大学复办法律系。这也是“文革”后中国当时恢复法学教育最早的主要教学基地之一，端木老任教授出任中山大学法律系主任。年已六旬的端木教授不辞辛苦，在一无教员、二

* 最高人民法院常务副院长，中国国际法学会会长。

无书籍的情况下,白手起家,访能求贤,延聘教师,利用他在国内外、港澳的影响和声望,加强各方联系,为刚复办的中大法律系奠定坚实的办学和学术基础。端木老热爱教育事业,教书育人,甘当人梯。他呕心沥血,辛勤耕耘,以教诲学生为乐事。在他长达半个多世纪辛勤耕耘的桃李园里硕果累累,人才辈出。端木教授还致力于国际法的教学和研究。20世纪80年代末端木教授主编的《国际法》(北京大学出版社)在中国法学界广受好评,引用率很高,多次再版,印数达七八十万册,对中国国际法的教学与研究产生了重要影响。

端木老不仅是一位闻名遐迩的法学家、历史学家,而且还积极参与国家的立法和司法工作,贡献良多。1985—1990年间作为香港基本法起草委员,端木老为《香港特别行政区基本法》的起草尽心尽力,进言献策。1990—1995年,身为最高人民法院副院长的端木老不顾年逾古稀,为推动我国的司法建设不遗余力。1995年,因年事已高,端木老改任最高人民法院咨询委员会副主任。正如最高人民法院院长肖扬在给端木老的祝寿贺信中所说的:"端木正先生学识渊博,在担任法律实务工作期间,他以缜密的思维、独到的见解和深厚的法学功底保证了审判业务的进行,推动了司法工作的进展,真正体现了以法报国的法学家的风采!"

1993年,中国恢复设在荷兰海牙的常设仲裁法院的活动,端木老是新中国指派的首批四名仲裁员中最年轻的一个,连任至今。

端木老是我们国际法学界的老前辈,他勤勉不懈,治学严谨,学问一生。他1981年参加中国国际法学会,担任中国国际法学会副会长。他注重基础理论和学术积累,注重理论联系实际。我曾拜读过他在《中国国际法年刊》发表的多篇佳作,尤其是《中国第一个国际法学术团体——"公法学会"》(载1998年年刊)一文,他深厚的学术功底和扎实严谨的学风给我留下深刻的印象。

端木老的高尚品格、为学精神、为师之道和精深的思想在这本文集中得到了很好的见证。从本书的文论中我深深地感受到,端木老的事业后继有人,薪火相传,端木老的为学、为师、为人、为政之道正在被弟子们所传承。这是端木老对国家的又一重要贡献。

我衷心祝愿端木老身体健康,福寿双全!

目　录

上　编

下　编

专 论

上　　编

忠于祖国　追求进步　热心教育　无私奉献

张梅颖*

尊敬的端木老,姜大姐,各位来宾,朋友们:

今天是一个非常喜庆的日子。上午,中山大学隆重举行了八十周年校庆大典。此刻,我们又在中大校园里欢聚一堂,共同庆贺端木正先生执教五十五周年暨八十五华诞和文集面世。在此,首先请允许我代表民盟中央,代表丁石孙主席,同时,我个人作为端木老的晚辈,也借此机会向端木老表示热烈的祝贺和诚挚的敬意!

忠于祖国,追求进步,热心教育,无私奉献是众多民盟前辈的共同品质。这些品质在端木老身上也表现得非常鲜明。早在中学时代,端木老就因积极参加爱国学生运动而遭国民党特务逮捕。大学时期,爱国激情促使端木老选择国际法作为攻读方向。在时任武汉大学校长王星拱的激励下,端木老克服了种种艰难困苦,先后在武汉大学、清华大学获得法学学士、硕士学位,随后又负笈巴黎,获法学博士学位和巴黎大学高级国际法研究所毕业文凭。刚刚圆满完成学业,端木老就响应新中国的召唤,毅然舍弃国外优越的条件回到祖国怀抱。其爱国精神之炽烈、坚定,实在是值得我们钦佩和学习。

端木老回国后,先后执教于岭南大学和中山大学,并任北京外交学院、中国政法大学、浙江大学等数所高等学府的兼职教授,迄今已光荣从事教育事业五十五载。五十五年来,端木老潜心教学、科研,做到"干一行,爱一行,钻一行",不仅在法学、历史、政治学等方面造诣深厚,著作等身,而且为人师表,言传身教,既关心、爱护学生,又对他们严格要求、悉心指导,培育了一批又一批的法学栋梁之才,深受学生、同行的敬重和爱戴。今天在座的来宾中就有

---

* 中国人民政治协商会议第十届全国委员会副主席。

本文系作者在 2004 年 11 月 12 日端木正教授从教五十五周年暨八十五华诞庆祝会上的讲话稿,题目为编者所加。

许多专程从海内外各地赶来祝贺的端木老的学生，诚可谓桃李满天下，硕果海内外。

端木老1953年3月在中山大学加入中国民主同盟。入盟后，他热心盟务，积极参加民盟的各项活动，就宪法的修改和地方立法等问题积极建言献策，提出了许多建设性意见，受到政府有关部门的重视。他曾先后担任过民盟中山大学总支主任委员，民盟广东省委常委、主任委员，民盟中央常委，民盟中央法制委员会副主任等领导职务，现任民盟广东省委名誉主委，为促进民盟组织的进步发展和参政议政能力提高尽心尽责，做出了可贵的贡献。

民盟盟员中一向有不少法学界精英，民盟已故主席沈钧儒和史良分别为新中国首任最高人民法院院长和司法部部长。在1985年，端木老等六位民盟成员以专家身份被全国人大任命为香港特别行政区基本法起草委员会委员。1990年9月，经最高人民法院院长任建新提名，端木老在七届全国人大常委会第15次会议上被任命为最高人民法院副院长、审判委员会委员。古稀之年担此重任，既表明了人民代表对他的信任，也体现了中国共产党与民主党派肝胆相照、真诚合作的一贯精神。无论是作为起草委员会委员，还是最高法院的副院长，谦逊平易、一副学者风度的端木老，都以其缜密的思维和不凡的见解为制定好《香港基本法》和促进中国的民主法制建设及司法水平的提高贡献了自己的心血，同时也为民盟赢得了荣誉，为年轻盟员树立了学习的榜样。在依法执政、依法行政、依法治国越来越成为全党、全民和全社会高度共识的今天，端木老在法律教学、研究和司法实践领域所作出的卓越贡献，都更显得难能可贵，更值得我们钦佩、景仰和学习。

作为中国当今著名的国际法专家，端木老应邀去过德国、荷兰、瑞士、美国和香港等国家和地区，或访问，或讲学，或参加国际会议。每次出国，他不但注意吸收新知识，了解国外法学近况，也以其真诚广交了朋友。他还非常好客，港澳和外国法学界朋友来访，他都延至家中款待，热情地向他们介绍国内各方面的发展状况，从而增进了相互间的了解和友谊。

民盟作为以文教界的中上层知识分子为主的参政党，我们以拥有端木老等知名法学家为荣，并将在盟内宣传发扬好端木老的精神，以端木老为楷模，继续为促进国家的民主法制建设和社会全面进步，为加强大陆和港澳台及国际间知识、法律界的沟通交流，为促进中华民族大团结和祖国的早日完全和平统一做出我们积极的贡献。

尊敬的各位来宾，朋友们，能够应邀参加今天的庆祝活动，我感到非常高兴。这是一个我们进一步向端木老学习的好机会。最后，请允许我再一次向端

木老表示衷心的祝愿：祝愿端木老生命之树常青，学术青春永驻。同时，我衷心地祝愿端木老的夫人，老盟员姜凝大姐健康长寿；祝愿端木老的子女事业兴旺发达；祝愿中山大学和法学院的各项事业百尺竿头，更进一步。

谢谢大家！

德高望重　法界楷模

肖　扬*

值端木正先生八十五华诞暨从教五十五周年之际，我谨代表最高人民法院表示热烈的祝贺和崇高的敬意！

端木正先生不仅是我国著名的国际法专家，也是著名的法学教育家、法律实务专家。端木正先生长期执教于中山大学法律系，他以严谨的治学精神、高尚的道德品格，身体力行，培养了一批又一批的法学新人，为国家与民族的法学教育事业作出了卓越的贡献。

端木正先生学识渊博，在担任法律实务工作期间，他以缜密的思维、独到的见解和深厚的法学功底保证了审判业务的进行，推动了司法工作的进展，真正体现了以法报国的法学家的风采！

端木正先生德高望重、淡泊名利，虚怀若谷、宽厚待人，为人师表、执著追求，堪称法界楷模。他为我国社会主义法制事业和法治进程所作的卓越贡献，将永载共和国的法律史册！

祝端木正先生健康长寿！祝本次庆祝活动圆满成功！

二零零四年十一月五日

---

* 中华人民共和国最高人民法院院长。

本文系作者为端木正先生从教五十五周年暨八十五华诞发来的贺信，题目为编者所加。

情系香港 贡献卓越

梁爱诗*

尊敬的端木教授及夫人、各位领导、老师们：

我很高兴今天能够参加端木教授从教五十五周年暨八十五华诞的典礼。首先，我祝贺端木教授如日之升，如月之恒，如南山之寿，如松柏之茂，心身康泰，幸福愉快！

我首次认识端木教授是我当广东省第七届港区人大代表的时候，常常听到代表们表达对教授的敬意，当时教授已经是省人大常委会的副主任，管政法工作。1990年，他被委任为最高人民法院副院长，后来成为咨询委员。我在1993年当选第八届全国人大代表，他也是人大代表，在大会上常常发言。后来他被委任为海牙国际常设仲裁法院的仲裁员。端木教授对法制和司法制度的重建做出了很大的贡献，同时还从事教育，桃李满天下。

端木教授对香港的巨大贡献是参与香港特别行政区基本法的草拟。在政治方面，他的贡献更大。1997年香港回归祖国以后，"一国两制"在香港的实施成功落实，我相信端木教授也引以为荣。我谨代表特区政府和香港的市民向端木教授讲一句："我们感谢您！"

奉上我们的祝贺：祝您老当益壮，继续为政法、为教育事业做出贡献！

谢谢！

---

* 香港特别行政区律政司司长。

本文系作者在2004年11月12日端木正教授从教五十五周年暨八十五华诞庆祝会上的致辞，根据录音整理。题目为编者所加。

尊德性而道问学

梁庆寅*

尊敬的端木正教授和端木正教授的夫人、子女和亲属，尊敬的各位领导，各位学界前辈，各位嘉宾：

今天，我们聚首康乐园，隆重庆贺端木正教授八十五寿辰，隆重庆贺端木正教授从事教育五十五周年。为端木正教授举办的这一庆典，是中国法学界的一件大事，是中山大学的一件大事，是中山大学八十周年校庆的一个重要活动。我谨代表中山大学，代表中山大学党委书记李延保教授和校长黄达人教授向端木正教授表示衷心的祝贺和崇高的敬意。

端木正教授是一位德高望重的长者和学者，他在生活和工作中宽以待人、严以律己、胸怀开阔、虚怀若谷，他的为人和为学受到人们普遍的尊重。

端木正教授是一位热心民主事业、致力于推动民主事业发展的著名社会活动家，曾当选全国人大第七届、第八届代表，曾担任中国民主同盟广东省主委、中央常委等领导职务，参政议政，尽职尽责，不遗余力。

端木正教授是一位杰出的法学家，在学术研究中坚持弘扬学术，主张包容并蓄，在半个多世纪的学术生涯中潜心治学，坚持真理，勇于创新。

他曾担任最高人民法院副院长，现仍然担任国际常设仲裁法院仲裁员，在岗位上殚精竭虑。1985年，端木正教授以专家的身份被全国人大任命为《香港基本法》起草委员会委员。他以他的学识和热诚，与同事们通力合作，历经五年完成了这项十分重大和艰巨的使命。他的严谨学风和胆识、他的学术成就和科学精神，堪称法学界楷模。

端木正教授是一位出色的教育家，他在五十年代以来担任岭南大学历史政

---

* 中山大学副校长，中山大学哲学系教授、博士生导师。

本文系作者在2004年11月12日端木正教授从教五十五周年暨八十五华诞庆祝会上的致辞，根据录音整理。题目为编者所加。

治学系副教授、中山大学法政学系、历史学系副教授;1980 年,主持复办中山大学法律系,担任教授并任系主任;1987 年创办中山大学法学院研究所,任所长。在中山大学法律系复办过程中,端木教授从制定教学大纲到课程设置,从办系方针到选聘教师、延揽人才,事事亲力亲为。在教学当中,言传身教,对学界晚辈尽心扶掖,至今八十高龄仍坚持授课,令人感佩!

从端木老身上,我们看到了中国知识分子心系国家的尊德性而道问学的理论风骨。

端木正教授是有国际影响的学者,是中山大学的骄傲。衷心祝愿端木老师健康长寿,永葆学术青春!

谢谢各位!

我的父亲

端木美*

各位领导、各位来宾、各位老师和同学们：

大家下午好！

在中山大学欢庆建校八十周年的时刻，在中山大学、中大法学院等有关机构的热情关心和支持下，今天大家不辞辛劳相聚康乐园为家父八十五寿辰暨从教五十五周年举行庆祝活动，我们姐弟谨代表全家向诸位表示由衷的感谢！

我们的父亲作为教师（他自称"教书匠"），在半个多世纪的从教生涯中，绝大部分时间是在中山大学度过的。除了公共政治课外，20世纪80年代之前，他曾经长期在历史系、外语系任教，1980年重建法律系之后他回到老本行，在法律系执教至今，即使是在受命北上出任最高人民法院副院长期间，他也从未放弃过他的教师职责。在这个漫长的岁月里，他与中山大学、与他心爱的学生们共同经历和见证了历史风云的变幻，同甘苦共荣辱，直至今天这个重睹芳华的年代。他是一个外省异乡人，在岭南教坛上含辛茹苦辛勤耕耘，我们子女家人对他始终不渝地爱校如家、爱生如子有着最为切身的感受。同时，他所受到学生们的崇敬和爱戴也使我们深受感动，这是一位老教师所能受到的最高奖赏。我们非常感谢中山大学校领导和法学院领导一贯对他的无微不至的爱护、支持和帮助，使他能在他热爱的校园中人尽其才。

作为一个爱国知识分子，在中华人民共和国建立之初，父亲一结束在法国的博士学习就义无反顾地响应中国共产党、特别是留法老前辈周恩来总理的号召回国效力。此后经历的风风雨雨都没有阻挡他为实现青年时代的强国梦而奋斗。为此，他年逾花甲才受命白手起家，一无书二无人地重建中山大学法律

* 中国社会科学院研究员。

本文系作者在2004年11月12日端木正教授从教五十五周年暨八十五华诞庆祝会上的致谢辞。本文标题为编者所加。

系，离开了他从事了29年教学的世界史学科；而且在65岁时接受任命成为香港基本法起草委员，与其他草委们为香港制定基本大法，在五年工作中，与香港众多友人建立良好关系；最后，父亲在年逾古稀之时才北上出任最高人民法院副院长，成为24万法院系统队伍中最年迈的法官。在我们做子女的看来，父亲好像用他的后半生演绎了一部老留法学生的传奇故事。我们特别感谢中央统战部在调动党外人才力量中所起的关键作用，由于他们的工作，才使得所有能团结在中国共产党周围、愿为国家繁荣富强而贡献聪明才智的爱国知识分子怀才可遇。

作为一名民盟老盟员，我们的父亲始终热爱组织，不论是任学校主委、还是省盟主委、还是民盟中央常委，他都积极工作建言献策，在参政议政工作中发挥作用，并在国家需要之时、在古稀之年接受任命，在最高人民法院成为多党合作政策的身体力行者。他对民盟的热爱还表现在支持盟机关杂志《群言》的工作，积极投稿；作为省盟名誉主委，他关心爱护省盟，特别关注中青年盟员的成长。他的言传身教，对我们子女影响很大，当我也当选为民盟中央委员后，就深感工作上与父亲有很大差距，由此而决心要像他一样尽力发挥自己的作用。在此，我们也感谢民盟中央和省盟长期以来对他的关心和支持，使得他和我们母亲两位老盟员时时感受到组织的温暖。这次特别让我们感动的是丁老为他的双庆祝活动送来了宝贵的题词，我们在此表示深深地感谢。

作为一位留学归国的法学家、历史学家，父亲在业务上严格要求自己、一丝不苟、精益求精；他教学、翻译、研究兼顾，在两个学科领域里都做出了贡献。不论在什么困难处境下，他都没有放弃自己作为学者的责任良知和学术思想的传承使命。因此，当文革刚结束，学术界仍万马齐喑之时，他离开"牛棚"，从边远南国走向首都北京，带去多年潜心研究法国史的成果系列报告会，震惊一代学子和当时法国在华留学生，使他们至今历历不忘，对他称赞有加。因此，他无论在世界史学界还是在法学界口碑很好，威望很高。他不仅后来在国际法的学术机构担任过领导，而且早期参与创建、领导中国法国史研究会，迄今仍担任名誉会长。只有我们子女家人才知道他当年是在多么艰难的条件下做出这些成绩的。他在昏暗的灯光下、在窄小书房书堆中勤奋工作的背影，不仅深深地留在我们儿时的记忆中，而且鼓励我们在不同行业，特别是在学术界继承他的精神。在此，我们感到有必要特别提到我们的母亲姜凝，她是半个多世纪以来父亲做出所有成绩的最可靠、最坚实的后盾。

再次感谢所有今天参加这一盛会的朋友们！

端木正教授的治学方法

——从读《端木正文萃》谈起

陈致中*

在法学院祝贺端木正教授八十五华诞的盛会上,有幸蒙赠《端木正文萃》一书,随即拜读多遍,获益极大,深以端木教授的学识渊博、思维敏锐、文风简朴,感到无比敬佩。端木教授不仅法学精湛,史学功底尤其深厚,无论研究什么问题,总是博引古今,从历史探索问题的根源,从实际考察问题的内涵。以史为经,以事为纬。这种独特的思维方式,很自然地形成他的一套别具风格的治学方法。这种方法常常溢于言表,体现在他的教学和论著之中。

《端木正文萃》所编选的文章虽然是端木教授很少一部分的著作,但就从书中几篇评论性的文章就可以看到他的治学方法和态度。端木教授分析事物,总是从史说起,将事物放在历史的发展中去考察,以历史发展作为分析的线索,从客观实际表述他的观点。幽默的语句,生动的文笔,雄辩的说理,贴切的事例,其观点和理论通过活生生的文字表述出来,而不是用板起面孔的方式向人说教。比如他论述人民代表的素质时,就以他自己当选人民代表十年的切身体会作为背景,阐述人民代表素质的变化和提高。在论到"执法必须一刀切"问题时,不仅博引古今,甚至以日常熟视无睹的平凡事情为例,其论点显得更有说服力和容易被人接受。关于纪念联合国五十周年的文章,深入浅出,五十年的历史,清晰可见。笔者也曾在《中国国际法年刊》上发表过一篇评述联合国五十年的文章,当时幸亏还没有读到端木教授的这篇文章,否则就不敢下笔了。至于谈到我国法学教育一百年、民主与法制建设四十五周年等文章,更是以史论法,据史立论,史法交融,浑然一体。端木教授的文章,自成一统,非有深厚学术和文字功底的人是不容易学到的。记得我来中山大学任教后写的第一篇文章《论

---

* 中山大学法学院教授。

领海无害通过的法律问题》,因离开专业已经二十多年了,一时不知从何下手。我向端木教授请教,他说该问题是个长期争议的问题,还是从争议的历史谈起更好。我终于在他的启发下完成了那篇拙作。在他指导研究生写论文的时候,首先要求学生收集过去有过的论著,以史为经,以事为纬。经他指导的论文,几乎一无例外地是从历史谈起,史法结合,文章的内容显得更加充实,学术性更强。

端木教授的治学态度是非常严谨的。他的文章,一般不会有打印错漏之处。在研究生论文答辩的时候,论文虽然已经经作者再三校阅,端木教授往往很容易就找出错漏的地方。他常常说:"论文优劣是水平问题,文字错漏则是态度问题,后者比前者更不能原谅。"他主编的《国际法》自学考试教材,每次重印或修订,他总要通读全书,他说:"哪怕找出几个错漏的字,对读者也是有益处的。"这种一丝不苟的严谨学风和对学生和读者高度负责的态度,是非常值得我们学习的。

1982 年,笔者有幸和端木教授一起去北京参加中国国际法学会举办的"国际法统编教材研讨会"。端木教授在会上作了《国际法发展史的几个问题》* 的专题报告。该报告从国际法发展史在教材中的地位谈起,分析了国际法发展史的分期问题、内容问题,然后详细介绍了国际法学在中国的历史发展概况,介绍了我国学者和外国学者的许多有关国际法在中国发展情况的著作。他将国际法在我国的发展分为三个时期:从国际法传入我国到戊戌政变为第一时期,从戊戌政变到五四运动为第二时期,从五四运动到解放前为第三时期,对每个时期的重要国际法学者及主要著作如数家珍地给予中肯的评价。解放以后,国际法的发展进入一个新的时期,在这个时期,我们首先是学习苏联,然后是创立具有中国特色的国际法学。众所周知,国际法是从外国引进我国的学科,引进后需要有一段消化和发展的过程。在学习日本、欧洲和美国的过程中,我国也有了一批颇有影响的学术队伍,虽然人数不多,但这个力量是不容低估的。端木教授说,解放时,我国国际法学的力量主要还是留在国内,周鲠生、李浩培、王铁崖、陈体强等知名学者不仅是我国国际法学的权威,也是国际上不可多得的学者。正因为有了这批学术前辈,我国国际法学才有发展到今天这样兴盛的可能。当我们看到今天的辉煌成就的时候,对前辈们走过的艰苦历程是绝对不能忘怀的!端木教授这篇讲稿,正好填补了我国国际法教科书的一个重要的空白。不懂历史,就不认识现在。了解我国国际法学的来龙去脉,熟悉我国国际

---

* 见本书专论部分。

法学前辈的珍贵成果，我们就会更热爱这门学科，更自觉地为发展这门学科而作出更大的贡献。今天，我国强大的国际法学队伍就是在这个基础上发展起来的。据我所知，端木教授的这篇讲话没有发言稿，打印文稿是由会议记录员根据录音整理出来的。此文没有正式发表，实在遗憾！

为了加强法史学的知识，端木教授为硕士研究生主讲"国际法学史"一课。这门课程，不仅在国内法律院校中少有开设，在国外也是绝无仅有的。端木教授用的主要参考书是 Nussbaum 的 *A Concise History of the Law of Nations*，因我校没有这本书，1985 年当我去美国时，端木教授嘱我在美国为他复制一本。我跑了几个大学都没找到，最后才在"南加州大学"(USC)的图书馆找到。馆长对我说："现在知道这本书的人恐怕也不多了！"这也难怪，在现实主义时代，有学术价值的"老古董"可能是鲜为人知的！我校的国际法专业，在端木教授的指导下，保留了一些传统学科，例如国际法学史、国际法案例研究等基础性课程，也保持了传统的学习方法。这为国际法专业的研究生接受当代先进的国际法知识和研究当前复杂的国际法问题打下了良好的基础。

1984 年，当我在成都协助端木教授编写《国际法全国自学考试大纲》和《国际法》自学教材的时候，曾向他请教如何处理国际法与国际法学的关系问题，他说："国际法以国际关系为背景，国际法学以学者著作为中心。"这个精辟的论断对我产生深刻的影响，也为我日后编写《国际法教程》一书定下一个主要的基调。所谓"以国际关系为背景"，意味着从国际关系中产生的国际法必须在国际关系的实践中衬托出来，国际关系包括国际间政治、经济、文化、法律等多方面的关系，作为国际法渊源的条约和作为国际法辅助资料的案例，是国际关系实践的产物。离开这两个实践内容，国际法就无从谈起了。所谓"以学者著作为中心"，意味着对国际法理论及国际法问题的研究离不开学者的论著，国际法学就是运用学者的学说，分析和解决国际法的实际问题。端木教授在为拙著《国际法案例》一书写的序言中指出："学习国际法，首先需要读教科书，完全系统地了解这门科学的基本理论知识，同时就要学习重要的文件资料和主要的案例。"文件和案例是重要的实际材料，只有通过这些材料，才可以学到实实在在的国际法知识。德国的历史法学派学者马腾斯(G. F. von Maartens, 1756—1822)主张运用历史方法，在研究条约和惯例的基础上，建立起他的实在国际法理论。他的观点可能与端木教授的法史结合的治学方法有许多不谋而合之处。假如笔者称端木教授为法史学的国际法学者，可能不会过分；不知他的高明弟子是否也有同感，敬请指教。

立功　立德　立言

——端木正教授对法制建设、法学发展的贡献

程信和*

当我还在北大求学和任教之时，就已久仰端木正教授的大名，知道他是一位国际法学权威，却未有机会当面求教，深以为憾。

也是有缘。1983年一个晴朗的冬日，在颐和园附近的中央党校招待所，我坐在一位慈祥的老者身旁，听他讲那过去和现在的故事。温文尔雅，博古通今，虽历经沧桑，仍壮心不已，这是我对他最初的印象。这位尊敬的学者，正是中山大学法律学系主任端木正教授，其时他赴京参加中国大百科全书的编撰、统稿——我才知道，他还是颇有成就的法国史研究专家。其后，法学老前辈王铁崖教授对我说："端木先生在广州主持中大法律学系复办，很有起色，相信发展会很快的。"又过了不久，根据组织的安排，我成了端木正先生的直接属下。二十年的交往，先生不仅是领导、长辈，更是良师、益友。回顾跟先生在一起的日子，每每如坐光风霁月之中。惜乎本人慧根不深，所学甚浅，对先生之风范，最多能道出一二；但纵使言不尽意，亦回味无穷。

对端木先生在中国法制建设、法学发展诸方面的贡献，本人不才，斗胆借用"立功、立德、立言"三个词语概括之。[①] 不当之处，敬请高明斧正。

一曰"立功"

端木先生的第一个身份是教授。正如他常常引以自勉和自豪的一句话："我是个教书匠啊。"尽管他对教学内容甚为熟悉，如数家珍，但他仍然要做充分

---

* 中山大学法学院教授、博士生导师，中山大学法学研究所所长，中国法学会经济法学研究会副会长，中国法学会比较法学研究会副会长。

① 《左传》云："太上有立德，其次有立功，其次有立言，虽久不废，此之谓不朽。"

准备，特别重视补充最新的信息资料，加上自己的创新见解。到北京任职后，仍坚持每年回中大两次集中讲课；85 岁高龄不言老，仍坚持到教室（而不是在家里）给研究生授课。如今桃李满天下，先生功莫大焉。

先生的第二个身份是中大法律学系首任系主任。他受命于拨乱反正之际，一做就是八年。其创业之艰辛，奠定后续之基础，载入本校发展史册。期间，因工作出色，他作为民盟成员为四化建设和祖国统一服务先进代表交流经验，深受社会各界好评。

先生的第三个身份是中大法学研究所首任所长。十年间，他主持和组织了国际法、香港法、涉外经济法、经济特区法等研究工作，推出了一批有分量、有影响的科研成果，如《广东经济特区涉外经济法研究》等。与此同时，通过加强法学研究，又促进了法学教育的发展。

先生的第四个身份是立法者。他先后担任广东省人大代表、人大常委、人大常委会副主任和全国人大代表，担任香港基本法起草委员，以其高度的社会责任感、深厚的法学造诣和对社会现实的洞察，为国家和广东的改革开放、经济建设，为贯彻“一国两制”、实现香港顺利回归，献计献策，建树良多。

先生的第五个身份是法官，而且是大法官。他以古稀之年出任最高人民法院副院长，成为当时中国最年长的法官。老骥伏枥，志在千里；身负重任，施展才华。正如一位旅美学者的颂词所说：“他就像一颗钻石，越老越炼越发光。”①

先生所担负的工作还有许多，如中国民盟中央常委、民盟广东省主委、中国国际法学会副会长、全国自学高考法律专业委员会副主任、常设仲裁法院（海牙）仲裁员等，在此不再一一细述。故称其“立功”，乃实至名归。

二曰“立德”

端木先生对祖国、对人民有着深厚的感情。他早年留学国外，1951 年获法国巴黎大学法学博士学位后，毅然回国参加社会主义建设。虽然曾遭受极不公平的待遇，但他以“对国家、对民族、对未来的信心”，顽强而又乐观地度过了最艰难的岁月。到了花甲之年，欣逢盛世，先生南北奔波，不辞劳苦，尽职尽责，报效国家，为我等后辈树立了楷模。

先生一身正气。他对自己要求严格，从不利用职权谋取私利，从不搞特殊化。他虚怀若谷，宽以待人，和蔼可亲，没有架子。他对社会上的歪风邪气，深恶痛绝。当记者提到“司法出现腐败”的问题时，先生强调指出：身为法官，一定

① 转引自 2004 年 11 月 22 日《羊城晚报》A11 版。

要公正执法，一定要廉洁自爱。这也就是一个做人的根本问题。

先生爱生如子。每一次新生入学，他的第一堂课就是讲“如何做人”。他主张，先学做人而后做学问，这是一个根本的原则。他关心学生的思想进步、学业长进和身体健康，对学生充满期待。古人云：“师者，所以传道受业解惑也。”在端木先生看来，传道首先应是传“做人之道”。他自己正是这样实践的：不仅教书育人，更是为人师表。

先生关心同事，扶持后学。他担任法律学系主任和法学研究所所长期间，对老师们特别是中青年教师倍加关注，亲自指导，创造条件让他们更快成长。许多中青年教师获得可喜的进步，都是与端木先生的宝贵的帮助分不开的。本人虽非端木先生的嫡传弟子，但先生的关怀、教诲一直鼓舞着我前进。“师恩似海，春风化雨”，值此庆贺端木先生八十五华诞暨从教五十五周年之际，作为晚辈，我愿用这两句肺腑之言献给他老人家。

还有一点须提到的是，先生国学功底深厚，英文、法文水平高超，谈话精彩，文笔练达，思路清晰，逻辑严密，如同行云流水，非常人所能及也。然先生更为重视中文训练，视为治学之基础。他对当今国学日渐式微之现状极为关注，谆谆教导学生们及子孙辈，要热爱祖国语言文字，要掌握好祖国语言文字。此亦先生“立德”之又一例。

三曰“立言”

端木先生作为知名的国际法学家，其讲课和著述，其在最高人民法院、海牙常设仲裁法院以及许多国际场合的活动与高论，人们津津乐道，无须我在此班门弄斧了。只说一点感受：我读过他写的《纪念联合国成立五十周年》，真是精辟！联合国是个什么组织，五十年来发挥了何种作用，当前存在哪些亟待解决的问题，中国应当采取怎样的态度，文章娓娓道来，发人深省。

作为法学家和法学教育家，先生提出了一系列真知灼见。他说：跨入新世纪，法学教育何去何从？从学习外国到自建体系，即是中国法学教育走向现代化的过程。怎样改进和加强现有法学教育呢？他认为培养学生不仅要着眼今天，还应展望明天，也就是说要使学生长久具有分析问题、解决问题的高度适应能力。为此，必须加强基础理论，扩大知识面。他告诫学生，要脚踏实地，不要急功近利。

我这里特别要回顾端木先生对经济法学发展的贡献。他说过，他虽非专攻经济法，但因工作关系曾接触了不少经济法问题，也发表过一些意见。比如，他曾著文指出：“我赞同从实践意义上或整体意义上理解经济法问题。”“企业法制

在社会主义经济法制体系中占有十分重要的地位。甚至可以说，企业法制健全了，整个经济法制大体成形。”“如果说，涉外投资法是一个较小的法制系统工程的话，那么，整个中国经济法就是一个较大的法制系统工程。从整体意义上理解经济法，包括调整对内、对外经济关系的一系列法律、法规，它们之间按内在联系，相互配合着发挥功能。”在端木先生的指导和支持下，中大法律学系较早设立了经济法专业、经济法硕士点，开设了涉外经济法、比较经济法、香港澳门经济法律制度等课程。我们曾合作撰写过经济法方面的论文，发表后被《新华文摘》转介。他还欣然担任广东涉外投资法律学会高级顾问，既顾又问，提出过许多宝贵的指导意见。

还有一件不能忘怀的事情是：几年前，海内外几位朋友向端木先生请教如何创办一份经济法制刊物，先生即提出三条意见：“第一，体现时代精神、社会实际，贴近经济生活。因此，反应要快。第二，强调法律、法学基本原理，提供对社会有益的知识。因此，基础要实。第三，注重中外交流、中西结合，在比较中相互促进。因此，立意要新。”一个“快”字、一个“实”字、一个“新”字，多么透彻，多么爽快！令朋友们如雷贯耳，茅塞顿开。

端木正教授德高望重，学识渊博，平易近人，享誉中外。我的这篇小文，只是表述自己的些许感受，并与朋友们共勉之。或词不达意，或意犹未尽，均有待改进。再请端木正老师和专家读者不吝赐教。

两张老照片

李斐南*

中山大学法律系复办伊始,首任系主任端木正老师以他的远见卓识领导全系开展了频繁的、丰富多彩的对外交流活动,拓展了师生的视野。

这两张老照片记录了当年的一些片段。

第一张照片是师生与苏珊·巴丝蒂教授的合影。

1984年10月到11月,端木老师请来了他在法国留学时的老师苏珊·巴丝蒂教授到我系讲课。巴丝蒂教授是法国巴黎大学第一位女国际法教授,她曾到许多国家去讲过课,她还担任过联合国行政法庭的副庭长及国际法院的专案法官,在国内外都享有盛名,并获得许多荣誉。她这次来时已是78岁高龄,但依然神采奕奕。她到后就急着要见学生,要看资料室,稍事休息就满腔热忱地投入了讲课。她讲的课程是“国际生活中的条约”,传统的条约法被她用新的视角演绎得引人入胜。她的讲课由端木老师亲自担任翻译,翻得很专业、很流畅,也为讲课增色不少。她用法语讲课,但下课后就用英语与学生交流。她平易近人、慈祥和蔼,鼓励学生提出各种各样的问题并一一作答。师生们为能当面聆听这样一位大师级教授的讲课而高兴,大家都非常珍惜这次机会。一个多月的课程很快就结束了,她在回民饭店举行告别宴会。宴会前我们陪她到光孝寺和阿拉伯人的墓地参观。她不顾疲劳,细心观看,认真听讲解,充分体现了她对东方文化的尊重。

隔了不久又有一位知名女教授来访,她就是第二张照片(见本书文前相片)上的Dideriks教授,荷兰Utorechat大学的教授,著名的航空法专家。她的专著已由中国社科院法学所译成中文。她这次到中大来讲的航空法专题内容很丰富,讲得很精彩,给大家留下深刻的印象。她为人热情爽朗,非常关心我系的建

---

* 中山大学法学院副教授。

设。她知道我系复办不久，图书资料还不多，就先从资料上来帮助我们，她不仅把自己的讲酬捐给系里买书，还再三问国际法的师生在研究什么课题，需要什么资料，她回去帮着找。果然她回国后不久就寄来一包一包的资料，很新，很有用。看得出来她是根据各人的需要费了很大功夫去搜集的。她真是个热心人！

二十年过去了，看到两张老照片，这些难忘的经历又浮现在眼前，她们的风范深深铭记在师生的心中。

知名的法国史学家端木正教授

黄义祥*

著名的国际法专家端木正教授，曾在中山大学历史系任教27个年头，还是一位知名的法国史学家。

端木正早年是主攻法学的，1942年获国立武汉大学法学学士学位，1947年获国立清华大学法学硕士学位，1950年获法国巴黎大学博士学位，1951年获巴黎大学高级国际法研究所毕业文凭。他虽然主攻法学，但在学习期间也读了一些有关的历史课程，“曾选修过杨人楩的法国革命史，以后到法国留学时在课堂内外接触了更多法国历史，勒努万教授的法国对外政策史曾是国际法博士班的必修课，这位名家的讲课号召力很大，教室中经常有须发斑白的旁听者认真地听讲，也养成了他对历史的偏好”。① 这就为他后来从事历史学，主要是世界近现代史，尤其是法国史的教学和科学研究，打下了基础。

端木正于1951年5月回国后，进华北人民革命大学政治研究班学习，同年12月间，应聘到岭南大学历史政治系任副教授兼代系主任，讲授新民主主义国家的政治与经济等课程。至1952年10月全国高等学校进行了院系调整，岭南大学等校有关院系与中山大学合并，以原中山大学法学院的法律系与政治系为基础合并成立了政法系，端木正为该系副教授，并参加了广东省的司法改革运动。1953年夏秋间，中山大学政法系调出，合并于武汉大学和中南政法学院，端木正则因需要，于1953年春参加司法改革运动回校后调入中山大学历史系任教，成为历史系副教授，并曾担任世界近代现代史教学小组的负责人。

端木正此前虽读过一些法国的历史课程，但从主攻法学到文科从事历史学教学，则可谓是一次业务上的转行。但“他很快地服从分配，调到历史系后做到

---

* 中山大学历史系原党总支书记、研究员。

① 梅霭：《从教授到大法官——端木正传略》，载《广东民主人士名人传》，广东人民出版社1998年12月版。

‘干一行、爱一行、钻一行，’他认为讲授世界近、现代史是饶有兴味的工作，并将个人的研究方向偏重在法国史方面”。[①]

端木正到历史系任教时，正是学校学习苏联高等学校先进经验、结合学校实际情况，不断进行教学改革、逐步确立综合大学新体系之时。故他与同事互相学习、互相沟通，尽快适应世界历史教学的需要，向蒋相泽副教授借了苏联高等学校世界历史教学大纲，积极搜集有关资料，认真备课，编写讲稿，很快为历史系本科生开出世界近代史和世界现代史课程，满足学生的学习要求。以后他还陆续为学生开设了法国史、法国历史与现状等选修课程，得到学生的好评。

端木正到历史系任教后，以很高的政治热情参与教学和科学研究，以及其他的各种活动。中华人民共和国成立后，中国与苏联的关系是十分友好的，每当苏联十月革命纪念日，中国均在各地举行庆祝活动。端木正到历史系任教的第一年，在苏联十月革命三十六周年纪念日来临之际，于 1953 年 11 月 5 日在《中山大学周报》发表了《中苏友谊高涨的一年》的纪念文章，指出：“一年以来，中国人民学习苏联在各方面都有长足的进展，而苏联对中国巨大和精诚的援助，更是历史上的创举。”这段话反映了中苏关系破裂前中苏友好关系的真实历史情况。

1953 年 11 月 27 日晚上，中山大学为了纪念马克思主义创建人之一恩格斯诞辰 133 周年(11 月 28 日)而举行了题为《恩格斯与现代科学》的学术座谈会，端木正应邀出席参加，并在会上发言指出：“我们必须学习恩格斯为了解决无产阶级革命的迫切问题而研究历史的立场和态度。恩格斯是从一八四八年到一八四九年革命斗争的战场上刚刚放下枪杆后，于一八五〇年在英国写了《德国农民战争》这一本书的，这本书是为了迎接必将到来的另一个革命高潮而对德国资产阶级革命失败所作的总结。”[②]他说：“历史科学工作者，今天必定要把我们自己的教学和研究工作成为革命斗争的一部分。”[③]端木正的这个发言，说明他到历史系后，努力学习马克思主义，并力求以马克思主义指导教学和科学研究工作。

1955 年 1 月 15 日，端木正按照学校布置学习了中国现代革命史后，写了读书笔记发表在《中山大学周报》上，题目是《培养在教学和研究工作中的群众观点》，把政治学习和教学及科学研究工作结合起来，以便提高自己的教学水平。

---

① 梅霭：前引书。

② 《纪念恩格斯一百卅三周年诞辰，本校师生举行学术座谈会》，载《中山大学周报》1953 年 12 月 3 日。

③ 同上。

他在文中写道:“毛泽东同志在领导中国革命的群众观点对我的教育最深。而这点也正是我在教育工作岗位上做得最不够的。”究其原因,“受过去剥削阶级知识分子的余毒,只相信自己,不相信别人,甚至于认为自己的一切工作,不顾同时代的人有何反响,在自己周围起什么作用,却是等待千秋后世欣赏和估价。我们养成毫无根据的傲慢,自高自大,文人相轻”。“认真检查起来,我甚缺乏群众观点。”“毛泽东同志指示我们要热爱群众,关心群众生活,而且要信任群众,依靠群众,群众的智慧和创造是无穷力量的源泉。”而“我对同学生活、学习、进步的关心显然是不够的。我担任班辅导的工作,我很愿接近同学,但做不到和同学打成一片”。“其实,在教学和科学研究中,同学们常能提出对我们有帮助的意见,例如我们都同意科学研究工作要结合教学,要解决教学中的关键问题,要提高教学质量。但哪一些是教学中疑难的问题,自己在教学中还存在什么问题,往往可以在同学所提出的疑问或课堂讨论的争论中发现,而对于我们从事科学研究的选题,大有启发。”“如何对待提意见的问题也是群众观点的问题。假如以为只有自己对本题确下了一番工夫,群众意见总不如我内行,显然忽略了学习中国革命史的主要一面。讲革命,毛泽东同志和中国共产党当然不愧内行,比我们对自己业务内行的程度有过之无不及,但是为什么还要作群众的小学生呢?为什么还要向群众虚心学习呢?这是值得我们深思的。”

端木正到历史系任教后,在政治学习或党的教育方针政策等方面的学习,常能联系自己的思想实际,找出自己的短处。这种敢于揭自己短处的自我批评精神,几乎是当时高级知识分子的共同特点。1955年5月21日,端木正发表在《中山大学周报》题为《重视思想教育工作,在行动中树立行动楷模》的文章,畅谈了对当年全国高等教育部座谈会提出的高等教育工作的任务学习后的体会。这个任务是:培养不仅有丰富的科学技术知识,而且要具有高度的政治觉悟、高尚的道德品质、文化修养和健全体魄的干部,也就是培养全面发展的忠实于社会主义建设的专业人才。[1] 广大教职员工学习这个高等教育工作任务时,均简称其为“全面发展的教育方针”。

端木正在该体会文章的开头,就说明在学习全面发展教育方针之前,“对关于贯串在共产主义教育学中的全面发展的教育理论”,“一直是陌生的”;虽然以前也懂得教师的责任,“但是对于贯彻全面发展教育方针,还缺乏正确全面的认识,更没有深切认识到全面发展的教育是社会主义教育思想和资本主义教育思想的基本分界线”。他检查自己所以缺乏正确全面认识,“最大的阻碍还是我们

① 《第六次系主任扩大会议》,载《中山大学周报》1955年5月14日。

自己所受过的资本主义教育的毒害,而解放以来的自我改造又不够;凡是自己没有做到的,恐怕很少有足够的责任感向同学提出要求”。他还举例,如自己没有积极参加体育锻炼,就很少理直气壮说服同学积极锻炼身体;自己的房间凌乱,到学生宿舍时看到同学的房间凌乱,就很难开口提意见等,以此来说明自己在思想上武装薄弱,未能树立起教育同学的责任。当然,教育学生,首先要当好先生,教师一言一行对学生都产生影响。总之,重视思想教育工作,自己在行动中要树立楷模,以此作为贯彻全面教育方针的开始。

在担任世界近现代史课程教学的同时,端木正为提高教学质量,积极进行科学研究。1954 年中山大学庆祝校庆 30 周年期间,举行了院系调整后的第一次科学讨论会,端木正撰写了论文《第二次世界大战的性质问题》参加讨论,并担任历史系第二分组会(世界史)的秘书。

参加学校举办的第一次科学讨论会后不久,端木正于 1954 年 12 月 4 日在《中山大学周报》上发表了约 3000 字的文章《世界史科学研究工作的几点体会》。这实际上是端木正到历史系任教后进行世界史科学研究的一篇小结。

文章开头列举了当时进行世界史科学研究存在的一些问题,认为“世界史和中国史的条件很有不同。因为这种不同,过去许多从事世界史教学工作的人,包括我自己在内,都错误地认为中国展开世界史方面的科学研究工作是不可能的”。“首先是史料的缺乏,其次是语文工具的不足。”“世界史的原始资料我国收藏的几乎没有,甚至翻译的也少得可怜。”端木正这时认识到潜心于世界史教学是必要的,但对世界史的科学研究则抱着“自我牺牲精神”,甘心作“无名英雄”。但自从学校提出科学研究,经过学习、讨论后,在思想上发生了变化,从而有以下的几点体会:

首先是世界史科学研究并非神秘、高不可攀,“利用原料,解决一个古今中外史学家都没有解决的问题,当然很理想,但科学研究不限于此”,“教学法的研究是结合我们教学劳动中有创造性的科学研究”。他提出了历史科学与其他科学、世界史与中国史、解放前与解放后,在教学上都有不同之点,均可以研究,教学法大有研究的余地。

科学研究要通俗化。“不仅大学历史系学生应该学习世界史,广大的人民对于世界史知识的需要,也随着经济建设和文化高潮的到来而与日俱增。”科学研究成果做到“深入浅出,雅俗共赏”,这当然是创造性的劳动。同时,由于对人类文化共同宝库的世界史学名著,译成中文的很少,“我们也有责任加以介绍”。

结合中国实际,学习和消化经典著作和苏联的先进科学研究成果,“其中学问甚大,当然也是科学研究”。

学习历史和研究历史,"是为政治服务的。结合当前的政治任务,历史科学的武器应该发挥作用"。

科学研究,"最重要的是结合我们的教学工作"。"教学改革以来,我们的教材大抵另起炉灶,现学现卖。或有苏联课本,不及消化,照本宣科;或仅有苏联提纲,搜罗教本,填补诠释,是否符合原提纲精神实质,未遑深虑;或者课本提纲俱无,揣度苏联有关课目内容,比照自编,有时自己也觉似是而非。这种情况都是必须改进的,且已经是不能不改进的了。如何提高一步,在于学习掌握马列主义,深入钻研苏联教材,从事科学研究。"

上述这些体会说明,从事世界史科学研究的困难是存在的,提高自己和同学的外文水平是当务之急。有系统地收集资料、翻译原始资料,要大力进行。"创造条件是必须而可能的,但我们不能等待,科学研究必须在现有的虽是不完备的条件中开始,而且在进行中也能更好地帮助我们创造条件。如果强调困难,不仅阻碍自己的进步,教学的改革,并且会影响新生力量的培养,使同学和助教视世界史为畏途,则世界史教学和研究的前途不堪设想。有困难、有办法,从无到有,从有到好应是我们从事世界史科学研究的信条。"

1957 年 6 月 1 日,端木正发表在《中山大学周报》的《在指导论文时培养同学独立思考》一文,是他指导历史系三年级学年论文和四年级毕业论文的做法和体会,即经验的小结。比如:

在选论文题目时,他认为历史系"采取介绍题目和志愿认题相结合的办法是合理的"。介绍题目,是让学生认识该题目值得研究,导师已掌握一定资料,保证在一定学时内可以完成写作任务。但有些学生在二三年级时已自发考虑了研究方向,并积累了资料,只要选题也适当,导师也应尊重学生的独立研究兴趣,接纳其自拟的题目。

提供参考书与资料,要从培养学生的钻研兴趣与独立工作能力着手。论文题目定好后,根据学生学习程度提供参考书。"基础好的不妨立即给较专门的书看,程度差些的先要补读一些有关基本读物。第一批书看完,第二次谈话考察消化吸收程度如何再布置下第二批书。"书单开出后,不要贪图省事从自己书架的书借给学生,更不要替学生去图书馆借书。"开书单时也只要先介绍一些基本材料,从这些书中可以找出线索,细心的同学从第一批书单中自己可以查出第二批该看什么书。这样可以培养同学钻研的兴趣和独立工作能力。"

批订论文大纲时,导师最好不要规定该题目分若干部分写。"我主张教师向同学介绍为了论述某一题目可能有几种处理方法,可以有几种摆重点的办法,让同学考虑选择,或者举一反三让同学自己想出安排章节的办法。指导两

个以上同学写同一题目的可能性就在于拟出完全不同的大纲。”

指导写初稿，可采用的办法有两种，一是“写一部分随即先看一部分可以避免走弯路，免得生米煮成熟饭再要大改动很不容易”；另一是“全稿完成再看更可以发挥独立思考，考验独立工作能力，避免教师干涉过多之弊”。

对论文如何提意见，他认为“只能提些方法上和原则性的意见，启发同学自动考虑修改”。比如论文的引文，尤其是引经典著作，要学生自己逐字核对，导师不必亲为核对改正。一切错字、误用简体字、不合汉语规范化、错用标点符号，导师只用红笔作个记号，不必替学生改正。世界史论文的不同版本参考书，多有同名异译的情况，“用功的细心的同学在自己论文中能自动使用统一译名，粗心大意的同学就将各书不同译名移入论文，甚至同一人误为二人。我总是先提醒同学注意译名统一，遇见不统一情况先作提示，同学再不领悟只得明告那些不同名词原是一人或一事”。提意见时，“最忌讳强迫同学接受教师的见解，这样是不要同学独立思考，有悖百家争鸣精神的”。

端木正在教学和科学研究之外，还主动参加学校的各项活动。例如，1955年3月，中山大学为了在全校师生员工中开展文娱活动，成立了群众文化工作委员会，端木正被选为该会委员，分工担任文工团副团长。1956年9月，中山大学教育工会换届改选，端木正当选为校工会委员，分工为文体委员。1956年11月4日晚，端木正在历史系主办的《苏伊士运河问题》的时事讲座上，作了《关于苏伊士运河问题》的报告，受到中山大学五百多听众的热烈欢迎。

“端木正副教授向教工同学叙述了苏伊士运河的历史，以丰富的史料论证了运河是埃及人民的，同时也揭穿了英法帝国主义对运河的争夺情况以及第二次世界大战后，美帝国主义插足争夺运河的利益的情况。端木正副教授还在经济上及军事战略意义上说明了运河的重要性，他说埃及人民捍卫运河、捍卫祖国主权的正义斗争，是对反殖民主义的民族解放运动及维护世界和平的伟大贡献。”①

这期间，端木正结合教学进行科学研究及翻译有关的著作、文章，已显示了他逐步成为世界近现代史的行家。他与方琏合译的苏联大百科全书选译《世界大战·1941—1918年的第一次世界大战》（苏联·沃斯托夫等著），于1956年由三联出版社出版。他自己翻译的著作《法国革命》（法·索布尔著），于1956年5月由三联书店出版。他单独完成发表的译文有：《法国殖民者在摩洛哥的罪行》，《世界知识》1952年第16期；《一九一八年德国的十一月资产阶级革

① 王水：《历史系主办〈苏伊士运河问题〉的时事讲座》，载《中山大学周报》1956年11月10日。

命》,《文史译丛》1956 年第 2 期;《评价索布尔〈法国革命,1789—1799〉》,《史学译丛》1957 年第 2 期。他发表的论文、文章有:《伦敦会议的成功和失败》,《广州日报》1956 年 9 月 1 日;《从历史上看广州回民的重要性》,《广州日报》1956 年 10 月 12 日;《世界现代史的分期问题》,《中山大学学报》社科版 1957 年第 2 期。

当端木正专心致志从事世界近现代史的教学及进行有关著作、文章的翻译和研究之时,接踵而至的政治学习运动,尤其是在后来被证明是扩大化了的反击资产阶级右派分子运动中,端木正于 1958 年被错划为右派分子,受到降职降工资级别的不公正待遇。虽然根据党中央文件精神和他本人的表现,1961 年摘掉右派的帽子,他仍与以往一样积极投身于教学和科学研究工作。他在研究法国历史的同时,为本科生开设了法国历史的选修课;参加世界史教研室编译《世界近代史参考资料选集》(第一辑和第二辑),由中山大学分别于 1964 年 4 月和 6 月出版。该书页首写道:"本资料选集由蒋相泽、邓文才、端木正三位同志负责编辑、选材、校对、写说明。"在"说明"中指出:"本资料选集是我们在教学过程中为便利同学参考而编译的","除采用了一些现有中译资料外,绝大部分是我们从俄、英、法、德文资料中选译的"。

当"高教 60 条"在中山大学得到贯彻落实,广大教职员工的积极性得到充分发挥,学术气氛再次弥漫校园之时,"以阶级斗争为纲"提出后又逐步升级,一大批劳动人民知识分子又逐步被卷入政治运动的漩涡中,特别是全国内乱的"文化大革命"开始后,这一大批劳动人民知识分子在《横扫一切牛鬼蛇神》的社论发表后,几乎都变成了"牛鬼蛇神",端木正也不例外,成为其中的一员,进了造反派设置的"牛栏"。学校的教学、科学研究及其他工作几乎都停止了,端木正被造反派安排"边交代问题边劳动改造"。尤其在学校成立了革命委员会后,中山大学在广东乐昌、英德先后办了"五·七"干校,绝大多数教职工都被下放到干校劳动锻炼和改造思想。"文化大革命"的过程,是接连不断地开展政治运动。在那场打击面极大的"一打三反"运动中,中山大学学习了北京"六厂二校"的所谓经验,一大批教职工受到了政治上的大冲击,端木正更被"重点关照"住在一间房子里,不得与外人接触,日以继夜地"交代问题"和"接受盘问",精神上受到损害,行动上失去了自由。随着"一打三反"的结束,对端木正的问题查无实据,他才得以"解放"。

端木正再一次获得新生后,回到历史系的教师队伍,回校参加教育革命。所谓教育革命,就是与当时招收的工农兵学员,背着铺盖,走出校门,到社会上实行"开门办学"。有一次,端木正和学员到附近农村开门办学,青年教师和学

员都认为他毫无架子，平易近人，很好相处。当时，为了响应毛泽东要学点世界史的号召，历史系世界史教研室"为了配合广大工农兵和干部学习马克思列宁主义和毛主席著作，学习历史唯物主义，普及历史知识"[1]；同时，又因当时实行三年学制，原来占二年半课时的世界上古史、世界中古史、世界近代史、世界现代史几门课程必须实行精简到约占一年课时的内容，于是，他们便集体编写了《世界简史》一书，1974年12月由广东人民出版社出版。端木正参加了该书的编写，该书"说明"中指出："本书是中山大学历史系世界史教研室的同志集体编写的"，该书内容"以近、现代史为重点"，故"主要执笔者有吴机鹏、邓文才、李淑璧、端木正等"。[2]

1976年10月，祸国殃民的"四人帮"被粉碎，宣告史无前例的"文化大革命"结束，中山大学的教学秩序逐步得到恢复。1978年，党组织为端木正作了公正的政治结论，学校为端木正恢复了原来的教师职称。随着党的十一届三中全的召开，历次政治运动中出现的偏差在彻底否定"文化大革命"后逐渐得到纠正。端木正被错划成的"右派分子"称号被中山大学党委撤销，原存档案的有关材料一并予以烧毁。不久，端木正晋升为历史系教授，已是花甲之年。

粉碎"四人帮"，逐步恢复正常教学秩序以后，给端木正和各大学教师带来了学术的春天。端木正根据自己的业务专长，在历史系世界史的阵地上，首次招收了法国史的硕士研究生，亲自讲授法国史导论、法国革命史、法国现代史专题等课程。由于他专长法国史，故1979年成立全国法国史研究会时，他当选为中国法国史研究会副会长兼秘书长。这期间，他的学术研究成果也陆续发表出来，如：

译著：《拿破仑时代》下卷（法国·乔治·勒费弗尔著），商务印书馆1978年出版。

译文：《拿破仑·波拿巴》（与黄倬汉合校），（苏A·3·曼弗列德著），《法国史通讯》1979年第2期；《拿破仑与巴贝夫派》，《世界历史译丛》1980年第4期。

论文、文章：《评〈拿破仑〉》，《世界历史》1978年第1期；《关于法国督政府研究的近况》，《法国史通讯》1978年第1期；《近年来国外拿破仑史学的一些动态》，《历史研究》1978年第6期；《巴贝夫研究的演进》，《武汉大学学报》1980年第1期；《一部新书的拿破仑传记——评介让蒂拉尔著〈拿破仑〉》，《历史研

① "说明"部分，载《世界简史》，广东人民出版社1974年12月版。

② 同上。

究》1980 年第 5 期;《法国的史学杂志》,《世界历史》1980 年第 6 期。

根据国家建设事业的需要,中山大学自党的十一届三中全会后办学规模又逐步扩大,1979 年 10 月,中山大学奉教育部之命复办法律学系。1980 年初,学校领导找端木正谈,要他参加复办法律学系,负起系的行政责任。他当时毫无思想准备,犹豫了好几个月,但最后还是服从学校安排,承担起复办法律学系的任务。在中山大学 80 周年校庆丛书《端木正文萃》中《参加复办中大法律学系的一些体会》一文,他谈了自己的思想认识过程,不愧为是一名为人民服务的爱国的教师。

他在文章中写道,在历史系 27 年,“我已熟悉世界史的教学,安心法国史的研究”。而原所学国际法,“在饱经世事沧桑之后,如今只深藏在遥远的回忆之中。难道已届花甲之年还要重操旧业? 何况我 1979 年招收的法国史研究生尚未毕业,已承担的科研任务尚未完成,我怎忍轻易脱离安身立命多年的法国史?”然而,他又认为:“考虑问题总不能只从个人出发,还有客观的形势,不能不讲点‘大道理’。即使从个人出发,也不能忘记我们自己都是身受多年‘无法无天’之苦。从法律虚无主义发展到‘无法无天’的统治,在‘十年动乱’期间,人身安全毫无保障,哪能谈上教学和科研? 总结建国以来正反两方面的经验,党中央提出的要发展社会主义民主,健全社会主义法制,是实现四个现代化的重要条件,是国家长治久安的保证。没有发达的法学研究,没有大量的法学专门人才,要实现以法治国是不可能的。法学和史学在我国高教事业中是同样重要的,但法学教育是更迫切的任务。”他在征询不少亲朋好友意见,消除了对法学心有余悸思想后,毅然再次大转行搞回原来所学的本行,承担筹备恢复法律学系,并肩负首任系主任的重任。

端木正复办法律学系的同时,善始善终带好在历史学系时招收的 2 名法国史硕士研究生直至毕业授予学位,并继续完成在历史学系承担的科学研究任务,取得丰硕的成果。这期间他发表的著作、论文及文章计有:

专著:《法国大革命史词典》,中山大学出版社 1989 年版;《法国史研究文选》,中山大学出版社 1994 年版。另有 2004 年中山大学八十周年校庆时,由中山大学出版的校庆丛书《端木正文萃》。

校对译文:《什么是革命》(法·阿·索布尔著;骆幼龄译),《法国史通讯》1982 年第 6 期。

论文、文章:《阿·索布尔对法国革命史研究的贡献》(与张芝联合作),《历史研究》1981 年第 4 期;《银幕上的拿破仑》,《世界史知识》1981 年第 11 期;《法国大革命和宪法》,《法国史通讯》1982 年第 6 期;《富有年鉴学派特色的〈旧

制度法国历史词典〉》,《历史研究》1983 年第 2 期;《读刘述先著〈马尔劳与中国〉》,《法国史研究》1985 年第 3 期;《评价巴黎公社与中国》,《广东社会科学》1989 年第 3 期;《法国大革命时期的宪法—中外史学家近年的一些看法》,《世界史研究动态》1989 年第 7 期;《颇具新意的人物合传——评〈法国大革命著名政治活动家〉》,《世界史研究动态》1989 年第 11 期;《喜读新出的法国史专著:〈法兰西第三共和国兴衰史〉》,《世界历史》1996 年第 6 期。

在端木先生身边的日子

申晨星*

阳光明媚，端坐案头，捧读端木老师所赠新著《端木正文萃》（中山大学出版社 2004 年版）。书中有深情的忆人怀旧，有灼识的评书论事，充满先生特有的闪烁智慧的风趣幽默，更充满深刻的学理阐发和厚重的人生积淀。掩卷阖目，思绪仿佛飞回到四分之一世纪之前我在广州，在先生身边的日子。

1980—1981 年，我在中山大学进修，同先生的第一批研究生一起听他的课。两个学期听了“法国大革命史”和“法国现代史”两门专业课。当时刚刚粉碎“四人帮”，结束了文化大革命浩劫，平反了多年的“右派”冤案，先生的心境极佳。年届花甲，不让青壮年，精神饱满，精力充沛。初次招世界史研究生；主持筹建法律系的工作；任省人大常委会副主任；还有校内外的学术兼职，包括任刚成立不久的中国法国史研究会副会长，可谓千头万绪。

千头万绪，唯教书为重。当时招研每期仅一二人，加上进修生不过三五人。这样的课堂，在先生眼里似乎也是广阔的舞台。他从未因其他公务停课窜课。由于多年学术沉寂，在全国也很少有几种可充文科研究生教学的教材或专著，先生就自编大纲和讲稿，有些部分后来整理成文，刊布几家杂志。先生讲课时不翻讲稿，重视与学生的交流，娓娓道来，叙史如数家珍，评史心平气和。对重大学术争论问题，如关于拿破仑的评价，关于二战后法共“修正主义”问题，等等，有的问题非常敏感，先生从不回避。他把不同观点一一列出，并特别侧重分析产生这些观点的历史背景，以及各派学者的历史观和政治倾向。他有自己的见解，但对各家观点一视同仁，不轻易给人戴上什么帽子；让学生大胆思考，得出自己的结论。法国大革命史研究领域薪火相传两代宗师奥拉尔与马迪厄之间曾有一段佳话：老师奥拉尔推崇丹东，学生马迪厄笔下的罗伯斯庇尔则是一

---

* 吉林大学教授。

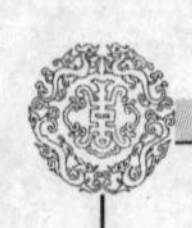

位完美的政治家，马迪厄批驳老师的观点毫不留情。先生不止一次地给我们讲过这个故事。他的用心良苦，我们当然理解。既然先生不能造出个舆论一律，学生必然产生“斗争”，于是我们每个人不得不求救于图书馆。把有限的四角课堂化作广阔的思维天地，让思辨像草原的骏马，任你驰骋，促你求索，使你不怠惰，我以为这是课堂教学的最佳境界，也正是先生的功力所在。

课堂教学这样，指导科研也是这样。在穗期间，我正参编《世界近代史人物传略（上、下册）》（姜德昌、聂守志、宫朴主编，吉林文史出版社 1982 年、1983 年版）。其中的法国历史人物传记部分大多由我执笔，初稿草成后请先生审阅指导。现在看来，我的观点有些失之偏颇，如评价米拉波、丹东，对他们的政治操守、个人品质上的污点看得过重，落笔不免有一叶障目之嫌。在《扎克・卢》一文中，我写道：雅各宾派专政是大革命的一座丰碑，而“忿激派”（一译“疯人派”）则是丰碑的重要基石。这些认识与先生的观点不一定吻合，他用红笔楷书认真写了意见，但仅限于改错和增加资料，不仅不把他的观点加之于我，反而帮我把论点更充实起来。关于扎克・卢的传记资料不足，先生特地向我介绍《忿激派运动》的俄文原版。这是一部学术价值很高的著作，我把它译成中文出版（吉林大学出版社 1986 年版），先生作序，详细介绍著名苏联史学家、作者雅・米扎赫尔。这部译著是我们最初师生缘的物化的载体。

崇尚学术民主，倡导学术自由，思想解放，鼓励探索，先生不把这些作成宣言，却执着躬行。我常常想，所有——或有一批——学术权威和学术领导者能有这样的襟怀，何愁我们的学术不繁荣？

除了业务之外，一年间同先生在日常生活中的接触也留下了深刻的印象。老实说，初识先生的第一印象是：可敬可畏。近距离接触后，发现这第一印象是正误参半。“可畏”，是错觉；可敬，那是在庄重的仪容后面那种平易近人和关心，这可敬是可感的、具象的，因而也就更深了。

80 年代初，南风乍起，羊城得风气之先。且不说街头时尚如太阳镜、不撕商标、手提录音机，不辞辛劳，歌声大作，旁若无人，就是知识分子也都对新东西孜孜求之。这是对长期禁欲主义的反动，何况它们还有助于学习外语，这种追求是一种新风，无可否定。但供应不足，购买稀缺家用电器要什么“外汇券”、票证之类，于是买走私货就风行起来。而在先生家的客厅里，除了一套旧式家具外，冰箱、电视，一概皆无，唯墙上有一幅醒目的商承祚先生的墨宝：“斯是陋室”。

然而，陋室也有最充盈的和最温馨的，那就是人气，是融融氛围。待人友善，这是先生的家风，从《文萃》中读到先生回忆母亲的文章，看得出太夫人的善良、贤惠。师母也是一位典型的中国母亲，相夫教子，自不必说，对待学生也像

对待自己孩子一样。他们三世同堂，一家五口，幼公子夫妇和孙孙同先生夫妇同住。师母婆媳如同母女；小保姆从海南乡下来，对烹调似乎不通，只做些收拾房间、打扫卫生的活儿，师母视同孙女。他常说那孩子漂洋过海远离家乡来城打工不容易。最能给家增添情趣的是先生的孙儿大凯，比我的儿子小三、四岁，同我成了忘年交，曾热心教我粤语，不知是他教法不善，还是我灵气不够，至今我于粤语仍一窍不通。以后一直不能谋面，他如今也该三十有奇了吧。

每逢节日家宴，老师和师母都要邀上研究生和我。初时觉得太多打搅，过意不去；后来则"招之即来"，犹如家中一员。总是先生带头招呼大家入席，师母最后入座——最后有些工序似乎没人能代替她。师母烹饪技术高超，以至几十年过去，相见时我还提到她的保留"作品"——"汽锅鸡"。先生依外国习惯不劝酒，但有一条不成文法，他要为每个人斟上第一杯葡萄酒，依例从他左首的我开始，沿同一方向逐一斟之。偶有例外，那就是辽宁大学王荣堂教授和北京大学张芝联教授先后来中大讲学，这两次自然要从王先生或张先生开始，我陪末位。即使张、王先生这样远道而来的嘉宾来，保姆也要入席，先生照例也为她斟酒，这在先生视为自然。先生是"平等派"。"平等派"，这是法国大革命期间以巴贝夫为首的最具民主性的革命派别。这或许不是我一个人的心得。每逢法国史研究会学术年会，少长咸集，只要先生出席，总会有年青学者和研究生同他随便交谈，平等交流，大家都似多年朋友一般。

先生善于与人共处，还缘于他那特有的幽默。法国史研究会有两位极富幽默感的人物。一位是已故刘宗绪教授。宗绪辞世时，先生著文悼念，曾写道："宗绪的许多道理都存在妙语之中"。（见《文萃》，第 48 页）另一位就是先生本人。一个轻松的笑语，一句幽默的对话，就拉近了先生同他人的距离。幽默，在先生不是或者说主要不是语言的艺术，那是他品格的一部分，是他对人生的领悟，是他对生活的乐观。先生一生颇多坎坷。抗战时期流亡学生的艰辛自不必说，解放后，从 1957 年由法律系被调到历史系算起，"27 年中有一半时间未能安心教学和从事科研，……那个时期一有政治运动，只要发表过什么，就准定会上大字报，断章取义，无限上纲。1957—1958 年与 1966—1968 年，被贴的大字报不可谓之不多，但没有一张涉及译作，我曾私自庆幸，翻译毕竟比写作安全得多。所出版翻译约百万言，而竟无一字上大字报，可见料事不差"。（端木正：《法国史研究文选·自序》，中山大学出版社 1994 年版）刚满而立之年，获得法国国家博士学位，踌躇满志，回到了刚解放的祖国。讵料几年之后，因言贾祸，不能从事自己专长的法学教学和研究；到了历史系，还是不能安心搞业务。身为文人，动笔还要找个"安全"领域。而先生竟轻松地调侃，"庆幸""料事不

差”。显然他把个人毕生得失置之度外,不以己悲为悲,不以己痛为痛。虽然接着写道:“如今再忆这段往事,真是不堪回首”,那已是悲民族之悲,痛人民之痛了!经历过那些岁月的人都知道,“不可谓之不多”的大字报意味着什么,那是何等的心灵折磨!然而在我同先生的所有接触中,从未听说过谁贴了他的大字报,哪些大字报“揭发”“批判”最“彻底”。先生尤其不责怪年轻人。没有宽阔的襟怀,没有人生的彻悟,是无法写出这样幽默的文字的。

先生是一位忠厚长者,但如果认为他是一位好好先生,那就大错特错了。对于不良的世相,先生的幽默和讽刺真似投枪。记得有一次大家议论起几十年目睹的一种怪现状:一旦大权在握,哪怕如林彪、江青者流,信口雌黄,不仅于理不通,于文也不顺,人们也要咀而嚼之,还得赞之呼之;倘若一旦打倒,又不论是罪有应得的坏人,还是负冤受屈的好人,大家又能立马诛之唾之。先生听着议论,一板一眼地插话评道:这叫做“凡是反动的东西,他不倒你就别打”。真是妙语珠玑!把人们耳熟能详的语录拿来,稍做文字调动,像毛泽东取陆放翁诗“反其意用之”一样,简单一语,把一个特定时代的畸形世相、群体心态,摹写得惟妙惟肖。几十年之后,当年的朋友相见,还忆起先生的这一经典幽默。

人生是一部书,每个人的人生都是一部书。我有幸在近一年的时间,近距离解读先生,受益匪浅。但是没有后来——尽管时间都很仓促——的多次相见,解读不能算完整的。2000年和2002年两次法国史研究会年会在广州召开,都见到了先生和师母,后一次是12月份,SARS已经开始蔓延,好在我们还不知道,没有搅了兴致,也当“庆幸”吧。而印象最深的一次见面,是1993(或1992)年,我去北京出差,给先生打个电话问安。原本没想去拜访,当时他任最高人民法院副院长,怕打搅他的工作。先生却一定约我到他班上。不便过多占用他的时间,大约谈了一个小时,我便告辞。谈话还如旧时,平常心,平常事,先生还一一问及我的家人(因为80年代他到长春开会,曾到过两小室的新居)。由于他公务在身,研究会的几次活动没能出席,所以对同行们打听得更多更细些。先生的风趣幽默一如既往。置身“最高”院,我感到也无异于“把酒话桑麻”的农家院。

听说先生在文革被打入“另册”时,不摧眉折腰,不低首下心。只有一个在打压中挺着脊梁的人,才能在身居高位时做不自我神化也拒不接受神化的人。这是大写的、真实的人。我这样解读先生:从教书、治学、立行、立言解读先生,这是原本;手头的《文萃》是注和疏。先生品格源本有自。读先生的家世、家风,读他仰慕的师长,如张奚若先生,如陈序经先生,以及他的几位外国老师,深信,一个大写的人、真诚的人,就是体现现代文明,具有现代精神的人。

感谢先生垂范，学生终身当师之。

今年是端木老师八十五岁大寿。记得2000年在广州，祝八十华诞，我在举杯敬酒时曾与先生约：再过二十年，我将拄杖前驱，祝先生百年大寿。

祝先生快乐、健康、长寿！

2005年夏·长春

感激我的端木老师

刘文立*

1963年,我考入中山大学外语系学法文,很快就迷恋上了法国的语言和文化。听说62级学生选修法国史由历史系的端木正老师讲授,我很高兴,盼望着下一年能学习这门课程。可惜,不知是什么原因,到我们班上二年级时,法国史没有列在课程表上,我深感失望。当年,先生的女公子端木美与我同窗,她气质非凡,才思敏捷,在我们63级这个一般民众子弟居多的班里确实有点卓尔不群,她那与众不同的良好家庭教育背景自然也引发了我的好奇心。我便从前几级同学那里,打听自己心仪的这位老师的情况。

端木先生出身世家,早年就读武汉大学和清华大学,旋以优异成绩通过国家考试获得公费留学生资格,前往久负盛名的巴黎大学(索邦)攻读法学,获得博士学位。先生毕业前后,国共内战已近尾声,新旧时代行将交替,他毅然归国为新生的共和国服务,从此执教于中山大学,为培养青年学生奉献着自己的学识和才智。叫人难以理解的是,这样一位赤诚报国的年轻学人、由中国和法国几所名校共同培养的文化精英,不管如何兢兢业业教学,认认真真科研,扎扎实实翻译,端端正正为人,却未能逃过1957年盛夏的那场劫难。据说,老师是在"补划"时获赠那顶帽子的。幸好六十年代初,先生得以"免冠",又能走上讲台了。可是,在那"天天讲,月月讲"阶级斗争和路线斗争的年代,还流行着ZH. M. Y. P.这种极不合逻辑的称谓,用以评点相关者呢,除了悲凉,还真感到哭笑不得。我虽涉世不深,但也开始嗟叹端木正先生的经历和际遇,更希望能拜望这位好老师。

1964年春节过后,机会终于来了。一天,端木美邀请我们班几位同学到她家做客。先生住西区教工宿舍,在一幢深红色的楼宇里,房前屋后有翠竹和红

---

* 中山大学历史系教授,博士生导师,中国法国史研究会副会长。

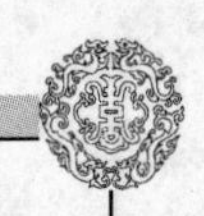

棉相拥互映，甚是静谧清幽。端木美领我们进去时，是老师首先把手伸向了学生。而今我不想说却忍不住要说的是，我们中个别人也许是出于表明“立场”和划清“界线”之类的原因吧，避开了先生伸过来的手。一行人鱼贯而入，轮到自己时，我用双手握住了老师温暖的手。我当时未曾料到，这次握手对青年文立的职业人生具有多么重要的意义！我后来的岁月表明：从这一刻起，自己在漫长的世界史尤其是法国史、瑞士史的教学和研究中，一直受惠于端木正先生这位恩师。那次拜访中，先生出言谨慎，再说当时他的话本来就不多；给我印象最深的是老师书房里的那些大部头——法英俄语的书籍和期刊，以及案头一摞又一摞的教案文稿。此外，其时先生刚越不惑之年，本当更为英气勃发，却因沧桑历练而显得过于谦恭和持重，这样的影像也留在了我的脑海里。

1976 年夏，早已走上教育岗位的我带领一批“工农兵学员”来穗实习，想顺便将自己的一部译稿《印度支那的征服》呈先生审阅修正。与端木老师重逢，我发现十年的文革磨难加深了他额头的皱纹，原来的青发变为灰白色，背已微驼。拜望先生之时，他早已搬离原先那幢教工宿舍，因为文革前居住在那里的都是老讲师和副教授职别的人员。“文革”中，先生一家被打发到了靠近西校门的一座米黄色平房里，住两间小屋，“厨房”大抵只是楼道里靠墙放着的一个煤火炉，加上充当案板柜橱的一张旧书桌。端木先生埋头在一大堆书中，正在审校《拿破仑时代》的译稿，可以说是汗下如雨（的确没有夸张，因为楼道里的煤火炉与他的直线距离不足两米，上面沸腾的茶水壶正喷发着股股热浪，几乎对准着先生的后背，他却似乎未感觉到）。寒暄过后，先生对我说：“毛主席他老人家号召大家学点世界史，所以商务叫我组织翻译并负责审校《拿破仑时代》，你的译稿我没工夫看了，但我建议你也把《拿破仑时代》的前言和结束语翻译一下。刘文立，你知道一般的读者从头到尾把一本书看完的不多，因此导言和结尾部分尤其重要。”我记取了先生的叮嘱，这个盛夏的好多夜晚，又如十多年前那样坐在母校的图书馆里，逐字逐句地翻译了乔治·勒费弗尔这部名著的前言和结束语。事毕，求证于先生。他说，这是只懂外文的人搞出来的东西，不是史学的专业翻译，并在我的文稿中随笔勾出了几处典型的例子，告诉我怎样修改。老师的一番点拨犹如一盏明灯，我感到自己思维的境界顿时亮堂得多了。后来，我照先生的指引把前言和结束语重译了一遍，觉得上了一层楼。未料到，我的这份翻译练习两年后居然派上了大用场。

1978 年，我国恢复文革前的研究生培养制度。由于那场中华民族蒙受的浩劫，我未能完成大学学业，遂决心报考北京大学世界史专业研究生，追随张芝联先生攻读法国史。那年三月，我写信给端木老师请他指点，几天后便接到了回

信。先生支持我的想法，并建议我阅读恩格斯为马克思的《路易·波拿巴的雾月十八日》撰写的序言，好好学习恩格斯在序言中关于法国历史的精辟论述。老师信中还说：我国通过法语来研究法国史的人太少，我明年也要培养以法国史为研究方向的硕士生。

报考北大以后，我将自己的一些文章和译稿寄给了导师张芝联先生，其中提到、但没有附上端木正先生让我翻译的那份作业。没几天，张芝联先生给我复信，指明要看这份译稿。我遵嘱把它寄给了张老师。后来，我想自己之所以被录取，成为文革后进入中国最高学府的首批研究生中的一员，多亏了端木正老师的鼓励和指点，也许也得益于这份译稿。

进入法国史研究的领域后，我不仅得到张芝联先生的教诲，也常有机会与端木正先生见面，或致函求教。1979年深秋，中国法国史研究会在哈尔滨成立，张芝联先生和端木正先生分别当选为正副会长。1980年春，张芝联先生应邀赴欧洲讲学，延请端木教授代为执教，我更得以直接地聆听先生讲学。他给我们就法国大革命的史学、法国宪法、巴贝夫研究等专题作了深入的讲解。记得当时北大历史系请先生作关于拿破仑的专场报告，海报贴出，指定的大教室里一小时前就已爆满，好几个学生甚至兴奋地爬到了窗台上，呼朋引类。演讲极为成功。人们知道，文革期间拿破仑曾经被一股极"左"势力誉为"洋法家"，对他推崇备至，利用此人搞"影射史学"，在中国政坛兴风作浪。对此，端木先生在报告中不屑一顾，他从法国革命的进程客观地介绍拿破仑的文治武功及其历史局限性，在当时的确使听众耳目一新。数十日之内，我还时常随行于先生左右，陪他在燕园里尤其是未名湖旁散步。当时，对四人帮的审判在即，国人特别是知识界对当代中国的诸多政要大加臧否，自然会涉及许多大人物。谈到某个位高权重者时，先生沉吟良久而不发一语。经再三追问，他才低着头，平淡地说了一句："谁都逃不过历史的评判的。"还有一次，我挽着先生的手，陪他走过燕南园，远远看见一位耄耋长者，似走似停，舒展腰身，盘桓于一棵古松下。老师见状，突然松开我的手，疾步前行，向老人欠身施礼，连声说道："老师，您好！我是您的学生，我叫端木正。"北大学子都知道这位老人。清晨和黄昏，人们总会在同一地点见到他漫步，甚至小跑。他，就是朱光潜先生。

在法国史研究会举办的历次研讨会上，端木正先生常有精彩的发言或插话，我们都从端木正先生的博学、睿智和诙谐中获得教益。1983年，我任职的武汉大学创办法国问题研究所，邀请京沪穗的知名学者与会，共襄盛举。大会开始时，刘道玉校长一进门，看见已就座的端木正先生，便径直走到老师跟前，紧握他的手说："老学长，您来了！辛苦了，欢迎您！"端木先生微笑着回答说："校

长，母校有召，我怎敢不来？”

在包括端木正先生在内的诸多法国研究名家的支持下，当年年底，法国研究所的多学科期刊《法国研究》创刊号便得以问世。从此，端木先生不断给我们的刊物亲自撰写或推荐文章，使这份全国惟一的以法国研究为宗旨的学术刊物发行至今。

80年代以后，端木正先生更多地在法学领域和司法部门为民族和国家服务。这对法国史研究而言，无疑是个遗憾。我们研究会组织活动时，同仁们时常怀念这位前辈所作出的贡献。1991年岁暮，我奉调离开江城来穗，高兴地回到母校历史系任教。我负责世界当代史特别是法国史的教学，这正是端木正先生在历史系多年讲授过的课程。每念及此，文立不免有些惶恐，深怕自己辜负前辈的期望。十余年来，我时常想，现在的社会、文化和教育氛围与老师当年的处境相比不知好了多少。我要在改革开放的新形势下，遵照张芝联先生和端木正先生的嘱托，以前辈学者为榜样而不懈工作，在他们奠定的基业上增添些许砖瓦，开拓进取，让新一代的法国史研究者前往法国学习，从而推进我国的法国史研究。我的尝试和努力，得到了端木老师的支持和肯定；作为学生，自己深受鼓舞。2004年11月，值中山大学80周年校庆，学校为端木正先生85岁华诞举办庆祝会。我受中国法国史研究会的委托，向端木正先生赠送花篮，并撰写贺联：

一代宗师誉满京华南国
两栖泰斗泽被法苑史林

人格的魅力

张家展*

1979年,我考取了中山大学历史系法国史专业的研究生,有幸在端木老师的指导下,度过了三年的学习和研究生涯。在此期间,除了在课堂上学习专业知识和治学方法,接受学术研究的训练以外,课余时间也经常与端木老师交往。这种交往拆除了师生之间的樊篱,使我能更好地了解端木老师,犹如身处另一个课堂,受益良多。端木老师的人格魅力,深深地感染了我,并令我从中领悟到修身处世的某些真谛。

第一年入学不久,适逢中秋佳节。端木老师邀请骆幼玲和我到他家中做客。老师和师母平易近人,亲切热情,很快就消除了我们初时的拘束。丰盛的晚饭以后,大家坐在室外的草地上赏月,边尝月饼边聊天,最后还放了烟花,过得很尽兴。此后,端木老师不时邀请我们到他家里小叙。他和师母也时常到研究生宿舍看望我们,由于来的次数多了,与同寝室的几个中文系同学也渐渐熟稔。刚入学的时候,我心里有些忐忑不安,因为自己不是历史科班出身,法语水平也只是半桶水,担心会辜负老师的期望,不能很好地完成学习任务。端木老师的热诚和他富有启发性的谈话,慢慢地平息了这种忧虑。端木老师多次提到,掌握一门甚至几门外语,是研究世界历史的基础,否则就不能了解第一手资料,不能吸收最新的研究成果,难以拓展视野,更谈不上出成果。外语水平相对较高的人有他的优势,只要下工夫把专业基础打好,就会后劲凌厉,闯出一番天地。谈到治学态度的时候,端木老师说历来学术界有两类人,一种人把精力用在看风钻营,有虚名而无实学;另一种人全心努力耕耘,淡名利而结硕果,勉励我们做学问要扎扎实实地下工夫。随着时间的推移,我的自信心增强了,认识

---

* 作者1979—1982年为端木正教授的法国史专业硕士研究生,后执教于中山大学历史系,现定居于加拿大。

到自己完全不用妄自菲薄,只要方向正确,肯下苦功,发扬长处,克服短处,必定可以后来居上。1980年秋,我跟随端木老师到杭州参加法国史学会年会,我的女儿刚好在这时出生。端木老师知道了十分高兴,并问我有什么困难没有。我说家里的事情有亲人帮忙照顾,他才放心了。一个星期天下午,门铃响了,我打开门一看,端木老师和师母站在门外,笑着说想看看我的孩子和家人。我当时真有点愣了,但并不是"受宠若惊"的那种境界,而是一种发自内心深处的温暖和感动。因为我们的住处在市中心一幢旧式楼房的四楼,这种楼房一间间紧密相连,楼梯在房子中间迂回而上,四面没有窗户,有的楼层的住户为省电也不设梯灯,楼梯间有的地方伸手不见五指,转角处还有许多杂物,住客平时上下也得慢慢摸索,更何况年逾花甲又是陌生访客的端木老师。

与端木老师的谈话,除了学习和研究的主题外,有时也古今中外,海阔天空。有次说起了当年在法国留学的往事,端木老师说他是官费学生,住的是旅馆,衣食无忧,得以全心全意于学业。但他目睹有些自费留学生,经济拮据,常常要为生活和学习的费用奔波,甚为艰难。于是,他便在可能的情况下,在经济上对他们施以援手。例如,当他和自费生一起参与文化和娱乐活动时,便尽量多出一点钱,以减轻后者的负担。当时,我很钦佩端木老师对同胞及朋友的爱心和慷慨。而几年之后,则有更深的感受。1985年秋,蒙端木老师与他负笈巴黎时的导师老巴斯蒂夫人的帮助,我有机会到法国进行学习和研究一年。其间与众多的中国留学生有不少接触。公费生住在租金低廉的学生公寓,吃在政府有津贴的学生膳堂,加上中国人固有的节俭习惯,助学金可以省下一大截。他们有能力参与各类文化娱乐活动,假期到法国各地和欧洲各国旅行,或者计划几年间积攒一笔钱回国,当个小"富翁"——当时中国国内的收入水平还很低,与发达国家非常悬殊,留学生几年节省下来的助学金,在不少人眼中是一笔巨款。而自费生的处境就很不一样,他们除了应付沉重的学业以外,还得分出相当大的一部分甚至一半以上的精力去挣取生活和学习费用,经济的压力使他们不敢多花一分钱在非必要的开支上面。我认识的某些自费生,来了法国两、三年,还不舍得花几十法郎买一张最便宜的巴黎歌剧院的戏票,去欣赏这最具法国特色之一的艺术表演,更不要说出外旅游了。两者的落差的确很大。只可惜公费生和自费生各成一个圈子,彼此之间甚少交往,而公费生中具有当年端木老师的侠义情怀的,更是凤毛麟角。身处其境,我进一步体会到端木老师的行为是多么难能可贵!对于受过高等教育的人来说,许多哲理名言都耳熟能详,但要真正身体力行,就非有勇气和爱心不可。

端木老师富幽默感,课堂上、谈笑间常有妙语,既活跃了气氛,又使人印象

更加深刻。端木老师有抽烟的习惯,有时吞吐量还挺大。在“吸烟危及健康”的呼声越来越高的情况下,许多人都劝过他戒烟。一次在聊天的时候,有人又半开玩笑地提起这个问题。端木老师随即进行自我辩护,“辩护词”的大意是,他有些同学和朋友,夫人都是医生,在夫人的管束下,他们都戒除了烟酒等不良嗜好,但不幸的是他们都先他而去,所以,还是顺其自然吧。一番话逗得大家哄堂大笑。乍听起来,这好像是吸烟人士的自我调侃,但想深一层,这是以幽默的态度去解决某些现实问题的技巧,而幽默感的培养是需要豁达的胸怀的。或许,我们还可以从端木老师这番话领略到另一层意思——恕我大胆假设——就是豁达的胸怀、达观的人生态度对身心健康来说,比某些物质的养生之道来得更重要。正是这种性格的特质,使端木老师在几十年坎坷的学术和教育生涯中,宠辱不惊,始终坚持一个正直的知识分子的价值观和尊严,赢得如此广泛的爱戴。

端木正教授与广东涉外投资法律学会

韦华腾*

时至20 世纪 90 年代,我国的改革开放不断走向深入,广东已成为全国涉外投资活动最活跃、规模最大的省份,涉外经济活动对法制的要求更高。由此,广东涉外投资法律学会(以下称学会)应运而生。1994 年学会正式成立。十年后,在举行隆重的纪念活动之时,学会的会员们特别感念一个老人,他就是我国著名法学家、德高望重的端木正教授。学会从创立到发展壮大,到成为国内外知名的一个学术团体,无不与端木教授的名字联系在一起。端木教授既是我的恩师,也是学会的恩师。

学会成立时的感激

1994 年 12 月 18 日,广东涉外投资法律学会在广州市广东外商活动中心举行成立庆祝大会暨首届涉外投资研讨会、洽谈会。时任最高人民法院副院长的端木正大法官端坐在大会的正中央。他的到来,使学会的成立庆祝大会增色生辉,使学会的成立更加引起世人的瞩目。

一个区区省级社团,怎么能请到一个最高人民法院的副院长出任学会首席顾问并专程从北京赶来出席学会成立庆祝大会呢?不少人为之惊奇。这一秘密现在可以告诉大家了,那就是淳朴的师生感情使然。作为学会创立的发起人之一的我,是中山大学法律系复办后首任系主任端木教授一手培养出来的首届弟子。端木教授对我们首届 39 位学生的关怀可谓是无微不至,如同亲生儿女一样;对学生的每一个请求,只要是有利国、利民、利学生的发展,他都是有求必

---

* 广东省人大常委会立法顾问,中共广东省委党校(广东行政学院)法学部(系)主任、教授,《南方经济》杂志社副总编辑,广东涉外投资法律学会常务副会长兼秘书长。

应。记得在学会成立前的一个月,我抱着试一试的心情,前往拜见端木教授,请他老人家出席学会成立庆祝大会。我当时讲了这样的一句话:“学生我希望能得到老师您的支持。”当他听到我们要创办一个以“促进我国我省的改革开放和涉外投资的活动”为宗旨的社团组织时,他略加思索后便答复到:“应该支持!”在旁的师母姜凝老师也跟着微笑说:“学生的事业,老师一定会支持。”老师和师母的支持,令我振奋,使我大受鼓舞。

更值得一提的是,学会定于1994年12月18日召开成立庆祝大会,恰遇12月17日上午最高人民法院要开院务会议,作为副院长的端木教授必须参加。这时的老师,为了履行对学生的承诺,上午开完会,下午便马不停蹄地赶到北京机场登机飞往广州,第二天(18日)准时出席了会议。一位75岁的老人,这样不辞劳累,风尘仆仆地赶来,对学生如此厚爱,对学会的工作如此支持,我一辈子也忘不了。学生的心,学会全体会员的心,充满感激!

在学会成立庆祝大会上,端木教授发表了重要讲话。他说:“希望广东涉外投资法律学会,积极认真地研究和宣传涉外投资法律,为国家、为广东省提供立法决策参考意见,为中外投资者提供优质法律服务,为理论工作者和实际工作者提供一个研究交流地场所,为促进中国和广东省的改革开放与涉外投资活动作出贡献。”①恩师的话,激励着我们奋进。

学会运行过程中的感动

学会运行十年来,最大的幸运是有端木教授这位德高望重、风趣慈祥的老人时常从中指点。他的言行,感动着每一位会员,感动着广东,感动着中国。

首先,恩师在做人上率先垂范。他本人既立德又立功。他主张“先做人而后做学问”。他一贯强调做人要讲道德、要有诚信、要与人为善,要多做好事。作为教师,他十分讲师德,爱生如子,对学生高度负责;作为最高人民法院副院长,他十分讲法官职业道德,公正司法,对国家和人民负责,对社会的公平与正义负责。在恩师的倡导下,学会以对社会负责、多做好事和善事为己任。1999年11月,学会发动会员捐款21万元,在广东省清新县白湾镇坪底村兴建了一所希望小学——飞捷希望小学。此举受到了广东省希望工程办公室和清新县人民政府的表彰,受到了人民群众的称赞。近几年,学会仍继续给该希望小学的学生以及其他一些贫困地区的失学儿童提供物质支持与资金赞助。

---

① 繁荣:《经济与法律联手》,载《广东工商报》1994年12月22日第1版。

其次,恩师在理论上悉心指导。学会成立前,端木教授在接受香港《经济导报》(周刊)的记者采访时,就点明广东涉外投资法律学会的理论研究方向。1994年11月27日上午,记者问他:“请问端木正教授,当前为什么要加强对涉外投资法律的研究与宣传工作?”他答道:“加强涉外投资法律的研究宣传是一件很有现实意义的工作。众所周知,对外开放是我国坚定不移的国策,而吸收、利用外资是对外开放的重要内容。对外开放要讲信誉,讲友谊,但直接接触点是法律与合同。”①

学会在进行企业法制研究时,端木教授指点道:“以企业法为中心去研究经济法,其方向是合乎社会经济生活的实际,也合乎改革、开放与立法的实际的。”②

学会在进行涉外经济法研究时,端木教授指点道:“涉外经济法在我国经济法律体系中占有重要地位。根据扩大对外开放的要求,应当建立面向世界的涉外经济法律架构。”他赞同“以现代化、市场化、国际化目标作为整个经济法发展的方向”。③

学会每年都举办两至三次学术研讨会。较有影响力的研讨会有:(1) 1996年广东涉外投资、融资与法律事务研讨会;(2) 1997年广东国际融资技术与企业资产重组法律问题研讨会;(3)“爱心托起希望的太阳”活动(1998年);(4) 中国法制改革与借鉴外国经验暨中国加入WTO有关法律问题研讨会(2000年);(5) 关注民生法制研讨会(2001年);(6) 广东连平县区域经济发展与推进小城镇建设高级专家研讨会(2001年);(7)“三个代表”、法治与党的领导方式理论研讨会(2002年);(8)“解读WTO操作规则,构建风险防范机制”专题演讲会(2003年);(9) 计算机应用与法律问题研讨会(2003年);(10) 迎接电子商务时代学术研讨会(2003年);(11) 全国电子政务与农业信息化学术研讨会(2003年);(12) 个人信用征信管理研讨会(2004年);(13) 涉外经济代理的法律与实践问题研讨会(2004年);(14)“市场经济、诚信与和谐社会”专家研讨会(2004年)。上述多数研讨会都是在请教了端木教授之后进行的。每次请教,恩师都是不厌其烦地作指点。每次恩师的理论指点,都使我们的研究豁然开朗。

再次,恩师在工作上经常过问。端木教授因在中山大学兼带研究生,每年

---

① 邱丽红:《涉外投资法的今天与明天——访全国人大代表、中国最高人民法院副院长端木正》,载香港《经济导报》(周刊)1994年12月12日第49期,第30页。

② 端木正著:《端木正文萃》,中山大学出版社2004年版,第141页。

③ 同上书,第149页。

都会回广州两次。每次回来,他都必定要询问一下学会的工作及发展情况。而学会的领导层,在会长邱金用教授带领下,必定前往拜访及汇报工作。学会每取得一项成绩,端木教授都会感到高兴。学会的会员们都赞叹道:端木教授真是我们学会名副其实的"首席顾问"啊!

端木教授对学会呵护有加,有哪个会员不感动?

学会成立十周年时的感谢

2004年12月3日,广州风和日丽,广东涉外投资法律学会的会员们喜气洋洋,大家聚集在广东外商活动中心,提前两周庆祝学会成立十周年。同日,"祝您成功"首场论坛(主题:法律护航)启动,这场活动一直持续到学会成立之日(12月18日)。

在学会成立十周年的庆祝会上,邱金用会长发表了热情洋溢的讲话。他首先代表学会对长期以来关心和支持本会工作的各级领导、各位专家学者和各界朋友表示深深的谢意。他特别提出,第一位要感谢的是学会的恩师端木正教授。十年来,学会全体同仁对这位从75岁走向85年的可亲可敬的老人的感激以及所受的感动,凝结为两个字,这就是"感谢"!这一"感谢",是发自肺腑之言。

是啊,学会成立十周年的纪念日,正是向端木教授道谢的好日子!邱金用会长说得好:言语的感谢只是形式,实质上的感谢应是行动。这叫做:既要心动,又要行动。我们学会过去是、将来更是要以实际行动来感谢这位恩师的关爱。

行动之一是:学会拟内设"端木正教授法学观点研究会",由我牵头,组织一帮人马,全面系统研究端木正教授的法学观点,重点研究他的民主与法制观点(其代表作有:《论提高人民代表的素质》和《民主与法制建设的四十五年》等)、法学教育观点(其代表作有《法学教育百年杂谈》和《重要的问题还是学习》等)、国际法观点(其代表作有《纪念联合国成立五十周年》和《中国第一个国际法学术团体——"公法学会"》等)和涉外经济法观点(其代表作有:《中国涉外经济法教程序》和《广东经济特区涉外经济法研究序》等)。

行动之二是:编辑出版《广东涉外投资法律学会论丛》,每年一本。第一本集子的主题是:《科学发展观与涉外经济法新视觉》,由常务副会长程信和教授和我出任主编。这本集子的编著工作2005年7月底开始启动,2005年底之前完稿并出书。

行动之三是：为中共广东省委、省政府发展外向型循环经济提供决策参考。学会要想广东省委、省政府之所想，急广东省委、省政府之所急，做到理论密切联系广东实际，在深化改革开放，促进涉外经济活动，实施“循环经济”发展战略上尽微薄之力。

总之，学会将以系列的实际行动来感谢恩师端木教授，以慰藉恩师的心；并将通过这些实际行动来推动学会向前发展。

我的恩师——端木正先生

谢如东*

自去年底完成博士论文答辩后，已鲜有挑灯夜读至清晨三、四点钟的举动了。然而，昨晚商务应酬后返家，见桌面上摆放着一本书——《端木正文萃》，是夫人长缨昨日返穗参加中山大学建校八十周年、端木正教授从教五十五周年及八十五华诞的庆典活动时著者送给我和夫人的。信手拈来，一读竟不能释手，直至清晨。阅后合卷，不禁浮想联翩，彻夜难眠……

端木正先生是我的恩师。此话还得从1981年底说起。

1981年底，我在武汉大学外语系英语专业读四年级的上半学期。基于英语只是一种语言工具，因此当时我已决意报考国际（公）法的研究生。在我的法律启蒙老师武汉大学法律系黄炳坤教授的分析引导下，我最终决定报考时值中山大学法律系系主任端木正教授的首批研究生。为此，我曾直接给端木先生去了一信，请教治学之道及必读书目事宜。坦诚地说，我自己当时对能否收到复函也不抱奢望，一则知道中山大学法律系才于1980年秋复系，身为系主任的端木先生定会百事缠身、工作繁忙；二则端木先生为国内外知名学者，全国各地报考他的研究生的学子肯定不少，如果个个都复函，岂不……因此，当我很快地就收到了端木先生的亲笔复函时，当时的激动心情，简直难以形容。先生在复函中教诲："读书贵在融会贯通，举一反三。"（这是整封复函的精髓，因此我能铭记至今。）我把先生的复函贴在了我的床头上，以此作为鞭策自己向上的精神力量。此事在当时知情的同学们中还一时成为了一个小小的佳话。我是未见先生之人，已得先生之字。先生的这份情，令我终生难忘。

1982年秋，通过笔试与口试，我终于如愿以偿地读上了端木先生的研究生。我们此届共有四名同学：马力、王毅、陈明勉和我。在接下来的三年时间里，我

---

* 端木正先生首届国际公法研究生，中国人民大学博士，现任香港泰然資本管理有限公司CEO。

有幸常伴先生的身边,直接聆听先生的教诲,点点滴滴,受益无穷。

记得当时端木先生外事活动很频繁,常有各种外文书信需要回复,而先生也常叫我们几位同学代为草拟复函。我后来发现,我自己所准备的一些书信,到最后定稿时都已被先生修改得面目全非了,连标点符号也未放过。我们读外语的人都知道:这样的修改比起直接或重新草拟一封信函还要复杂得多、困难得多。但端木先生坚持要我们帮助草拟,并坚持由他自己亲自修改及最后定稿。俗话说:身教胜于言教。就是从这样的一些小事中,我们开始悟出了先生的治学之道:认真,严谨,一丝不苟。这对于我们在接下来的专业学习及论文写作,均有着切实的、莫大的帮助。

我们的学习除了一些与本科生一起上的大课外,如宪法、法学原理、民法、民事诉讼法、刑法、刑事诉讼法、经济法、法制史等,还有一些专业小课,如唐表明教授的"国际私法",陈致中老师的"国际公法"、"国际法案例",李斐南老师的"国际法原著精读",王维俭老师的"国际关系史",魏文达教授的"海商法",Prof. Slot: American Contract Law, Prof. Rosett: United Commercial Code, Prof. Diederiks: International Space Law 等。端木先生给我们上的是"国际法发展史"。据我所知,当时全国没有一所其他高校开设有"国际法发展史"的专业课程,这实际上是端木先生根据自己的特长(先生在法律系复系前已是国内外研究法国史的著名学者)以及我们研究生学习的需要而专门编排出来的一门专业课。记得当时上课时,我们没有任何印刷的讲义,先生每次都捧着一叠自己书写得密密麻麻的讲稿来课室(由此可见先生已于课前做了非常详尽的备课),但一旦上课,先生又绝少翻看讲稿,而是娓娓道来,滔滔不绝。我喜欢上先生的课,一则是因为先生的授课把枯燥的法律与有趣的历史结合了起来,引人入胜,纵横分明;二则是因为先生的学识非常渊博,对事物的分析往往一语中的、入木三分。同时,每次上课,我发现自己最喜欢听的部分,均是先生对当代著名的国际法大师及其著作、文章的评述,国外的如 Mme. Bastid, Prof. Lauterpacht, Prof. Brownlie, Prof. Starke, Prof. Diederiks 等,国内的如周鲠生先生、王铁崖先生、陈体强先生、李浩培先生和倪征燠先生等。这些大师,不少与先生是亦师亦友,故先生每逢谈起他们,简直就是如数家珍,妙言连珠。我个人认为:对这些名师及其著作的介绍与评论,最能体现出先生本人正直的为人标准以及先生自己深厚的学术功底(在翻阅《端木正文萃》一书时,我发现自己仍然是最喜爱阅读有关先生对一些名师的追忆及评价的章节部分,如"记张奚若教授"、"沉痛悼念夏尔·卢梭教授"等)。

学习以外,先生知道我们作为学生生活清贫,故不时找些借口请我们几位

同学到家中吃饭。回想起来,由师母亲自下厨烹调的"云南气锅鸡",仍是我至今最为垂涎的一道菜。开始的时候,我们特别盼望着先生的邀请,但吃过两、三次后,我们就发现:吃先生的饭也有难啃的时候。原来,每次饭后,我们师生通常都会共坐一厅,谈古论今约一个小时。我们后来才渐渐发现:这实际上是先生教诲及考察我们的时候了。记得有一次,在谈论国际局势时,先生话锋一转,说:"此点应与国际法中的'飞地'概念有关,你们谁能说说'飞地'的问题?"由于"飞地"在现代国际法中属于比较少用的一个概念,故当时几位同学都怔了一下,我呢,也是凭着记忆简单地讲了"飞地"的定义、形成的背景及发展的现状等,使得当时的讨论不至于中断。但事后,这个小插曲却对当时年少气盛、意志风发的我有着另一番的触动。由此事,我悟出了一个简单的道理:学海无边,容不得半点的骄傲与自满。

先生在《端木正文萃》中有一篇文章:"沉痛悼念苏珊·巴丝蒂教授"。阅读此文,不禁勾起了我对巴丝蒂夫人(Mme. Bastid)及端木先生的一段回忆。

1984年10月14日,时任法国国际法学会会长、高龄78岁的巴丝蒂夫人,应中山大学的邀请,来穗讲学五周。根据学校、系里、特别是端木先生的安排,我负责前往北京迎接及全程陪同、照顾巴丝蒂夫人,直至她11月7日离穗经香港返国为止。据此,端木先生和我一起制订了详尽的迎接方案。我于9月初开始离校,一路坐火车北上,沿途到各大院校、图书馆收集论文资料,并提前多天到达北京,以便在京收集好论文资料后迎接巴丝蒂夫人乘飞机抵穗。10月13日中午,我按事前约定前往中国社会科学院法学研究所与巴丝蒂夫人接头。我看见夫人的第一印象是:身体魁梧、两眼炯炯有神;手扶拐杖,但走路又绝不累赘。当我上前进行自我介绍后,当时在场的法学研究所所长盛愉教授立即接着说:"夫人,北京还有一些活动来不及安排,您能否推迟两天前往广州?"于是,我听到的夫人的第一句话就是:"不!我和端木先生约好明天到达广州的。我必须如期到达!"声音洪亮,语气坚定,我不禁立即想起了端木先生在授课时对她的一句评语:"女中豪杰!"

巴丝蒂夫人给我们授课的内容是《条约法》。按照原定计划,夫人讲课时,由我按已翻译成中文的文本进行宣读。可是上第一节课,就出了大乱子。夫人是大师级人物,讲起课来,兴致所在,很快就偏离了原定的讲稿,海阔天高地自由发挥了。这可惨了我,因我的法语是第二外语,真正的"有限公司",夫人几下子就把我全搞蒙了。中间小休时,端木先生与我紧急地进行了磋商。为了表示对夫人的尊重,我们不能要求夫人只按原商定的方案照稿宣读。当时在场的有法语非常好的外语系师生,但他们对法律专业并不够熟悉;而法律系法语比较

好的当时就算是我了，我却又不足以应付这一场面。怎么办？端木先生此时毅然、果断地做出了决定：由他本人亲自即场担任夫人的翻译。于是，我们就有幸共同目睹了这一历史性的场面：一位是名震海内外的国际法权威，一位是名响国内外的国际法学者；一位是大师级的讲演者，一位是大师级的翻译者；一位是年享78岁的前老师，一位是年已64岁的前学生，两人都为了一个共同的目标：培育中国新一代的法律人才，而同台授课。多年后，每当我回忆起此情此景，我都情不自禁地感到热血沸腾，心中充满了对巴丝蒂夫人以及端木先生的无比敬意！

三年的研究生生活很快就过去了。当我和几位同学从校长手中接过毕业证书和学位证书时，我为自己能够成为端木先生的弟子并顺利地完成了学业，感到十分的自豪！同时，我也已经意识到：我与端木先生的师生之情，实际上才刚刚开始……

二〇〇四年十一月十三日

写于香港太平山下

海地维和　感念师恩

马伟灵*

时光飞逝，岁月如歌。一晃眼已从中大法律系毕业近二十年，我，当年的毛头小伙子也已步入中年，成为在公安战线奋斗了近二十年的“老兵”。这些年来，无论为人、做事、从警，获益于中大的甚多。中大有“博学、审问、慎思、明辨、笃行”的校训，有孙中山先生所倡导的“努力做大事”的务实传统，更有传承“独立之精神、自由之思想”的良师，端木正先生便是这样一位导师。

当年我求学时，直接受教于端木正先生的机会并不多。作为法律系的系主任，改革开放后中大法律系的创办人，端木老身教胜于言教，以其报国之赤诚，为人之正直，为学之勤勉，为政之公允，为师之谦和影响了包括我在内的一代代法律系乃至整个中大的学子。

早在中学时代，端木先生就因积极参加爱国学生运动而遭国民党特务逮捕。后来，端木先生先后求学于武汉大学和清华大学，获得法学学士、硕士学位，1947 年更负笈海外，求学于法国巴黎大学，获法学博士学位和历史学博士学位。刚刚圆满完成学业，就于 1951 年响应新中国的召唤，应其恩师陈序经的邀请，毅然舍弃国外优越的条件回岭南大学（后岭南大学并入中山大学）任教，目前已历经五十多年。尤其是改革开放后，端木老虽已年过花甲，然无白首之心，有青云之志，不负重托，于 1980 年复办了中大法律系，1987 年创办了中山大学法学研究所；其爱国之心老而弥坚，以古稀之年，出任了最高人民法院副院长，海牙国际法庭的仲裁员。端木老始终如一的拳拳报国之心，给我辈后学深刻启迪。

端木老为人非常正直，其与中大大师级学人陈寅恪的交往更为人所称道。

---

* 中山大学法学学士，广东省公安厅治安局处长，自 2005 年 4 月参加中国赴海地维和警察防暴队，担任政委，带领 124 名维和警察远赴海地执行维和任务。

1946 年，端木老在清华求学时，便与陈寅恪先生有交往。1951 年，端木正先生回国任岭南大学历史政治学系副教授兼代系主任，陈寅恪便在该系任教。端木老充分尊重陈寅恪先生独立的学术精神，以后学之心对陈老关怀备至，颇获好评。其时端木先生的夫人姜凝，更从 1952 年起旁听陈寅恪上课，并为陈寅恪刻写讲义，其中陈晚年的重要作品《论再生缘》完稿后，便是姜凝刻写在校内付印。后来该书校内油印本被章士钊带至香港公开印行，获得极高的海外声誉。自陆键东《陈寅恪的最后二十年》披露之一鲜为人知的细节后，我们对端木老更平添一股崇敬之情。

端木先生从教56 年来，亦学亦政，却能一直恪守“独立之精神，自由之思想”的学人精神，力行 80 年前孙中山先生在中山大学怀士堂前流下的名言：“要立志做大事，不可（立志）做大官”，以为学之心为政，为政之余为学，硕果累累。1985 年，端木老以专家身份被全国人大任命为香港特别行政区基本法起草委员会委员，参加政治制度小组，在没有先例可循、没有法律文件可供参考的情况下，与其他同仁一道，负责完成了 1997 年后的香港政治制度的构思，起草和制定了这部体现“一国两制”精神的法律文件。在繁重的教学和行政社会工作之外，端木老还出版译、著书 20 种，在国内外发表文章和译文 80 余篇。

端木老虽年近九秩，然壮心不已，在去年为他庆祝八十五岁华诞和从教五十五周年时，曾表示不管年纪有多大，有没有余热，都将继续努力。端木老深信，“教育为神圣事业，人才为立国大本”，以严谨的治学精神、高尚的道德品格，身体力行，培养了一批又一批的法学新人，可谓桃李满天下，硕果遍海内。作为端木老的一名学生，耳濡目染端木正先生的为学、为人、为政之道，获益匪浅。1987 年，我毕业后被分配至省公安厅，先后在办公室、反邪教处和治安局工作。如果说我这些年来为公安事业做了些工作，在为警、为人、做事方面还获得了些许收获的话，究其根源，实得力于中大宝贵的四年，得力于端木先生的言传身教。尤其是这次受到组织信任，率由广东一省公安组建的维和警察防暴队不远万里来到遥远的海地执行维和任务，对我来说是难得的经历，更是严峻的考验。

海地维和任务区是联合国安理会为解决海地 2004 年 2 月发生的政治危机和武装冲突而部署成立的，旨在帮助海地恢复正常的政治和社会秩序。根据 2004 年安理会通过的第 1542 号决议和 1576 号决议，成立了联合国驻海地稳定特派团（简称联海团）。今年 6 月又通过了 1608 号决议，将联海团任期延至 2006 年 2 月 15 日，联海团包括一支军事性质的成分，由 7500 名军人（目前有 6700 人，在大选前将再增加 800 人）和 1897 人的民事警察（含 750 名维和防暴警察）组成。根据联海团的工作时间表，将协助海地临时政府与今年 10 月 9 日

进行地方选举,11 月 13 日进行第一轮总统和议会选举。

今年 4 月 16 日,由我省公安组建的防暴队与去年 10 月来海地的第一期赴海地维和警察防暴队顺利实行了轮换。自去年 2 月以来,海地局势一直不稳定,海地任务区也因其复杂的政治局势、严峻的治安形势和极度落后的经济状况被联合国确定为除伊拉克之外最危险、最艰苦的任务区。随着大选的日趋临近,海地的政治局势进一步复杂,安全形势日趋严峻。在 2004 年 2 月发生武装冲突和动乱中,尽管前总统阿里斯蒂德被迫离开海地,但仍在国内中下层阶层中拥有较为深厚的群众基础。为争取让阿回国,阿原领导的拉瓦拉斯之家经常组织群众集会游行和抗议活动,当前更是公开反对选举。支持阿的武装团伙火龙党,也不断地在海地制造流血冲突,企图扩大影响。在首都太子港,武装团伙成员多达 4000 至 8000 人左右(联海团统计数字),他们不断制造交火流血事件,公开对抗联合国维和行动,各种绑架、暗杀事件频繁发生。长期以来,海地各种武器散落民间,据不完全统计多达 4 万多支。武装犯罪、有组织犯罪、毒品犯罪相当猖狂。海地经济落后,生活条件非常艰苦。作为西半球最不发达的国家,长期以来,海地经济发展缓慢,基础设施落后,生活物资极端匮乏,人民生活穷困,全国贫困线以下的人口高达 52%。各种流行疾病肆虐,医疗卫生没有保障。由于医疗基础建设薄弱,疟疾、登革热等热带流行疾病在海地广泛传播。海地也是艾滋病的感染率为非常高的国家,每年约有 3 万人被艾滋病夺去生命。

“沧海横流,方显英雄本色”。尽管海地是一个与中国尚未建交的国家,安全形势异常严峻,维和任务艰巨而危险,来此维和,我义无反顾。三个月来,我战战兢兢,如临深渊,如履薄冰,不敢有丝毫懈怠。我深深感觉到,个人荣辱事小,祖国形象事大。外交无小事,作为总体外交一颗棋子的防暴队一举一动都关乎祖国的形象,关乎中国警察的形象,也关乎广东警察的形象。我也深深体会到,安全和形象密不可分,确保安全是树立形象的根本前提。基于这种考虑,我高度重视防暴队的安全和形象,先后开展了安全防范月活动和树立形象月活动,发挥集体智慧,民主决策,群策群力,在队伍管理、营区安全、外出勤务、营区建设、对外联络、社区警务等方面想了许多办法,建立健全了各项规章制度。我将端木先生的为学、为人、为政之道运用于防暴队的管理之中,管理与服务并重,取得了较好效果。目前防暴队队伍管理、营区管理和勤务模式已走上规范化轨道。自赴海地以来,中国防暴队发扬“特别能吃苦,特别能战斗”的优良作风,不畏艰险,不辱使命,出色地完成了各项任务。三个月来,防暴队充分发挥广东警察在防暴处突方面的特色和优势,先后承担了太子港太阳城、贝莱尔等高危地区定点驻守、搜捕和解救人质、机动巡逻、设卡盘查、要人警卫、重要场所

守护及大规模游行警戒监控等多类勤务，先后参与了27次快速反应和清剿行动，给太子港地区的非法武装分子以沉重打击，为帮助海地政府和人民实现和平与国家重建作出了积极贡献，得到了联海团各部门特别是警察总部的高度赞誉，与他国维和部队和防暴队建立了良好合作关系，树立了中国警察和广东警察的良好形象。特别值得我欣慰的是，我们还成功开展了社区警务活动，组织进行了多次捐赠活动，访贫问苦，给予当地群众一些力所能及的帮助；还多次救助海地遭遇流弹的海地群众，获得了海地群众的高度赞誉。由于我们的成功表现，2005年7月16日，包括我在内的125名防暴队员获得了光荣的联合国和平勋章。

遥想端木先生八十六周岁华诞和从教五十六周年纪念之时，一定是一场答谢师恩的盛会，我虽不能躬逢其会，然心向往之。很遗憾不能面见恩师，只有遥寄这篇短文，以慰思念。我在遥远的海地，将努力践行端木先生的为人、为学、为政之道，履行维和警察职责，不辱使命，为国争光。我想，这也许是答谢师恩的最好方式。

"桃李不言，下自成蹊"，谨引此言再次向端木先生致以崇高敬意！

2005年7月写于海地

端木正教授与法学院图书馆

唐乐其*

由于历史的原因,全国的法律院系曾经几乎解体或并入到其他院系。中山大学法律学系也是被解体了。1979年,在端木正教授带领下几位老师开始了中山大学法律学系的艰苦复办工作。

要能保证法律学系在第二年本科生的正常开课和第三年招收研究生,学生有学科专业图书看,法律学系必须要建设自己特色的图书资料室。在一无所有的情况下,端木正教授一方面向校图书馆和原岭南大学图书馆领导要求将他们保留的法律方面的中外文图书全部收集到中山大学法律学系作为建立系资料室的基础。从这两地,法律学系资料室有了一些上世纪早期的中外文图书,如:商务印书馆出版1929年的《唐律疏议》第一至四套、1931年出版的《中国法律发达史》(上、下)两套、1935年出版的《英宪精义》(上、下)两套、1927年《九朝律考》(上、下)两套;*Classics of International Law* 这套书的最早一辑是从1911年开始的,共收集了31辑;Moore 的 *A Digest of International Law* 是从1906的 Vol. 1-8;Moore 的 *International Adjudications* 从1929年的 Vol. 1 到1933年的 Vol. 6、*Treaties and Agreement* 的 Vol. I—II。另一方面,设法筹措资金和要求学院图书馆协作补齐或续订过去继承下来的经典法律图书。如:*The British Yearbook of International Law* 当时从两地继承下来的只有1920年到1936年的,法律学系资料室成立后设法又从1976年开始补订,并延续至今;*Netherlands Yearbook of International Law* 这份杂志也是从1977年开始订购的。在当时几乎没有资金的情况下,还设法以人民币4000元的高价从1981年开始订购 *Encyclopedia of Public International Law* Vol. 1—12 这部非常经典的国际法全套著作。这套书在当时全国也只有两地购买,而我们资料室是其中之一。这些书后来一直成为研究生和

---

* 中山大学法学院图书分馆负责人。

老师进行教学科研的重要参考资料。我院的陈致中老师与一些老师共同将 *Encyclopedia of Public International Law* Vol. 1—4 翻译成了中文版本,并由我校出版社出版。

端木正教授不仅注重中外文图书的建设,也非常重视期刊的建设。一方面设法从国外学友获得赠送,另一方面也设法订购。如:*American Journal of International Law* 从 1963 年的第 57 卷收藏至今、*The Law Quarterly Review* 从 1970 年的第 86 卷收藏延续至今、*Harvard Law Review* 从 1977 年开始订购一直延续至今,又设法从 1982 年订购 *The American Journal of Comparative Law*、*Journal of World Trade*、*The Journal of Business Law* 等外文杂志。同时,从 1980 年开始订购中文期刊。除了《西北政报》1950(1—6)、1951(1—3)和《法学动态》1970(1—15)等部分期刊是从校图书馆继承下来的外,法律学系资料室从 1980 年开始订购《法学研究》、《法学译丛》、《法学》等法律期刊。

中山大学法律系复办后,端木正教授不仅注重国际法方面的图书资料建设,而且注重法律其他学科的建设。资料室在短短的时间里,为教学、科研储存了法理学、宪法学、行政法学、民法学、经济法学、国际法、国际私法等法律学科门类齐全的图书和期刊。图书的语种有英语、法语、德语、俄语、日语等多语种。而且以后在端木教授的领导下,图书资料越来越丰富。1984 年,美国包恒律师来法律系时都赞叹:中山大学法律系在短暂的时间里收藏如此多的经典法律图书是很不容易的,而且美国很多法学院都没有这么多的法律经典著作。为了继续增加法律系资料室的资源建设,端木教授及其他领导在工作之中抓住"请进来、走出去"的机会与美国、英国、法国、德国和香港等国家和地区的学者进行学术交流。在 1982 年至 1997 年间,法律系资料室先后受赠外文图书和期刊多达两千余册,中文图书多达 800 余册。端木教授也将自己收藏的部分中外文书刊捐赠给法律系资料室,以丰富法律系资料室的藏书。1990 年端木教授出任最高人民法院副院长后,有时从北京回到法律系都会送给资料室一些新书。

中山大学法律学系资料室在端木正教授的领导下,经过艰难的历程,继承了传统的残缺不全的古典经典法律学科著作,使因历史原因散存在他处的法律学科图书的余晖得以在中山大学法律学系重新发挥无价的作用。法律学系历届领导和由法律学系改名成立为法学院的领导们都非常重视法学院图书馆的建设。正是有历届领导对图书资料建设的不懈努力,才有今天这样的具有法律学科特色的专业图书馆。依靠法学院图书分馆的资源,法学院的老师们取得了如此多的科研成果,历届学子也成为学科知识丰富的法律人才。

师傅领进门,修道在各人?

曾报春*

人言:师傅领进门,修道在各人。在端木老师这里,只要你愿意学习,老师总会循循善诱,毫无保留地传道、授业和解惑。

端木老师从教多年,弟子也多,我们算是晚辈的,也到不惑之年了。记得在校念书的时候,同学们常到老师家“蹭餐”,有时还加上其他老师和外教,更有大家伙一起在厨房“混战”,为姜老师当“助手”的。姜老师有很多独门的拿手好菜,也乐意传授我们一二,我家老任原不喜欢做饭,但在端木老师家初尝烹饪之乐后,结果成了自封自得的“食家”。

聚会时同学们既有学术探讨的,也有谈天说地、手舞足蹈、翩翩起舞的,很是率性、随意,大家伙有说有笑,其中不少朋友是这样结识、了解的。毕业以后,同学天各一方,且在校时多并非同专业、同班、同级同学,却总能因老师生辰、家族喜事相聚一堂,彼此坦诚相对,交换工作、事业、人生心得,很是难得。一来二往,老师虽未开口,我们之间自然建立起某种默契,更有些进而成为知己良朋、工作拍档,这也是老师的功德。

端木老师就是这么一个长辈,无论你何许人也,个性如何,在他身边总会潜移默化,首先是学会新的工作和生活的态度,进而积极向善,感染、惠及亲朋好友,乃至周边的人。记得很多年前,大学里各学系并不相通,要到其他学系听课不仅不算学分,还属“不安分”之列,总得偷偷摸摸的,唯独法律系让我们这些外系人员听课,甚至参加考试;及至有学生报考其他系的研究生,很多系的领导和老师都因“人才外流”而生怨,唯端木老师一笑置之。久而久之,老师的凝聚力和楷模作用就明显了:无论自己的想法和需要如何,至少应该对现实和他人多一分谅解和宽容。

---

* 中山大学法学院国际法专业法学硕士、美国加州 Loyola Law School 法律博士。

我们出国留学，也是和端木老师的支持分不开的。端木老师早年留学法国，这么多年里又不知送走多少学生出国留学。我们出去时，他早已驾轻就熟，不时提醒我们应该提前打点的杂七杂八之事：推荐信、成绩单、学位证、学校审批手续，等等。不少手续还真需要老师帮忙解决，譬如美国学校开学了，我的美国签证又遭拒签，最后还是老师出面向领事馆文化官提出质询后才顺利取得学生签证的。多年以后，我们谈及此事满心感激，老师只淡淡一笑："还好，你们真的没有移民倾向。"我理解其中含义：老师一生诚实，纵然美领事馆的文化官早已换届，他依然执着于当初的承诺，老师的诚信态度影响了我们当中的很多人。

法学院毕业进了美国律师楼，考取了加州的律师执业执照，我本以为对老师有所交代了。但是，我很快便收到老师的回信：你这几年在外国留学是有进步，国内的进步也很快，希望你能不断学习，积累实际经验，打好基础，报效祖国。老师还希望我改一改中英文夹杂的写信习惯，对所学所闻务求甚解。一席话，令我清醒不少，受益终生：一山更比一山高，只能潜心做事，不可自以为是。

对端木老师的更深理解，是近年来的事，也许与自己的年龄、阅历有关。老师就像一本百科全书，每次打开都会有新收获。记得老师为他的老师《王铁崖文选》作序，三番五次考证其中历史细节和所涉文件的内容，及至对英文翻译本，更是对其中的情景描述颇费心机，力图生动准确。正如老师在文中所言：

"从1931年"九一八"事件开始的60年以来，中华民族经历了多灾多难的考验。我国的知识分子是在克服种种艰难困苦的过程中，坚守岗位，奋发不息的。抗战八年我（端木老师）是在读大学和研究生中度过的，目睹我的老师们怎样艰苦卓绝教育我们这一代人。日寇空袭、颠沛流离、法币贬值、资料不足、住房狭小、电灯昏暗（有时无电则一灯如豆在油灯或烛光下开夜车）……但他们为了延续民族的文化，为了民族的未来，甘之如饴，保证质量地讲课，还不断出科研成果。"

端木老师本人的人生经历又何尝不是如此：出身名门，从未炫耀，倒是多年以后对力邀其到岭南大学任教的陈序经校长的感激之情仍然溢于言表，且将1952年那次思想改造中母亲给他的"一日为师，终身为父"的教导变成了终生实践。正是基于这种虽"箭在弦上，但仍需持论公允"的尊师重道思想，在十年动乱中，老师始终洁身自好，身处窝棚，潜心研究学问。改革开放以后，他立马挑起恢复法律系的担子，排除万难，从五湖四海调入精英团队，不计较个人名利，共同开始建设宏伟的"造人"工程。这在1978年的时候该需要多少勇气和远见，我们应深有体会。例如，我的一个中学同学是1981年考取中山大学法律系本科的，当时大家还问她为什么会选读"政治"，令其颇为烦恼。由此，当时整

个社会的政治气氛环和人们的一般心理状态可想而知。

正如端木老师在《参加复办中大法律学系的一些体会》一文中所讲的那样："何去何从，举棋不定时，我征求过不少亲朋好友的意见，其中一个意见是：法学是'危险的'行业，1957年的记忆犹新。""从法律虚无主义发展到'无法无天'的统治，在'十年动乱'期间，人身毫无安全保障，哪能谈得上从事教学和科研？"故此，老师认为，"考虑问题总不能从个人出发，还有客观的形势，不能完全不讲点'大道理'。即使从个人出发，也不能忘记我们自己是身受多年'无法无天'之苦"。老师在1984年就说过，"没有发达的法学研究，没有大量的法学专业人才，要实现以法治国是不可能的。"老师正是本着这样的"前人栽树，后人乘凉"的精神，承担起复办法律学系的重任。及至上世纪90年代中期最高人民法院院长提出"依法治国为国策"的时候，虽已是多年以后，相信老师也特别地欣慰。

认识端木老师纯属偶然，老师继而将我介绍给他的一名爱徒。不知是因为他同出外语背景，对法律有着很特别的理解，还是因为他有着与我截然不同的从反革命家庭出身到十五岁上山下乡的艰辛、曲折的人生阅历，从此，这两位最具影响力的天才老师共同开始了对我的改造：我对法律的兴趣是从阅读老师推荐的《西方法律思想史》开始的，哲学家、社会学家们的逻辑推理、社会洞察力和改革创新精神让我惊叹不已，法律在人类社会发展中所起的作用令人神往。及至在九十年代中期我国提出"依法治国"的国策，我怦然心动：我们的国家和民族有希望了！

在读国际法研究生时，很多学生，包括我自己在内，都是不怎么过问政治的。老师似乎也有所察觉，他并不批评我们什么。相反，他会有针对性地鼓励我们阅读课外书刊，介入社会活动和办理一些案件，让我们从中学习到不少课本外的做人、做事、做学问的大道理。80年代中期，主要由我们系老师组成的岭南律师事务所经办了不少民商事、涉外投资和国际贸易的案件，还接触到经济开发区、居民社区和企业的法律和非法律问题等，既为确立改革开放初期的社会经济法律体制出了力，又为师生们提供了很好的法律执业和实践机会。从今天看来，当时在校园内创办律师事务所并实行律师费三七分成的分配制度，确实需要不怕被批评为"钻钱眼"的勇气。即使多年以后，对律师行业的这种偏见依然存在，而且还直接影响着优秀人才不愿进入律师业，影响着律师业的管理和发展构架。

也许，端木老师和他的同事们之所以没有引来过多的批评，是因为他们实在很出色，为社会干了很多好事。除了不断开设新的经济法律课程外，他们还组织了大量的法律工具书、字词典、法学教材的撰写、出版工作。他们这一代学

者是高产的，而且是团队的集体高产，许多著作都是系里多个老师集体智慧的结晶，甚至连我们这些小字辈的研究生，也能一沾光泽，在毕业前多有机会参加到那些我们可以终生引以为豪的创作、编写和翻译工作中去，这与老师的领导才能、容人雅量绝对相关，这在哪里都是杰出和难能可贵的。多年后，当我目睹国内外大学教授们为出版量和合作者的署名问题你争我夺，出版量不足的又面临聘用危机等时，我真为自己的老师和他的时代感到骄傲。

无论他在哪里、身居何职，教书育人肯定是端木老师至爱的事业，所以大家多尊称他为“端木老师”或“端木老”，而从未听过别人特意指明他的行政职位。1990 年，老师作为民主人士被提名到最高人民法院任职，老师一句“同舟共济”，便立即举家迁往北京，唯独每年都回中大两、三个月给学生讲课、指导论文答辩，一转眼就是十五年，但见他乐在其中，趣闻不少，唯独没听他提到任何的艰辛与不便。

中大法律系在当时一般每年只招三名研究生，我们同届的国际法专业的研究生的人数在当时法律系研究生中算是多的，有 9 个人。其中有本科刚毕业的，也有工作多年、儿女成群的，我夹在当中，结了婚但没有子女，用于学习的时间自然也要比别人多些，加上有英国文学语言毕业的底子，外籍老师的课总的来说上得比较轻松。端木老师并不放心，总问是否大家都能适应，需要什么样的帮助等，有时还让我们转述上课内容。我比较直观，喜欢用英文转述上课内容，老师饶有兴趣地听完，然后让用中文再讲一遍，他惯用一句话：做学问求解难，求甚解更难，可见老师的苦心。多年以后，我经常以同样的标准要求自己，要求学生和下属。

由于老师的严谨，我当律师以后到北京出差也很少找他，虽然我供职的律师行是外国律师行，并不代理中国国内的诉讼业务，我总觉得老师希望我们自觉与法官保持距离。为了避免不必要的误会，他的很多学生都很自律，直至他从最高法院的领导职务退下来后，我们才又放心地与他单独聚会、照相。人生的取舍原来也是一门大学问，体现的远不只是人际关系。

20 世纪 80 年代是我国改革开放的初期，百废待兴，我们的体制处于形成和完善过程中，加上我们那时都很年轻，社会阅历浅，有些观点难免片面和偏激。但老师并不指责，他的感染力在于身体力行，总会先做细致的调查研究才作决策，而且都能贯彻始终，让你心悦诚服。一个例子是针对外籍教师课程的，现在说来像是说笑：在“反自由化”的运动中有人批评外教的《美国案例分析课》和在家中加《开口语练习课》可能涉猎社会、政治题材和讨论，对学生的思想造成不良影响，建议或取消《美国案例分析课》，或不应让外教直接向学生讲课，改为

由中国老师听完课去粗存精后再转授给学生。在意识形态观念很重的社会环境下,老师并没有马上行动。他向很多老师、同学了解具体情况,仔细地评估外教的具体教学内容和口语练习的交谈题材,逐一与外教、有意见的同事和领导沟通,完满地、就事论事地解决了本来看似不可解决的问题,既不影响我们的正常学习,又达到了学校的要求,平息了这场风波。直到今天,早已退休的外教对此还感激不尽,希望再来中国探望知人善任的"老上级"。老师当时做法的正确,已由实践加以证明:如今的中大法学院不仅有外教直接向学生讲课,而且讲课和讨论的内容还涉及美国宪法和人权保护等,学生们的视野确实比我辈当时开阔多了,足见时代在不断进步。

端木老师桃李满天下,当中的许多人在各自的行业和岗位上都干得不错,这与老师的言传身教是分不开的。因为有了自己敬重的老师的信任和期望,我们都自觉多一分责任感,这分责任感就转化为大家立志远大、奋发图强的动力。每年都要向老师有所交代,我们能懈怠吗?

拉拉杂杂写了些本不准备摆上桌面的东西,聊表对老师的深厚"道行"和人格魅力的敬仰及对老师教诲之恩的感念,并祝老师生日快乐,健康长寿!祝老师的图书室早日开放!

"忆往昔峥嵘岁月稠",尽管在老师身边的日子太少,也算不上怎么"峥嵘",但青春岁月的淳朴师生情谊依然令人神往。

2005 年 4 月 28 日于广州

老师在我心中

滕 华*

从小学到大学，我有过许多老师。我很幸运的是，他们大多数都是很好的老师，不过我对每个老师的感情却不完全相同，这不仅取决于我和各位老师的交往程度，而且取决于我认识各个老师的时代背景，更重要的是取决于老师对我个人的影响。

端木老师是我生活中影响最大的老师，这不仅仅是因为他是我学生时代最后的老师，更是因为他是时至今日仍给予我指引的导师。这一点，我多年来没有发现，却在去年冬天的某一个晚上才恍然大悟。

那天晚上，我无缘无故地做了一个梦，梦见回到久违的康乐园，到处是我似乎熟悉却又难以认知的环境、景物，朦朦胧胧中我找到那条熟悉的林间小路，却找不到那个熟悉的老式楼房，那个我们在中大时经常出入的老师的家，也找不到端木老师，于是我莫名其妙地哭了，仿佛是找不到我自己的家园。我在哭泣中惊醒。离开中大那么多年，我很少做回中大的梦，尽管我在那里得到世界上最珍贵的东西：最好的老师、最好的同学和我的爱人。

不久，我专门去了一趟广州，周菊同学陪我去看端木老师。出了电梯，进了老师家的门，亲爱的师母如同往常一样热烈地拥抱，端木老师在古洁、湘蓉两位师妹的抱怨声中（因为塞车，我们迟到，让两位老人久等了）依旧笑吟吟地看着我，伸出温暖的手握住我的手，马上又转回书房取出新版的《端木正文萃》送给我，问我广西有几位我认识的中大法律系和历史系校友，叮嘱我各带一本书回去一一送给他们。坐在陌生的客厅里，听着老师、师母、老同学熟悉的声音，我才明白我为何找不到老师的那个老房子，它如同我们的记忆一样留在康乐园的某处角落里了。

---

* 中山大学国际法学硕士，高级律师，广西远东律师事务所合伙人。

那天晚上，由湘蓉做东，我们和老师、师母在珠江边一个好地方度过了一个愉快的晚上。席间，我说话不多，倒是两位师妹滔滔不绝地说了许多有趣的事儿，特别是履新上任为法学院院长的古洁，用风趣的口气诉说她的“正院长奇遇记”，我们不由得哈哈大笑。看着老师和师母的鹤发童颜，听着他们开怀的笑声，我忽然明白：老师和师母一直像爱子女一样爱着我们这些子弟，为我们的困难而担忧，为我们的快乐而快乐。联想到我当年刚离开中大回到广西时所遇到的种种困难，再想到这么多年来端木老师一直给我的指导和关怀，我一时情不能自禁，流下眼泪。这泪水，绝不是当年那伤心无助的泪水，而是人到中年悟得人生真谛的感怀，对眼前的良辰美景的感动。

在端木老师的弟子中，除了国外的师兄学姐们，大概我离老师最远，见老师的机会也不多。偶有机会，出差广州或北京，得以聆听老师的教诲，尤感欣慰。每次说什么话已经不记得了，却总记得每次都是师母应声开门，笑如春花，老师随后踱步过来，到客厅甫一坐下便问长问短。尤其我有儿子以后，和端木老师通电话或一见面，他一定先问“袁方程小朋友最近怎样”。而袁方程也和端木老师特别亲。2000年夏天，老师随最高法院顾问团到广西视察工作，我领着还在上幼儿园的儿子去宾馆看望老师，儿子当时在长水痘，精力却和他的水痘一样旺盛，见了端木老师和师母一点也不怯场，问爷爷为什么姓“端木”。端木老师解释说“《三国演义》里有诸葛亮，有司马仪，他们都是复姓，我也是复姓。”又逗他说：“司马懿是我的亲戚”。这下可好了，孩子立刻没有了拘束感，在我和老师的谈话过程中，那小子竟然在老师坐的沙发上爬上爬下，我提心吊胆，却无法制止他的兴奋，老师却宽容地一直微笑着。

我一直为自己是端木老师的学生既自豪又惭愧。自豪自不待说，惭愧却是自己心知。1991年离开中大，完全没有想到就彻底离开了喜欢的专业。被分配回广西南宁不是我的意愿，留下来生根发芽却是我无奈中的选择。这里是我的故乡，当初却没有我熟悉的环境和人。因为某种不可理喻的原因，国家教委指令分配的单位拒绝接收我。更不可思议的是，我后来又被十几个单位拒绝，理由不外乎两个：第一我是女生，第二我的专业是国际法，人家不需要。真正需要我这个专业的单位我又进不去(因为我毫无人事关系)。当时我在极端悲愤中给远在北京的端木老师写信。我至今保留着端木老师给我的回信和他写给广西高院某领导的推荐信。看着老师在信中给我的赞许和鼓励之词，我忽然明白我决不能辜负老师对我的期望，我必须自我奋斗，不让老师再为我担忧和操劳。我藏起老师的信，擦干眼泪，开始我的职业生涯第一步。我一直努力地工作着，不能做自己喜欢的事，就努力把所做的事做得成功，再让自己喜欢这份工作。

十多年来，端木老师一直给我精神上支持激励。每年新年临近，我都会接到端木老师和师母的贺年卡，老师还喜欢在贺年卡的空白处给我写信，那些细小却非常端正的文字我常常看了又看。对我的去信，老师也是每信必复，无不亲笔书写，字体端庄，甚至信封也一样。这些信成为我精神的支柱，使我在遥远的僻乡也能感到老师的关怀。老师的信一直鼓励我努力工作，正直做人，不辜负我作为端木弟子的名分。即使我从事的工作与老师所教授的国际法没有关系，也不放弃老师教诲我们做人的准则。

端木老师历尽人生风雨，却始终如一地笑对人生、宽于待人。他在我的眼前和我的心中总是慈祥的，微笑的，宽容的，真诚的。我一直崇尚这样的人格魅力，这也是我们发自内心地热爱老师的原因吧。

祝愿老师健康长寿！我期待着老师和师母依然年年给我写贺年卡，那是我珍爱的新年礼物！

2005 年 7 月 31 日于南宁

风范法律人

——端木老师侧记

邢益强*

我不是端木老师的入室弟子，自然不能堂而皇之地登堂而列入“正室”，当然也就不宜以“正记”的方式叙述我尊敬的端木老师。我想，用“侧记”来描述我印象中的端木老师，或许较符合我的“身份”，且可以为正式弟子们写的洋洋大观的祝寿文集添点与他们不太一样的异彩。

内子黄瑶是端木老师的学生，因此关系，我有缘并有幸认识了端木正教授和师母姜凝老师。每年几度的相聚、倾谈、聆听和面教，使我这个“编外学生”获益匪浅。端木老师的教诲“先做人，后做事”我感触尤深，此言传经由他的身教，深深地影响着我的人生和事业。我从众多的记忆中，撷取了几个有关端木老师做人、做事的片断。

十年前的一个初秋，我去北京公干。事毕，受内子之嘱到端木老师家中拜访。随行的还有一位副厅级的公司老总，他是景仰端木老师的大名请求与我一同前往的。记得是师母姜老师开的门，端木老师站在门厅里恭候（“恭候”一词并非溢美，端木老师的礼节是出了名的。著名国际法学家李浩培先生的女儿凌岩教授就曾说过，端木老师每次登门拜访她家父，离开时总要深深地向李先生夫妇鞠躬辞别）。我们在客厅的沙发坐下，姜老师端上了热茶，主客便开始了寒暄。我的这个“老”朋友是个健谈之人，一开始便亲热而恭敬地称端木老师为“端老”。原来这位“老”兄不知道端木是复姓，误以为“端”是姓，“木正”是名。这一误称让我备感尴尬和难堪，因为错道别人的姓是多么失礼之举，而这位老兄偏偏又是我带过来的。我赶紧插话，问端木老师最近身体怎样，其用意是想给这位老兄示范，让他跟着我称呼“端木老”而不是“端老”。然而，这位老兄悟

---

* 中山大学法学硕士、博士生，高级律师，广东环球经纬律师事务所合伙人。

根太浅,没有“follow me”,还是一个劲儿地“端老”长,“端老”短,把我急得耳热脸红。但碍于他是长辈又是副厅级干部,终难于开口直接纠正。后又经几次“字正腔圆”的侧面提醒无效之后,我只好放弃提醒,任由这位老兄一口一个“端老”或者“端院长”不停地叫。令我钦佩的是,身居高位的端木老师始终“面不改色”(我想,端木老师也不会因此而加速“心跳”),微笑地有问有答,谈笑风生,脸上一直未见一丝一毫的愠色。更逗的是,这位老兄从端木老师家出来后,除了一个劲地夸赞“端老”的气质、风度、礼节和谈吐之外,还对端木老师的姓名进行了一番形而上的理论发挥。他说:“端木正”这个名字起得好,“木”为直,表示正直,“正”为正气,表示公正,连“端”这个姓也含有“端正”的意思。于是,这位老兄便得出了这样一个令我啼笑皆非的结论:难怪“端老”会当上最高人民法院的副院长。我不知道也不清楚,是否还曾经有人像这位老兄那样称端木老师为“端老”或“端院长”。我曾好几次想当面向端木老师致歉,诚然我也曾好几次想把这个红色幽默告诉端木老师和姜老师,但话到嘴边又咽了回去。我想,像端木老师这样的仁者,他的包容之心、宽厚之怀,是不会计较别人是怎么说他的,更不会在乎别人无意的失礼。我也曾私下做过臆测,如果我把这个故事告诉端木老师,他老人家会发表什么意见呢?风趣幽默的端木老师可能会哈哈一笑,用俏皮的口吻说,你这个朋友的文化水平不错嘛。

说到端木老师的幽默风趣,我不禁想起另一则故事。2002 年夏,端木老师夫妇、陈致中老师夫妇和我们两口子一起共进晚餐。席间,陈老师饶有兴致地给黄瑶和我讲了一件事,让我笑得差点喷饭。端木老师一向身体很好,尽管年岁已高,但他的听力和视力都很好,记忆力更是惊人,博闻强记,对国际法学史的重要事件如数家珍,其中的年代、人物和事件经过,记得丝毫不差。于是,有羡慕者便向端木老师请教养生之道、长寿之法。猜猜看,端木老师如何作答?端木老师对请教者幽了一默,笑答:我的养生之道是“多抽烟,少运动”。说罢,他自己先笑了起来。旁听者也跟着大笑,大家压根儿就没想到,端木老师的养生之道竟与传统观念中的“多运动,少(最好不)抽烟”反其道而行之。这只是端木老师的笑谈,不足效仿。但平日里,端木老师的确烟没少抽,而且他好静不好动。平日端木老师的“活动筋骨”,一般只限于晚饭前十来分钟的散步。关于抽烟还有一则趣闻。今年春天,端木老师在北京因眼疾住了一个多月的医院,自始至终被院方严禁吸烟。黄瑶打电话到医院问候他。端木老师调侃道:“唉,医生的禁烟措施太严密了,‘烟’网恢恢,疏而不漏,我都没法钻空子,来这儿后至今连一口烟都没抽过。不过,等我出院回家后,我一定会‘恶补’回来的,把这段时间没抽的烟全都补上,一根不拉。”乐得黄瑶在电话机旁笑个不停。其实,

端木老师的健康长寿,与他的豁达、平和乐观的心态密不可分。正是这种人生态度,使端木老师挺过了反右和文革时期的非常人所能忍受的磨难,一路走来,笑对人生,始终如一。

平等待人和独立思考,是端木老师给我的另一深刻印象。端木老师出任最高人民法院的副院长后,仍保持着往日师友的平常心态与我们交往,在我们面前,他依然是那样慈祥可亲。端木老师这个学者出身的法院领导,保持着知识分子的独立人格,习惯于用自己的眼睛观察社会,用自己的脑袋独立思考。

端木老师每次从北京回到广州,头次见面,他总是让我们夫妇俩尽可能多地讲述高校的教研近况和司法界的情况。他很关注中国司法的现状和改革的进展,很注重调查研究。由于我从事律师职业,端木老师在与我聊天时,总是花不少时间询问我有关律师界和当事人对法官、法院的看法,特别是对法院工作的意见。基于对端木老师的信任,每次我就像和老朋友聊天那样,口无遮拦,大放厥词:有对法官腐败现象的义愤,有对法院官僚作风的怨言,有对法官执法水平的忧虑,有对法院判决不公的牢骚,有对法官法院工作作风和司法改革起色的欣喜,有对改进法院工作的进言。大多数情况下,端木老师静静地听,有时会就某个问题与我讨论,谈他自己的看法。端木老师明察秋毫的洞察力、一针见血的判断力,不人云亦云的独到见解,每每令我折服。其实,我深知自己的话语难免因律师这一角色而对法官法院有些过激,但端木老师从不因此而"教育"我。

在我的眼里,端木老师做事合乎情理,有情有义,但又坚守原则。他曾对我说,"我在最高法院工作,有熟人关于案子来找我,我所能做的,只是过问一下案子的程序,以免被拖延太长时间。至于案件的实质判决,我是不发言的,因为我不是主审法官,不了解案件的真实情况,也就不能够发表什么意见"。

和端木老师聊天,是我的一件乐事,既酣畅淋漓,又深获启迪。他是一位大法官,但没有任何"官爷"味;他是一位智者,语言平实而意涵深刻,从无"官腔"和"玄论"。从端木老师那里,我真切体会到"是真佛,只讲平常话"这句俗语的高妙意境。端木老师有很多的头衔,诸如"教授"、"博士"、"副院长"、(海牙常设仲裁法院)"仲裁员"等。但是,九九归一,在我的眼里,他就是一位法律人(lawyer[①]),一位博学、独思、睿智、平等、仁厚、包容的法律人,一位令人敬重的颇具风范的法律人。

---

① "lawyer"一词有多种译法,包括"律师"、"法学家"、"法律工作者"等。笔者认为,"法律人"这一说法可以作为"lawyer"的总称谓。

康乐园外沐师恩

黄思周*

二十年前，原以为离开校园，也离开了给予自己教诲的老师，接受老师再教育的机会就少了。没想到，我是如此的幸运，离开康乐园不但没远离端木正老师，反而因端木正老师的关怀，彼此间更亲近了。

记得参加工作还不到三个月的时候，单位领导因其代理的二宗案件开庭时间冲突，在开庭前一天指派我单独代理其中一件涉外合作纠纷案件，我听到这一指派简直不敢相信，此前我还从来未坐过法庭代理人的席位，面对委托人港商的疑虑，单位领导对其说，不必担心，小黄是中山大学端木正教授的得意门生，他肯定能胜任。单位领导的话让我颇感忐忑。作为81级的本科生，没有系统地跟端木正教授学过专业课，从专业的角度说，我可从不敢对外自称端木正老师的得意门生。每每谈到端木正老师，我都说是我们的系主任、教授。回想刚进中大不久时，有一次看见端木老师站在中区图书馆门前的台阶上，身着白色衬衣和吊带西裤，银白色的头发梳得整整齐齐的，正专注地翻阅着资料，我当时的感觉是，那神态、风度、气质完全是典型的银幕上海外来华讲学的教授学者风范，我的敬畏感油然而生，觉得教授离自己好远。可现在自己却被归到端木老师门下，我第一次出庭就扛着端木正大旗，心里既不安，又觉得非常荣幸，信心顿时倍增。

大概工作了半年左右，有一天，一个同事告诉我，他跟单位领导谈起对我印象不错，领导回答他说，“那当然，他是端木教授特别挑选的”。同事说，深圳对外经济律师事务所在1983年成立不久就特聘端木正教授为顾问，1985年初，由于经济发展，深圳急需大批法律人才，当时，单位领导恳求端木教授给十个毕业生，结果，只有我一人分到该所。至此，我才明白领导为何对我那么关爱，原来，

---

* 中山大学法律系81级学生，广东恒通程律师事务所高级律师、合伙人。

我是被作为端木老师的使者来对待的。

从1985年下半年起,香港基本法起草会议不时在深圳召开,作为起草委员的端木老师在出席会议期间经常抽空召见在深圳工作的学生谈心,从中了解同学们的现状。我至今仍记得第一次接听端木老师电话的情景。

那是1985年底的一天下午,同事叫我听电话,我拿起听筒,那头传来浑厚的男中音:"黄思周,我是端木正。"我做梦也没想到,端木老师会知道我,还会打电话给我。我一时激动得语无伦次,竟然急促地直呼他老人家的大名,过了好一会儿,我仿佛从梦中醒来,才叫出"教授"来。在此之前,我一直以为端木老师不认识我,我想,作为一个普通的学生,没有任何理由让系主任教授记得起我。可是,年近古稀的老教授不但真的记得我,还记得我们这批学生,这让我感到非常意外、感动和荣幸。

在深圳工作的80级和81级的同学,有许多机会聆听端木老师的教诲。起初我们以为老师大概只知道在深圳有我们这么一批学生,不可能知道每个人的情况,而事实却是:老师能叫得出我们每个人的名字,甚至记得住我们各自工作单位的名称。当我们有同学出差在外不能赶来聚会时,端木老师总会问:某某同学怎么没来呀?某某同学还在那个单位吗?同学名字和单位名称是绝对没说错的。后来,每次聚会时,只要有同学不能来,到场拜见老师的同学干脆赶紧先将未到场同学的情况禀报老师,以免他老人家挂心。

最让我感动的是,端木老师赴北京任职后,仍惦记着我,老师和师母的贺卡总是在春天到来之前到达,经常是我的贺卡还未寄出,北京的贺卡已先到了,让我提前感受到春天的温暖。特别值得一提的是,端木老师在贺卡上的墨宝总是工工整整的,我以前总以为要把名字签得别人认不出才是艺术,看到端木老师的签名后,我更注意把签名特别是法律意见书的签名,写得工整些,让对方认得签名,这才是认真的态度。

我从业二十年了,认真想起来,自己最愿意从事的还是律师这个职业。感谢端木老师当初为我选择了可以终身从事的职业。

2005年7月14日于深圳

博我以文　约我以礼

——师门承学记忆

陆键东*

蓦然回首，余识端木正师已有十五个春秋了。

1990 年初冬的一个傍晚，余第一次随妻子前往中山大学东北区 316 号拜谒先生。是时先生新从北京南返。该年先生首次北上京师最高人民法院履新，然先生本色一介书生，为国贡献余热之际仍对授业之途念兹在兹，故在其七十岁以后的人生便有这样的轨迹，每岁的暮春、深秋两季，先生必如候鸟般南返，用数周时间为法律系研究生授课或指导论文写作。妻子为先生第二届国际法专业研究生，虽毕业有年，师生间来往仍亲密无间。

是日的晋谒，予我留下了永远难忘的印象。先生蔼然一长者，脸上总带着和煦的微笑，神态随处留溢着一种“善”的感染力。若干年后我才慢慢领悟出，此气息实际上是一种积深而融化的文化气质。是年我刚步入而立之年，在问学的精神跋涉途上正经历着四顾茫然的痛苦。与先生谈，先生只是听，说得不算多，但每说则言简意赅，意味深长。不觉数小时过去，夜已深，我俩人与先生、师母告辞。步下阶级，走过端木府宅前那条专用的小径，回头看去，只见先生与师母仍伫立阶前挥手致意。路灯下先生的白发闪着银光，我心头一热，眼睛潮湿……在以后很长的一段岁月里，每到先生府上拜谒，必可得此“礼遇”①。是夜月色清朗，人声俱寂，康乐园宁静如世外桃源，余懵然有所感，顿觉心田一片澄明。

此后，一年两季也成为我与妻子有所待的日子。其时余尚未育子，前往康乐园的次数也勤，屡有向先生请益之机。我向习中国传统文史，先生青壮岁时

---

* 广州市文艺创作研究所一级创作员。

① 后先生年岁渐高，多在客厅便与之拜别，而师母必坚持送到门外。

有近三十年的光阴在历史系度过，自忖与先生有共同语言；先生如何看我，我从不敢问，而先生惠我实足多。九十年代初，是中国社会自“开放改革”十年后再次发生大分化的剧变时期，此时世像纷纭，人心风气道德数易。我多次参加了先生的门人弟子为先生南返而组织的接风聚会，先生的学生多服务于政法系统，社会信息甚丰，席间所述，世态宛如万花筒。先生一秉其惯有的风度，多听少说，间有插话，看似随意，实则点评。尤其对一些典型的司法现象，话语平实，实际是浓缩了甚高的司法理念，闻后令人有豁然开朗之感。惜我所学非此，未能即时录下，阐释光扬，诚为憾事！

也正是在此前后，我倾全力研究中山大学历史系教授陈寅恪先生的生平学术。一天，从尘封的档案中看到了一条先生与陈教授曾来往密切的记录，初时惊愕，复如醍醐灌顶，潜伏很久的一些幽深的历史隧道，一下子全部贯通。自识先生以来从未听先生提过陈教授，但先生的气质却一直令我似曾相识，教我着迷，至此，我恍然大悟。1993年暮春，先生又一次南返，约好拜见时间后，我迫不及待奔赴康乐园。犹记得那是一个下午，在康乐园中区历史学系对着的一个草坪旁，我兴奋地向先生诉说了研究陈教授的情况，期待着预想中的回应。孰料先生听后很平静，只说了一句“写陈寅恪教授不一定合适，因为你会惹上许多麻烦”。——只有数年后我经历了许许多多，我才深切理解先生当年这句以平淡语气出之的说话所隐藏着的历史命运。但当时我对先生的劝说不以为然。尽管如此，我在先生的精神世界中汲取成长养分——与先生的“交流”丝毫没有受到影响。自此，康乐园，以及深隐在康乐园中的东北区316号，成为我更加向往的精神寻觅地。我前往拜谒先生的次数逾加多。东北区的一角，岭南大学时期又叫“马岗顶”。东北区316号是一幢前岭南大学营建的两层西式别墅，当时先生住在一楼，房屋大体仍保持建造时的格局。在我看来，房屋还凝聚了一代名校百年不散的幽幽精魂。我感觉，先生对岭南大学感情甚深，起初我有点不解，从先生的履历看，先生在此校的任职不足两年（1951年—1952年），但随着“交流”日深，我不仅完全理解先生，而且我这个在这座学府已消失若干年后才出生的“后学小子”，也从感情上深深地皈依了这所已不复存在的名校。因为这所大学不单有良好的风气，规范的管理，如宗教般虔诚的道德信念，更有陈序经、陈寅恪、姜立夫、梁方仲、冼玉清等师友。“二陈”不仅是影响了先生大半生的良师，而且更是与先生交往了二十余载的友朋。于是，在数年内的若干个寒冷的冬夜、或隐约可听屋外蛙声一片的春夜[1]，就在“岭大”这幢别墅内那近百年的

① 我们拜访先生多在晚上。

西式壁炉前[1],我和妻子环侍老师与师母左右,“对炉”而坐,融融细语,如春风沐浴,意之所至,深隐的历史意绪似乎突然找到了承传的突破口汩汩而涌。在先生轻声叙述中,陈序经、陈寅恪等人久被埋没、不为人所知的人生风貌,就这样点点滴滴地被勾勒出;片片追忆,一个个活生生的历史人物就这样立体地浮现在我的脑海。也许先生一生经历太多了,在后人看来是壮怀激烈的一些人与事,先生只以甚淡的语调带出。起初我惊讶于先生的深藏不露,在很长的一段时间后,我方慢慢地品味出非是先生阅世深而刻意不张扬,实际上对于“二陈”、对于先生这一类知识分子,世云的“道德准绳、气节、学者的操守”等等信条,已不再是一种有形的守则,而是已然融化为如生命中的血液,是如此的“天然”,如此的不可分割,一句话,是如此的自然而然!

康乐园东北区的夜一向幽深、静谧,“岭大”时建造的别墅群与“岭大”时栽种下的树丛,历经四、五十年的风吹雨打,型仪尚俨然。这是康乐园仍残留着甚浓“岭大”气息的特别一角[2]。风掠丛林而发出孤寂的沙沙声,似诉说着历史时光的凝固不动。在这样的夜晚,每当步出师宅,行走在“马岗顶”的小道上[3],无端的历史意象在脑海间纷纭叠来;而透过老师的身影,我总似乎看见了陈序经、陈寅恪这样的前贤。

许是觉得“孺子可教”,先生在此期间曾惠我其序《陈序经东南亚古史研究合集》一文。此序文不长,却包含着甚深远的历史体味,只有透彻了解陈序经的一生,方可窥知先生在文中所寄寓的高远的历史情怀。兹引数节如下:

> (陈序经)先生学识渊博,涉猎深广,凡历史学、政治学、社会学、经济学、教育学、法学、民族学,无不精审,且每多独到之见。即使不赞同先生见解者,也钦佩其功力深厚,态度谦诚。至于中西文字之修养,犹其余事。先生在学术界尊敬老辈,善处同济,奖掖后进,正是我国学者的传统高风。平生中英文字著述等身,而历经战乱浩劫,仅在各大图书馆中尚可查寻,今之学者但仰其名,想读其书已非易事,宁非一憾。
>
> 先生早年曾倡全面学习西方,以至今日仍有议论未休者。但认真翻阅其原著,辨析真谛,进而观其行,知其人者殊不多见,往往止于望文生训,评议泛泛。先生成长于华侨名门,足迹遍于东南亚诸邦,深谙华侨问题。归国后,秉承庭训,以发展教育为己任,绝足仕途,学人敬

---

① 此炉在客厅一角,师母云,炉子还能用,冬天烧炭一屋有暖意。

② 不意几年后学校急剧“大发展”,这种气息在今日的马岗顶已日见稀矣。

③ 陈寅恪之故宅,就在马岗顶附近。

仰。晚年致力于东南亚古代史与我国少数民族史，成果之巨，令人叹服，而先生却虚怀若谷，治学常苦不足。①

这是十数年来我所看到的评论陈序经先生的最好文字。陈氏早岁留学美国与德国，三十余岁时痛感整个中国社会的麻木、昏庸而第一个提出“全盘西化”的口号。正是成于斯也败于斯。无论生前或身后，陈氏一直因此为“主流舆论”所诟病，并在死后被遗忘。而在二十世纪九十年代初，在陈序经仍处被遗忘之际，先生已经以如此的眼界与情感，写下了这样隽永的文字。自“西南联大”求学时拜于陈师门下，先生追随陈序经二十年。陈氏“功力深厚，态度谦诚”；“尊敬老辈，善处同侪，奖掖后进”，这既是先生亲身所感，也是陈氏最为真实的历史原貌，更是在当代已欲断欲坠的“传统高风”，先生以迥于“时俗”的识见勾稽之，表彰之，不惟足见先生一生深养的人文情感，盖亦可见先生向所深蕴的“知人论世”的修养。

我就这样步入了康乐园的灵魂深处。

1994年春，我已写出《陈寅恪的最后二十年》一书的部分初稿，我选出其中涉及先生史事的一章，复印后寄往北京先生处。这一夜，我失眠了。这是该书稿第一次示人，我不知先生怎样看此稿。约一周后的一个晚上，先生千里外打来电话，我接电话的手微微发抖，话筒里传来先生略带高兴但仍不失平稳的声音：“稿子看过了，终于写出了特点，有自己的看法……”。先生随后还说了许多，但此时我脑海已一片空白，只是呆人般以“是是”回应着先生。识师四载，第一次亲耳听到老师对自己的评价，今天回思，这也是十五年来惟一一次先生对我的亲口评点。先生高自标置，甚少在弟子面前臧否人物，侍师多年，我终有体会，在一些特别的情景下，先生对一些人和事不置一词，实是在沉默中已表达了他的情感倾向。又过了一周，先生掷回“复印件”，内附“端木正、姜凝”史事的文字修正信笺三纸，第一页首句即为此十一个字——“有关端木正的介绍可从略”。书出版后，曾先后有数人向我问过相似的问题：看完书，感觉书中有不少处的叙述意犹未尽，欲言又止，是否还留了一手？每闻言我都心头一震。“留了一手”者，含义极之复杂，既有对历史中的一些人与事的避讳——可悲的是有两处最终避无可避，惹来先生早已预言的“麻烦”；也有我对一些“创造历史”的参与者意愿的尊重，比如先生，这位陈寅恪晚年的亲朋好友，书中对他的叙述，严谨遵从其“可从略”之嘱。倒是在以后陪侍师母“闲坐说当年”的聊天私语中，

① 此文落款时间为“1990年9月于中山大学法学研究所”。也载《陈序经东南亚古史研究合集》，香港商务印书馆1992年版。

我一点一点地知道了更多当年的历史场景。一次提到一幅师母姜凝与陈寅恪教授、唐筼夫人以及陈府两女公子陈小彭、陈美延一家合影照片的来历，师母告之，那是约在1958—1959年之间，陈寅恪教授特意叫上她，随同陈氏一家专门驱车前往当时中山四路的“凌烟阁照相馆”拍的合影。影后陈教授如是嘱咐，将照片寄给端木老师，让他放心。时先生正戴着“右派”帽子，在高明农村参加改造劳动。即使在四五十年后的今天来回味，陈寅恪的嘱咐仍是意味无穷，教人遐想。而对先生在现代中山大学人文历史中的作用与贡献，今人的认识远有未尽者。

1996年，《陈寅恪的最后二十年》由北京生活·读书·新知三联书店出版，随后数年，有所谓“激起反响”、“议论纷纭”的现象，并持续了很长一段时间。在中山大学康乐园尤其如是。那段岁月，我避听议论，少与人接。我隐约听闻先生一本尊重历史之真义为我执言，曾无端遭人攻击。但先生从未向我提过此事。我猜想，无论“誉”或“毁”，当对时年已近八十的先生开始平静的生活带来影响，可我从不敢问先生。而在先生，一年两季南返，本色依旧，人生如常。每坐在先生的客厅，时光似在瞬间回转，十多年的光阴可以说很漫长，但同样也可以说是如此的短暂、可感，师生融融交谈的情景竟十数年如一，丝毫未变。[①]

这是极之舒宁、自由和纯净的交流，慈祥的师母在打点着茶水果品的同时，或细说有关这个家的旧闻新事，或殷殷询问学生的近况；而先生在围坐者海阔天高的闲聊中，对时事、历史等话题间有“神来之笔”的智慧概括，总会激起一片欢笑，都使人不觉间有已融入一个温馨大家庭的幻觉。令我印象最为深刻的一个画面是，在这样的场景中，先生总是一手架着烟，微昂着首，侧耳专注倾听着他人的言说，静如一尊雕像。

十五年来这样的人生场景，如涓涓细水，在我心灵汇成这样一条河流：“真与善”如随着不息水流而生的云雾，轻曼缭绕，其气息与渗透，是如此自然与温润，这使我想起两三千年前孔门论学的情景。一部《论语》几括尽孔子一生学说的精华，但两千年前的孔子留给我最为亲切印象的，倒不是那些精粹的警语，而是孔子与侍坐群子随意轻松的谈话，极之温煦、舒缓，有如晨风吹过春天的田野，思想永远沐浴在温暖的浸育中。这是孔子学说最富有生命力的篇章。孔门高徒颜回曾对业师有这样的喟叹：“仰之弥高，钻之弥坚；瞻之在前，忽焉在后。夫子循循然善诱人，博我以文，约我以礼。”此中八字——“博我以文，约我以礼”最动我心。这是师心、师德、师魂。至少两三千年后的一个后学，可以凭切身所

① 2000年，先生府邸移于学校园西区。东北区316号现为学校一办公楼。

受,遥感当年那一幕幕的“浴乎沂,风乎舞雩,咏而归”的怀叹,一时古今冥合,若沐乎千载不息的历史长河中。

1994 年 11 月,先生赠我一册《法国史研究文选》[①]。识先生虽已经年,不过真正领略先生学术功力与学术气象却是从这本“文选”开始。早岁先生以政治学入门,在武汉大学时却有幸上过史学名家杨人楩的“法国革命史”选修课。杨氏三十年代曾受业于英国牛津大学以研治法国革命史而知名的汤普森门下,为吾国早期研究法国革命史用功最勤的学者之一[②]。正是在“武大”的熏陶,先生由是结下超过五十年的与“法国革命史”的情缘[③]。先生 1948 年赴法国巴黎大学攻读国际法专业博士学位,1951 年归国服务,1952 年碰上全国高校“院系调整”,1953 年大陆高校基本撤销法律学系,先生被安排到历史系世界史专业任教,“法国革命史”遂成为先生学术灵魂的安身之所。《文选》中所收论文俱为先生数十年厚积薄发的心血之作,虽云薄薄一册,但先生一生所宗之源、所学之本、博学慎思的气象,皆蔚然可观。书中《法国革命史的研究在中国》、《巴贝夫研究的演进》、《银幕上的“拿破仑”》等篇,启我所思实多。其中上举第一篇,以中国近现代历史进程为背景,将“法国革命史”这一新兴学科在中国的发生、发展历程,追本溯源,条分缕析,荦荦大端,史实与史识,融于一篇,赫然可见“乾嘉学派”穷其源流、竭泽而渔、辩其正误、以申新义的优良学风。

先生的卓越之处也正在这里。先生一生所学,以“西学”为主,半生所治,也以“西史”为寄,但先生的学术精神与学术理念,却浓烈体现出传统“中学”的精髓。再以《巴贝夫研究的演进》一文为例,先生眼界高远,一取国际史坛的视野,穷搜国际间研究巴贝夫(按:巴氏是法国大革命时期的革命者)的各种学术信息,综合分析,以辩证的历史观,梳理“巴贝夫研究”的历史轨迹与当下的趋势。正因文中材料俱为自己悉心所搜,大部直接源自原发书刊,似一无所傍,实大有历史烟云尽收眼底之感,故先生行文笔意纵横,开阖自如。这是一篇在学术理念上具有重要启示意义的论文,蕴含着甚丰厚的历史信息。其一,先生一生精于法、英等外文,研治“西史”,以外文原著为基本材料,此文一秉先生治学穷其源流之旨,广采博收;先生对国外的专业刊物、杂志、出版,了如指掌,如数家珍。

---

① 端木正著,中山大学出版社 1994 年版。

② 杨人楩事迹可参张蓉初所撰《怀念杨人楩同志》一文,见《中国当代社会科学家》(第五辑),书目文献出版社 1983 年版,第 162 页。

③ 据先生回忆,杨人楩 1938 年开始着手翻译马迪厄的《法国革命史》,“1941 年完成初稿,笔者有幸见到杨先生一丝不苟写成的初稿,有些专门名词汉译一时难定译名,还留下空白……。”见前举《法国史研究文选》,第 14 页。

在其时的学术界也可谓少见[①]。中国传统学术向有这样的传统,治学者若在其专业领域已臻“穷其源流”之境诚已大不易,已可以“家”名之。而先生以中国学者的背景,对“法国革命史”一些领域的认知,竟达如此的深度,至少表明在二十世纪七、八十年代之际,先生已进“预流”国际学术潮流之列。在极“左”思潮肆虐下闭关自守十数年后,中国的“法国革命史”研究领域,依然有可与国际对话的优秀学者。其二,短短一文,饱含着先生数十年研治的情感,研治的艰辛与学术情怀的牵挂。从《法国革命史的研究在中国》到《巴贝夫研究的演进》,都可明显感受出先生对这种学术回顾与追踪绝非偶然兴之所至之作,文中随处打上了日积月累的岁月印痕;文字中附丽着的学术感情,数十年始终如一,它燃亮了一个优秀学者的心路,散发着独特的人格魅力。正因如此,这些文字太过厚重了,它浓缩了作者半生所觅、所阅、所思,几达“无一字无来历”。看似简单的一、两句判断或陈述,背后凝结着的却是作者长年的关注、搜集、阅读与思考。唐代文豪韩愈尝借学生之口这样自述一生:先生口不绝吟于六艺之文,手不停披于百家之编,“恒兀兀以穷年”。先生自1951年学成归国,从未停止对“法国历史”与法国现实的关注[②]。即使1957年“反右”蒙冤获罪,此情结仍不可压抑,待稍放一丝生路(先生于1961年摘帽),又积极从事史料的搜集与翻译。[③]半生之业,足以寄托;悠悠三十载,情系于斯。以韩氏“恒兀兀以穷年”方之先生,亦为贴切。先生治西史,固是沿着“新文化运动”以来吾国治“西史”首以翻译史料、介绍名著为先导的路径,但先生一生最注重资料的积累,极为重视“目录学”,强调在博的基础上解决先端问题,这又是中国传统学术生命之本。1981年春,先生接受《外国史知识》杂志的采访,和盘托出其治学之本:“要研究某一个历史问题,一定要把有关这个问题的著作目录尽可能详尽地掌握。这个工作当然可以利用前人的成果,但不能假手于人,只能自己动手,进行积累;”“著名的历史学家陈寅恪教授从来没有叫助手帮他查目录或提供资料,他晚年失明,

---

① 在国门初开的七十年代后期,先生即以积年所得,发表了多篇具有前瞻性的研究心得,如:《关于法国督政府研究的近况》(载《法国史通讯》1978年第1期)、《近年来国外拿破仑史学的一些动态》(载《历史研究》1978年第6期)、《巴贝夫研究的演进》(载《武汉大学学报(哲学社会科学版)》1980年第1期)、《法国的史学杂志》(载《世界历史》1981年第4期)等。

② 以1957年以前为例:1952年先生根据法国星期《人道报》的一篇评论节译《法国殖民者在摩洛哥的罪行》一文(载《世界知识》1952年第15期);1956年先生翻译的法国历史学家索布尔的名著《法国革命(1789—1799)》一书由北京三联书店出版;同年9月1月,先生在《广州日报》第四版“国际评论”专栏发表《伦敦会议的成功和失败》评论;1957年先生翻译法人波贝安《评介索布尔〈法国革命会(1789—1799)〉》一文(载《史学译丛》1957年第2期)。

③ 先生自云“出版翻译约百万言”。见《〈法国史研究文选〉自序》。

仍能准确无误地指出所要资料的出处,让助手去翻检。"[①]言简意赅,一语中鹄。此道理简朴,似人人可懂,但甚少人可达此境。这其中重大的区别就在于,能达者已将此化为"人生的自觉"。

这样就引出了另外的一个话题:近世"中学为体,西学为用"、中西文化如何交融、现代学者怎样融会贯通两种文化等等"文化碰撞"的争论一直未息,而先生则以其大半生的学术路径、追求与情怀,对这些问题的思考,提供了一种独立的、触手可感的鲜活的例证!

长年侍师,我逐渐体会到先生阅读品味甚高,有甚深的学养,知道先生曾得天独厚地与众多中国现代学术大家有过不浅的交往与师生之谊;作为后学,也曾一直感叹先生向来惜墨如金,写得不算多,有太多的学术心得与积累,一直藏在心中并未写出。先生文笔优美,既有吾国古典语文体典雅之韵,复具现代白话文明晓、流畅之优。先生怀古论今,文风各有侧重,别出机杼,浑然天成。而先生的译著与治"西史"的论文,语感兼见"欧式"语句的华丽与生动。"博大精深",就是如此奇妙,这三者竟可以如此天衣无缝地凝集在一个人的身上。我自幼对法国伟人拿破仑向往,对先生《银幕上的"拿破仑"》一文多次诵读[②],每感慨先生在字字有来历的史料铺陈下竟然可以将历史与现实写得如此的趣味盎然,引人入胜,遂屡屡欲向先生表达些什么却又欲言还止。1996年先生"致仕",1999年连"顾问"一职也交卸,感觉先生"身不由己"的人生开始转归平静。我终于清楚要表达些什么。此间,只要有机会我就劝先生将他的一生经历和与师友交往的痕迹一一写出,并鼓动云"这将是现代文化学术史上珍贵的史料"。先生闻言总微笑不语,间或说上一句"这值得写吗?"九十年代中、后期起,中国出版业思想比前开放,各类反思性历史著作或回忆录刊行增多,我每次谒师,都挑上数种呈师一阅。到下一次见先生,多半可以听到先生对这些书的评点。先生是过来人,"大历史"下的大写意,寥寥数语,画龙点睛,褒贬往往有出人意料者,其深邃只可意会。由是我更坚定了劝先生动笔的念头。有一次我甚至斗胆对先生云"文章您尽管写,出版社我替老师找"。未料先生听后并不愠,反倒呵呵一笑,说了一番幽默的话:"有些东西不一定值得写,写了怕对不起读者。另外,读者若不买账,作者自己怎样吹是没有用的。他们不看你的东西,书卖不出去,那不害了出版社?"我闻言无语。先生此语句让人很熟悉,昔年一前辈向我

① 见《扎扎实实练好基本功》,载《外国史知识》1981年第11期。

② 后感意犹未尽,找到一本该文的始发刊物1981年第11期《世界知识》杂志再次感受,"历史感觉"果然又有不同。此为闲话。

言及先生一轶事，谓早在许多年前先生就反对一些院系师资等条件未具备时就盲目“扩招”或申报什么项目，曾有一句名言——“学校扩大招生易，对得起学生难！”

文化的承传，自有其千姿百态的形态，也有其难以言说的因缘。于此我又新得一感。此议遂息。

2004年，中山大学庆祝建校八十周年，先生出版了一册《端木正文萃》。某日和先生闲谈，询及《文萃》，先生不经意言及有数文为称心之作，其中提到《忆张奚若教授》一篇。先生话语刚落，如电光闪过，我心头一亮，归家后急阅此文。该篇以前就读过，不过此刻读来意味大有不同。尤其下面数段教我如梦初醒：

> （张奚若）他主讲的西洋政治思想史和近代西洋政治思想两课是很叫座的，听他的课是乐趣，一点不感到那些外国古代的思想是枯燥的，而却是引人入胜的。他上课没有讲稿，手中只有一束英文的卡片，是讲授大纲和名著的摘录，有时脱离卡片发挥，他教得太熟了。几年后等我也要教书了，向他请教教学法，他反对花时间写讲稿，上堂一句一字照念，他说每次备课，最好是多读一次名著、原著，加深对原著的理解，第二天上堂就讲得出来，很主动。他用手指着脑袋说：讲稿应该在这儿，不在纸上面。他说卡片也常换，有补充。也加他的新看法。所以我才理解，何以他讲了几十年，而不写一本《西洋政治思想史》的教科书。即使没出一本教科书，他是国内公认这一行的权威学者，原因就在他是精通要讲的内容，而且精益求精，有高度良好的教学效果，教学的年头多了，其影响决不下于出版一本教科书。（中略）回忆张老师的讲课，应该说他是做到教书育人的。我印象深刻的是，在每讲一位大思想家开始，先介绍其人生平。例如，他讲孟德斯鸠垂危时，亲友环侍，见他并未找神甫来做临终忏悔，便议论纷纷，有的好心人主张还是要找神甫来，不管孟德斯鸠本人如何不愿意悔改他平生离经叛道的主张，还是要替他找个神甫，因为进天堂的门的护照需要神甫签证才行，否则就堕入地狱了。另一派亲友坚持按孟德斯鸠生平素志，不能要神甫来，否则一世英名付诸流水。在争论不休时，孟德斯鸠死了，到底没有找神甫来。同学听到这里，好像松了一口气：幸而没有损害孟德斯鸠的形象。张老师还引了曾子易箦的故事，说明死生之际的大义所在。他讲到卢梭的主张相继发表，大受旧势力的围攻，著作被禁，东躲西藏，但是不顾精神迫害，始终不改，坚持真理。只有本人坦率耿直

如张老师者才能如此生动描述，而又全无宣传味道地进行人格教育，受到这样熏陶的学生是耻于成为“风派”的。……

诵读过后，浮想联翩！

至此，先生一生之功业与为人立世所本之源昭然。

至此，先生一生之风范亦昭然。

先生为张奚若教授留影，从某种角度言，先生也留下了自己一生的写照。在这里可以强烈感受到文化承传之链竟是如此的感性入微，温润亲切；也是如此的环环相扣，血脉相连……

文化的形态，许多时候总体现在具体的人的身上！

“仰之弥高，钻之弥坚”。中国文化历数千年风霜岿然不倒，那是因为每一代都有优秀杰出的为人师者，以其卓尔不群的品格与人生道路，阐释着这一历史的、文化的、也是人性的最高境界！

2005 年“教师节”前写于广州

端木先生之混沌与澄明

袁达松*

端木老是我最为敬佩的法学老师之一,故此仿效北大人对德高望重、学识渊博者尊称为先生,而他对我影响至深的是他为人与治学的精神。

初次听北京学人谈及端木先生:你们端木老最出名的是开会时坐在主席台第一排打瞌睡。后来,向一些中大老师和学长了解,得到进一步的印证。有人说他很厉害,开会评职称时打瞌睡,但所有的发言他都一清二楚,轮到他发言时,谁行谁不行,他讲的不偏不倚。也有人说,他曾经请来在法国巴黎大学攻读博士学位时的老师来中大讲课,介绍情况后也坐在教室第一排打瞌睡,但总结发言时对老师的讲授也是分毫不差。后来,我也亲身感受到一次端木先生的这一绝活——在庆祝中山纪念堂重修的新年音乐会上,他闭目养神如龟息状,但每首乐曲结束,他都准确及时鼓掌。我终于体会到:那是一种貌似混沌、实为澄明的境界。

在中大,有一种对端木先生颇有"意思"的说法:他不轻易让别人升教授。的确,法律系的教授提得不多也不快,不可能和系主任完全没有关系,问题在于是否因为他想唯我独尊?事实上,谁提了教授对他也不构成威胁,端木先生只是执着于教授的标准不能降低罢了。他对自己也是这样要求的,在我国创建第一批法学博士点时,他就在被邀请申报之列,当时的做法是只要他申报,基本上都会批准,但他认为当时的中大图书资料不足以培养博士,断然拒绝。有如哈佛大学校长把本科生放在最为重要的哈佛园(YARD)在身边守望一样,他认为本科才是法学教育的重中之重。为此,他曾担任本科生青年法学社名誉社长(这恐怕是他至今为数不多而非常乐意担任的名誉职位),并为法学社及其社刊题词。他当系主任期间,也没有刻意培养所谓梯队或接班人,更没有标榜创立

---

* 中山大学经济法与政府经济管理博士,中国人民大学经济法博士后。

什么门派。一些人提议法律系搞个期刊好发表文章,他认为到外单位的刊物发表才能真正显示水平,没有支持。然而,在评选教授的时候,作为中大学术委员会委员的他,对于真正有水平但所谓研究成果不够的学者,曾经力排众议为其抗争——他说发表文章多少不能真正代表一个学者的水平,例如,有一篇反对国家发行外汇券的学术文章,认为外汇券是一种不妥当的边币,在审稿时被一位著名经济学家枪毙了,到后来取消外汇券,再投稿,又被认为没有发表的必要了。席间他讲了一句至今传诵的名言:发表文章是一件折腾人的事情。端木先生极少挂名编书或者与学生合作发表文章,他当上最高人民法院副院长至今仍坚持每学期给国际法研究生上课,但都只讲他熟悉的国际法史,决不"全知全能"或"与时俱进"。

曾有人惋惜端木先生在中大的法律学科建设或学术梯队培养上没有发挥更大作用,也有人为他没有成为学科宗主而觉遗憾。但名如其人,他这种在浮躁粗滥、党同伐异风气弥漫的学术围城中恪守真如而绝不曲学诃世的精神,永远是我们每一个以学术为业的法学学徒心灵上的指路明灯。

印度神话中,宇宙是梵天的梦境,他一旦梦醒,尘世灰飞烟灭。作为拥有无上智慧的神,梵天肯定洞悉一切,为着保留混沌的梦想,他可能选择了澄明的瞌睡。

教书育人　大家风范

林亚波*

2004年11月，硕果累累的南国金秋，我与夫人陈红梅回母校中大参加八十周年校庆大会，并荣幸赶上端木老执教五十五周年暨八十五岁大寿的庆典。会上大家祝端木老健康长寿。端木老微笑地说："谢谢大家！我也希望大家长寿百岁！我一定来庆祝你们的八十五岁生日！"

掌声。大笑。

这就是我们亲爱的端木老。语短意长，充满幽默；大家风范，言溢于表。

我是1991年进入中山大学法律系，师从陈致中教授、端木老及李裴南教授读国际法专业研究生的。入学前端木老已经在最高法院任副院长。虽然案务繁忙，他仍坚持每学期回法律系几次给我们三位国际法学生（陈旺杰、马晓军及我）上《国际法学史》。毕业生的论文答辩，他更是一定参加。端木老上课时深入浅出。他严谨的治学精神，对我影响深远。印象很深的是，有一次我当几位国际法师兄、师姐的论文答辩会的书记员，端木老是论文评委会成员之一。答辩过程当中，他一言不发。不了解端木老的人，可能以为他在闭目养神。在各位评委老师讲完后，端木老不言则已，一言惊人。他说："我们做学问、写东西，最好要尊重约定俗成的说法，其中包括翻译外国地名。打个比方，这个同学在论文中多次提起'维特南战争'。我第一次在读这个名词时，想不明白国际法历史上有过这次战争。后来读到论文后面，才明白这是美国的越南战争。虽然'Vietnam'可以技术上音译成'维特南'，可是大家早就习惯翻译成'越南'了，我们就不要再有创新了。"端木老就是这样：细致入微，让学生在他幽默的语言中得到教导。

到美国留学后，我仍然与端木老及姜师母保持联系。每次看到他刚劲工

---

* 善能轩美国及国际律师事务所（Sonnenschein LLP）律师，美国华盛顿大学法律博士。

整、一丝不苟的字,每次听到他轻松与乐观的言语,对我都是一种巨大鼓舞和温暖。端木老的严谨精神以及具有大家风范的行为举止,是我受用不完的人生财富。

谢谢您,恩师端木老。

吾师端木老

黄　瑶*

二十二年前的秋季，一个阳光明媚的日子，我走进了芳草如茵、古木参天的康乐园，开始了我的大学求学生涯。就在这个四季常青的校园里，在一幢精美雅致的绿瓦红楼前，我遇到了对我的求学和职业生涯助益甚多的恩师——端木正先生。冬走夏至，春去秋来，绵绵师恩如山高水长。今适逢老师八十五大寿，谨以此文表达学生对老师的感恩之情。

弟子们的两个“家”

在古树成荫、郁郁葱葱的美丽康乐园里，有一幢幢红墙碧瓦的小红楼掩映在修竹茂林之间，老中大人称这些小红楼为“康乐红楼”，它们是上个世纪初期的中西合璧建筑。在这些凝聚着中西文化精髓和中山大学深厚人文传统的红楼里，曾经居住过一代代享誉中外的大家和名师。中山大学法律学系复办后的首任系主任端木正教授，就曾居住在其中的一幢红楼里——马岗顶的东北区316号一层。这里曾是国际法研究生的精神之家。

在老师还未赴北京荣任最高人民法院副院长之前，这幢小红楼是国际法研究生们经常出入的地方。我们到这幢小红楼里，或请教老师问题和接受老师对我们论文的指导，或与老师倾心交谈，有时还在那里“蹭饭”。说到“蹭饭”，我印象最深刻的是师母姜凝老师烹制的“云南汽锅鸡”，它掀开盖子时那香喷喷的气味和那透明鲜美的鸡汤，现在想起来仍让我嘴馋。还有老师亲自下厨煮的水饺，真的好棒！诚然，在这个温馨的“家”里，更多的是老师对弟子们的传道、授业、解惑。老师书房里的灯光和客厅里的沙发，见证了老师对弟子们的关爱、谆

* 中山大学法学院教授，法学博士，中国国际法学会常务理事。

谆教诲和悉心指导。老师住过的这幢红楼后来成了我们对校园回忆里最亮丽的一道风景线,连红楼四周的粽竹藤蔓、绿叶红花、浓荫嫩草也深深地点缀在我们的记忆中。

除了马岗顶的那幢康乐红楼之外,弟子们在北京还有一个"小家",那就是老师的大女儿——中国社科院端木美研究员的家,它成了我们国际法研究生到北京投宿、寻求帮助的场所。在研究生第三年做毕业论文前,我们都要到北京去调研,查找资料。在那个物质不发达的年代,"出门靠朋友"是常有的事,何况是我们这帮穷学生们。于是,国际法研究生不约而同地投亲靠友到端木美姐姐那间简陋的、只有十余平方米的家中。久而久之,端木姐姐的家就被我们称之为国际法研究生在北京的接待站,而作为"站长"的端木姐姐在忙碌的工作之余,还要接待我们这帮白吃白住的"穷亲戚",苦累不堪。"没办法,谁叫我是你们端木老师的女儿呢?"端木姐姐笑着说。多年来,秉承家风的端木姐姐一直以自己的善良和热心,使我们这些离家千里的学生在北国京城感受到了家的温暖。

情暖弟子

端木老师是我读大学本科时的中大法律学系系主任,自我 1987 年本科毕业考取本系的国际法研究生以来,一直获得他的教诲、关心和帮助。记得研究生第一个学期开学不久的一个傍晚,老师和师母到女研究生宿舍"广寒宫"(一栋建于 1905 年的中西合璧建筑)来看我。我的三位英语系的研究生室友好不羡慕,因为我们四人中,端木老师是第一位来宿舍看弟子的老师,也是到宿舍看学生次数最多的老师。老师每次都是晚饭后和师母结伴而至。老师高大挺拔,仪态从容,幽默风趣,风度儒雅。记得第一次老师来我们宿舍时,他和师母跟我们讲起 50 年代发生在"广寒宫"里的一些趣事,我们听得好不开心。老师和师母离开后,我那三位活跃而烂漫的室友(学外语的人大凡如此)便议论开来。一位室友说:"你的老师一站出来就像个大人物,他是当官的吧? 不过他挺亲切和蔼的。"另一位室友有点神妙地说:"你的师母看上去比你老师年轻很多喔。"我赶紧打住她的话,说:"他俩绝对是原配! 我师母与老师实际上只相差几岁。"我的室友们对端木老师都很有印象,她们毕业走出校门后还会不时向我问起有关端木老师的近况。特别是室友冰冰,她后来到伦敦在英国 BBC 电台当记者,在国际长途中还偶尔问及端木老师。

老师对弟子们的学业和事业总是予以积极鼓励和支持。1998 年 5 月,我从

美国华盛顿大学做访问学者回国后,决定报考北京大学国际法专业的博士。老师得知后,很高兴也很支持。他亲自给我写推荐信,向有关部门大大地推荐了我一番。看了老师的推荐信,我很受鼓舞和鞭策,深怕自己不够努力,有负于老师的厚望。1999 年初我赴京赶考博士,当时老师和师母都说,如果我在北大找不到住处,可以到他们家来住。而在此之前,我就曾经在他们的北京家中吃住过。临考试的前一天,老师和师母来到我住的北大招待所平房看我。老师说,本来想请我好好吃一餐以助我第二天的考试的,但不料我正患肠胃不适,只好作罢。他和师母给我带来了滋补品。为了安慰和缓解我临考前的紧张,老师饶有兴趣地给我讲起了他和一些人物解放前考大学和研究生的趣事,还教我考试的高招:临考前最要紧的,首先是考前一个晚上把觉睡好。然后,第一门考完后马上把它丢掉,不要去想它,马上把注意力放到第二门上,并依此类推,考完一门忘掉一门,坚持到最后一门时仍能保持头脑清醒。而且,无论如何,都要坚持考完,绝不放弃。我们解放前读书时是一连考三天,有时甚至是一个暑假都在考试(同时考好几所大学),成功人士都是这样走过来的。老师坦言:“对于考试,我是身经百战的。我认为,考场上最重要的是镇定。惟有镇定,才能遇到难题时有可能攻克它们、解决它们。我考试的成绩总是比预料的好。”临走前,师母对我说:祝你考试顺利和胜利——取得两个“利”!第二天的开考,第一门“国际法基本理论”考下来我就颇感挫折,很沮丧。那时我忽然觉得,老师简直就是个神算,他昨天讲的话今天就在我的身上完全应验了。我须谨记老师的话,马上忘记第一门考试而思想集中于第二门考试,并绝不轻言放弃。这样做果然灵光,我渐入佳境,最后的考试结果令我惊喜,我被录取为计划内的博士生,这使我的虚荣心得到很大的满足。

2003 年 6 月,我准备在北京大学出版社出版我的博士论文,请老师给我作序,老师欣然应允。序言中的每一句话都是老师自己写的。我没有向老师提供序言的草稿,一是因为我一直很仰慕老师的文笔,心想老师亲自写出来的语言是别人无法替代的;二是老师也没有让我为他起草序言的草稿。然而,我当时却疏忽了一个重要的事实——老师已年届 83 岁高龄,让他先看完我那近 40 万字的学术专著再动笔作序,那是件何等艰辛的事情!当我接过老师为我亲笔手写的 2 千多字的序言,看到老师那憔悴的面容,我既感激又难受。老师的序言为我的拙著增色不少。后来在一次聚会中,师母告诉我,老师写我的这篇序写得相当之辛苦,他明显地感到了力不从心,为此熬夜逾一个星期,才好不容易脱稿。这件事使我深感内疚和自责,至今仍不能释怀。

先生给弟子送生日礼物应该是不多的事儿,而我却是一个幸运者。2000 年

暑假我在北大忙于准备博士论文,通过电话向老师祝贺他的八十岁寿辰。也许是在那次电话中,老师知道了我的生日与他的生日只相差两天。第二年夏,我意外地收到老师和师母送给我的生日礼物:两件艺术品。一件是现代水晶艺术品,一座白塔内有一匹双蹄高高扬起、跃跃欲奔的白马;另一件是中国传统陶瓷品,是一对佩戴领结、身着花衣的白猫和黑猫。这两件礼物,一动一静,一古一今,中外艺术风格兼具,它们似乎在传递着均衡人生的意涵。它们是老师和师母亲自到离中大五里路的海珠购物中心买的。艺术品的外盒上有老师亲笔书写的四个端端正正的字——“生日快乐”。此后我每年生日,都有老师和师母的祝福。我参加老师的生日寿宴,老师总会跟我说:我们一同过生日!

润物细无声

老师言传身教,总是在平常和幽默的话语中教弟子们如何为学和为人,从不跟我们讲什么大而空的道理或唱高调。

老师很重视学生对外语的学习。他常教诲我们,外语是学好国际法的基础。2001 年末,我在为博士毕业论文查找资料。老师对我说,在国外,博士论文要求有两门以上的外语参考资料,因为博士需要有宽阔的视野。老师在学外语方面更是身体力行。作为一位大学者,老师通晓法、英、俄三国语言。他的俄文是在 50 年代全国学苏联的热潮中,响应学校的号召开始学习的,而且由于学得好还获得了升工资的奖励。老师的外语水平多年来都一直维持得很好。记得 1994 年夏,有一位非洲国家的副总统顺访中山大学。当时老师正好在广州给学生上课,因而被邀请与中大的校领导一起接见这位副总统。当时我作为中大法律学系的外事秘书参加了在永芳堂的会谈。客人对中国的司法制度很感兴趣,问了不少关于中国司法制度的问题,但外交部的法语翻译小姐因对法律术语不熟,翻译时常遇到语言障碍,所以很多的术语是由端木老师译出的。会谈结束后,女翻译急忙走到老师面前致歉。老师却说:“你翻译得已经很好了!”

1999 年,有三位中山大学的毕业生考取北大法学院的博士生——曾东红、王晔和我。那年秋季开学不久,我们师兄妹三人决定请端木老师和师母出来聚一聚。那天下午,当我们三人到达在北大附近的回民饭店鸿宾楼时,老师和师母已端坐在席位上,笑脸相迎我们,我们都为自己的迟到而觉得不好意思。席间,我们师徒 5 人叙聊甚欢。曾东红问老师:现在是否还抽烟?老师幽默起来,“当然! 虽然我夫人退休后荣任禁烟委员会的主席之职(指师母常在家中劝阻他抽烟)。”老师的幽默让我们忍俊不禁。接下来,老师的一番话令我们印象深

刻。他说,在中国,博士可不好当喔。一般人平日犯的错误,若是博士犯了,那可了不得。他跟我们讲了一个故事。有一位博士被分配到一家工厂工作。有一天,他写错了一个字,被一位女同志发现,她俨然发现了新大陆,大呼小叫:"看,博士也写错字!"此事马上传播开去并在全厂引起轰动。老师说:"所以,你们当了博士,可得处处小心,别让人抓住把柄当笑料。"老师讲的故事让我们开怀大笑了许久。老师就是这样,以一个笑话来提示我们,博士是一种荣誉,但更是一种责任和压力。

老师做学问的态度十分严谨。他发表的学术论文,不仅表现出他深厚的学力功底,而且无不体现出他扎实严谨的学风、科学探证的方法,朴实清新的行文。老师在1998年《中国国际法年刊》上发表的《中国第一个国际法学术团体——"公法学会"》一文,广受国际法学界的赞誉。老师不仅身体力行,也要求我们严谨治学。老师从给我们上的第一堂课开始,到毕业论文答辩,他总是用生动的实例教导我们做学问应一丝不苟,注重学术规范。在毕业论文答辩会上,他总能挑出学生论文在文史方面的错误和学术规范上的疏忽。老师赠送给我他的新著——在中大80校庆时出版的《端木正文萃》,他不仅在书的扉页工工整整地题字:"益强、黄瑶同学留念,端木正敬赠,二〇〇四年十一月十二日",而且还把整本书在印刷中出现的错误全部标了出来,并一一亲笔更正。尽管老师当时视力不佳,但他还是眼睛里容不得半粒沙子——哪怕是小小的标点符号。

老师在给研究生上第一课时总是先强调:"要学法,先要学会做人。"老师以他宠辱不惊、从容不迫、平等待人的身教,教给我应始终保持一颗平常心,无论是在顺境还是身处逆境,也无论是在达官贵人面前还是面对黎民百姓。记得在倪征燠先生(新中国的首任联合国国际法院法官)的回忆录《淡泊从容莅海牙》面世后不久,我到老师在北京的家中,老师一见面就跟我聊起了倪先生的为人处事之道。老师说,倪先生更多地看到别人的优点、长处,所以他的人际关系很好。他现在93岁了还去听戏曲,这种对传统艺术的爱好培养了他的从容性格。倪先生可以说是与世无争,做到了淡泊,所以他仕途坦荡,人生之路平顺。倪先生对社会的适应能力很强,所以在新、旧社会都过得好,这很难得。总之,一个人的性格很重要,倪先生的幸运来自他的从容、淡泊、与世无争、随遇而安,社会适应性强,只看到别人的优点。而与倪先生不同,有的学者对别人的缺点很敏感,容易生气,使得人际关系紧张不已,而且性格急躁,一点小事也紧张起来,这势必影响健康。老师这些话,表面上是知人论事,实际上是在教育我如何做人处世,我深受教益。

赠　书

老师平日的一项爱好是给学生送书。他看到好书,就会多买几本,然后一一送给那些他认为有需要的弟子们。此外,老师时常收到作者或出版社的赠书,他总是把这些赠书邮寄给在各地工作的弟子。老师的文笔极好,他自从1990年给岭南大学的老校长陈序经教授(曾任中山大学副校长)的书《东南亚古史研究合集》作序一炮打红之后,便一发不可收拾,请老师作序者络绎不绝。老师所作的序确实很妙,其实,老师的随笔文章也写得很精彩。比如老师在1995年的《中国国际法年刊》上发表的悼念他的法国老师巴丝蒂夫人的文章,情深意切,感人至深。我曾品读再三,颇受感动和启迪。阅读老师所作的序和随笔美文,于我是一种美的享受。

老师向来极为重视图书资料的积累工作,他认为,教学和研究工作是建立在必要的文献资料基础之上的。据说,当年老师就是因为中大法律学系的图书资料不够多而未申报法学博士点的。因此,他总是尽可能地给在高校执教的学生们送书以及捐赠图书给中大和中大法学院。我就是其中的一个受益者。从1992年春我研究生毕业留校任教那年起,老师每年都从北京给我寄送新版的《中国国际法年刊》和其他他认为有价值的国际法书籍。老师给我送《中国国际法年刊》,一直持续到2002年我在《中国国际法年刊》上发表论文为止。老师有时还通过我向中大法学院赠送图书,其中有一本书我记得很清楚,因为那本书老师送给了法学院图书馆,而没有送给我。那本书的书名是《钱端升先生纪念文集》(中国政法大学出版社2000年版),该书所刊载的新作,均出自包括老师在内的我国知名的国际法和国际关系学者之手,文章的质量颇高,我一看就爱不释手。可是这次老师没有送一本给我。老师说,这本书的印数很少,连该书有的作者都拿不到赠书,所以他决定优先送书给中大法学院图书馆。后来,幸好中国政法大学出版社邮购科一位好心的同志,把他们那儿最后的一本书——发行部的样书卖给了我。

我书架上90年代前出版的国际法书籍中,有不少是老师从旧书摊上买来送我的。例如,曾任联合国国际法院法官的苏联学者克雷洛夫著的《联合国国际法院》(世界知识出版社1961年版),最早一期的《中国国际法年刊》(1982年),盛愉和魏家驹著的《国际法新领域简论》(吉林人民出版社1984年版),等等。尤其值得一提的是老师送给我的周鲠生先生写的《国际法》(上、下册)(商务印书馆1976年版)。老师说,周鲠生是中国国际法的大家,他的这部教材是

中国的国际法学人的必读之书。收到这两本书,我如获至宝,在此之前我已久寻而不得。书之于学者,就犹如水之于鱼,我想象不出还有什么礼物比获得一本好书更让读书人欣喜的了。

老师在赠书的同时,还教给我许多的知识,帮我提高国际法的修养。老师在1995年5月31日的一封来信中说:“我很高兴又找到三本书送给你。”这三本书,一是刚刚出炉的《中国国际法年刊》(1993年);二是韩国朴椿浩的《国际海洋划界》的汉译本;三是李浩培的《条约法概论》。老师在信中说:“李浩培老师的条约法大著,广州买不到,几年来在北京也见不到。前几天逛书店,居然遇见一本,略残尚全,立即买下。怕你没有,寄去备用。倘已有就转交给唐乐其(中大法律学系图书馆馆员——作者注)同志入库。(陈致中老师已有此书)”老师说,李浩培先生的《条约法概论》是他十年磨一剑的结果,为中国第一本荣获国家图书奖的法律书,值得好好细读。

老师近年的一个大手笔,是将藏书捐赠给中山大学图书馆。听师母说,老师早就有捐书的想法,他想将几十年来的众多藏书在自己的有生之年捐给学校。老师本想捐书给中大法学院,但考虑到法学院的地方小,故改为将藏书捐给校图书馆。2003年老师跟校图书馆的领导提及捐书一事,2004年则着手进行捐赠图书的工作,而且是由老师亲自动手整理和归类所有捐赠的图书。之所以如此,一是因为老师的藏书数量很大,除了他本人外,家里没人详知他的藏书;二是老师有很浓的恋书情结。老师捐赠给校图的书籍中,有不少是名家名著、历史经典,甚是珍贵。在将书捐出去之前,老师总要摸一摸该书后才舍得放手,有时还要停下来翻阅一会才舍得把书放入送给图书馆的纸箱内。捐书给校图对年事已高的老师来说可谓是一项大工程,为此老师和师母花费了两年时间,将在广州和北京两个家中的绝大多数书籍都捐了出去,有5万册左右。

说起老师的藏书,我想顺便提及,老师很善于买书,而且买起书来可以说是“该出手时则出手”,毫不手软。我有几次跟老师到书店,不仅目睹他慧眼识书,而且很舍得买书。老师在广州家中的藏书,可谓外三层、里三层地挤满了长长的一排大书架,成为家中客厅内最吸引人的一道风景。而老师在北京家中书房里的几个大书架,也都挤满了书籍。

老师乐善好施,不仅赠书、捐书,而且还常捐款做善事。老师平日生活俭朴,省吃俭用。他和师母俩老在北京家中的一日三餐极其简单,被我说成是“不及学生饭堂的饮食水准”。老师居家的服装,大多都是洗得发白泛黄的旧衣服。然而,老师对赈灾捐款、资助母校建设却出手大方,常常是动辄四位数,有时甚至达五位数。2004年底发生印度洋大海啸,老师当时在广州。他自己拄着手杖

携师母到校园内的银行去捐款。但由于当时中大中区的工商银行尚未准备好接受捐款,老师就找到了法学院,捐了一千元。当我在电话中与师母提及此事时,师母说,他们本想捐的善款不止这个数,但当时看到法学院才刚开始接受捐款,已捐款的老师捐的数额都是一两百元,所以没好意思多捐,只捐了一千元,以免给领导带来压力。

乐当教书匠

教育工作是老师钟爱的职业,老师将自己的大半生都贡献给了祖国的教育事业。

老师把给学生上课作为他的天职,他对课堂教学的热爱令人感动。记得1990年9月,老师被第七届全国人大常委会任命为最高人民法院副院长,但他坚持给我们89级的三位国际法研究生上完《国际法学史》课后,才北上赴任。老师虽到最高法院工作,但教书育人始终是他难以割舍的至爱。此后,老师每年两次回中大给研究生集中授课和进行毕业论文答辩。1995年5月,老师在给我的一封信中说:“我们六月二日赴法国和瑞士,七月五日回北京。今年不能参加研究生论文答辩,又不能参加国际法学术讨论会,遗憾之至。”一直到去年初,这位80多岁的长者仍不辞辛劳亲自为研究生授课。据最近毕业的研究生讲,端木老师跟他们说:“我现在能做的就是给学生上课。”他上最后一堂课的最后一项内容,是对所有研究生进行一一的点名,老师说:“我想记住你们所有人的名字。”老师这些朴实的话语和举动,让在座的学生们无不动容。

老师爱上课,学生也爱听他的课。老师学贯中西,知识渊博,只要他往黑板前一站或一坐,一堂妙趣横生、富有启发性的课就开始了。老师讲课不看讲稿,他讲的内容总能紧紧地吸住学生们。他讲话不紧不慢,但知识的密度很大,给人很多的启迪。课堂上,老师总教导我们要把英语和中文学好,要有口才和文才,这是我们安身立命的工具。老师在讲课当中,总是见缝插针地给研究生们添加一些古典人文常识,以免我们有了知识而少了文化,在日后犯一些常识性的错误。

老师的教育不仅在课堂上,还延伸到课堂外。其中一个事例我始终记忆犹新。那是2001年春暖花开的时节,我当时还在北大读书。有一天,老师打电话到我宿舍,约我去踏春。接了这个电话我特高兴,我的室友问我,“什么事,看你高兴得像个孩子似的?”踏春对于我来说还是有生以来的第一次,我是个生长于南方的典型南方人,没有踏春的概念,到北大读博是我第一次在北方生活。记

得那天早上,老师和师母在离我宿舍最近的北大南门与我见面,一同去香山公园。他们带我到该公园风景区中最精美的一座古刹——碧云寺观光。春天的碧云寺,满目葱绿,山花齐放,一片生机勃勃。碧云寺不仅风景优美,建筑宏伟,而且文物古迹丰富。在碧云寺的多处景点中,我们驻足最长的是孙中山纪念堂和罗汉堂。这是我第一次来到孙中山先生灵柩暂厝地——碧云寺金刚宝座塔,我们先是看了中山先生的遗嘱和遗墨,然后移步到旁边的孙中山先生资料展室。在这里,老师一边细看资料,一边与我叙聊,除了中山先生外,我们还谈起了宋庆龄。从老师那我获悉了不少新的历史知识。在观看著名的碧云寺罗汉堂时,老师跟我聊起了佛教和禅宗。老师认为,宗教的社会功能与社会作用不可忽视,宗教的有些功能是法律所不能替代的,宗教可以作为道德工具,为社会秩序服务。这次踏春,师母想得很周到,随身带了相机,帮老师和我拍了合影。中午,老师和师母请我到餐馆享受美食。午饭后,他们送我回北大。这次踏春让我想起了古代圣贤孔夫子带着弟子们游学的故事,那也是发生在春回大地的季节,孔夫子在春游过程中向弟子们传播知识和思想。这也算是中国传统教育的特色之一吧。

老师不仅乐当教书匠,而且希望他的学生中能有多些人选择教师这一职业。我研究生毕业时被分配留校任教,老师得知后十分高兴。十余年来,我能够在商业浪潮汹涌的南方专心当教书匠,与老师的鼓励和支持是分不开的。他鼓励并促成我到国外学习、研修,扩大视野。老师跟我说,学者与明星不同,前者即使老了,聋了,甚至瞎了(像陈寅恪),也可以出作品,只要他(她)有合适的助手,脑袋里有东西。在我还是讲师的时候,有一次在与老师的聊天中,我流露出这样一种想法:与其辛辛苦苦搞科研,还不如把多些精力转向兼职律师业务。我的理由是:现在评职称越来越难,希望好像很遥远。老师脸上出现了少有的严肃:“不管评职称有多难,都不应放松研究工作。”“不要去想那么多评职称的事,重要的是把你的研究工作做好。”“评职称只能靠成果说话。”我明白老师的意思,我知道了我今后该怎么做。不管前方的道路如何,只要踏踏实实地把眼前的事情做好,一步一个脚印地前行,就足矣。我后来在职场发展得较为顺利的事实,印证了老师当年教引的正确,印证了我们所熟知的那句老话:天道酬勤,一分耕耘一分收获。

一本读不尽的书

老师就像一本读不尽的书。每次与老师见面、聊天,我总能得到知识和思

想上的启迪与精神上的愉悦。老师博学强记,思维敏捷,洞察力强,见解深刻、独到。他自幼接受优秀的传统教育,文史学养深厚,大学毕业后又接受了法国巴黎大学这样一流名校的现代学术训练,老师的学识是我等难以企及的。

老师自幼就很会读书。据老师讲,30 年代老师考大学时收到了燕京大学的录取书。不巧遇到日军侵华,无法在北京求学。但老师又不愿中断读书,于是他就拿着燕京的录取书去武汉大学就读。毕业后,老师又顺利考取了清华大学的研究生,于 1947 年获得了法学硕士学位,同年考取赴法留学公费生。老师在赴法国留学之前曾留校任教。老师说:“清华没有门户之见,而且明知我要赴法国留学,仍接受我毕业留在清华执教。”第二年老师到法国巴黎大学攻读博士学位。老师在法国潜心研读,仅用两年时间就拿到了法学博士学位,毕业后第二年即 1951 年又获得了巴黎大学高级国际法研究所毕业文凭。而和老师一同去法国留学的一些同学,他们在法国半工半读,十几年下来都未能拿到博士学位。听老师说,他刚到巴黎大学的时候,上课记的笔记不够好,他课后就借法国学生的笔记来看,有时老师还帮那些法国学生纠正了一些专有名词(如某某法学家的姓名等)方面的拼写错误。这让他的同学大为吃惊,他们没想到这位中国留学生的国际法基础是如此扎实。老师说:“从一个学生的课堂笔记中,可以看出他对老师授课的理解程度。比如,他笔记的内容、分段情况、逻辑关系等。”

记得我考完博士后又面临着马上要申请晋升副教授,临近评职称述职前我很紧张,打电话请教老师。老师又送来了箴言:“没问题的,就像你考试那样,从容、自信,并注意身体健康。”“尽管精神饱满地去参加好了,没什么的。”老师总是这么举重若轻,泰然自若,化难为易,不愧既是个大家,又是位高人。

老师曾跟我谈起他对中国考试制度的看法。他说,由古至今,中国的考试制度,包括西方的考试制度,实质上都是一种综合考查:考查一个人的体力、心理素质、专业水平、办事能力等。所以,考试成功者必是素质高的人,而这与他(她)日后能否取得世俗眼光中的“成就”并没有联系,因为后者取决于不少非个人的因素。

老师酷爱读书,他工作之余的大多数时间都是在读书中度过的。去年,老师因年岁已高患了眼疾,医生要求他严格限制看书的时间。老师感慨地说,平时买了很多好书,总想着待退休后再好好看书,但现在有了时间,眼睛却不好使了。所以看书也要趁年轻时多看。

老师的幽默感是有口皆碑的,他的幽默源自于他的睿智,而老师的睿智又体现在他的慧眼识才上。我的硕士毕业论文指导老师陈致中教授,当年就是被端木老师慧眼识中前来中山大学任教的,此前陈老师在广西一所中专学校教英

文。1979 年 7 月中山大学复办法律学系,年已六十的端木老师接下了系主任的重任。他全身心投入法律学系复办工作,广聘教师,组建师资队伍。据陈老师讲,端木老师曾问陈老师:"你知道当初我为什么调你来中大吗?理由有三:一是你是北大学国际法出身的,说明你的国际法基础好;二是你是教英语的,说明你的外语没丢;三是你当过'右派',证明你正直、诚实。"陈老师到中大执教后,不负众望,虽身处广州这个南方商业城市,但凭着他的努力和扎实的基础,很快便获得了国际法学界主流的认同,在国际法学界享有很高的声誉,担任中国国际法学会的常务理事。

老师虽身居高位,功成名就,然品性谦厚。去年 11 月是中山大学校庆八十周年的大日子,适逢老师八十五岁(虚岁)寿辰和从教五十五周年。老师很早就收到了中大校友会发出的八十周年校庆的正式邀请函,但他对庆祝自己大日子的活动却很低调。我对老师说,八十年校庆期间,我们也要好好为您庆祝大寿和从教纪念日。老师回答:"不,那不值得庆祝。回顾自己走过的路,自己对自己是清楚的。"虽然老师本人并不愿意高调举办他的大寿和从教纪念活动,但中大法学院和民盟中央执意要为他隆重庆祝一番,尤其是民盟中央予以高度重视,老师及其家人只好尽力给予配合。

在我的眼里,老师是一位学高为师、身正为范的楷模。我本想用"学高为师,身正为范"这八个字作为篇名,但觉得这个标题带有些许官样文章的意味而决定放弃。我跟随老师,手执教鞭也已十几载,深知为师者,是一个颇不轻松的职业,既要潜心学问保持"学高",又要修身躬行坚守"身正"。唯有此,方能让学生从心底里喊我们是"老师",而不是仅仅因为我们在学校工作而被人们称呼为"老师"。

老师为学为人的精神和境界,我虽不能至,但心想往之。老师给我留下了一笔宝贵的精神财富。每每看到老师被弟子们拥戴的场景,我就会情不自禁地想起孟子的那句话:"爱人者人恒爱之,敬人者人恒敬之。"

下　　编

中国独角兽的神话功能和古体“法”字的文化内涵

蔡鸿生*

孟德斯鸠(1689—1755)在其名著《论法的精神》中,提出一项经典性的原则:“我们应当用法律去阐明历史,用历史去阐明法律。”这个高瞻远瞩的学术导向,无论对法学还是史学的发展,都有重大意义。

端木正教授是法学家,又是历史学家。他在五十五年的学术实践中,已经臻于法律与历史通释互证的境界,取得治史和治法的双丰收。博识雅裁,有目共睹。

对孟德斯鸠的言传和端木老师的身教,我虽然心向往之,跃跃欲试;实则冥顽不灵,无力问津。在学术的道路上,至今仍处于遥望桃花源的起跑阶段。本文略说中国独角兽的神话功能和古体“法”字的文化内涵,算是老门生的新作业,权充一份菲薄寿礼,祝贺端木正教授八十五华诞。

一、西方独角兽形象及其在中国的传播

在西方文化传统中,独角兽(unicorn)形象是由几种动物的肢体合成的:马体、羊首、狮尾,全身白毛,额头正中长出一支三英尺的直角。据说它起源于印欧文明,在两河流域最早出现相关的神话。按亚述古代浮雕所表现的情节,代表女神的月亮树是由独角兽守护的(见图 1),因此,这种神话动物便成为女性崇拜的象征。到中世纪时代,独角兽在西欧已经家喻户晓。它对少女体香的嗜好,被当时人说得神乎其神,那支独角灵异无比,简直足以识别任何少女的贞操状况。经过天主教会的渲染,起源于女性崇拜的独角兽,便具有鉴定贞洁的神

* 中山大学历史系教授、博士生导师。

话功能了。现存的中世纪挂毯画《被圈禁的独角兽》(年代约为1500年),就是一幅著名的晚期哥特式艺术品,保留着西方独角兽的典型形态(见图2)。

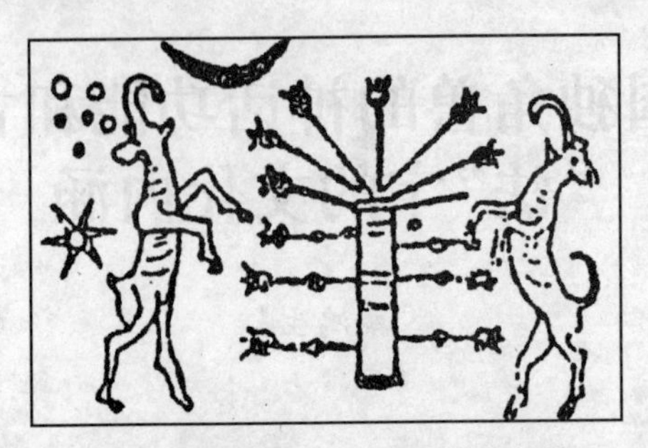

图1　守卫亚述人月亮树的独角兽

图2　中世纪挂毯画的独角兽

典型的西方独角兽图像,是由耶稣会士传入中国的。康熙十三年(1674年),在北京钦天监供职的比利时籍耶稣会士南怀仁,刻印所著《坤舆图说》二卷。该书上卷自坤舆至人物,分十条,皆言地之所生。下卷载海外诸国道里山川、民风物俗,共分五大洲。书中特辟“独角兽”专条,解说如下:

“亚细亚洲印度国产独角兽,形大如马,极轻快,毛色黄,头有角,长四五尺,其色明,作饮器能解毒。角锐能触大狮。狮与之斗,避身树后,若误触树木,狮反啮之。”

在南怀仁笔下，此兽的产地、体形及独角长度，均与前述西方传说相同（见图3），但毛色及兽性则异。文内兽角“作饮器能解毒”一语，易与犀牛相混，不可不辨。幸好附图一清二楚，其图像与哥特艺术中的独角兽，并无显著差异。据此，则将西方独角兽首见于中国文献，断于17世纪中期，应当是可以接受的。

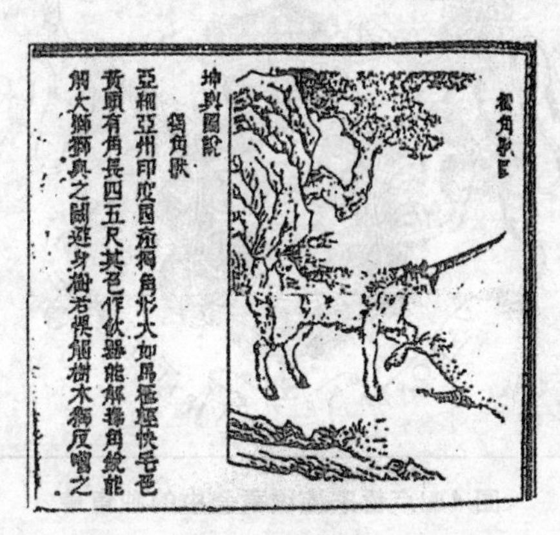

图3 《坤舆图说》中的独角兽

至于文物上的独角兽图像，在清代外销瓷中是通过西欧某些家族的纹章表现出来的，完全与南怀仁的《坤舆图说》无关。清初来华贸易的欧洲东印度客商，除大量运销青花瓷外，还喜欢仿效葡萄牙人在明末的做法，订制以家族纹章为饰的餐具和茶具。现藏布鲁塞尔皇家历史艺术博物馆的一个瓷盘，编号 Inv. V1157，年代约公元1750年（乾隆十五年），上绘珐琅彩图案，经考定为爱尔兰卢哲家族的纹章，由狮子和独角兽拱托，并附家族箴言“德力兼行”的彩带（见图4）。这种订烧纹章瓷的风尚，至19世纪初仍未消歇。嘉庆、道光年间，广东十三行的贸易伙伴、英商托马斯·比尔，家道破落后，成套青花瓷餐具流失澳门，现归土生葡籍收藏家沙巴治。本文作者1993年访澳，承沙先生出示这套名瓷。其配件青花大浅盘和滤器、青花有盖菜盘以及青花盘一对，均饰有英国比尔家族纹章，是一头半身的西方独角兽（见图5）。

在对清代文献和文物略加回顾之后，可以说西方独角兽是一种精神舶来品，其传播渠道有二，即耶稣会士和“夷馆”客商。脱离传教史和贸易史，就无从探索“独角兽”入华的文化因缘了。

至于中国本土的独角兽，自有其历史渊源和文化内涵，与西方那种迷恋少女的“尤尼孔”，是不可相提并论的。

图 4　卢哲家族纹章瓷中的独角兽

图 5　比尔家族纹章瓷中的独角兽

二、中国独角兽的传说形态

在中国古代文献中，保存着有关独角之兽的种种传说，其多样性大大超过西方独角兽，现按传说形态分成五类九种，逐一缕述并略加说明如后。

(一) 马状独角兽

(1) 驳　在《山海经》中有两处记载。其一，《西次四经》云：“中曲之山，其阳多玉，其阴多雄黄，白玉及金。有兽焉，其状如马而白身黑尾，一角，虎牙爪，音如鼓音，其名曰驳，是食虎豹，可以御兵。”其二，《海外北经》云：“有兽焉，其名曰驳，状如白马，锯牙，食虎豹。”所谓“可以御兵”，据郭璞注，即“养之辟兵刃也”。(见图6)

图6　驳

(2) 䑏马　《山海经》卷三《北次二经》云：“敦头之山，其上多金玉，无草木。旄水出焉，而东流注于印泽，其中多䑏马，牛尾而白身，一角，其音如乎。”(见图7)

图7　䑏马

(3) 臛疏　《山海经》卷三《北山经》云:“带山,其上多玉,其下多青碧。有兽焉,其状如马,一角有错,其名曰臛疏,可以辟火。”所谓“一角有错”,据郭璞注,意即“言角有一甲错也”。(见图8)

图8　臛疏

(二) 牛状独角兽

(4) 兕　《山海经》两处提及此兽。其一,《海内南经》云:“兕在舜葬东,湘水南,其状如牛,苍黑,角。”其二,《南次三经》云:“祷过之山,其上多金玉,其下多犀、兕。”经文“犀、兕”连类,按郭璞解释,是因为“犀似水牛,兕亦似水牛”。(见图9)

图9　兕

(三) 羊状独角兽

(5) 䍺䍺　《山海经》卷三《北山经》云:“泰戏之山,无草木,多金玉。有兽焉,其状如羊,一角一目,目在耳后,其名曰䍺䍺,其鸣自訆。”(见图10)

图10　𩣡𩣡

(6) 獬豸　《神异经》云:"东北荒中有兽如羊,一角,手青,四足似熊,性忠直,见人斗则触不直,闻人论则咋不正,名曰獬豸,一名任法兽。故立狱皆东北,依所在也。"汉代杨孚的《异物志》,也有类似记载:"北荒之中有兽,名獬豸,一角,性别曲直。见人斗,触不直者;闻人争,咋不正者。楚王尝获此兽,因象其形以制冠。"(见图11)

图11　獬豸

(四) 豹状独角兽

(7) 狰　《山海经》卷二《西山经》云:"章莪之山,无草木,多瑶碧。所为甚怪。有兽焉,其状如赤豹,五尾,一角,其音如击石,其名如狰。"(见图12)

图12　狰

(五)鹿状独角兽

(8) 麒麟　《说文解字》十篇鹿部,对麟、麒、麐,分别解释为下:"麟,大牡鹿也;从鹿,粦声。麒,仁兽也,麇身,牛尾,一角;从鹿,其声。麐,牝麒也;从鹿,吝声。"(见图13)据段玉裁注,麒麟"一角而戴肉,设武备而不为害,所以为仁也"。至于明朝人把索马里语的长颈鹿名称 Giri 译作"麒麟",附会成趣而已,并非发现古代"仁兽"的原型。

图13　麒麟

(9) 角端　《宋书》卷二九《符瑞志》云:"角端者,日行万八千里,又晓四夷之语。明君圣主在位,明达方外幽远之事,则奉书而至。"(见图14)元代宋子贞撰《中书令耶律公神道碑》,记太祖铁木真1221年西征途中,"行次东印度国铁门关,侍卫者见一兽,鹿形马尾,绿色而独角,能为人言曰:汝君宜早迴。上怪而

问公,公云此兽名角端,日行一万八千里,解四夷语,是恶杀之象,盖上天遣之以告陛下。愿承天心,宥此数国人命,实陛下无疆之福。上即日下诏班师”。又据《蒙古源流》卷三,角端物语尚有遗文:“过一独角兽,名曰塞鲁,奔至汗(铁木真)前,三屈其膝而叩,众皆骇异。”按蒙古语称“獬豸”为阿儿速鲁黑(arsulug),至于“塞鲁”是否即“角端”之音译,有待进一步查证,未可妄断和臆测。

图14　角端

在分类辑录独角兽的古代传说之后,下面对其体状、角形、毛色和生态环境略作分析,以便了解中西独角兽在形态上有什么异同。

第一,体状。所有独角兽的传说形态,均以常见动物作为原型。如:属于马形的,有驳、䟽马和矔疏;属于牛形的,有兕;属于羊形的,有䍺䍺和獬豸;属于豹形的有狰;属于鹿形的,有麒麟和角端。其人工合成的程度,似乎不如西方独角兽那么高。

第二,角形。与西方独角兽相比,中国独角兽的角,不是长而锐,而是短而钝。如:矔疏“一角有错”,麒麟“一角而戴肉”之类。

第三,毛色。除白色的驳和䟽马外,兕色苍黑,狰如赤豹,至于獬豸和角端,则遍体青绿。这与西方独角兽以纯白为特征,也是异大于同的。

第四,生态环境。中国独角兽生于金玉之乡,几乎一无例外。按其出产地,或“多金玉”,或“多瑶碧”,反而“无草木”。他们与矿物的关系,似乎比植物更密切,完全不像西方独角兽那样,被安排去当月亮树的守护者。

从比较神话学来看,如果说神的王国是按人的王国塑造而成的,那么,被视为灵物的独角兽,也无非是先民对常见动物的幻想形式而已。在“形”的考察告一段落之后,应该转向“神”的考察了。正是在这个方面,才真正显示出中西独角兽的文化差异。

三、中国独角兽的神话功能

在中国古代神话里，五花八门的独角兽，自然是功能各异的。如前所述，驳可御兵，矔疏辟火，角端谏杀，麒麟施仁，而能别曲直的獬豸，竟以“任法兽”之名著称于世。比较而言，獬豸的神话功能尤其深入人心，甚至在文字史和服饰史上，也留下它的印记。因此，倘将獬豸作为分析的重点，当可集中地反映中国独角兽的文化特征。

獬豸出现于轩辕黄帝的传说时代，是从边鄙引进中原的神兽。时属洪荒，政主樸略，独角兽一开始便被用作任法的工具：

“时外国有以神兽来进，名獬豸，如鹿，一角，置于朝，不直之臣，兽即触之。帝问食何物，对曰：春夏处水泽，秋冬处松竹。此兽两目似熊。”

所谓“外国”，实即邦国，是黄帝一统天下的组成部分。其方位当在产“竹”的南方，很可能就是楚国。春秋初年，楚武王自称“我蛮夷也”，正是以“外国”自居。关于楚王与獬豸的关系，征诸典籍，其例甚多：

一、《续汉志》云：“獬豸，神羊，能别曲直。楚王曾获之，故以为冠。”

二、《淮南子·主术训》：“楚文王好服獬冠，楚国效之，以鹿角安冠上。”

三、应劭《汉官仪》：“秦灭楚，以其冠赐近臣，御史服之，即今獬豸冠也。左有獬豸兽，触不直者，故执宪以其角形为冠，令触人也。”

如前所引，独角兽神话脱胎于楚文化的母体，随着中央集权国家的出现，它才从边缘归向核心，并进而制度化和法权化。楚王获神羊，制獬冠。秦灭楚后，以其冠赐近臣，成为御史冠。汉代执宪之官，仍以獬豸的角形为冠，这就是正统的法冠了（见图 15）。当代学者通过文献与文物互证，已明确指出：秦汉的法冠都是从獬冠演变而来。但在汉代的大量形象资料中，却始终未能找到戴这种冠的人像。目前所掌握的较清楚之一例，为敦煌莫高窟 285 号窟南壁西魏壁画《五百强盗成佛因缘图》中的法官所戴者，虽然时代去东周已远，但其冠前确有一角状物。根据这一线索和《淮南子》许慎注认为鮭冠即力士冠的说法再进行考察，又可知江苏铜山洪楼汉画像石中的力士所戴竖一角之冠，当即源自獬冠的力士冠。[①] 可见，独角兽的神话功能，在獬豸冠——御史冠——力士冠的演变系统中，一脉相承，历久未废。

---

① 孙机：《中国古舆服论丛》，文物出版社 1993 年版，第 242 页。

图 15　南北朝时的獬豸冠(莫高窟 285 窟南壁西魏壁画)

在古代中国人心目中,以獬豸为代表的独角兽,似实非实,似幻非幻,难以捉摸。唐代民间,曾流传过这样的物语:

开元二十一年(公元 733 年),富平县(在陕西境内,属关中道)产一角神羊,肉角当头,白毛上捧,议者以为獬豸。(《酉阳杂俎》,续集卷八)

民间议独角兽不奇,佛门也议独角兽才奇。唐代僧人在谈禅中,就有用它来斗机锋的事例:

太原海湖禅师,因有人请《灌顶三藏》,供养敷坐讫,师乃就彼位坐。时有云涉座主问曰:“和尚甚么年行道?”师曰:“座主近前来!”涉近前,师曰:“只如?陈如是甚么年行道?”涉茫然。师喝曰:“这尿床鬼!”问:“和尚院内人何太少,定水院人何太多?”师曰:“草深多野鹿,岩高獬豸稀。”(《五灯会元》卷六)

把“和尚院”喻为高岩,用“獬豸稀”来唐塞“人何太少”的疑问,海湖禅师也真是善于自我解嘲了。

明清时代,物化的角状法冠虽不复存在,但一角神羊所体现的古老法意,依然承传下来,并未被人遗忘。现存乾隆御制的一台端砚,砚背凹刻相交两圆,上凹圆刻“鄂王印”三字,隶书。中间凸雕一函套古书,上刻“三字狱,莫须有,韩蕲王,徒疾首,山有幸,埋忠骨,铁无辜,铸贼臣”字样。书上端雕一蹲伏异兽,独角张口,怒视前方,当即传说中的獬豸(见图 16)。用“任法兽”平“三字狱”,颂忠骨(岳飞),诛贼臣(秦桧),图文相配,浑然一体,创意是十分严整的。此外清代

的稗官小说《夜雨秋灯录》,也有以“独角兽”为题材,进行劝善惩恶、现世报应的说教。虽非名篇,但有传有赞,别开生面,值得一读:

图16 清乾隆御制端砚的题铭及獬豸

兴化有丐者,乞食市廛间,观者围之如堵墙。余曾亦趋视,盖其人顶生一角,矗正中,根束短发如蝟毛,角首微锐,而稍朽如蠹啮。人争问讯,泫然曰:“余非生而戴角者。幼不肖,动辄忤双亲,攫资宿妓,家贫,双亲噉粃糠而已,犹携酒肴就妓家食。尤喜食煎炒脆炸,浓汁厚味。亲死以芦包瘞东郭。甫归家,正遭回禄,屋宇什物,一时煨烬,贫不能耐,辄于亲族友党中唆是非,挑械斗,兴辞讼,已则假为调停,攫鹬蚌利。是年,年三十有二,忽病,自分必死。数日,颅肉痒甚,抓挠肤裂,紫血涔涔,突一角出,如笋掀泥,自顾镜中,已似神羊,而奇痛不可忍,呼号床笫间十余日。忽梦一神人告之曰:‘尔思病从何来?角从何生?昌言其故,痛自已。’寤而自省,试以己之罪恶于人前姑言之,痛果已。顷年已六十,如故,一日不言,一日便痛。”言已唏嘘,泪下如雨。人怜之,多施一文钱,由是得无馁。乡中小儿,偶摩挲其角而动摇之,便哀呼诵佛号。自云:“兴化东乡人,无名氏,惟号独角兽。”余戏为摹小像,赞云:

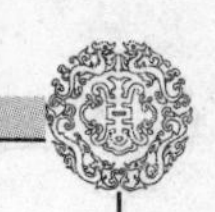

彼何人斯？乞于东郭。
身未披毛，首先戴角。
春笋怒芽，上指寥廓。
其身犹人，其心则兽。
兽耶人耶？峨峨穿透。
地狱人间，黄泉白昼。
非獬廌冠，亦非角端。
谗鼎不铸，山经不刊。
好角逐者，蓦见收寒。

很明显，小说的寓言手法，在于揭露"其身犹人，其心则兽"的丑恶灵魂。作者似乎担心他笔下的"丐者"有渎神明，因此，特别强调"非獬廌冠，亦非角端"，借以维护"任法兽"的正义性，用心良苦，寓意昭然。这篇像赞，给人的印象只是对"好角逐者"进行笔伐，并没有歪曲中国独角兽的神话功能。

四、古体"法"字的文化内涵

作为"任法兽"的獬豸，又称解廌、觟，或简称廌。它的神话功能，古人造字时已予确认。"法"字的古体作"灋"，按《说文·廌部》的解释是："灋，刑也。平之如水，从水；廌，所以触不直者去之，从廌、去。"北宋名臣王安石（1021—1086），于11世纪中期著《字说》，加以明确的演绎："灋之字从水从廌从去。从水，则水之为物，因地而为曲直，因器而为方圆，其变无常，而常可以为平。从廌，则廌之为物，去不直者。从去，则灋将以有所取也。"[①]近代著名法学家杨荫杭（1878—1945），1920年在《申报》发表《释法》一文，对古人制字的精义作了透辟的阐释，特摘引如下：

"法"本作"灋"，从"水"，从"廌"，从"去"。水者，天下之至平也；廌者，古之神兽，触不直者也；去者，去其不直也。自"灋"省为"法"，而古人制字之精义不可知矣。即"灋"之精义亦不可知矣。

制"灋"字者，知一切法之精理不出于平，且知天下至平之物不出于水，盖深通法理并深通物理者也。

"廌"触不直，近于草昧时代之神话，而实为一种寓言。"廌"者，所以代表

① 张宗祥辑录：《王安石"字说"辑》，福建人民出版社2005年版，第159页。

公理，代表法权，代表聪明正直之法官。一国法庭中有“廌”，则国为法治之国；国际法庭中有“廌”，则世界为法治之世界。

“灋”字从“去”，谓不公平之事，在所必去，所谓强制执行力也。制“灋”字者，深知执行力为“灋”之要素，故于从“水”，从“廌”之外，加以从“去”。①

内涵如此丰富的古体“法”字，以独角兽的神话功能为内核，融字义与法意为一体，透露出神判被法治代替的历程，具有庄严的公正性和权威性。它犹如华夏文明的一处古迹，源远流长，至今依然足供凭吊，发人深省。

① 杨荫杭：《老圃遗文辑》，长江文艺出版社1993年版，第70—71页。

向达先生南下讲学记

姜伯勤*

1964 年 3 月 20 日,向达先生莅临广州中山大学,拜访了陈寅恪先生。

向达先生(1900—1966 年)是国际上著名的中西交通史专家和敦煌学家,1935 年在英国牛津大学图书馆、大英博物馆东方部研究敦煌卷子,1937 年又在巴黎进行敦煌写本研究。1942—1944 年两次到敦煌考古,促成了敦煌文物研究所的建立,向达先生的开拓性工作在国际学术界有深广影响。

向达教授虽于 1957—1958 年身罹“丁酉之祸”,但时至 1962 年,向达先生仍提出了整理《大唐西域记》的宏大计划。1963 年杨东莼先生看望陈寅恪先生时,寅恪先生说没有机会与向达先生合作研究唐玄奘去印度取经“是一个遗憾”。①

1964 年 3 月向达先生终于南来看望陈先生,访向期间,得到端木正先生等西南联大校友的接待。3 月 24 日,向达先生在中山大学历史系,作了一场《敦煌学六十年》的学术报告,演讲时向达先生向大家分发了一份提纲,这份文字如今已成为一件十分珍贵的文献,兹特转录如下:

敦煌学六十年

——一个简单的介绍——

提　纲

一、敦煌的历史与地理

甲、汉武帝时始建立河西四郡,大约建立于公元前 121—188 年之间。

---

* 中山大学历史系教授、博士生导师。

① 参见陆键东:《陈寅恪的最后二十年》,三联书店 1995 年版,第 408 页。

乙、敦煌在中外交通史上的地位

刘昭郡国志注引耆旧记,说敦煌“华戎所交一都会也”。隋裴矩西域图记序:“发自敦煌,至于西海,凡为三道,各有襟带……总凑敦煌,是其咽喉也。”

二、敦煌石室藏书及其他遗存的发现

甲、石室藏书的发现及其分散

发现于1900年,全部约两万卷,现分散在北京、伦敦、巴黎、苏联的列宁格勒和日本等处。

乙、其他遗存

1. 汉代长城及玉门关遗址

2. 石窟寺艺术

全部石窟约四百八十多个,时代自北魏以迄元代。

3. 古城与古墓

如古河仓城、寿昌城、以及古墓葬群等。

三、敦煌石室藏书和其他遗存,大有助于中古历史的研究

甲、汉简

斯坦因在玉门关附近发现了近千根汉简,1943年夏鼐、阎文两位先生也在玉门关附近发现了三十多根汉简。

乙、对于中古历史增加了一大批文献史料。如户籍、契据、转帖、图经、以及大唐西域记、慧超往五天竺传等等。

丙、通俗文学,如变文、珠玉钞、随身宝、太公家教等。

丁、敦煌艺术,如千佛洞的壁画、塑像、佛画以及大曲谱、舞谱等。

戊、其他方面,如公元868年(唐懿宗咸通九年)王玠刊本金刚经以及唐柘本温泉铭等。

四、三种古代宗教经藉的发现,附佛教、道教和西域语文

甲、火祆教、摩尼教和景教。

乙、佛教和道教,如禅宗史料、老子化胡经等。

丙、西域语文。

五、敦煌学研究的将来

笔者当时刚刚作为隋唐史研究生毕业,成为一名助教,恭听了久所敬仰的向达先生的报告,作了详尽笔记,并以“黎史”的笔名在《中山大学学报(社会科学版)》1964年第二期,发表了一篇通讯,题为《向达来校作〈敦煌学六十年〉学

术报告·并与有关教师座谈中外交通史等问题》。该文写道：

> 北京大学向达教授于三月二十四日在我校历史系作了题为“敦煌学六十年”的报告。
>
> 报告分为五个部分(中略)。
>
> 报告指出,由于敦煌石室遗物的发现,给中古历史的研究增加了大批文献。例如,从西凉到宋初的户籍、手实、契约、账簿、转贴(知单),可以帮助我们认识当时的寺俗经济生活,一些卷子中关于“头下户”、“社”的记载,都是值得注意的历史材料。
>
> 报告说明了通俗文学变文的发展;举出绘画技巧上蓴菜条描法的发现,和《大曲谱》的发现,如何大大方便了艺术史的研究;而一些西域语文的卷子的发现,不但可以用来证史,而且在翻译史上,又可借以弄清古代一些梵文典籍,是怎样通过一些西域语文而转译为汉文的。报告最后展望了敦煌学研究的将来。
>
> 又四月二日,向达还与历史系中国古代史、世界史和亚洲史教学研究室的部分教师和研究生举行了一次座谈会,座谈中外交通史问题,对西方资产阶级“东方学”中的所谓“中国文明西来说”进行了批判,并对中国古代造船技术与航海知识和广东对外交通等问题发表了自己的见解,引起与会者很大的兴趣。

向达先生于两年之后的1966年被迫害致死,这次讲学遂成为绝响。向达先生此次讲学期间,还在端木正先生向导下,考察了在中西交通史上负有盛名的广州伊斯兰教怀圣寺及光塔。

在考察怀圣寺期间,向达先生随身带着一件皮尺,对古建筑的关键处进行了测量。若干年后,端木正先生向蔡鸿生先生提起这件事时,盛赞向达先生不愧是一位真正严谨的学者。

当我们回顾向达先生1964年南下讲学的史实时,我们看到,端木正先生是当年围绕着陈寅恪先生的金明馆而展开的学术交流活动和文化活动的重要见证人和参与者。

当代著名散文家董桥先生曾经写道:“听说,鸣放运动期间,有人要陈寅恪出来讲话,陈先生只说了一句:‘孟小冬戏唱得较好,当今须生第一,应该找她回来唱戏,以广流传。’话虽浅白,含义深远,十足表现出文化人在文化传统变形时

代里应有的情怀。”[1]1957 年寅恪先生所作的一副对联写道:“万竹竞鸣除旧岁,百花齐放听新莺”,此“新莺”即指广州京剧团旦角演员新谷莺。一幅 1959 年与寅恪先生的合影中,即有新谷莺和端木先生夫人姜凝老师。在中国著名的学府里,对中国传统戏曲的钟爱,一直是学府里的一个不应忽视的传统。直到最近,北京大学燕南园里,还出现过满园争说《牡丹亭》(白先勇先生的青春版昆曲《牡丹亭》)的动人景象。端木先生伉俪与广州京剧团诸名伶交谊甚深,参与他们出入金明馆的活动,而由此也为寅恪先生金明馆的文化生活,平添了一道亮丽的风景。

① 董桥:《董桥散文》,浙江文艺出版社 1996 年版,第 318 页。

中国法国史研究会二十年回顾

刘宗绪[*]　楼均信[**]

中国法国史研究会从策划、筹备、成立,至今已20年了。

1978年5月,杭州大学历史学系举行校庆学术讨论会,主要讨论拿破仑评价问题。国内从事法国史研究的老一辈学者北京大学张芝联先生、中山大学端木正先生、华东师范大学王养冲先生、辽宁大学王荣堂先生、哈尔滨师范学院戚佑烈先生以及陈崇武、刘宗绪等许多法国史工作者应邀参加了会议。会上议定,创建一个全国性研究法国史的学术团体。

当年10月,在上海市金山县召开了有18个单位参加的法国史研究会筹备会议。我国法国史研究的开路人,杭州大学沈炼之先生到会主持了会议,后因患感冒提前回杭,但行前留下了宝贵意见。

筹备会议首先进行了学术交流。张芝联先生和世界史所的孙娴同志分别评介了法国的年鉴学派,华东师范大学王养冲先生讲述了法国史学界研究大革命史的状况,端木正先生介绍了国外对督政府时期的研究动态,中国人民大学陈叔平同志讲了巴黎公社的研究现状,中国社科院外国文学所罗新璋同志谈了他编译《巴黎公社公告集》的经过,世界史所的周剑卿同志介绍了法国最新出版并引起各国重视的《法国病》一书,等等。

会议成立了研究会筹备组,由杭州大学、北京大学、华东师范大学、中山大学、哈尔滨师范学院、世界史所和北京师范大学的7位同志组成。会议讨论和制定了研究会章程(草案),议定成立大会于次年在哈尔滨举行,由哈尔滨师范

---

[*] (1933—2003)我国著名历史学家,世界近代史、法国史专家,生前为北京师范大学历史系教授。

[**] 我国著名历史学家,世界近现代史、法国史专家,浙江大学历史系教授。

本文由刘宗绪先生执笔,多蒙合作者楼均信先生同意转登,特表示感谢。原文刊载于《法国史简讯》(内部刊物)第3期,1998年12月。

学院承办。

1979年8月,中国法国史研究会成立大会暨第一届年会在哈尔滨举行,全国20个单位42人参加了成立大会。会上,张芝联先生就访法印象和法国史学界的现状及流派作了讲话。王养冲先提交了关于法国大革命分期问题的论文并就此作了发言。端木正先生详细论述了中国人研究法国大革命史的过去与现状。陈叔平同志作了巴黎公社与中国的专题发言,还向会议介绍了张志新烈士的事迹。中央编译局顾良同志讲了对19世纪法国社会主义流派尤其是布朗基派的研究心得。北京大学郭华榕同志提交了论巴黎公社委员爱德的论文并作了发言。杭州大学楼均信同志同时代表沈炼之先生提交了论述拉法格的论文并发了言。杭州大学戴成钧同志论述了法国抵抗运动并提交了论文。周剑卿同志讲了戴高乐评价问题。中央党校李元明同志就拿破仑战争性质的转变提交了论文并发了言。北京师范大学刘宗绪同志就刚发表的论述热月政变性质的论文发了言。围绕上述问题,与会者进行了热烈的讨论。

会议就研究会章程进行了认真的讨论和研究,对草案作了修改和补充,然后予以通过。章程规定研究会的宗旨是:以马克思主义为指导,贯彻百花齐放、百家争鸣方针,团结和组织全国法国教学和研究工作者,促进本学科的发展,增进中法两国人民的友谊和学术交流。具体任务为:提出法国史研究课题;组织学术报告讨论会;组织法国史资料的编译和撰写论著;开展国际学术交流活动。最后,在充分发扬民主和多次酝酿的基础上,会议选出了由13人组成的理事会。在理事会第一次会议上,张芝联先生当选为研究会会长,王养冲、端木正、戚佑烈诸先生当选为副会长,端木正先生兼任秘书长。理事会还推举沈炼之先生为研究会名誉会长。为纪念巴黎公社110周年,理事会决定于来年举行第二届年会,由杭州大学承办。研究会秘书处也设在杭州大学,由杭州大学历史学系法国史研究室负责。

1980年10月底到11月初,研究会第二届年会在杭州举行,有47个单位96位法国史科研教学工作者、研究生及法国史业余爱好者参加。在开幕式上,刚刚出席过布加勒斯特第15届国际史学大会的张芝联先生,就国际史学动态,特别是关于法国史研究的动态作了报告。年会围绕巴黎公社的性质、主要经验、各个政治派别和重要人物等问题展开了讨论,发言踊跃,争论颇多,学术气氛十分浓厚。会上,四川省社科院洪韵珊同志论述公社性质的长篇论文与发言引起了大家极大的兴趣,就此进行了热烈的讨论与争论。在年会期间,还创造性地为青年会员举办了讲习班,几位会长、副会长以及少数理事分别作了学术报告。当时,《光明日报》专门就此作了报道。

1982年8月，在中共中央党校举行了研究会第三届年会，有50个单位84人参加了会议。这次年会以讨论法国精神文明和1945年后的法国内外政策为中心内容。会上，王养冲先生就法国大革命的进步史学，中央党校葛力先生就启蒙运动主要是狄德罗的学说，端木正先生就法国大革命中制宪问题作了专题发言，张芝联先生刚从西欧回国，向大会作了法、英、德诸国政治社会情况的报告。会议围绕上述问题进行了分组讨论。

根据研究会章程，会议改选了理事会。新理事会由15人组成。原会长、副会长均重新当选。由于端木正先生已担任中山大学法律系主任，又当选为广东省人大代表，故不再兼任秘书长职务。理事会推选李元明同志为秘书长。新理事会决定，下届年会于1984年在西安举行，由陕西师范大学承办。理事会还讨论了编辑出版《法国史论文集》的问题。

1983年4月，我会与中央编译局、杭州大学联合举办"马克思与法国工人运动"小型学术会议，并按计划在杭州举行，除部分会员外，还有中央编译局的多位同志共30余人参加。张芝联先生在会上以《马克思与国大革命》为题作了主题发言，论述了马克思在法国历史研究上贡献和深刻的辩证法思想。编译局的李兴耕、殷叙彝等同志就《资本论》法文版的翻译、法国社会主义流派等问题作了精彩发言。世界史所曹特金同志谈了她对布朗基的研究。楼均信、戴成钧提交了《马克思与法国工人党的创立》一文，并作了专题发言，会上就此展开了热烈的讨论。在这次会议期间，我会召开了理事会，成立了法国大革命200周年纪念活动的筹备组。筹备组由7人组成，张芝联先生任组长。在筹备组第一次会上，初步讨论了活动计划，包括举办国际学术讨论会，组织编著、翻译若干著作，等等。

1984年10月，西安举行了研究会第四届年会。这次年会主要内容是法国大革命的史学、重要人物和当代法国。社科院西欧所和外交部西欧司的一些同志参加了会议。张芝联先生作了《开展对丹东的研究》的发言，陈崇武同志对罗伯斯比尔作了论述，楼均信同志就丹东评价问题作了发言，何汝璧同志谈了关于启蒙运动的问题，西欧司的一些同志就当代法国若干问题发了言。会议就丹东评价问题进行了热烈讨论。讨论中张芝联先生以及高韵青、高毅等同志都作了系统的发言，并提交了论文。年会期间，研究会在陕西师范大学组织了10次学术报告，分别由10位出席年会的理事主讲，得到陕西省所属大学与科研机关的好评。

会议经过改选，组成了第三届理事会。理事会决定，为编好《法国大革命史词典》，由陈崇武、刘宗绪同志作主编端木正先生的助手，担任副主编。还决定

委派刘宗绪、楼均信同志主持，于来年举办面向全国高校助教和青年教师的世界近代史讲习班。根据沈炼之先生和杭州大学法国史研究室的提议，并征得华东师范大学历史学系的同意，研究会秘书处移到华东师范大学，委托陆欣如同志担任常务秘书。

1985年4月底5月初，法国大革命辞典编委会在端木正先生主持下在宁波开会，讨论了辞典条目。7、8月间，研究会举办的讲习班在呼和浩特内蒙古师范大学开班，有来自20余个省市的约80名学员参加。刘祚昌、李元明、郭华榕、刘宗绪、楼均信、赵瑞芳等同志作了讲授。

1987年夏，研究会在青岛举行了第五届年会，主要议题是为法国大革命200周年作准备，提交的论文基本上都围绕着法国大革命以及法国大革命与中国等问题。张芝联先生及陈崇武、申晨星、金重远等等同志都作了系统发言。年会改选了理事会。原副会长王养冲先生、戚佑烈先生因年事已高，退出理事会，被推举为名誉会长。端木正先生已担任广东省人大常委会副主任和香港基本法起草委员会委员，也退出理事会，任名誉会长。李元明同志因病，不再担任秘书长。新理事会选举张芝联先生留任会长，陈崇武、刘宗绪、戴成钧为副会长，陈崇武兼任秘书长，楼均信、申晨星任副秘书长。年会召开时，研究会举办的第二次面向全国的讲习班正在青岛举行。张芝联先生、端木正先生以及陈乐民、陈崇武、楼均信、黄安年、马家骏、刘宗绪都参加了授课。

1988年5月，法国大革命史词典编委会在贵阳开会，端木正、刘宗绪、楼均信、申晨星、尤天然、孙娴、骆幼玲等编委参加了会议。在端木正先生主持下，审阅和修改辞典初稿。根据工作需要，补选骆幼玲为副主编。

1989年3月，纪念法国大革命200周年国际学术讨论会在上海举行。以佛维尔为首的法国代表以及美国、英国、日本和原苏联学者共十余名国外学者，应邀参加会议并提交了论文。提交论文的还有两个德国的学者和香港的学者。中国内地学者百余人参加会议并提交了论文。张芝联先生主持了会议，法国驻华大使专程前来参加会议开幕式并讲话。

根据提交的论文，会议分为法国大革命与中国、法国大革命基本原则、法国大革命的史学等三个大组进行讨论和交流。会上中外学者积极发言，善意争论，提出了许多极有学术价值的见解，很有收益。会议期间，理事会决定，从已提交的百余篇论文中选取较好的一部分，编辑出版论文集，中、英文版各一部。英文版论文集由张芝联先生主编，中文版论文集由刘宗绪主编，同时出版《法国史通讯》，由陈崇武先生主编。会议期间，法国驻上海总领事馆特邀请全体代表参加了领事馆举行的招待会。

1990年8月,在青岛召开了理事会,讨论研究会今后的活动。会上讨论了研究会的现状和面临的困难,决定适当减少活动和节约开支,在有条件的地区可进行小型学术交流活动。会议决定每年一次的年会推迟到1992年举行,地点在杭州。

1992年10月第六届年会在杭州如期举行。年会主题是讨论法国共和制度。会上,王养冲先生作了《法兰西第一共和国诞生历史原因》、张芝联先生作了《阿列克西·托克维尔与法兰西第二共和国》的学术报告。会议分组进行讨论和交流,从法兰西第一共和国到第五共和国的内容均有涉及。会后,理事会推定由楼均信同志主编出版有关论文集。年会再次改选了理事会。

由于各方面的原因,第六届年会后,研究会年会活动暂时停顿了。京、沪、杭的理事有些少量的联系。1995年曾在杭州召开理事会,决定于1997年在广州举行年会,后因经费困难,未能实现。到1997年才最后决定,第七届年会推到1998年9月在北京举行。会议期间,大家就法国的政治演进、启蒙运动与社会思潮、法国大革命、法国社会经济发展等问题展开热烈的讨论。年会除进行学术讨论外,还改选了理事会。本届理事会增选了一批年轻富有研究成果、素质好、又热心学会工作的史学博士,为领导班子的新老交替做好准备。新改选的理事会仍推选了张芝联先生为会长,陈崇武为副会长兼秘书长,刘宗绪、楼均信、端木美、刘文立为副会长,马胜利、沈坚为副秘书长。

20年来,我们研究会在党的十一届三中全会确立的思想路线指引下,在组织推动与开展学术研究方面取得了丰硕的成果。应该说,这完全是改革开放带来的成果。

由研究会直接组织编写和出版的有辞典1部、论文集4部。研究会编辑印行的《法国史通讯》共出版十余期,刊载会员的论文近百篇,总字数超过200万。研究会还承担了《中国大百科全书·外国历史》卷中全部法国史条目的撰写任务。

在研究会支持、推动或资助下,出版的会员研究成果更是丰硕,总计超过了1000万字。仅为纪念法国大革命200周年,就出版了专著、译著十几部。此外,杭州大学法国史研究室、华东帅范大学法国史研究室,沈炼之、张芝联、王养冲、端木正诸先生,以及陈崇武、陈叔平、金重远、郭华榕、孙娴、吴国庆、楼均信、洪波、端木美、顾良、马胜利、高毅、李宏图、刘宗绪等同志,都有专著、译著字出版,约近百种。其中,张芝联先生主编的《法国通史》和沈炼之先生主编、楼均信同志副主编的《法国通史简编》,是迄今仅有的中国人撰写的两部最系统的法国通史著作。

在20年的学术活动中,研究会不仅造就了一大批年轻有为的法国史研究人才,而且形成了很好的传统与风气。首先是专注于学术研究,发扬开拓创新的精神。研究会始终坚持一切工作都须围绕着对法国史的研究和普及活动,从未偏离章程规定的宗旨。大批会员孜孜不倦,勤于思考,开拓了研究的新领域,提出了大新见解,很有创造性。研究会中年事最高、已逾90高龄的王养冲先生,一直长年伏案工作,撰写和翻译了大量专著、论文和译著。

其次,研究会自成立之日起,始终充满着团结合作的精神,研究会为协作的研究项目,通力合作,不计得失,精诚团结,扬长补短,体现了良好的风格。这一点,在编辑第一部《法国论文集》、撰写《中国大百科全书》条目和编写《法国大革命史词典》的工作表现得尤为明显。

最后,在研究会的老中青会员间形成了极为亲切的关系。青年会员对几位老一辈学者非常尊敬,敬老成风。这从沈炼之生逝世后众多会员撰写的追悼文章中即可看出。许多同志都有亲身感受。老少同心,相互关切,是我们研究会的优良传统。我国年轻一代的法国史研究工作者,正是在这样一种氛围下迅速成长。

在研究会成立二十周年之际,希望我们的这些好传统能得到一步发扬光大,使我国的法国史研究在21世纪更创辉煌!

论君主立宪派统治时期的教育构想与改革

——法国大革命初期的改革研究

王令愉*

内容提要:一、三级会议召开前夕的陈情书反映出的各种意见,说明教育改革是全社会三个等级共同关注的大问题。由于经费不足和师资短缺,大革命初期的教育呈萎缩之势。何况旧制度下的教育也不能适应新国家的需要。面临教育困境的君主立宪派把教育改革提上了日程。

二、米拉波就中等教育和高等教育的问题提出看法。塔列朗在1791年9月提出的报告是最能体现君主立宪派思想和意图的教育改革方案。1792年4月,孔多塞就教育改革提出报告,其中包括排斥宗教教育、实现教育平等等新内容。立法议会同意了孔多塞报告中提出的原则和目标并作了相应努力。但迫于战事,在君主立宪派统治时期,教育始终未能振兴。

三、尽管如此,君主立宪派所表达的教育改革的愿望和提出的构想,尤其是孔多塞报告的基本精神,对于大革命中后起的各政权以及19世纪法国近代教育制度形成的影响则无疑是存在的。

关键词:法国大革命　教育　改革构想与方案　影响

端木正教授是我景仰的学界前辈、中国法国史研究会的创始人之一。先生的译、著,如《法国革命,1789—1799》(索布尔著)、《拿破仑时代》(勒费弗尔

---

* 历史学博士,华东师范大学历史系副教授,中国法国史研究会理事。

著)、《法国史研究文选》、《法国大革命史词典》与众多论文,特别是关于巴贝夫研究、督政府研究、法国大革命和宪法研究等论文,对我学习历史的影响尤大。欣逢先生八十五华诞并从教五十五周年,谨奉习作一篇,恭祝先生健康长寿。

法国大革命初期代表着大资产阶级和自由派贵族的君主立宪派与活跃在政坛的其他派别相比,显然具有经济、文化和政治方面的优势。他们在1789年7月14日之后执掌国家政权3年之久,并通过经济、行政、司法、教育、宗教等各方面的规划和改革,奠定了大革命的基本成果。本文仅对其在教育方面的建树略作研究。

一、君主立宪派政权面临的教育困境

法国早在11世纪,就已逐渐成为欧洲的文化中心。中世纪后期流传这样一句话:"意大利的教皇、日耳曼的帝国、法兰西的学艺。"当时法国大学之多,为欧洲第一。从1180年路易七世承认巴黎大学,1200年腓力二世奥古斯都又批准巴黎大学制订的法规起,到大革命爆发的1789年,共有大学22所。[①] 18世纪下半叶,法国各种类型的学校、学院和大学已经基本形成了一个比较完整的教育体系。但除了军事院校、特种科技学校和法兰西学院外,全国教育均由天主教会控制着。法国的教育分初等、中级和高等三级。初等学校招收男女学生,以教识字、算术为主。中等学校只接受男生,除了深化初等学校的课程外,还讲授古典文学和古典语言。革命前的22所高等院校着重开设神学、法律、医学和文艺课程。有相当一部分富家子弟不上学校,他们通过家庭教师接受各种教育。由于教育受到教会的严重束缚,教学内容远离生活实际,充满宗教气氛。

旧制度末年,许多有识之士对教育状况进行了猛烈抨击。这些人可以分为两派。一派主要从理论分析入手,提出改革教育的必要性。他们以新时代的哲学、政治和社会观点来鼓吹自己的改革计划,令人耳目一新。这一派被称为理

① 这22所大学中,建于1500年前的有:巴黎大学(1180年)、蒙彼利埃大学(1220年)、图卢兹大学(1229年)、昂热大学(1306年)、卡奥尔大学(1331年)、奥尔良大学(1337年)、埃克斯-昂-普鲁旺斯大学(1409年)、普瓦蒂埃大学(1431年)、瓦朗斯大学(1452年)、卡昂大学(1452年)、南特大学(1460年)、布尔日大学(1464年)、波尔多大学(1473年)等13所。16世纪增加了一所兰斯大学(1548年)。17、18世纪由于征服而并入法兰西王国的大学先后有:佩皮尼翁大学(1659年并入)、杜埃大学(1668年并入)、多尔大学(1678年并入)、斯特拉斯堡大学(1681年并入)、奥朗日大学(1713年并入)、蓬-阿-穆松大学(1766年并入)等6所。还增加了3所天主教大学:斯特拉斯堡大学(1681年)、波城大学(1722年)、第戎大学(1722年)。其中,多尔大学于1691年改设于贝桑松,蓬-阿-穆松大学于1768年移往南锡,卡奥尔大学于1751年归并于图卢兹大学。

论派。另一派从实践角度出发，提出了具体的教育国民化方案；他们要求教育摆脱教会的控制和束缚，由国家管理。这一派被称为实践派。理论派和实践派的观点相辅相成，相得益彰，都产生了深刻的影响。

三级会议召开前夕，教育问题十分引人注目，各地呈交三级会议的总陈情书中，有 137 份提到教育问题。里昂的贵族陈情书要求对男女实行同等教育；巴黎的贵族陈情书呼吁教育应向所有阶级的公民开放；马赛的第三等级陈情书主张扩大教育对象，使用统一课本，并着重培育爱国主义精神。陈情书反映出法国社会的三个等级都高度重视教育改革，这种共同愿望理应在一个新时代中成为完善和发展国民教育的动力。遗憾的是，革命带来了新的时代，却没有给教育带来繁荣。

执政的君主立宪派把主要精力集中在废除封建主义、确立新的政治体制和摆脱财政危机等重大紧迫的工作上，较少顾及教育问题。应当认为，他们对于所从事的工作是颇有成绩的，但客观上在财源和人力两方面却冲击了原来已不景气的教育事业。

1789 年 8 月 4 日—11 日的废除封建制度法令，其中包括废除供教会或与教会有关的各个机构、各项事业使用的什一税和替代什一税的税收。虽然法令同时规定在教会尚未找到能替代什一税的其他收入时，仍可继续征收。但此项规定，毕竟大大影响到作为教会的主要财源之一的什一税的征收。教会为此立即削减教育经费，甚至关闭学校，而法国的初等学校都是由教会出资开办的。1791 年 2 月，议会又取消了原有的入市税。入市税在旧制度下是地方政府征收的一个重要税种，它对地方政府财政收入的意义，就如什一税对教会那样重要。而议会却又未能及时为地方政府提供其他的收入来源，于是地方政府财政陷入了困境。当时法国的许多中等学校是由地方政府出资开办，由教会配备教师的，地方政府不能再征收入市税，导致了中等教育的严重萎缩。一些高等院校也在革命中失去了许多慷慨的赞助人。有些地区，如加普、瓦朗斯和阿维尼翁，学校几乎都已丧失了所有的资金来源。

1790 年 7 月 12 日，制宪议会通过《教士公民组织法》，引起了法国宗教界的分裂。根据该法和同年 11 月 27 日的议会法令，所有教士都要对宪法和《教士公民组织法》作“忠诚宣誓”。教皇的权威让位于国民的权威。在教士中马上分成作“忠诚宣誓”的宪政派和拒绝宣誓的反抗派两大派，并屡屡发生冲突。这种冲突也蔓延到以教士为主的教师队伍里，学校的正常教育秩序被扰乱了。1791 年 3 月 22 日，议会颁布法令，把作“忠诚宣誓”的对象扩大到教师队伍。凡在校教师，不管是神职人员还是世俗人员，都必须举行“忠诚宣誓”，否则将被褫夺教

职,逐出学校。有许多拥有神职的和世俗的教师是虔诚的天主教徒,他们宁肯放弃教职,也不愿作“忠诚宣誓”而背上不忠诚于教会的罪名。巴黎大学 161 名教师中,只有 41 名作了“忠诚宣誓”;南锡一所学校的 12 名教师中,有 8 名拒绝宣誓。大批教师的离职或出走,使学校发生教师短缺的危机。各级政府虽然向学校补充了一些新的师资,但新教师缺乏经验,无论在数量上或在质量上都无法取代流失的那批教师。许多学校的课程变得支离破碎、残缺不全。在贝尔内地区的 14 所教会学校中,只有 6 所学校还可以勉强开课,其余 8 所学校由于没有教师或教师不足而不得不停课。为此,许多地方政府、学校、与教育有关的团体纷纷向议会提出抗议。

君主立宪派为废除封建制度、缓和财政危机所采取的各项措施以及进行的改革无疑都是必要的,但显然在制定措施进行改革中没有为保护和发展教育设计一个配套方案。这一疏忽造成了一个奇怪现象:法国教育在思想上因大革命而得到了新生,在现实上则一度陷于困境。

二、塔列朗和孔多塞教育改革的构想和方案

大革命对教育的积极作用首先体现在思想上。1789 年的《人权宣言》尽管没有直接涉及教育,但它确立的各项原则,特别是自由和平等原则,已为法国教育摆脱封建主义的束缚、走向世俗化和国民化指明了方向。

君主立宪派没有就教育改革采取过实际措施,但是这并不说明他们全然漠视这一问题:新建的各省政府都设有管理教育的机构;一些著名的君主立宪派人物就教育改革提出过系统的设想或方案。

1790 年 12 月 11 日,莫尔比昂省的代表、奥德兰修道院院长曾向议会提交《关于法国国民教育的陈情书》,指出教育的目的在于保证宪法的稳定。可以认为这种强化教育的政治含义的主张,成了大革命时期教育改革的基调。《陈情书》要求由国家主办和管理学校,取缔教会或私人办学。但议会对此没有作出任何决定。

大革命初期的领导人、自由派贵族米拉波对教育改革有一些新颖独到的设想。他认为,社会的复兴,有赖于人的自然权利的恢复;而恢复人的自然权利有赖于公共教育。因此,必须严肃认真地对待教育问题。他还依次阐述了关于初等、中等和高等学校教育的改革意见。

在米拉波看来,初等学校教育的改革并不重要。它的首要任务是教会学生读、写、算,不必对课程设置和教育方式作硬性规定,但应增加包含有关宪法及

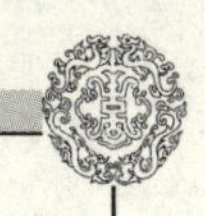

阐释政治和道德原则的内容。米拉波没有提出初等教育应是义务教育和免费教育,也没有提出教育世俗化。

关于中等学校教育,米拉波论述较多的是课程设置。当时,在许多学校里,希腊语文已被废弃,只有一些耶稣会学校还在继续讲授。米拉波认为,古典语文有优美而丰富的文学内容,有助于陶冶情操,也有助于更深层次地学习好法国语文,表达思想感情。但必须用法语来教学古典语文。他提出,男孩子年满10岁可以入中学,两年主修希腊、拉丁语文,两年主修诗歌和修辞学,两年主修哲学。这种课程设置是参考了旧制度下的课程安排的。

米拉波对高等学校教育着墨最多。他认为,高等学校教育的目的是以教育为手段,从青年中培养出类拔萃的精英人才。高等院校必须完全脱离教会的控制和影响,由民选的官员统一管理。米拉波曾以当时设立在巴黎的一所叫做"国家吕克昂"[①](Lukeion national)的学园为例,设计了一套高等学校方案,其中包括:学生由各省选派,每省100名学生在校期间各种费用均由国家负担。学校的任务是为国家提供各种研究人才以及外交和外贸人才。学校教师由著名的哲学家、科学家和各科专家担任,等等。

当米拉波看到制宪议会采取的一些措施给旧制度下的教育带来毁灭性冲击时,曾兴奋地说:"为了重建一切,必须毁掉一切。"[②]当然,从他的教育改革的设想来看,还不能说打算"毁掉一切",他还保留着不少旧制度下的教育思想、教学方式和教育体制。他设想的教育改革是一种新旧教育的混合物。

制宪议会在进行经济、财政、行政、司法等改革的同时,毕竟也把教育改革提上议事日程。1791年9月,议会根据宪法委员会的建议,在宪法第一编中增加体现受教育是全体公民应当享有的权利的原则的一个条款:"应设立和组织为全体公民所共有的公共教育,一切人所必需的那部分教育应当是免费的,这类教育设施将同王国的区划配合渐次分布之。"[③]议会并通过法令,责成宪法委员会就具体实施这一条款进行研究,制定计划,包括实施的纲领和方法,并提出报告。委员会把这个任务交给其成员之一、大革命至七月王朝期间屡任要职的塔列朗。塔列朗到1791年9月初才完成这个任务,以委员会的名义向制宪议会提交了一份长达216页的报告。议会分别于9月10日、11日和19日对报告进行了讨论。

---

① "吕克昂"原为古希腊哲学家亚里士多德于公元前335年在雅典创办的一所学园,"吕克昂"是希腊语 lukeion 的音译。拉丁语为 Lucenm,法语转为 lycée,大革命后成为法国"公立中学"的专称。

② 转引自 H. C. 巴纳德:《教育与法国革命》,剑桥大学出版社1969年版,第67页。

③ 比歇、鲁合编:《法国大革命议会史》,第11卷,第48页。

报告首先阐述了教育的性质和作用，提出：必须使公民们接受教育。教育是自由的保证，是使宪法真能起到作用的保证，它是完善个人和社会的主要手段，也是社会利益的源泉。因此，必须重视公共教育，建议由县（canton）、区（district）、省（departement）三级构成一个宝塔形的教育网：县办初等教育，区办中等教育，省办高等教育。

报告强调，6、7岁以下的儿童应在家里接受教育。每个家庭都是一所初等学校，父亲是学校校长。由县在县治所在地办初等学校，让6、7岁以上的孩子上初等学校，免缴一切费用。初等学校除教拼音、识字和写、算外，可讲授天主教教理，但必须用法语教学，不得使用地方语言；宪法也是初等学校必须设置的课程，教师应使学生理解和热爱宪法，以便长大后捍卫宪法。由区办中等学校，入学者须缴纳一切费用。中等学校传授较为专门的知识，并设置古代语文、现代语文和写作等课程。教学内容须同初等学校的课程相衔接，初等学校讲授的天主教教理在中等学校改为天主教史和信仰背景分析。《人权宣言》应是政治、伦理课的中心内容。

为了让优秀学生继续得到深造，由省设置高等学校。省级学校可分为神学院、医学院、法学院和军事技艺学院，传授不同的专业知识，以培养高级神职、医学、法律和军事人才。学校设奖学金，用以鼓励和帮助学生学习。高等学校注重理论学习和实际研究，加强运用知识和实践的能力。

占据宝塔形教育网峰巅的是“国家研究院”（l'Institut national）。它和米拉波提出的“国家吕克昂”相似。“国家研究院”是“所罗门之殿”，设在首都巴黎，开设哲学、文学、艺术、科学等学科，要办得尽善尽美，配备有图书馆、实验室、文学艺术馆和博物馆等。

报告最后还专门提到妇女教育问题，确认这是涉及到妇女享有公民权的问题。报告反对把妇女排斥于公共生活之外和让她们完全陷入家庭事务之中。妇女需要通过教育来理解自己的地位和权利。她们可以在家里接受教育，不过，初等学校的门必须对她们敞开。

由塔列朗起草并代表宪法委员会向议会提出的这个报告，有许多疏漏和不足，如没有提到教育经费来源和教师培训工作，又如报告主张由县在县治所在地办初等学校，这虽然有利于县对学校的管理，却给市镇、农村儿童的入学带来极大不便。报告中还曾提到各级学校及其课程应严格受各级政府的监控，也与当时社会的自由主义精神相悖。报告发表后，巴黎寄宿学校的教师曾在一份文件中指责这一主张，认为：在与宪法相一致的前提下，教师应享有完全的教学自由。尽管如此，这个报告仍不失为最能体现君主立宪派思想和意图的教育改革

方案。

制宪议会必须在1791年9月闭幕。议会3次讨论报告,未作出任何结论。报告的起草人塔列朗向议会呼吁:"各地的高等学校已经休学,中等学校没有纪律,没有教师,也没有学生。必须在10月以前处理好这件事。"[①]议会在闭幕前一天——9月29日,再一次讨论了这个报告,终因时间仓促无法表决。最后决定把这份报告移交给立宪议会审议。[②]

1791年10月1日开幕的立法议会由一批新选出的代表组成,在政策上并不完全与制宪议会保持一致,塔列朗起草的这份报告被搁置一旁。12月14日,立法议会选出一个由24人组成的公共教育委员会,由下莱因省的代表、数学家阿博加斯特主持,委员孔多塞、罗默、卡尔诺、科多尔省的普里厄,并开始调查初等教育状况。委员会震惊地发现,初等学校已经近于全面瘫痪。

1792年4月20日,数学家、思想家孔多塞代表公共教育委员会向立法议会提出由他起草的教育改革报告,分两天报告完毕。报告的前一部分是教育实况调查,后一部分是改革计划。计划是根据调查实况确定的改革制订的,其中吸收了米拉波、塔列朗的某些主张,但绝大部分内容是全新的,如报告排斥宗教教育,实现教育平等之类的内容,甚至是君主立宪派无法想象,也是不愿想象的。[③]

报告提出,实施国民教育是政府严峻的职责。国民教育的首要目标应当是"在公民之间确立一种事实上的平等,并实现为法律所承认的真正的法治平等。按照这个观点,对政府来说,这是一种公正的职责"。其次,国民教育应当通过培育"每一代人的身行的、知能的和道德的能力……为人类普遍的和逐渐的完善作出贡献,这是所有的社会组织应当追求的最后目标"。"不同层次的教育应当是尽可能既平等又完全地普遍的。要导致所有层次的教育都是免费的。自然赋予的才智,不管对每个有这种才智的人来说,还是对祖国来说,都不应当丧失掉。不同层次的教育,应当包括人类知识的全部体系,并保证人们在一生的所有时期中都易于保有他们的知识和获取所有的知识。"最后,"一切教育的首要条件只是传授真情实理,由政府批准设立的这些学校,应当尽可能独立于政治权力之外"。

报告把教育分为5个层次,设置初等学校(écoles primaire)、中等学校

① 巴纳德,前引书,第55页。

② 据法国历史学家马莱说:"塔列朗的报告,从未出现在任何立法文件中,立法议会公共教育委员会也从未讨论过。"拉维斯·朗博主编:《从第四世纪到今天的通史》,载《法国革命,1789—1799》第8卷,巴黎1896年版,第533页。

③ 下列的报告内容摘要均转引自拉维斯·朗博主编,前引书,第536—538页。

(écoles secondaires)、专科学校(instituts)、学园(lycées,亦称专科学院)、一所国家科学和艺术学社(societé nationale des sciences et des arts)。“凡有400名居民的村庄,1000图瓦兹[①]的村落,设初等学校一所。凡有4000名居民的区或城市设相当于我们的高等小学的中等学校一所。110所专科学校(institus)——我们的学园(lycées)或中学(collèges)将分布在各省,每一个省至少有一所专科学校。9所学园——我们的专科学院(facultés)‘将在一些省里保持一批曾被派到巴黎去完成他们的教育的最大多数知识渊博的人,这些学园(或专科学院)就将被设法安排在省里’,个别的将设置在‘边境不远的地方,以便吸引外国的青年人’。另一些最好能设置在那些不太重要的城市里,‘那里的科学精神将不会为巨大的物质利益所窒息’,在那里,父母、亲人们也不会为他们的孩子‘受到强烈的诱惑、众多的分心和浪费的机会’而担心。”

国家科学和艺术学社监督和领导这些教育机构,致力于“以新的真情实理来丰富全体群众的知识,并给人类精神准备加速进步和增多发明的新手段”。学校将分为4科:数理科学、道德和政治科学、应用学艺科学、第四科是语法学、文学、游艺(音乐、美术、舞蹈等)和古今名著。

报告最后提出,为保证“作为人类某种权利的一部分”的教学和教育团体的独立性,拒绝国家任命其成员。学社的成员由他们自己挑选,并且也挑选学园的教授。学园的教授则选任专科学校的教授。“至于中等学校和初等学校的教师,由区的专科学校的教授拟定被挑选者的名单,初等学校教师由市政当局从名单中挑选,中等学校教师由家长大会从名单中挑选。”

立法议会听取孔多塞代表公共教育委员会提出的报告时,正值法国向奥地利宣战,在经过许多曲折后立法议会决定将报告全文付印,同意计划中有关教育的一些原则、目标和部分安排。不过,既未能详细讨论,自然也未能实行,而只对业已奄奄一息的教育做些力所能及的挽救。1792年6月6日,它通过法令,拨款10万利弗尔资助因取消什一税和入市税而失去收入的学校和教师,不过这只是杯水车薪而已。直到君主立宪派统治结束,法国教育始终没能从衰落中摆脱出来。

尽管如此,君主立宪派统治时期提出的教育改革的愿望和计划,尤其是孔多塞报告的基本精神,对于大革命中和19世纪的法国教育的发展的重要影响则是不能低估的。例如,由在1793年初不幸被刺杀的山岳派成员勒佩勒蒂埃·德·圣法戈拟订的国民教育计划于是年8月被国民公会通过,这个计划在

① 图瓦兹(toise),法国旧长度单位,相当于1.949米。

分析、批评了孔多塞报告的不足后，强调解决实施普及初等教育的物质保障问题，指出培养贫苦儿童首先得给他们面包，而教育的目的是把儿童培养成爱国的公民；与此同时，化学家拉瓦锡也曾起草了一份旨在促进民族工业发展的教育计划，其中包含了进行广泛的知识教育、特别是自然科学的知识教育等内容。1793 年 12 月 19 日，雅各宾派政权曾通过《公共教育法》，确定了普通教育免费、公立的原则，要求教师的工作不得与共和国的法律和道德原则相抵触，还宣布《人权宣言》和宪法是绝对必需的基本知识内容，等等。而法国近代的教育制度，则是继大革命时期教育改革之余绪，在 19 世纪复杂多变的背景之下建立起来的。

从 19 世纪初执掌国家大权的拿破仑在戎马倥偬之余对于教育多有建树，并建立了高度中央集权的教育领导体制，实现了君主立宪派对抗长期以来控制法国教育的天主教会势力、保证资产阶级掌握教育领导权的愿望。“七月王朝”初期，历史学家基佐出任教育部长，主持制订了大力发展初等教育和师范教育的法案，于 1833 年 6 月颁行。基佐又废止了 1830 年以前宗教团体和教会推荐教师和颁发教师资格证书的权力，改由国家直接掌握教师资格标准，坚持所有小学教师必须通过获得国家证书的考试之后，才能任教。颁布与实施基佐的教育法是法国初等教育发展史上的重要步骤，也可以视为君主立宪派未及实现的教育思想的实践。

在整个 19 世纪以至 20 世纪，法国的高等教育课程一直重视和维护古典主义传统，以便为培养中央集权国家机构的文职官员服务，同时为适应国际资本竞争和科学技术发展的需要，不断增设自然科学科目。法国的高等教育在 19 世纪充分发展。其一，大革命中办的专科学校在培养专门人才方面发挥了作用，如巴黎理工学校就在 1804 年获得拿破仑授予的写有“为了祖国的科学和荣誉”的旗帜，1845 年设立巴黎高等师范学校，1881 年创办巴黎女子高等师范学校。其二，法国古老的大学在大革命期间被冲击后，发生了许多变化：文科改变了预科的性质成为独立专业、神学科的地位降低、法学成为高等教育中的重要专业、医科和理科迅速发展。

以上种种进步，都符合君主立宪派统治时期米拉波、塔列朗和孔多塞主张的精神，是法国大革命在教育方面的理想的实现。

巴贝夫研究在中国

端木美*

格拉古·巴贝夫(1760—1797)是18世纪法国空想共产主义者、人民革命活动家、平等派运动的组织者和领袖。长期以来,中国历史学界对他的生平、学说的介绍和研究比较薄弱,远不如对罗伯斯庇尔、丹东、马拉等著名人物的研究。但是巴贝夫研究在中国也不是完全空白,所以我在浙江大学楼均信教授系统地向法国同行们介绍50年来中国法国大革命史的研究之外,对巴贝夫及平等派密谋在中国的研究专门做一个简要的回顾。分三点来谈:

一、中国最早在何时提到巴贝夫已较难查询

追述中国人如何认识巴贝夫已经很困难了。但是根据老一代历史学家回忆,早期法国大革命传入中国,罗兰夫人、马拉、罗伯斯比尔、丹东、拿破仑·波拿巴等人物的生平事迹很引人注目,所占据的宣传和研究的地位比较大,很少有人关注一个代表下层群众利益的空想共产主义运动的早期代表人物巴贝夫,何况他早年在皮卡底的活动,革命后两次到巴黎,特别是1794年热月政变后几天到巴黎,走上反对热月党人的道路,组织平等派密谋运动,直至1796年被捕、1797年被督政府送上断头台,时间很短。所以在查找早年留下的图书资料中,踪迹难寻。

但是在对巴贝夫有过长期研究和关注的端木正教授回忆中,他在三十年代学生时代看到中国人最早提到巴贝夫的书,是一本出版于1926年的曾仲鸣介绍法国文学的书。可惜因年代久远,回忆变得不够全面。但是,他可以回忆起

---

* 中国社会科学院世界历史研究所研究员,中国法国史研究会会长。

本文为2003年10月1日作者在法国维济尔市法国大革命博物馆举行的法国大革命研讨会上的发言。

书的作者在20世纪初留学法国，回国后写成此书。但该作者在抗日战争时期成为汉奸汪精卫（也曾经在20世纪初留法）的帮凶，在中国本土抗战开始后，逃往越南，在河内被国民党暗杀。以后应是无人再提起此人。当然，介绍巴贝夫与这个作者的历史没有关系。我们还可以在可能的情况下，继续寻找最早中国人对巴贝夫的介绍和研究。

二、中国史学界对巴贝夫的介绍和研究状况

应该说，长期以来中国史学界和理论界对巴贝夫的生平、思想和著作都了解得不够多。主要的原因在于以下两方面：

其一，在1949年以前，中国的世界历史研究非常薄弱，研究法国历史的史学家更是凤毛麟角，只有像北京大学的杨人楩先生、杭州大学（今天的浙江大学）的沈炼之先生、上海华东师范大学王养冲先生等少数专家。从50年代起，中国才逐步培养组织起自己的世界历史的研究和教学队伍，人数不多，而且由于与西方的隔绝，很大程度上依靠的是派往前苏联学习回来的和自己本土上培养的人员组成这支队伍。法国史研究和教学的力量依然很弱，而且因为大多数只能以俄语为主、法语英语为辅研究法国历史，备受到语言、资料的局限。

其二，关于巴贝夫的研究资料在中国尤为缺少。众所周知，巴贝夫留下的大量手稿曾长期散失在法国、意大利和前苏联等国家的图书馆、档案馆。1960年在斯德哥尔摩举行的第11届国际历史学科大会纪念巴贝夫诞辰200周年学术研讨会上，各国历史学家通过了合作整理出版《巴贝夫全集》的决议，由法国阿尔贝·索布尔（Albert Soboul）、前苏联达林（Daline）和意大利萨依达（Saitta）三位著名法国大革命史专家负责主持该项国际合作工作。这个决定的实施大大推动了国际史学界对巴贝夫的研究。但是，那个时代中国尚远远未能与国际史学界接轨。在中国文化大革命结束以前，几乎极难得到直接来自西方的图书资料。1975年至1982年间，俄文版《巴贝夫全集》（1—4卷）全部出齐，这才对80年代起已经开放的中国的史学界的巴贝夫研究、有关资料的翻译提供有利条件。但是，尽管出版界人士和历史学家合作对俄文版《巴贝夫全集》（四卷本）进行选编选译，准备在此基础上准备出版中文版《巴贝夫选集》两卷本，可惜十几年过去，由于经费不足等原因，至今中文版两卷本仍未问世。这样也影响了中国法国史学界对巴贝夫的史料的掌握。此外，研究巴贝夫的平等派运动的重要著作、他的亲密战友菲·邦纳罗蒂（F. Buonarroti）所著的《为平等而密谋》一书的中文版也只是在1989年才出版，较之前苏联在1923年就出版该书俄译本

（摘译），迟了六十多年。

尽管如此，中国史学界从五十年代起，以当时能得到的前苏联的资料为主，做了一些翻译和研究工作。如1958年第6期《史学译丛》就刊登过4篇翻译达林（Daline）、沃尔金等前苏联历史学家的文章；1959年中国人民大学出版社从俄文原作选择编译了《论空想社会主义者》，其中介绍了巴贝夫；1962年商务印书馆出版了热尔梅娜·维拉尔和克劳德·维拉尔（G. et C. Willard）所编注的《巴贝夫文选》（Babeuf, Textes choisis），但这是从1956年柏林出版的德文版翻译过来的，因此连作者都译成"韦耶德"，而不是按法文发音的"维拉尔"。除了译著外，中国的史学界还写出一些关于巴贝夫的研究论文，50、60年代大多以俄文资料为参考。其中比较有影响的有北京大学潘润涵教授1962年在《历史研究》杂志上发表的《巴贝夫主义和平等派密谋》，1963年在《北京大学学报》发表的《法国大革命时代无产阶级的早期发展—社会小组—疯人派活动—巴贝夫密谋》，等等。80、90年代也有，如邹毅1983年在《史学理论》上发表的《巴贝夫和平等派的密谋》；韩承文1988年在《郑州大学学报》上发表的《巴贝夫思想评述》；1988年张晶在《史学集刊》上发表的《浅谈巴贝夫的一种革命专政思想》；1991年罗徽武在《四川师范学院学报》发表的《巴贝夫的平等观》、1996年几篇关于巴贝夫的平等思想等文章。我本人也在1989年出版的《法国大革命史词典》中写过"巴贝夫"；在90年代出版的系列《外国历史名人传》中写过巴贝夫的传记等。可以说，虽然中国对巴贝夫的研究远不如对法国大革命中其他重要人物，如马拉、罗伯斯比尔、丹东等的研究，但也在多方努力下做出过一定的成绩。回顾起来，特别是在1978年以后，巴贝夫的研究有过较大的进步。为此我要介绍三位在我国巴贝夫、巴贝夫主义的研究和资料翻译过程中有影响的专家的贡献。

首先，我要介绍的是已经83岁的广州中山大学的端木正教授。他是文化大革命结束以后全面向中国公众和历史学界介绍国际史学界的巴贝夫研究演进的第一人。他对国际史学界的巴贝夫研究的状况和资料的掌握，迄今尚未有人能够超过他。

端木正教授是我国著名的法学家和历史学家。他在结束清华大学研究院的政治学硕士学习之后，有幸考取第二次世界大战后首批法国政府奖学金名额，于1948年赴法国巴黎大学学习国际公法，1950年获得博士学位，1951年回到已经解放的中国。他是中国为数不多的在法国培养的法律专家（大多为英美培养），但是在他回国之初，由于法学不受重视，他成为一名中山大学历史系世界近现代史教师，用上他在法国学习的第二学科历史学。为此他付出了一生最

宝贵的29年,并在他60岁重新回到法学界之前已经奠定了他在中国历史学界的地位。端木正教授在中国第一个翻译索布尔的《法国革命,1789—1799》(A. Soboul :La Révolution Francaise 1789—1799,根据1952年第二版翻译,1956年由三联出版社出版。以后索布尔新著由马胜利、高毅根据1982年版译出,在1989年由中国社科出版社出版);70年代后期,端木教授带领中山大学和河北师范大学一些青年人首先翻译了乔治·勒费弗尔的《拿破仑时代》(Georges Lefebvre :Napoléon,根据1969年第六版翻译,1978年由商务印书馆出版)。这两本书的译本出版在我国法国史研究中有着重大的影响。他也是第一个主编了中国人写的《法国大革命史词典》。他是我们中国法国史研究会的创始人之一,至今仍然是研究会3位名誉会长之一。

1978年当中国学术界刚刚从文化大革命的禁锢中解放出来,开始恢复学术活动之时,端木正教授首先在广州、北京、沈阳、开封等地就法国大革命时期的宪法、国外关于督政府研究状况、国外关于拿破仑的研究和巴贝夫研究的演进等重大课题作了学术报告;并且写出对"文化大革命"中歪曲拿破仑历史的书籍的批判文章。一时引起历史学界的震动。众所周知,不仅在十年"文化革命"中学术界教育界无法正常进行工作,而且从1957年反右派运动后对外国的一切研究都只有一边倒,倒向前苏联,学术界对西方同行的工作知之甚少。更何况端木正教授先受到1957年反右运动牵连,后又在"文化革命"中像许多知识分子一样受批判,几乎在20年间教学科研受到比别人更大的限制,一直默默无闻地在远离北京的南方工作。他如何能在大家尚未从"文化大革命"的噩梦里走出来之时,就可以拿出大量资料向尚未全面开放的中国史学界介绍国际史学界的状况呢?很简单,他在条件非常艰苦的情况下,依然专心关注法国的史学和法学的发展。当时,很难直接得到西方的学术消息,但是有大量的俄文书报刊物。他一回国就注意学习法语、英语以外他的第三门外语:俄语。通过阅读俄文资料,他终于找回他关注的国际、特别是法国学术界的动向。他在苦难中积累了他离开法国之后所能掌握的知识。终于在1978年改革开放后,走在百废待兴的法国史研究的前沿。特别是他注意到别人所较少研究的巴贝夫问题。他的《巴贝夫研究的演进》,无论是报告会还是在刊物发表,都引起国内世界史同行和青年的关注和好评。下面着重介绍他的这篇文章。

该文分成五个部分:

第一部分,着重介绍旺多姆审判史料的留存以及在巴贝夫牺牲31年后,他的战友邦纳罗蒂(1761—1837)在长期流亡中写成的、1828年在布鲁塞尔出版(1830年在巴黎翻印出版)的《为平等而密谋,即巴贝夫密谋》(La Conspiration

pour l'Egalité ,dite de Babeuf)这本书1836年的英译本,以及对后来的国际工人运动的影响。

第二部分,介绍了19世纪中叶起到第一次世界大战前,巴贝夫与平等派密谋的历史史料的收集、收藏和传记的出现的过程,以及从19世纪70年代至80年代初随着各国社会主义运动的发展,特别是在法国社会主义运动进展和分化中,盖德和饶勒斯对巴贝夫的推崇,以及巴贝夫研究在各派不同立场斗争中的曲折前进。此外这个时期,在法国以外的巴贝夫研究也在逐步展开,特别提到1898年俄国塔尔烈(Tarlé)出版的第一部关于巴贝夫的著作,1909年在斯图加特出版的邦纳罗蒂的《密谋》一书的德译本等。

第三部分,先介绍法国马迪厄(Mathiez)1917年发表的《巴贝夫与罗伯斯比尔》的主要观点,介绍对巴贝夫研究做出更大贡献的法国工人运动史专家莫里斯·多芒热(Maurice Dommanget)1922年的《巴贝夫与平等派密谋》、1935年出版的《巴贝夫选集》等以及多芒热对编注巴贝夫著作的贡献。这部分也特别阐述了俄国十月革命后前苏联的史学家们对巴贝夫研究的广泛重视的情况,如1923年出版邦纳罗蒂的《密谋》俄文摘译本,1922年起沃尔金(Volguine)40年对巴贝夫的研究;苏联马克思恩格斯学院法国史中心对巴贝夫文献资料的收购等。

第四部分,端木正教授对第二次世界大战后乔治·勒费弗尔(Georges Lefebvre)1945年和1950年发表的文章,特别是关于巴贝夫共产主义思想的起源做了简单介绍,指出他的贡献特别在于“倡导”和“帮助年轻一代学者开展研究”。在此,他还介绍二战后对巴贝夫的战友邦纳罗蒂的研究有很大的进展,特别是在意大利。1946年邦纳罗蒂的《密谋》意大利文本出版,1948年又出版了俄文全译本。美国先后也出版两本邦纳罗蒂的传记。当然,贡献最大的还是意大利的历史学家们。此外,文章还提到1951年出版的多芒热撰写的关于巴贝夫另一个战友、《平等派宣言》作者西尔万·马雷夏尔的传记。

第五部分,着重介绍了1960年前后在各国史学家的努力下掀起的巴贝夫研究的热潮。特别是1960年在斯德哥尔摩举行的第十一届国际历史科学大会的巴贝夫学术讨论会上,新研究成果涌现,而且通过决议各国学者合作出版《巴贝夫全集》。1963年这个学术讨论会的论文集《巴贝夫与巴贝夫主义问题》出版,1970年多芒热选编了他自己半个世纪来发表的论文集《论巴贝夫和平等派密谋》,大大有利于推动巴贝夫研究。端木正教授还提到了前苏联沃尔金教授晚年继续研究巴贝夫;在法国克劳德·马佐里克(Claude Mazauric)1962年出版的《巴贝夫与平等派密谋》、1965年新编《巴贝夫文选》;让·勃吕阿(Jean Bru-

hat)1978年出版的《格拉古·巴贝夫与平等派密谋或"第一个行动的共产主义政党"》等,对巴贝夫研究中的争论、未解决的问题的讨论都有很大的参考价值。

总之,在极为困难的条件下积累材料,经过十几年的努力,到1978年端木正教授完成这样一份重要的介绍,在当时尚未开放的中国学术界产生的影响是具有历史意义的,起码在一定程度上引起国内同行对巴贝夫研究的极大兴趣,并推动了国内对巴贝夫的翻译和研究。

第二位应该介绍的是中国人民大学著名的历史学家陈叔平教授。他是邦纳罗蒂的《为平等而密谋》一书中文译本的主要译者。为此,他从20世纪60年代接下这本书的翻译工作起,经过文化大革命的中断,马拉松式地付出几乎20多年的时间,在1985年完成全书翻译工作(我仅在后期与他合作翻译了一小部分)。但因种种原因,直到1989年才由商务印书馆出版,正好成为纪念法国大革命200周年的成果,这本第一部邦纳罗蒂的中文译本是我国法国史学界研究巴贝夫主义及其密谋运动的最宝贵资料之一。此后,出版社于1997年、2003年两次再版。由于这部中文译本的问世,在中国也推动了对过去史学界知之甚少的邦纳罗蒂的介绍。例如,1991年出版了美国伊丽莎白·L.艾森斯坦因所著的《第一个职业革命者——菲力普·邦纳罗蒂》的中文译本(The First Professional Revolutionist Filippo Michele Buonarroti (1761—1837), by Elizabeth L. Eisenstein, Harvard University Press 1959)。

实际上,作为一位通晓俄语、英语的国际工人运动史专家,陈叔平教授很早就关注巴贝夫和巴贝夫主义的研究。早在20世纪50年代他就把1948年出版的邦纳罗蒂《为平等而密谋》俄文全译本中沃尔金教授写的导言《"平等派"运动及其社会思想》和沃尔金的《巴贝夫》译成中文,收入前面提到过的1959年中国人民大学出版社出的《论空想社会主义者》一书中。

中文译本《为平等而密谋》是根据法国社会出版社1957年法文版翻译的。该版中乔治·勒费弗尔的序言和让·多特里编的书目也已翻译出来。除此之外,这本中文译本的最大特点在于:陈叔平教授在翻译过程中参考了俄文译本和英文译本,并且根据前苏联1963年的俄文译本补充翻译和收编了四个材料:

"(一)邦纳罗蒂在原书中声明没有找到的两个文件,即《对于我们的两个宪法的意见》和《法国人民反对其压迫者的呼声》;

(二)'第十四号文件'中原被删节的段落;

(三)邦纳罗蒂和巴贝夫的传略;

(四)苏联史学家达林所做的注释(以[ ]号表示,附于书后)。"(见陈叔平"译者说明")

此后，陈叔平教授虽然还有其他研究课题，但是他依然对巴贝夫情有独钟。20世纪90年代后期在中国研究巴贝夫的热潮已经过去，但是在1998年邦纳罗蒂的《为平等而密谋》一书出版170周年时，陈叔平教授仍然写了一篇纪念文章，题为“巴贝夫的空想与现实——纪念《为平等而密谋》出版170周年”，并在当年中国法国史研究会年会上作报告，刊登在次年研究会出版的论文集上，引起广泛重视。

顺便提提，陈叔平教授几十年来还在我国法国史学界对巴黎公社史的研究中占据特别重要的地位。由他撰写的《巴黎公社与中国》(1987年完成，1988年出版)填补了我国在这方面研究的空白，该书涉及一百多年的史料，直至目前仍无人能够超越他的研究。该书撰写过程中，阶段性成果曾经用于中国人自己编写的专著《巴黎公社史》(中国社会科学院世界历史研究所朱庭光主编，1983年出版)第十章中，为该书成功体现中国特色作出特殊贡献。

第三位要介绍的是在我国最著名的出版社商务印书馆工作的老编辑陈森先生。他曾在前苏联学习，精通俄语、英语，也能阅读法语。他一直在出版界工作。这个工作是非常艰辛、默默无闻，是一种“为他人做嫁衣裳”的工作。特别是在没有使用电脑等一切先进科技手段以前，中国的编辑们把自己的精力和生命全都消耗在使用传统笔墨面对大量的作者的各式纸张写成的文稿的校对和编辑中，当作品成功时很少有人会想到他们的功劳。

在我国，对于巴贝夫的研究，对于法国空想共产主义、18世纪法国社会思想等方面的研究，甚至整个法国史、世界其他国家历史的研究，在20世纪五六十年代都很倚重前苏联的图书资料的翻译出版，后来改革开放以后从西方来的图书资料的翻译选择就更为丰富了。商务印书馆在这方面对法国史的贡献与陈森先生的努力是分不开的。商务印书馆一直重视出版有关法国历史的专著和译著，启蒙运动、法国大革命、拿破仑等时期的译著作品更是在国内首屈一指。关于巴贝夫，前面已经提到1962年出版了热尔梅娜·维拉尔和克劳德·维拉尔所编注的《巴贝夫文选》。这本薄薄的文选，在相当长时间内对中国史学界有用。1980年商务印书馆推出沃尔金的《法国空想共产主义》(1960年莫斯科版)的中文译本(郭一民编译)，在译者序中用了大量的篇幅介绍巴贝夫和巴贝夫主义，引用端木正教授1978年对巴贝夫研究的综述，并且因为1980年是巴贝夫诞辰220周年，译者把这本中译本看成是对“这位社会主义思想的先驱者的一点纪念”。接着，1983年商务印书馆又出版了沃尔金的《十八世纪法国社会思想的发展》。同年出版的一本《论巴贝夫主义》内中收集从前苏联有关杂志和专著中选译的关于巴贝夫和巴贝夫主义的文章，作者是达林、沃尔金、索布尔等

人，以达林的文章为主。到1987年商务印书馆组织的《外国历史小丛书》出版了江泓所写的小册子《法国著名空想共产主义者巴贝夫》，虽然只有46页，但是可以说是根据前面已经出版的材料由中国人自己编写的第一本巴贝夫传记。1989年，大家盼望已久的邦纳罗蒂的《为平等而密谋》中文译本上、下两册终于在商务印书馆、特别是陈森先生的不懈努力下出版了。与此同时，商务印书馆为配合《为平等而密谋》的出版，向读者提供了解和研究该书的背景，而组织翻译邦纳罗蒂的传记，于1991年出版了美国历史学家伊丽莎白·艾森斯坦因的《第一个职业革命者——菲力浦·邦纳罗蒂(1761—1837)》。1992年商务印书馆又出版了热拉尔·瓦尔特的《巴贝夫》中文译本(根据1937年巴黎帕约出版社的版本所译，Gérard Walter：Babeuf 1760—1797 et la Conjuration des Egaux)。遗憾的是，由陈森先生费尽心血组织的从俄文版四卷本的《巴贝夫全集》选编选译的中文版《巴贝夫选集》两卷本，历经十几年努力，至今未能出版。

综上所述，商务印书馆在条件有限的情况下，为中国史学界认识了解巴贝夫和平等派运动提供了力所能及的帮助。而长期作为策划和编辑的陈森先生更是功不可没。

三、中国史学界对巴贝夫及巴贝夫主义主要观点

总的来看，中国法国史学界对巴贝夫作为法国工人运动的先驱、早期共产主义的理论家、英勇不屈的法国人民革命家，怀有很深的敬意。在一个崇尚英雄主义的时代，巴贝夫为他所热爱的人民和真理而牺牲，得到广泛的推崇。此外，大家能够达成共识，认为巴贝夫及其学说与革命前的一切空想社会主义有明显的区别，他认识到人民群众的重要，认识到社会上存在阶级和阶级矛盾，还明确了革命的目的"就是为了追求大多数人的幸福"。他主张以人民的暴力革命推翻暴政，并提出了为保卫人民革命成果必须实行革命专政。巴贝夫及其学说突出的特点就在于他的实践性，带有行动的特征。像让·布吕阿说的，他是"第一个行动的共产党"。巴贝夫亲身参加了法国革命，他的思想不仅继承了18世纪启蒙思想家的遗产，而且也继承了雅各宾党人的革命传统。对于巴贝夫的失败，中国历史学家认为，在18世纪末的法国进行推翻封建专制制度的资产阶级革命，要超越时代建立共产主义社会，那是空想；那时的无产阶级很不成熟，巴贝夫对社会经济和人类社会发展的认识还有很大的局限性，所以，给他以高度评价的马克思也认为巴贝夫的共产主义"是一种还没有很好加工的、只是出于本能的、颇为粗糙的共产主义"。

长期以来,在中国对巴贝夫研究的关注与他提出的学说在某种程度上在中国革命实践中有所体现有关。几乎两百年前,巴贝夫就提出革命目标:消灭社会不平等的根源私有制,实现共产主义;同时也提出革命手段:进行阶级斗争和暴力革命铲除暴政,而且提出一个过渡时期,建立劳动人民的革命专政。这使得20世纪50—70年代的中国人惊奇地看到巴贝夫的学说与毛泽东的思想体系和实践有某种相近之处。如关于阶级和阶级斗争、暴力革命推翻暴政,毛泽东提出的“枪杆子里面出政权”;关于过渡时期的革命专政,毛泽东提出人民民主专政;再如,巴贝夫的理想是建立财产公有、平等的共产主义社会,毛泽东也如此。毛泽东在50年代使用的“人民公社”,都使人想到巴贝夫提出的“大国民公社”,还有在公社化时期中国农村的绝对平均主义的分配制度等。

但是,中国的历史学家很清楚,毛泽东没有机会读有关巴贝夫的学说。这里不存在古为今用的可能,他与巴贝夫思想若有不谋而合之处,应该有一定历史的必然因素。因为毛泽东也是从贫穷苦难的中国农村走出来,他的思想学说也是从他的出身、在长期的中国革命环境中形成的。他的思想在某种程度上留下中国传统小农意识的痕迹,所以,他希望建立的共产主义社会也带有巴贝夫式的明显的绝对平均主义色彩。今天我们无意评价毛泽东的历史功过,但是应该看到,在一个农民占大多数的贫穷国家里,毛泽东成功地得到农民的支持获得了政权。巴贝夫的空想,在毛泽东的中国革命中付诸了实践,这两人毫无联系,但却带有一种历史的偶然因素。当然,显然在1949年革命成功以后中国经历的不同历史阶段发生的一切,也引起中国历史学家们的反思。所以,在1978年以后的巴贝夫和巴贝夫主义的研究中,历史学工作者们着重探讨绝对平均主义的局限、革命专政的解释等。具有代表性的论点就是前面提到的巴贝夫专家陈叔平教授在他纪念《为平等而密谋》出版170周年时发表的文章中提出的,比较了巴贝夫从未能付诸实践的“大国民公社”的设想与中国1958年的大规模人民公社化运动,指出:“人们从人民公社化运动的失败教训中,也不难体会到巴贝夫主义者关于未来平等社会的组织方案在总体上的不可行性。”20世纪90年代以后,随着国内外的形势发展、社会的转型,这种研究已经不太吸引年轻一代的历史学工作者了。在这里,我仅就巴贝夫的研究在中国的大致状况作一个历史回顾,使我们的法国同行对我们以往在这方面的工作有所了解。

梁启超民权思想的西学之源

邢益强*

内容提要:梁启超的民权思想是西方资产阶级民主政治理论与中国现实结合的产物。从思想渊源上看,梁启超的民权思想受到来自近代西方政治学说和中国古代思想两方面的影响。总的来说,近代西方的社会政治法律学说,是梁启超民权理论的主要渊源,并对梁启超民权思想的产生、形成和发展具有深刻的影响。

关键词:梁启超　民权　宪政　西方政治社会学说

梁启超是中国近代著名的政治家、思想家和学者。民权思想是梁启超政治思想的重要组成部分。对民权的追求,贯穿梁启超的一生。他在 1902 年的《新民说》中提倡自由平等、独立自尊和权利思想,《新民说》因此而被誉为中国的第一篇"人权宣言"。梁启超关于民权的学说和思想深深地影响了几代中国人,至今还熠熠生辉,他的民权思想对当今我国的政治文明建设仍有极为重要的现实借鉴意义。本文试图从近代西方社会政治理论角度,探析梁启超民权思想的源泉。

一、西方理论渊源之一:进化论

进化论,旧称"天演论",亦称"演化论",这一理论最先由法国博物学家拉马克提出,英国博物学家达尔文的代表作《物种起源》一书为它奠定了科学基础。1896 年,严复翻译了赫胥黎的《天演论》,第一次向国人系统介绍了进化论原理,特别是斯宾塞的社会学理论——社会达尔文主义。其中,"物竞天择"、

* 中山大学哲学系 2001 级博士生,高级律师,广东环球经纬律师事务所合伙人。

“优胜劣汰”、“适者生存”的观点，对当时的知识界产生了极其深远的影响。梁启超把这一生物界的进化论上升为社会进化论，用于解释中国社会历史现象，而且以进化论作为他阐述和主张民权的理论武器。他以社会进化论为依据，将西方资产阶级政治理论同中国古代公羊“三世”说相结合，提出了他的“三世六别”说，他认为：“治天下者有三世：一曰多君为政之世，二曰一君为政之世，三曰民为政之世。”[①]这“三世”中有“六别”，多君为政之世可分为酋长之世和封建世卿之世；一君为政之世可分君主之世和君民共主之世；民为政之世可分为有总统之世和无总统之世。梁启超还进而指出了产生“三世”的社会历史原因和所处的社会历史发展阶段。他认为：“多君者，据乱世之政也；一君者，升平世之政也；民者，太平世之政也。”[②]不仅如此，梁启超还根据历史事实论证了从多君——一君——民政，是社会从低级向高级、从野蛮向文明循序渐进的演化进程，而且“此三世六别者，与地球始有人类以来之年限有相关之理，未及其世，不能躐之；既及其世，不能阏之”[③]，在梁启超看来，实行民权的民政之世将是历史发展的必然趋势，是任何力量都无法阻挡的。正是由于梁启超坚信和坚守这一信念，他的民权思想始终如一，贯穿其一生，从未“复杂且多变”[④]。这从他的《自励》诗：“献身甘作万矢的，著论求为百世师。誓起民权移旧俗，更研哲理牖新知”[⑤]，不难得以佐证。

西方资产阶级的进化论思想对梁启超民权思想的影响是多方面的。他不仅认为实行民权的民政之世是中国社会历史发展的必然，而且认为中国即将到达实行民权之政的时候，“民政不必待数千年前之起点明矣。盖地球之运，将入太平，固非泰西之所得专，亦非震旦之所得避，吾知不及百年，将举五洲而悉推民之从，而吾中国，亦未必能独立而不变，此亦事理之无如何者也”。[⑥] 在《与严幼陵先生书》一文中，梁启超根据社会进化的规律，进一步论述了中国实行民权之政的重要性和必要性：“既有民权以后，不应改有君权。故民主之局，乃地球万国古来所未有，不独中国也……地球既入文明之运，则蒸蒸相逼，不得不变，

---

① 梁启超：《论君政民政相嬗之理》，载李兴华等编：《梁启超选集》，上海人民出版社 1984 年版，第 45 页（以下凡所指《梁启超选集》，均指此书）。

② 同上书，第 45 页。

③ 同上。

④ 梁启超思想复杂而多变，这似乎已成为学界的一个公论。甚至似乎连梁启超本人也承认他是“不惜以今日之我，伐昨日之我”。但笔者认为，梁启超坚持其民权思想和其民权思想的基本内容和核心，是一以贯之，始终不变的。关于这方面的讨论，可参阅笔者博士论文的第一章“梁启超民权思想的核心”。

⑤ 梁启超：《自励》，载方志钦等编注：《梁启超诗文选》，广东人民出版社 1983 年版，第 546 页。

⑥ 梁启超：《论君政民政相嬗之理》，载《梁启超选集》，第 49 页。

不特中国民权之说即当大行，即各地土番野猺亦当丕变，其不变者，即澌灭以至于尽，此又不易之理也。"[①]梁启超正是持此信念而为反封建专制，为维新变法实行民主制度而进行思想启蒙和大造舆论的。不唯如此，西方进化论思想还催生梁启超的民权救国论。梁启超检视了中国历代二十四朝君主，将大部分君主斥之为"民贼"，并将中国落后致弱挨打的总根源归咎于封建君主专制制度。出于甲午战争失败后中国救亡图存的需要和出于推行资产阶级维新运动的需要，梁启超提出了民权救国论的观点。在梁启超看来，中国致弱的根源在于五代之后"君权日益尊，民权日益弱"，[②]他将国家的存亡兴衰与民权的尊弱紧密联系起来，认为"全权之国强，缺权之国殃，无权之国亡"。[③] 因此，要救亡图存，强国御侮，就必须兴民权。梁启超据此而提出了救国治国的方略："今日策中国者，必曰兴民权"[④]，"言爱国者必自兴民权始"。[⑤] 梁启超已将兴民权视为所有救国大政中的根本和关键所在。

如何兴民权，这是梁启超民权思想中思考得相当多的问题。经过反复的思考后，梁启超提出了其欲兴民权，必须先开民智，培养"新民"的新思路，他认为开民智与兴民权是成正比的，"权者生于智者也。有一分之智，即有一分之权；有六、七分之智，即有六、七分之权；有十分之智，即有十分之权。……是故权之与智相倚者也。昔之欲抑民权，必以塞民智为第一义。今日欲伸民权，必以广民智为第一义"。[⑥] 开民智的目的既是为了兴民权，也是为了培养"新民"。[⑦] 梁启超认为培养"新民"是中国的当务之急，并对"国民"一词进行了精辟的诠释："国民者，以国为人民公产之称也。国者积民而成，舍及之外则无有国。以一国之民，治一国之事，定一国之法，谋一国之利，捍一国之患，其民不可得而侮，其国不可得而亡，是之谓国民。"[⑧]反之，以国家为君主一人之私产，人民没有治国事、定国法、谋国利、捍国患的权利和义务，则只能是只有义务没有权利的"奴隶"。而欲以不知"民权"二字为何物，奴性十足的"如此之民"而与欧西人种"并立于生存竞争、优胜劣败之世界宁有幸耶？"[⑨]梁启超正是试图通过这一震

---

① 梁启超：《与严与陵先生书》，载《梁启超选集》，第 42 页。
② 梁启超：《西学书目表后序》，载《梁启超选集》，第 38 页。
③ 梁启超：《论中国积弱由于防弊》，载《梁启超选集》，第 31 页。
④ 梁启超：《论湖南应办之事》，载《梁启超选集》，第 72 页。
⑤ 梁启超：《爱国论》，载《饮冰室合集·文集之三》，中华书局 1989 年版，第 73 页。
⑥ 梁启超：《论湖南应办之事》，载《梁启超选集》，第 72 页。
⑦ 梁启超：《新民说》，载《梁启超选集》，第 206 页。
⑧ 梁启超：《论近世国民竞争之大势及中国前途》，载《梁启超选集》，第 116 页。
⑨ 梁启超：《新民说》，载《梁启超全集·第二册》，北京出版社 1999 年版，第 663 页。

聋发聩的呐喊，呼吁对国人进行彻底的改造和塑造，使吾民彻底根除“奴隶性”、摒弃“奴隶行”，植入“民权”使其成为“新民”——真正的“国民”。从而参与世界各列强的竞争，御侮救国以图强。梁启超新民思想的提出，对“五四”新文化运动中关于国民性的大讨论，尤其对“五四”时期青年学生的思想解放产生了深远而极具意义的影响。

由此可见，梁启超民权思想的理论渊源之一正是西方的社会进化论思想，而梁启超不遗余力地宣传其民权思想，也正是“以社会进化论和‘三世六别’说作为理论武器，所以他在倡导民权时，理直气壮，对前途充满信心”。[①]

二、西方理论渊源之二：权利论

“民权”并非土生土长，它是西方权利思想在中国传播的产物。在中国古代浩如烟海的典籍中，并未找到“民权”一词。熊月之先生认为，“民权”一词是舶来品，来自于日本。日文中的“民权”一词，本来就是借用汉字的“民”和“权”两个字组成。近代中国人中最早使用这个词的是郭嵩焘，其次是黄遵宪和薛福成。[②]

然而，尽管郭嵩焘、黄遵宪、薛福成等早期改良志士们引入民权的概念，但其对梁启超并未产生过直接的影响，在梁启超洋洋大观的著论中，也未有提及过这些志士们的民权理论。真正对梁启超民权思想产生影响的是康有为[③]，而来自西方关于人的权利之思想，则是梁启超民权思想的主要理论渊源。

“天赋人权”、“平等”、“自由”、“独立”、“民主”等西方资产阶级民主学说的传播，对梁启超的民权思想具有极为重要的影响。受卢梭“天赋人权论”的影响，梁启超认为，“天生人而赋之以权利，且赋之以扩充此权利之智识，保护此权利之能力”[④]，他据此指出，如果人们的权利被无端夺走，就应奋起抗争，全力夺回；而人们如果放弃自己的权利，则无异于自杀。[⑤] 梁启超之所以倡导权利思想，是出于他救国图存之考虑，他认为国民有无“权利”思想，与国家的安危息息相关，他对此作了形象的比喻，“国家譬树也，权利思想譬根也。其根既拔，虽复

① 钟珍维等著：《梁启超思想研究》，海南人民出版社1986年版，第41页。

② 参阅熊月之：《中国近代民主思想史》，上海人民出版社1986年版，第10—12页。

③ 梁启超认为：“中国倡民权者以先生（指康有为——引者注）为首。”（梁启超：《南海康先生传》，载《饮冰室合集·文集之六》，第85页）。康有为本人也自诩：“仆在中国实首创言公理，首创言民权者。”（汤志钧编：《康有为政论集》（上册），中华书局1981年版，第476页。）

④ 梁启超：《新民说·论进步》，载《梁启超选集》，第237页。

⑤ 梁启超：《新民说·论权利思想》，载《梁启超全集·第二册》，第671页。

干植崔嵬、华叶蓊郁,而必归于槁亡,遇疾风横雨则摧落更速焉。……国民无权利思想者,以之当外患,则槁木遇风之类也……"①梁启超民权思想的理论依据还来源于"人人有自主之权"这一西方资产阶级的民主政治学说。他直接援引这一学说:"西方之言曰:人人有自主之权。何谓自主之权?各尽其所当为之事,各得其所应有之利,公莫大焉,如此则天下平矣。"②然而,梁启超民权思想中的权利观并非仅指享有权利而不尽义务。他为此特别强调"权也者,兼事与利言之也"。③ 当代学者宋仁先生对梁启超的权利义务观做过这样的评述:"这种以权利与义务对等的关系,必然引出人权平等的结论,这是梁启超学习西方资产阶级政治学理论的成果之一,它对中国封建传统的君、臣、民关系是一大冲击。"④的确,在君主大权独揽,"收人人自主之权而归诸一人"⑤,百姓只有义务没有权利的封建专制时代,梁启超用民权批制君权的言论,被当时守旧的封建士大夫视为"洪水猛兽"、"大逆不道"。然而,这些言论却有效地唤醒了国人的民主意识,对中国资产阶级的维新运动起到积极的推动作用。

自由权利思想是梁启超民权思想的理论基础。他借鉴和吸收西方资产阶级政治学中关于自由的理论来阐述其民权思想。受西方资产阶级自由思想的影响,梁启超不仅把自由作为权利的标志,而且把自由视为人之所以为人的一大要件。他说:"自由者,权利之表证也。凡人所以为人者有二大要件,一曰生命,二曰权利。二者缺一,时乃非人。"⑥他对欧美诸国的自由推崇备至,"於戏,璀璨哉自由之花!於戏,庄严哉自由之神",⑦认为"不自由毋宁死!斯语也,实十八九世纪中,欧美诸国民以立国之本原"。⑧ 在梁启超看来,自由不仅是国民的法律权利,更是一国的立国之本也。鉴于中国国民长期没有自由的现状,他从公理的角度来阐述自由,将自由当作放之四海而皆准的公理,他说:"自由之义,适用于今日中国乎?曰:自由者人生之要具,无往而不适用者也。"⑨梁启超把西方的自由分为四类:"一曰政治上之自由,二曰宗教上之自由,三曰民族上之自由,四曰生计上之自由(即日本所谓经济上自由)。"⑩梁启超还进而分析了

---

① 梁启超:《新民说·论权利思想》,载《梁启超全集·第二册》,第675页。
② 梁启超:《论中国积弱由于防弊》,载《梁启超选集》,第30页。
③ 梁启超:《新民说·论权利思想》,载《梁启超全集·第二册》,第671页。
④ 宋仁主编:《梁启超政治法律思想研究》,学苑出版社1990年版,第68—69页。
⑤ 梁启超:《新民说·论权利思想》,载《梁启超全集·第二册》,第675页。
⑥ 梁启超:《十种德性相反相成义》,载《梁启超选集》,第158页。
⑦ 梁启超:《新民说·论自由》,载《梁启超选集》,第225页。
⑧ 梁启超:《新民说·论权利思想》,载《梁启超全集·第二册》,第223页。
⑨ 梁启超:《十种德性相反相成义》,载《梁启超选集》,第158页。
⑩ 同上。

何为政治自由、宗教自由、民族自由和生计自由。他对国民的政治自由十分关注，他曾引用约翰·弥勒的观点说："人群之进化，莫要于思想自由、言论自由、出版自由。"[①]关于政治自由，梁启超非常重视国民的参政权问题，认为国民的参政问题是"今日吾中国所最急者"。[②] 但梁启超的政治自由，并不是无限制的自由，而是置于法律之下的自由，是服从于"其群"的自由。[③] 可见，梁启超的自由观，特别是其政治自由观，同样是为救国强国服务的，其最终目的是想通过自由思想的传播来改善和提高"国民的群术"，进而达到"以群术治群"。[④] 从中可见，梁启超民权思想中的自由观尽管深受西方人权理论的影响，但又与西方的人权理论不尽相同。两者相较，梁启超更重视民权意义上的"群"的自由、"团体"的自由，而主要不是强调西方人权意义上的"个人"的自由，这是中西不同传统文化和不同国情所使然。

梁启超民权思想中的平等观，同样来源于西方资产阶级的政治学理论。受西方"人人生而平等"思想的影响，梁启超对具有人身依附关系、隶属关系的封建人伦"三纲五常"进行揭露批判，他认为国势衰竭的根源在于君、臣、民之间的不平等。他说："自秦以后君权日尊，而臣之自视，以为我实君之奴隶。凡国事之应兴应革，民事之应损应益，君之所为应直谏犯颜者，而皆缄默阿谀为能，奴颜婢膝以容悦于其君，而'名节'二字扫地尽矣。至于今日，士气所以萎靡不振，国势所以衰，罔不由是。此实千古最大关键矣。"[⑤]

为了证明君、臣、民之间地位平等，他不但引用《礼记》中的"非特君择臣也，即臣亦择君"和"君使臣以礼"的观点，而且他还以同一个铺子中"总管"与"掌柜"的关系作比方，认为他们都是"同为民事者"[⑥]，君臣之间是平等的，并无尊卑之别，如果说有区别的话，那也只是分工不同而已。梁启超对君、臣、民地位平等的论述，无异于是对至高无上的封建君主的尊严和神圣地位的挑战，在近代民主思想史上具有颠覆性的意义，难怪当时的顽固派会斥责梁启超的言论是蛊惑人心，颠倒人伦，是"创君民平等之说"。[⑦]

倡导个人独立，是梁启超民权思想的另一个重要方面。受西方资产阶级人

---

① 梁启超：《自由书·叙言》，载《梁启超选集》，第 91 页。

② 梁启超：《新民说·论权利思想》，载《梁启超全集·第二册》，第 227 页。

③ 同上书，第 228 页。

④ 关于梁启超"以群术治群"观点的详细论述可参阅赴书刚：《从近代化视角看梁启超的民权思想》，载《中央党校学报》1999 年第 4 期，第 121—122 页。

⑤ 梁启超：《湖南时务学堂答问》，载《梁启超选集》，第 65 页。

⑥ 梁启超：《新民说·论权利思想》，载《梁启超全集·第二册》，第 228 页。

⑦ 《翼教丛编序》。

权学说的影响，梁启超深刻地认识到，没有个人的独立就不可能有国家的独立，他说："吾中国之所以不成为独立国者，以国民乏独立之德也。"[1]而国民缺乏独立之德，倚赖盲从，未能独立，"一国腐败，皆根于是"。[2] 因此，中国要"拒列强之干涉而独立"，要"脱满洲之羁轭而独立"，就"应先言个人之独立，乃能言全体之独立；先言道德上之独立，乃能言形势上之独立"，中国有了独立之民，就不患中国不独立。[3] 梁启超敏锐地看到了中国不能独立的根源，在他看来，独立不仅是人所以异于禽兽，文明人所以异于野蛮者的区别所在，也是西方列强"能占优胜权于世界上"的重要原因，因此，他厉声疾呼："今日救治之策，惟有提倡独立。"[4]应该说，在当时列强环伺的半殖民半封建的中国，梁启超这一见解是颇有价值的。

梁启超不仅指出了个人独立的重要性，而且还从制度上分析中国为什么个人不能独立的原因，以及如何使个人独立成为可能。他在《人权与女权》一文中，认为社会制度是使人不能成为独立之人的根本原因。他说："在奴隶制度底下，不但非奴隶的人把奴隶不当人看，连那奴隶也不知道自己是个'人'。在贵族制度底下，不但贵族把平民当作半个人看，连那些平民也自己觉得我这个人和他那个人不同。如是者浑浑沌沌过了几千年。"[5]如何才能成为独立的个人呢？梁启超认为当务之急是"人的自觉"，即自觉地认为我是一个独立的人，并自觉自动地去争取人的各种各样的权利，用梁启超自己的话来说，就是"一面要把做人的条件预备充实，一面要把做人的权利扩张圆满"。[6] 至于如何扩张自己做人的权利，梁启超将之设计为三个阶段：一是教育上的平等权；二是职业上的平等权；三是政治上的平等权。梁启超这一设计是否正确合理，我们暂此不论，但梁启超将人权运动的意涵分为教育上的平等权、职业上的平等权、政治上的平等权，并将之作为能使人独立的条件，无疑是值得称道的。

应该提及的是，梁启超的个人独立观并不等同于西方的人权思想中的个人独立，梁启超的个人独立观带有明显的"民权"印记，即与"合群"相较而存在，受"合群"的制约。他的个人独立观还未上升为西方"人权"意义的理性高度。这从他所撰写的《十种德性相反相成义》一文中的其中一节《独立与合群》[7]就

---

① 梁启超：《十种德性相反相成义》，载《梁启超选集》，第157页。
② 梁启超：《新民说·论权利思想》，载《梁启超全集·第二册》，第228页。
③ 同上。
④ 同上。
⑤ 梁启超：《人权与女权》，载《梁启超选集》，第802页。
⑥ 梁启超：《新民说·论权利思想》，载《梁启超全集·第二册》，第228页。
⑦ 梁启超：《独立与合群》，见《梁启超选集》，第157页。

不难得出此结论。

三、西方理论渊源之三:宪政论

梁启超所处的是社会大变革的时代,出于救亡图存的需要,西方近代宪政学说被大规模地输入中国并被广为传播。孟德斯鸠的三权分立、相互制衡等宪政思想,给近代中国的知识分子产生了极为重要的影响。深受西方宪政学说影响的梁启超,大面积地介绍、宣传西方的宪政理论,是近代中国传播西学特别是传播西方宪政理论的代表性人物。他在1899年发表了《各国宪法异同论》,首次向国人介绍孟德斯鸠的三权分立学说,接着又在1902年发表的《法理大家孟德斯鸠之学说》一文中系统地对孟德斯鸠及其学说进行了介绍。此外,他在《中国积弱溯源论》、《论学术之力左右世界》、《论立法权》、《乐利主义泰斗边沁之学说》等文中,也从不同的角度介绍了孟德斯鸠的学说,成为近代中国介绍和宣传孟德斯鸠学说最具影响力的人物之一。

梁启超被称为"宪政迷",他不仅大量介绍、宣传孟德斯鸠等人的宪政学说,而且身体力行地推行宪政运动,其行为动机与他一以贯之的民权思想有关。在梁启超看来,立宪的根本目的就是为了是伸民权和保障人权。诚如他所说:"立宪政治者,国民政治也。"[①]而实行行政、立法、司法三权分立的目的,在梁启超看来,是"以防政府之专恣,以保人民之自由"。[②] 在西方国家,宪政运动本来就是资产阶级的民权运动,民权运动的主要目的是为了反封建专制,而立宪的目的正是为了防专制。关于这两者的关系,梁启超有着深刻的认识。他认为:"欲君权之有限也,不可不用民权;欲官权之有限也,更不可不用民权。宪法与民权,二者不可相离,此实不易之理,而万国所经验而得也。"[③]在梁启超看来,宪政与民权二者的关系密不可分,立宪应以民权为基础,否则无法立宪,即使设立了宪也无法推行,而立宪又可以保障民权,使民权不受封建专制的践踏乃至被剥夺。他以桀纣和恒灵为例,对此作了精要的阐述:"使不幸而有桀纣者出,滥用大权,恣其暴戾,以蹂躏宪法,将何以待之?使不幸而有如桓灵者出,旁落大权,奸雄窍取,以蹂躏宪法,又将何以待之?故苟无民权,则虽有至良至美之宪法,亦不

---

① 梁启超:《为国会问题敬告国人》,载《饮冰室合集·文集之廿三》,第22页。

② 梁启超:《各国宪法异同论》,载范忠信选编:《梁启超法学文集》,中国政法大学出版社2000年版,第2页。

③ 梁启超:《立宪法议》,载《梁启超选集》,第150页。

过一纸空文，毫无补济，其事至易明也。”①

正因为宪政与民权的关系如此密切，民权是宪政的基础，宪政是民权的保障，所以梁启超才不遗余力地宣传宪政、追求宪政和推行宪政。鉴于中国民智未开、民德未厚、民权未伸、民力低下等实际国情，梁启超为近代中国把脉开方，认为实行君主立宪较为切合中国的实际。他专门撰文对君主专制和君主立宪的区别和利弊作了比较和分析。他认为君主立宪制远远优越于君主专制制度，理由是：“专制之君权，无限制者也；立宪之君权，有限制者也。立宪与专制，所争此一点。”②在梁启超看来，由君主专制改为君主立宪，可以限制君权，防止君主专制，为民争取一些权力。可见，梁启超立宪的目的还是出于他的兴民权、伸民权这一总的思想。顺便述及的是，尽管梁启超在戊戌变法失败后，曾一度提出实行开明专制的主张，如他认为在当今中国“与其共和，不如君主立宪。与其君主立宪，不如开明专制”。③ 从表面上看，他的宪政思想似乎倒退，但这并不能说明他的民权思想出现了“多变”；实质上，开明专制的主张，只是梁启超认为实行君主立宪时机未到的一种权宜之计。因为，在其开明专制的主张中，仍不乏兴民权、伸民权的思想。

梁启超的宪政理论是以其民权思想为中心点而展开的。他的国家观念、政体、立宪等宪政内容无不体现其民权思想。在国家概念上，梁启超从资产阶级的民权思想出发，深刻地揭露和批判封建君主专制政体的罪恶：“使我数千年历史有脓血充塞者谁乎？专制政体也。使我数万里土地为虎狼窟穴者谁乎？专制政体也。使我数百兆人民向地狱过活者谁乎？专制政体也。”④他因此得出的最后结论是：“专制政体之在今日，有百害于我而无一利！”⑤不仅如此，他还以资产阶级的国家理论为依据，指出封建专制下的所谓国家只是朝廷而已，不是真正的国家。因为国家的概念是：“夫国也者，何物也？有土地，有人民，以居于其土地之人民，而治其所居之土地之事，自制法律而自守之，有主权，有服从，人人皆主权者，人人皆服从者。”⑥而中国虽有国之名，未成国之形，更未具备国家的实质要件。“且我中国畴昔，岂尝有国家哉？不过有朝廷耳。我炎黄子孙，聚族而居，立此地球之上者既数千年，而问其国之为何名，则无有也。夫所谓唐、

① 梁启超：《新民说·论权利思想》，载《梁启超全集·第二册》，第149—150页。
② 梁启超：《敬告国人之误解宪政者》，载《饮冰室合集·文集之二十六》，第62页。
③ 梁启超：《开明专制论》，载《饮冰室合集·文集之十七》，第22页。
④ 梁启超：《拟讨专制政体檄》，载《梁启超选集》，第380页。
⑤ 同上。
⑥ 梁启超：《少年中国说》，载《梁启超选集》，第125页。

虞、夏、商、周、秦、汉、魏、晋、宋、齐、梁、陈、隋、唐、元、明、清者，皆朝名耳。朝也者，一定之私产也；国也者，人民之公产也。”①他在第二年所撰写的另文中将国家与朝廷上进行了具体的区分：“国家者，全国人之公产也；朝廷者，一姓之私业也。国家之运祚甚长，而一姓之兴甚短；国家之面积甚大，而一姓之位置甚微。朝廷云者，不过偶然一时为国中巨擘之巨室云尔……有国家而后有朝廷，国家能变置朝廷，朝廷不能吐纳国家。”②梁启超之所以不厌其详地论证国家与朝廷的区别，其最终的目的是为了推行其宪政运动。因为他所反对的不是国家而是朝廷，同样，他所想推翻的封建专制制度而非国家，而宪政的推行是有利于“国家之运祚”的。

设立议院是梁启超宪政活动中的一个重要内容。同样，梁启超设议院与其民权思想密切相关。他认为，议院制度是西方国家富强的原因所在，“问泰西各国何以强？曰：议院哉，议院哉！问议院之立，其意何在？曰：君权与民权合，则情易通，议法与行法分，则事易就。二者斯强矣”③。戊戌维新运动失败后，梁启超经过考察西方资本主义国家的国会制度后，对中国的国会（议院）制度的看法日趋成熟，认为国会（议院）是反映全体国民意愿的机构，“国会者，代表全国人民各方面之势力者也”。④ 而国会又拥有很高的权力，“大权机关之作用不一，而其最重要者，则改正宪法权也”。⑤ 关于国会的作用，梁启超认为其最重的作用是，能最终实现“以国民全体之意思为国家意思也”。⑥ 梁启超对国会制度的论述，从不同的侧面，体现了他注重国民的立法权、参政权、选举权等一系列权利问题。

立宪是梁启超宪政活动中极为重要的一个内容，可以说梁启超在政治舞台中的大半时间都放在立宪活动中。如何制定一部既符合中国国情，富强中国，又能保障民权的宪法，这是梁启超孜孜以求的目标之一。为此，在参考西方各国宪法的基础上，梁启超亲自起草了《进步党拟中华民国宪法草案》（时人称之为“梁启超宪草”），该宪法草案共91条，分11章，依次为总纲、人民、国民特会、国会、总统、国务员、国家顾问院、法律、司法、会计、附则等。在这部宪法草案中，梁启超的民权思想得以较充分的体现，人民的权利从政治领域、思想领域、

① 梁启超：《少年中国说》，载《梁启超选集》，第125页。
② 梁启超：《中国积弱溯源论》，载《饮冰室合集·文集之五》，第18页。
③ 梁启超：《古议院考》，载《梁启超选集》，第32页。
④ 同上书，第47页。
⑤ 梁启超：《中国国会制度私议》，乙丑《饮冰室文集》第二十一卷，第51页。
⑥ 梁启超：《少年中国说》，载《梁启超选集》，第50页。

财产领域乃至精神信仰领域都有所反映。[①] 梁启超宪草既是他宪政思想的高度概括,也在一定程度上反映西方宪政理论输入到中国与中国传统文化发生碰撞后对梁启超所产生的影响。

梁启超是中国近代史上介绍、传播西方资产阶级哲学、政治学和法律学说方面著述最多的学者之一,他在介绍和传播西方资产阶级社会政治法律学说的同时,也积极批判中国封建社会的君主专制制度、文化传统和思想观念,尽管他的批判还不够彻底,但梁启超的民权思想,以及民权思想所包含的权利、平等、自由、独立意识和新民德及宪政理论等,深深地唤起了无数人的觉醒,给昏睡中的中华雄狮注入了新的生机。郭沫若在追忆少年时代时说:"平心而论,梁任公地位在当时确实不失为一个革命家的代表。他是生在中国的封建制度被资本主义冲破了的时候,他负戴着时代的使命,标榜自由思想而与封建的残垒作战。在他那新兴气锐的言论之前,差不多所有的旧思想、旧风习都好像狂风中的败叶,完全失掉了它的精彩。二十年前的青少年——换句话说,就是当时有产阶级的子弟——无论是赞成或反对,可以说没有一个没有受过他的思想或文字的洗礼的。"[②]梁启超的民权学说正是以这种"新兴气锐"的力量成为戊戌维新运动的精神动力,并奠定了近代中国资产阶级的宪政理论基础,大大推动了中国近代化的历史进程,对中国社会的近代化做出了突出贡献。

---

① 关于对"梁启超宪草"的评述,可参阅李秀清:《"梁启超宪草"与民国初期宪政模式的选择》,载《现代法学》2001 年第 6 期。

② 郭沫若:《沫若文集》第 6 卷,人民文学出版社 1958 年版,第 112 页。

伊拉克战争对国际法的冲击及国际法的走向

王献枢*

内容提要：本文在分析美英对伊拉克战争的性质之基础上，着重论述这场战争对国际法的冲击，指出：现代国际法律秩序是有利于维护世界和平、有利于国际社会共同发展、有利于推进多极世界的建立，符合世界上大多数国家的愿望的法律秩序。本文最后论述了国际法的走向。

关键词：伊拉克战争　先发制人自卫　国际法律秩序　国际法走向

伊拉克战争已经结束二年多了，但这场战争对国际法的冲击和影响还继续着。人们透过这场战争提出一系列问题，如这场战争是否合法，国际社会公认的国家主权平等、不干涉内政、不得使用武力和威胁等国际法基本原则是否还是有效的原则，《联合国宪章》规定的集体安全制度以及会员国行使自卫权的规则是否还有效，17 世纪以来建立和发展起来的现代国际法体系是否要颠覆了，甚至提出世界是否又要倒退到弱肉强食的"丛林法则"时期了①，国际法将走向何方，等等。本文在简要评述美、英对伊战争的性质的基础上，着重论述这场战争对国际法的冲击和影响以及国际法的走向。由于本人才疏学浅，错误在所难免，敬请指正。

---

* 中南财经政法大学法学院教授。

① 见《世界知识》2003 年第 9 期，第 23 页。

一、伊拉克战争的性质

伊拉克战争结束至今已有两年多了。这场战争是合法的还是非法的，应该如何为这场战争定性，有的国家政要、学者发表了一些自己的看法，但是，迄今为止，国际社会（例如一些重要的国际组织和国际会议）对这场战争的性质尚没有作出明确的结论。

现在对伊拉克战争的性质没有作出结论，并不是说这场战争的性质本身没有是否合法的问题。这场战争是合法的还是非法的，从国际法的观点看，是必须回答而无法回避的问题。

从国际法的观点来看，美、英对伊拉克发动的这一场战争，显然是非法的。

1. 美、英对伊拉克发动的“先发制人”战争，是没有任何法律根据的，相反，它明显违反了《联合国宪章》第 2 条(4)和第 51 条的规定。《宪章》第 2 条第 4 项规定，各会员国在其国际关系上不得使用威胁或武力，或以与联合国宗旨不符之任何其他方法，侵害任何会员国或国家之领土完整或政治独立。这是《宪章》规定的联合国组织和会员国应遵守的原则，也是现行国际法的一项基本原则。根据这项原则，除了宪章规定合法使用武力的情形外[①]，禁止在国际关系上使用武力。因此，只要不是在宪章规定的合法使用武力的情形下使用武力，就是不合法使用武力。《宪章》第 51 条规定，联合国会员国受到武力攻击时，在安理会未采取必要办法以维持国际和平及安全以前，会员国享有单独或集体自卫之自然权利。从这条规定可见：自卫权是一个国家的自然权利，是宪章赋予会员国的一项法定权利；一国只有在受到武力攻击时，而且在安理会采取必要办法以前，才能行使此项自卫权。美国发动的对伊拉克战争，是在未受到伊拉克武力攻击的情形下，对伊拉克首先进行武力攻击。既违反了《宪章》第 51 条的规定，也违反了《宪章》第 2 条的第 4 项的规定。

在国际社会出现大规模杀伤性武器的威胁和国际恐怖主义猖獗的条件下，“先发制人”的武力攻击（或者叫做“预防性自卫”）是否就因此而合法了呢？这个问题在国际法学界颇有争论。有的学者认为，《宪章》为 51 条规定的自卫权

① 宪章规定合法使用武力的情形有二：一是宪章第 51 条的规定，该条规定，联合国会员国在受到武力攻击时，在安理会未采取必要办法，以维持国际和平及安全以前，会员国享有单独或集体自卫之自然权利；二是宪章第 42 条的规定，该条规定，安理会为应付和平之威胁、和平之破坏及侵略行为，为认为采取第 41 条所规定之武力以外的办法不足或已经证明为不足时，得采取必要的空海陆军行动，以维持或恢复国际和平与安全。

的行使,仅限于实际遇到外来武装进攻的场合才是合法的。武力攻击是指已实际发生的武力攻击,尚未发生的攻击威胁不包括在内。另一些学者认为,武力攻击不仅可以是已发生的武力攻击,而且可以是迫近的武力攻击式威胁。西方权威国际法著作《奥本海国际法》最新版(第九版)对这个问题的主张是:"虽然预防性自卫行动通常是非法的,但是并不是在一切情况下都是非法的,问题决定于事实情况,特别是威胁的严重性和先发制人的行动有真正的必要而且是避免严重威胁的惟一方法……"[①]总之,对"先发制人自卫"或"预防性自卫"的合法性问题,国际法学界尚有争论,国际社会当未制订出一项"先发制人自卫"或"预防性自卫"的规则。《奥本海国际法》把行使"先发制人自卫"或"预防性自卫"作了严格限制。只有在严重威胁的事实的确存在,威胁具有严重性,以及先发制人的行动有真正必要,而且是避免严重威胁的惟一方法这三个条件下,先发制人的行动才能排除其非法性。

2. 伊拉克不存在大规模杀伤性武器对美国构成严重威胁。美国对伊拉克先发制人自卫的最主要理由,就是伊有大规模杀伤性武器,对美国构成严重威胁。但经联合国监核会和原子能机构以及美国分别核查证明,伊拉克并没有大规模杀伤性武器。联合国监核会和原子能机构根据2003年11月18日安理会通过的第1441号决议,对伊拉克进了核查。按该决议要求,监核会主席布利克斯和原子能机构总干事巴拉迪在该决议通过后60天以后,先后向安理会提交了数份伊拉克武器核查报告,直至2003年3月17日,布利克斯还向安理会提交了一份新的核查报告,证明在伊拉克未发现违禁武器,但尚有12项消除违禁武器的核查任务有待完成。就在监核会和原子能机构核查未发现大规模杀伤性武器,而核查尚未最后完成的情况下,20日,美英即开始了对伊的先发制人的战争。可见,美、英对伊拉克的先发制人的战争,是在联合国监核会和原子能机构核查未发现大规模杀伤性武器,因而使美国受到严重威胁的情况下实施的。战后,美国对伊拉克进行两次大规模核查,一次是组织包括科学家、情报分析家、武器技术人员在内的1200人武器核查团到伊拉克核查,10月2日,美国政府指派赴伊拉克调查违禁武器的中央情报局武器专家戴维·凯向国会提交的报告显示,没有在伊拉克找到任何大规模杀伤性武器。另一次是美国参议院情报委员会组织了以美国首席核查官查尔斯·迪尔费为组长的调查组,在伊拉克经过一年多的漫长调查,于2004年7月9日发表了一份长达1500页的伊拉克武器

---

① 〔英〕詹宁斯、瓦茨修订:《奥本海国际法》(第九版),王铁崖等译,中国大百科全书出版社1995年版,第310页。

问题的最终调查报告,10月份向国会提交了这份报告,报告明确表明,萨达姆并不拥有大规模杀伤性武器。10月7日,这场先发制人战争的决策者和发动者布什和切尼明白承认萨达姆没有大规模杀伤性武器。由此可以得出结论,美国以伊拉克有大规模杀伤性武器对美国构成严重威胁为由,对伊拉克实施的先发制人的战争,是没有事实根据的。

3. 伊拉克并未支持"基地组织"和国际恐怖主义。美国对伊拉克发动先发制人战争的另一理由是伊拉克支持"基地组织"和国际恐怖主义。这个问题,迪尔费尔在去年给国会的报告中也作出了结论,报告指出,调查没有找到能够证实萨达姆政权和基地组织有关系的证据。美国国防部长拉姆斯菲尔德也表明,他没有发现伊拉克与"基地组织"有联系的"强力铁证"。

从以上三点可以得出结论:美国对伊拉克实施的"先发制人自卫"或"预防性自卫",是一场没有任何国际法根据,而且是违反《联合国宪章》和国际法基本原则的战争,是一场无任何证据证明伊拉克有大规模杀伤性武器,因而对美国构成严重威胁的情况下发动的战争,是一场非法的战争。美、英发动的这场战争,属于《宪章》第51条所指的武力攻击,完全不具有任何自卫性质。

非法战争就是违反国际法,侵害另一国的领土完整和政治独立的战争,对于这样的战争,如果国际社会能及时对战争非法性作出明确结论,战争对国际法的冲击是很有限的。如果国际社会长时间不作结论,就必然对国际法产生重大冲击,因为这种情况会让世界人民产生对国际法的信任危机,伊拉克战争对国际法产生的剧烈冲击,与国际社会长时间没有对这场战争的非法性质作出结论有着密切联系。

二、伊拉克战争对现代国际法体系的冲击

伊拉克战争对国际法的冲击,是指伊拉克的战争行为对国际法的原则、规则和制度的冲撞。这场战争对国际法的一些原则、规则和制度发生了剧烈的冲击,主要表现在两个方面:一方面是这场战争直接违背和破坏国际法的某些原则、规则和制度,美英完全置国际法基本原则和《联合国宪章》于不顾,在无任何证据证明伊拉克有大规模杀伤性武器和支持"基地"组织以及支持国际恐怖主义,并对美国构成严重威胁的情况下,悍然发动了对伊拉克的战争,直接违背和破坏国际法;另一方面是由于美英对伊拉克的战争行为未能得到制止和制裁,引起一些国家和人们对国际法价值和作用的怀疑,从而冲击了国际法在一些国家和人们心目中的地位。

伊拉克战争冲击了现代国际法体系中以下原则、规则和制度：

首先，它冲击了在国际关系上不得使用威胁或武力原则。不得使用威胁或武力原则，是《联合国宪章》规定的联合国组织及会员国应遵守的原则，也是国际法的一项基本原则。根据这项原则，除了合法行使自卫权，安理会为对付和平之威胁、和平之破坏与侵略行为而采取军事行动以及被压迫民族行使民族自决权这三种合法使用武力的情形外，是禁止使用武力的。美英对伊战争，既无法律根据，又无受到伊拉克武力攻击之事实，以及伊拉克拥有大规模杀伤性武器和支持国际恐怖主义因而对美国造成严重威胁之证据，无疑是非法使用武力，违反了不得使用武力原则，也违反了《联合国宪章》关于行使自卫权的规定。

其次，它冲击了国家主权平等原则。根据这项原则，国家不论大小，应一律平等，互相尊重，美英对伊拉克非法使用武力，是对一个主权国家的主权和领土完整的侵犯，显然违反了此项原则。

再次，它冲击了国际合作原则。根据这项原则，各国不问政治经济及社会制度上有任何差异，均有义务在国际关系之各方面彼此合作，以维持国际和平与安全，解决国际关系中的种种问题。美国在使联合国安理会通过一项对伊动武的决议的图谋破产后，就抛开联合国这个国际合作的形式，实施单边主义，对伊拉克发动战争。这是对国际合作原则的挑战。

最后，它冲击了《联合国宪章》规定的集体安全制度。集体安全制度是联合国为了维持国际和平与安全而建立的一项制度，它包括禁止使用威胁和武力原则，会员国在受武力攻击时，有行使自卫权之自然权利以及安理会对和平之威胁、和平之破坏与侵略行为，有权采取武力以外办法或军事行为，等等。美英对伊拉克战争，违背禁止使用威胁和武力原则，违背了行使自卫权的规定，破坏了集体安全制度。

总之，美英对伊拉克战争破坏了现代国际法的一些原则、规则和制度。为什么美国在未受到伊拉克武力攻击，又无证据证明其受到伊拉克的严重威胁，而且安理会对伊拉克的核查工作尚未结束，安理会没有授权动武的情形下，不顾安理会多数常任理事国的反对，不顾大多会员国的反对[①]，不顾世界人民反战的呼声，冒着破坏国际法律秩序的风险，悍然发动对伊战争呢？就是为了实施美国的全球战略，建立一个“超级大国美国说了算”的单极世界。因此，伊拉克

① 2003的2月24日，美、英、西班牙向安理会提交一份对伊动武的决议草案，同日，法、俄、德也提交了一份继续核查备忘录，于是在安理会内形成“主战”和“主和”两个营阵，五个常任理事国中美、英主战，法、俄、中主张继续核查。

战争对国际法的冲击，实质是单边主义对多边主义的冲击，是建立一个单极世界和建立一个多极世界的碰撞。

三、现代国际法律秩序不会因伊拉克战争的冲击而终结

奥本海曾经提出一个有名的命题，就是“哪里有社会，哪里就有法”[①]。而每个人类社会，其成员之间必然要相互往来，因此，菲德罗斯把上述命题变了一下，提出“哪里有往来，哪里就有法”[②]。总之，有了国家之后，有社会，就有往来，就有法。任何一个社会都有一定的法律秩序，国内社会有国内社会法律秩序，国际社会有国际社会法律秩序，没有法律秩序的社会是不可想象的。但是，如同一切事物总是发展变化一样，法律秩序也是随着社会的发展不断发展变化的；适应社会发展的需要，反映了大多数成员的意愿和利益的法律秩序，就会继续存在和发展，不会由于受到冲击而终结。

现代国际法律秩序是一种什么样的法律秩序呢？这是以国家主权平等原则为基础，以维持国际和平与安全，促进国际社会发展与进步为目标，以国家主权平等、不得使用威胁和武力、不干涉内政、善意履行国际义务、和平解决国际争端、国际合作、民族自决为其基本原则，并确立了一系列规则和制度的法律秩序。这个法律秩序是世界各国用了三百多年时间共同创立发展起来的。这个法律秩序体系，至今虽然还存在某些缺陷和不完善，但已为世界各国制定了在国际关系上的行为准则，把国际社会规范成一个有序的国际社会。按照这个法律秩序，各国就能够和平共处，平等合作，共同发展。这是和平共处、平等合作和共同发展的法律秩序。

（1）这个法律秩序有广泛的社会基础。国际社会发展到今天，仍然是众多主权国家并存，主要由这些国家组成的国际社会。在这个社会里，有 190 多个国家，这些国家，有大有小，有富有穷，有强有弱，有不同的历史和文化背景；它们的社会和政治制度不同，经济发展的程度不同。但是，这些国家都是独立的，是国际社会平等的一员。它们共同生存在一个地球村内，相互依存。它们有本国的国家利益，同时也存在国际社会共同利益，因此，它们要维护本国的利益，又要维护国际社会共同利益。现代国际法律秩序是在平衡这两种利益的基础

---

① 见《奥本海国际法》（第八版）上卷，第一分册，商务印书馆 1971 年版，第 7 页。

② 〔奥〕阿·菲德罗斯：《国际法》（上卷），李浩培译，商务印书馆 1981 年版，第 16 页。

上建立和发展起来的。它既规定了国家主权平等、互相尊重、互不干涉原则,又规定了和平共处、友好合作原则,这样一种法律秩序,就能为国际社会大多数成员接受和维护,因此,有着广泛的社会基础,适应了国际社会的要求。

(2) 这个法律秩序有利于维持世界和平。经历了上世纪两次惨不堪言的战祸的现代人类,都把世界和平视为人类的伟大理想。人类渴望和平,反对战争。世界只有和平,国际社会才能安定,各国经济才能发展。现代国际法律秩序宗旨之一就是维护国际和平。《联合国宪章》把"维持国际和平与安全规定为联合国的第一宗旨,并庄严地宣告,集中力量,以维持国际和平及安全"[①]。国际法把不得使用威胁和武力、和平解决争端、和平共处确立国际法的基本原则,《联合国宪章》规定对和平之威胁、和平之破坏以及侵略行为得采取武力以外的办法以及军事行动,实施制裁。从一定意义上说,现代国际法律秩序是维持和平的法律秩序,它反映了人类的和平理想。

(3) 这个法律秩序有利于促进国际社会共同发展。和平与发展仍然当代世界两大主题。国际社会除了和平问题外,就是发展问题。这两个问题相互联系,密不可分。世界和平是各国共同发展的前提,没有和平,发展就是空话;但各国的共同发展又是保障世界和平的基础,没有发展,和平也难以保障。发展不仅关系到世界和平,也关系到一个国家的国计民生、社会稳定以及在国际上地位。现代各国都把发展,主要是经济的发展作为一项国策、一项长久的战略。现代国际法律秩序,有利于维护世界和平,促进国际合作,共同解决经济以及其他许多国际问题,促进国际社会共同发展,充分反映了各国的愿望。

(4) 这个法律秩序有利于推进建立一个多极世界。当今世界,旧格局,即美、苏两大国对世界相互制衡的格局,由于苏联解体、东欧剧变而解体了,但新格局尚未形成。现在是"一超多强",既不是美国独霸的单极世界,也未实现多极世界,但是,世界向多极化发展,这将是不可逆转的趋势。现代国际法律秩序,以国家主权平等、国际合作为其基本原则,从一定意义上说,这种法律秩序是一种多边国际合作秩序,它与国际社会发展多极化的趋势相一致,有利于促进世界多极化的发展。

总之,现代国际法律秩序是以现代国际社会为其社会基础,有利于维护世界和平,有利于国际社会共同发展,有利于推进多极世界的建立。它反映了世界大多数国家的愿望。它不会由于冲击而倾覆,它将继续有效地发挥其调整国际关系的作用。但是,一个大的法律秩序包含许许多多法律原则、规则和制度,

① 见《联合国宪章》第一条(一)及序言。

它们由于国际关系的发展、科学技术突飞猛进和一些重大国际问题不断凸现而受到冲击,其中,有的过时,有的有缺陷或不够完善,甚至还存在空白,因此,国际社会必须通过改革创新,废除过时的,完善有缺陷的,制订新的,使之更加完善。

四、历史和现实证明:国际法是在不断的冲撞中发展和成长起来的

从20世纪初到世纪中叶,短短半个世纪,发生了两次惨不堪言的世界大战,不仅给人类带来深重的灾难,而且也使国际法遭受两次巨大冲击,使国际法陷入两次大危机。

第一次世界大战(1914.7—1918.11),是帝国主义国家两大集团,即英、法、俄协约国与德、奥匈帝国、意同盟国为了重新瓜分世界的掠夺性战争,双方都是违反国际法的和非正义的。它们为了对世界掠夺和瓜分,都置国际法于不顾,进行了长达四年的战争,国际法似乎对帝国主义国家破坏国际法的行为也显得无能为力。国际法面临20世纪的第一次大危机,也是自从1648年国际法形成体系以来第一次遭遇到的大危机。战争似乎要扼杀国际法,但是战争并未使国际法终结。战争结果,缔结了包括《国际联盟盟约》在内的凡尔赛和约,首次规定了集体安全的基本条款。该条款存在很大漏洞①,但它毕竟起了集体安全制度萌芽的作用,限制战争比不限制好。建立了历史上第一个普遍性国际组织国际联盟,建立了常设国际法院,构建了国际司法制度。过了十年,1928年,《巴黎非战公约》签订,禁止国家把战争作为推行国家政策的工具,废除国家战争权。这是国际法的一个重大发展。

第二次世界大战(1939.9—1945.9),是以德、意、日为轴心的七个法西斯集团为侵略一方,和以苏、美、英、法、中等50多个国家结成同盟为反侵略另一方,而进行的一场世界大战。法西斯国家不顾国际法,发动了长达六年的侵略战争。德国1939年入侵波兰,1940年入侵荷兰、比利时、卢森堡、法国、占领了大半个欧洲,1941年又突然进攻苏联。意大利乘机夺取北非北部一些地区。日本1937年全面侵华,1941年偷袭美国珍珠港,占领新加坡、菲律宾、印度尼西亚等。这期间,德、意、日把侵略战火烧到欧、亚、非洲广大地区,被侵略国的主权

① 见《国际联盟盟约》第12条规定。该条规定,在争端提交某种程序之前,不得诉诸战争,但经过上述程序作出裁决后,再推迟三个月,战争即可不受限制。该条只是限制战争,并未废除战争权。

和领土惨遭践踏,无数生命财产被枪弹毁灭。国际法受到侵略战争的大冲击,面临20世纪的第二次大危机。但是,国际法并未因战争冲击而终结,而是得到了迅速发展。

在战争即将结束的1945年,国际社会制定了《联合国宪章》,并成立了联合国组织。宪章规定了维持战后和平与安全、发展国家间友好关系,促进国际合作的宗旨;规定了国家主权平等、禁止使用武力、不干涉内政、和平解决争端、善意履行宪章义务等七项原则作为指导现代国际关系的基本准则,确立了集体安全制度;通过了《国际法院规约》、成立了国际法院,为现代国际法体系奠定了基础,把国际法推向一个新的发展阶段。

战后,国际法得到更为迅速的发展。战后五十多年来,科学技术的飞速发展、国际关系的演进和一些重大国际事态的凸现,对国际法律秩序都发生或大或小的冲撞,从而促使现今的国际法律秩序全面发展,使之扩展到国际社会方方面面。现今国际法律秩序可谓是庞大法律秩序,空间方面,包括陆地、领空和太空、海洋、极地的法律秩序;国家间合作与交往方面,包括政治、经济、社会、文化教育、科学、法律等法律秩序;国家间的争端方面,有一系列和平解决争端的法律秩序;战争方面,有关于陆战、海战、空战以及与战争有关的中立和人道主义的法律秩序。总之,国际社会处在法律规范之下,形成一个有序的国际社会。

结　论

通过以上分析,可以得出以下几点认识:

1. 伊拉克战争对现代国际法发生了剧烈冲击,这种冲击在伤害国际法的同时,又引起人们对国际法的反思,对国际法进行全面审视。人们在维护现代国际法律秩序的同时,又认识到国际法的缺陷和不足。这种认识是国际社会肌体内推动国际法发展的动力,人们为了克服这些缺陷和不足,对国际法进行改革和创新,促使国际法完善和发展。国际法就是沿着冲击(挑战)——改革创新——完善和发展的轨道成长,如此循环往复,不断完善和发展。这是国际法发展之路。

2. 现代国际法律秩序产生于现代国际社会,这个法律秩序反映了国际社会大多数成员主要是国家的愿望,它是适应国际社会的需要和发展趋势的,因此,它现在仍然是国际社会大多数成员要维护的国际法律秩序,它仍然是有效的法律秩序,不会因被冲击而失效。

3. “哪里有社会,哪里就有法”。只要存在以众多主权国家为其成员的国

际社会,就一定有国际法,否则国际社会就会因倒退到无序的状态而倾覆,因此,没有理由对国际法的继续存在产生怀疑。

4. 国际法是发展中的国际法。国际法如同国内法一样,是与时俱进的。在现代,经济全球化的发展、科学技术的进步、国际关系的演进和国际社会中重大国际事态的出现,都会推动国际法的发展。但是与国内法不同,国际法是通过国家之间的协议制订的,任何一个国家都期望一项国际公约能够充分反映本国的要求,体现本国的利益,因此在大多数情况下,国际法都是通过国家之间协作,但又进行较量甚至是激烈的斗争而达成的。包括中国在内的广大发展中国家,要使国际法充分反映自己的要求和利益,必须参与国际法的改革和制订,积极推动国际法向着有利于发展中国家,有利于人类共同利益的方向发展。

要注重国际法发展史的研究

周忠海*

端木正先生是中山大学法学院教授、常设仲裁法院(海牙)仲裁员,原香港基本法起草委员会委员、原最高人民法院副院长、原中国国际法学会副会长。他在半个世纪以来,一直矢志不移地在国际法这个百花园中,辛勤地耕耘着,为我国培养出大批国际法人才,桃李芬芳。他为中国国际法的发展,为我国法制建设做出了突出贡献。端木正先生虽与我师出同门,师从王铁崖先生,但是,他是我的师长,是我的前辈。我和端木正先生认识和共事是在为庆祝王铁崖先生八十寿辰出版纪念文集《和平、正义与法》的过程中。后来,在筹备出版《钱端升先生纪念文集》的过程中,得到端木正先生的指导和帮助。从而知道端木正先生是知名的国际法学者,是我国国际法学界非常有建树的前辈。他非常注重国际法发展史的研究。1994年中国政法大学黄道秀教授等翻译的俄罗斯国立喀山大学教授费尔德曼的《国际法史》一书是我国新近出版的国际法史译著,这是作者在国际法史领域研究国际法的成果和奉献。它对于我国国际法研究具有相当重要的价值。我为这本书的出版作序并写了书评,提出要注重国际法发展史的研究。端木正先生知道后非常高兴,并给予高度评价。随着人类社会的进步和科学技术的迅速发展,人类命运正在发生着根本的变化,国际法作为一种能够满足迅速变化着的国际社会正常需求的各种规范的艺术体系,也在迅速发展变化着,有了空前的发展。①

但是,国际法史几乎是研究得最少的法学领域。研究国际法史的著作,特别是第二次世界大战后出版的国际法史著作,为数不多。② 而且,这些著作一般只是论述个别制度或者充其量不过是某些国际法部门的发展,而不是研究整个

---

* 中国政法大学国际法教授,博士生导师,中国政法大学国际法研究中心主任。

① H. M. 肯卓德:《国际法》,1992年版(英文),第2页。

② 〔俄〕费尔德曼:《国际法史》,前言。

国际法的历史。从国际法史、国际法的编纂方面来研究和探讨国际法发展的著作则更少。所以，端木正先生在为黄瑶所著《论禁止使用武力原则》一书的序言中指出："论文的选题非常值得称赞，抓住了国际法发展史上的一个重要问题。"①

一、国际法发展史

一般来说，自古埃及、罗马和希腊城邦国家至格老秀斯之前的国际法称为古代国际法；自1648年威斯特伐利亚条约的签订至国际联盟停止活动为近代国际法；从第二次世界大战结束、联合国成立至现在为现代国际法。

但是，截至目前为止，在国际法学界研究国际法的发展、研究国际关系和外交关系及其产生和发展的著作很多，而对国际法史的研究却是非常不够的。费尔德曼教授的力作《国际法史》第一次译成中文，填补了我国国际法史研究的空白。

"历史不外是各个世代的依次交替。"②作为整个世界历史不可分割的一部分的国际法史，当然也是如此。也许，任何社会领域中过去与现在，都不像在国际法中那样有着如此密切的联系，如此有力地、不可分割地交织在一起。《国际法史》一书运用马克思主义历史唯物主义和辩证唯物主义的观点，收集利用大量丰富翔实的资料对国际法史的历史长河进行了分析和研究，阐述了国际法历史发展的原因和结果，推动着国际法的研究和发展。该书具有以下几个特点：

1. 运用马克思主义的历史唯物主义和辩证唯物主义的方法，根据准确和不容争辩的事实分析研究国际法史，得出自己的结论。作者收集和研究了大量史料和前人的研究成果，客观地从古埃及、古罗马、古希腊、古印度和中国的史料出发，谨慎地探讨国际法的萌芽时期，而且毫不隐晦自己由于史料不足带来的困惑。他说："在阐述非欧洲国家的国际法历史时，我们遇到了重大的困难。它们丰富的、富有教益的历史经验在我们能接触到的欧洲文献中几乎还是空白。"③

在论述国际法形成时，作者重点是放在欧洲，同时从史料出发，论述了俄罗斯和其他有关国家和地区，特别是对国际法学的渊源作了较详细的论述。作者

---

① 端木正著：《端木正文萃》，中山大学出版社2004年版，第185页。
② 费尔德曼：《国际法史》，序。
③ 同上。

指出:“在谈到封建国际法形成的时候,我们必须着眼于整个欧洲大陆,而不应夸大后来军事政治情况引起的分化。”论述近代国际法时,更是依据重大历史事件,探索国际法的成熟和发展。作者将这段历史的地域范围集中于欧洲国家和美国,因为这些国家对国际法的成熟和发展给予了重大影响。至于其他地区和国家,由于欧洲大国和其他某些大国的殖民统治几百年,使其中的许多国家事实上丧失了独立,从而(完全或部分地)被强行排除在国际交往和国际法的主体范围之外。书中对于战后现代国际法史的研究,对十月社会主义革命对国际法的深远影响作了精辟的论述。总之,本书对于历史事实的选择、筛选、分析是下了一番工夫的,可以说是经过“去伪存真”、“由此及彼”、“由表及里”[①]的过程。它毫无例外地掌握了与所研究的问题有关事实的全部总和,而不是抽取个别的事实。[②] 同时,书中自始至终将实践和理论问题有机地结合在一起。

2. 将国际法中的法律规范、社会价值与道德观念结合在一起,全面论述国际法史。书中指出,国际法与国际关系是不可分割的,国际法是国际关系中的法律关系,在国际社会历史和文明发展中具有重要的地位和作用。“国际法的价值和意义首先取决于它对社会进步发展的贡献,取决于它在何种程度上促进诸如保障和平和防止新的热核战争等当代最重要问题的解决。”[③]

同时应注意的是,国际法规范性本身就是一种社会价值,因为法的真正的社会价值在于它能够起到自由比例尺的作用。[④]

在国际法史的研究中,作者认为国际法的意义在于它是作为继承性社会文化手段和信息系统总和的社会意识因素之一。它不仅是调整阶级的社会关系的手段,同时也是认识这些关系的一种形式。例如国际法中的强制性规范、协商一致、公平原则,作者都认为是社会意识在国际法中的表现形式。而且,他还认为国际法中社会意识的最高表现形式是国际法的基本渊源——条约和习惯以及其他间接渊源,如国际文件所承认的“各国权威最高之公法学家学说”,诸如外交豁免制度、外交关系法、公海自由等。

道德观念并不属国际法范畴,但作者为了更深入地研究国际法史,将历史意识形成的法律和道德规范、规则一并进行考查,从而论述其相互关系及对国际法形成、发展所起的作用。

---

① 毛泽东:《实践论》,第10页。

② 费尔德曼:《国际法史》,第7页。

③ 明加佐夫:《作为国际法有效性因素的社会价值》,载《苏联国际法年鉴1984年》,1986年版,第70页。

④ Л. С. 亚维奇:《一般法理问题》,载《法学》1984年第6期,第22页。

3. 以社会经济形态为依据,结合国际法的特点,划分国际法史的发展阶段。国际法的历史分期大体上应当以经济发展到一定阶段的社会形态为根据进行划分。但是,由于古代部分史料不足,而且在封建主义社会经济关系达到一定程度时,国际法才开始形成,所以,不可能机械地分为封建主义国际法、资本主义国际法和社会主义国际法。国际法理论体系产生于17世纪中叶,并且与格老秀斯的名字联系在一起。因此,国际法史的分期应按照不同国家和地区历史演变的特点,结合国际法史本身的特点,划分为起源、形成、成熟和当代国际法几个阶段。

国际法史的迄止阶段,本书没有从1648年《威斯特伐利亚和约》始,而是根据研究对象实际产生的时间来确定;叙述以20世纪40年代有关的材料结束,即到1945年结束,重点突出十月社会主义革命在国际法史,特别是当代国际法中所起的作用和其应有的地位。

4. 从国际法学角度论述国际法理论的发展史。特别是对两次世界大战和十月革命对国际法的影响及产生的新的学派和流派作了扼要介绍。例如对规范法学派、自然法学派及前苏联国际法学作了介绍和论述。

但是,由于作者的伦理观念和政治立场及方法属于前苏联的模式,而且由于如作者所述,有些资料"在我们接触到的欧洲文献中几乎还是空白",故书中所述国际法史中的社会阶级性等有些观点,我们不能苟同。另外,该书对于促进国际法发展的重要因素:经济和科技两方面基本未提及。由于对中国的了解不够,也只能在前言中说明:"我们觉得中国这个世界上最古老、最伟大的强国之一也有近百年的情况是如此,幸而现在她公正地重新赢得了完全的独立,并在国际交往中起着头等重要的作用。"①

总之,国际法史是世界历史进程中不可分割的部分,专门研究国际法史,对国际法的发展具有重要推动作用和现实意义,它的进步发展是与世界文明的成就密切相关的。《国际法史》的问世为我们提供了一个极好的范例。我们国际法学界应该重视和加强对国际法史的研究,为促进和保证国际法的编纂和发展做出自己的贡献。

二、国际法的发展

一般地讲,国际法的起源可追溯到16、17世纪,和民族国家的兴起同时产

① 费尔德曼:《国际法史》,中文版序言。

生，荷兰法学家和外交家格老秀斯被认为是国际法的鼻祖。1648 年结束了 30 年战争的威斯特伐利亚条约，常被誉为划时代的条约，它确立了主权国家在国际法中的核心地位。历史上也有关于调整古希腊城邦国家之间以及古罗马居民和外国人之间关系的古老的规则和制度，但并没有作为法律总体沿袭下来。这些规则和制度的影响主要反映在对后几个世纪中打算在神圣罗马国解体、分裂成许多独立的交战实体后，在这些国家间寻求一种合理秩序的政治家们的身上。①

多数人认为近代国际法起源于欧洲，所以它吸收了欧洲社会和政治的文化及价值。从政治意义上说，国际法是那时吸收了关于独立主权国家的新思想而成熟起来的。在战争与和平中，国际法满足了外交关系的有限需求。从哲学意义上说，国际法起源于自然法学。面对大量含糊不清的当地习惯和双边条约，自然法学派以古典法学思想为基础把外交行为制度化，把国家及其首脑置于法律之下。后来，实在主义兴起，在政治和哲学方面对国际法产生了巨大影响。实在主义者坚持国家主权概念，他们认为国际法的含义应当包括法律义务基于国家同意，或国际法只能由国家同意的规则组成。②

在殖民扩张过程中，国际法所包括的思想和价值被欧洲列强带到世界的其他地方。对外国领土的殖民化和征服并不受国际法的调整和支配。当一些被征服的领土，特别是北美和南美洲赢得独立时，欧洲国际法的实践也扩延到它们那里。只是在 19 世纪的后半叶，一些非基督国家如中国、土耳其和日本等，才被接受为国际法的主体。在第一次世界大战后通过国际联盟盟约之前，国际法并不是无歧视地在所有国家适用。第二次世界大战后，在联合国的监督和指导下，通过非殖民化过程，国际法才真正在全球范围内适用。

习惯上，国际法被认为是用来调整主权国家间关系的原则和规则的总和。从研究国际法的角度出发，这种解释强调了国家在国际事务的中心和主导地位。现代国际法也反映了新的国际生活的现实，成为能够满足迅速发展着的国际社会需求的规范。

20 世纪，特别是 1945 年以来，许多具有不同政治、文化、社会和法律背景的新兴国家进入国际法律制度。它们进入国际社会，对国际法已经产生了、并将继续产生深远持久的影响，国际法由原来的欧洲集团扩大至遍及七大洲的 180 多个国家。它们对一些以欧洲为核心的概念和国际法原则、规则的效力也提出

① A. N. 刘易斯：《国际法历史》，1964 年英文版，第 2 页。
② 同上。

了挑战。这是国际法发展的重要倾向之一。

1917年10月,世界上第一个社会主义国家——苏联诞生了。它在国际法史上第一次对原来普遍接受的传统国际法概念、原则提出了挑战。由于国际经济关系的变化,广大发展中国家要求建立国际经济新秩序,国际法的范围扩大了,出现了一个新兴的分支——国际经济法。最近,拉丁美洲、非洲和亚洲的许多发展中国家已在鼓动重新制定国际法,特别是要修改调整外国投资、开发和其他部分的国际法内容。其结果是使得传统国际法的一些原则部分或全部作废、或进行实质性修改、或在其他方面采取新的概念。

另外,1945年以来各种流动的国际组织大量出现,与联合国一起成为国际范围内起协调作用的机构。这些组织的出现,使国际法中产生了全新的关于国际组织和机构的法律体系。另外,世界上数以千万计的人仍处在贫困、饥饿、疾病、文盲、动乱和战争的痛苦中,需要各国各地人民组织起来改善人类生存条件,特别是欠发达国家要促进经济发展和社会进步。这些使国际法有了新的发展,出现了新的分支学科——人道主义法、人权保护和国际发展法。总之,在联合国时代,国际法必须适应于更快的、发展的、由多国组成和日益相互依赖的当今世界。

最后,科学技术的发展与进步也极大地影响着国际法的发展。核能的开发利用、飞机的普遍使用、外空飞行和利用、深海洋底采矿和卫星无线电通讯等,使国际法产生全新的分支学科,如外层空间法和环境保护法。同时,传统国际法的内容大大开展,最突出的是海洋法。

三、结　　论

国际法史就是国际法的发展史,只有了解和研究国际法的过去,才能更清楚地了解其现在,预测其未来。全面地研究国际法史是国际法研究深入的表现,是值得提倡和赞许的。

国际法史的研究要精通其发展史,不仅仅是古代史、近代史,更主要的是现代史。因为研究历史是为了促进国际法的兴盛和发展。要研究国际法主要法律制度、有拘束力的原则、规则的产生、形成和发展的原因和过程。但是,国际法是适应不同社会制度而发展的。它离不开不同时期的政治、经济、文化、伦理等各方面的情况。全面地从上述各个角度去研究探讨国际法史,无疑是一项重大突破。

但是,我认为伦理、礼仪道德只能是研究国际法史时的一种参考,不能也不

应当把国际法律规范与道德规范混在一起。因为这两者是两个不同的范畴,法律不是道德,国际法也不是国际道德。

国际法在迅速地发展,我们要注重对国际法史的研究。两者应当互相促进,使国际法的研究和国际法史的研究比翼双飞,健康地发展下去。国际法史应当包括国际法的编纂史和国际法的当代发展史,而且更重要的是现代国际法的发展史。

对政府间国际组织的重新认识*

饶戈平**

迄今为止,中国国际法学者所研究的国际组织,主要是或者仅仅是政府间国际组织。这里的政府间组织是指建立在国际法协定基础上的、具有常设机构并以多边合作为宗旨和职能的国家间联合体。

确切地讲,这类组织应该叫做政府间协定性组织,因为它强调以国际法协定作为组织的法律基础。现行国际法认为,只有这类组织才能成为国际法的规范对象,才能具有国际法主体资格,承受国际法上的权利义务,并对国际法的发展产生重大影响。这样的国际组织,到2001年底为止,大约有232个。

以上的认识似乎是一种定型的司空见惯的看法,至少我们中国学者是这样来看待国际组织的。但是,国际社会的实践以及国际权威机构的统计数字,却向这种认识提出了挑战,至少可以引导我们对这种传统看法进行重新思考。

据UIA出版的《国际组织年鉴》2001/02年版的统计,迄至2001年,全世界各类国际组织和机构共有55282个。其中政府间组织和机构有7080个,占总数的12.8%;非政府组织和机构有48202个,占总数的87.2%。这里且不论非政府组织。在7000多个政府间组织中,上述的协定性组织其实只占总量的3.3%,有232个,只是实际存在的政府间组织的冰山一角,远不足以代表和涵盖政府间组织的全部。换言之,占总量96.7%的政府间组织并不属于协定性组织,同我们通常所理解的政府间组织相去甚远。那么,这96.7%的政府间组织究竟是些什么形态呢,应不应该纳入国际法的视野、纳入国际组织法的研究对

---

* 本文的研究和写作,受到司法部"法治建设与法学理论研究"部级科研项目(合同号为03SFB1006)的资助,特此致谢。

本文初稿是在中国社会科学院国际法研究中心举办的研讨会上的发言,此次发表时做了必要的修改。谨以此文向我所尊敬的国际法学界德高望重的端木正教授表达敬意,祝贺他老人家85岁华诞。——作者谨识。

** 北京大学法学院教授,中国国际法学会常务副会长。

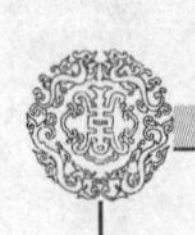

象呢?

该年鉴提供的另一组统计数字表明,自上世纪80年代中期以后,协定性政府间组织处于逐年减少的趋势。1986年达到其顶峰,为369个,1988年为309个,1992年为286个,1996年为260个,2000年为251个,到2001年跌至232个。而与此同时,政府间组织的总数,却从1990年的4000个左右,猛增到2001年的7000多个。这里不能不产生一个疑问:为什么在全球化时代,在国际多边合作大发展、政府间国际组织大增长的时期,传统的协定性政府间组织数量不升反降呢?人们在纷纷思索、探究这一问题,并且提出了一些不同的解答。作为其中的一种答案,一个合理的推论是:世界现存的协定性组织已呈基本饱和状态,已经基本满足国际社会的需求,无须再大量增加了;另一方面,用于国家间多边合作的政府间组织,已经不再限于协定性组织这种传统形式了,而是与此同时在采用大量的其他的组织形式,即非协定性组织的政府间组织形式。那么,这些非协定性组织究竟是什么形态呢,它们在国际法上处于一种什么地位呢,他们同现有的协定性组织是什么关系呢?

环顾国际社会的实践,我们不难发现,在现实生活中的确已经存在并活跃着各种类型的非协定性政府间组织。这里至少可以归纳为以下四种形态:

一、国家间论坛性组织(Forum)

也有人称之为G型合作组织(Group)或集团性组织。主要表现为国家间定期会议的论坛形式,用以协调成员国在共同关心问题上的立场,制定共同的政策或原则,但通常不具备有操作能力的常设机构,一般也缺乏条约性的组织章程。

这类组织的确切数目尚难统计,按UIA的说法,大约有700个左右。其中知名度较高的有八国集团(G8原为七国集团,后因俄罗斯加入改为八国),由西方十国财政部长组成的十国集团,亚太经济合作组织(APEC)、联合国发展中国家组成的77国集团,不结盟运动,以及近年成立的作为国际财政论坛的20国集团(1999年),等等。

该类组织建立了不同形式不同层级的固定的会议制度,特别是其首脑会议,参与层级高,权威性强,灵活性大,便于对重大问题迅速决策。其会议制度多倾向于选择非正式的直接对话模式,采取协商一致的决策机制,以及以承诺、默契、自我约束为特征的执行机构。虽然该形态的制度化程度不高,但足以保证成员国之间灵活、有效的合作。并且,该类组织还不乏向协定性组织靠拢、转

化的先例。

二、条约性组织(Treaty Body)

也称为多边条约的执行机构,还有叫条约的“制度性自治安排”(autonomous institutional arrangement)的。在某些特定领域内,如贸易、环境、人权、裁军、电讯等,有广泛缔约方参加的多边条约,往往建立了一种用于缔约方多边合作的制度化安排,如环境公约中常见的缔约方会议(COP)、各种执行与辅助机构、秘书处,又如人权公约中设立的特定的委员会(人权事务委员会、欧洲人权法院)等,以保证对条约宗旨的执行、监督、审查,或者承担修改条约、通过新议定书、对外缔约等各种多边合作的职能。

条约执行机构的种类繁多,数量巨大,据 UIA 统计有 2265 个,主要集中在环境、人权两个领域。其中,多边环境条约的制度性自治安排最有代表性,具有了相当完备的机构体系,已成为环境条约的普遍实践。自上世纪 70 年代以来,环境公约的执行机构起到了促进国际环境保护多边合作的作用,起到了本应由专门的国际环境组织所起的作用,是后者的一个比较理想的替代物。因此,近十多年来国际社会实际上倾向于不在环境领域单独地专门地建立新的全球性组织,而是充分发挥现存的这类条约组织的作用。

条约执行机构也是依条约而成立的,从形式上看已经具备协定性组织的许多特征,但它们与协定性组织存在着本质的区别。它们所赖以成立的条约本身是一个独立的条约,而所谓条约性机构只是为了实施该条约、监督条约的执行而产生的,是派生的、依附于条约而存在的,是条约的副产品,不具有国际人格。它们在国际法上的地位是尚不明确、尚不确定的。

三、协定性组织有对外职能的内部机构

协定性组织的内部机构包括其主要机关、辅助机关和附属机关三类。严格地讲,内部机构都不是独立的国际组织,也并非国际法意义上的政府间组织,不具有法人地位,而只是组织内的具有不同职能的内部机关。但是,它们中间有相当一批机构具有广泛的对外职能和行为能力,具有相对独立性,可以单独地或联合地开展国际多边合作,协调国际事务,在实际上发挥着国际多边合作的制度性安排的职能。UIA 在分类统计政府间组织时,往往将它们单独列为一类。其数目大约有 551 个。

联合国内的一批附属机关是最具特色的有相对独立对外职能的内部机构。如联合国开发计划署(UNDP)、联合国环境规划署(UNEP)、联合国贸易和发展会议、联合国儿童基金会、联合国人口基金、联合国难民事务署、联合国人权事务署、世界粮食理事会等。

而从属于主要机关的一些辅助机关,如经社理事会下属的各区域经社委员会、非政府组织委员会、预防和控制犯罪委员会,联合国大会下属的国际法委员会、国际贸易法委员会等,也是这种性质的内部机构。

国际法院虽然是联合国的一个主要机关,但在一定意义上也被视为具有相对独立性的国际司法机构。

所有上述机构既是属于联合国的一部分,又广泛独立地活跃于世界舞台,参与或组织国际多边合作;它们既有效利用母体组织的整体资源,又补充丰富了母体组织的活动领域与职能,起到了国际多边合作的制度性安排的作用。

联合国的例子在其他一些区域性政治组织或普遍性专门机沟中也程度不同地存在,如欧洲联盟的一个主要委员会——欧洲委员会也可属于这类的机构。

需要指出的是,伴随上述现象存在的很多法律问题至今尚未引起人们足够的重视,这方面的系统研究在中国也几乎还没有真正开始。例如:这类机构在国际交往中的法律地位是什么,它们同协定性组织的关系如何,它们的职能范围、权力来源、机构及人员的组成、议事规则如何确定,它们的法律责任如何确定,等等。显然,对于这些问题的模糊不清,势必影响到对这些机构的参与和利用。

四、国际组织间的联合机构(联合项目)

二战后协定性政府间组织快速繁衍的同时也伴随着一些弊端:如组织本身官僚机构的臃肿重叠、效率不高,各组织之间职能的重复、重叠或冲突、资源浪费等。再加上各个组织的基本文件都为每一个成员国设置了相应的条约义务,部分地限制成员国的主权权利,是每个国家在加入国际组织时必须权衡利弊、慎重考虑的。所以自上世纪 80 年代后期以来,国际社会对成立新的政府间组织很慎重,不情愿或倾向于不成立或少成立新的协定性组织。但是另一方面,国际合作的需求量却是越来越大,越来越多,如何适应这种局面,如何在不增设新组织的情况下满足国际合作的需要呢?在此情况下就产生了国际组织间的合作机构(联合项目)这种形式,一种国际多边合作的新形式,用它来处理原本

应由新成立的国际组织来处理的事务。这一现象特别是在社会发展领域表现得尤为突出,如全球环境基金、合理控制化学品的组织间联合项目、维也纳联合研究院等。其具体数目迄今不详。

这类联合机构中最为成功并受人称道的是联合国防治艾滋病规划署(UN-AIDS)。它由9个协定性组织或其内部机构共同发起和参与,订立有成立UN-AIDS的谅解备忘录,设立了项目协调委员会、共同发起组织委员会、执行主任以及若干个受援国项目办公室等机构系统。这类联合机构虽然看起来具备了一定的组织机构,但它并不是一个新成立的国际组织,而只是一个组织间的联合机构。它充分整合和利用现存协定性组织的已有资源,包括机构、人员、技术、经验等,在多个层面最大限度地卓有成效地开展国际多边合作,取得了国际社会的公认,起到了协定性组织应起而未起到的作用。

这类联合机构的组织化程度很高,成立简便快速,富于工作效率,除了不具有条约性的组织章程、不具有独立的国际人格外,几乎等同于一个协定性政府间组织,并且可以在一定条件下向协定性组织转化,是一种新型的国际多边合作模式。但整体来看,它的法律地位尚是不确定的。它被授予的权能有限,权力来源模糊,义务、责任不清,其实践尚不具有普遍意义。

对上述四类组织形态进行综合考察,不难发现它们之间具有一些共同的特征:

1. 它们都具有国家间多边合作的性质和职能,可以视为政府间组织的特定形式,在以国家为中心的国际社会最广阔的空间内开展多边合作。

与协定性组织相比,这些组织形态具有更大的开放性。它们在保持自身合作体系的同时,尽可能地容纳其他的各种合作伙伴,甚至包括非政府组织。在这种开放性的合作体系中,国家和其他合作伙伴在法律主体资格上的区别被淡化了,它们之间只有分工、职能的不同,而没有刻意考究合作伙伴在国际法上的地位。这种现象是否表明了国际合作的一种动向或趋势呢?

2. 它们都是用于国家间多边合作的制度性安排,是一种组织化的国际多边合作,而且具有多样性的特点。尽管它们的组织化程度各有差异,组织形式也互有区别,但是这种多样性特点恰恰反映和满足了国际多边合作的多样性需求。这些组织形态所追求的主要是满足国际多边合作的需求,而不是刻意仿效协定性组织的既有模式。它们充分利用国际社会的现有组织资源,体现了简便、灵活、高效的合作效果,在很大程度上免去了成立和维持新的协定性组织的繁琐程序和弊端。

3. 它们都不同程度地对国际法的发展产生着重要影响。这些组织形态始

终都是在国际法的范围内存在与活动,并以国际法作为其行为规范,其实践应视为国际法实践的组成部分。它们以不同的活动方式促进着国际习惯法和国际条约的形成与发展,同时又是国际法重要的实施手段和执行机制,是全球化时代国际多边合作的重要载体,对当代国际法发展的影响是不可忽视的因素。

4. 它们在国际法上的地位和性质尚是不确定的,它们的组织形态随国际社会的需求,始终处于不断的变化完善中,不具有固定的、划一的模式。它们的存在与活动已经并将继续对国际法提出新问题、新挑战,对它们的跟踪研究,是摆在国际法、国际组织法面前的一个重要课题。

按照国际法学界流行的观点,上述四种用于国际多边合作的组织形态迄今尚未包括在政府间组织的范围之内,尽管它们的存在和作用是很难否认的。那么,它们到底应不应该、能不能够纳入到政府间组织的行列呢?谈到这里,我们有必要回到本文开头提出的问题:重新认识政府间国际组织。

毫无疑问,在过去、现在和将来,协定性组织都始终是国际社会最基本、最重要的政府间组织形态;但同样可以肯定的说,它绝不是政府间组织的全部内容,也不是判断是否为政府间组织的惟一标准。把政府间组织仅仅定位于、局限于协定性组织,看来是不完全、不准确的,因为这不足以反映、涵盖国际社会对多边合作的多样性需求,不足以包容现已大量存在的国家间多边合作的制度化模式。国际现实要求我们重新考虑政府间国际组织的概念,考虑将这一概念的内涵加以扩大,作出符合实际的广义的解释。

从实证的角度来考察,政府间组织是国际多边合作的产物,就其本意而言,是用于国家间多边合作的组织形式。其基本要素或本质特征至少应包括两点:一是具有国家间多边合作的宗旨和职能,一是具有履行其职能的组织形态或制度性安排。凡是符合这两项要求的,都可以纳入到政府间组织的范畴,而不论其制度性安排的具体形态如何。质言之,所谓政府间组织,不妨简约地表述为:用于国家间多边合作的制度性安排(institutional arrangement for multilateral international cooperation)。

这一新的界定,不但保留了政府间组织的本质特征,而且具有很大的包容性,可以涵盖适用于国际多边合作的所有组织形态。但凡协定性组织、论坛性组织、条约的执行机构、协定性组织有对外职能的内部机构、国际组织间的联合机构,或者符合上述两个条件的其他多种组织形态,都可以总称为政府间组织。这些不同的组织形态同时并存,发挥各自的合作职能,又相辅相成,共同满足国际社会的需求。同时,这一新的界定也并不抹煞政府间组织内不同形态之间的差异,并未将它们混为一谈,等量齐观;并不妨碍继续把协定性组织列为惟一具

有国际法主体资格的最重要的政府间组织形态，作为国际法的主要考察对象。它所强调的只是所有这些形态的共同特征和本质特征。

从这一新的视角来看待政府间组织，可以有助于实际工作部门开阔视野，更新观念，充分认识和利用多种组织形式，开展多层面的国际多边合作，促进国家利益和国际社会的整体利益；也可以有助于国际法学者调整、扩大研究领域，将非协定性政府间组织纳入自己的视野，研究它们对国际法已经和将要产生的各种影响，促进国际法的丰富和发展。

当然，上述观点仅仅是笔者在国际组织研究过程中的一点心得，仅仅是一种学术见解、学术探讨，它能否成立、是否科学，还有待国际实践的检验，有待国际学界同行的评说。我将本着务实求真的态度继续跟踪这一问题的发展。

《公民权利和政治权利国际盟约》与中国国内立法：少数民族的权利保护问题

白桂梅*

内容提要：我国已经是两个国际人权公约的签字国，并于2001年批准了《经济、社会、文化权利国际盟约》。这是举世瞩目的一件大事，也是深受中国人民，包括我们研究人权的学者欢迎的事。我国参加的国际人权公约已经将近20个左右。摆在我们研究人权的学者面前的任务是对这些公约，特别是1966年这两个国际人权公约进行深入细致的研究。我们面临的任务是艰巨的。本文就少数民族权利的保护问题从五个方面进行了初步探讨：第一，B公约的规定(即第27条，包括该条的起草过程、对该条的不同解释及其他有争议的问题)；第二，中国的国内立法情况；第三，中国与前苏联和前南斯拉夫国内立法的比较；第四，中国民族立法存在的一些问题；第五，中国加入B公约面临的主要问题。

关键词：少数者权利　民族自治　人权

我国政府已经在1997和1998年先后签署了1966年联合国大会通过的两个国际人权公约，即《经济、社会、文化权利国际盟约》(简称A公约)和《公民权

---

* 北京大学法学院教授。自1983年以来一直从事国际公法教学与科研，讲授的主要课程包括“国际法原理”、“国际法英文原著选读”、“国际人权法”、“国际人权保护机制”等。

利和政治权利国际盟约》(简称B公约),并于2001年批准了A公约。[①] 这是举世瞩目的一件大事,也是深受中国人民,包括我们研究人权的学者欢迎的事。相信在不远的将来,B公约的批准也会成为现实。到那时,我国参加的国际人权公约就增加到大约18个。[②] 摆在我们研究人权的学者面前的任务是对这些公约,特别是1966年这两个国际人权公约进行深入细致的研究,不仅要研究两个公约本身的内容,还要对公约的起草过程和每一个条文产生的背景进行研究,从而加深对公约的理解;不仅应研究中国的立法,还要研究其他参加国的立法。因此,我们面临的任务是艰巨的。因篇幅所限,本文仅就少数民族权利的保护问题从以下几个方面进行探讨:第一,B公约的规定(即第27条,包括该条的起草过程、对该条的不同解释及其他有争议的问题);第二,中国的国内立法情况;第三,中国与前苏联和前南斯拉夫国内立法的比较;第四,中国民族立法存在的一些问题;第五,中国加入B公约面临的主要问题。

一、B公约第27条的规定

B公约第27条规定:

> 凡有种族、宗教或语言少数团体之国家,属于此类少数团体之人,与团体中其他分子共同享受其固有文化、信奉躬行其固有宗教或使用其固有语言之权利,不得剥夺之。[③]

(一)第27条的字面含义

从第27条的字面上来看,凡是存在少数者团体的国家都承担这样的义务,即不得剥夺属于种族、宗教或语言少数团体的个人与团体中其他分子共同享受其固有文化、信奉躬行其固有宗教或使用其固有语言的权利。这是B公约中惟一的一条关于保护少数者权利的条款,而且没有使用"少数民族"这样的措辞,却采用了"属于此类少数团体之人"这样的表述,我们不妨用"少数者"来代替。可以看出,第27条并没有给"少数者"下定义,只是在范围上加上了"人种的、宗

---

① 中华人民共和国于1997年10月27日在《经济、社会、文化权利国际盟约》上签字;于1998年月日在《公民权利和政治权利国际盟约》上签字;于2001年2月28日批准了《经济、社会、文化权利国际盟约》。

② 参见 http://news.163.com/editor/010304/010304_115751.html,《中国批准"人权公约"有关声明符合国际法》,2001年03月04日04:48:46东方网。

③ 王铁崖、田如萱编:《国际法资料选编》,法律出版社1981年版,第175页。

教的或语言的”限制。这说明仅仅人数上少算不上第27条所指的少数者,否则一国将充满各种少数者[1]。此外,“属于此类少数团体之人”的表述还意味着少数者的权利是属于“属于此类少数团体”的人的权利,即少数者团体成员的权利,而不属于某少数者团体。这是第27条中非常关键的措辞,这一关键措辞使这一条与第1条区别开来。

(二)起草过程中争论的问题

1. 少数者的定义

在第27条通过之前,防止歧视及保护少数小组委员会在少数者包括什么人的问题上分为两派:有些同意“种族、宗教或语言团体”这样的提法;有些赞成在条文中加上“少数民族”的字眼[2]。反对写进“少数民族”的国家认为,这实际上等于抬高了作为少数者的标准,其结果是使那些尚未构成一个民族的少数者不能得到公约的保护。例如,索恩伯里认为约文应当以这样的假定为基础起草:少数团体即使在没有达到“民族团体”资格之前就应受保护[3]。苏联主张加上“少数民族”的提案最终遭到人权委员会的拒绝,理由与索恩伯里的类似,即“少数民族暗含更高的起点,它会排斥那些永远也不能成为少数民族的少数者”。实际上,人权委员会摒弃“少数民族”的提案还有一个很重要的原因,即这个词必然隐含着属于要求政治自主的政治觉悟,如果不是等于也是极类似于谋求自决权[4]。

2. 个人权利与集体权利

少数者的权利是个人的还是集体的权利?这是在第27条起草过程中各国关注的另一个敏感问题。从该条款的措辞上看,没有给予少数者以明确的集体权利,被赋予权利的不是少数者的集团而是属于少数者集团的成员。该条款中“属于此类少数团体之人,与团体中其他分子共同享受……”这句话似乎表示少

---

① 正如 Geoff Gilgert 所说的,如果少数者地位的条件限制只是数量上比其余人口小的话,国家将充满少数者:秃顶的人、养猫的人、服兵役的人。参见 Geoff Gilbert:“the Council of Europe and Minority Rights”, Vol. 18 Human Rights Quarterly (1996), p. 163.

② 在条文中采用“少数民族”是苏联的提议。根据的苏联提议,“少数民族”的定义是:历史上形成的人的社会,特征是有共同语言、共同领土、共同的经济生活和共同的通过共同文化表现出的共同心理结构。参见 Jane Wright:“the OSCE and the Protection of Minority Rights”, Human Rights Quarterly (1996), Vol. 18, p. 194.

③ 转引自 Jane Wright,前引文,pp. 194—195.

④ Philip Vuciri Ramaga:“the Bases of Minority Identity”, Vol. 14 Human Rights Quarterly (1992), p. 421.

数者的权利是介于集体权利和个人权利之间的一种权利①。但是,该款的起草过程表明,第27条所涉及的是个人的权利。当时,防止歧视及保护少数小组委员会接到起草委员会提交的关于少数者权利的条款草案,即:不得否定族裔、宗教和语言少数者(着重号为本文作者所加)享有他们自己的文化、声称信仰并信奉他们自己的宗教、使用他们自己的语言的权利。为了强调少数者的权利是个人的权利而非集体权利,防止歧视及保护少数小组委员会认为应用“属于少数者的个人”取代“少数者”,理由是少数者不是法律的主体,“属于少数者的个人”用在法律上容易界定,另外再加上“与团体其他成员一道”以便承认团体的特性②。原来第27条中“与团体中其他分子共同享受”仅为承认少数者所属团体的特性,以区别于一般的个人。正如克劳福德教授正确指出的那样,第27条“属于此类少数团体之人”的措辞表明在现代国际法上少数者的权利不可能视为集体权利③。

3. 少数者权利与国家统一问题

这是所有国家,包括西方和东方国家、发达国家和不发达国家,都关心的问题。国家担心少数者团体的权利如果不加以限制,就可能形成一股不可阻挡的分裂势力,从而威胁国家的统一。因此,乌拉圭的代表建议应当在第27条中加上:“此种权利不能解释为授权任何居住在,特别是根据该国移民法居住在一国境内的团体,在该国境内形成独立的可能损害该国的国家统一和安全的社会共同体。”④虽然乌拉圭的建议没有被采纳,但它的确表达了多数国家在保护少数者权利与国家统一的关系问题上将后者置于优先位置的共同心声。上述关于个人与集体权利的争论主要是害怕分裂的考虑引起的。最后出现在B公约中的第27条故意淡化集体的概念,强调少数者权利的持有者是少数者团体的每一个成员(即个人)而非该团体本身,其目的就是防止分裂和维护国家的统一。

(三)第27条与其他条款的关系

1. 与第1条的关系

B公约第1条与A公约第1条从内容到措辞是完全相同的,因此一般称为

---

① James Crawofrd: “the rights of Peoples: ‘Peoples’ or ‘Governments’?” In The Rights of Peoples, edited by James Crawofrd, 1988, p.60.

② Patrick Thornberry: International Law and the Rights of Minorities, 1991, p.149.

③ James Crawofrd,前引文。

④ Commission on Human Rights, 9th session, Capotorti Report, Add. 2, para. 96, 转引自 Patrick Thornberry,前引书,第150页。

"共同第一条"。该条规定：

> 一、所有人民都有自决权，他们凭这种权利自由决定他们的政治地位，并自由谋求他们的经济、社会和文化的发展。
>
> 二、所有人民得为他们自己的目的自由处置他们的天然财富和资源，而不损害根据基于互利原则的国际经济合作和国际法而产生的任何义务，在任何情况下不得剥夺一个人民的生存手段。
>
> 三、本盟约缔约各国，包括那些负责管理非自治领土和托管领土的国家，应在符合联合国宪章规定的条件下，促进自决权的实现，并尊重这种权利。①

在人权领域，学者们围绕两个国际人权盟约共同第1条条款的讨论非常激烈，争论的焦点是谁、如何行使自决权以及什么是自决的问题。虽然在西方国家和第三世界国家的学者之间对这些问题的认识存有严重分歧，但他们基本都同意自决权是一项集体的权利，即自决权的持有者是构成"人民"的整体，即该整个人民；而不是组成该人民的成员，即个人。这样，我们就不难把这一条与第27条区别开来，后者规定的是"属于此类少数团体之人"的权利，即个人的权利，而不是集体的权利。实际上，如上所述，这正是第27条中"属于此类少数团体之人"这一表述的目的所在。第27条与第1条的这种区别的目的就是为了避免主权国家内部的少数者团体主张"自决权"，甚至主张与其母国的分离。

2. 与第2条的关系

B公约第2条第2款规定：

> "本盟约每一缔约国承担尊重和保证在其领土内和受其管辖的一切个人享有本盟约所承认的权利，不分种族、肤色、性别、语言、宗教、政治或其他见解、国籍或社会出身、财产、出生或其他身份等任何区别。"②

这项以不歧视和平等原则为基础的规定适用于B公约所载的所有权利，当然包括第27条规定的少数者的权利。在这一条的基础上，更显示出第27条对

① 见联合国：《人权国际文件汇编》第一卷（第一部分），1994年，第8—9、19—20页。两个国际人权盟约均于1966年12月16日在联合国大会上通过。《经济、社会、文化权利国际盟约》于1976年1月3日按照第27条的规定生效；《公民和政治权利国际盟约》按照第49条的规定于1976年3月23日生效。

② 联合国，前引书，第20页。A公约第2条第2款也以基本相同的措辞作出了同样的规定，见本注引书，第9页。

少数者的特殊保护，或者说，这是B公约对少数者的双重保护。[①] 因为种族、肤色、语言、宗教等少数者不受歧视地平等地享受B公约所载的所有权利，已经是对少数者的一种保护了，第27条关于少数者的专门条款实际上是对少数者的特殊保护。[②]

3. 与第18和20条的关系

第18条是关于宗教或信仰自由的规定。[③] 因为宗教是构成少数者的普遍原因之一，所以第18条与少数者的保护有直接关系。虽然该条规定："人人有权享受思想、良心、和宗教自由"，这里"人人"既包括多数人也包括少数者，但是因宗教的原因而成为少数者是非常普遍的，几乎在每个国家都存在宗教少数者，因而对少数者的宗教和信仰自由的保护是非常重要的。但是宗教和信仰自由并不是没有限度的，它要受到法律的约束。因此，第20条第2款规定："任何鼓吹民族、种族或宗教仇恨的主张，构成煽动歧视、敌视或强暴者，应以法律加以禁止。"[④]这是对所有主张宗教或信仰自由的人，包括多数人和少数者施加的义务。人人有权享受宗教或信仰自由，但不能以这项自由为借口"鼓吹民族、种族或宗教仇恨的主张，构成煽动歧视、敌视或强暴"。可以看出，第18条规定了宗教自由的权利，第20条第2款则是对这项权利的限制，这两条体现了权利和义务的统一。

（四）其他保护少数者权利的国际文件

除B公约第27条外，国际上还有一些专门保护少数者的国际文件。主要包括1948年的《防止及惩治灭绝种族罪公约》、1966年的《消除一切形式种族歧视国际公约》、1973年的《禁止并惩治种族隔离罪行国际公约》和1992年的《在民族或族裔、宗教和语言上属于少数群体的人的权利宣言》。这些公约或宣

① 我国有些学者称之为"两个层次的保护"。第一个层次是通过平等和不歧视原则对少数者的保护；第二个层次是对少数者的特别保护。参见杨侯第主编：《世界民族约法总览》，中国法制出版社1996年版，第16—18页。

② 不歧视和平等原则贯穿整个B公约，是该公约的指导原则。B公约的其他条款，即第4条（关于克减）和第24条（关于儿童）中又作了强调规定。

③ 该条共4款，第1款规定：仍然有权享受思想、良心和宗教自由，此项权利包括维持或改变他的宗教或信仰的自由，以及单独或集体、公开或秘密地以礼拜、戒律实践和教义来表明他的宗教或信仰的自由。第2款规定：任何人不得遭受足以损害他维持或改变他的宗教或信仰自由的强迫。第3款规定：表示自己的宗教或信仰的自由，仅只受法律所规定的以及为保障公共安全、秩序、卫生或道德、或他人的基本权利和自由所必需的限制。第4款规定：本盟约缔约各国承担，尊重父母和（如适用时）法定监护人保证他们的孩子能按照他们自己的信仰接受宗教和道德教义的自由。见联合国，前引书，第26页。

④ 联合国，前引书，第27页。

言所强调的两个共同原则就是平等和反对歧视。但是，当歧视发展到一种极端的程度时，就会殃祸人类从而构成国际犯罪。《防止及惩治灭绝种族罪公约》和《禁止并惩治种族隔离罪行国际公约》所惩治的正是这样两种罪行。《防止及惩治灭绝种族罪公约》第2条规定，只要蓄意全部或局部消灭某一民族、人种、种族或宗教团体，犯有下列任何一种行为就是犯有灭绝种族罪：(1) 杀害该团体的成员；(2) 致使该团体的成员在身体上或精神上遭受严重伤害；(3) 故意使该团体处于某种生活状况下，以毁灭其全部或局部的生命；(4) 强制施行办法，意图防止该团体内的生育；(5) 强迫转移该团体的儿童至另一团体。

该公约对民族、人种、种族或宗教少数者提供的保护是最基本的，即对他们的生命和他们团体的生存的保护。但是，有时受迫害的团体可能是某社会的大多数，例如南非的黑人团体。《防止及惩治灭绝种族罪公约》针对的正是南非少数者对多数人犯下的罪行。但是，这并不是说该公约仅适用于南非发生的情势。它与上述其他几个国际公约一样，都是普遍性的，即对世界上任何参加国都有拘束力。[①] 少数者也可以通过《消除一切形式种族歧视国际公约》得到国际保护。虽然上述三个公约并非专门为保护少数者而制定，任何人都同样得到保护，但是由于在民族、人种、种族或宗教属于少数的人更易遭迫害，所以这些公约对它们来说就显得更为重要。

上述几个国际公约，包括B公约第27条，都可以保证少数者得到特殊的保护。但是，他们究竟应该受到哪些特殊保护？目前的国际公约都没有解决这个问题。1992年联合国大会通过的《在民族或族裔、宗教和语言上属于少数群体的人的权利宣言》正是试图解决这个问题的国际文件。虽然根据《联合国宪章》的规定，这个文件不具法律拘束力，但是这是目前为止国际上惟一的专门规定少数者权利的文件。

综上所述，B公约第27条以及其他与保护少数者权利有关的国际公约主要涉及两个方面：平等和特殊保护。它们代表了两种方法或政策。第一种是较低的标准，它主要是为了达到禁止歧视的目的；第二种是较高的标准，它不仅要禁止歧视，还要给予少数者以特殊的待遇以便保证他们作为少数者的权利。我认为，中国实行的民族区域自治政策是这两种标准的结合。

---

① 我国是所有这些公约的参加国，即我国已经批准或加入了这些公约，因此，它们对我国具有法律的拘束力。

二、中国的国内立法

(一) 历史背景

中国是一个具有悠久历史、多民族的统一国家,自秦代统一起已有两千多年的历史。[①] 在这两千年里,中国"由统一到短暂的分裂,然后复归于统一,最终形成一个多民族的、统一而不可分割的现代国家"。[②] 在众多的民族中,汉族的人口最多,而且历来与其他民族有很大悬殊,因此形成了汉族为多数民族或主体民族,其他民族为少数民族的分别。在多民族国家中,如何处理各民族之间特别是多数民族与少数民族之间的关系,对于国家的统一和稳定关系重大。然而,处理好各民族之间关系的关键在于保证各民族间的平等和对少数民族的特殊保护。在像中国这样具有一个主体民族和许多少数民族的国家里,仅注意保证各民族的平等是不够的,还要强调保护少数民族的权利和利益。

通过国内立法处理各民族的关系始于中华民国时期的宪法,即 1911 年的《中华民国临时约法》。在此之前曾有两部宪法性法律,即光绪三十四年 8 月初一日颁布的《宪法大纲》和宣统三年 9 月 13 日公布的《十九信条》,但都没有涉及民族关系的规定。从 1911 年的《中华民国临时约法》到 1947 年元旦公布的《中华民国宪法》,在民国时期共颁布过大约 24 部宪法性法律。[③] 1911 年的《中华民国临时约法》第 5 条规定:"中华民国人民一律平等,无种族、阶级、宗教之区别"。在后来的几部宪法(包括宪法草案)中基本上都包括这样的规定,但是有一点重要的修改,即强调"法律上"的平等。例如,1914 年公布的《中华民国约法》第 4 条规定:"中华民国人民,无种族、阶级、宗教之区别,法律上均为平等。"但是这里应当指出的是,这种规定在最初的宪法中并非专门的处理民族关系的规定,况且它们都采用"种族"而非"民族"的措辞。因此,这些规定只是确立了法律面前人人平等的原则。在孙中山于 1924 年 4 月 12 日公布了他的《建国大纲》之后,中华民国的宪法中才开始载有专门处理民族关系的规定。例如,中华民国二十三年十月十六日立法院会议通过的和民国二十六年四月二十二日通过的两个《中华民国宪法草案》都在第 5 条用同样的措辞规定:"中华民国

---

① 江平主编:《中国民族问题的理论与实践》,中共中央党校出版社 1994 年版,第 19 页。

② 宁骚:《民族与国家:民族关系与民族政策的国际比较》,北京大学出版社 1995 年版,第 569 页。

③ 北京大学法律系国家与法的理论教研室翻印:《宪法参考资料:旧中国伪宪法资料》,北京大学印刷厂(原书未注明出版社),1963 年。

各民族,均为中华民族之构成分子,一律平等。"[1]又如,民国三十六年国民政府公布的《中华民国宪法》第5条规定:"中华民国各族一律平等。"[2]不过,除此之外,就基本没有涉及民族问题的规定了,更没有任何保护少数民族的条款。这似乎与孙中山的《建国大纲》相背离。后者的第4条规定,政府应当扶植国内的弱小民族。[3]

自1954年的第一部宪法到现在,中华人民共和国共颁布了四部宪法,最后的一部是1982年宪法。在第一部宪法颁布之前,适用《中国人民政治协商会议共同纲领》。后者在序言、第一章总纲、第二章政权机构和第六章民族政策中规定了少数民族的问题。特别是在第六章关于民族政策的规定中确定了中国"应实行民族的区域自治,按照民族聚居的人口多少和区域大小,分别建立各种民族自治机关"。实行民族区域自治是我国民族政策的核心。在后来的几部宪法中都明确加以规定,而且逐渐完善。

与上述1949年以前的中国宪法形成鲜明对比,1954年的《中华人民共和国宪法》以及后来的任何一部宪法都明确规定各民族一律平等,各少数民族聚居的地方实行区域自治。不仅如此,中国还在1984年通过了专门的保护少数民族的法律——《民族区域自治法》。本文所指的"中国国内立法"即指中华人民共和国建国之后颁布的有关民族关系或民族问题的法律,并且主要是宪法和《民族区域自治法》。

(二)《宪法》中的规定

1982年《宪法》序言第12段规定:

> 中华人民共和国是全国各族人民共同缔造的统一的多民族国家。平等、团结、互助的社会主义民族关系已经确立,并将继续加强。在维护民族团结的斗争中,要反对大民族主义,主要是大汉族主义,也要反对地方民族主义。国家尽一切努力,促进全国各民族的共同繁荣。

该《宪法》第4条规定:

> 中华人民共和国各民族人民一律平等。国家保障各少数民族的合法的权利和利益,维护和发展各民族的平等、团结、互助关系。禁止

---

① 两个草案都另有一条规定"中华民国人民,在法律上一律平等",同上引书,第82—83、98页。

② 另外在第7条规定:"中华民国人民,无分男女、宗教、种族、阶级、党派,在法律上一律平等。"同上引书,第120页。

③ 这是孙中山著名的"三民主义"中"民族"的基本含义之一。参见同上引书,第40页。

对任何民族的歧视和压迫,禁止破坏民族团结和制造民族分裂的行为。

国家根据各少数民族的特点和需要,帮助各少数民族地区加速经济和文化的发展。

各少数民族聚居的地方实行区域自治,设立自治机关,行使自治权。各民族自治地方都是中华人民共和国不可分离的部分。

各民族都有使用和发展自己的语言文字的自由,都有保持或者改革自己的风格习惯的自由。①

此外,该《宪法》第34条(不受歧视的选举权和被选举权)、第36条(宗教信仰自由)、第52条(民族团结)、第89条第11款(国务院的职权包括领导和管理民族事务,保障少数民族的平等权利和民族自治地方的自治权利)、第95条(关于设立自治机关)、第99条(关于民族乡)、第112—122条和第134条(关于用本民族语言进行诉讼的权利)的规定都与少数民族有关,特别是《宪法》第3章第6节(即第112—122条)专门对民族自治地方的自治机关作出规定。

(三)《中华人民共和国民族区域自治法》(1984年5月13日发布,1984年10月1日实施)

《中华人民共和国民族区域自治法》(以下简称《民族区域自治法》)是根据《中华人民共和国宪法》制定的、实施宪法规定的民族区域自治制度基本法律,是仅次于宪法的基本法律。该法主要规定民族自治地方的建立和自治机关的组成、自治机关的自治权、民族自治地方的人民法院和人民检察院、民族自治地方内的民族关系以及上级国家机关的领导和帮助。《民族区域自治法》②是1949年以来我国制定的第二部民族区域自治的专门法律。③ 该法是根据1982年宪法制定的仅次于宪法的基本法,④“是实施宪法规定的民族区域自治制度的基本法”。⑤ 阿沛·阿旺晋美在该法颁布时评价说,它体现了全国各族人民的一

① 《中华人民共和国法律汇编1979—1984》,人民出版社1985年版,第6—7页。

② 关于《民族区域自治法》的内容,详见附录1。

③ 第一部民族区域自治专门法律是1952年制定的《中华人民共和国民族区域自治实施纲要》,1984年《民族区域自治法》是在该《实施纲要》的基础上,并在汲取了该纲要的实施经验后制定出来的。

④ 1982年宪法第115条规定:自治区、自治州、自治县的自治机关……依照宪法、民族区域自治法和其他法律规定的权限行使自治权。根据这条规定,1984年颁布了我国第一部《民族区域自治法》。

⑤ 《民族区域自治法》序的最后一段。我国一些民族学专家对该法给予了很高的评价。详见武建军:《民族区域自治法的基本内容和贯彻实施问题》,载《民族法学讲座》(六),民族出版社1997年版;杨侯第:《中国民族法制建设》,载《光明日报》1997年2月19日第11版。

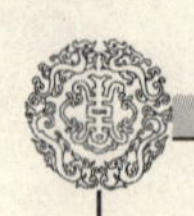

致愿望和共同利益，是我国各族人民政治生活中的一件大事。它对于完善我国的民族区域自治制度，保障少数民族行使自治权利，加深少数民族地区经济文化的发展，对维护国家的统一，发展平等、团结、互助的社会主义民族关系，都将产生巨大而深远的影响。[①]《民族区域自治法》包括序言和七章，共67个条文，分别规定了民族自治地方的建立和自治机关的组成、自治机关的自治权、民族自治地方的人民法院和人民检察院、民族自治地方内的民族关系和上级国家机关的领导和帮助。

该法的核心是少数民族的自治权。要实行自治必须首先建立自治地方和真正代表少数民族的自治机关，由这些自治机关行使自治权。自治权行使的范围和方式均在《民族区域自治法》中作出了比在1982年宪法中更具体的规定。应当指出的是，民族自治地方的自治机关行使自治权的与现在的香港特别行政区和澳门特别行政区有着很大的差别。[②] 当然，这主要是由民族自治机关的双重性地位决定的：它既是一级民族自治地方的自治机关，享有《宪法》和《民族区域自治法》赋予的自治权；也是中央人民政府统一领导下的一级地方政府，必须服从中央集中统一的领导并保证国家法令在民族自治地方的贯彻执行。[③]

《民族区域自治法》自颁布到现在已经15年了。在这15年中，一方面，我国在贯彻和实施该法方面取得了一定的成就。目前，全国已经先后建立了民族自治地方159个，其中自治区5个，自治州30个，自治县（旗）124个。在55个少数民族中，有43个已经建立了有自己民族聚居地方的自治地方。[④] 为了更好地行使自治权，目前已有约120个民族自治地方制定了自治条例。[⑤] 另一方面，随着我国经济体制改革日益走向深入，1984年《民族区域自治法》中以计划经济为基础的规定已经不符合我国的现实，需要加以修订。

（四）2001年新《中华人民共和国民族区域自治法》

根据2001年2月28日第九届人民代表大会常务委员会第二十次会议《关

---

① 阿沛·阿旺晋美：《民族区域自治的新篇章》，载《民族团结》1984年第6期。

② 民族自治地方的自治权与香港和澳门的高度自治权之间的区别是显而易见的，但仍然有强调这种区别的必要。关键的区别是政治制度上的，在民族自治地方不能适用"一国两制"制度。

③ 江平主编，前引书，第176页。

④ 见胡中安编：《民族自治地方自治条例选编》，中央民族大学出版社1995年版，前言第1页。但是，也有不同的统计数字。例如，在刘大友的文章中，已经建立民族自治地方的少数民族是44个。参见刘大友：《"未实行区域自治少数民族"辨析》，载《黑龙江民族丛刊》1998年第3期，第26页。

⑤ 胡中安编，前引书，第7页。但遗憾的是，作为最大的民族自治地方的5个自治区却尚未制定自治条例。

于修改〈中华人民共和国民族区域自治法〉的决定》,终于对1984年《民族区域自治法》做了修正。但是从给各民族自治区以更多的自治权的角度来看,新《中华人民共和国民族区域自治法》(简称新《民族区域自治法》)没有实质的变化。不过,下述删改和增补的内容还是非常重要的,其中一些与我国的经济体制改革有关,一些反映出对少数民族的特别保护,一些涉及少数民族自治机关的自治权,还有一些属于立法技术上的修正。

1. 与经济体制改革有关的修正

首先是序言中的一些修改,新《民族区域自治法》在1984年《民族区域自治法》的序言中"马克思主义、毛泽东思想"后面加上了"邓小平理论",并把"坚持社会主义道路"改为"坚持改革开放,沿着建设有中国特色社会主义的道路",另外还增加了"发展社会主义市场经济,加强社会主义民主与法制建设,加强社会主义文明建设"的字样。

其次是在具体条款中所做的相应的删改,例如,新《民族区域自治法》第26条规定的"合理调整生产关系和经济结构,努力发展社会主义市场经济",就是对1984年《民族区域自治法》第27条规定的"合理调整生产关系,改革经济管理体制"的删改和补充。

2. 与少数民族特别保护有关的修正

在保护少数民族文化权利方面,新《民族区域自治法》在第37条中增加了"各级人民政府在财政方面扶持少数民族文字的教材和出版物的编译和出版工作"的规定。但是同时也增加了关于推广"规范汉字"的规定,并且把开设汉语课程的时间提前到"小学低年级或高年级",而该项要求在1984年《民族区域自治法》第37条中规定的是"小学高年级或者中学"。

在保护少数民族的教育权方面,新《民族区域自治法》的37条与1984年《民族区域自治法》该条相比增加了"根据条件和需要发展高等教育",并取代了1984年《民族区域自治法》中"发展中等教育;举办民族师范学校、民族中等专业学校、民族职业学校和民族学院"的规定。

在保护少数民族的工作权方面,新《民族区域自治法》第22条中规定:"民族自治地方的自治机关录用工作人员的时候,对实行区域自治的民族和其他少数民族的人员应当给予适当的照顾。"而在1984年《民族区域自治法》第22条中的相应的规定措辞相当含混,几乎不能体现新《民族区域自治法》该条表述的保护少数民族工作权的意思。

3. 与少数民族自治机关自治权有关的修正

特别应当指出的是,新《民族区域自治法》在第7章附则中增加了如下规定："自治区和辖有自治州、自治县的省、直辖市的人民代表大会及其常务委员会结合当地实际情况，制定实施本法的具体办法。"

另外，新《民族区域自治法》第20条在规定自治机关经上级国家机关批准，变通执行或停止执行上级国际机关的决议、决定、命令和指示时，规定"上级国家机关应当在收到报告之日起60日内给予答复"，这种时间限制是对自治机关自治权的具体法律保障，也是1984年《民族区域自治法》第20条中没有的。

最后，新《民族区域自治法》第35条规定："民族自治地方根据本地方经济和社会发展的需要，可以根据法律规定设立地方商业银行和城乡信用合作组织。"这是一项新增加的规定。

4. 属于立法技术上的修正

新《民族区域自治法》还在多处对1984年《民族区域自治法》进行了技术上的处理，其中包括措辞、条款的增加与合并等。例如，新《民族区域自治法》第15条的措辞与1984年《民族区域自治法》该条相比，更加严谨；又如，新《民族区域自治法》第25条至27条的规定与1984年《民族区域自治法》第25至27条的总体内容基本相同，但具体条款做了调整。

三、中国与前苏联和前南斯拉夫国内立法的比较

（一）前苏联和前南斯拉夫的国内立法①

1. 前苏联的国内立法

前苏联是一个多民族的联邦制国家（全国有119个民族），其中俄罗斯民族的人口最多，占全国总人口的53.3%；其次是乌克兰民族，占总人口的16.9%。前苏联由15个加盟共和国组成，加盟共和国下设边疆区、州和民族自治共和国、自治州、自治区等。根据1977年的前苏联《宪法》，前苏联实行各种族和民族的公民平等，各民族全面发展和相互接近的政策。该《宪法》第36条规定：

> 苏联各种族和民族的公民享有平等的权利。

实现这些权利的保证是：实行苏联各民族全面发展和相互接近的政策，用苏维埃爱国主义和社会主义国际主义精神教育公民，可以使用本族语言和苏联

---

① 这里选择两个已经成为历史的国家进行比较，不仅因为他们都是多民族国家，还因为他们都曾经是社会主义国家，他们在处理民族关系方面的立法理论与实践，特别是他们失败的教训，很值得我们深入研究。

其他民族的语言。

凡是对权利的直接或间接限制,根据种族和民族的特点建立直接或间接的公民特权,以及任何宣传种族或民族的特殊化、仇恨或歧视等行为,均依法制裁。①

该《宪法》第70条规定:

苏维埃社会主义共和国联盟是统一的多民族的联盟国家,根据社会主义联邦制的原则由各民族实行自由自决和平等的各苏维埃社会主义共和国实行自愿联合而组成。

苏联体现苏联人民的国家统一,团结各民族共同建设共产主义。

该《宪法》第72条规定:

每一个加盟共和国都保留自由退出苏联的权利。

实行联邦和自治制度是前苏联解决民族问题的重要策略。但是,一直到十月革命之前,列宁都是反对联邦制的。他认为,中央集权制的大国是从中世纪的分散状态走向将来全世界社会主义的统一的一个巨大的历史步骤,除了通过这种国家以外,没有也不可能有其他走向社会主义的道路。1917年十月无产阶级革命之后,俄国国内国际出现了极为复杂的局面:在国内,在无产阶级革命斗争中,在争取民族自决的口号鼓舞下,许多原来的被压迫民族相继建立自己独立的苏维埃共和国;在国际,新生的苏维埃政权面临帝国主义的武装干涉。在这种情况下,如果仍然坚持建立民主集中的单一制共和国,可能造成多数民族的误解和对民族自决政策的不信任;如果不建立一个统一的国家,又可能被国际上的敌人各个击破,新生的苏维埃政权就可能被击垮。为了在承认和尊重民族自决权的同时维护各民族无产阶级的根本利益和统一的愿望,列宁领导的布尔什维克党决定改变策略,赞成实行联邦制。② 实际上,列宁改变他一贯坚持的反对联邦制的立场并决定实行联邦制,这种一百八十度的大转弯完全是形势所迫。因此,列宁当时决定实行联邦制,实属为了维护俄国的统一而采取的折衷办法。

不过,前苏联宪法确定的所谓联邦制,随着高度集权的政治经济体制的建

① 北京大学教学参考书:《宪法资料选编》第五辑,北京大学出版社1981年版,第273页。

② 江平主编,前引书,第161页;又参见〔美〕罗伯特·康奎斯特主编:《最后的帝国—民族问题与苏联的前途》,刘靖北等译,华东师范大学出版社1993年版,第1—12页(姜琦“中译本序:兼论苏联解体的民族因素”)。

立，到后来仅仅留于形式，各加盟共和国很少有独立自主权，一切必须服从中央，形式上的联邦制最后演化为实质上的单一制。[①] 正如王希恩分析的那样，"苏联的联邦制是按民族原则建立的，但又是有着高度集权控制的。高度控制使得联邦制和自治形同虚设，而按民族原则划分联邦和自治单位又为民族分离创造了条件。所以，苏联的联邦制不是一种成功的国家体制"。[②] 其实，实行联邦制还是单一制并非多民族国家解决民族问题的关键。问题的实质是如何解决大民族主义和狭隘民族主义之间的矛盾，协调多数民族与少数民族之间的关系。像前苏联那样的联邦制国家，由于没有解决好这个实质问题，不仅可能使联邦制成为形式化的东西，还可能导致整个国家的解体。在这方面，前南斯拉夫与前苏联有些类似。

2. 前南斯拉夫的国内立法

前南斯拉夫也是一个多民族的社会主义联邦制国家。前南斯拉夫的民族虽然没有前苏联那样多，但是由于它不存在一个主体民族或多数民族，人数最多的塞尔维亚族仅占全国人口的40%，而且由于它所处的特殊的地理位置以及复杂的历史的因素，使前南斯拉夫各民族之间的关系一直很紧张。正如王天玺教授所指出的，作为巴尔干半岛的一个主要国家，"这种特殊的地理位置对南斯拉夫各民族的历史造成了很深刻的影响。因为巴尔干半岛是东欧和西欧的交接处，是亚洲和欧洲之间的要冲，因而很自然地成为欧亚大陆几大文明的会聚点，天主教与东正教、基督教与伊斯兰教在这里互争短长，罗马与拜占庭、奥匈帝国与奥斯曼帝国在这里角逐争战，由此造成的结果是这个地区民族成分的多样性，民族问题特别复杂而尖锐，长期不得安宁，很难形成一个统一而稳定的国家"。[③] 因此，直到本世纪初，作为第一次世界大战后列强重新划分势力范围的产物，才出现了南斯拉夫王国，后者仅仅存续了 20 几年的时间就分崩离析了。前南斯拉夫社会主义联邦共和国是以反法西斯的人民战争为历史契机，在铁托为首的南共联盟领导下，在第二次世界大战之后建立的。南斯拉夫各民族的确没有在一个统一的国家内共同生活的历史传统。因此，如何通过制宪立国来实现各民族的团结和国家的统一，成为前南斯拉夫民族立法的根本问题。[④]

南斯拉夫与前苏联一样实行联邦制，南斯拉夫社会主义联邦共和国由六个共和国和两个自治省组成。前南斯拉夫宪法不仅规定实行联邦制，而且给予各

---

① 〔美〕罗伯特·康奎斯特主编、刘靖北等译，前引书，第 8—9 页。
② 王希恩：《多民族国家和谐稳定的基本要素及其形成》，载《民族研究》1999 年第 1 期，第 15 页。
③ 王天玺：《民族法概论》，云南人民出版社 1988 年版，第 345 页。
④ 同上书，第 348 页。

民族以自治权。因此,前南斯拉夫和前苏联一样均采取的是联邦制和自治制度相结合的原则。除了联邦内的各共和国实行自治外,属于塞尔维亚社会主义共和国的两个自治省:科索沃社会主义自治省和伏伊伏丁那社会主义自治省,根据前南斯拉夫联邦宪法享有自治权。

前南斯拉夫1974年的《宪法》在序言部分原则一中规定:

> "南斯拉夫民族,从每个民族都享有包括分立权在内的自决权出发,基于各民族在人民解放战争和社会主义革命的共同斗争中自由表达的意志,并根据自己的历史愿望,认识到进一步巩固他们的团结友爱是符合共同利益的,与同他们共同生活的其他民族一起,结成了各自由平等民族的联邦共和国,并建立了劳动者的社会主义联邦共同体——南斯拉夫社会主义联邦共和国。为了各民族的各自的和共同的利益,在这个共同体中实现和保证:民族自由和独立;各民族的团结和友爱;……"

但是,与前苏联相同(甚至更严重)的是,前南斯拉夫在执法上逐渐有了偏差。特别是在南共高层领导人之间在是否扩大自治省自治权问题上发生分歧后,在科索沃社会主义自治省的几大城市曾发生过学生示威游行,要求建立阿尔巴尼亚共和国,提高科索沃的自治地位。特别是在铁托去世之后,前南斯拉夫通过修改宪法索性收回了科索沃社会主义自治省的自治权,使其失去了自治的地位。①

前南斯拉夫的解体以及1998年以来发生在科索沃的种族冲突,都与不当限制民族自治权有着密切联系。这些都是我们应当认真汲取的教训。

(二)比较与分析

1. 关于国家形式

前苏联和前南斯拉夫都是联邦制国家。也就是说,这两个国家都是通过建立联邦制来解决多民族之间关系的。但是中国不同。中国是一个统一的、多民族的、单一制国家。我们是多民族国家,也实行社会主义制度,但为什么没有仿效前苏联采取联邦制呢?实际上在这个问题上,中国共产党是经历了认识和发展的曲折过程的。早在中国共产党建立初期,中国共产党也曾把实行联邦制作为党的民族纲领之一。1922年在上海召开的中国共产党第二次全国代表大会

① 汪丽敏:《科索沃的民族冲突》,载《世界民族》1998年第3期,第29页。

上通过的《宣言》中,曾经主张“用自由联邦制,统一中国本部、蒙古、西藏、回疆,建立中华联邦共和国……”。[1] 但是,随着中国共产党对中华民族的深入了解以及其自身发展的逐渐成熟,后来又放弃了这一纲领,决定实行民主集中制,建立单一制国家。在改变策略这一点上,中国共产党与俄国苏维埃恰恰是背道而驰的:后者是从单一制到联邦制,我们恰恰相反。改变政策的主要原因是中国的国情与前苏联不同。

前苏联是以俄罗斯为主体民族的多民族国家。由于这个主体民族是一个压迫性民族,其他民族长期以来受到俄罗斯民族的压迫和剥削。如果不采取在自由联合基础上的联邦制,俄国就面临分裂的危险。在这种情况下,列宁断然决定改变他过去一直坚持的建立单一制国家的立场,采取联邦制。当然,前苏联采取联邦制还有一个重要原因,即其他民族与俄罗斯民族在数量上并没有汉族与其他民族那样悬殊。中国是以汉族为主体民族的多民族国家。正如我国民族学专家宁骚教授所指出的,“从公元前 221 年秦‘灭六王,并中国’到 1840 年鸦片战争爆发……在这两千多年的时间里,中国经历了由统一到分裂再到统一的两次大循环,最终形成了统一不可逆转的历史大趋势。与此同时,中国发生了三次民族大融合,于是以汉族为凝聚核心,由中国个民族共同缔造的民族共同体即中华民族,不仅在人数上和地域上越来越大,而且它的各个组成部分之间互相依存、互相吸引、互相渗透、互相吸收的力量也越来越增强”。[2] 在这两千多年的时间里,中华民族经历的是分裂、统一、再分裂再统一、形成多元一体的民族格局的过程,各个民族之间经历的是相互吸引、相互渗透的融合过程,这自然为建立统一的单一制国家奠定了坚实的基础。此外,在中国的各个民族中,汉族与其他民族在数量上悬殊非常大。在目前业已认定的 56 个民族中,汉族是多数民族,其余 55 个是少数民族。[3] 少数民族的人口虽然仅约占中国整个人口的 8%,但他们却聚居在占全国总面积 64% 的中国国土之上,而且多数属于边疆地区。[4] 这种状况决定了中国不应照搬前苏联的联邦制,而应采取符合

---

① 转引自江平主编,前引书,第 166 页。

② 宁骚著,前引书,第 572 页。

③ 1953 年中国第一次人口普查时,登记上报的民族名称共 400 多个。后来经过科学调查、甄别和认定,我国现有民族 56 个,其中汉族人口占全国总人口的 91% 以上,为多数民族,其余为少数民族。少数民族的甄别和认定工作分三次完成:第一次人口普查(1949—1954)时认定 38 个,第二次人口普查(1954—1964)又认定 15 个,第三次人口普查(1965—1982)认定 2 个。因此,“截止至 1982 年 7 月第三次全国人口普查,我国法定的少数民族有 55 个”。参见江平主编,前引书,第三节中国的民族识别,第 37—50 页。

④ 在我国的 960 万平方公里的国土中,有 612 万平方公里的土地属于民族自治地方。见江平主编,前引书,第 257 页。

本国国情的民族区域自治制度。虽然最终确定建立单一制的国家是1949年建国前夕的事,但是“随着中国共产党人对国情了解的深入和理论联系实际水平的提高”,中国共产党的民族纲领从抗日战争时期就开始从联邦制向单一制国家内的民族自治转变。[①] 例如,1951年5月1日陕甘宁边区政府颁布的《陕甘宁边区施政纲领》中规定建立“蒙回民族的自治区”。[②] 到1947年我国建立第一个少数民族自治区——内蒙古自治区时,通过民族区域自治制度解决民族关系问题的纲领,无论在理论上还是实践上都已经确定下来。

2. 关于“民族自决权”与自治权

如上所述,这两个国家都是通过联邦制解决民族关系。由于是自愿联合起来的联邦国家,所以,在他们的宪法中都承认各加盟共和国或共和国的自决权;规定其联邦的成员有自由退出联邦的权利;规定联邦成员可以在其内部行使主权,但同时又规定这种主权受联邦的保护或强调联邦的领土是统一的。由于中国是单一制国家,即使实行民族区域自治制度,各个自治区或自治地方并不是联邦体制下的自由联合体,而是在中央政府统一领导下的一级地方政府,必须服从中央集中统一的领导,并保证国家法令在民族自治地方的贯彻执行。因此,中国的少数民族自治区或自治地方,不是联邦成员或任何其他自愿组合的联合体成员,他们没有所谓的“民族自决权”。但是,他们根据中国的《宪法》和1984年《民族区域自治法》享有自治权。根据1982年的《宪法》,我国的民族自治地方的自治权主要体现在以下几个方面:

第一,行政。在《宪法》第三章第六节中规定了民族自治地方的自治机关的首脑(即自治区、州和县的人大主任或者副主任和自治区人民政府的区主席、州长或县长)由实行区域自治的民族的公民担任(第112—114条)。

第二,立法。民族自治地方的人大有权依照当地民族的政治、经济和文化的特点,制定自治条例和单行条例,但是自治区制定的自治条例和单行条例要在报全国人大常委会批准后,才能生效,自治区的下级自治地方制定的自治条例和单行条例要报省或自治区人大常委会批准后才能生效(第116条)。

第三,经济、社会、文化。民族自治地方有财政的自治权,可以自主地安排使用属于民族自治地方的财政收入。此外,还可以“在国家计划的指导下,自主地安排和管理地方性的经济建设事业”,“管理本地方的教育、科学、文化、卫生、体育事业、保护和管理民族”(第117—119条)。

---

① 江平主编,前引书,第168—171页。

② 同上书,第169页。

第四，公安。民族自治地方可以组织本地方维护社会治安的公安部队，但要依照国家的军事制度和当地的实际需要，还要经国务院批准(第120条)。

第五，语言。民族自治地方的自治机关执行职务时可以使用当地通用的一种或几种语言文字(第121条)。各民族公民都有用本民族语言文字进行诉讼的权利。在少数民族聚居或多民族共同居住的地区，法院应用当地通用语言进行审理；起诉书、判决书、布告和其他文书应当根据实际需要使用当地通用的一种或几种文字。

1984年《民族区域自治法》以上述宪法的规定为基础，对自治权做出了更加具体的规定。可以说，在法律上中国的民族自治地方享有比较广泛的自治权。但是实际上这种自治权是否得到充分的行使呢？这种立法与法律实施的问题是普遍存在的，后者是所有法律存在目的所在，但讨论法律的实施问题不在本文所应涉及的范围。

3. 关于少数民族的权利

如前所述，在B公约第27条中，少数者的权利是属于个人的，不属于少数者团体。因此，可以说前苏联或前南斯拉夫或中国的国内立法赋予少数民族的权利，都是超出B公约的规定的。

首先，前苏联和前南斯拉夫《宪法》中关于自决权的规定肯定远远超出B公约规定的少数者权利的范围。因为B公约中第一条中的自决权是一项适用于殖民地人民和其他被压迫民族的集体权利，而B公约第27条是个人的权利。而且B公约中“少数者”不是集体概念，自决权是不适用的。这里不去追究在前苏联和前南斯拉夫的少数民族是否行使了自决权，但是这两个国家在宪法中做出的此种规定，显然是与B公约中自决权不同的，后者并不适用于主权国家范围内的少数民族。[①]

其次，中国《宪法》和《民族区域自治法》中规定的“自治权”也是B公约中没有的。实际上可以说，整个现行国际法，无论条约国际法还是习惯国际法，都不涉及少数民族的自治权的问题，更没有“自治权”的概念。

总之，可以说，无论前苏联《宪法》中关于自决权的规定，还是中国《宪法》中关于自治权的规定，从国际人权法的角度来看都是比较超前的。但是，关键的问题不在于规定得如何好，而在于是否能够很好地贯彻执行。前苏联和前南

① 实际上，这两个国家宪法中规定的自决权也不是赋予少数民族的权利，而是赋予自愿加入联邦的成员邦的权利，构成成员邦的各个民族，无论是多数民族，如俄罗斯民族，还是少数民族，都享有所谓“自决权”。

斯拉夫的实践证明,自决权并没有实现。中国的《民族区域自治法》不仅在执行中存在问题,该法律本身也需要修改。

四、中国民族立法存在的一些问题

(一)散居或杂居少数民族的权利保障问题

受到1984年《民族区域自治法》保护的少数民族成员是那些已经建立区域自治地方范围内的少数民族的成员。但是,在我国1.0846亿的少数民族人口中,尚有2700万的散居少数民族人口(占少数民族人口的25%)。这种情况在某些省份可能比较严重。"例如,河南省的民族自治地方有1州7县,实行区域自治的民族只有土家族、苗族、侗族和瑶族4个,而相比之下,全省散居少数民族的成份多达50个。"①如何保障这些少数民族成员的权利,是我国民族立法工作者应该关注的重要问题。据了解,全国人大民族委员会从1986年开始起草《散居少数民族权益保障法》,现已十多次易其稿,但不知何故,尚未出台。实际上,我国对于这部分少数民族成员的权利保障问题还是比较重视的,1952年曾经发布过《政务院关于保障一切散居的少数民族成分享有民族平等权利的决定》,1979年也曾发布过《中共中央、国务院批转国家民委关于做好杂居、散居少数民族工作的报告的通知》。但是,这些法律从1984年以后就已经不符合我国的发展和变化了。实际上,在颁布《民族区域自治法》的同时,就应该制定与其相配套的《散居少数民族权益保障法》。如果能够使该法尽快出台,从而使那些并不居住在区域自治地方范围内,因而享受不到《民族区域自治法》保护的少数民族成员也能得到法律的保护,将对我国民族立法的发展有很大推动。

(二)民族自治地方立法存在的主要问题

1984年《民族区域自治法》的核心是赋予民族自治地方以自治权。然而,自治权的行使必须根据各自治地方的具体情况由各自的自治机关来进行。至于民族自治地方的自治机关如何行使自治权,1982年《宪法》第15条规定:"根据宪法和法律,由民族自治地方的自治条例或者单行条例规定。"1984年《民族区域自治法》颁布15年来,已有约120个民族自治地方制定了自治条例。但是,很多自治条例都是为了盲目追求"大而全"或"小而全",照抄、照搬法律、行

---

① 夏骏:《谈谈散居少数民族的权益保障问题》,载《黑龙江民族丛刊》1998年第2期,第26页。

政法规、规章以及政策性文件。实际上,各自治条例之间也存在互相照搬、照抄的现象,缺乏地方特性,给人以"为立法而立法"的印象。这是一个必须认真对待的问题。如果这个问题不解决,民族自治地方的自治权将留于形式,直接影响自治权的行使。

五、中国加入B公约面临的主要问题

(一)中国民族立法与B公约第27条没有明显冲突

从目前我国的民族立法现状来看,我国在保护少数民族的立法上不仅与B公约第27条没有冲突,而且要比B公约优越。如前所述,在B公约第27条起草时,为了避免少数者团体要求行使自决权,第27条的措辞着重强调少数者的权利是少数者团体成员的个人权利。我国的民族立法虽然没有像前苏联或前南斯拉夫那样承认少数民族有自决权,但是,同时也没有像B公约第27条规定的那样将少数民族作为个人来对待。无论中国的《宪法》还是《民族区域自治法》,都是把少数民族作为一个整体对待的。因此,在这个问题上,中国的国内立法比B公约的规定要优越一些。这里需要指出的是,中国国内法赋予少数民族自治地方的权利是"自治权",不是"自决权"。虽然仅一字之差,但万万不可混淆:后者是B公约第1条规定的,仅适用于殖民地人民和其他被压迫民族的集体权利;前者虽然也是一项集体权利,但它是中国国内法上的概念,与B公约中的自决权没有任何联系。

(二)中国国内法中没有"少数者"的概念

B公约第27条中的少数者概念是比较宽泛的,主要与一国的整个人口相比,在种族、宗教或语言上属于少数的,即为B公约第27条所指的"少数者"。我国国内法中只有"少数民族"的概念,没有"少数者"的概念。前者仅指我国已经被认定的55个民族,其结果是属于没有被认定的少数民族的少数者不能得到法律的保护。实际上,我国少数民族的甄别是以斯大林为民族所下的定义为依据的。根据他的定义,民族应具备四个基本特征:共同语言、共同地域、共同经济生活和共同心理素质。[①] 根据这四个特征,我国1953年汇总登记上报的400多个民族名称中,绝大多数没有被认定。当然,"它们有的是自称,有的是

---

① 江平主编,前引书,第38—42页。

他称;有的为一个族体不同支系的名称,有的为一个族体不同的汉语音译;有的以居住区的地理名称而得名,有的则以特殊的生产生活方式命名,如此等等”。[①]但是,仍然有一些民族仅由于数量少而尚未得到认定。此外,由于我国少数民族的权利主要是通过《民族区域自治法》加以保护的,因此,还有一部分少数民族的权利不能得到该法的保护,即那些虽属于已被认定,但因为不够具备一定的条件从而尚未建立自治地方的少数民族。[②] 基于上述情况,我国有必要制定“散居或杂居少数民族权益保障法”或“未实行区域自治少数民族权益保障法”,[③]也有必要在法律上建立与B公约第27条相符合的“少数者”概念。

(三)法律的有效实施是保护少数民族和少数者权利的关键

我国保护少数民族的法律尚未形成体系。根据张文山教授的观点,中国民族法律体系的基本构架由四个层次构成:第一,民族区域自治法;第二,专门法律;第三,为实施专门法而制定的行政法规和细则;第四,自治条例、单行条例和地方性法规。我国的民族立法,目前只有两头的层次,中间的两个层次中,第二个层次仍是空白,第三个层次也属欠缺。其实,即使比较好的第一和第四个层次也存在不足之处,特别是自治条例这个层次问题相当得多。总体来看,我国的民族立法仍然处于初级发展阶段,也就是说,只有第一层次的法律——基本原则和基本纲领——比较完善,规范性和可操作性的专门法律、实施法律的具体措施以及自治条例和地方性法规都很欠缺。应该承认,我国的《民族区域自治法》是一部相当不错的法律,但是再好的法律得不到实施也是等于零。我们应该汲取前苏联和前南斯拉夫的教训,应该把法律的实施看得更重要,应该尽快完善后面三个层次的民族法律体系,因为它们对实施《民族区域自治法》是至关重要的。否则,我们的民族自治制度也可能仅留于形式,将造成不堪设想的后果。[④]

---

① 江平主编,前引书,第37页。

② 如前所述,我国已经建立自治地方的少数民族约44个,仍有11个少数民族没有建立自治地方,因此得不到《民族区域自治法》的保护。

③ 我认为,全国人大民族委员会的刘大友提出的“未实行区域自治少数民族”概念,还是可以接受的。参见刘大友,前引书。

④ 社会上流传着的描述我国民族自治制度的这个顺口溜应该引起我们的重视:“一个头子,一块牌子,一个孩子”。意思是,自治地方的一个领导是少数民族,自治机关挂着一块牌子,计划生育政策允许少数民族多生一个孩子。

结 束 语

中国已经签署了 B 公约,批准 B 公约也只是时间问题。但是从签字到加入书的最终批准可能还有一段时间,甚至可能是相当长的时间。在此期间,我们有很多的工作要做,有很多问题要研究。作为研究人权的学者,可以以此为契机,促进人权和人的基本自由在我国的尊重和施行。虽然从全球的角度来看,中国在保护少数民族权利方面做得还算是不错的,但我们还存在不少问题,我们的立法需要完善,在实施法律方面我们要走的路还很长很长。

卢旺达国际刑事法庭的法律援助制度及实践

凌 岩*

我虽然不曾师从端木正教授，但对他却是很熟悉的。我父亲李浩培在世时，每年过年都会收到端木先生亲笔工工整整签署的贺卡。他在北京工作时，还要偕夫人亲自过府拜年，离开时总要深深地向我父母鞠躬告别，即便那时他已是身居要职的最高人民法院的副院长。他的人品、学问和敬业精神永远是我学习的楷模。最近得知今年是端木教授八十五华诞喜庆，欣然加入端木教授的亲友、同仁、弟子们的行列，将一篇刚完稿的文章献给端木先生以表庆贺和敬意。

1994年，安理会根据《联合国宪章》第七章作出执行行动的决议，建立了卢旺达问题国际法庭，审判1994年发生在卢旺达境内的严重违反国际人道主义法的责任者。法庭成立后起诉了八十余名被告。截至2005年6月30日，法庭已对二十五名被告作出了一审判决，其中大多数被依法定了罪判了刑，也有少数被告被宣布无罪释放；另有二十多名被告的案件正在审理。法庭的诉讼程序主要采用的是英美法中的对抗辩论制，由检察方和辩护方的律师对证人进行讯问，法官有时也提问，但法官的主要作用是控制诉讼程序。因而，辩护律师在帮助法官发现案情的事实真相方面起非常重要的作用。此外，被告有权获得律师的协助是国际人权公约承认的一项基本人权，为了保证被告在国际法庭受到公正的审判，法庭的《规约》和《程序与证据规则》对被告的权利作了较全面的规定，其中包括被告有自己进行辩护和获得法律援助的权利。法庭还专门设立了一个辩护律师的管理部门，负责与辩护律师有关的工作。本文拟探讨研究卢旺

* 中国政法大学国际法教授，前卢旺达国际刑庭法律官员。

达国际刑庭建立和发展的法律援助制度和实践。

一、对辩护律师的行政管理

虽然在协助被告、嫌疑人获得法律咨询和律师的协助、为辩护方提供各种便利、确保辩护律师在业务上的独立、管理法律援助和指派律师等方面主要是法庭书记官长的职责,但是具体的工作要由具体的部门去做。为此,卢旺达国际刑庭在书记官处之下设立了提供和管理法律援助的部门,称为辩护律师和拘留所管理股。该股作为协调中心,处理所有有关辩护律师的事项,包括协助书记官长编制和保持一份可接受指派的律师名单,拟定关于被指派的辩护律师的专业职责和责任、资格和薪酬的详细要求和规定。此外,该股还负责确定被告或嫌疑人是否贫穷,因而可由书记官处为其指派辩护律师。当被指派律师请求辞退或被告要求撤换他们时,该股将向书记官长提出建议,并协助就这些要求作出决定。

二、律师资格

可被指派为卢旺达国际刑庭的贫穷嫌疑人或被告的律师必须具备两个条件[①]:

(1)是国家执业律师,或是大学法律教授。卢旺达国际刑庭的《程序和证据规则》第45条还要求律师至少应有十年相关经验。这个要求是为了保证所指派的律师有较高水平,有相关的和较丰富的经验,以保证他能对被告进行有效的辩护。十年经验不是指必须有十年刑事辩护的经验,这十年也可以包括作为法律教授的经验。[②]

但是,联合国审查法庭工作效率的专家组认为这个先决条件仍然不够。他们认为,在前南问题国际法庭和卢旺达问题国际法庭,只从事律师行业并不能保证律师胜任审判或上诉工作,或通晓刑法,更不用说国际刑法。同样,在大学担任法律教授并不一定了解与刑事审判或上诉有关的事项或具有相关经验。法官和辩护律师都曾对一些被指派律师的资格表示疑虑。被告有时要求撤换

---

① 卢旺达国际刑庭的《程序和证据规则》第44条。

② 参见 Decision on the Defence Motion for the Assignment if Co-Counsel for Elizaphan Ntakirutimana, 13 July 2001, Prosecutor v. Elizaphan Ntakirutimana and Gerard Ntakirutimana, Case No. ICTR-96-10-I & ICTR-96-17-I.

指派给他们的律师,也是对其能力提出质疑。专家组认为,由于两个法庭的独特性质,加上《程序和证据规则》、各种准则、指示和其他关于审判的规则精密详尽,许多代表被告的律师由于不熟悉法庭管辖范围内的犯罪而处于极为不利的地位。如果律师未曾受过普通法对抗辩论制的训练,情况就会更糟,结果是,他们在法庭讯问证人和辩护的效率很低,有些案件的准备工作进展缓慢,还常会要求审判庭将限定的期限后延,拖延整个的诉讼程序。[①] 为了解决这些问题,后来两个法庭都主动采取行动,对辩护律师进行训练。这些训练显然有助于加快法庭的诉讼程序。后来,前南国际刑庭关于律师资格的规则作了修改,要求有资格被指派为法庭被告的辩护律师必须在刑法和/或国际法方面具有相当的经验(reasonable experience)。但是,卢旺达法庭没有对有关律师资格的规定做这样的修定。

卢旺达国际刑庭和前南国际刑庭的实践为国际刑事法院提供了很好的经验教训,国际刑事法院的《程序和证据规则》的规则22规定了辩方律师的资格为:应具有国际法或刑法和诉讼方面的公认能力,以及因曾担任法官、检察官、律师或其他同类职务而具有刑事诉讼方面的必要相关经验。规则22(1)还规定:"辩方律师可以得到相关专门知识的其他人员的协助,包括法学教授的协助。"也就是说,如果一位大学的法律教授没有诉讼、审判或辩护的经验,是不能在国际刑事法院中担任辩护律师的,充其量只能协助辩护律师工作。

(2) 讲法庭两种工作语文中的一种,即英语或法语。在前南国际刑庭,可应嫌疑人或被告的要求指派会讲嫌疑人或被告语言的律师,因而可免除第二个条件[②]。但是前南国际刑庭的律师顾问组建议,为了使在前南刑庭上的陈述真正发挥作用,律师必须精通法庭的工作语言和工作方式,并建议,如果被告仅有一名律师,该律师必须能以英文或法文工作;如果有两名律师,则至少其中一名必须能这样做。卢旺达国际刑庭不允许指派不说法庭工作语言之一的律师。在卢旺达国际刑庭工作的律师最好对英语和法语都精通。如前所述,法庭的审判程序使用的是英美法的对抗辩论制,法庭检察官方面的出庭律师大多来自英美法系国家,他们精通英语,却不一定通晓法语。法庭的被告大多是卢旺达的上层领导人物,卢旺达过去是比利时的殖民地,官方语言为法语,很多上层人物还曾在法国和比利时留过学,他们及他们的律师大多说法语。如果双方不能使用法庭的两种工作语文,当诉讼一方提交一个动议后,诉讼另一方须等候得到

① 参见 UN Doc. A/54/634, 22 November 1999, paras 210 and 214.

② 前南刑庭《程序和证据规则》第45条。

其所能使用语言的翻译文本才能对对方的动议作出应答。审判庭曾多次为诉讼双方延长时间,以便其有时间在得到翻译文本后再作答复,这样就拖延了审判的进程。因此后来,一些被告的主律师若只能使用一种语文,就都聘用了能使用另一种语文的副律师予以弥补,加快了工作效率。

三、有资格得到法庭的法律援助的人

(一) 贫穷的被告

《卢旺达国际刑庭规约》第20条第(4)款第(4)项规定:被告有权"出庭受审,并亲自或通过他选择的律师为自己辩护;如果被告没有律师,须通知他这项权利,在为司法利益所需要的任何情况下为被告指定律师,并在他没有足够手段支付律师费用的任何情况下免除其律师费用。"这个条款与《公民及政治权利国际盟约》第14条第(3)款第(4)项的规定完全一致[①]。按照这个规定,如果被告有充分的财力,他完全有权聘请自己的律师为其辩护。但是,如果他没有足够手段支付律师费用,法庭就为他提供免费的法律援助。

法庭对于贫穷的标准是按照辩护一个案件所需的平均费用规定的,被告的财产如果超过740214美元,就认为它不属于贫穷的被告,就没有资格由法庭向他指派免费的律师。被告的财产在该数字之下,但在10000美元之上就被认为是部分贫穷。被告的财产不足10000美元就被认为是贫穷的。

在被告被逮捕送到法庭的拘留所(detention facility)后,他会收到一张调查他的财产状况的表格,他应如实填写,详细说明他及其家庭的财产情况。但是卢旺达国际法庭起诉的被告,即使官居要职,或是有钱有势的商人,他们都声称自己是贫穷的,请不起律师。他们之中有些人隐瞒自己的财产,不如实申报。而法庭在很长一段时间里一直没有自己的专职调查人员调查核实被告的财产状况,因而,所有的被告都请求法庭为他们指派律师,免费替他们辩护。直到2003年末,由于法庭用在法律援助上的费用太多,卢旺达国际刑庭的法律援助项目超过法庭年度预算的10%[②],这些费用都是由国家和政府、非政府组织乃至个人捐赠的。法律援助的过度开支引起国际社会的关注和不满,它们强烈要求法庭有效地使用这些资金。法庭这才开始考虑对辩护律师制度的改革,包括

---

① 两法庭规约的中文与《公民及政治权利国际盟约》第14条第(3)款第(4)项的语言并不完全一致,但这只是翻译问题,其英文本与该约该项的语言只字不差。

② 参见 UN Doc. A/54/634, para. 79, 22 November 1999.

聘任一名调查员调查被告的财产状况，在确定被告有充分的财产自己聘用律师便不再为其指派免费的法律援助，并要求被告返还法庭为其已付出的律师费用。

（二）嫌疑人

卢旺达国际法庭不仅向贫穷的被告提供免费法律援助，还把这项援助的受益者扩大到嫌疑人。《卢旺达国际刑庭规约》第17条第(3)款规定："疑犯若受到盘问，有权获得他或她自行选定律师的援助，包括有权在没有足够能力支付费用时获得指派给他或她的法律援助而不需支付费用，并有权获得以他或她所使用的和了解的语言作出的必要的双向翻译。"法庭的《程序和证据规则》第45条之二规定：关于律师的任命和指派的规则应适用于根据本法庭授权拘留的任何人。这样，贫穷的嫌疑人在受调查员盘问时，也有权获得免费律师的帮助。在检察官进行调查盘问时，如果没有律师在场就不得盘问嫌疑犯，除非该嫌疑犯自愿放弃他有律师的权利。如果嫌疑犯放弃了有律师的权利，但在受盘问过程中又表示愿意有律师协助，就必须立即停止盘问。只有当他获得了律师或被指派了律师，才能重新开始盘问[①]。

四、律师的指派

（一）指派律师的程序

符合法庭律师资格的人，表示愿意被法庭指派给贫穷的嫌疑人或被告作辩护律师的，可以向书记官长提出，书记官长将他们列入其保有的一份律师名单中。如果嫌疑人或被告选择自己进行辩护，他应尽早以书面通知书记官长。不打算自己辩护的贫穷的嫌疑人或被告应向书记官长提交指派律师的要求，如果经调查，书记官长确定他符合贫穷标准，书记官长应从律师名单中为他指派律师。具体做法是：律师和拘留所管理股向被告或嫌疑人提供一个有三名律师的名单，由其从中选择一名，若其对名单中的人选都不满意，该股就提供一份另三人的名单，直到他选中为止。如果书记官长确定该嫌疑人或被告不符合贫穷标准，书记官长应通知他这个事实及其理由。嫌疑人或被告如果不服，可以请法庭的庭长复议书记官长决定。被告应在第一次出庭之后六十天内和最晚在案

① 卢旺达国际刑庭《程序和证据规则》第42条第(2)款。

件开始审理之前向审判庭提出反对拒绝给他指派律师的决定。如果一个指派律师的要求被拒绝,该嫌疑人或被告也可以向书记官长再提出一个有理由的要求,表明情况发生了变化。为其指派了律师后发现一个自称贫穷的人不贫穷,审判分庭可以命令他返还向他提供律师的费用。

(二)值班律师

由于在为贫穷的被告指派律师前要调查它的财力,这需要一定的时间。但是按照法庭的规则,被告被移交到法庭后,应不拖延地让他第一次出庭,并正式被控告。被告若表示愿意有律师协助,在没有向他正式指派律师前,书记官长应向他指派一名值班律师。书记官长应保有一份值班律师的名单,他们具备法庭律师的资格,居住在拘留所和法庭所在地附近,并表示愿意被指派为值班律师。书记官长应保证在任何时候值班律师被召唤时都能够到拘留所去。当被告或嫌疑人在被转到法庭后的任何时候没有律师代表时,书记官长应尽快召唤一名值班律师代表该被告或嫌疑人,直到该被告或嫌疑人聘请了律师或按照法庭有关规则为他指派了律师。①

在法庭实践中,不仅在被告或嫌疑人初到法庭还尚未有律师时,为他指派值班律师,代表他和保护他的合法利益。在诉讼中,因各种原因被告暂时无律师时,在必要的情况下,法庭也为他指派值班律师。例如,被告恩塔赫巴利要求辞退法庭指派给他的律师,法庭准许了他的要求。但是当时法庭的审判正轮到他诘问检察官的证人,他没有了辩护律师,就要自己诘问证人,一个没有受过律师职业训练的人是不能胜任这个工作的。对于被告来说,他自己不能有效地诘问证人,这关系到对他的辩护和保护他的利益。因此,法庭当机立断为他指派了值班律师②,协助他进行辩护工作。

(三)为公正利益指派律师

被告表示不要律师,法庭可否为他指派律师?在《卢旺达国际刑庭规约》第20条第(4)款第(4)项中规定,在为司法利益所需要的任何情况下可以为被告指定律师。但是,起初在法庭的《程序和证据规则》中没有这样的规定。直到发生了下述事件,法庭才在其规则中增加了这个规定。

---

① 卢旺达国际刑事法庭《程序和证据规则》第44条之二。

② 参见 Decision on Ntahobali's Motion for Withdrawal of Counsel, 22 June 2001, Prosecutor v. Nyiramasuhuko and Ntahobali, Case No. ICTR-98-42-I.

2000年10月23日，新闻媒介案开始审判的第一天，三个被告之一巴拉亚圭扎没有出庭，原因是他认为卢旺达国际法庭依赖卢旺达政府，不是独立和公正的，因而他不会受法庭的公正审判。巴拉亚圭扎指示他的律师在审判期间不要代表他做任何事。后来，巴拉亚圭扎提出辞退律师，律师也提出辞呈。法庭认定被告的做法只是为了对抗法庭的审判并且想阻止审判，与被告律师的能力没有任何关系，因此法庭不同意被告辞退两名律师。但是，被告律师说他们必须服从他们的委托人的决定。如果他们不按委托人的指示去做，就会违反他们本国的职业守则。但是法庭说，巴拉亚圭扎被指控犯了严重的罪行，包括灭绝种族罪、危害人类罪和严重违反日内瓦公约的共同第三条和附加议定书。人权法中有一个已确立的原则：法院必须保障被告的权利。欧洲人权法院曾在一个判决说，一个被指控犯了罪的人不应仅仅因为没有在审判中被代表而不能得益于法律援助。在本案，巴拉亚圭扎选择了不出庭参加审判和不指示律师如何在审判中代表他，其目的是企图阻止司法程序。在这种情况下，律师不能合理地主张他们有义务服从这些指示，以及如果不这样做的话就构成辞退的理由。[①]

2002年6月，法官们修改了《程序和证据规则》，增加了第44条之四，规定如果审判分庭决定是为了司法利益，它可以指示书记官长指派一名律师代表被告的利益。巴拉亚圭扎一直都未出庭，但他一直由法庭为了司法利益为他指派的律师在法庭上代表他和为他辩护。

（四）选择律师的权利

1. 被告是否有选择自己的律师的完全的权利

根据《公民权利和政治权利国际盟约》第14条和《卢旺达刑庭规约》第20条第(4)款第(4)项规定：被告有权通过他选择的律师为自己辩护。那么，被告是否有选择自己的律师的完全的权利？被告和法庭对此有着不同的理解。很多被告认为，无论是自己聘请律师，还是法庭为其指派律师，他们都有选择自己律师的完全权利。例如，阿卡耶苏被判处无期徒刑准备上诉期间，法庭提供给他一份有六名律师的名单，让他从中任选两名为自己辩护，都被他拒绝。他坚持要让他所信任的一名加拿大律师为他辩护。而该名律师不在法庭的律师名单上。在法庭为他规定的选择律师的期限期满之日，他非但未挑选律师，反而开始绝食抗议。一周后，被关押在拘留所中等待审判的另25名被告也开始绝

① 参见 Decision on Defence Counsel Motion to Withdraw, 2 November 2000, Prosecutor v. Barayagwiza et al, Case No. ICTR-97-19-T.

食支持他。他们还联名写信发往外界和联合国秘书长,要求让他们选择他们信得过的律师代表他们。他们声称法庭给他们指派的律师有的对他们表示冷漠,有的甚至与检察官勾结起来使他们受惩罚。

法庭认为,如果被告自己负担律师的费用,他愿意请谁作他的律师就请谁,法庭不干涉。但如果律师费用由法庭负担,就只能在法庭的律师名单中予以选择。卢旺达法庭是国际法庭,其律师要符合在地理上广泛分布的原则。法庭的律师名单上当时有39名律师,其中加拿大律师就占了9名,加拿大的律师已过多,法庭认为不能再任命更多的加拿大律师为被告辩护。此外,法庭认为该被告所选择的加拿大律师不符合法庭律师的条件。但是后来,书记官长在上诉分庭的指示下还是将阿卡耶苏想要的律师指派给了他。上诉分庭在这样做时,并不是因为贫穷的被告也有选择律师的完全权利,而是因为书记官长在阿卡耶苏的坚持下已把该名律师列入到律师的名单中。上诉分庭认为,书记官长这样做就使被告合法地期望指派给他所想要的律师。[①]

在恩塔吉如提玛纳案中,法庭指出关于《公民权利和政治权利国际盟约》第14条有关被告有律师帮助的规定,人权委员会在几个案件中都说,被告没有权利选择为他指派的免费律师。欧洲人权委员会对于《欧洲人权公约》第6条第3款第3项的类似规定也做了同样的解释。因此,《规约》第20(4)条不能被解释为给予贫穷被告以指派他或她自己选择的法律代表的绝对权利,在指派律师方面的原则是,为了确保贫穷的被告在审判过程中获得最有效的辩护,贫穷的被告应该有机会从书记官长为此提出的律师名单中选择律师,书记官长须考虑被告的意愿,除非书记官长有合理和正确的理由不指派被告所想要的律师。[②]

上诉庭在阿卡耶苏上诉案的判决中进一步指出,免费得到法律援助的权利并不给予其自己选择律师的权利。自己选择律师的权利与那些能自己承担律师费的被告有关。在本案,被告可从书记官处提供的一份律师名单中选择律师,书记官处一般会考虑被告的选择。上诉庭认为书记官长不受贫穷的被告选择的拘束,书记官长为了司法利益可对此行使广泛的自由裁量权。[③] 从这个判决后,贫穷的被告没有选择律师的完全权利便在法庭中确定下来。

---

① 参见 Decision Relating to Fife Assignment of Counsel, 27 July 1999, The Prosecutor v. Jean-Paul Akayesu, Case No. ICTR-96-4-T.

② 参见 Decision on the Motions of the Accused for Replacement of Assigned Counsel /Corr., 11 June 1997, The Prosecutor v. Ntakirutimana and Ntakirutimana, Case No. ICTR-96-10-T, Case No. ICTR-96-17-T.

③ 参见 Judgment, 1 June 2002, The Prosecutor v. Jean-Paul Akayesu, Case No.: ICTR-96-4-A.

2. 贫穷的被告选择律师是否受地域分配的限制

在法庭中出现的与贫穷的被告选择律师有关的另一个问题是,贫穷的被告在选择律师时是否受地域分配的限制。在恩塔吉如提玛纳案中,法庭宣布,书记官长在提出律师名单供被告选择律师时,须考虑到被告和律师的意愿,同时考虑到法庭的资源、律师的资历和经验、地域分配、世界主要法律体系的平衡,而不必考虑候选人的年龄、性别、种族或国籍。① 1998年书记官长根据该案中地域分配标准,决定采取暂时停止指派加拿大和法国国籍的律师,原因是在指派律师中,这两个国籍的律师人数已太多。法庭可以继续从名单中指派律师,但排除加拿大或法国籍人。当时这一做法受到了被告们的反对。后来法庭在达到更为多样化的有限目的之后,于1999年10月27日解除了这项暂时停止指派的禁令。

审查法庭工作效率的专家组注意到,法庭十分严谨而广泛地尊重被告有关指派和更换个别律师的意愿。尊重这些意愿,同时也应考虑到公正和迅速审判的要求。专家组权衡了利弊之后认可了考虑律师地域分配的合理性,但建议如果今后书记官长在同法官协商后,认为应改进律师名单中的地理分配情况,可以在增加的新名字方面确立国籍优先次序,而不要拒绝指派已在名单上的人。②

(五)辩护组的组成

原则上,一个被告只有权获得一名律师的帮助。但是在卢旺达国际刑庭,若主律师(lead counsel)需要另一名律师帮助他工作,按规定,他可以向书记官长提出请求为他任命一名副律师(co-counsel)。后来,为保证在主律师因各种正当理由不能出庭也不影响法庭的审判进度,法庭实际上要求给每个辩护组都只派主副两名律师。一个被告的辩护律师组通常有四至五人组成,一个是主律师,一个是副律师,还有一个或两个法律助手或一至两名调查员。通常在尚未审判的阶段,一个辩护组中有两名调查员,一名法律助手。在审判阶段,调查员减为一人,而助手可增至两人。

---

① 参见 Decision on a Preliminary Motion by the Defence for the Assignment of A Co-Counsel to Pauline Nyiramasuhuko, 13 March 1998, Prosecutor v. Nyiramasuhuko and Ntahobali, Case No. ICTR-97-21-T.

② 参见 UN Doc. A/54//634, para. 234, 22 November 1999.

五、律师的更换和解除

(一) 律师的更换

在卢旺达国际法庭中有若干被告频繁更换为其指派的律师,结果,一方面造成法律工作重复而引起法律费用的数额增加;另一方面,法庭须给予新律师熟悉案情和准备辩护的时间,频繁更换律师造成对被告审判的拖延。卢旺达国际刑庭的《程序和证据规则》第 45 条第 8 款规定,准许更换律师的标准是:"在例外情况下,应嫌疑人或被告或其律师的要求,如果表明有合理的原因并且该要求不是为了拖延审判,审判分庭可以指示书记官长更换一名指派的律师。"《指派律师的指令》第 19 条亦作了同样的规定。问题是哪些情况属于例外情况,这在法庭的规则中没有作具体规定,完全靠法庭自己来判断和解释。这样,就不能有一个严格一致的更换律师的标准。在法庭的判例中,以下情况属于可以更换指派的律师的例外。

1. 被告与律师无法交流

在恩塔赫巴利案中,审判分庭说,被告及其辩护组之间的对话和信任已经破裂,自被告的审判开始以来,审判分庭在法庭上几次看到这样的事件发生,审判分庭认为这已构成了规则第 45 条第 8 款的例外情况。法庭强调这不能证明被告律师作了任何有损于被告的事情。相反,是被告故意使他的律师难以工作,被告律师出于其律师职责和职业道德没有泄露有损于被告利益的事情。由于被告说他要为自己辩护,法庭认为解除指派的被告律师不会影响对被告的审判的进行。但是,法庭考虑到被告被指控犯的罪行的严重性,为了司法利益,法庭自动行使它的权力,指示书记官长立即指派一名值班律师协助被告进行辩护。[①]

2. 被告对其律师失去信心

1997 年 8 月 20 日,卢塔甘达要求撤换他的主律师,他说他的主律师没有为他提供充分的法律和战略的帮助来为他辩护,因此他失去了对该律师的信心。审判分庭认为应该根据国际人权标准全面保护被告的权利,使被告得到公正的审判。被告的权利之一是由有资格的和公正的辩护律师提供的有效的法律辩

① 参见 Decision on Ntahobali's Motion for Withdrawal of Counsel, 22 June 2001, The Prosecutor v. Nyiramasuhuko and Ntahobali, Case No. ICTR-97-21-T.

护的权利。为被告作适当和有效的辩护,要求被告和辩护律师之间建立和维持全面的信心。律师,无论是否由法庭指派的,均应受它们的职业道德标准的拘束,以保证小心谨慎地对他们的委托人进行最好的辩护。

法庭观察到被告的主律师数次在法庭听证时缺席,而由其副手代替。审判分庭接受了被告所说的已失去了对他的主律师的信心,认为这属于指派律师指令中第19条第4款所述的例外情况。审判分庭也注意到被告的主律师对被告撤换律师的要求没有提出反对。审判分庭认为,有充分的理由指示书记官长撤换被告的主律师。①

3. 律师无理不出庭

有一次,一位辩护律师写信给第一审判分庭说,由于他和法庭之间的财务问题还没有解决,他那天将不出庭,但是他让另外一位律师临时代理他出庭保护被告的权利。审判庭认为,被告律师与书记官处的财务纠纷不能作为拒绝出庭的理由,审判日期是法庭与被告律师商量好定下来的。因此,被告律师基于该理由不出庭是不能接受的也是不正当的,这成为指派律师指令中第19条意义上的例外情况,审判分庭因此指示书记官长解除被指派的律师,并且立即任命另外一名律师作为被告律师。②

(二) 指派律师的解除

卢旺达国际刑庭的书记官处在辩护律师和拘留所管理股和顾问团协助下制定颁布了辩护律师的《专业行为守则》。这套守则源自国家司法制度内有关律师的守则,内容也相似。它规定了律师对他的委托人、对法庭和其他人的义务,指派律师都有义务予以遵守。若发生律师严重的职业上的不当行为,有的可以导致法庭以藐视法庭的方式处理;有的根据《指派律师的指令》第19条的规定,在严重违反《专业行为守则》时,由书记官长解除律师或副律师的指派。

在法庭实践中曾发生恩泽霍亥拉的律师向他的法律助手提供了事先签了字的空白表格让其填写报销费用的事,书记官长认为,他在财务方面的不诚实构成严重违反《专业行为守则》,决定解除对它的指派。③ 2004年10月27日,

---

① 参见 Decision on the Accused's Motion for Withdrawal of His Lead Counsel, 31 October 1997, The Prosecutor v. Georges Anderson Nderubumwe Rutaganda, Case No. ICTR-96-3-T.

② 参见 Decision Concerning a Replacement of an Assigned Defence Counsel and Postponement of the Trial, 31 October 1996, The Prosecutor v. Jean-Paul Akayesu, Case No.: ICTR-96-4-T.

③ 参见 Decision of Withdrawal of Mr. Andrew McCartan as Lead Counsel and Mr. Martin Bauwens as Co-Counsel of the Accused Nzirorera, 2 May 2002.

多哥籍律师戴格力在法庭以欺诈获得三十万美元,亦被书记官长革职。[①]

关于律师辞退他被指派的案件,也只有在例外的情况下才能得到法庭的准许。在上述巴拉亚圭扎案中,被告律师说因他们有不能违反委托人的意愿的义务,既然他们在法庭审讯中不能为被告做任何事,他们就应辞职。但法庭认为,按照法庭的规则,律师有义务尽其所能继续代表被告,除非法庭决定允许他们辞退。法庭注意到,根据法庭规则第 45 条和 45 条之三,被指派的律师有义务代表被告并且将案件进行到底。法庭认为,根据律师《专业行为守则》第 6 条,律师必须勤奋地代表其委托人以便保护他的最好利益。因此,只要律师的任务还没有被终止,就必须将有关其委托人的所有问题负责到底,并有义务积极地为被告的最好利益进行辩护。此外,法庭指出,律师是被指派的而不是被任命的,律师不仅对其委托人有义务,他们还代表法庭的利益来保证被告取得公正的审判。虽然国内的律师专业行为守则有不同于法庭的规定,但在国际法庭内,国际法庭的规则优先。因此,不准许被告的律师解除对其的指派。[②]

六、结　语

卢旺达国际刑庭制定了一个对贫穷的被告提供法律援助的制度,这个制度在法庭的实践中仍在不断地发展和完善,并且为国际刑事法院和其他国际性的刑事法庭提供了可借鉴的经验。在当今各个领域都在实现全球化的大趋势下,这些经验也可以作为发展各国国内的法律援助制度的参考。

---

① 参见 Decision to Withdraw the Assignment of Mr. Jean Yaovi Degli as Defence Counsel for Gratien Kalibigi, 26 October 2004.

② 参见 Decision on Defence Counsel Motion to Withdraw, 2 November 2000, Prosecutor v. Barayagwiza et al, Case No. ICTR-97-19-T.

对国际法上国家管辖权制度的几点看法

李兆杰*

管辖权(jurisdiction)一词,作为一个通用的法律术语,在不同的场合往往有着不同的含义。它有时可以指某种特定的法律制度,有时也可以指国内法院审理案件的权限。从国际法的角度讲,国家管辖权一词通常用是来表述国家在国际法所确定的范围内行使立法、司法和执法的法律权能(legal competence)①,据此,国家对于与其有利害关系的人、行为、财产和事件有权进行规范和管制从而维护国家的重要利益。国家管辖权既是国家在国际法上的一项基本权利②,也是国际法上的一项基本制度。③ 如果说国家主权和主权平等是国际法赖以产生和存在的基础,国家管辖权则是国家主权和主权平等的必然结果。④

一般而言,国家在什么情况下,以什么样的方式行使其管辖权,管辖权行使的限度如何,首先是由国家的国内法来加以界定的。实践中,国家往往是通过制定、适用和执行其法律来实现管辖权的行使。因此,为了便于从学理上研究和论述这个问题,学者们一般把国家管辖权分为立法管辖(prescriptive jurisdiction)、裁判管辖(adjudicative or curial jurisdiction)和执行管辖(enforcement juris-

---

* 清华大学法学院教授。

① Ian Brownlie:《国际公法原理》第六版,牛津大学出版社 2003 年版,第 298 页;Malcolm D. Evans 主编:《国际法》第一版,牛津大学出版社 2003 年版,第 329 页。在国际法上,管辖权一词还用来表示国际裁判机关审判案件以及对当事方发布命令的权利范围。从抽象的意义上讲,无论是国家管辖权还是国际裁判机关的管辖权所指的其实都是它们的权力范围。但是,为了叙述的方便,国际裁判机关的管辖权往往作为和平解决国际争端的法律方法一章中的部分内容来讨论。

② 王铁崖等译:《奥本海国际法》第九版,第一卷,第一分册,中国大百科全书出版社 1995 年版,第 327 页。

③ Malcolm D. Evans 主编:《国际法》第一版,牛津大学出版社 2003 年版,第 330 页。

④ Ian Brownlie:《国际公法原理》第六版,牛津大学出版社 2003 年版,第 288 页。

diction)。[①]

按照《美国对外关系法重述》第三版的定义,立法管辖是指一国家制订法律用以规范行为、关系、或人的地位、或人对物的利益的权能。立法管辖的行使,既可以通过国家立法机关的立法行为来实现,也可以通过国家行政机关制定行政法规或行政命令的方式以及司法机关创造判例的方式来实现(在普通法国家,法院可以通过判例来制定法律)。裁判管辖是指一国家使人或物接受其司法机关(法院)或行政裁判机关审查程序的权能。裁判管辖既包括民事案件也包括刑事案件。执行管辖是指一国主管机关(无论是法院或行政机关)通过公共权力资源引导或强制该国制定的法律得以遵守并对违反法律者课以惩罚的权能。[②]

上述三种管辖权之间既有区别又存在着内在的密切联系。就其区别而言,这三种管辖权代表了国家行使权力的不同方面。由于行使权利的方法不同导致不同的结果,从而所涉及的国际法原则也就不同。[③] 就其内在的密切联系而言,三种管辖权的范围和界限的形成是出于同样的政策考量,那就是在国际法所允许的范围和界限内,行使管辖权。因此,它们互为因果,其中,立法管辖是裁判管辖和执行管辖的基础[④],国家必须先有了立法管辖才能行使裁判管辖和执行管辖;同样国家只有具备裁判管辖和执行管辖,立法管辖才有现实的意义。

国家管辖权是国家主权的一个重要方面,它是国家在本国立法、司法和执法活动中行使主权的具体体现。目前,世界上有近二百个主权国家。如果每个国家都依自己的国内法来决定其管辖权的行使,则不可避免地引起国家管辖权的冲突,从而导致国际关系的混乱。因此,为使国家能够有效地行使管辖权,就必须确定国家合理地行使管辖权的范围和界限。这一点正是国际法上国家管辖权制度的意义所在。国际法上的国家管辖权制度就是从法律上规定了国家

① 应当注意的是,这种分类主要是受到美国学者影响的结果。通常,学者们把国家管辖权只分为立法管辖和执行管辖,执行管辖既包括行政行为也包括司法行为。但是,1987 年出版的《美国对外关系法重述(第三版)》在两种管辖之间又加上了裁判管辖,理由是司法行为并不经常属于严格意义上的执行行为,而是宣告权利和维护利益。见《美国对外关系法重述(第三版)》,第一卷,第 230—231 页。不少欧洲学者对于这种做法的必要性表示怀疑,认为从国际法的角度上,立法管辖和执行管辖足以用来分析所有与国家管辖权有关的问题。见 Malcolm D. Evans 主编:《国际法》第一版,牛津大学出版社 2003 年版,第 333 页。

② 《美国对外关系法重述(第三版)》(Restatement (Third) of Foreign Relations Law of the United States),美国法律研究所出版社 1987 年版,第一卷,第 232 页。

③ 例如,支配国家适用本国法律规范外国人的利益和行为权限的国际法规则就不同于支配国家执行管辖权限的国际法规则。

④ Ian Brownlie 教授将其称为"实体管辖权"(substantive jurisdiction)。见王铁崖等译:《奥本海国际法》第九版,第一卷,第一分册,中国大百科全书出版社 1995 年版,第 308 页。

合理地行使管辖权的范围和界限。这种范围和界限通常就是人们所理解的国家主权所及的范围和界限,或者一个主权国家公共秩序的范围和界限。有了国际法规定的这种范围和界限,国家主权的行使才有了实际的意义和内容,每个国家作为与其他国家不同的独特社会在国际法上的独立存在才能得以保证。① 从这个意义上讲,国际法的一项基本职能就是在国家主权平等的基础上分配各个主权国家的管辖权。因此,不了解国际法上国家管辖权制度,也就很难理解国际法在规范国际关系方面的实际作用。②

然而,国际法至今尚未对国家行使管辖权的合法范围和界限发展出一套较为完整、详细和确定的规则。在这方面,国际法目前只有一般原则性的规定。正因为如此,国际法上国家管辖权的问题一直是学界和实践部门讨论的热点问题。从这些讨论中,人们注意到,就执行管辖而言,争议不大。在这方面,无论是国家实践还是学者意见,几乎都一致地肯定了这样的一项基本原则,即一国执行管辖的行使必须以限于本国的领土范围内。一国没有得到另一国的允许,不得到该另一国行使执行管辖。至于一国是否可以到不属于任何国家领土的"域外"地区,如公海等地行使执行管辖,则由相关的国际法规则和制度加以规范,问题也不是很大。目前,较有争议问题主要集中在国家立法管辖的层面上。这是因为,一方面,如果国家立法管辖的行使超出国际法所允许的合法范围和界限,往往就会导致裁判和执行管辖的行使违反国际法。③ 而另一方面,国家立法管辖的合法范围和界限究竟如何确立,不仅学界存在着不同意见,国家实践在此方面也不尽一致。近年来,许多国家越来越反对某些国家以本国刑事、民事和行政惩罚措施作为威胁,将本国的立法管辖向域外扩张的情况就是在这方面问题的典型表现。④

---

① Malcolm D. Evans 主编:《国际法》第一版,牛津大学出版社 2003 年版,第 330—331 页。

② 以往,在西方国家出版的一般国际法教科书中,对国家管辖权的讨论也不是采用统一的方法。在普通法系的国家,学者们通常把这个问题专门作为一章来论述,而在大陆法系国家中,对国家管辖权的讨论往往散见于不同的章节中,如国家或国家领土,海洋法等。就后者而言,往往很难有专门章节对管辖权所有原则进行综合性的、统一的论述。1968 年,欧洲理事会发表了一部《关于在国际公法领域国家实践的分类文件示范办法》。该办法就将管辖权的问题分散在不同的章节中来论述,其中有:属人管辖、国家领土和属地管辖、海洋、水道、船舶等等。但是,在 1997 年修订该示范办法时,则专辟一章来讨论管辖权的问题。鉴于国际法上国家管辖权制度的重要性,目前,大部分西方国家出版的国际法教科书都倾向于将国家管辖权问题作为单独的一章专门加以阐述。然而,在中国内地出版的国际法教科书中,大部分仍习惯沿用了《奥本海国际法》的体例,把国家管辖权的问题作为国家基本权利和义务一章中的一小节来讨论,因而很难凸显这个问题的重要性。

③ Ian Brownlie:《国际公法原理》第六版,牛津大学出版社 2003 年版,第 308 页。

④ Lori F. Damrosch, et al, International Law: Cases and Materials, 4th ed., West Group, 2001, p. 1089.

历史上,引起这个问题的主要事件是1927年国际常设法院在“荷花号案”的判决中对国家立法管辖的范围和界限所表示的立场。“荷花号案”的基本事实是,1926年8月,法国籍邮轮“荷花号”(The S. S. Lotus)与土耳其籍运煤船“博兹—科尔特号”(The S. S. Boz-Kourt)在地中海公海海域发生碰撞。该事故导致土耳其籍船上八名船员死亡。当“荷花号”驶入土耳其港口君士坦丁堡港时,土耳其当局对碰撞事故发生时该船值班驾驶员德芒提起过失杀人的刑事诉讼,判处德芒80天监禁并处罚金22英镑判。法国政府对此提出抗议,其理由是,根据国际法,一国无权对于在公海上航行的外国船舶行使管辖,因此,土耳其的行为违反了国际法。据此,法国要求土耳其对法国给予赔偿。此后,法、土两国对此案展开外交交涉,由于交涉无果,两国同意将此案提交常设国际法院。在法庭上,法国提出的理由是,土耳其对在公海上发生的法、土两船碰撞事故行使刑事管辖权违反国际法。土耳其在抗辩中则认为,国际法并不禁止土耳其在本案中行使刑事管辖权的做法。最后,法院以七票对六票的微弱多数判决法国败诉。

对于法、土的各自主张,法院判称:“国际法对一国施行的首要限制是,如果不存在一项相反的允许性规则,该国不得以任何形式在另外一国的领土内行使其权力。在此意义上,管辖权当然是属地性的。除了根据一源于国际习惯或条约的允许性规则之外,它不得由一国在其域外行使。”①

法院的这一立场并未产生任何争议。如上所述,原则上,一国执行管辖的行使只能限于该国的领土之内。但是,这一点并不是本案的问题所在。土耳其并没有在其域外行使执行管辖,在公海上逮捕德芒。它只是在“荷花号”进入土耳其领土之后,也就是在进入土耳其执行管辖的范围内,才对德芒提起刑事诉讼。问题在于,在土耳其当局逮捕德芒之后,它是否可针对作为法国国民的德芒在土耳其领土以外(即在公海上)的行为提起刑事诉讼?

对此问题,法院判称:“然而,就与在国外发生的行为有关的案件而且对于该案(的管辖)该国不能依靠一些允许性的国际法规则而言,不能由此认为国际法禁止一国在本国领土内行使管辖权。只有国际法含有一项规定,禁止一国将其法律的适用及该国法院的管辖权延伸至该国领土以外的人、财产和行为的情况下……这种观点(即法国的主张)才能站得住脚。但是,本案当然不属于国际法所禁止的这种情况。**国际法非但没有一般性的规定,禁止一国将其法律的适用和该国法院的管辖权延伸至该国领土以外的人、财产和行为,而且在这方面,**

① PCIJ Judgment No. 9, 1927, Series A, No. 10, pp. 18-19.

国际法还给予国家相当宽泛的、只能在某些情况下由禁止性规则加以限制的自我裁量权。”①

该段判词成为日后关于国家立法管辖权向域外延伸问题的争论焦点。在法院看来,一国可以随其选择而任意延伸其立法管辖的范围,除非受到影响的其他国家能向该国出示国际法禁止该国这种做法的特定国际法规则。也就是说,按照一般国际法的规则,国家立法管辖的范围属于国家自我裁量事项,国家立法管辖的域外延伸只要不是被其他国家举证证明是为国际法所禁止的,就是被允许的,因而也就是合法的。正是由于受到法院这一立场的影响,后来在国际法学界似乎流行着这样的看法,一国不必为其行使立法管辖确立有效的法律基础,如果别的国家主张这种立法管辖违反国际法,它则应当为其主张承担举证的责任。②

然而,如果认为常设国际法院在“荷花号案”中的这段法律意见表述了在这个问题上的国际法原则的话,那么它在实践中势必会导致极其荒谬的结果。假设A国出于自身的利益颁布一项法律,规定世界上任何国家的企业同C国开展国际贸易为一项犯罪行为并受到A国法律的惩罚。此时,B国一家企业根据本国法律正在从事同C国的贸易行为。该企业的法人代表,在前往C国的途中,路经A国领土。按照上述常设国际法院在“荷花号案”中的意见,A国无疑可以逮捕B国这位法人代表,并对其提起刑事诉讼。即便B国对此提出抗议,该抗议只有在B国能够证明A国行使这种立法管辖是为国际法所禁止并且这一证明能为A国所接受的基础上才能发生国际法上的效力。

然而,事实上,国际法从来没有将这种举证的责任置于上述假设中类似B国的国家头上。自从1887年美国与墨西哥之间的“卡丁案”(the Cutting Case)以来的国际实践中,从未发生过一起反对域外管辖的国家,或试图举证证明存在一项禁止性的国际法规则禁止有关国家行使域外管辖的案例,或表明该反对国认为自己承担这种举证义务的案例。大量的国际实践表明,如果一国反对另一国行使管辖权的行为,反对国只需提出管辖权行使国无权以其所主张的方式行使管辖即可。这种国家实践一贯基于这样的前提,即如果一国根据本国立法将其管辖权的行使延伸至域外并招致别国的抗议,只有该国才负有举证责任来证明它在国际法上有权这样做。③

① PCIJ Judgment No. 9, 1927, Series A, No. 10, p.9.

② Lori F. Damrosch, et al, International Law: Cases and Materials, 4th ed., West Group, 2001, p. 1090.

③ Malcolm D. Evans 主编:《国际法》第一版,牛津大学出版社2003年版,第335页。

那种认为一国可以随其选择而任意延伸其立法管辖范围和界限的观点，实质上代表了极端的实在法学派的意见。常设国际法院在“荷花号案”的判决中之所以赞成这样的意见，肯定也是由于受到当时的极端实在法学派的影响所致。关于这一点，人们可以清楚地从法院在“荷花号案”判决中的一段著名的法律意见中体察。

常设国际法院判称：“国际法支配独立国家之间的关系。因此，拘束国家的法律规则源于在条约中或由作为表达法律原则而一般接受并为规范这些共存的独立社会间关系或为实现共同目标的目的而确立的惯例所表示的它们自己的自由意志。所以，对于国家独立的限制不得被推定。”①

常设国际法院对国际法效力根据的这段著名表述完全是基于当时盛行国家自由意志说或国家同意说，它是实在法学派鼎盛时期关于国际法的效力根据问题最具代表性的观点。然而，即使按照这种观点，也不能得出主权国家可以在国际关系中为所欲为的结论。这是因为，除了自由意志和国家同意之外，国家主权平等同样也是当时国际法的一项根本原则。如果一国可以任意将其立法管辖的范围延伸至另一国家领土内的人、物、行为和事件，这势必就会侵犯另一国对处于本国领土内的这些人、财产和事件的立法管辖权，从而导致管辖权的冲突。在这种情势下，如果推定主张域外管辖国家的立法管辖权优于冲突中的另一国，就等于推定前者有权将其法律强加于后者，这当然是国家主权平等原则所不能允许的。②

在确立国家立法管辖权域外延伸的合法范围和界限问题上，正确的观点应当是，国家必须根据合理的标准来确定本国立法管辖的范围和界限，这个合理的标准就是在国家制定的法律和该法律所规范的行为之间必须存在着国际法所认可的连接因素或连接点。存在这种连接因素或连接点的必要性不仅为许多国际法学者所支持，也为现实中的国家实践所肯定。因此，只有基于这种连接因素或连接点而确立的国家立法管辖范围和界限才可被认为是符合国际法的。③ 目前，一般国际法为所认可的连接因素或连接点就是，国家与其行使立法管辖的对象(法律所规范的对象)必须有足够紧密的联系，正如布朗利教授所指

---

① 英文原文为：International law governs relations between independent States. The rule of law binding upon States therefore emanate from their own free will as expressed in conventions or by usages generally accepted as expressing principles of law and established in order to regulate the relations between these co-existing independent communities or with a view to the achievement of common aims. Restriction upon the independence of States cannot therefore be presumed. 见 PCIJ Judgment No. 9, 1927, Series A, No. 10, p. 18.

② Malcolm D. Evans 主编：《国际法》第一版，牛津大学出版社 2003 年版，第 335 页。

③ 同上书，第 336 页。

出，如果域外行为能够成为合法的管辖对象，那么在被管辖者与管辖者之间应当存在一种实质的而且是诚实的联系（a substantial and bona fide connection between the subject matter and the source of the jurisdiction）。[①] 除此之外，在一国行使立法管辖时还必须注意下列因素。首先，应当遵守国际法上不干涉内政的原则，避免干涉他国管辖权的行使。[②] 其次，应当遵守相互性和适当性的原则，调和因管辖权重叠或并行所引起的冲突。[③] 最后，还应当顺应当代国际关系中国家间相互依存的趋势，使国家在追求共同目标方面能有效地行使管辖。[④]

需要强调的是，在上述各项因素中，国家与其行使立法管辖的对象之间存在着足够紧密的联系是决定国家立法管辖权行使是否合理的最重要标准。的确，一国是否对人、行为、财产和事件行使立法管辖主要取决于行使管辖的过程中所涉及到的国家利益的性质和目的以及调和本国利益和他国利益的需要。而国家行使立法管辖权的利益性质根本上取决于受到管辖的人、行为、事件和财产是否与国家的利害相关以及相关的程度。据此，在国家立法管辖的范围和界限问题上，形成了下列国际法原则：

1. 属地原则（territorial principle）。这是因为在国家的领土范围内，无论发生什么事情，都是与国家利害最为相关的，都属于国家最重要的利益。因此，按照属地原则，一国有权制定法律并使其适用于该国领土范围内的一切人、行为、物、事件和各种不同的社会关系，而所有处于一国领土范围内的人都有义务遵守该国的法律。

2. 属人原则（nationality principle）。属人原则亦称为国籍原则。国家对具有其国籍的个人、法人和财产有着重要的利益。因此，对于不论处于国内和国外的本国人，包括自然人和法人，以及具有本国国籍的物均有权适用本国的法律。

3. 保护原则（protective principle）。对于严重威胁国家生存的行为，尽管发生在境外，且行为人亦非本国人，国家出于保护其生存的重大利益，也可以行使立法管辖。这种管辖的适用范围一般都是世界各国公认的重大犯罪行为，如伪造货币的犯罪行为。

4. 普遍原则（universal principle）。由于某些罪行危害国际社会的整体利益和全体人类的根本利益，因此无论发生何处，亦无论行为人国籍如何，国家有权

---

① Ian Brownlie：《国际公法原理》第六版，牛津大学出版社 2003 年版，第 309 页。

② 同上。

③ 同上。在这方面，布朗利教授强调，不应强迫居住在国外的本国人违反居住地的法律。

④ 丘宏达：《现代国际法》，三民书局 1995 年版，第 650 页。

行使立法管辖。这种罪行包括战争罪、灭绝种族罪和危害人类罪。除此之外,长久以来,海盗罪一直是普遍管辖原则的对象。虽然海盗罪的凶残性可能不及战争罪、灭绝种族罪和危害人类罪,但是鉴于它是发生在海上,尤其是公海上的犯罪,如果没有普遍管辖原则,就较为容易地逃避管辖。

以上四种立法管辖原则中,属地原则和属人原则是最基本的,最重要的,同时也是在国际法上最牢固确立起来的。在这方面,需要注意的一个问题是,依照国际法,一国可以对于处于其属地领域以外具有该国国籍的航空器、船舶等交通工具上的人、行为、物或事件行使立法管辖。如,《中华人民共和国刑法》第6条规定:"凡在中华人民共和国领域内犯罪的除法律有规定的以外,都适用本法。凡是在中华人民共和国船舶或者航空器内犯罪的也适用本法。"有种观点认为这种情况是国家属地原则的延伸,即国家的立法管辖的范围和界限可以延伸至具有该国国籍的航空器、船舶等交通工具上,因为具有该国国籍的航空器、船舶等交通工具可以被视为该国的所谓"浮动领土"。这一观点是非常错误的。"浮动领土"说曾是国际法上的一种拟制(fiction),目的是为在具有一国国籍的航空器、船舶等交通工具上行使管辖制造根据。但是,由于这种拟制无论从理论上还是在实践中往往容易造成困难和混乱,早已为现代国际法所摒弃。今天,国家对于本国属地范围以外的具有本国国籍的航空器、船舶等交通工具上的人、行为、物或事件行使立法管辖所依据的原则不是属地原则,而是一种具有独立基础的管辖原则。①

① 《美国对外关系法重述(第三版)》(Restatement (Third) of Foreign Relations Law of the United States),美国法律研究所出版社1987年版,第一卷,第241页。

人道主义干涉引发的现实困境与国际法规制

——从“南联盟诉北约国家案”说起

慕亚平* 向 凌**

内容提要:“人道主义干涉”从产生之日起便颇具争议。冷战结束后,以“人道主义”为理由的干涉便屡有发生。特别是1999年北约在未经联合国安理会授权的情况下,对南斯拉夫联盟共和国进行的空中打击行动,对现代国际社会和国际法律体系造成了巨大的影响和冲击。本文通过对“南联盟诉北约国家案”引发的人道主义干涉在目前法律、道德和政治上所处的多重困境的分析,进一步提出了对其进行国际法规制的建议,认为只有将惩治违反人道主义的行为纳入到联合国集体安全体制下才能防止其滥用。

关键词:人道主义干涉 联合国宪章 国际法规制

冷战结束以后,以人道主义为借口的干涉重新抬头,引起了世界范围内许多国际法、国际关系学者和国际政治评论家的广泛关注和热烈讨论。人道主义干涉的提出最早可以追溯到“国际法之父”格老秀斯,他在《战争与和平法》中提出:“如果一个统治者对他的臣民进行迫害,以至于没有人能在这种迫害中受到保障,那么在这种情况下人类社会就可以行使那被(天然地)赋予的权利。”随着时代的变迁,现今的国际政治格局和经济形势与格老秀斯时代相比已经大不相同,各国基于不同的政治、经济和价值取向的考量,对人道主义干涉的界定众

* 中山大学法学院教授,中国国际法学会理事。

** 中山大学2004级国际法研究生。

说纷纭,莫衷一是。笔者认为,围绕着人道主义的干涉不仅具有国际法理论方面的概念和原则上的纷争,而且具有应用于国际实践处理具体国家事务所带来的种种混乱和麻烦。于是,本文试图通过对"南联盟诉北约国家案"所引发的问题的分析,推导出建立惩治违反人道主义行为的国际法规制的呼吁。

一、"南联盟诉北约国家案"所引发的思考

1999年3月24日,北约国家在未经联合国安理会授权的情况下,以人道主义干涉为由发动了对南斯拉夫联盟共和国(简称南联盟)的空中打击行动。1999年4月29日,南联盟在国际法院(ICJ)对十个北约国家分别提起了诉讼,即"使用武力的合法性案"(Legality of Use of Force)。同日,南联盟向国际法院提交了分别以上述十国为被告的请求书,请求法院发布临时措施,要求每个实施空中打击的国家"立即停止使用武力的行动,并禁止任何针对南联盟的威胁或使用武力的行动"。① 1999年5月10日至5月12日,国际法院对临时措施问题开庭,所有当事方都进行了口头程序。

代表南联盟进行辩论的是英国著名国际法学者伊恩·布朗利教授,他在陈述对南联盟使用武力的问题时指出:(1)对南联盟领土的攻击包含了违反《联合国宪章》第2条第4款。(2)这次攻击不能因单独或集体自卫而正当化,况且它未经联合国安理会决议授权。(3)被告国提出的人道主义干涉的正当性,不具有法律上的依据。(4)在任何情况下,空中打击的非法形式以人道主义干涉为依据都是无效的,被告国采取的手段,特别与其宣称的目的不相称。② 此反映出布朗利教授对人道主义干涉的态度是:(1)人道主义干涉的合法性在法律上缺乏足够的证据支持。(2)北约国家的行动不足以被证明是为人道主义目的而进行的干涉。他最后得出结论:"并没有证据表明有关使用武力的强行性原则已被其他的强行法原则所取代。"③

面对南联盟的指控,北约国家没有从法律层面上做出正面回答,而是辩称南联盟在科索沃的种族清洗暴行所导致的难民潮对该地区的和平与安全造成了威胁,因此人道主义干涉是必要的。譬如,葡萄牙认为:"北约的干涉……与在科索沃发生的暴行是分不开的。""这种干涉是有目标的,首先是为了避免局

① ICJ: Legality of Use of Force (Yugoslavia v. Belgium), para. 7.

② Oral Pleadings (Yugo. v. Belg.), May 10, 1999, at CR 99/14.

③ Ibid.

势进一步恶化,如果不对它进行阻挠,将不可避免地会引起对科索沃无助的人民的更大的伤害……"[①]意大利为北约的行动辩解道:"北约军事行动的惟一目的就是保护科索沃的阿尔巴尼亚人。科索沃的阿族人是南联盟安全部队和特别警察进行的灭种行为的受害者。"[②]总之,除比利时代表明确提到北约的行动符合《联合国宪章》第2条第4款外,其他北约国家几乎都只是强调了行动的必要性和道义性,而避免谈及行动的合法性问题。

从"南联盟诉北约国家"案双方的主张中我们就可以清楚地看到,南联盟与北约国家对人道主义干涉的立场是根本对立的。前者认为,北约对南联盟的行动在现行国际法体系中找不到依据,因此是不合法的;而后者却认为,一旦一国国内所发生的大规模侵犯基本人权的行为足以构成对国际和平与安全的威胁,便可以基于人道主义的目的对该国进行干涉。那么,人道主义干涉到底应该建立在什么基础之上呢?是"法律",即合法性?是"正义",即正当性?或是已经处于合法与合理情形下,还是既不合法又不合理?

二、人道主义干涉的现实困境

(一)人道主义干涉的法律困境

1. *人道主义干涉是否已经构成了国际习惯法?*

人道主义干涉已经成为国际习惯法的观点主要源自芳蒂尼(L. Fonteyne)1974年提出的主张:"虽然对于在何种条件下能够诉诸人道主义干涉,以及人道主义干涉应该采取哪种手段,存在明显分歧,但是,人道主义干涉原则本身已被广泛地接受为习惯国际法的组成部分。"[③]近些年来,西方学者又加以推动。

根据国际法,国际习惯的形成必须具备两个要素:一是各国重复的类似行为,或称为客观要素;二是被各国承认具有法律拘束力,或称主观要素,即"法律确信"。我们结合国际习惯的构成要素,认为人道主义干涉目前显然尚未形成国际习惯,主要理由首先是人道主义干涉并未形成国家在相当长时间内"反复"、"持续"和"前后一致"的实践;其次,人道主义干涉从其产生的那一天起,

---

① Oral Pleadings (Port.), May 11, 1999, at CR 99/21.

② Oral Pleadings (Italy), May 11, 1999, at CR 99/19.

③ L. Fonteyne, The Customary International Law Doctrine of Humanitarian Intervention: Its Current Validity under the U. N. Charter, California Western International Law Journal, vol. 4, 1974, p.235,转引自肖凤城:《国际法对人道主义干涉的否定与再思考》,载《西安政治学院学报》2002年第1期,第60页。

便不仅遭到被干涉国的坚决反对,而且遭到国际社会其他大多数国家的抨击和反对,更不要说这种做法已经被一致认为是符合现代国际法的了。最后,从国际习惯的证据方面来看,在国家之间的条约、宣言、判决、行政命令中,均无法找到支持人道主义干涉已经成为国际习惯法的规则证据。① 就连芳蒂尼本人也不得不承认:人道主义干涉的先例"并不是特别多"。② 主张人道主义干涉的英国国际法学者劳特派特也认为:"人道主义干涉的学说从未成为完全确定的实在国际法的一部分。"③

2. 从国际条约中能否找到人道主义干涉的证据?

认为人道主义干涉不合法的国际法学者大多引用《联合国宪章》第 2 条第 1 款(国家主权原则)、第 4 款(禁止使用武力原则)、第 7 款(不干涉内政原则)以及《宪章》第 42 条④、第 51 条⑤、第 52 条第一款⑥中关于在特定条件下允许使用武力的例外规定,来论证人道主义干涉的非法性。他们认为,人权及其国际保护,本质上属于一国国内管辖事项,人权原则尚未成为国际法的基本原则;人权及其国际保护,不能违背或破坏国家主权;国家主权才是实现人权的根本保障,主权原则高于人权原则。任何国家以"人道主义"为借口,用武力干涉别国内政,是对国家主权原则的严重违反,本身就构成了对国际人权保护的严重违反。另外,"人道主义干涉"允许个别国家或国家集团在未经联合国安理会授权的情况下对"目标国家"采取单方面军事行动,直接使用武力,必将削弱联合国在维持国际和平与安全方面的主导地位和作用,破坏以联合国为核心的集体安全体制,为西方大国推行其霸权主义和强权政治打开了方便之门。

人道主义干涉的倡导者们则认为"严格的不干涉主义政策与《联合国宪章》

---

① 慕亚平、代中现:《评析"人道主义干涉"的所谓合理性与合法性》,载《中山大学法律评论》2001 年第一卷(总第三卷),法律出版社 2003 年版。

② 同上书,第 232—233 页。

③ H. Lauterpacht, The Grotian Tradition in International Law, in John Dunn etc. ed, Grotius, vol. I, An Elgar Reference Collection, 1997.

④ 《联合国宪章》第 42 条:安全理事会得决定所应采武力以外之办法,以实施其决议,并得促请联合国会员国执行此项办法。此项办法得包括经济关系、铁路、海运、航空、邮、电、无线电及其他交通工具之局部或全部停止,以及外交关系之断绝。

⑤ 《联合国宪章》第 51 条:联合国任何会员国受武力攻击时,在安全理事会采取必要办法,以维持国际和平及安全以前,本宪章不得认为禁止行使单独或集体自卫之自然权利。会员国因行使此项自卫而采取之办法,应立即向安全理事会报告,此项办法于任何方面不得影响该会按照本宪章随时采取必要行动之权责,以维持或恢复国际和平及安全。

⑥ 《联合国宪章》第 53 条第 1 款:安理会对于职权内之执行行动,在适当情形下,应利用此项区域办法或区域机关。如无安理会之授权,不得以区域办法或由区域机关采取任何执行行动。

基本原则的履行之间存在不可逾越的鸿沟”。[①] 他们认为，如果从整体上对联合国宪章进行考量，就不难发现，联合国宪章最主要的两个目标就是：维护世界和平与安全和保护人权。[②]《宪章》第2条第4款的规定就与上述两个基本目标有关，禁止“使用威胁或武力，或以与联合国宗旨不符之任何其他方法，侵害任何会员国或国家之领土完整或政治独立”[③]。这些学者还主张人道主义干涉在联合国宪章中的有效性，认为人道主义干涉与《联合国宪章》第2条第4款的规定并不矛盾，因为它并没有影响到“目标国家”的领土完整和政治独立。[④] 当联合国安理会因为潜在的否决权问题而无法采取有效的执行行动时，通过国家集团进行人道主义干涉（例如在科索沃）就可以被认为是严肃的，因为这种行动体现了联合国宪章的基本精神。[⑤] 当我们回顾一下宪章的实质内容，上述主张似乎更具有法律上的说服力。[⑥] 因为《宪章》被人们普遍认为创设了一种最低标准的世界秩序体系[⑦]，《宪章》中的多个条款都对人权的保护给予了同等的强调。《联合国宪章》第1条第3款更是通过宗旨的形式强调了保护人权的基本精神：“为促成国际合作，以解决国际间关于经济、社会、文化及人类福利性质之国际问题，且不分种族、性别、语言或宗教，增进并激励对于全体人类之人权及基本自由之尊重。”可见，这些人道主义干涉的倡导者们认为人道主义干涉与《联合国宪章》的宗旨、原则并不冲突，它的目的也是为了“保护基本人权、人格尊严与价值”[⑧]，将受到迫害的人民从灾难中解脱出来。当一国国内发生大规模的侵犯人权事项而该国政府又无力对其进行有效控制时，这些事项就不再构成一国内政，不干涉内政原则就不再成为保护人权的障碍，其他国家或国际组织就可以对该国进行干涉，即使没有联合国的授权。另外，他们还辩称，根据“法无明文

---

① Yoshiko Inoue, United Nations' Peace-keeping Role in the Post-Cold War Era: The Conflict in Bosnia-Herzegovina, 16 LOY. L. A. INT'L & COMP. L. J., 1993, p. 245.

② Ian Brownlie, Humanitarian Intervention, in Law and Civil War in the Modern World 3, p. 217 (John N. Moore ed., 1974), reprinted in National Security Law pp. 151—152 (John N. Moore ed., 1990).

③ 参见联合国宪章第2条第4款。

④ Ian Brownlie，前引文，第147页。

⑤ James P. Terry, Rethinking Humanitarian Intervention After Kosovo: Legal Reality and Political Pragmatism, The Army Lawyer, Aug. 2004, p. 38.

⑥ Ibid.

⑦ 联合国宪章序言（表达了“联合我们的力量以维持国际和平与安全”的决心）；第一章第1条（联合国的宗旨是“维持国际和平及安全，并为此目的：采取有效集体办法……”）；See also generally Major James Francis Gravelle, Contemporary International Legal Issues—The Falkland (Malvinas) Islands: An International Law Analysis of the Dispute Between Argentina and Great Britain, 107 MIL. L. REV., 1985, 5, pp. 57—58.

⑧ 见《联合国宪章》序言。

禁止则不违法”的法理,《宪章》并没有明确宣布人道主义干涉行为为非法,因此,《宪章》第2条第4款(禁止使用武力原则)就不能构成对人道主义干涉的绝对排除。

笔者认为,国家主权原则依然是现代国际法的基石,“是任何其他国际法规章制度所不可抵触的强行法”[①]。不干涉内政原则和禁止使用武力原则是对国家主权原则的根本保障。《宪章》中虽然没有明确禁止人道主义干涉,但也不能据此推定这种行为就合法,因为《宪章》第41条、42条、51条、53条已明确规定了禁止使用武力原则的例外情形,只有联合国安理会或经联合国安理会授权区域组织或已遭到武力攻击的国家才可以行使这种例外权力。西方学者对宪章的扩大解释恰恰道出了人道主义干涉没有法律依据的实情。至于说到人道干涉的目的是为了保护基本人权,我们也不应仅看到目的的高尚性而忽视手段的非法性,应该将这种干涉行动放入联合国集体安全体制的框架中去,使其只有在严格限定的条件下才能进行,谨防滥用。

(二)人道主义干涉的道德困境

首先,从理论上看,由于缺乏合法性基础,当今主张人道主义干涉的国家常常将自己行动的正当性建立在“正义战争论”的基础上,用维护正义、人权、国际公正等虚无缥缈的价值理念作为自己的理论基点。“正义战争论”是人类文明史上最早关于战争理由合法性的一种理论,主张将战争区分为正义战争和非正义战争,且只有正义的战争才是社会所允许的。然而,究竟什么是正义?什么才构成战争的正当理由?却在不同的历史时期被不同的统治者或宗教势力解释为不同的内容。例如,早期的基督教神学家圣·奥古斯丁就认为:“正义战争通常是指那些对所受损害进行报复的战争,它们发生在这样一些情形下:这种战争所反对的国家或城邦不惩罚自己公民所犯下的不法行为,或者不归还自己不正当地获取的财物。而且,上帝谕示的战争无疑是正义的。”[②]中世纪的正义战争概念又被赋予宗教色彩,认为反对非基督教国家的宗教战争是正义的。可见,“正义战争论”从未真正成为实在国际法的一部分,它只是一种抽象的自然法理论,或者只是一种主观的道德标准,“战争可能被双方都认为是正义的”[③],对它进行滥用只会给人类造成无尽的苦难。一战以后,一系列重大国际公约都明

① 王虎华:《“人道主义干涉”的国际法学批判》,载《法制与社会发展》2002年第3期,第20页。

② Ian Brownlie, International Law and the Use of Force by States, Oxford University Press, 1963, p.5.

③ Hugo Grotius, The Law of War and Peace, The Translation by Francis W. Kelsey, the Clarendon Press, 1925, pp.169—185.

确规定了限制或禁止战争和使用武力,①《联合国宪章》第 2 条第 4 款更是明确规定。"各会员国在其国际关系上不得使用威胁或武力,或以与联合国宗旨不符之任何其他方法,侵害任何会员国或国家领土之完整或政治独立。"这一条又被称为"禁止使用武力原则"。可见,当代"正义战争论"的本质是基于联合国宪章和一般国际法的合法性,②它与受道德神学和自然法概念影响的古典"正义战争论"是截然不同的。西方那些人道主义干涉的鼓吹者们试图将古典"正义战争论"中那些不确定的、主观的价值标准作为普遍的价值标准,包含着西方世界文化扩张和主导人类全球化进程的政治本质。

其次,从实际结果来看,已经发生的人道主义干涉的实例证明,人道主义干涉所产生的消极后果也是显而易见的。以科索沃战争为例:北约发动战争的理由是科索沃地区发生人道主义灾难,但大量的难民潮却恰恰是出现在北约空袭之后;此外,北约的空袭还造成了巨大的平民伤亡和民用设施的损失。而且,这种滥用武力的行动所造成的最大恶果还在于它对现有国际秩序和国际法的破坏:它强调人权高于主权,打破了数百年来形成的以国家主权原则为基石的国际法体系;它无视联合国的作用,使世界大多数爱好和平国家人民共同努力所建立的联合国集体安全体制形同虚设。正如现实主义学者亨利·基辛格(Herry Kissinger)所说:"以人道主义或民主为名的干涉所带来的问题似乎比它所试图解决的问题更多。"③"任何对武力的使用,无论它的初衷是多么高尚,都可能引起潜在的混乱"④,"任何试图在人权问题上强加一致同意的企图都可能破坏国际社会现存的脆弱秩序。"⑤"而这种建立在对差异性的相互容忍基础之上的秩序,才是个人幸福的最好保障。"⑥

(三)人道主义干涉的政治困境

从 20 世纪 90 年代以来发生的人道主义干涉的事例来看,这种干涉行动除

---

① 例如:1919 年《国际联盟盟约》第 15 条第 7 项;1928 年《关于废弃战争作为国家政策工作的般条约》(又名"巴黎非战公约")第 1 条;1945 年《联合国宪章》第 2 条第 4 款等。

② 黄瑶:《正义战争论对现代国际法及国际实践的影响》,载《中山大学学报》(社科版)2003 年第 5 期,第 86—91 页。

③ Henry Kissinger, Does America Need a Foreign Policy? Toward a Diplomacy for the 21st Century, New York: Simon & Schuster, 2001.

④ Jennifer M. Welsh, From Right to Responsibility: Humanitarian Intervention and International Society, Global Governance, 2002, 8, p.509.

⑤ This is Hedley Bull's argument in Intervention in World Politics (Oxford: Clarendon Press, 1984, p. 193).

⑥ Ibid.

了备受法律和道德的争议以外,在政治上也是举步维艰,困境重重。一方面,从干涉国的国内情况来看,由于公众受到主流媒体对人道主义灾难报道的影响,往往会对政府形成压力迫使政府做出干涉的行动。而政治家们出于对潜在危险的担忧常常对出兵干涉是十分犹豫的。[①] 1999 年马里兰大学国际政策研究计划所的一份报告表明,在干涉问题上政治精英与美国大众之间存在着严重的分歧。政治精英们常常认为美国公众想从世界分离出来,而且认为他们对联合国在维和问题上的努力也持消极态度。另一方面,从国际层面看,现行联合国安理会体制隐含的种种弊端也间接地起到了助长人道主义干涉的作用,尤其是安理会的表决权制度。根据《联合国宪章》第 27 条第 3 款的规定:“安理会对于其他一切事项(非程序事项)之决议,应以九个理事国之可决票包括常任理事国同意票表决之。”冷战以后,由于地理和政治上的原因,使得各常任理事国对军事行动(尤其是对巴尔干地区)的态度十分不一致。以科索沃战争为例,北约之所以绕开联合国的授权采取单边行动,很大程度上是因为担心他们的行动得不到安理会常任理事国的一致同意而被搁浅,而且一旦北约的军事行动计划事先已经被某些常任理事国投了否决票,那么便意味着他们计划中的军事行动将在政治上更加站不住脚。[②] 而接下来的一系列事实也表明,北约国家的这种担忧并不是空穴来风。北约的空袭行动开始不久,俄罗斯驻联合国安理会的代表就向安理会提交了一份声称北约的行动不合法并要求其立即停止行动的议案。[③] 这项议案后来得到了三个国家的支持,这其中就包括了两个安理会常任理事国:俄罗斯和中国。所以,北约在行动之前试图在安理会寻求到俄罗斯和中国的支持,几乎是不可能的。于是,绕开联合国铤而走险,就成了北约避免政治尴尬的惟一选择。此外,随着全球化的世界秩序的出现,使得国与国之间的差距越拉越大。加之,小布什上台后的美国极力奉行“单边主义”、“孤立政策”,其霸权主义态度和动辄就将联合国抛之一边的做法,引起了许多国家的不满,加深了以美国为首的西方世界与第三世界国家之间的矛盾,从而也使得通过联合国组织集体的惩治违反人道主义的行动愈加困难。

综上所述,要使惩治违反人道主义的行为走出重重困境,联合国集体安全

---

① Chantal de Jonge Oudraat, Humanitarian Intervention: The Lessons Learned, Current History, Dec. 2000, p.424.

② Louis Henkin, Kosovo and the Law of “Humanitarian Intervention”, The American Journal of International Law, Oct. 1999, vol. 93,4, p.825.

③ See Security Council Rejects Demand for Cessation of Use of Force against Federal Republic of Yugoslavia, UN Press Release SC/6659, Mar. 26, 1999, http://www.un.org/news/press/docs/1999/19990326.sc6659.html.

体制的适当改革和某些大国政治姿态的调整两者缺一不可。在21世纪人类所希望看到的是一个更加和平、安全和发展的世界,而只有充分尊重不同国家、不同文明、不同意识形态和不同价值取向的人民的选择,给它们创造一个具有更多发展空间的国际新秩序,人类实现长久和平和发展的梦想才有望实现。

三、建立惩治违反人道主义行为的国际法规制

(一)对违反人道主义行为进行国际法规制的前提条件

对于人道主义的干涉,各国实际上是面临一个两难命题:假若否定它,那么《联合国宪章》序言中所倡导的"重申基本人权、人格尊严与价值"精神的实现在某些情形下难以得到保障;同时,还有可能被指责为"反对维护人权",这是各国很难选择的。相反,假若肯定它,似乎你就接受了"干涉",除了明显与现行国际法基本原则对立的情况外,将解决问题的权力交给某一个或几个国家,而不是由国际社会来解决,这是绝大多数国家难以接受的。历史的教训又告诉我们,在缺乏明确法律规制的状态下,滥用权利将会变得轻而易举。基于上述令人进退维谷的现状,我们需要对所谓"人道主义的干涉"进行一个剖析。我们认为,应当将其中不容混同的两个问题分开进行讨论:第一个问题是"标准问题",即违反人道主义的行为达到了怎样的程度就可以被干预?第二个问题是"程序问题",即究竟谁有权力干预?由谁来进行干预和惩治?按照怎样的法律进行干预?

已故弗吉尼亚大学教授里查德·里尔里克(Richard Lillich)认为,只要一个国家、国家集团或区域性组织在干涉前认真考虑了以下五项标准,那么即使没有联合国的授权,这种干涉行动也是与联合国宪章不相违背的:(1)该违反人权的行为存在紧迫性;(2)侵犯人权的严重程度;(3)有(被干涉国)适当授权的邀请;(4)所采取的强制措施的程度;(5)采取强制措施的国家或国家集团的相对公正性。[①] 这是备受多数国家批评的主张。斯坦福大学教授威德·兰达(Ved Nanda)在谈到人道主义干涉原则有效性时,也提出了类似的标准:(1)有明确限定的目的;(2)(被干涉国)存在侵害人权的行为;(3)限制强制行动的

① See Richard Lillich, Forcible Self Help Under International Law, in 62 Readings in International Law From the Naval War College Review, p. 153 (Richard Lillich & John N. Moore, eds., 1980).

持续时间;(4) 限制强制性手段的使用;(5)(强制行动以外)缺乏其他救济手段。[①] 至今得到较多认可的标准是弗吉尼亚大学教授约翰·N.摩尔(John Norton Moore)于1974年提出的8项标准:(1) 存在种族灭绝的现实危险或存在违反国际法的大规模的剥夺生命的专制统治;(2) 为了保护受到威胁的基本人权,已用尽外交或其他和平手段;(3) 无法获得国际机构或联合国的有效行动;(4) 适当地使用武力,而不至于对已处于危险境地的人权造成更大的损害,且不得超过(为了保护受到威胁的基本人权所必须采用的)武力的最低限度;(5) 为了保护人权的需要,对(被干涉国)权力机构施加最低限度的影响;(6) 为了保护人权的需要,最低限度的干预(被干涉国的)自决权;(7) 为了与行动的目标相一致,干涉行动一旦完成保护人权的任务应迅速撤离;(8) 及时向联合国安理会报告,且符合联合国适用于该地区的命令。[②] 2004年起草的《威胁、挑战和改革问题高级别小组报告》(以下简称《报告》)第三部分——"集体安全与使用武力"的最后指出:安理会在考虑使用武力时至少应考虑以下五个正当性标准:(1) 威胁的严重性;(2) 正当的理由;(3) 万不得已的办法;(4) 相称的手段;(5) 权衡后果。[③] 综上所述,在制止和惩治违反人道主义的活动时,有几点标准是被一致认为应予以考虑的:(1) 存在大规模侵犯人权的事实;(2) 已用尽武力以外的其他救济手段;(3) 手段的相称性。实际上在国际实践中,国际社会对于这些标准争议并不严重,而争议焦点在于由个别国家还是由国际社会来进行干预和惩治上?以及依据国际法规制还是由少数国家任意采用行动甚至军事打击上?

我们主张,对于制止和惩治违反人道主义的行为应当建立在国际法的基础之上,建立起惩治违反人道主义行为的国际法规制,应更多地考虑联合国尤其是安理会的作用。就像《报告》中所说的:"当务之急不是寻找其他办法来取代作为授权机构的安全理事会,而是要使安理会比现在更加有效。"[④]因此,应该通过修改《联合国宪章》或签订新的国际公约,明确规定单方面人道主义干涉为非法行为,将惩治违反人道主义的行为严格限制在联合国集体安全体制的框架

---

① Ved Nanda, Tragedies in Northern Iraq, Liberia, Yugoslavia, and Haiti—Revisiting the Validity of Humanitarian Intervention Under International Law, Part I. DENV. J. INT'L & POL'Y, p. 311, 1992.

② John N. Moore, Toward an Applied Theory for the Regulation of Intervention, in Law and Civil War in the Modern World 3, pp. 24—25 (John N. Moore ed., 1974), reprinted in National Security Law 140, pp. 141—142 (John N. Moore ed., 1990).

③ 威胁、挑战和改革问题高级别小组的报告,第三部分:集体安全与使用武力,B部分,正当性问题。

④ 威胁、挑战和改革问题高级别小组的报告,第三部分:集体安全与使用武力,提要第二段。

中,规定任何绕开安理会所进行的干涉行动都应承担相应的国际责任,且在安理会或经安理会授权的区域机关进行干涉行动时,应具体考虑以下标准:(1) 将更多的精力放在预防冲突上;(2) 有初步证据证明的确存在大规模侵害人权的事实;(3) 安理会判断这种事实是否已经构成对国际和平与安全构成威胁;(4) 某个国家的政府已经表明它不愿意或不能够处理发生在国内的人道主义灾难;(5) 用尽武力以外的其他救济手段;(6) 手段的相称性,不应对被干涉国的人民造成比干涉之前更大的痛苦;(7) 目的的明确性,即人道主义干涉的行动应以维护人权为惟一目的,而不应对被干涉过的国家主权或领土完整造成损害;(8) 一旦被干涉国的人权状况恢复正常,行动应立即终止。

(二) 对违反人道主义行为进行国际法规制的现实目标

纵观上述诸多对惩治反人道主义罪行进行国际法规制的学理建议,不禁让我们对未来世界的和平与安全充满了美好的期待,然而,宏观上的学理建议固然值得参考,令人憧憬,但是,我们也应该看到,任何制度的建立和完善都不是一朝一夕的事情,尤其是在当今这个日趋多元化的世界里,国与国之间的合作与竞争无时无刻不在变化之中,要想建立一套真正能够规制惩治违反人道主义行为的同时又令各国利益都得到平衡的集体安全体制仍然面临诸多挑战:(1) 现有联合国集体安全体制的政治基础不稳定,使集体安全体制赖以存在的“大国一致”原则难以实现。“大国一致”原则的产生是以二战为背景,在同盟国战时合作的基础上建立起来的,它从一开始就被设想为联合国集体安全体制建立和有效运作的基础,而这一原则又集中体现在安理会常任理事国的“否决权”上,即凡是涉及集体安全的非程序性问题,必须经过九个理事国,包括五个常任理事国的一致同意。正是因为否决权的存在,使得安理会在遇到需要紧急处理的国际安全问题时,常常因某些常任理事国的阻挠,无法有效运作,迅速做出处理决定。(2) 对行使集体强制行动的前提条件缺乏权威性的统一解释。同任何国际条约一样,《联合国宪章》也有一个解释问题,而《宪章》本身并未就此做出规定,也未确定一个权威的解释机关。因此,各国总是从自己的立场、政策和利益出发,对《宪章》有关禁止使用武力原则的含义、侵略行为的法律含义以及行使自卫权的条件等一系列涉及集体安全措施的有关问题,做出有利于自己的解释,从而为一些非法使用武力的国家在《联合国宪章》中寻找所谓的合法性根据留下口实,严重影响了集体安全措施的实施。(3)《联合国宪章》第 43 条长期搁浅,使集体安全集体强制军事行动所需军队无从建立。联合国集体安全体制最为强硬有力的措施是依靠《宪章》第 42 条而采取的强制军事行动,而要实

施这一军事行动,就必须依赖第43条组建联合国部队。因此,关于维持国际和平与安全所需之军队的组成、程序、指挥以及便利和协助的提供的规定,构成了联合国集体安全体制的重要组成部分。然而,由于种种原因,《宪章》第43条长期以来形同虚设,使得作为保障联合国集体安全体制最为有力的工具的联合国部队一直付诸阙如,而这一后果又进一步影响到《宪章》第42条的实施,使得联合国安理会维持和平与恢复和平的集体武力强制行动只能是纸上谈兵,从而严重影响了联合国集体安全体制的实际能力和作用。①

(三)对违反人道主义行为进行国际法规制的前景展望

从冷战结束以后发生的一系列人道主义干涉的实例来看②,尽管人道主义干涉行动毁誉参半,备受争议,联合国安理会的地位和作用也几经考验,甚至受到一些国家的怀疑,但是,历史一再证明,单边的所谓人道主义干涉行动和个别安全体制不可能为人类提供可靠的安全保障,只有以安理会为核心的集体安全体制下的强制行动,才能够真正站在客观、公正和各国利益协调的基础上处理人道主义危机,维持世界的和平与安全。当然,要想将惩治违反人道主义的行为真正纳入到国际法的规制之下,并不是一件轻而易举的事情,因为它所涉及到的是联合国改革的核心问题——集体安全体制的改进和完善,而这一问题的最终解决更有赖于国家之间综合国力的较量、国家利益的权衡和世界上不同民族、文化、意识形态的冲突和融合等问题。从目前来说,针对上述集体安全体制所面临的诸多挑战,笔者认为应该着力从以下几方面加以解决:(1)在不可能取消安理会常任理事国否决权的今天,尽可能地实现大国在履行宪章所授予的维持国际和平与安全之主要责任上的一致;(2)在进一步巩固集体安全体制政治基础的前提下,进一步完善有关集体安全体制的法律、法规,尤其是要统一对相关概念和法律条文的解释;(3)根据《联合国宪章》第43条加紧建立强制军事行动所需的军队,使联合国在维持国际和平与安全方面更加具有执行力。

总而言之,正如前中国常驻联合国代表王英凡在第55届联大讨论联合国秘书长安南的年度报告时强调,必须维护和加强安理会对维和行动的责任和政治领导,《联合国宪章》的宗旨和原则及中立、当事方同意、非自卫不使用武力等维和传统原则应该继续得到遵守。他特别强调,联合国应当为制止大规模的人

① 许光建主编:《联合国宪章诠释》,山西教育出版社1999年版,第330页。

② 魏宗雷、丘桂荣、孙茹著:《西方"人道主义干预"的理论与实践》,时事出版社2003年版,第135—191页。

道主义危机,防止大批无辜平民惨遭杀戮的悲剧的发生做出更加积极的贡献;要确保任何干涉行动必须经过安理会的授权,但同时应当充分认识到国际干涉行动的复杂性和干涉失当的危险性。大国和国家集团应当尊重当事国的主权和领土完整,而不是利用人道主义干涉干涉其内政或引发新的冲突。[①] 从现阶段来看,中国作为第三世界国家,所要做的就是警惕西方国家"人权高于主权"的论调,坚决抵制那些名为人道主义干涉,实为推行霸权主义和强权政治的行径;积极倡导和推动将惩治反人道主义行为纳入到联合国集体安全体制下,在对严惩和阻止违反人道主义的罪行进行国际法规制上贡献出自己的一份力量!

① 魏宗雷、丘桂荣、孙茹著,前引书,第207—208页。

秘密条约与中国的相关实践

秦晓程*

国家间缔结秘密条约的历史可以追溯到近代国际法产生前的久远岁月。二十世纪以来,随着废除秘密外交倡议的提出,国际社会开始尝试以某些方法对秘密条约做出限制。这些努力并未使得秘密条约绝迹,它至今仍然存在于国家交往的实践中,并且有时还发挥着非常重要的作用。然而,以往对秘密条约研究多着重于某项秘密条约的内容或其对国际关系的影响方面;从条约法层面对秘密条约的性质和相关概念之间关系进行研究的,尚不多见。本文试图从条约形式的角度,对秘密条约的问题进行初步梳理,并对中国的相关实践进行一些探讨,以期增强条约法研究的完整性,也有助于对中国条约实践的全面了解。

一、秘密条约的性质和判定

一战期间和之后,国际社会痛感秘密条约的存在给国际关系带来的潜在不确定和不稳定,因此出现了一种信念,认为秘密条约既违背民主原则也违背国际和平的要求。① 列宁领导的苏俄首先提出"公开外交原则",并付诸行动。②

---

* 外交学院国际法研究所副教授。作者谨以此文敬祝端木正先生八十寿辰。感谢端木老师长期的指导、关怀和帮助!

① 在一战和二战之后,人们普遍认为,秘密外交是造成国际社会动荡的主要原因。因此从《国际联盟盟约》第18条到《联合国宪章》第102条,其主要目的之一就在于将所有的国际条约予以公开,而有助于废除秘密外交。见 UN Office of Legal Affairs, *Treaty Handbook 2002*, SS4. 6.

② 1917年列宁领导的苏俄政府首先声明坚决反对秘密外交,并公布了沙俄政府时代的秘密外交档案,在国际社会引起强烈反响。见1917年11月8日《和平法令》,载外交学院国际法教研室:《国际公法参考文件选集》,1958年版,第13页。

国际社会反响强烈并广泛支持[①],从而导致了《国际联盟盟约》第18条试图间接取消秘密条约的合法性。[②]

然而,无论是在国际联盟存在期间,还是联合国成立以后,秘密条约都没有在实践中消失。[③] 最经常被提及的例子可能是1939年8月23日《苏德互不侵犯条约》的《秘密附加议定书》。[④]

在中华人民共和国政府成立前,中国旧政府与外国的交往历史中,也曾有秘密条约的实践,近代最著名的可能是《中俄密约》[⑤],部分保密条约还可以举出1921年的《中德协约》。[⑥]

直至当今,秘密形式的条约在国际实践中仍不断出现。[⑦] 在国防领域,乃至在个别敏感的商业或技术领域,出于国家安全的原因,认为某些条约必须保密,这种情况在所有的国家都存在。[⑧] 这种情况不仅没有遭到国际社会的抨击和反对,一些学者也曾为此进行辩解。[⑨] 特别地,相对于其他国家在此问题上国内立

---

① 1918年1月美国总统威尔逊对美国国会咨文中,提出了14点和平原则,其中第1点就是"条约应公开缔结并加以公布,废除秘密外交"。英美1919年2月向巴黎和会提出的《国际联盟盟约草案》中,条约登记条款就是这个观点的反映。见日本国际法学会编:《国际法词典》,外交学院国际法教研室总校订,世界知识出版社1985年版,第645页。

② 《国际联盟盟约》第18条:"嗣后任何会员国所订条约或国际协议应立送秘书处登记并由秘书处从速发表。此项条约或国际协议未经登记以前不生效力。"

③ 典型的如1920年9月《法国和比利时之间的军事谅解》(OPH, 7th edn. VI, p.269);1950年12月《美法关于把法国在摩洛哥的空军基地转让给美国的协定》和1954年4月《关于美国利用法国航空基地的协定》。转引自李浩培:《条约法概论》,法律出版社1987年版,第233页。

④ 该议定书规定"……双方代表在严守机密的会谈中讨论了东欧划分各国势力范围的问题"。周绳祖主编:《国际关系史资料选编》(上册),武汉大学出版社1983年版,第673—674页。

⑤ 即《御敌互相援助条约》。王铁崖:《中外旧约章汇编》第1卷,第650—651页。关于该条约的产生背景,参见王绍芳:《中国外交史》第1卷,河南人民出版社1988年版,第253—259页。

⑥ 1921年5月20日中德签订结束战争状态的《中德协约》。鉴于中国并未在《凡尔赛和约》签字。因此,在签订协约的同时,德国递交了一份照会作为协约的组成部分。其中德国声明,《凡尔赛和约》中其他与中国有关的各条,中国"仍得引用"。但双方为免他国干涉,约定对此不予宣布。该条约1921年6月26日、28日分别经德、中两国批准后,7月1日互换文本正式生效。见李芸:《中国近代以来的第一个平等条约——1921年〈中德协约〉》,载《德国研究》1998年第2期,第57—60页。

⑦ 比较晚近的英国缔结的例子有1985年《美英关于英国参加美国SDI研究项目的谅解备忘录》,这是一项秘密协议,没有通知英国议会。再比如1963年《英美北极星导弹协定》和1985年《美国政府和英国政府就英国军队使用美国在艾森岛军用设施的协议换文》。Aust写到,在英国,"也没有人会提出,这些(军事性的秘密协议)应该公布和登记,即使有时必须告知议会,其内容也是在选择和保密的基础上"。见A. Aust,"The Theory and Practice of Informal International Instruments", *ICLQ*, 1986, vol.35, p.793。

⑧ A. Aust,"The Theory and Practice of Informal International Instruments", *ICLQ*, 1986, vol.35, p.793.

⑨ 比如,苏联的国际法学者也谈到秘密条约时,曾写到:"在一定条件下,未把所签订的条约公开,并不与苏联的对外政策的原则相矛盾……","这方面苏联部长会议1947年6月8日的决定是应当特别注意的。……所谓列入国家机密的其他形式种类的情报,就是部正式公布的苏联和外国谈判交涉或协议……"。参见中国人民大学:《国际法学习材料》(下册),1955年版,第106页。

法中未作明确规定的情况，有的国家在其国内法令中，对于某些国际协定的保密作出了明确规定。[①] 有鉴于此，Aust 甚至将保密性作为国家选用“非正式形式”缔结协议的主要原因之一。[②]

迄今在条约法中，并没有就秘密条约给出一个确切的定义。实践中，秘密条约作为条约存在的一种形态，最大的特性就是其在一定时期和一定范围内不予公开。因此，可以认为，秘密条约是指当事方基于某种目的和原因相互约定不予公开的一类条约的总称。从条约法的角度看，秘密条约与一般条约相比，只是缔约双方在缔约时附加了一项特别的约定，约定缔约国承担关于条约本身不予公开的义务。这项义务可能规定在条约约文中，也可能通过其他方式另外作约定。前者可以作为履行条约规定的一项特殊的不作为义务；后者则是通过其他方式约定了对某项条约不予公开的义务。

1.《国际联盟盟约》首次企图以强制性的登记为手段，从法律上根本废除秘密条约。其第 18 条规定：“嗣后任何会员国所订条约或国际协议……未经登记以前不生效力”。但是实践上，这种努力并没有能够完全实现。以后《联合国宪章》采取了更加现实的做法。其 102 条规定：当事国未经登记的条约“不得向联合国任何机关援引。”显然这种不得援引，并不构成对未登记条约的条约法律性质的否定。1969 年的《维也纳条约法公约》规定：“条约应于生效后送请联合国秘书处登记或存案及纪录，并公布之。”[③]显然，这种对条约登记的要求，并没有比《联合国宪章》走得更远。

因此，一般来讲，即使秘密条约的引用或适用范围受到某些限制，但其法律拘束力不应由于其不公开的性质，而受到根本性的否定。

相比之下，条约的不公开，可能仅是一方或双方在缔约后，作出的一种非约定的单方面行为。如果条约本身没有条款规定该条约必须公开，双方也没有此类的另外约定，那么，单方不公开条约的行为本身，并不涉及国际法上条约义务和程序。当然，实践中，当一项条约双方都没有公开时，往往很难判断双方之间

① 根据美国联邦关于国际协议的公布的法律和 1972 年《文件归存法令》(Case Act)，所有的“国际协定”(不仅是宪法规定的参院批准的“条约”)，应在其生效 60 天内报送国会，并每年公布。惟一例外情况是，根据总统的意见，如某项协定立即公布可能损害美国的国家安全。这时在保密的禁令下，将该协议提交参院对外关系委员会和提交众院对外事务委员会”。并且，“并不是所有提交到国会的文件，都根据 UN 的 102 条进行登记。分类为国防事务的文件是确定地不在 UN 进行登记的”。A. Aust，前引文，第 793—797 页。

② Aust 将条约采取非正式文件形式的原因归结为：简单、快速、灵活、保密，比如在程序上，不需国内宪法程序，也不需公布和登记。其中保密是一个重要的考虑。A. Aust，前引文，第 793—797 页。

③ 《维也纳条约法公约》第 80 条(条约之登记及公布)。

有无约定,即是否构成秘密条约。

2. 关于秘密条约的判定问题,首先应对秘密条约和不公开条约作出区分。事实上,秘密条约仅是不公开条约的一种特殊类型。通过对于条约不公开的情况的考察,本文得到下面的表格1。其对条约不公开的因素和做法进行列举分析,可以揭示出二者间的区别和联系。

表格1 不公开条约诸因素组合表

	A	B
1. 主观方面	有意识	无意识
2. 是否约定	双方约定	未约定
3. 行为方式	双方行为	任一方行为
4. 是否主动	主动行为	被动行为
5. 覆盖范围	全部文件	部分条款
6. 存续时间	无限期	某段时间

说明:1. 在表中每一行,选择A或B作出的合乎逻辑的组合,结果将构成条约不公开的各种情况。

2. 特别地,如果1—6均选A项,则构成完全严格的秘密条约。而完全选择B,则可能是鉴于国内法和缔约双方都无此要求而未采取公开文件的行动,或有关人员的疏忽而使条约的某些条款在某一方或双方国内未作公开。

因此,从二者的形式关系上看,秘密条约是不公开条约中最严格的一种。不公开是秘密条约的必要条件和必然的结果。在上表中,双方有意识地约定保守秘密,是构成条约秘密性的根本条件。双方依此约定产生的不公布行为,使秘密条约得以存在。

3. 在对条约的秘密性进行判断时,还应注意,未收录进入有关国家的条约汇编中条约,并不一定是秘密条约。未收入条约汇编中的条约,可能是由于本身载体的限制,如口头协定,无法收入。而秘密条约实质是缔约双方承担了一种特殊义务,而不能被收入到公开性的条约集中或者以缔约各方约定以外的任何方式予以公布。这是履行各方约定的保密义务的直接结果。因此,秘密条约在各国公开公布的条约集中也基本不能得到反映。但是从形式研究和材料搜集的过程看,未收入到相关条约集中的条约、未公开的条约和秘密条约之间是有区别的。下列表格2给出了三者间的区分和联系。

表格 2　未收入到相关条约汇编中的条约与秘密条约关系表

<table>
<tr><th></th><th>称呼</th><th colspan="2">特点</th><th>搜集方式</th></tr>
<tr><td rowspan="4">未收入条约集的条约</td><td>口头条约</td><td colspan="2">理论上也包括公开和秘密。但都不能收入到《条约集》。</td><td>只能通过其他材料表现出来。</td></tr>
<tr><td rowspan="3">书面条约</td><td rowspan="2">官方未公开条约</td><td>秘密条约</td><td>解密后的条约本身;其他官方信息(特别是部分保密的条约)</td></tr>
<tr><td>非秘密未公开条约(多数是单方未公开)</td><td>通过其他官方非条约资料。其他缔约国国家出版的官方资料。</td></tr>
<tr><td>官方其他渠道表现的条约</td><td></td><td>官方其他条约文件公报,汇编。</td></tr>
</table>

说明:极个别的解密后协议也在可能出现在条约汇编中。

4. 秘密条约的所谓“秘密”一般是针对特定时间,所以,秘密条约往往具有一定的时间性。这样的条约,经过某些时间或事件后,就被公布出来,而不再具有秘密性。[①] 但是,解密后条约并不能否定该条约曾经具有的秘密性特征。秘密条约还有一些变种,如秘密附件,秘密条款等。另外,条约本身作为秘密条约,和在一项公开的条约中规定双方条约履行中的有关事项负有保密义务的条款,是两个不同范畴的问题。前者的保密客体是条约本身或其某些条款,后者是条约规定的其他特定对象。在中国缔约实践中,包含后者规定的典型情况是,在一些工程技术合作协定中,对于工程中涉及到的知识产权或商业情报保守秘密的条款。[②]

二、中国缔约实践中的秘密条约问题

(一) 从国内法层面,新中国政府成立后于 1950 年中央人民政府委员会颁

① 如《雅尔塔协定》。它由美英苏为安排二战后事项签订的秘密协定。在苏联迫使中国 1945 年签订了《中苏同盟条约》后,消除了秘密性而公开于世。杨公素:《外交理论与实践》,四川大学出版社 1992 年版,第 144—145 页。

② 如《中华人民共和国锅炉安全监察局和罗马尼亚社会主义共和国锅炉、压力容器、起重设备监察局关于互相承认锅炉、压力容器设备的检验和协调两国监察局之间科技合作的协定》第 7 条规定:“双方在执行本协定的有关工作过程中,了解到的所有文件和情报应均认为是秘密的,应严格承担保密义务。”参见《中华人民共和国条约集》第 26 卷,第 212 页。

布的《中央人民政府政务院关于与外国订立条约、协定、议定书、合同等的统一办法之决定》第七条规定："关于条约、协定、议定书、合同等的公布、编印、解释等事宜均由外交部主办。"[①]1963 年 9 月，中国国务院发布《关于统一保管同外国签订的条约等文件正本的通知》中说："我国同外国缔结了很多条约、协定、议定书和其他条约性文件（包括换文，会谈纪要、政府间的合同等）……这些条约的文件正本应分别送外交部和国防部保存。""凡属非军事性质的应一律送外交部保存；凡属军事性质的应一律送国防部保存。"[②]

1990 年中国颁布的《缔结条约程序法》第十五条规定："经全国人民代表大会常务委员会决定批准或者加入的条约和重要协定，由全国人民代表大会常务委员会公报公布。其他条约、协定的公布办法由国务院规定。"

可见，中国现行的立法中，没有对条约（包括条约中的条款）的公开事项规定具体程序或范围，而是将缔结条约公布与否的判断和处置权赋予了国务院或作为其执行部门的外交部。重要的是，中国在条约保存方面把条约分为了军事和非军事性质，并由不同的部门进行。虽然没有明确这种区分意味着军事性质的条约是不予公开的，但保密考虑肯定是这种机制设计的目的之一。从公布条约的实践中看，军事性质的条约似乎也大多不予公布。[③] 因此，一旦必要，秘密条约的保密要求很容易在现有保存机制上得以实施。

可见，如果仅从中国国内法角度考察，中国对条约性文件是否予以公布，裁量权在中国国务院。中国国内法的这种状态，为中国政府在缔约时可以承担不公开条约的义务或作出文件不予公开的约定，提供了国内法上不排斥秘密条约效力的法律基础。因此，实践中，某项条约是否采取秘密方式，取决于具体缔约所涉内容要求和当事各方共同约定，对于中国方面来说，不存在任何阻止秘密形式条约的国内法程序障碍。[④]

（二）缔约实践中，中国与其他国家对条约是否公布的约定上，存在三种情况：未作出明确约定、约定必须公开和约定不予公开。

1. 未作出特别规定。从本文得到的材料来看，未就公开事项作出明确规定

---

① 该办法由中华人民共和国政务院 1950 颁布，至今仍然有效。见中华人民共和国国务院法制局编：《中华人民共和国现行法律和行政法规汇编》，中国法制出版社 1995 版。

② 该通知于 1977 年 8 月又经国务院再次发文重申。见《国务院重申关于统一保管同外国签订的条约等文件正本的通知》（1977 年 8 月 26 日），（外交部档案文件）。

③ 如《中美建立加强海上军事安全磋商机制的协议》。1997 年 10 月 29 日《中美联合声明》称："该协议将有助于双方海空力量避免发生以外事故、误解或错误判断。"但这个协议本身的未见公布。

④ 当然对非双方约定的秘密条约，中国法律也不妨碍政府出于其他方面考虑而单方面采取对某些条约的不予公布措施，而不管其他当事国是否予以公布。

或约定的条约,占绝大多数。这些条约对当事国双方来说,是否公开,以何种方式公开,是各方按照其国内法或有关政策进行处理的事项。每一方对对方公开该条约的行为都无权进行干涉。实际上,这类条约的大部分都被双方或一方通过某种方式予以公布。从中国的情况看,《中华人民共和国条约集》是进行公布的主要途径。

2. 约定予以公布。中国与其他当事方就把某项条约予以公开作出特别约定。采取的方法包括通过在条约中直接设定公开该条约的条款,或另外约定予以公开。前者例子可以举出 1955 年 9 月 10 日《中华人民共和国和美利坚合众国两国大使关于双方平民回国问题协议的声明》,其中规定:"中华人民共和国政府将对以上安排广为公布……美利坚合众国政府将对以上安排广为公布。"①后者的典型例子是《中华人民共和国政府和印度尼西亚共和国政府关于双重国籍问题的条约的实施办法》(1960 年 12 月 15 日)②,双方约定于 1960 年 12 月 24 在北京和雅加达同时公布。③

此外,在条约中通过设定条约的登记条款,也应被视为间接约定了条约公布义务。因为登记无论由哪一方进行,对条约来说,其都会因被登记从而公诸于世。新中国实践中最早设定登记条款的条约是《中华人民共和国政府和加拿大政府民用航空运输协定》(1973 年 6 月 11 日),其第 19 条写明:"加拿大政府将向有关国际组织登记本协定及其任何修改。"④一旦设定了这种公布或登记的义务,通过对该义务的履行,实现了相关条约的公布。

3. 特别约定不予公布。双方约定不予公布的条约,即秘密条约的情况。在新中国的实践中,有在协议文本中明确约定不予公布的情况。在《条约集》中,惟一发现的具有秘密协议性质的文件,是 1975 年 6 月 9 日《中国和菲律宾关于两国贸易协定第二条的换文》。该换文明确约定这是一个不公布的文件。⑤ 另一种做法是在条约文本中并未没有规定该条约的秘密性,而由双方另外约定该条约不予公开。下面将讨论的《中苏友好同盟互助条约》的秘密《补充协定》,是这种情况的一个典型。

---

① 《中华人民共和国条约集》第 4 卷,第 1 页。

② 《中华人民共和国条约集》第 9 卷,第 58 页。

③ 参见《华侨双重国籍问题的合理解决》,载《人民日报》1960 年 12 月 24 日第 1 版。

④ 《中华人民共和国条约集》第 20 卷,第 203 页。

⑤ 菲方来文中提议:"…建议将我们双方的换文作为我们见图所签订的两国政府贸易协定的附件,且该换文对外不与公布。"中方复照称:"确认上述来信内容。"(TYJ, V22, pp. 107—108)。这类条约,如果约文中没有明确作出规定,当没有被双方公布时,很难判定是秘密条约还是单方各自因故未予公布。

（三）《中苏友好同盟互助条约》的秘密《补充协定》和相关议定书。

1949年底到1950年初，中国政府的最高领导人毛泽东、周恩来先后赴莫斯科，同苏联最高领导人进行了近3个月的谈判，终于在1950年2月14日，两国签订了一系列条约。[①] 这是中华人民共和国缔约实践中第一次重大而集中的缔约活动，其意义和影响非常深远。[②]

1950年2月15日，中苏两国官方媒体同时公布了《中华人民共和国、苏维埃社会主义共和国联盟关于缔结条约与协定的公告》，正式宣布中苏两国达成了《中苏友好同盟互助条约》、《关于中国长春铁路、旅顺口及大连的协定》以及《关于苏联贷款给中华人民共和国的协议》，并同时公布了这项条约和这两项协定的全文。[③]

此间，双方还同时签署了与上述文件有关的一个协定和两个议定书，但没有公布。其一是关于《友好同盟互助条约》的《补充协定》。[④] 其规定在苏联远东和中亚地区，中国东北和新疆，"不给予外国人以租让权利，并不准许第三国的资本或其公民以直接或间接形式所参加之工业的、财政的、商业的及其他的企业、机关会社与团体的活动"。[⑤] 另外两个文件是《关于中长铁路的协定的议定书》和《中方以提供战略原料钨锡锑偿还贷款》的议定书。[⑥] 两国约定，《补充协定》和两个议定书是秘密性质的。[⑦]

从现在已公开的情况看，当时中国方面认为上述协定和议定书在双方权利

---

① 见新华社：《中苏友好合作的新时代》，载《人民日报》1950年2月15日，第3版。

② 新中国成立之初中苏之间的这些条约的签订，将中国与苏联的战略同盟关系以法律的形式确定下来。这无疑是新中国历史上第一次最重大的外交活动。参见沈志华：《1950年中苏条约的签订：愿望和结果》，载《东欧中亚研究》1998年第4期，第5—15页。

③ 见《人民日报》1950年2月15日。

④ 1950年2月10日，中国代表团收到苏联外长莫洛托夫转交的一个新协定草案，其中规定在苏联远东地区和各中亚共和国的领土上以及在中国的满洲和新疆境内不得向外国人提供租让，并不允许有第三国的资本或这些国家的公民以直接或间接的方式参与的工业的、财政的、商业的及其他的企业、机关、公司和团体的经营活动。经中方同意后签署。这就是所谓的《补充协定》。参见杨奎松：《中苏国家利益与民族情感的最初碰撞——以〈中苏友好同盟互助条约〉签订为背景》，载《历史研究》2001年6期，第115—120页。

⑤ 裴坚章主编：《中华人民共和国外交史》第1卷（1949—1956），世界知识出版社1994年版，第25页。

⑥ 同上书，第23—24页。

⑦ 对1950年签订的秘密的补充协定，1954年赫鲁晓夫访华时双方交换了意见。1956年5月10日，苏联政府照会中国政府认为该补充协定已不符合苏中现有的友好关系精神，建议加以废除。5月29日中国复照表示同意。（外交部档案材料）。

义务规定上并无不妥,主张可以公开全部缔结的文件。[①] 但苏方却认为有些文件公开可能对苏联带来负面影响,坚持上述三个文件以秘密条约的形式不予公开[②],最后中方作出妥协,同意不予公开。[③] 以后双方都履行了约定的不公开这些文件的义务。这构成了中华人民共和国较早的也是典型的秘密条约实践。

三、结 语

为研究的目的而证明一项条约为秘密条约是困难的。严格地说,它需要在该项条约被公开后(一般是在解密或终止后被公开),并需要确认缔约方当时存在不予公开的约定。由于能够从官方公开的资料中被挖掘出来的、并满足这种条件的秘密条约很少,故作出的结论也只能是定性的。

秘密条约是当事方在缔结条约时相互约定不予公开的一类条约。这类文件的最大特征在于被缔约方有意识约定不作公开。仅仅存在某项条约没有被公开的事实或结果,并不能推导出该项条约是秘密条约的必然结论。未公开条约与秘密条约的关系可以通过上述表格 1 和表格 2 反映出来。重要的在于,目前条约法规则中,条约并不因其秘密性而否定其法律拘束力,虽然这样的条约其引用或适用范围受到某些限制。从国际实践看,秘密形式的条约总体被认为是较少的,但其仍然继续存在于国家缔约实践中,这是无可置疑的。

对中国秘密条约实践的考察发现:与其他许多国家一样,中国存在秘密条约的实践。这些秘密条约,除了缔约方承担了不公开该条约的义务外,其他方面并没有特别之处。同时,相对于国家整体条约实践,秘密条约仅占很小的比重。一些中国作为缔约国的条约,由于种种原因,中国单方面没有公开,这类条约显然不构成秘密条约。另外,对于一些缔约双方都没有公开的条约,有时容易使人将其与秘密条约联系起来,但是,这些论断往往是不可靠的。或者说,仅

① 1950 年 2 月 13 日,即双方约定举行《中苏友好同盟互助条约》签字仪式的前一天。苏方提出上述三项协定和议定书不能公布。周恩来对此表示不解,他说:"即将在莫斯科签字的协定的中文本均已寄回北京,并向中华人民共和国政务院做了汇报。如果协定中有不能公布的,则必须向政务院成员专门解释。"他强调,他与毛泽东的意见是"公布所有签字的协定,无论是对中苏两国,还是对其他民主国家都是有利的,因为这可以更加提高他们在全世界的威信"。在周恩来随后给北京的电报中称:苏方提议若干文件签字而不公布,我们则主张全部公布,究如何,待今晚决定电告。因此,今晚如已开过政府政协座谈会,则须补行声明,公布日期未定,暂勿外泄。如尚未开,最好改在明(14 日)晚开,以便确定是否全部公布后再做处理。参见《党史研究资料》1998 年 5 期,第 22—30 页;以及《中苏友好文献》,人民出版社 1953 年版,第 91—99 页。

② 沈志华,前引文。

③ 杨奎松,前引文,第 115—116 页。

从双方都未将条约作出公布的结果，不能推导出这些文件必然属于秘密条约的结论。条约未得到公布的因素是多方面的，可能仅仅是各自单方面的选择。特别是在中国或类似国家，由于没有强制性的国内具体立法规则要求对条约进行公布，所以条约没有公布有时带有一定的随意性，甚至可能是出于疏漏或懈怠，而不是由于双方履行保持秘密的义务约定的结果。

国际法是契约性质的法

苏明忠*

谈到契约，人们很自然地会想到国内法中民法意义上的“合同”。这个在中国古代被称为“契约”②、而在中国现代被称为“合同”的制度之所以能得到国家的认可③和社会的尊重，并在千百年的人类发展历史中为调整人与人之间的民事和经济法律关系发挥了不可替代的作用，就是因为它的产生、存在和发展不仅适应了商品交换和市场经济的客观需要④，而且符合“人生而自由平等”的自然法则⑤，同时还为人类的“非社会性的社会性”的对立统一提供了一种恰当的表达方式。也就是说，作为社会性的人，每个人都是群体中的一分子，他们有义务为了共同的利益而服从一种共同的(即国家的)意志；但作为非社会性的人，每个人的意志又是独立的和自由的，他们享有在不与法律发生冲突的情况下决定自己做什么或不做什么的权利。这种独立和自由的意志体现在契约方面就

---

* 比利时鲁汶大学法学博士，外交学院国际法学者。

作者谨以此文庆贺端木先生八十五华诞。

② 早在中国的西周时期，就有大量的交换契约、买卖契约、债务契约和租赁契约出现，其名称有“判书”、“质剂”、“傅别”和“书契”等。到了宋代，法律便强调契约双方的“合意”因素。参见张晋藩：《中国古代法律制度》，中国广播电视出版社 1992 年版，第 64—67、522 页；《中国大百科全书》(法学)，中国大百科全书出版社 1984 年版，第 276 页。

③ 例如，《法国民法典》第 1134 条规定：“依法成立的合同，对于缔约者具有相当于法律的效力。”《中华人民共和国民法通则》第 85 条规定：“合同是当事人之间设立、变更、终止民事关系的协议。依法成立的合同，受法律保护。”

④ 梅因认为，每一个社会的集体生存，“其较大部分是消耗在买卖、租赁、为了商业目的而进行的人与人之间的联合、一个人对另一个人的商业委托等等交易中”。正是由于这些为了商业目的的联合和交易，才使得买卖、租赁、合伙和委任等“诺成契约”产生并发展起来。参见梅因：《古代法》，沈景一译，商务印书馆 1995 年版，第 188 页。

⑤ 在民法体系中，契约是民事法律关系的核心，当事人的“意志自治”是产生契约的基础，而“意志自治”又被认为是从“人生而自由平等”的自然法则中引申出来的一种法哲学理论。参见尹田编著：《法国现代合同法》，法律出版社 1997 年版，第 13—18 页；李永军：《合同法原理》，中国人民公安大学出版社 1999 年版，第 45—47 页。

是当事人的“意志自治”[1]，而在“相互同意”的基础上达成协议，则是实现当事人“意志自治”的理想结果。

那么，国际法能否被看作是具有民法意义上的契约性质的法律呢？若从表面上观察，国内法的契约与作为国际法主要渊源的条约[2]之间确实存在着一些不太相同的地方，比如，契约的当事人是自然人或法人，而条约的主体是国家或由国家派生出来的国际组织；契约所涉及的是与个体利益相关的民事或贸易类的“小”事情，而条约所涉及的是国家之间的政治经济关系或与人类整体利益相关的“大”事情，等等。但是，如果从本质上进行深入的分析[3]，便不难发现，虽然条约不能等同于契约，但国际法至少在以下三个主要方面借鉴了国内契约的原理，并因此而具备了人们通常所理解的国内法意义上的契约的性质。

一、“相互同意”是缔结条约的基础

所谓“相互同意”，是就缔约者的主观意志而言的，它具有双层含义：第一，缔约者的意志依据主权原则是自由的，非经它自己的自愿的意志表示，任何外来的客观因素均不能为其创设具有约束力的权利和义务；第二，缔约者的意志依据主权原则是平等的，在创设国家之间的权利和义务的过程中，不存在一方意志高过另一方意志的等级制度，而只能通过对等协商和互谅互让的“相互”行动来实现缔约各方的意志的一致。正是在这个意义上，条约被定义为“国家之间缔结的并受国际法支配的书面协议”。[4] 条约的这一定义同“契约是双方当事人的合意”[5]有相似之处，强调的是缔约各方的意志的一致，而要达成这样的意志一致，主权和自愿等“单方”因素以及对等和协商等“相互”因素都是不可缺少的。

第一是主权因素。主权是一个国家或一个国家的人民所拥有的当家作主

---

① 人们习惯把“意志自治”说成是“意思自治”，但法语中的表述是清楚的，就是“意志自治”（l'autonomie de la volonté）。

② 一般认为，除了条约以外，国际法的渊源还包括国际习惯、一般法律原则、司法判例和学说性著作等。参见《国际法院规约》第38条。

③ 劳特派特认为，私法上的契约和国际法上的条约，它们在法律的性质方面是基本相同的。参见劳特派特：《国际法的私法渊源和类推》，转引自李浩培：《条约法概论》，法律出版社1987年版，第13—14页。

④ 参见《维也纳条约法公约》法文和英文对照本，第2条，转引自李浩培，前引文，第635页。

⑤ 参见周枏：《罗马法原理》下册，商务印书馆1994年版，第654页；江平编著：《西方国家民商法概要》，法律出版社1984年版，第85—86页；尹田编著，前引文，第4页；李永军，前引文，第2页。

的权利,也是该国在处理国与国之间关系时能够自由表达其主观意志的凭证、资格和根据。国家如果没有主权或丧失了主权,就如同个人没有灵魂或失去了灵魂一样,只能被看作是一个空的躯壳而任人宰割或摆布。因此,国际法的基础说到底是来源于国家的被称为"主权"的当家作主的权利。

第二是自愿因素。"自愿"按其原义是指一个人在没有外界障碍存在的情况下完全根据自己的内心判断和按照自己所愿意的方式去做某件事情的自由①,反映在契约理论上就是"契约自由"②和"胁迫无效"③。由胁迫而产生的契约属于"病态契约"④或"同意的瑕疵"⑤,因此不能发生法律上的效力;受到胁迫的一方当事人可请求得到法律保护或法律救济,等等。

同样的道理,国家作为一个拟制的人,其意志既是独立的也是自由的,而自由的意志是绝对不可能被强制的。⑥ 国家只能自己为自己创设权利和义务,只能受自己所同意接受的那部分条约或条约条款的约束,而决不能屈从任何外来因素的强迫和压力。因为,强力不能制造权利,弱力也不能产生义务,因害怕强力而作出的承诺是不真实的意志表示,因而是不能产生约束力的。据此,历史上曾经有过的那些因武力或武力威胁而订立的不平等条约⑦是弱肉强食的结果,因而是可耻的和不道德的,也是不能产生任何法律效力的。随着帝国主义和殖民主义的破产以及国际社会对霸权主义的厌恶和警惕,随着世界各国人民的主权和民主意识的增强,以往那种违背缔约国自由意志而强加于人的做法越来越不得人心,而在各方"自愿"的前提下寻求缔约国意志的协调和一致,将会成为产生新的国际法规则的惟一合法和有效的途径。

第三是对等因素。"对等"即有来有往或礼尚往来,契约理论称之为"利益

---

① 参见霍布斯:《利维坦》,黎思复等译,商务印书馆 1995 年版,第 97 页。

② "契约自由"除了要受到法律中有关公共秩序和善良风俗的规定的限制以外,通常是指当事人有权按照自己的选择决定以下事项:是否缔约,与谁缔约,契约的形式和内容,等等。参见尹田编著,前引文,第 15—16 页;李永军,前引文,第 42—43 页。

③ "胁迫"指的是行为人对他人的意志表示故意施加的精神上的和非法的压力或威胁。这种压力或威胁可使他人感到恐惧,并产生使他人在违背其真实意志的情况下订立契约的严重后果。"胁迫无效"是指因胁迫而产生的权利和义务得不到法律上的承认,也不发生法律上的任何效力。

④ 因重大误解、胁迫、欺诈、违反法律的强制性规定、违反善良风俗或公共秩序而订立的契约,被认为是"病态契约"。参见李永军,前引文,第 224—317 页。

⑤ "同意的瑕疵"就是意志表示的不自由和不真实。

⑥ 黑格尔曾经说过:"作为生物,人是可以被强制的,即他的身体和他的外在方面都可被置于他人暴力之下;但是他的自由意志是绝对不能被强制的。"国家和人一样,其自由意志也是绝对不能被强制的。参见黑格尔:《法哲学原理》,范扬等译,商务印书馆 1995 年版,第 96 页。

⑦ 不平等条约的最主要特征是缔约各方在权利和义务方面的不平衡。关于这方面的理论,参见万鄂湘、石磊、扬成铭、邓洪武:《国际条约法》,武汉大学出版社 1998 年版,第 304—311 页。

交换"[①],意思是,当事人为了追求自我利益可按照自己的意志约定权利和义务,但同时也要尊重同样追求自我利益的另一方当事人的意志,因为他们各自的主体地位在法律上是平等的,而平等者之间只有相互等价交换才是公平的。这样,在利益交换的驱动下达成的双方当事人的"合意"就变成了以实现利益为目标的意志表示的一致。

上述的契约理论同样可被用来指导国与国之间的条约关系,因为,各个国家的来自于主权的主体地位在本质上和法律上也是平等的,在它们之间并不存在任何的相互隶属关系,在它们之上也不存在任何的能够发号施令的超国家权利机构。[②] 这样,在国与国之间的交往实践中,除了在极少数的情况下会发生某一方给予另一方"无私"的援助或单方面的优惠条件外[③],在多数情况下,双方是为了"利益交换"才走到一起的。比如,甲国与乙国签订军事互助条约,为的是当它们中的任何一方遭到来自第三者的袭击时,另一方能伸出援助之手以共同抗击第三者;A 国给予 B 国的大使外交豁免权,为的是使 A 国自己的大使在 B 国的领土内也享有同样的外交便利[④];甚至连国际投资中的避免双重征税和国际贸易中的"最惠国待遇"也是一些人所共知的"互惠"安排,而要达成这样的"互惠"安排,每个缔约国就不仅要想到自己的存在和提出自己的利益要求,

---

① 参见李永军,前引文,第 442 页。

② 欧洲联盟也许会被认为是一个例外。由于欧盟各成员国与欧盟之间事实上已发生了前者向后者转让经济和货币主权的行为,欧盟的第一根支柱(即欧洲共同体)从它的诞生之日起就具有了被称作"超国家"的联邦因素。但尽管如此,以下五点意见还是要加以说明的:第一点,欧洲联盟是由主权国家在它们之间建立的;第二点,上述主权转让的行为是在各成员国相互同意的基础上以自愿的和对等的方式产生的;第三点,上述主权转让并不意味着各成员国主权的丧失,而是由单个的行使主权变成了集体的或共同的行使主权;第四点,由于各成员国坚持在外交和安全领域实行传统的合作方式,所以,欧盟目前还没有建立起一个名副其实的中央政府;第五点,欧盟的实践仅限于欧洲,因此不具有世界性的普遍意义。就全球来说,国际社会并不存在一个凌驾于各主权国家之上的世界政府,联合国仅是一个由主权国家组成的国际组织。在这种情况下,各国的事情应由各国自己处理,双边问题应由有关各方商量解决,涉及人类共同利益的事情应由全世界的所有国家在一起集体讨论和协商解决,而不能由个别国家或国家集团来决定。

③ 例如,《联合国海洋法公约》第十部分规定,沿海国与内陆国之间在涉及后者出入海洋和过境方面不适用"互惠"原则;《关税与贸易总协定》第三十六条规定:"发达的各缔约方在贸易谈判中对欠发达各缔约方做出的削减或消除关税及其他贸易壁垒的承诺,不能指望得到对等。"参见王可菊:《联合国海洋法公约与内陆国》,载《中国国际法年刊》(1997),法律出版社 1999 年版,第 247 页;赵维田著:《世贸组织(WTO)的法律制度》,吉林人民出版社 2000 年版,第 555 页。

④ 在这方面,《维也纳外交关系公约》第 47 条是这样规定的:缔约国之间不允许存在"差别待遇",但"相互"进行限制或"彼此"给予更有利之待遇者,不以差别待遇论。《中华人民共和国外交特权与豁免条例》中也有类似的规定,根据该《条例》的第 26 条,如果外国给予中国驻该国使馆人员的外交特权与豁免"低于"中国按本条例给予该国驻中国使馆人员的外交特权与豁免,中国政府可按照"对等原则"给予上述该国驻中国使馆人员以"相应的"外交特权与豁免。参见《国际公约与惯例》,华东理工大学出版社 1994 年版,第 360 页;《新编中华人民共和国常用法律法规全书》,中国法制出版社 1998 年版,第 221 页。

而且还要想到对方的存在和尊重对方所提出的利益要求。在这里,任何损人利己或"铁公鸡一毛不拔"的行为都是不会被人接受的。

除了双边的利益交换以外,在涉及全人类"共同利益"的多边条约关系中,也存在着利益交换问题。所不同的是,这时候的利益交换往往发生在一个国家集团和另一个国家集团之间,而不是单单发生在两个或少数几个国家之间。特别是在国际环境保护和国际人权保护方面以及在世界贸易组织的框架内,发达国家和发展中国家的利益往往是既有一致的地方,也有不一致的地方。那些因经济社会发展水平不同、传统文化不同、价值观念不同和历史遭遇不同而划分为不同的利益集团的国家常常会集体地提出自己的权利主张和利益要求,并希望得到其他属于另一些利益集团的成员国的理解和支持。在这种情况下,如果一方无视另一方的存在,或者不肯作出相应的让步,那么,任何旨在达成一项具有普遍约束力的协议的美好愿望都是不会变成现实的。[①]

第四是协商因素。"协商"就是彼此沟通,互相商量,求同存异和互谅互让,并在相互妥协和有取有予的条件下达成实质上的各方意思表示的一致。这种在契约理论上被称作"讨价还价"的程序看起来似乎有一些麻烦和复杂,但对于实现前面所讲过的"利益交换"却具有十分重要的意义。因为在国与国之间的交往中,无论是为了进行国际合作还是为了解决国际争端,各个国家的立场在多数情况下总是因利益不同而不一致的,要使这种不一致转变为一致,就要有一个互相接触、相互让步和协调意志的过程。而要完成这个过程,就应当改变那种缺乏诚心和耐心的不健康的心理状态,丢掉那种为图省事而企图以少数服从多数的表决方式来制定国际"游戏"规则的不切实际的想法[②],并以真诚的、认真的和积极的态度努力做好求同存异的工作。惟有如此,一项旨在设定权利和义务的国际条约才能成为被所有缔约国都同意接受的具有约束力的国际法规则。

除了上述一般意义的"协商"以外,在多边国际条约的发展过程中,自20世纪60年代起又出现了一种叫做"协商一致"(consensus)的决策程序。这种原本为了调节人多势众的发展中国家与财大气粗的发达国家之间尖锐矛盾的妥协

---

① 当然,强调不同利益的交换并不是要否认共同利益的存在,恰恰相反,这种通过利益交换而达成意思表示的一致往往能够找到一种新的共同利益。在这里,二者的关系应该是,在不同利益交换的基础上寻求共同利益和在共同利益的指导下进行不同利益的交换。

② 童金曾这样认为:以相互妥协的方式达成协议的过程在多数情况下是非常缓慢而艰难的,但却是必要的。因为,企图以表决方式通过国际协议的努力不仅不会缩小各国之间的意见分歧,相反会加深它们之间的矛盾。其结果,一项得不到足够数量的国家支持和承认的国际协议是不会产生任何的法律效力的。参见童金:《国际法理论》,1974年英文版,第212—213页。

办法，后来不仅被广泛地适用于联合国的各种会议或联合国倡议或主持召开的国际大会，并在第三次联合国海洋法会议上获得了很大的成功[①]，而且还为缓和20世纪70年代的东西方紧张对峙的关系作出了贡献，现在又成了欧洲联盟为协调其内部不同利益而遵循的一项指导原则。[②] 据此，人们有理由相信，虽然“协商一致”的程序难免会出现这样或那样的不尽如人意的地方，但这个被定义为“不存在对通过有关决议构成障碍的任何反对意见”或“在既不付诸表决也不一定非要求全体一致的情况下达成协议”[③]的决策方式，由于体现了在国际关系中应该得到发扬光大的那种善意、和解、宽容、务实和合作精神，其持久的生命力是会得到历史证明的。此外，从纯粹的法学角度看，由于“协商一致”的结果必然是“普遍参加”和“广泛接受”，因此，一项在充分而广泛的相互协商和妥协基础上制定的国际法规则不仅具有完全的合法性，而且具有普遍的约束力。

二、“约定必须遵守”是履行条约的保证

“约定必须遵守”(pacta sunt servanda)历来被国际法学家说成是一项国际法原则，规范法学派的代表人物甚至称之为“最高规范”。[④] 其实，它首先是一项与契约有关的国内法原则，是从国内契约法移植到国际条约法上来的。在西

① 在第三次联合国海洋法会议期间，参加会议的各国谈判代表先是通过了一项“君子协议”，后又通过了一项会议程序规则，根据这两项文件，各国同意尽一切努力使实质性的事项均以“协商一致”的方式达成协议。后来的实践表明，这种以“协商一致”达成协议的办法是成功的，1984年12月9日，155个国家和4个实体的代表在《联合国海洋法公约》上签了字，1994年11月16日，该公约正式生效。关于这方面的详细情况，参见万鄂湘、石磊、扬成铭、邓洪武，前引文，第40—44页；王铁崖主编：《国际法》，法律出版社1995年版，第259页。

② 1992年2月7日，欧洲共同体各成员国在签订关于建立欧洲联盟的马斯特里赫特条约的时候，还通过了一个“关于共同外交和安全政策领域的表决制度的声明”。根据此项含有“协商一致”精神的声明，“会议同意，当理事会需要以全体一致同意作出决定时，如果此项决定已获得特定多数的支持，各成员国就应尽可能地避免出现旨在阻止以全体一致同意通过此项决定的情况”。参见欧共体官方出版局编：《欧洲联盟条约》，苏明忠译，国际文化出版公司1999年版，第189页。

③ 参见安东尼奥·卡塞斯：《多元世界中的国际法》，1986年法文版，第179页；杨冠群：《国际会议》，世界知识出版社1998年版，第75—77页。

④ 意大利的安齐洛蒂认为：“约定必须遵守”原则在国际法中并不取决于一个更高的规范，“它本身就是最高规范”。凯尔森也认为“约定必须遵守”是一个“一般国际法规范”，而条约创造出来的规范的效力是来源于这个一般国际法规范的。参见王铁崖著：《国际法引论》，北京大学出版社1998年版，第32—33页；斯塔克：《国际法导论》，1977年英文版，第27页；汉斯·凯尔森著：《国际法原理》，王铁崖译，华夏出版社1989年版，第348页。

方,公元529年的《查士丁尼法典》(Codex Justinian)曾对此作出过明确的规定[①],1804年的《拿破仑法典》(Code Napoléon)又对此作了变通性的要求[②];在中国,3000多年前的西周时期就已出现过一种叫做“违背契约罪”的罪名[③],而到了现在,《中华人民共和国合同法》第60条则规定:“当事人应当按照约定全面履行自己的义务。当事人应当遵循诚实信用原则,根据合同的性质、目的和交易习惯履行通知、协助、保密等义务。”由此可见,“约定必须遵守”的契约法色彩是极其浓厚的,而且有着非常久远的历史渊源。

受国内契约法的影响,人们很早就吧“约定必须遵守”的原则运用到了国与国之间的条约关系之中。起初是缔约者以宗教的方式“对天发誓”或“对神发誓”,表示要以真诚的态度遵守某种诺言或誓言[④];后来是缔约者以双边条约的方式表示要承担履行条约的义务;再后来,缔约者便以多边条约的方式把这种诚实守信的原则神圣化和固定化了。于是,在《联合国宪章》里,在《维也纳条约法公约》里和在其他的多边国际条约里,就有了明确要求缔约国善意履行条约义务的具体条款或规定。[⑤]

那么,为什么“约定必须遵守”呢?从理论上讲,这里涉及三个方面的原因:一是道德,二是利益,三是法律。

所谓道德原因,是说诚实守信历来被公认为一种美德和做人的根本,古今

---

① 根据《牛津法律指南》的解释,“约定必须遵守”是《查士丁尼法典》第2条、第3条和第29条内容的缩写形式,意思是:许诺和合同必须得到遵守和履行。参见《牛津法律指南》,1980年英文版,第912页。

② 《拿破仑法典》第1134条规定:“依法成立的契约,在缔结契约的当事人间有相当于法律的效力。前项契约,仅得依当事人相互的同意或法律规定的原因取消之。前项契约应以善意履行之。”参见《拿破仑法典》(法国民法典),李浩培等译,商务印书馆1996年版,第152页。

③ 在已出土的中国西周时期的铜器上,铭刻着许多关于调整当时民事关系的法律规范,其中,如违背先前的誓言,即约契不还,就要被处以鞭刑和罚款。参见张晋藩,前引文,第75页。

④ 在中国的春秋战国时期,“盟誓”成为调整国与国之间关系的一种时尚,所谓“约信曰誓,莅牲曰盟”(《礼记·曲礼下第二》),缔结条约不仅要以文字的方式,还要举行宗教仪式,杀牲歃血和对天宣誓。在古希腊和古罗马,国与国之间缔结条约时举行宗教仪式的风气也是非常盛行的,如订立和约时要杀牲奠酒,还要进行祷告:不死的神呀!若先违誓者,愿其头亦如牲头之为铁所砍。参见古郎士著:《希腊罗马古代社会研究》,李玄伯译,上海文艺出版社1990年版,第170—171页;罗念生等译:《荷马史诗·伊利亚特》,人民文学出版社1997年版,第76—79页;李浩培著:《条约法概论》,法律出版社1987年版,第332页;孙玉荣著:《古代中国国际法研究》,中国政法大学出版社1999年版,第119—129页;裴默农:《春秋战国外交群星》,重庆出版社1994年版,第18页。

⑤ 《联合国宪章》序言指出,我联合国人民“应尊重由条约与国际法其他渊源而起之义务,久而弗懈”。第二条规定:“各会员国应一秉善意,履行其依本宪章所担负之义务,以保证全体会员国由加入本组织而发生之权益。”《维也纳条约法公约》第26条规定:“凡有效之条约对其各当事国有拘束力,必须由各该国善意履行。”

中外,概莫例外。[①] 凡不能守信者,自然也就成了遭公众谴责、蔑视和嘲笑的对象,就如同那个谎称"狼来了"的孩子一样,他永远是一个被用来起警示作用的反面教员。而国家作为一个法律人格者,它的一言一行和一举一动也要受某些道德准则的约束,尤其是在同其他国家的交往中,既不能信口开河,也不能违背承诺,否则就是一种背信弃义的不道德行为。正是在这个意义上,格老秀斯把遵守诺言看作是一种"道德的需要"。[②]

所谓利益原因,是说既然"约定"是双方或各方的"利益交换"的意思表示的一致,那么,在这个约定的背后一定隐含着某种让缔约者翘首以盼的期待利益,而要使期待利益转变为现实利益,遵守诺言就成了至关重要的因素。因为,"约定"也是一种互利行为,违背诺言不仅会使对方或他方受损,最终自己也是要吃亏的。此外,出于道德方面的考虑,缔约者是否诚实守信往往被看作是能否取信于人的标准,如果一方食言或违约,他的社会或商业信誉必然要受到损害,而"信誉"本身就是一种潜在的利益或财富。试想,在国内的市场经济中,有谁愿意同一个说话不算数的人打交道呢?所谓"有借有还,再借不难",只有守信的人在遇到困难时才能指望得到朋友的帮助。就国际关系而言,在当今的世界中,国家不仅要独立自主地存在,还要同其他的国家进行正常的政治、经济、文化和贸易往来,并以此促进自己的建设和繁荣。但是,如果同人家签订了合作协定而又拒绝履行承诺,那么,谁还愿意同违约者进行合作呢?没有了国际交往和合作,得不到来自外部世界的信息和经验,国家就会自己把自己关闭或孤立起来,其经济的发展和社会的进步也是最终要受到损害的。

所谓法律原因,是说"约定必须遵守"的后面还有一句话,叫做"如果违反约定,就要负法律责任"。这当然是一种带有强制因素的威胁,但这种威胁对于强化"约定"的法律性质是有益的,对那些视"约定"为儿戏的个人或国家也能起到预防或威慑作用。事实上,为了防止或减少违约[③]现象的发生,以及为了在违

---

① 比如,中国的《论语》说:"与朋友交,言而有信"(《论语·学而第一》),"言必信,行必果"(《论语·子路第十三》)。古罗马的西塞罗认为,"诚信是正义的基础"。英国的霍布斯主张,"约定必须遵守"是一项自然法,"在订立信约之后,失约就成为不义,而非正义的定义就是不履行信约"。德国的康德指出,约定效力的根源在于"意志的自律性",而意志自律的基础是道德准则,即所谓"绝对的命令"。在康德看来,一个有道德的人会毫不顾及时间、空间和因果关系等条件,不管主观或客观因素如何限制,而坚守"绝对命令"。参见胡果·格老秀斯:《战争与和平法》,1925 年英文版,第 330 页;托马斯·霍布斯,前引文,第 108—109 页;李永军著,前引文,第 447—448 页。

② 参见胡果·格老秀斯,前引文,第 329 页。

③ 这里的"违约"是一个广义的概念,不仅指对民事合同的违反,也指对国际条约的违反。

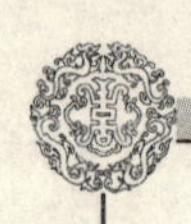

约事件发生后能迅速地采取适当的补救措施，各国的民法、合同法和有关的国际公约都对违约责任作了比较详细的规定，其中所依据的法学原理都是基本一致的。所不同的是，在国内的契约关系中，违约责任一般是指债务人因违反合同而应对债权人承担的损害赔偿责任①；而在国际条约关系中，违约者所应承担的是以赔偿或道歉等形式表现出来的国家责任。如果国家犯有侵略罪、战争罪或反人道罪等国际罪行，有关犯罪国家就要在道义上、政治上或经济上受到国际社会的谴责和制裁，那些代表国家从事国际犯罪活动的个人也要受到相应的国际刑事惩罚。②

三、国际违法责任③的归责原则

“国际违法责任”是指国家因违反国际法④而应承担的法律责任；“国际违法责任的归责原则”是指适用于确定违法当事国承担国际法律责任的一般标准或根据。在传统的国际法理论和实践中，存在着五花八门的归责原则，如主观责任、客观责任、过错责任、无过错责任，还有严格责任、绝对责任和危险责任等。但常见的并为国际社会普遍接受的有两种，一种是过错责任，另一种是严格责任。这两种责任制度都是从国内民法（包括契约法）意义上的归责原则中引申出来的，它们所依据的是同样的法学原理。

首先是过错责任原则。它的特点是以行为人主观上有过错来作为承担民事法律责任⑤的基本条件，如缺少这个条件，即使客观上存在着损害的事实，行

① 参见尹田编著：《法国现代合同法》，法律出版社 1997 年版，第 286 页；王利明著：《违约责任论》，中国政法大学出版社 2000 年版，第 3 页。

② 参见高燕平著：《国际刑事法院》，世界知识出版社 1999 年版，第 328—337 页；〔英〕詹宁斯、瓦茨修订：《奥本海国际法》第一卷第一分册，王铁崖等译，中国大百科全书出版社 1995 年版，第 404—406、417—419 页。

③ 在传统的国际法理论中，人们习惯地把“国际违法责任”称作“国家责任”或“国际责任”，但这是不恰当的。因为，前者容易同国内法中的“国家责任”相混淆，后者是不能让人明白究竟是法律责任、政治责任，还是经济责任。而“国际违法责任”则既强调了责任的国际性，也说明了责任的法律性。

④ 这里的“国际法”是一个广义的概念，既包括国际条约和国际习惯，也包括为各国所普遍承认或接受的“一般法律原则”。这样，就为解决“因跨国界损害而承担责任但却无法可依”的难题找到了一条出路。据此，虽然某种在本国领土内从事的活动并不为国际条约或国际习惯所禁止，但由于此项活动给他国造成了跨界损害，因而违反了“做好邻居”和“使用自己的财产时不得损害他人的财产”等古老的为国际社会普遍接受的法律原则，所以，所谓“跨界损害”的行为实际上也是一种违反国际法的行为，而不是什么“合法行为”或“国际法不加禁止的行为”。

⑤ 在民法理论中，民事法律责任主要表现为违约民事责任和侵权民事责任两种形式。参见李由义主编：《民法学》，北京大学出版社 1988 年版，第 608—661 页。

为人也不承担赔偿责任。因此,中外法学家都认为"过错"是构成民事法律责任制度中的过错责任的最基本因素。

从历史的角度看,过错责任原则来源于公元前450年古罗马的《十二铜表法》,该法明确规定,"蓄意"采伐他人树木的犯罪者,每采伐一棵树应被处以二十五阿司的罚金。又规定:如有人"故意"放火烧毁建筑物或堆放在房屋附近的谷物堆,放火者就要被戴上镣铐受到鞭打并被处以死刑。因"不慎"而酿成火灾者,犯罪人应赔偿损失……[①]等等。这种以"故意"或"过失"作为承担民事或刑事责任的主观标准的做法因否定了早期罗马法中采用的以"损害结果"为标准的"加害原则"而被人们解释为过错责任原则,加上公元前287年的古罗马《阿奎利亚法》中提出的"因偶然事件而不承担责任"的免责条件,罗马法就形成了"较为系统和完备"的主观归责体系[②],并为后来各国立法中所采取的过错责任制度[③]提供了可作参考的蓝本。

受罗马法的影响,格老秀斯把"过错责任原则"引入了国际法。他在《战争与和平法》中提出了"过错导致赔偿义务"的著名观点,并认为"义务"来源于以下三个方面:一是契约,二是过错,三是法律。"所谓过错,是指每一项错误,不论是作为还是不作为,都是与人们或者是为了共同利益或者是为了特别原因而应该做的那样相冲突的。依照自然法,如果因此项错误而导致了损害,就会产生一项义务,即损害赔偿的义务。"[④]格老秀斯的这一贡献使得人们在判断一个国家是否应承担国际违法责任的时候,不仅要看它的行为是否违反了国际义务并因此造成了对他国的损害,还要看它的行为是否出于主观上的"故意"或"过失",如果既无故意又无过失,就可排除该行为的不法性,所谓国际违法责任也就不能够成立。在国际法的实践中,著名的"阿拉巴玛号"仲裁案和科孚海峡案就是国际仲裁法庭和国际法院分别以有关当事国具有"疏忽"或"严重不作为"

① 参见《十二铜表法》,2000年中文版,第35、38页。

② 参见王利明著,前引文,第62页;李由义主编,前引文,第595页。

③ 如1804年的《法国民法典》第1382条和第1383条分别规定:"任何行为使他人受损害时,因自己的过失而致行为发生之人对该他人负赔偿的责任。""任何人不仅对其行为所致的损害,而且对其过失或懈怠所致的损害,负赔偿的责任。"1900年的《德国民法典》第276条也规定:债务人如无其他规定,"应就其故意或过失的行为负责任"。

④ 参见胡果·格老秀斯,前引文,第430页。

等主观过错为理由而判令其对造成的对他国的损害进行损害赔偿的。[①] 而且，直到今天，“过错”仍然是确定一个国家对其不法行为承担国际违法责任的“通常标准”。[②]

至于严格责任原则，这个以“损害”的客观存在、而不是以行为人的主观过错为标准来确定行为人是否承担责任的特别制度，最初也是由国内法包括契约法在内的民法首先提出来的。在法国，1804 年的《法国民法典》第 1147 条规定：“凡债务人不能证明其不履行债务系由于不应归其个人负责的外来原因时，即使在其个人方面并无恶意，债务人对于其不履行或迟延履行债务，如有必要，应支付损害的赔偿。”应该说，这一条文就是以严格责任或无过错责任为标准的，因为，根据该条的规定，债权人不必举证证明债务人违约是具有主观过错，而只要能证明债务人不履行合同的事实就行。至于债务人，除非他能举证证明其不履行合同是因为发生了不归其负责的外来事件，否则，他就负有损害赔偿的责任。在德国，1838 年的《普鲁士铁路法》规定：“铁路公司对其所转运的人及物，或因转运之故对于别的人及物造成损害的，均须负严格的责任。”而在英国，严格责任制度却是以法院判例的方式确立起来的，尤其是 1868 年英国法院对雷兰斯诉弗莱彻(Rylands v. Fletcher)一案的判决[③]，标志着英国采用严格责任原则的开始。

随着严格责任原则在世界各国立法和司法实践中的普遍被接受，联合国和国际社会自 20 世纪 50 年代开始也试图采用严格责任的标准来解决日益严重

---

① 在“阿拉巴玛号”仲裁案中，仲裁法庭认为，英国政府由于“疏忽”，未能“以相当注意”履行其中立义务，导致“阿拉巴玛号”军舰对美国联邦政府的海上运输造成了严重的损害，为此，英国政府应向美国联邦政府支付损害赔偿。

在科孚海峡案中，法院认为，阿尔巴尼亚方面应该知晓在其领土内发生的布雷活动。“这种知晓无可争议地导致了阿方的义务，即它有义务为一般航行的利益通知在其领水内存有雷区，警告英国舰队所面临的危险。”事实上，阿尔巴尼亚政府也有充分的时间去警告英国舰队不要靠近雷区，但它却未试图采取任何措施阻止灾难事件的发生。据此，法院认为，“这种严重的不作为意味着阿尔巴尼亚负有国际责任”，即负有向英国支付损害赔偿的责任。当然，为什么英国军舰在没有事先得到阿方许可的情况下要驶入阿尔巴尼亚的领水，法院对此没有作出回答。

关于上述两个案例，参见《国际公法案例评析》，中国政法大学出版社 1995 年版，第 3、70 页；路易斯·亨金等著：《国际法》(案例和资料)，1987 年英文版，第 1261 页。

② 参见《欧洲大学研究院工作文件》(EPU 91/12 号)，1991 年英文版，第 22 页。

③ 在雷兰斯诉弗莱彻一案中，被告雇人在自己的土地上建造了一座蓄水池。当蓄水池被灌满水之后，水流到了地下的一个被废弃不用的旧矿井巷道里，而这个旧巷道恰好连接着原告的矿井。这样，流出来的水就把原告的矿井淹了，给原告造成了损害。根据这一事实，法院判决说：“如果某人以非自然的方式使用自己的土地，那么，当他为了自己的目的在自己的土地上带来或堆放物品时，他就应对该物品可能的逃逸而造成对邻居的损害负责任，除非被告能证明此项逃逸是由原告的过错而造成的，或者是出于上帝的安排，否则，他就应对原告负损害赔偿的责任。”参见《牛津法律词典》，1980 年英文版，第 1097 页。

的因跨国界损害和破坏人类自然环境而导致的国际违法责任问题，并在和平利用原子能、航空、海洋环境保护和外空开发与利用等方面缔结了一系列的国际条约，其中包括《关于外国航空器对地面（水面）第三者造成损害的公约》（1952）、《核能损害民事责任维也纳公约》（1963）、《国际油污损害民事责任公约》（1969）、《外空物体所造成损害的国际责任公约》（1972）、《联合国海洋法公约》（1982）和《联合国气候变化框架公约》（1992）等。根据上述公约的有关规定，凡从事航空、航海、原子能利用、海底矿物资源的开发和外空实体发射等活动而对第三者造成的损害，不论行为主体是否存在主观上的过错，皆应在损害赔偿方面适用“严格责任”原则。此外，联合国国际法委员会还于1994年和1995年以一读程序暂时通过了《联合国国际法委员会关于国际法不加禁止行为所产生的损害性后果的国际责任条款草案》，该草案的第5条明确规定，凡因国际法不加禁止的行为[①]所导致的重大跨界损害均采用“严格责任”制度。

这样，原本是来自国内民法意义上的因从事高度危险但却有利可图的活动而导致他人损害的法律责任应适用“严格责任”的理论和实践，便直接移植到了国际法寻求解决跨国界损害和保护人类自然环境的理论和实践当中了。

① 笔者认为，虽然是国际法没有明确禁止的行为，但如果此种行为违反了“做好邻居”和“使用自己的财产时不得损害他人的财产”等国际社会普遍接受的法律原则，国际法不加禁止的行为仍然为国际不法行为。因此，“国际法不加禁止行为”的提法是值得商榷的。

国际法院特别分庭

——加强国际法院作用的有效途径

陈滨生*

祝端木老师与夫人健康长寿!衷心感谢老师的精心教诲!感谢师母对学生的关爱!师恩难忘!学生将继续在国际法的教学岗位上努力工作。请老师放心!

内容提要:国际法院是联合国的主要司法机关,但并未发挥其应有的作用。本文在《国际法院规约》的范围内,从国际法院特别分庭的角度,探讨了加强国际法院作用的途径。

关键词:国际法院　管辖权　作用　途径

《联合国宪章》(以下简称《宪章》)第92条规定,国际法院是联合国的主要司法机关。国际法院的组织、管辖以及诉讼程序等,均以《国际法院规约》(以下简称《规约》)为依据。而且,《规约》是《宪章》的构成部分。《宪章》之所以将国际法院纳入联合国的体系,是考虑到国际法院不仅只是一个解决国家间争端的司法机关,而且应该成为和平解决国际争端体系以及整个联合国集体安全体制的一个重要环节;同时,有助于各国对国际法院的普遍利用,并有利于在执行法院判决方面获得联合国的支持。由此可见当时联合国创始会员国对国际法院所寄予的厚望。

一、国际法院尚未充分发挥其应有的作用

自1946年国际法院成立以来,通过其司法活动,国际法院在和平解决国际

* 汕头大学法学院副教授,中山大学1991届法学硕士,主要研究方向为国际公法学。

争端、对国际法的演变与发展等方面均产生了相当的影响。但是,六十年来,各国政府及国际组织对国际法院的利用并不充分,主权国家对国际法院的任意强制管辖权态度谨慎或冷漠,仅有不到三分之一的会员国表示接受《规约》第36条第2款,且绝大多数附有保留。[①] 国际法院的这种状况,既有《宪章》、《规约》对其职权范围、利用程度及其对诉讼主体等方面所作的限制,也有国际法院本身的缺欠而造成的,还受国际社会对其看法的影响。

(一)相关的公约对国际法院职权的限制

1. 并非惟一的和解国际争端的司法机关。根据《宪章》第92条和《规约》第1条的规定,国际法院是联合国的主要司法机关,也就是说,是主要的、但并非惟一的和解国际争端的司法机关。例如,根据1982年《联合国海洋法公约》创立的国际海洋法法庭,它是《海洋法公约》中规定的按照具有拘束力裁决的强制程序解决有关《海洋法公约》的解释或适用的任何争端的司法机关。国际海洋法法庭和国际法院都是解决海洋争端可供选择的司法机关。而且,联合国体系内还有联合国行政法庭。此外,已经建立的一些专门性法院及区域性法院,使得国际法院潜在的诉讼当事国向这些法院提起诉讼成为可能。

2. 并非惟一的和解国际争端的手段。根据《宪章》第33条1项所确认的规则:争端各当事国可以自由地选择和平解决国际争端的方式。因此,这意味着利用国际法院解决法律争端只是争端当事国可以自由选用的和平解决国际争端的方式之一。《宪章》并没有特别强调司法解决。而且,《宪章》第95条规定:"本宪章不得认为禁止联合国会员国依据现有或以后缔结之协定,将其争端托付其他法院解决。"赋予了会员国运用其他法律机制解决争端的选择自由:会员国既可以利用国际法院,也可以诉诸已经建立或将设立的其他法院,比如区域一级的国际司法机构或专门法院。当然,"这与《宪章》第33条的规定以及国际法院的管辖权的性质(主权国家的自愿接受)是一致的"。[②] 联合国中具有和平解决争端职能的机构,除了国际法院还有大会、安理会和秘书长。根据《宪章》第23条至第32条的规定,安理会除了在采取强制行动维持和平与制止侵略方面有其他机关所不可取代的职能外,还在和平解决国际争端方面行使重要的职权。就和平方式而言,安理会可以"促请"当事国以和平方式解决争端,可以对争端引发的局势进行调查,得"建议适当程序或调整方法"等。根据大会

---

① 王铁崖主编:《国际法》,法律出版社1995版,第591页。

② 许光建:《联合国宪章诠释》,山西教育出版社1999年版,第605页。

1988年通过的《关于预防和消除可能威胁国际和平与安全的争端和局势以及关于联合国在该领域的作用的宣言》(以下简称《宣言》),增加安理会可采取“派遣事实调查团或斡旋团,或建议联合国进驻的适当形式”。大会就有关争端的局势,具有讨论和在《宪章》第12条1项限制下向安理会提出建议的职能。大会的讨论和建议具有政治的和舆论的影响。根据《宪章》第12条2项和第99条的规定,秘书长在和解争端方面的职能有限;但在实践中,秘书长为和解争端而进行的斡旋与调停,却发挥着极其重要的作用。1988年《宣言》对秘书长在和解争端方面可以采取的行动有较多发展:秘书长可以充当争端或局势的报告员;可协助安理会审查争端或局势的事实;可与有关国家直接接触进行斡旋;调查有关事实或建议采用区域办法。[①] 这种在联合国体系内多个主要机关具有和解争端职能的规定,在一定程度上分担了国际法院的案源。

3. 对诉讼主体的限制。《规约》第34条第1款规定:“在法院得为诉讼当事国者,限于国家。”即只有主权国家才能在国际法院成为诉讼当事方,“可以成为法院诉讼当事方的国家有三类:联合国会员国;非联合国会员国但为《规约》当事国的国家;非联合国会员国和《规约》当事国,但按《宪章》规定接受安理会所定义务的国家”。[②] 该规定排除了国际组织、团体与个人成为国际法院诉讼当事方的可能性,限制了诉讼主体的范围。这又意味着国际法院只解决国家之间的法律争端,而并不解决所有国际法主体之间的冲突。

4. 诉讼程序繁琐。《规约》第39条至第63条对国际法院审理诉讼案件所应遵守的程序做了规定。因此,国际法院依《规约》第30条订立了《国际法院规则》(以下简称《规则》)。《规则》关于诉讼程序规定得很繁琐(从第44条至第72条),已不适应当今国际社会的需要,促使国际法院对《规则》进行了两次修改。

5. 在法律适用方面的滞后规定。《规约》作为一定历史时期的产物,在第38条的规定上没有能够反映国际法的最新发展。例如,没有将联合国大会等国际组织的决议、决定、宣言作为法院解决争端时可参照适用的确定法律原则的辅助方式之一。其实,国际组织的决议、决定、宣言以及其他重要文件反映了大部分国家的意志,经常对国际法的发展作出贡献,因此,是可以考虑将其作为确定法律原则的辅助资料的,而且“其法律价值应该是在司法判例与公法学家学

① 程晓霞主编:《国际法》,中国人民大学出版社1999年版,第235—236页。

② 慕亚平主编:《当代国际法论》,法律出版社1998年版,第223页。

说之上"[①]。此外,"该条款没有提到诸如公平和正义之类的原则或考虑,而法院总是有权依据它们作出裁判,因为这是国际法庭的职能所默示的。该条款也未专门提及正常的司法推理过程,而法院作为一个司法机构,对此总是可以利用的"。[②] 当然,在国际法院的司法实践中,它并非一味固守传统习惯与规则,在案件的审理中,它还发展甚至创设了一些新的国际法原则与规则。

(二)各国对国际法院的政策取向也影响其作用的发挥

当事国的自愿与同意是国际法院行使其诉讼管辖权的基础。但是,由于多种原因,相当部分的国家不愿意将争端提交国际法院。这些国家大多宁愿用政治方式而不愿用司法方式来解决相互相间的争端,以避免法律方式给其带来的束缚:它们不愿失去对案件的未来的控制——争端一经提交国际法院,它们将不能对争端施加任何政治影响,因为,法院只基于法律来解决争端。一些亚非国家就有这种想法。其实,即使在国际法院受理案件之后,经当事国协商同意,仍然可以通过外交途径解决其相互间的争端。1972 年的渔业管辖权案、1973 年的核试验案、1976 年的爱琴海大陆架案便属于这种情况。再者,笔者认为,在谈判桌上,强国或超级大国与第三世界的中小国家是很难处于真正平等的地位的,有能力施加政治影响与压力、迫使对方让步的往往是大国。而在目前国际环境下,在相对公平的国际法院的面前,无论国家大小、强弱都是平等的诉讼主体,在这种条件下,中小国家的利益更可能得到保障。

对国际法院的消极态度还体现在对待《规约》第 36 条第 2 款的问题上。只有不到联合国会员国总数三分之一的国家声明接受该条款,而且,相当一些国家还附有各种保留,有的保留甚至超过了《规约》第 36 条第 3 款允许的范围。劳特派特曾指出:"即使争端各国已接受应把争端提交司法解决的基本义务(即订立了一般性协议),事实上却由于接受义务时有各种精心策划的保留,使之变成了不含任何法律义务的一纸空文。"[③]这其中以美国政府的所谓"康纳利修正案"(Connally Amendment)最为著名,该"修正案"最关键的一句是:"凡属于大体上在国内管辖权范围以内的事件有关的争端",都不受国际法院的管辖,至于是否属于国内管辖权的范围,"由美国决定之"。[④] 后为许多国家效法。英国保

---

① 王铁崖,前引文,第 20 页。

② 国际法院书记处:《国际法院》,中国对外翻译出版公司 1985 年版,第 62 页。

③ 〔美〕汉斯·J.摩根索著:《国家间政治——寻求权力与和平的斗争》,中国人民公安大学出版社 1990 年版,第 358 页。

④ 王铁崖,前引文,第 591 页。

留排除英联邦国家之间的争端;有的保留则将战争时期或因战争发生的争端除外。对此类保留,国际法院没有异议。[①] 此外,一些国家在成为国际法院被告之后,往往拒绝出庭或不参加任何阶段的诉讼,给国际法院对案件的审理带来了困难。

二、国际法院特别分庭

国家法院的职权分两大类:一类是诉讼管辖权,即受理国际争端当事国提交的诉讼案,行使审理之权;另一类是咨询管辖权,即应联合国机关或其他专门机构的请求,对法律问题提出咨询意见。从目前的国际环境来看,除了其他的和解国际争端的方式外,国际社会需要国际法院这样一个相对中立的国际司法机关来和平解决国际争端。联合国与国际社会就此给予了充分的重视,例如,早在1947年11月14日联合国大会便通过了171号决议,强调各方应尽可能多地利用国际法院任意强制管辖权,还建议在协定、条约中订立争端解决条款,规定将由于协定、条约的解释或实施而引起的争端提交国际法院解决。1992年,当时的联合国秘书长加利在其题为《和平纲领》的报告中,"建议按照《宪章》第96条2项的规定,授权秘书长利用国际法院发表咨询意见的权力,并建议已经获得这种授权的其他联合国机构更经常地请求国际法院发表咨询意见";建议"在2000年'联合国国际法十年'结束之后,所有会员国应根据《规约》第36条,毫无保留地接受国际法院的普遍管辖。……并应撤销它们在多边条约的解决争端条款中对国际法院管辖权的保留";"如果实际上无法将一项争端提交合议庭,应提交分庭处理"。"各国应支持无力负担将某一项争端提交国际法院所需费用的国家而设的信托基金;这类国家应充分利用该基金以解决其争端。"[②]

根据《规约》的规定,国际法院审理案件一般由全体法官出席开庭,但在下列情况下可以设立分庭:(1) 法院为了迅速处理案件,每年组织由5名法官参加的简易程序分庭;(2) 法院随时设立的、由3名或3名以上法官组织的处理特种案件(例如劳工案件、过境与交通案件)的分庭;(3) 经争端当事国请求,法院为处理某个特定案件而随时设立的特别分庭。[③] 设立分庭的部分原因是因为有时一些小案无须由全庭处理,或者当事国无能力经受长时间与巨大的经济负

① 许光建,前引文,第605页。
② 程晓霞,前引文,第235—236页。
③ 同上书,第241页。

担,这时,根据《规约》第26条第2款规定:“法院为处理某特定案件,得随时设立分庭,组织此项分庭法官之人数,应由法院征得当事国同意而定之。”分庭便为当事国提供了一种可利用的程序。在此,本文主要谈及特别分庭。

(一)灵活特别分庭的建议与《规则》的修改

从国际法院成立到1981年之前,分庭没有起过作用,这引起了国际社会的注意。在1970年美国国际法学会年会上有人建议:利用分庭,会导致争端当事国更多地利用国际法院,而不必把争端一下子交给全庭。P.C.杰赛普法官在纪念联合国成立25周年对海牙国际法学院的讲话中也谈到分庭:人们普遍认为,如果求助于国际法院的困难在于当事国对法院人员的构成无发言权而造成的话,那么,可以通过组成分庭处理特别案件来解决。《规则》第26条第2款赋予当事国这种权利。第31条关于当事国国籍法官的条款,也适用于分庭。[①] 联合国大会提请联合国秘书长准备一份有关报告,请各国就此发表意见。有30多个国家给予了答复,表示不同程度的支持并提出建议。美国表示:依现行《规约》,法院有足够的权利组织这样的分庭,行使该权利能使国际法院的法庭相对较具弹性与灵活性,减少开支。为鼓励使用这样的分庭,美国在将来的条约条款的签订中,可规定将争端提交给特别分庭而非全庭,如果认为合适的话。[②]

国际法院也有所触动。1972年首次修改其《规则》,以便利用分庭的组成和鼓励世界各个国家使用分庭。1978年再次修改其《规则》,以促进各国求助于各种分庭,并在书面与口头程序方面进行简化。修改后的《规则》在分庭方面有两个明显的变化:第一,规定应由国际法院院长向当事国查明其对分庭组成的意见;第二,规定一旦法官入选分庭,即使其任职期限已满,仍负责将该案办完。这将进一步促使当事国认真决定分庭的组成,并增强其利用分庭的信心。

(二)特别分庭的组成问题

国际社会第一次利用分庭是在1981年。美国与加拿大于1979年签订特别协定,把争端提交给国际法院解决,它们根据《规约》第26条和第31条请求国际法院组织特别分庭审理此案。特别协定生效后于1981年11月25日递交国际法院秘书处。国际法院接受了双方当事国递交的特别协定,于1982年1

---

① 〔美〕P.C.杰赛普著:《国际公正的代价》,1971年英文版。

② 〔美〕S.M.施韦贝尔:《国际法院的特别分庭》,载《美国国际法杂志》1987年第81卷(英文版),第836—838页。

月20日通过命令组织特别分庭。“缅因湾区域海上边界划界案”因此成为特别分庭解决的第一个案件。从分庭二十多年的实践来看,它为国际法院依当事国解决国际争端的需要提供了机会,同时没有在任何程度上将国际法院“区域化”或损害国际法院的尊严以及国际法的普遍性。

《规约》对分庭成员的组成没有要求“应尽可能代表世界各大文化及主要法系”。从分庭审理的几个案件的分庭法官构成来看,当事国一般申请由5位法官构成一个分庭。其中“缅因湾案”和“ELSI公司案”申请由4位国际法院法官(其中包括一名一造国籍的法官)及另一造的一位特别法官构成;其余两个案件要求由3名国际法院法官与2名特别法官组成分庭。国际法院院长依1978年《规则》第17条第1款第2款,就分庭的组成查明当事国的意见。除特别法官外,其余几位法官均依照当事国的意愿,由国际法院秘密选举产生。争端当事国对分庭组成的要求均得到了满足与尊重。对于美国与加拿大的“缅因湾案”分庭的构成,反对意见认为其具有传统的、西方的组成特征,该分庭的成员,除两名是当事国的,其余三位的确是来自“西方”国家,反对意见担心由于这一组合,可能会成为把分庭变成将来的区域性特别分庭的先例。当然,这种组成结果是在力求依双方意愿、平衡有经验的法官而产生的。美国国务院法律顾问戴维斯 R.鲁宾逊等认为,当事国应有在《规则》范围内选择分庭成员的自由,分庭组成应依双方意愿,以便分庭能根据它们接受的方式解决它们之间的争端,而非依某种抽象的概念或各地域与各法制的混合与平衡。[①] 笔者赞成这一看法。从国际法院分庭的实践来看,国际法院是不会不顾当事国就分庭构成的意见而进行投票的。否则,不仅触犯一个或几个当事国,而且还触犯一位或几位法官,他们会认为这样做是一种不信任的表现,并会导致当事国撤诉,甚至放弃通过第三方解决的方式。这源于依《规约》当事国的自由——要求或不要求其案由分庭处理的权利。《规约》第26条第2款和第3款暗示了当事国的这种权利。笔者认为,我们暂不说这些国际法院法官并不代表其国籍国,仅从分庭对“缅因湾案”的判决来看,人们也是很难从中找出其思想受其国内法律制度或欧式国际法影响的痕迹,也未带有区域性的特征。

布基纳法索诉马里的“边界争端案”,于1985年4月依当事国(这两个当事国在独立之前,其现有领土是法属西非的一部分)的意见顺利地由国际法院全体一致同意选出了分庭法官。该分庭的法官分别来自三大洲,具有广泛的代表性,如果再考虑到二位特别法官分别是法国、埃及国籍的话,则该分庭更具广泛

---

① 鲁滨逊等:《缅因湾案》,载《美国国际法杂志》1985年第79卷(英文版),第581—582页。

的代表性。该分庭于1986年12月作出判决,比国际法院全庭判决的作出明显地快了很多,体现了求助于分庭的优越性之一。该分庭的判决也无区域性的特征。判决被双方接受与执行。在判决之前,分庭还作出了指示临时保全措施的命令,以阻止双方敌对行为的进一步激化。①

以上两个分庭的组成都是依当事国的特别协议。

美国诉意大利的ELSI公司案的分庭于1987年3月组成。美国在给国际法院的一封信(附有申请)上要求就该问题成立分庭,而后意大利接受这一建议。国际法院院长就组成征求双方意见,依其意见,国际法院一致同意选出了分庭。该庭的组成特征是:在本国特别法官的选择上,双方均选择国际法院法官中具有其本国国籍的法官,其余三位法官分别来自日本、印度、英国。这种分庭第一次包括了国际法院院长——印度籍法官辛格。依《规则》第18条第2款的规定,国际法院院长任特别分庭法官时,他同时是当然的分庭庭长,主持分庭工作(如副院长当选情况亦然)。这两种职能的巧合作用可促进全庭与分庭的相互协调与配合。从分庭是国际法院的一部分来看,这种双重作用是有益处的。由国际法院主要官员(正或副院长)任分庭庭长,可以使国际法院在法理的发展方面保持一贯性。

根据当事国的特别协定,萨尔瓦多诉洪都拉斯(尼加拉瓜参加)的"陆地、岛屿、海上边界争端案"的分庭,由三位分别来自亚洲、拉丁美洲、西欧的国际法院法官及两位当事国委派的西欧、南欧的特别法官构成。"主权国家有权撤销一个案件,如果他们所喜欢的分庭组成与法院的决定不同的话。因此……分庭的组成必须是争端当事国和法院协商一致的结果。"②该案分庭的组成法官尽管看来没有当事国国籍法官,然而经当事国"委派"法官这一点,仍是对当事国在分庭组成上的正当权利的合理实现。

三、国际法院特别分庭的特点

从实践来看,国际法院特别分庭的作用表明它为国际法院依当事国解决国际争端的需要提供了机会,而且并未损害国际法院的尊严,未在任何程度上将国际法院"区域化",也未对国际法的普遍性产生不良的影响。其成功之处是由于国际法院特别分庭本身的特点所决定的:

---

① 《边界争端案》,载《国际法院报告》,1986年英文版,第554页。

② 见《国际法院法官奥达的声明》,载《国际法院报告》,1987年英文版,第13页。

（一）争端当事国对特别分庭的构成方面有选择权

根据《规约》第26条第2款和《规则》第17条第2款的规定，争端当事国可以对特别分庭的人员构成起着近于决定性的作用。从上文对分庭组成的分析来看，客观地讲，对于当事国就分庭组成的愿望，国际法院均给予了充分的尊重。上文提及的几个分庭的构成，完全符合争端当事国的要求。争端当事国可以在《规约》和《规则》的范围内，自由地选择它们所信任的法官组成特别分庭以解决它们之间的争端。这将加强争端当事国和其他国家对国际法院的信任，进而更多地利用国际法院。在特别分庭已经审理的案例中，有4个国家（加拿大、马里、布基纳法索和萨尔瓦多）是第一次在国际法院出庭。第一次利用国际法院，它们便选择了特别分庭的形式，说明这种组织形式是受相关争端当事国欢迎的。

（二）特别分庭为争端当事国提供了一种可简化审理案件程序并加快审案与结案速度的途径

特别分庭简化了书面与口头程序。《规则》第92条规定："分庭审理案件的书面程序可由当事国各方只提交一份单独的诉状构成"；"如果各当事国同意，或者如果分庭主动地决定或经一方当事国要求，有进一步提交其他诉状的必要，分庭可以授权或指示提交更多的诉状"；"除各当事国同意取消口述程序并得到分庭同意的情况外，应进行口述程序"。因此，分庭程序有可能比正常的法院程序简化，同时节约时间。当然，从已审理的几个分庭的案例来看，审案、结案速度的快慢因各案的案情及各当事国的不同而有差异。例如，在"缅因湾案"中，诉状、辩诉状、答辩状均得到适用，并给予了时间上的限制，从规定交诉状的日期到口头程序共用了26个月的时间。[①] 在布基纳法索诉马里的"边界争端案"中（分庭于1985年4月3日组成），应双方的要求，法院以命令指示临时保全措施。按时递交了诉状、辩诉状之后，双方便表示不必进行进一步的书面程序，分庭于1986年6月16—26日听取了双方的陈述，并于1986年12月26日作出判决。从规定提交诉状的命令的发出到开始口头程序，仅用了14个月的时间。[②]

---

① 《缅因湾案》，载《国际法院报告》，1984年英文版，第255—256页。

② 《边界争端案》，前引文，第554页。

（三）其他特点

特别分庭的判决与全庭的判决具有同等效力。同时，当事国又能像利用仲裁程序那样在分庭的组成方面有决定性的影响。此外，可节省大量用于邀请仲裁员、专家等方面的费用。因为案件提交到国际法院之后，当事国便有权利用国际法院现有的一切服务与设施来达到解决纠纷的目的。

四、小　　结

国际法院特别分庭具有种种有利因素：简化程序，减少过于延搁和开销过大的可能；口头程序可以集中在真正相关的争执问题上；当事国对特别分庭的组成具有较大的影响力等。当然，当事国对于分庭诉讼程序的长短与范围在很大程度上有相当的责任，国际法院的工作进程在相当的程度上依赖于当事国的配合与努力。特别分庭开始利用的情况令人满意，当事国求助于特别分庭的原因除了分庭所具有的有利因素之外，是“任择性条款”的作用发挥不足。因此，在相当长的时期内，特别分庭对加强国际法院在和解国际争端中的作用具有积极意义，是加强国际法院作用的一种现实、有效与可能的途径。我国也应当尽可能多地了解、认识联合国国际法院，因为它是目前国际社会中最具代表性的国际司法机关，进而利用国际法院以维护包括我国在内的第三世界国家的合法权益。

总之，国家需要和平，和平需要法律，法律需要法院。《宪章》及作为其组成部分的《规约》表明，国际法院是现行最具广泛管辖权、最具权威性的就事项依国际法作出判决与发表咨询意见的国际司法机关。它在授予它的权限内施行法律，世界上没有任何司法机关具有与它相同的决定整个国际社会的问题的能力，没有任何其他的司法机关向各国提供了如此良好的促进法治的机会。“当冲突发生时，国际法院的最终目的是为国际和谐开辟道路。仅是把争端、或至少把争端的法律方面提交国际法院这一事实，即已构成了和解的一步。”[①]当然，这时，当事各方都确信在该案中自己是正义的一方，并希望法院将宣判它是正义的。但应当认识到，尽管国际法院尽其所能不使各方难堪，它却显然不能使任何一方都感到满意，“这确实是国际法院作用中固有的性质”。[②] 但愿有尽可

① 国际法院书记处，前引文，第61页。
② 同上。

能多的国家妥协性地接受国际司法制度，通过接受“任意强制管辖”、“自愿管辖”与“协定管辖”等方式，充分利用国际法院。因为，法律制度毕竟是公平与正义的象征，是维护弱者、制约强者的有效工具。在争端各方不能直接达成协议，以及争端必须通过第三方解决时，国际法院便可充当该第三方。在当事国同意的前提下，国际法院应当帮助消除各国之间的分歧，并由此直接或间接地为维护和平作出贡献。“至今为止，尚未有因一方不履行判决因而他方向安理会申诉的案例。”①有理由相信，经过各方的积极努力，国际法院的作用将日益得到加强。

① 程晓霞，前引文，第243页。

论国际条约在中国国内的适用

袁古洁[*]

内容提要：中国宪法和宪法性规范对国际条约与国内法的关系未作明确规定，国际条约在中国国内的法律地位具有不确定性。目前中国国内适用国际条约，采取了一种直接并入适用与转化适用相结合的方式，今后有可能对某些性质的条约如国际人权公约只允许通过国内立法间接适用。适用于中国国内的条约应按批准或核准机关的不同，确定它们各自的效力等级，在同一层次的国际条约与国内法之间，为避免出现违反国际义务的情况，应采用条约优于国内法的原则。为填补立法空位，从根本上满足条约实践发展的需要，中国亟须制定有关条约在中国法律体系中地位的宪法性规范。

关键词：国际法与国内法　条约的适用　条约与国内法的冲突　条约的效力等级

根据国际法，一个合法缔结的条约，在其有效期内，当事国有依约善意履行的义务。国际法通过“约定必守”(pacta sunt servanda)的原则，确定了当事国善意履行条约的义务，但一个国家以何种方式适用国际条约，却是由各国依其主权决定，并由其国内法加以规定的。国际条约作为国际法的重要组成部分，国际法的原则、规章和制度大多规定在国际条约中。随着冷战的结束，国际合作日益成为主流，国际合作的主要表现形式就是签订国际条约以解决国际社会面临的共同问题。如何在国内执行条约，在国内法律体系中赋予国际条约何种地位，是各国立法与实践必须解决的问题。本文着重探讨条约在中国国内的适用。

---

* 法学教授，博士，华南师范大学法学院院长。

一、国际条约在国内适用的理论与实践

(一)国际条约在国内适用的一般理论

国际条约是国际法的重要渊源,关于国际法与国内法的关系,国际法学界一直存在着三种不同的学说:(1)国内法优先说;(2)国际法优先说;(3)国际法和国内法平行说。前两种学说主张国际法与国内法属于同一法律体系,被称为“一元论”;第三种学说主张国际法与国内法属于两个独立的法律体系,国际法在国内的适用一定要通过立法机关将其转化为国内法,被称为“二元论”。

国际条约在国内的适用,实际就是国际法与国内法的关系问题。从国际法方面来看,国际法如果有原则规定,往往要求国内法有具体规定。但国内法的规定不能改变国际法的现有原则、规章和制度,而国际法也不能任意干预国家在其主权范围内制定国内法。从国内法方面看,国际法在国内是有法律拘束力的,国际法可以被视为国内法的一部分或在国内法上作出明文规定时而在国内实施。正如中国已故著名国际法学者周鲠生先生所说:“国际法与国内法按其实质来看不应有谁属优先的问题,也不能说是彼此对立。作为一个实际问题看,国际法和国内法的关系问题,归根到底,是国家如何在国内执行国际法的问题,也就是国家履行依国际法承担的义务的问题。”①

国际法与国内法无论在主体、调整对象、法律渊源、效力根据、实施等方面都有所不同,两者属不同的法律体系是毫无疑问的。但由于国家既是国内法的制定者,又是国际法的制定者,国家在制定国内法时应考虑国际法的要求,在参与制定国际法时也要顾及国内法的规定。所以国际法与国内法两者彼此之间有着密切的联系,它们互相渗透、互相补充。② 这是中国法学界的一般看法,在全世界范围内这也是占优势的观点。

(二)国际条约在国内适用的方式

国际条约一方面可以由国际机关予以适用,如国际法院可以适用国际条约解决有关当事国的争端;另一方面,在条约当事国国内,立法、司法、行政部门都有适用条约的职责。从国际法的实践来看,国际上适用条约的机关是有限的,

---

① 周鲠生:《国际法》(上册),商务印书馆 1976 年版,第 19—20 页。
② 王铁崖主编:《国际法引论》,北京大学出版社 1998 年版,第 191—192 页。

条约主要是在各缔约国国内适用。条约要在缔约国内部得到适用必须首先在缔约国国内生效,即该条约必须得到缔约国内部法律的接受。各国由于法律文化传统和法律体系不尽相同,导致在条约适用的实践上有不同适用方式,一般而言,有以下三种模式。

(1) 转化式(transformation)。有些国家为了使条约在国内适用,要求必须通过国内立法机关的立法行为将条约内容制定为国内法,即必须将条约制定为国内法后,才能在国内适用。这在国际法上称为"转化"。最典型的国家当属英国,凡条约必须先获得议会承认,由议会通过一项与条约相一致的法令后,该条约才能在英国具有法律效力,并由英国法院适用。这种制度主要是强调立法机关对立法行为的垄断权。因为在英国,在签订条约的程序上,立法机关没有正式地位,条约由行政机关(国王或首相)签订。如果承认了条约在国内的直接适用也就是间接承认了行政机关拥有立法权,打破了行政、立法、司法权力的平衡,对民主有不利影响。英联邦国家如加拿大、澳大利亚等国都采用该形式。

"转化"模式的最大优点在于其做法比较稳妥,即能够在形式上保持国家法制统一。同时,从政治体制方面考虑,各国一般都将条约缔结权赋予政府来行使。如果某项国际条约未经过任何程序和实质上的"过滤"即能转化为人人所必须遵守的法律,那么,导致实质上作为条约缔结者的政府行政机关同时也就是法律制定者。从这个角度来说,"转化"模式通过有效地抑制行政机关的"越权"行为较好地维持了传统国家机器的有序运转。[①]

(2) 并入式(adoption)。有些国家通过宪法和法律的统一规定,将条约一般地纳入国内法,在国内直接适用,而无须将其转变为国内法的形式。这种制度在国际法上称为"并入"。缔约国的公民可直接以国际条约为法律依据在本国法院向其他个人或者国家主张权利或者寻求救济,而无须本国立法机关将条约义务转换成国内法。采用并入式的国家承认国际法是国内法的组成部分,效力高于国内法。采取这种方式的主要有法国、瑞士、荷兰等欧洲大陆国家,日本也属于这一类型。如瑞士《宪法》第 85 条规定,条约不需经过立法行为,而只要在联邦政府的法令公报上颁布之后,即具有联邦法律的效力,约束本国人民和法院。

并入和转化的不同之处在于,并入是国内法的一次性总体接受,即在国内法中直接适用条约;而转化是国内法的多次接受,即在国内法中间接适用条约。

---

① 余敏友、周阳:《论从建设社会主义法治国家角度构建条约在我国的适用模式》,载《武汉大学学报》2000 年第 2 期,第 203 页。

(3) 混合式(Intermediation)。即兼采转化式和并入式将条约引进国内的法律体系。有些国家根据条约的性质或内容的不同,要求有些条约以并入的方式在国内直接适用,有些则需要采取一定的立法措施将其转化为国内法后才能适用。例如美国,按一定的标准将条约区分为"自执行条约"(self executing treaty)和"非自执行条约"(non self executing treaty)两种类型,前者是指"条约经国内法接受后,无须再用国内立法予以补充规定,即应由国内司法或行政机关予以适用";后者则如转化式做法,需要通过一个履行条约的立法后才能在国内适用。这种方式经"福斯特诉尼尔森"的判例(1929 年)而在美国确立,到如今已逐渐完善。根据其区分标准,需要立法执行的明文规定,或者条约涉及必须经美国国会立法才能实施的政府行动,诸如需要美国支付金钱的条约、规定关税的条约、条约涉及变更美国领土事宜的条约等,都属于"非自执行条约"。[①]

关于哪些条约可以直接并入适用,哪些不能直接适用,必须转化成国内法间接适用,国际上并无统一的标准。学者在这个问题上也分歧较大。不过,一般认为,凡政治性条约,即其规定仅涉及缔约国本身之间的政治关系而不构成适用法律所要求的"诉讼事由"的条约、或本身规定须由缔约国制定法律或行政措施来予以履行的条约、或其所调整的事项完全属于缔约国立法机关依照宪法所行使的排他性立法权限的条约、或本身只做原则性的规定而需要缔约国制定补充法律予以履行的条约,都属于不能直接适用的条约。[②]

在条约适用方式上,无论是转化式、并入式还是混合式,本质上并无任何区别,这三种方式都是在国内法中适用条约的有效方式。采取哪一种方式也完全是国内法的问题,本质上都是通过国内法的接受而使条约在国内实现其效力。

二、国际条约在中国国内的适用

综观世界各国的立法,对于条约与国内法的关系一般规定在宪法中,而中国宪法对此未作规定,既没有规定适用条约的方式,也没有规定条约在中国国内法律体系中的地位,与此有关的《中华人民共和国立法法》和《中华人民共和国缔结条约程序法》也未涉及。因此,只能从中国国内现行法律法规中就条约适用事务的规定及具体实践来分析和研究此问题。

---

① 石慧:《对国际条约在我国适用问题的新思考》,载《法律适用》2004 年第 1 期,第 63—64 页。
② 朱志晟、张亮:《条约在国内适用的若干问题探讨》,载《现代法学》2003 年第 4 期,第 176 页。

（一）直接适用国际条约

条约在国内法中的直接适用一般是指国内法中法律适用的专门机构，即司法及有关行政部门，以条约规定作为其适用法律的渊源，并以适用国内法的同样方式适用条约规定。[①] 在中国国内，某些部门法规定可以直接适用国际条约，司法实践中也有直接适用国际条约的做法。

1. 在立法中规定国际条约可以适用

在国内立法中，最早对国际条约在国内的适用做出规定的是1982年《民事诉讼法（试行）》，该法第188条规定："对享有司法豁免权的外国人、外国组织或者国际组织提起的民事诉讼，人民法院根据中华人民共和国法律和我国缔结或者参加的国际条约的规定办理。"修订后的1991年《民事诉讼法》第238条以完全相同的措辞对此作出了规定。这是一种不需要将条约内容转换为国内法而原则上可以直接适用的方式，根据这一规定，国内法院在处理相关涉外民事诉讼时，可以直接适用有关的国际条约。此后，在一些国内法中都有人民法院直接适用国际条约的规定，例如1994年《对外贸易法》第23条、1995年《民用航空法》第97条和2001年修订的《商标法》第24条都有类似规定。

1986年的《民法通则》对这一适用方式，从另一个角度即保留的角度作出了原则规定，第142条第2款规定："中华人民共和国缔结或者参加的国际条约同中华人民共和国的民事法律有不同规定的，适用国际条约的规定，但中华人民共和国声明保留的除外。"《民法通则》的这一规定在国内的法律实践中具有一定的普遍意义，国内其他许多部门法律和行政法规中也都有类似规定。这些规定表明，除中国声明保留的条款外，凡中国缔结或者参加的国际条约均作为中国国内法的一部分直接予以适用。

1997年修改后的《中华人民共和国刑法》将条约的适用扩大到了国内刑事管辖权领域，其第9条规定："对于中华人民共和国缔结或者参加的国际条约所规定的罪行，中华人民共和国在所承担条约的范围内行使管辖权的，适用本法。"这一规定表明，对中国缔结或者参加的国际条约中所规定的罪行，中国在承担条约义务的范围内将其视为国内法上的犯罪。

2. 在全国人大常委会作出的"决定"中，规定国际条约可以适用

在某些情况下，由于立法不完善，为了更好地履行国际条约的规定，有时全

① 李兆杰：《条约在我国国内法效力若干问题之探讨》，载《中国国际法年刊》（1993年），中国对外翻译出版社1993年版，第271页。

国人大常委会会作出“决定”，规定国际条约的适用。

例如中国自1980年以来，先后加入并签署了许多涉及普遍管辖的国际公约，如《关于制止非法劫持航空器的公约》(《海牙公约》)和《关于制止危害民用航空安全的非法行为的公约》(《蒙特利尔公约》)等，这些国际公约的缔结标志着中国有权管辖劫持航空器罪、海盗罪等国际犯罪。但当时施行的1979年《刑法》没有规定普遍管辖权，由于缺乏普遍管辖的国内法律依据，就出现了国内立法与承担国际义务不相衔接的问题。在这种情况下，为了更好地履行国际条约的规定，第六届全国人民代表大会常务委员会第21次会议于1987年6月23日制订了《中华人民共和国对于其缔结或参加的国际条约所规定的罪行行使刑事管辖权的决定》，该决定明确规定：“对于中华人民共和国缔结或者参加的国际条约所规定的罪行，中华人民共和国在所承担条约义务的范围内，行使刑事管辖权。”

1990年全国人大常委会《关于禁毒的决定》第13条第2款也规定，外国人在我国领域外犯走私、贩卖、运输、制造毒品罪进入我国领域的，我国司法机关有管辖权，有权依照我国参加、缔结的国际公约或者双边条约实行引渡。

3. 在行政法规中规定可以适用国际条约

除全国人民代表大会及其常务委员会制定的法律外，国内的一些行政法规也对直接适用国际条约做了规定。但与法律中关于条约适用的规定略有不同的是，这些行政法规是在某些更加具体的事项上规定可适用中国参加的特定条约。例如，1990年国务院发布的《海上国际集装箱运输管理规定》第12条就规定：“用于海上国际集装运输的集装箱，应当符合国际集装箱标准化组织规定的技术标准和有关国际集装箱公约的规定。”1995年国务院批准修订的《中华人民共和国商标法实施细则》第3条第3款规定：“商标国际注册，依照《商标国际注册马德里协定》办理。”

4. 在最高人民法院的司法解释中规定可以适用国际条约

除法律和行政法规外，最高人民法院的司法解释中也有直接适用国际条约的规定。例如1987年8月最高人民法院、最高人民检察院等联合发布的《关于处理涉外案件若干问题的规定》指出：“当国内法以及某些内部规定同我国所承担的条约义务发生冲突时，应适用国际条约的有关规定。我国不能以国内法规定为由，拒绝履行所承担的国际条约规定的义务。”1987年在中国加入《承认及执行外国仲裁裁决公约》(《纽约公约》)后，最高人民法院即发布了《关于执行我国加入〈承认和执行外国仲裁裁决公约〉的通知》，要求各级人民法院“切实依照执行《纽约公约》”。已废止的1991年的《最高人民法院关于贯彻执行〈中

华人民共和国行政诉讼法〉若干问题的意见(试行)》第112条也规定:“人民法院对在中华人民共和国领域内没有住所的当事人送达诉讼文书”,可以“依照受送达人所在国与中华人民共和国缔结或者共同参加的国际条约中规定的方式送达”。

5. 在外交实践中直接适用国际条约

在国内的外交声明中曾指出,在国际上对中国生效的条约具有国内法律效力。1990年4月27日,在联合国禁止酷刑委员会审议中国政府提交的执行《禁止酷刑和其他残忍、不人道或有辱人格的待遇或处罚公约》的报告时,中国代表明确指出:“根据中国的法律制度,中国缔结或者参加国际条约,要经过立法机关批准或国务院核准程序,该条约一经对中国生效,即对中国具有法律效力,我国即依公约承担相应的义务……关于禁止酷刑公约在中国的适用,也是基于上述原则。一方面,该公约在我国直接生效,其所规定的犯罪在我国亦被视为国内法律所规定的犯罪。该公约的具体条款在我国可以得到直接适用。”这个声明表明,对中国有效的条约,原则上直接适用于国内。

6. 在国内法院的司法实践中直接适用国际条约

在国内法院的司法实践中也有直接适用国际条约的案例。1998年“美国联合企业有限公司与中国山东省对外贸易总公司烟台公司购销合同纠纷案”中,中国山东省对外贸易总公司烟台公司因与美国联合企业有限公司购销合同纠纷而诉至山东省高级人民法院,山东省高级人民法院依照《联合国国际货物销售公约》第53条及有关法律规定,判决美国联合公司向烟台公司支付货款和滞纳金。联合公司不服该判决,向最高人民法院上诉称:原审法院对此案没有管辖权,该案所涉及的合同签订地在美国,合同履行地、合同标的物均不在中国,联合公司在中国无代表机构,无可供扣押的财产,亦不存在侵权行为地问题,因此,该案纠纷应在美国法院提起诉讼。此外,原审判决认定事实和适用法律均有错误。本案产品质量问题发生在美国,因原审法院剥夺联合公司回美国搜集证据的权利,导致认定事实错误。按与合同最密切联系原则,本案应适用美国法,原审法院片面援引《联合国国际货物销售公约》属适用法律错误,请求撤销原审判决。

最高人民法院经审理后认为,本案双方当事人未约定解决本案合同争议所适用的法律,由于联合公司是在美国注册的公司,中国和美国均是《联合国国际货物销售公约》的缔约国,因此适用该公约的有关规定审理本案,是正确的;联合公司上诉称原审判决适用《联合国国际货物销售公约》属适用法律错误没有法律依据,本院不予支持。最后,最高人民法院判决:原审判决认定事实清楚,适用法律正确，判处得当，驳回上诉，维持原判。[①]

由此可见，中国国内现行的立法与司法实践表明，国际条约可以直接适用于国内，但国内是以具体的部门法律来调整直接适用条约问题的，某一条约能否被直接适用关键取决于是否存在允许直接适用该条约的国内法规定。[②] 这种国内法规定包括各种法律、法规和司法解释。此外，允许条约直接适用的法律基本都是那些有关涉外民商事、民事诉讼和行政诉讼等特定事项的专门法律，尚有相当一部分法律对于直接适用条约问题未做任何规定，因此，条约在国内直接适用并不是一项普遍制度。

（二）直接适用与转化适用相结合

国内适用国际条约的第二种方式是：既允许直接适用有关国际条约，同时又将有关国际条约的内容在国内法中予以明确规定，采用直接适用与转化适用相结合的方式。采用这种方式一般有两种情况：一种是对于有些国际公约，一方面允许直接适用，另一方面又将其内容制定成国内法予以实施。如中国于1975年和1979年分别加入了《维也纳外交关系公约》和《维也纳领事关系公约》，但后来又分别于1986年和1990年制定了《中华人民共和国外交特权与豁免条例》和《中华人民共和国领事特权与豁免条例》。两条例对两公约的个别条款作了变通规定，但这并不妨碍两公约在中国国内的直接适用。两条例都有国际条约优先的规定，《外交特权与豁免条例》第27条第1款规定："中国缔结或者参加的国际条约另有规定的，按照国际条约的规定办理，但中国声明保留的条款除外。"《领事特权与豁免条例》第27条也有类似的规定。这种将国际法规则转化为国内法规定的方式，有更清楚和更明确的优点，有利于条约在国内的执行。

另一种情况是根据中国缔结或参加的国际条约的规定，对国内法作出相应修改和补充。例如根据《保护工业产权巴黎公约》，全国人大常委会1993年作出修改《中华人民共和国商标法》的决定，以履行国际义务。2001年，中国为加入世贸组织作准备，再次对《商标法》做出修改，同时修改并获得通过的还有《著作权法》，以与世贸组织的相关条例保持一致。修改后的《著作权法》全面引入了《保护文学艺术作品伯尔尼公约》的相关规定，与1990年的《著作权法》相比，

① "美国联合企业有限公司与中国山东省对外贸易总公司烟台公司购销合同纠纷案"，见中华人民共和国最高人民法院（1998）经终字第358号民事判决书，http://www.law-lib.com/cpws/cpws_view.asp? id = 200400653998，2005年5月27日访问。

② 李兆杰，前引文，第277页。

原先56项条款中的53项都经过了修改，并加入了4项新条款，在某些方面甚至超过了国际条约的要求。

中国政府在缔结或加入条约时，如果没有对条约内容提出保留，全国人大常委会在决定批准同国内法规定不一致的条约时，为避免承担国际责任，就应该对国内法律中与条约内容不一致的地方予以修改或补充，从而使二者相衔接。这种修改或补充，也就是将条约的内容转化为国内法。

（三）是否存在只允许间接适用国际条约的方式

中国是一个多法域的国家，香港、澳门和台湾是中国领土的一部分，根据中国国情提出的"一国两制"政策，允许香港、澳门和台湾可以保持现行社会制度不变，原有法律基本不变，对外事务经中央政府授权后享有广泛权利。因此，具体到条约适用，中国内地与港、澳、台有不同的条约实践。

香港和澳门特区《基本法》规定了条约间接适用的方式。香港特区《基本法》第39条第1款规定："《公民权利和政治权利国际公约》、《经济、社会与文化权利国际公约》和国际劳工公约适用于香港的有关规定继续有效，通过香港特别行政区的法律予以实施。"澳门特区《基本法》第40条也有类似规定。根据这一规定，人权两公约和国际劳工公约不能直接在香港和澳门特区适用，必须通过香港和澳门特区的法律予以实施，即只能通过间接方式实施。

那么在国内，是否存在只允许间接适用国际条约的方式呢？有学者认为，由于我国很多国内部门法没有直接纳入适用条约的规定，这实际上就是需要立法机关对现行法律加以修改、补充或制定新的法律，使条约规定的义务在国内得以履行。毫无疑问，这些都是我国转化间接适用条约的一种表现形式。[①]

但无论如何，目前在国内的法律体系中，并未见只允许采用转化方式适用条约的明文规定。从国内适用条约的实践发展来看，对某些性质的条约如国际人权公约规定必须采用间接适用的方式，是有可能的。《公民权利和政治权利国际公约》与《经济、社会与文化权利国际公约》在某些国家如挪威，是可以在本国直接生效的，但大多数国家是通过制定国内法的形式将两个国际人权公约中的基本人权变成国内法上所规定的法律权利来实施的。对于中国国内来讲，两个国际人权公约更加需要通过国内立法的方式来加以转换，因为一方面两个国际人权公约所主张的基本权利的种类以及权利理论，与中国现行的权利体系和相关法理存在一定差异，特别是《公民权利和政治权利国际公约》更是如此，直

① 朱志晟、张亮，前引文，第177页。

接适用必然会给履行公约下的实体义务带来困难；另一方面，从两个国际人权公约在香港特别行政区和澳门特别行政区的适用情况来看，这两个特别行政区都采取的是间接适用两个国际人权公约的方式。既然特别行政区作为地方政府已经采用了转换的方式来实施两个国际人权公约，在全国范围内更没有必要以纳入的方式来直接适用两个国际人权公约。[①]

总的来看，中国国内目前适用国际条约，采取了一种直接并入适用与转化适用相结合的方式，从国内今后条约实践的发展来看，对某些性质的条约如国际人权公约是有可能建立严格的转换机制的，即只允许通过国内立法的形式间接适用。

三、国际条约在中国国内的法律地位

要明确国际条约在中国国内的法律地位，需解决两个问题：一是条约与国内法发生冲突时，应如何解决？二是中国国内的法律法规存在效力等级，适用于中国国内的"条约"是否也有效力等级，应如何适用？

（一）国际条约与国内法冲突时的解决

条约作为各缔约国依据国际法确定他们相互间权利义务的一致的意思表示，一旦生效，对当事国即产生法律拘束力，它们有义务按照"约定必守"的原则善意履行条约。对此，国际法也有规定："凡有效之条约对其各当事国有拘束力，必须由各该国善意履行。"[②]各国有权采取不同的方式使条约得到适用，国际法上不存在对所有国家都有拘束力的关于条约适用方式的统一规定。

当国际条约适用于国内时，有可能会出现条约与国内法相冲突的情况，条约与国内法冲突时谁优先，在实践中，大体有四种作法：(1) 国内法优先。明文规定国内法的地位优于条约的实例比较罕见，如阿根廷。但采用这种方式，如果国家以条约与本国宪法或法律相冲突为由而不执行，将使国家因违反国际法而承担国际责任。(2) 国内法与条约地位相等。采取这种制度的国家一般还采用两个法律原则：一是在解释中适用调和的原则；二是后法优于前法的原则。如美国和德国。(3) 条约的地位优于国内法。(4) 条约的地位优于宪法，如荷

---

① 莫纪宏：《两个国际人权公约下缔约国的义务与中国》，见 http://iwep.org.cn/chinese/workingpaper/zgygjzz/17.pdf，2005 年 4 月 10 日访问。

② 1969 年《维也纳条约法公约》第 26 条。

兰。[1] 按照荷兰1983年《宪法》第94条规定:“在荷兰王国现行有效的法律规定,如果其适用与对所有个人具有约束力的条约规定或国际机构的决议相抵触,应不予适用。”该条规定沿袭了荷兰1953年修正的《宪法》第65条的规定,条约的地位不仅优于一般国内法,而且也优于宪法。

此外,各国还可以通过条约保留制度处理国际条约与国内法的冲突。如果一项条约允许保留,缔约国可以依照条约本身关于保留的规定和一般国际法的相关要求,通过提出有效的保留,而不履行与其国内法相冲突的条约义务。国际法上的条约保留制度的价值之一,就是通过缔约国间的“求同存异”,缓冲国际法与国内法的冲突,尽管这项制度不能从根本上消除国际法与国内法的冲突。[2]

各国在实践中可以采取解决国际条约与国内法冲突的不同方式,国际法对此并没有强制性的统一规定,但至少有一条原则已得到国际社会的普遍认可:即国家不能以国内法为理由来违反或规避国家应尽的条约义务。[3] 如国际常设法院在“上萨瓦及节克斯自由区案”(1932)中称:“可以肯定的是,法国不能依据它自己的立法来限制它的国际义务的范围。”在《关于在但泽的波兰国民问题的咨询意见》(1932)中,国际常设法院又指出:“一个国家不能引用其宪法以反对另一个国家,以便逃避其依据国际法或现行条约所承担的义务。”[4]因此,1969年《维也纳条约法公约》第27条明文规定:“一当事国不得援引其国内法规定为理由而不履行条约义务。”这项原则表明,如果一个国家的国内法不符合国际法,导致有关国家遭受损害,将会在国际上引起承担国际责任的后果。

关于国际条约在中国国内的法律地位,法律并无原则性规定。但一些专门性的法律、法规做出了条约与国内法发生冲突时,条约效力高于国内法的规定。第一个做出这种规定的是1982年的《民事诉讼法(试行)》第189条:“中华人民共和国缔结或者参加的国际条约同本法有不同规定的,适用该国际条约的规定。但是,我国声明保留的条款除外。”之后,不少的法律、法规规定了类似的内容,涉及民事、民事诉讼、行政诉讼、野生动物保护、国境卫生检疫、邮政、外国人

---

① 李浩培:《条约法概论》,法律出版社1987年版,第393—401页。

② 赵建文:《论国际法与宪法的效力关系——〈公民权利和政治权利国际公约〉的视角》,载《时代法学》2004年第6期,第12页。

③ 例如,1949年国际法委员会通过的《国家权利和义务宣言草案》第13条就明确规定:“各国有义务诚实地履行由条约和国际法其他渊源产生的义务,不得借口于其宪法或法律之规定而不履行此种责任。”

④ 中国政法大学国际法教研室编:《国际公法案例评析》,中国政法大学出版社1995年版,第64页。

入出境等方面。这些规定表明，在法律所规定的范围内，条约与法律有不同规定时适用条约，也就是说，在条约与国内法发生抵触时，条约优于国内法。但是，由于我国宪法没有明文规定，全国人大常委会也没有制定关于这方面的一般性法律，即使有了一系列的法律规定，在条约与国内法的冲突中条约优于国内法的原则，还不能说在中国已经完全确立起来了。因为这些法律、法规只涉及民事和行政管理等特定事项，政治性并不强。因此，谨慎地说，中国并没有确立条约高于国内法的一般原则。[1]

（二）国际条约在国内适用时的效力等级

法是不同层级的规范组成的有机统一体，《中华人民共和国立法法》明确规定了国内制定法的效力等级，其位阶依次为：宪法、法律、行政法规、地方性法规、部门规章和地方政府规章。它们相互之间的一般适用规则为：上位法优于下位法，特别法优于一般法，新法优于旧法。

对于适用于中国的条约或协定，是否也同样存在效力等级的问题，现有中国法律均未规定。但《中华人民共和国宪法》规定了条约的缔结程序，第67条规定了全国人大常委会有权“决定同外国缔结的条约和重要协定的批准和废除”，第81条规定中华人民共和国主席有权“根据全国人民代表大会常务委员会的决定，批准和废除同外国缔结的条约和重要协定”，第89条规定国务院“管理对外事务，同外国缔结条约和协定”。结合《中华人民共和国缔结条约程序法》，可相应的将适用于中国国内的条约划分为：全国人大常委会批准的条约和重要协定、由国务院核准的条约和协定、无须全国人大常委会批准或国务院核准即可生效的协定（这类协定是政府部门可以自己的名义谈判和签署属于本部门职权范围内事项的协定）。

那么，这些由不同机关批准或核准的条约或协定，是否因批准或核准机关不同，从而与国内制定法一样，具有不同的效力等级呢？

1. 由全国人大常委会决定批准的条约和重要协定的地位

依据《缔结条约程序法》，这类条约和重要协定是指：(1) 友好合作条约、和平条约等政治性条约；(2) 有关领土和规定边界的条约、协定；(3) 有关司法协助、引渡的条约、协定；(4) 同中华人民共和国法律有不同规定的条约、协定；(5) 缔约各方议定须经批准的条约、协定；(6) 其他须经批准的条约、协定。

在中国国内，宪法在法律体系中具有最高效力等级，由全国人大常委会决

① 陈寒枫等：《国际条约与国内法的关系及中国的实践》，载《政法论坛》2000年第2期，第122页。

定批准的条约和重要协定与宪法相比,效力如何?如从这类条约和重要协定的批准和废除程序来看,与宪法的制定和修改程序相比较,其效力应低于宪法。依据《宪法》第64条第1款,宪法的修改须由全国人民代表大会以全体代表2/3以上的多数通过,而条约和重要协定是由全国人大常委会以议案形式来决定批准和废除的。因此,这种程序上的差别已表明中国宪法的效力高于条约和重要协定。此外,从现代法制社会的一般法律制度结构来看,宪法作为母法,是一国法律之根本,是所有国家权力机关的权力来源,对外缔约权及其程序规则也都源于宪法或宪法性文件的授权与规定。如果条约效力可以高于宪法的话,那在理论上将面临解释下位法何以能够规定上位法的难题。①

至于条约与宪法以外的其他国内法相较效力如何的问题,国内学者有两种不同观点。一种观点认为,条约和重要协定的效力低于全国人民代表大会制定的基本法律,而高于全国人大常委会制定的一般法律。② 另一种观点认为,需要由全国人大常委会批准的条约和重要协定在我国国内法中与全国人大和全国人大常委会制定的法律具有相同的法律效力和地位。③ 根据宪法的规定,法律的制定权专属于全国人民代表大会和全国人民代表大会常务委员会,全国人大制定和修改刑事、民事、国家机构的和其他的基本法律,全国人大常委会制定和修改除应当由全国人民代表大会制定的法律以外的其他的法律,基本法律的内容无疑更具有重要性,但是,就法律效力而言,基本法律同全国人大常委会制定的法律在效力上并无高低之分。④ 因此,应该认为由全国人大常委会批准的条约和重要协定,具有与全国人大及其常委会通过的法律同等的效力。

2. 由国务院核准的条约和协定的地位

依据《缔结条约程序法》第8条和第11条的规定,中国同外国缔结或加入的一些协定和具有条约性质的文件,经过国务院核准即可在国内生效,而无须全国人大常委会批准。就其无须最高立法机关批准这一点而言,此类条约颇类似于美国的行政协定。在美国的条约制度中,行政协定虽在国际法上的范围内属于条约,但在程序上行政协定缺少需要国会参院的同意这一对条约的宪法性要求,因此条约与协定在效力上存在等级之差。

---

① 肖冰:《论我国条约适用法律制度的构建》,见 http://www.wtolaw.gov.cn/display/displayInfo.asp? IID = 200303041849280621,2005年7月10日访问。

② 吴慧:《国际条约在我国国内法上的地位及与国内法冲突的预防和解决》,载《国际关系学院学报》2000年第2期,第24页。

③ 孙焕为:《试论条约在中国国内的适用》,载《武大国际法评论》(第二卷),武汉大学出版社2004年版,第130页。

④ 许崇德:《中国宪法》,中国人民大学出版社1996年版,第195—196页。

在中国的法律制度中,国务院具有制定行政法规的权力,但如果按规范性法律文件的表现形式和效力等级来看,行政法规的法律地位低于宪法和法律,是居于第三层次的,因此,由国务院核准的协定和其他具有条约性质的文件的法律效力,应等同于行政法规而低于全国人大和全国人大常委会制定的法律。

3. 无须全国人大常委会批准或国务院核准即可生效的协定的地位

依据《缔结条约程序法》第5条第3项的规定,政府部门可以自己的名义谈判和签署属于本部门职权范围内事项的协定。在实践中,有关下列事项的协定、议定书等条约,一般不列入批准或核准条款,只需在签署后由主管部门报请国务院备案:(1) 有关贸易、支付和货币比价的事项;(2) 有关铁路、航空、海上运输等交通运输的事项;(3) 有关技术援助和技术合作的事项;(4) 有关卫生和保健事业合作的事项;(5) 有关邮政、电信和广播的事项;(6) 有关农业的事项;(7) 有关互相派遣留学生或实习人员的事项。依据《缔结条约程序法》第9条的规定,这类协定一般由政府部门签署后无须全国人大常委会批准或国务院核准即可生效。而依据《宪法》第90条及《立法法》第71条的规定,国务院各部委有权根据法律和国务院的行政法规、决定、命令,在本部门的权限内,发布命令、指示和规章。因此,可推断无须全国人大常委会批准或国务院核准即可生效的协定,其地位与国务院各部委的规章等同。①

依据现行中国法律中关于条约缔结程序的规定,条约缔结程序与国内法制定程序基本相同,在确定国际条约与国内法冲突的解决规则时,应按条约批准或核准机关的不同确定它们各自的效力等级。由全国人大常委会批准和废除的条约和重要协定与国内法律具有同等法律效力,但低于根本大法——宪法;由国务院核准的条约和协定,其法律效力与国内行政法规等同;而无须全国人大常委会批准或国务院核准的协定,其法律效力与国内规章等同。在同一层次的国际条约与国内法之间,为避免出现违反国际义务的情况,应采用条约优于国内法的原则,因此,可按如下层次划分条约适用于中国国内的效力等级:(1) 宪法;(2) 全国人大常委会决定批准的条约,法律;(3) 国务院核准的条约,行政法规;(4) 无须决定批准或者核准的条约,部门规章。

结 语

总的来看,中国缺少宪法性规范来调整国际法与国内法的关系,在关于国

① 吴慧,前引文,第25页。

际条约在中国国内适用的问题上，一些部门法律规定可以直接适用国际条约，并笼统规定当国际条约与国内法发生冲突时条约优先适用。但在缺乏宪法或是专门性法律规定的情况之下，“条约优先条款”只适用于各单行法律、法规所涉及的领域，不具有普遍适用意义。此外，由于缺少法律规定，条约之间有无等级效力、当条约与不同等级的法律发生冲突时应如何解决等问题，也无定论。国际条约在中国国内的法律地位具有不确定性。

世界上大多数国家都在以宪法为核心的国家法律体系中，依据各自的标准和方式对国内法与国际法的关系进行了不同程度的规定，有学者依规范的确定性将其划分为三种模式：具体明示型、原则明示型和原则推论型。① 实际上，如果缺少宪法性规定，要么会出现立法空位现象，要么形成单行法规各自为政、甚至相互冲突的混乱局面，不利于法制统一。有许多中国学者呼吁，应在宪法典或宪法性文件中对国际条约与国内法的关系作出明确规范。但遗憾的是，2004年中国第四次修改1982年《宪法》时，仍然未在修宪时加入调整国际条约与国内法关系的内容。从宪法的稳定性来看，短期内再行修宪的可能性微乎其微，如在较短的时期内不便于修宪，也应在宪法性法律中加以规定。例如可以在修改《立法法》时规定，也可以在修改《缔结条约程序法》时加入这一内容，使之成为一部调整国际条约与国内法的基本法律。②

中国内地现有法律关于条约在国内适用的规定，也不能从根本上满足条约实践发展的需要，并与中国在国际关系中所起的重要作用极不相称，中国亟须制定有关条约在中国法律体系中地位的宪法性规范。

① 李龙、汪习根：《国际法与国内法关系的法理学思考》，http://www.chinalawedu.com/news/2004_10%5C19%5C1314269825.htm，2005年7月11日访问。

② 陈寒枫等，前引文，第122页。

论国际法与国际关系

陈文学*

内容提要：国际法与国际关系的相互关系，对国际法学和国际关系学来说都是一个非常重要的问题。本文试图从理论和史实两方面对二者的关系作较深入、详实的论述，主要解释国际关系为什么需要国际法对其进行规范以及国际关系和国际法是如何相伴产生的；阐明国际关系对国际法的重要意义，即国际关系是国际法产生的前提、调整的对象、发展的根本动因，但国际关系中的权力政治又是国际法发展的障碍；阐述国际法作为规范国际关系有法律拘束力的原则和规则，如何确保国际关系正常发展，制约国际关系的变动轨迹。

关键词：国际法　国际关系　国际法与国际关系

国际法与国际关系的相互关系问题，无论是对国际法学还是对国际关系学都是一个非常重要的问题。厘清这对关系，对于理解国际法的主体、性质、对象、基本原则、作用、发展趋势和国际关系的属性、运行方式、运行规则、控制机制、动因、演变等理论问题，解释国际法和国际关系实践中的一些现实问题，都具有重要意义。我国著名国际法学家王铁崖先生就非常重视这一对关系，他在《国际法引论》序中说："国际法与国际关系及国际关系史有密切的联系：研究国际关系和国际关系史必须有一定的国际法知识为基础，而研究国际法则必须以国际关系和国际关系史为背景。这是作者历来的主张。"①

---

* 北京大学法学院2002级博士生。

① 王铁崖著：《国际法引论》，北京大学出版社1995年版，序第2页。

一、国际关系和国际法的伴生

国家古已有之，如中国春秋战国时诸国和古希腊诸城邦国。即使小国寡民，也会相互往来；“邻国相望，鸡犬之声相闻，民至老死不相往来”①，只是一种理想状态。国家之间通过相互交往发生的关系，我们可以称之为国际关系。既然存在相互交往，是否存在交往的原则、规则呢？古代是否只是处于弱肉强食、毫无规则的无序、混乱状态呢？战争时常发生，但毕竟不是惟一的状态；就是战时，也是有一定战争规则的，比如我国春秋战国时代就存在师出有名、不鼓不战、不伐丧国、不斩来使等战时规则。和平时期，国与国之间也必然发生各种交往。在国际交往中，各国都逐渐认识到不仅出于天道公理、维护共同和平、保持稳定关系，而且为了保持自身生存和自身利益，需要在外交关系中确定一些共同遵守的原则、规则，这些原则、规则即构成原始的国际法。我国春秋战国时代不仅国家之间的外交和战争频繁，国际关系内容十分丰富，而且也存在调整国家相互关系的国际法，“礼”、“信”、“敬”、“义”就是这种原始国际法的原则和规范。②

在世界其他地区，同样存在初级的国际关系和原始的国际法。当然，这种国际关系、国际法和近现代的国际关系、国际法在诸多方面都是不可比的，但是其本质、属性是基本相同的。

中世纪时期，在东方，中国内部基本上是大一统的封建王朝，在和周边国家的关系中则处于绝对中心地位，中国和其他国家的关系基本上是一种宗主国和藩属国的关系，而非平等主体的交往。这种国际关系状态下的国际交往规则离国际法愈发远了。在欧洲，封建诸国处在教皇和神圣罗马帝国皇帝的统治之下，基本上也是大一统的状态，国际法亦无从发展。中世纪后期，欧洲封建诸国逐渐获得自主并行使主权，国家之间的交往日益频繁，国际法开始萌芽，还出现了一批思想先行的国际法学家。

真正意义上的国际关系和国际法的产生，是从近代开始的。主要是因为二者的基本行为体或主体——主权国家在近代开始诞生。有了真正独立、自立、平等的国家，才有国有际，才有所谓近代意义上的国际关系，才形成一个有众多独立个体而又广泛联系的国际社会，为国际法的产生提供了前提。

---

① 《老子·庄子》，《老子道德经下篇》，八十章，上海古籍出版社 1995 年版，第 43 页。

② 杨泽伟著：《宏观国际法史》，武汉大学出版社 2001 年版，第 403—404 页。

17世纪中叶，世界开始进入资本主义时代。资本主义生产方式导致世界贸易不断扩大，工商业利润刺激资本主义强国对外扩张和相互竞争不断加剧，被侵略各国的反抗也此起彼伏，各国之间形成了一种全新的、世界性的、活跃的国际关系。经常性的、内容极大丰富的国际关系更加需要一套比较成熟的原则、规则和制度来进行调整，使国际关系保持正常发展，国际法的诞生因此成为必然。“三十年战争”之后的《威斯特伐利亚和约》标志着主权国家的诞生，也标志着国际法的产生。

1618—1648年在欧洲发生的“三十年战争”，本是一场起因于宗教问题的德国内战，继而演变为争权夺利、开疆拓土的国际大混战，西欧、中欧、北欧的主要国家都先后卷入战争，国际关系展现出新的面貌，无论在参与的行为体数量、内容的丰富程度、表现的方式上，都是以前的国际关系无法比拟的，这场战争使中世纪国际关系转入近代国际关系。战后的《威斯特伐利亚和约》承认德意志各诸侯国享有独立主权，承认荷兰、瑞士为独立国，宣告主权国家的存在，承认和确立国家主权、国家独立、维护和平、协商解决争执等一系列国际关系中应遵守的原则，使国际法摆脱了神权的束缚，宣告了近代国际法的产生。和约也促进了条约法和外交关系法的发展。

国际法基本上是伴随国际关系的产生而产生的。了解了这一层关系，我们可以更好地理解国际关系和国际法的涵义和相互关系。

国际关系，简言之，是国家之间的交往关系。正如王铁崖先生所言：“国际关系包括政治关系、经济关系、法律关系以及文化关系等。国际法律关系是以法律形式表现出来的国际关系。国家之间的关系受一些原则、规则和制度的拘束，这些原则、规则和规章制度就构成国际法。”[①]而国际法主要是国家之间的法律。因此，“有国而无际，是不可能产生国际法的。只有出现了国家，并且国家之间发生了经济、政治、外交、军事和文化等关系，为了调整这些关系，才产生一些调整这些关系的有拘束力的原则、规则和规章制度”。[②] 这些原则、规则和规章制度亦即国际法。

国际关系是各国国家意志对外表现的集合体，而国际法是各国意志协调一致的交集。国际法反映国家之间的法律关系，而国际法律关系是国际关系中的一部分。因此，国际法是以法律形式表现的国际关系，“也可以说，国际法是国

---

① 王铁崖主编：《国际法》，法律出版社1995年版，第1页。

② 端木正主编：《国际法》（第二版），北京大学出版社1997年版，第9页。

际关系的一个方面，而在这个意义上，国际法学是国际关系学的一个部门”①。

二、国际关系是国际法产生的前提、发展的基础

（一）国际关系是国际法产生的前提

没有主权国家，就没有近代意义的国际关系；没有国际关系，就没有国际法。

各主权国家是独立、平等的个体，就意味着不存在一个全世界混一的利益。每个国家都在为生存而斗争，竞争是经常的、持续的状态。每个国家都想变得更加强大，超过对手，有的国家甚至谋求世界霸权，因此，国家利益至上成为整个国际社会信奉的最高准则。各国总是想最大限度地追求自身利益，这势必引发冲突。此外，再加上领土争端、经济竞争、民族和宗教冲突等具体纠纷，造成整个国际社会纷争不断，国际冲突、国际战争时有发生。在这种情况下，确立规范国际关系的一定的规则十分必要，其目的在于防止冲突升级，或者减少爆发战争的可能，或者减少战争的损害。国际冲突、危机和战争是对正常、稳定的国际关系的一种威胁和破坏，各国政府、联合国和区域性国际组织对此都非常重视，力图通过一般性多边条约确定一些原则和规则来保持良好的国际关系，维护世界和平。

但相互依存与国际合作也是存在的，特别是第二次世界大战后有越来越扩大的趋势。国际交往中，商品贸易、经济合作和文化交流是经常发生的。在政治领域，几国的利益如果基本一致，相互关系就表现为友好或结盟；或者利益虽有一些冲突，但相互妥协，没有超过和平的临界点，相互关系仍旧处于和平或准和平状态。这两种情况下，和平是基调，相互往来中需要确立一些规则来保持友好合作关系或维持稳定关系。这些规则或者是在外交实践中形成的国际习惯，或者是在条约中做出的明确规定。比如，为保持关系、巩固联盟签订的同盟条约、友好条约，规定互相尊重主权和领土完整、互不侵犯、和平共处等原则；或者是为设定某种具体的权利和义务，如签订边界条约，规定按山脉的分水岭划分边界；或者只是确立交往的一般规则，比如重申一些像外交特权和豁免这样的外交惯例。

所有这些调整国家之间关系的有法律拘束力的行为规则就是国际法。国

① 王铁崖著：《国际法引论》，北京大学出版社 1995 年版，第 6 页。

际法的产生是国际关系的需要,也就是说,国际关系是国际法产生的前提。

(二)国际关系是国际法的调整对象

国际关系是国际法的调整对象。没有国际关系,国际法不仅将变得空洞无物,而且失去了存在的理由。

国际关系包括国际政治关系、经济关系、文化关系以及法律关系等。国际法律关系就是以法律形式表现出来的有关国家间的权利义务关系。而这种权利义务除涉及纯粹法律方面的事务外,往往指向相互之间的政治、经济、文化关系等。

国际政治关系是国际关系中最重要的一种关系,政治不仅是国内生活的决定因素,而且在国际关系中占据控制和支配地位,决定国际关系的总体状态,甚至决定国际经济关系、国际文化关系和国际法律关系的存在、状况和规模,因此有人认为国际关系就是国际政治或国际政治关系;但实际上二者是有差别的,是总体与部分的关系。国际法对国际政治双边关系或多边关系的调整,主要在于对国家和政府的承认、国家和政府的继承、国家的基本权利、国家不法行为和国家责任、国际争端的解决、国籍问题、领土、外交和领事关系、国际组织等问题确立一系列的国际法的原则、规则和制度。

国际经济关系是国际关系中较为活跃和经常发生的一种关系,特别是在现代,跨国界的经济交易和经济合作十分频繁,各国形成了相互依赖的经济关系,经济全球化成为一种不可阻挡的潮流。没有一定的原则、规则和制度对其进行调整,将是无法想象的。国际法对国际经济关系的调整,其范围和内容主要涉及国际贸易、国际投资、国际金融、国际税收、国际运输、国际经济组织等。

国际文化关系是国际关系中较为经常发生的一种关系,但其分量显然没有国际政治关系和国际经济关系那么重。国际文化关系往往受制于国际政治关系,但对国际政治、经济关系却有一种推动作用,国际文化交流与合作以及民间外交往往是国际政治合作的开端。二战以后中日关系正常化的过程就是一个很好的说明。尽管各国特别是不同种类文明国家间文化、宗教、意识形态存在较大差异,国际文化交往一般仍是合作多于争端,除了一些国际公约对此做出规定外,较多的是由双边条约对双方权利义务做出规定。

无论是国际政治关系还是国际经济关系、国际文化关系,其存在、发展都需要一些原则、规则和制度来规范和调整。如果没有一定的原则、规则和制度,国际社会就会处于无政府的混乱状态,国家之间的正常交往就无法进行,国际政治、经济、文化关系都难以为继。

（三）国际关系的扩大、加深促进国际法的发展

纵观国际法史，国际法是不断变化发展的。固然，国际法学家的学术思想、个别国家的国家意志、有关国家的法律事实、国际社会的普遍愿望等都是推动国际法发展的重要原因，但国际关系的演变才是国际法变化发展的根本原因和深层动力。

1. 国际关系的演变推动国际法的发展。主权国家的产生开始了近代国际关系。此时，国际关系是零散的、简单的，以外交和战争为主题；国际法也刚刚萌芽。在“国际法之父”格老秀斯那里，主要探讨国际关系的法律的来源、国家主权、战争法、海洋自由原则、条约、中立等问题，在现代人眼里，这些问题还比较幼稚，但正是这些基本的思想得到国际社会的普遍认同，形成规范当时国际关系的基本原则，从而奠定了国际法的基础。其后，随着国际关系的发展，国际法也不断发展变化。18 世纪，资产阶级革命特别是法国大革命出于对内外封建势力斗争的需要，提出了国家的基本权利和义务、国家主权、国家对领土的主权和对公民的管辖权、海洋自由、条约神圣不可侵犯、区分战斗员和平民等原则和主张，给国际法增添了新的内容。19 世纪，资本主义国家对亚非拉的殖民侵略加深，亚非拉国家的反压迫、剥削和侵略的斗争如火如荼，国际关系呈现更加纷繁复杂的局面。由于帝国主义国家在国际社会处于主宰地位，利用国际法产生于欧洲的优势，使国际法成为实现其利益的工具。一些反动的原则、规则和制度得以确立，如“所谓正统主义、保护关系、势力范围，所谓合法干涉、和平封锁以及所谓领事裁判权、租界、租借地制度，特别是不平等条约制度等等，它们阻碍了国际法向和平与正义的正确方向发展”。[①] 帝国主义国家利用其强势地位逼迫亚非拉国家承认反动原则，并要求遵守，甚至不惜使用武力威胁或武力。这一时期，双边关系之外，多边关系日益增多，国际会议是重要的多边合作方式。1814—1815 年维也纳会议、1856 年巴黎会议、1878 年柏林会议、1885 年刚果会议等国际会议及会议签订的国际公约推动国际法向新的阶段发展。第一次世界大战破坏了国际法，但是战后国际法却有了更大的发展。“十月革命”开启了现代国际关系的新时代，俄国苏维埃政权冲破世界资本主义体系而建立，国际社会出现社会主义和资本主义的对立矛盾。苏维埃俄国针对帝国主义侵略扩张政策、强权政治，提出了“不割地不赔款的和平”、反对侵略战争、废除秘密外交和秘密条约、民族自决等新的外交概念和原则，宣示了新的和平、民主的

① 王铁崖主编：《国际法》，法律出版社 1995 年版，第 37 页。

国际法原则。而资本主义新贵美国基于膨胀起来的实力,意图削弱老牌帝国主义国家,称霸世界。威尔逊总统于1918年1月8日提出了所谓“寻求世界和平计划”十四点,其中包括废除秘密外交和公开缔约、公海自由、公平贸易、裁减军备、公道处置殖民地、归还被占领土、维护主权和独立、民族自决、成立普遍性国际组织等原则。这些原则,虽缘于一国私利,但也有合理的成分,符合国际社会的发展潮流,不断为国际社会接受,客观上促进了国际法的发展。战后国际联盟、国际常设法院的建立及其活动也有力地促进了国际法的发展。国际法步入了现代国际法的新阶段。第二次世界大战再次严重破坏国际法,但如同一战后的情形,国际法仍然得以恢复并得到更大的发展。二战后国际关系呈现出新的情况、新的特点,东西方进行尖锐冷战,第三世界逐渐崛起,特别是联合国在国际社会发挥越来越重要的作用,迫切需要国际法对全新的国际关系进行调整、规范,错综复杂的国际关系也为国际法新的发展提供了更广阔的背景。因此,二战后国际法不但恢复,而且得到快速发展,确立了一系列新的国际法原则、规则和制度。

2. 国际关系地域的扩大使国际法逐渐扩展到全世界,获得了普遍性。近代国际关系“以欧洲为中心,欧洲以外的地区国际关系体系都从属于欧洲地区国际关系体系,欧洲在世界体系中起着支配和主宰作用”。[①] 英、法、普、奥、俄等欧洲大国主宰国际事务,与之相适应,国际法事实上是“欧洲国际法”,既产生于欧洲,也主要在欧洲所谓“文明国家”之间适用,亚非拉被侵略、被压迫国家被排斥在国际法适用范围之外,也没有资格利用国际法来保护自身利益。除非欧洲强国为取得或维护某些不当的特殊利益,将某些国际法规则强加于被压迫国家,如欧洲列强就曾利用所谓“约定必须遵守”原则来维护其根据不平等条约在中国攫取的特殊利益。第一次世界大战及战后初兴的民族解放运动严重削弱了欧洲的中心地位,加上国际联盟作用的发挥等,国际法逸出欧洲范围,越来越被新兴民族国家所接受,越来越具有普遍性。例如,中国在1921—1922年华盛顿会议上,曾利用公认的国际法原则要求各国尊重中国主权、领土完整和行政独立,取消各国在华特权。第二次世界大战、东西方冷战格局、战后民族解放运动蓬勃兴起、前殖民地不断取得独立、国家数量大大增加、联合国成立等一系列国际关系情势,使欧洲完全丧失了国际关系体系中的中心地位,国际关系成为世界诸国关系的总和,国际法真正获得了普遍性,扩展到整个世界范围。

3. 国际关系的发展不断影响国际法原则的变化。近代主权国家初步形成

---

① 张季良主编:《国际关系学概论》,世界知识出版社1989年版,第221页。

的时间,正是欧洲国家由封建制度向资本主义制度转变的时期。英国资产阶级革命取得胜利后,在克伦威尔带领下开始大举殖民扩张和干涉欧洲大陆政治;法国国王路易十四对"天然疆界"有追求;彼得一世改革后的俄罗斯日益强大,也开始对外扩张;其他国家也有各种各样的领土要求和利益追求。或为领土,或为王位,或为其他利益,战争成为主角,欧洲变成一个混乱的大战场。国家主权、国家独立、维护和平、协商解决争执等一系列刚刚确立起来的国际法原则受到严重威胁,继而遭到破坏。实力和野心主宰了国际秩序,战争成为攫取利益的合法手段。结盟和反结盟的外交、战争、战后和约成为国际关系的主要内容。拿破仑战争后的欧洲,大国力图通过协作来维持一种均势,国际法在所谓"文明国家"间适用,按照"正统原则"来恢复和维持封建王朝和君主制度,武装干涉成为合法。召开多边国际会议并签署议定书成为一种惯常的国际协作方式,会议往往按照实力和所谓"正统原则"解决国际争端、划分领土、干涉他国内政。在世界其他地区,欧洲列强对亚非拉国家进行疯狂侵略和残酷压迫,对亚非拉国家,欧洲列强是不准适用"欧洲国际法"的,反而确立了一些反动的国际法原则、规则和制度,比如侵略战争合法、不平等条约应当遵守、享有领事裁判权等。国际法被他们利用,成为实现侵略利益的工具。这种状况持续了相当长时间。19世纪末20世纪初,国际局势日益紧张,世界大战随时可能爆发。为缓和国际紧张局势,制定和平解决国际争端并减少战争损害的规则,1899年和1907年多国在海牙分别召开了两次和平会议,会议签订了《国际争端和平解决公约》及其他多项有关减少战争损害的战争法公约,促进了和平解决争端原则的发展,国际法朝着更加文明的方向前进了一大步。第一次世界大战后,《凡尔赛和约》在领土、殖民地、军备和经济赔偿等方面惩罚了发动侵略战争的德国,规定对犯有"侵害国际道德及条约尊严"之罪行的前德国皇帝和"被控违反战争法规及惯例"之行为者进行审判,承认一些国家的独立并确保其领土利益,维护了国际法上尊重主权、独立和领土完整及互不侵犯等原则。《国际联盟盟约》再次肯定和重新确立了一些国际法原则、规则和制度,使世界上第一个以维护和平与安全的普遍性国际组织成立,对国际法、国际组织特别是联合国的诞生产生了重要影响。国际常设法院对国际法的发展更是产生了直接的重大作用。1928年《关于废弃战争作为国家政策工具的一般条约》(《非战公约》)的签署,显示在废弃战争、和平解决争端方面迈出了一大步,对不得使用武力或武力威胁原则产生了重要影响。第二次世界大战后,随着一大批社会主义国家的建立和新兴民族国家的独立,尤其是联合国的成立,给国际法带来深刻影响,平等、民主、和平成为国际关系的主调,这些观念不断渗透进国际法,国际法朝着健康的方向发展,

确立了新的国际法原则和规则,《联合国宪章》七项原则、和平共处五项原则、万隆十项原则、《国际法原则宣言》七项原则和《各国经济权利与义务宪章》十五项原则等构成当代国际法基本原则。

4. 国际关系从政治领域向其他领域扩展促进国际法部门法的发展。近代国际关系主要表现在政治领域,涉及新国家成立、领土争夺、海洋竞争、外交、战争及和约等,国际法主要规范国家领土和居民、外交和领事关系、条约、战争等;由于工业革命导致资本主义生产的发展和贸易的扩大,公海自由逐渐被承认,领海制度得到发展。这些是国际法的传统领域。由于国际经济和贸易的扩展、科学技术的发展、人类对空气空间和外层空间的利用、国际组织急剧增多且作用越来越重要、人权观念获得国际社会普遍认同和尊重、环境问题越出国界等等,国际关系扩展到国际经济及其他领域,国际法相应出现国际经济法、国际航空法、外层空间法、国际组织法、国际人权法、国际环境法等部门法。

此外,国际关系行为体不断增加,导致能独立享受和承担国际法上权利和义务的国际法主体大量增加,也给国际法的发展带来了重大影响。

(四)国际关系中对国家利益过分追求损害国际法

国际法是规范国际关系的有法律拘束力的原则、规则和制度。国际关系之所以需要国际法来规范,现实主义等国际关系理论给我们提供了一种解释。国家像动物一样,为生存而斗争,追求权力等国家利益是国家行为的决定因素,权力斗争中会因国家利益得失导致国际冲突。因此,“现实主义者认为国家之间的利益从根本上说是不可调和的”。[①] 为了调整这种永远处于潜在冲突的国际关系,保证相互之间某种关系的稳定,确保世界和平,国际法的规范作用是必要的。但是,国际法不是世界法,没有立法机关、执法机关,往往被认为是一种“弱法”,它的效力在充满生存危机、随时准备战斗的国家面前,显得有些力不从心。就算它是一种“强法”,在霸权国家看来,也是不屑一顾的。一些大国为了维持权力,或者增加权力,或者显示权力,在国际关系中往往肆无忌惮地行为,根本无视国际法的存在,甚至公开践踏国际法原则,此类例子比比皆是。权力政治、霸权主义严重违反国际法的原则,削弱国际法的作用,阻碍国际法的发展。国际法在其面前时常显得苍白无力。

国际法是应国际关系需要而生的,也将随着国际关系的消亡而消亡。但从

① 〔美〕詹姆斯·多尔蒂、小罗伯特·普法尔茨格拉夫:《争论中的国际关系理论》,邵文光译,世界知识出版社1987年版,第92页。

目前情况看,国家作为一种社会组织形式,不易消失,国际关系将会继续存在很长时间,无论世界因自然融合而统一或因霸权而统一,相当长时间内都是不可能的,因此,国际法尽管在国际关系演进中受到各种因素的挑战,它仍将存在相当的长时间。只要国际关系存在,国际法就将继续存在。

三、国际法是规范国际关系有法律拘束力的原则和规则

(一)国际法的目的在于规范和调整国际关系

国际法是国际关系产生后的必然要求,国际法的产生有明显的目的性,就在于规范和调整国际关系,使国际关系沿着期望的、正常的、稳定的轨道前进。我们来分析国际法的两个主要渊源,就可以得出这一结论。条约不用说,它往往明确宣示国际法的原则和规则,具体设定国家间的权利和义务,规范国家间关系的目的十分明确。国际习惯是在长期国际实践中形成的,但它并不是没有目的的一种自然结果,它带有主观的因素,即它是众多国家对一般国际惯行的法律确信,换言之,“即这种一般国际惯行是在各国确信其为法律因而有义务予以履行的心理状态下实行的”。① 认为有法律义务来履行这种惯行,就是觉得它对于调整国际关系是适当的、有效的。国际法特别是国际法基本原则对于规范国际关系发挥着重要作用。国际法基本原则可列举如下:“1. 互相尊重主权;2. 互相尊重领土完整;3. 互不干涉内政;4. 互不侵犯;5. 不使用武力或武力威胁;6. 民族自决;7. 公平互利;8. 和平共处;9. 国际合作;10. 尊重人权和基本自由;11. 诚实履行国际义务;12. 和平解决争端。”②

在国际关系史的长河中,国际社会在国际实践中逐渐形成了一些各国共同遵守的行为标准和规范,即国际关系基本准则。比如:各国不分大小、强弱,主权平等;不干涉他国内政;和平解决国际争端;不以武力或武力威胁侵犯他国的领土完整、独立和主权等。这些准则体现在一些重要的国际文献和国际条约中。

国际法基本原则和国际关系基本准则在内容上有一定的重复性和相似性,它们的差别在于国际法基本原则具有法律性质,而国际关系基本准则虽然也得到国际社会的一致认同,但它并没有成为各国的一种法律义务。从反面来讲,

① 李浩培:《国际法的概念和渊源》,贵州人民出版社 1994 年版,第 89 页。
② 王铁崖主编:《国际法》,法律出版社 1995 年版,第 57 页。

国家违反国际法基本原则自身要承担国家责任,而违反国际关系基本准则的后果取决于其他国家的反应。

国际关系理论中的空想主义认为:“人可以通过国际法和国际组织确立行为准则,并使之最终成为国际行为的基础。”[①]正说明了国际法规范国际关系的这一作用。

(二)国际法确保国际关系的正常进行

国际法之所以能够调整国际关系,保证国际关系正常进行,首先在于它确立了一系列的原则、规则和制度,为国家对外交往提供了指导,使国家的行为符合正确的行为规范,不至于带有主观随意性和盲目性,减少侵犯他国利益而引发国际冲突或者危害国际普遍和平的可能;其次还在于它具有法律拘束力,为各国在国际行为中自觉或被强制遵守,国际秩序从而得到维护。如果违反国际法,就要承担国家责任,还须对受害国做出赔偿。

国际法基本原则从正面起到了维护国际关系秩序的作用。《联合国宪章》七项原则、和平共处五项原则、万隆十项原则、《国际法原则宣言》七项原则和《各国经济权利与义务宪章》十五项原则等当代国际法基本原则,对于确保国际关系的正常进行,发挥了非常重要的作用。国家责任制度从反面起到了维护国际关系秩序的作用。根据国家责任制度,一个国家违反自己承担的国际义务,就应当停止不法行为,并对自己的不法行为承担法律责任,对受害国做出合理的赔偿。这对国家诚实履行自己的国际义务起到了一定的强制作用,同时也从反面为国家确立了正确的行为规范,从而使国家的行为减少违法性,保证国家之间的正常往来。

没有国际法,国际社会将是怎样一种状况呢?正如王铁崖先生所言,“没有这些原则、规则和制度,整个国际社会就要处于极端无政府的混乱状态,国家之间的种种关系就难以存在、继续和发展”[②],正常的国际关系显然无法维持。

(三)国际法制约国际关系的变动轨迹

国际法的原则、规则和制度为国家行为确立了正确的行为规范,引导国家遵循这些规范,也就限制了国家的任意行为,特别是对少数强权政治和霸权主

---

① 〔美〕詹姆斯·多尔蒂、小罗伯特·普法尔茨格拉夫:《争论中的国际关系理论》,邵文光译,世界知识出版社1987年版,第93页。

② 王铁崖著:《国际法引论》,北京大学出版社1995年版,第2页。

义是个巨大的阻碍。例如,1990 年 8 月 2 日,伊拉克军队越过伊、科边界,占领科威特,继而兼并为一个省。对这种公然违反国际法基本原则的侵略行为,联合国安理会迅速做出反应,当天通过 660 号决议,断定伊拉克对科威特的入侵构成对国际和平与安全的破坏,要求伊拉克立即和无条件地把所有军队撤出科威特。8 月 6 日,安理会通过 661 号决议,决定对伊拉克实行经济制裁;8 月 9 日,安理会通过 662 号决议,声明伊拉克对科威特的兼并是非法的和无效的;11 月 29 日,安理会通过 678 号决议,决定授权成员国对伊拉克采取一切必要手段,以恢复该地区的国际和平与安全。1991 年 1 月 17 日,多国部队开始对伊拉克实施军事攻击,最终迫使伊拉克军队撤出科威特。这就是一个国际法原则和规则在国际关系中发生作用的很好例子,互相尊重主权和领土完整、互不侵犯、不使用武力或武力威胁、和平共处等原则得到有力维护。主权国家的对外行为在规则内施行,即使有越出,早晚也会自觉或被迫回到规则内来。这在一定程度上可以说国际关系因此被规定了,国际关系的性质、式样、走向等都受到国际法的制约。

综上所述,国际关系和国际法是相互影响、相互作用的,而且基本上是一种相互促进的关系。

论海洋环境污染国家责任的特性

易　琪*

内容提要：国际法不加禁止行为造成损害后果的国家责任产生后，对传统国家责任的内容和范围有了相当大的扩展，已不能等同于国际不当行为所产生的责任。海洋环境污染造成的损害所引起的国家责任也被囊括在内，使得这种责任理论在环境法这个特殊的领域得到发展。本文旨在从国际法上对海洋环境污染行为及其引起的国家责任进行深入论述，从而明确该责任是国际损害赔偿责任。

关键词：海洋环境污染　国际法不加禁止的行为　国际损害赔偿责任　国家责任

海洋是人类赖以生存的条件，它平衡着地球环境，为各种生物提供食物，但是海洋环境日趋恶化，每年有大量的污染物流入其中，包括近 10 亿升的原油和以万吨计的铜、汞、铅等重金属，这种对环境的破坏已经严重地影响到海洋生物资源，从而使人类自身也间接地受到损害，因此，对海洋环境的保护刻不容缓。

从时间上看，相关规定基本上是被动反应式的就事论事。1954 年《防止海洋石油污染公约》签订后的十几年中，国际上没有再针对海洋环境保护作出新规定，直到 1969 年之后才有《国际油污损害民事责任公约》、《国际建立油污损害基金公约》等六个公约接连问世。国际社会开始重视海洋污染的直接原因是由于 1967 年"托里峡谷号"重大溢油事故的震撼。[①] 这次事件被称之为第一次黑潮。另一个重大的事件，是 1978 年阿莫科运输公司的巨型油轮"阿莫科·卡迪兹号"触礁泄油事件。[②] 1977 年北海的爱科菲斯克油田又发生了当时最严重

---

* 武汉大学法学院 2004 级国际法博士研究生，中山大学 2004 届法学硕士。

① 宿涛：《全面整合：国际海洋立法的大趋势》，载《郑州大学学报》2002 年第 2 期，第 30 页。

② 陈德恭：《现代国际海洋法》，中国社会科学出版社 1988 年版，第 384 页。

的井喷事故,海洋污染问题引起了国际社会的高度重视。

有一种广泛被接受的观点今天仍在某种程度上存续,那就是海洋可以用来倾倒废物,这种观点产生了一个假设,即海洋对于需净化和吸收的有害物质是一个安全的排放点。1930—1970年间,沿海的人口增长了大约一倍,这种增长及相关土地的开发导致了固体废物数量的可怕得惊人的递增,也导致了陆地排放地的减少。60年代末,加强了对空气和水体的排放监控,但却导致了废物处理转向了海洋倾废,将污染从一种媒介(介质)转到另一种,而不是想办法解决它。废物控制也产生了大量的废物需要处理,如污水处理系统会产生更多沉淀物和淤泥,烟囱滤清器会吸附很多飞尘,而这些都是需要处理的。[①] 随着《海洋法公约》将国际海底区域单独划分开来,防止由此领域内的勘探开发活动引起的海洋环境污染问题已迫在眉睫。

一、海洋环境污染的概念

海洋生态学中的海洋环境污染主要是指进入海洋的物质或能量破坏了处于动态平衡的海洋生态环境系统,主要是污染的物理化学过程对海洋生物学过程的影响。国际海洋法上海洋环境污染的概念与此有联系也有区别,还包括污染对人类健康、捕鱼和其他海洋活动、环境优美等方面的有害影响。1974年《保护波罗的海区域海洋环境的公约》中将"污染"界定为:人类直接或间接地将物质能量排入海洋环境,产生危及人类健康,损害生物资源,妨碍包括捕鱼在内的各种海洋合法用途,破坏海水使用素质和减损环境优美等有害影响。[②] 1976年《保护地中海免受污染公约》规定的"污染"是指由人类直接或间接地把物质或能量引入海洋环境,以致发生或可能发生损害生物资源,危害人类健康等的有害影响。[③]

海洋环境污染是指人类直接或间接把物质或能量引入海洋环境,其中包括河口湾,以致造成或可能造成损害生物资源和海洋生物、危害人类健康、妨碍包括捕鱼和海洋的其他正常用途在内的各种海洋活动、损坏海水使用质量和减损

① Richard G. Hildreth, Ralph W. Johnson, Ocean and Coastal Law, New Jersey: Prentice-Hall, INC., 1983, p. 340.

② 《保护波罗的海区域海洋环境的公约》第二条第1款。

③ 该公约已于1995年巴塞罗那全权大会上被《保护地中海免受污染公约》及其议定书修正。见王曦主编/译:《联合国环境规划署环境法教程》,法律出版社2002年版,第253—261页。

环境优美等有害影响。① 根据污染物质的危害性质，可以将海洋污染分为常规污染与非常规污染。常规污染主要指石油污染、重金属污染。非常规污染包括放射性污染、危险有毒物污染。在海洋污染物质中，油类（石油）最明显也最引人注目。由于最终能被海洋生物分解，油污不是最毒或最有害的物质；但油类在分解前，对海洋能造成很大损害。油类自然降解需耗用大量的氧气，被油污的水域通常会形成局部缺氧状态，水生物的光合作用因此被破坏，水生生物则因缺氧而死亡，给生态系统造成严重危害。被污染的水产一旦进入食物链，将会对人类的健康产生相当大的损害。20 世纪 50 年代日本的水俣病，就是因为当地居民食用了汞污染严重的海鱼而引起的。

根据损害源运动特性，可将跨界海洋环境损害分为固定源损害、流动源损害、远程源损害和特殊源损害。固定源是位置一般不会作改变的海洋环境损害发生源。陆源污染和海洋矿产资源开发是其主要形式，还包括经过大气运动降落到海洋的污染。该种污染据说占目前海洋污染的四分之三以上。② 陆源污染包括的污染物质很多，有石油、工业废水、化肥、农药、发电厂排放的热水、机动车尾气、化学烟雾等。海洋矿产开发是通过设立海上平台在海底开采石油、天然气、锰结核等资源。在开采过程中，不可避免会污染破坏海洋环境。③ 此外，近来还有将陆上废物移到海上装置进行燃烧处理的现象，其产生的污染物最终还是落入海中。④ 流动源是指发生污染时，污染源的位置是不断移动的。它主要有两种形式：船舶和飞机。船舶（主要是货轮）污染有两种情况：一是在航行过程中，发生海难导致所载货物泄落海中，属于偶发性海洋环境损害；另一种情况是船舶在禁排海域故意将船上废物倾倒或清洗船体残油，造成非偶发性海洋环境损害。飞机作为污染源一般是由于其向海洋倾倒废物造成损害。倾废主要是出于经济原因，它是花费最小的污染物处理方式之一。有些海洋环境损害源情况比较特殊，故将其另定为特殊源，这种特殊损害就是空间实体和战争造成的损害。空间实体损害与侵略战争已经不是常规状态的损害，其造成的海洋环境损害将会直接导致国家责任。

1982 年《联合国海洋法公约》（以下简称《海洋法公约》）按海洋污染来源将

---

① 〔法〕亚历山大·基斯：《国际环境法》，张若思编译，法律出版社 2000 年版，第 157 页。

② See Johnston, Douglas M., (ed.) The Environmental Law of the Sea, International Union for Conservation of Natural Resources, (IUCN) Switzerland, 1981, p. 197. See also Churchill R. R. and A. V. Lowe, (eds.) The Law of the Sea, 1983 (Churchill and Lowe), p. 213.

③ See Johnston, Douglas M., 前引书，第 198 页。

④ Timagenis, Gr. J., International Control of Marine Pollution, Oceana Publication, Vols. Ⅰ-Ⅱ, 1980, p. 227.

海洋污染分为六种,即陆源污染、国家管辖的海底活动污染、国家管辖以外的底土开发污染、倾倒污染、船舶污染和来自大气层或通过大气层的污染。[①] 有一些公约,如1980年《保护地中海免受陆源污染议定书》将国家管辖的海底活动污染和国家管辖以外的底土开发污染都划归海上作业污染,将大气污染归为陆源污染。

二、海洋环境污染国家责任的定义

对于这些海洋环境污染造成损害的行为,可以将其归于国际法不加禁止行为造成的损害中,即行为不违法,却给他国造成了危害。传统的国际法律责任多指国家违反对外国人待遇方面义务的后果。如1930年海牙国际法编纂会议给国家法律责任下的定义是:如果由于国家的机关未能履行国家的国际义务而在其领土内造成对外国人的人身和财产的损害,则引起该国的国际责任。联合国成立后,对国际责任问题进行了编纂,1979年国际法委员会草拟了一个《关于国家责任的条款草案》,打破了传统国际法律责任范围的局限性。但这些都认为,国家责任的成立除了违反国际义务的行为或不行为外,还必须有故意或过失等主观因素。一个国家加害另一个国家既无故意又无过失,就不能构成国家责任。

关于环境损害的定义,在国际条约和国际实践中有不同的反映。在国家责任方面,1988年《南极矿产资源活动管理公约》似乎是惟一界定环境损害的条约。它对南极、环境和生态系统的损害的定义非常宽泛,包括"对此环境和生态系统内生物和非生物部分的任何影响,包含对大气、海洋和地球上生命的伤害"。[②]

然而,跨国界的环境损害之产生往往并不一定是国际不法行为引起的,同时在这些国家的行为中,也不存在故意或过失。不违法行为所产生的国家责任,或国际法不加禁止行为所产生的损害性后果所引起的国家赔偿责任,作为对国家责任制度的补充和发展,其责任的产生只取决于域外损害事实的发生:只要行为造成损害,行为国就负有赔偿责任;相反,若行为虽违背了义务,但并未造成实际损害,受害国就没有求偿权。[③] 在赔偿责任中,只要行为国对其造成

---

① 《联合国海洋法公约》第207—212条。
② 1988年《南极矿产资源活动管理公约》第1(15)款。
③ 周忠海主编:《国际法学述评》,法律出版社2001年版,第502页。

的损害给予合理、适当的赔偿，其行动自由就不受限制。[①]

涉及海洋的人类活动属于国际法不加禁止的行为，其导致的污染是国际法不加禁止行为所产生的损害性后果，其特点主要有：(1) 发生的范围广，扩散面积大，难以监控。人类活动产生的污染物可能从地表径流、大气、海洋运输、开发等众多途径对海洋环境造成损害。海水的流动性又是非常强的，因此对污染损害进行监控是很困难的。(2) 影响深远。海洋是一切污染的最终"垃圾箱"，由于积累效应或突发性事故，海洋承受着人类活动的所有影响，并最终将危及人类生存。(3) 个别和整体之间利益冲突的结果。污染造成的海洋环境损害是由于个别国家或个人为了追求自身利益，而损害别国或人类整体利益。(4) 情况复杂。侵权主体构成方面，包括个别国家、多个国家、国家与私人、单个私人(法人)、多个私人等情况。侵权客体方面，既有个别国家的海洋权益，也有数个国家的海洋权益，还有全人类包括子孙后代的海洋权益。

海洋环境污染国家责任是起源国对可归责于它的国际法未加禁止行为造成严重跨界海洋环境损害而对受影响国承担的一种国际法责任。该责任是国家违反国际义务，或造成公认严重海洋环境损害所导致的。在这种国家责任中，由国家行为引起的责任是一种非惩罚性责任，而国家为私人行为承担的责任则是辅助性的补偿责任。它具有如下特点：责任主体是国家，肇事行为主体可以是国家，也可以是私人；责任可以起源于不同性质的行为，因而这种责任具有双重归责标准；虽然属于法律责任，但只是一种"弱化责任"，其裁决和执行主要通过协商进行。

有些学者甚至认为国家扩展毗连区或专属经济区的行为也会造成海洋污染加重，因为毗连区和专属经济区的范围扩大，使海洋倾废有可能远离海岸，沿海国容易将核废料或含放射性和化学危害性的废物在远离自己领土的地方倾倒或掩埋，而处理地点通常都是保密的，这就有可能不仅使本国的居民，而且经洋流的原因导致其他国家的水域也受到污染和损害。[②]

三、海洋环境污染行为引起的国家责任之性质

国际法不加禁止行为所产生的损害性后果的国家责任概念并非作为违反

---

① 国际法委员会：《国际法委员会第 39 届会议工作报告》(中文版)，第 92 页。

② See James Carlson, Comment: Presidential Proclamation 7219: Extending the United States' Contiguous Zone-Didn't Someone Say This Had Something to Do with Pollution? Miami Law Review, April, 2001, 55 vol.

国际义务的结果而发生的通常的赔偿责任(也称“不法行为责任”),而是基于国际法不加禁止行为所导致的损害之发生的事实课予加害国的赔偿责任。当然,在此所提倡的具体的国家责任规则,不是作为取代传统不法行为责任规则的新的事后救济规则,而是为了公平地调整由于国际法不加禁止行为所导致的相关国家的利益的损害补偿规则。①

1. 海洋环境污染行为的性质——国际法不加禁止的行为

联合国国际法委员会给国际法不加禁止的行为赋予的含义有二:一是指这种行为国际法文件明文规定不加任何限制,即不加禁止而允许;二是指这种行为国际法文件没有明文规定禁止也没有明文允许。海洋环境污染行为恰恰是在国家管辖和控制范围内进行的活动,或者虽然在海洋公域,但属于正常国际交往所必需的流通手段和贸易往来,如石油运输、海底勘探和开采、放射性或化学物质的运输以及航空运输,这些都是国际法未加以禁止的活动。

与传统国家责任不同,这种行为的特点是:(1) 其活动一般都是由国家或实体在其本国领土或控制范围内从事的,但危害具有跨国性,这实际上将行为主要限定环境领域;(2) 活动通常具有潜在的危险性;(3) 活动本身都是现行国际法未加禁止的;(4) 受害国有权要求加害国给予合理赔偿。

“使用自己的财产应不损及他人的财产”是一项古老的罗马法原则,在国际法上,它是互相尊重国家主权原则的具体体现。即一个国家在使用本国领土时,不得滥用权力,给他国的领土和国民造成损害。跨界损害责任不仅仅着眼于赔偿,它更强调行为国预防和减少实际损害的义务。虽然这些义务得到普遍赞同,但是,对违反这些程序性义务是否直接产生国家责任,则有不同的主张。如果以寻求解决办法为磋商目的的话,就可能意味着授予磋商国以否决权,这是主权国家所难以接受的。因为导致损害后果的活动是国际法不加禁止的行为,也就是一国主权范围内的事,协商的目的只能是由双方交换意见,使一国不能毫无顾忌地从事危险活动。起源国在磋商的牵制下,将有必要更加审慎地行事,特别是根据“利益均衡”原则予以妥善的权衡。但是否继续进行和如何进行有关活动,最后的决定权应属于起源国,未履行预防义务并不能引起国家责任。虽然这些义务已经成为既定的惯例,但还没有成为严格的义务,起源国不履行上述义务并不构成受影响国提出法律诉讼的理由,除非当事国之间的条约中有

① 林灿铃:《论国际法不加禁止行为所产生的损害性后果的国家责任》,载《比较法研究》2000 年第 3 期,第 280 页。

此项规定。[1]

国际法不加禁止的行为并非等同于合法行为。许多国际法著作和国际法学者一提到国际法所不禁止的行为时就将其等同于合法行为，这种观念的产生大概基于两种原因：一是法学观点长期把行为简单地划分为合法行为与违法行为，而忽略了法律既不禁止也不提倡的行为的存在；二是深受"法律不禁止即为合法"的观念的影响。[2] 社会行为复杂多样，而法律规定相对狭窄得多，这样必然就在法律肯定行为和否定行为之外存在着一种法律既不提倡和鼓励、也未禁止和反对的行为，即法律未规定行为。国际法不加禁止的行为从范围上来说既包括国际法明确肯定的行为，其合法性不言而喻；也包括法律未规定的行为，它的合法性就值得探讨。庞德曾说过："法律对其没有明白加以谴责的东西并不一定表示赞同。"[3]这种现象在国际法中尤为突出。众所周知，国际社会没有一个凌驾于所有国家之上的政府，也没有一个统一的立法机关，国际法的产生要经过主权国家间协商同意或长期国际实践以及法律心理确信，这是一个非常繁复的过程，再加上各国经济、社会和法律发展不平衡以及利益冲突，使得国际法的发展缓慢而困难，在许多领域很不完善，以至很多本应该加以禁止的行为没有被禁止和否认。某些行为未被法律明示规定是因为在现阶段难以对其性质作出准确的法律判断。正如人类的海洋环境活动，其潜在危险性一旦爆发也会给人类带来深重灾难。对这类活动很难定性为合法行为或非法行为，因此，国际法对这类活动的规定很原则而缺乏具体规定。如果将这种因难以定性而未加规定的行为绝对等同于合法行为，无疑是欠妥的。法律不加禁止的行为不等同于合法行为也是国际法委员会所持的观点。委员会在对"国际法不加禁止行为产生的损害后果的责任"进行编纂时，对此种责任的定义有各种主张，其中有人主张"合法行为责任"，国际法委员会未采纳此种建议，因为它意识到造成域外损害的不加禁止行为是否合法是有争议的，而且一种行为是否合法往往不是固定不变的。

1976 年 12 月 15 日，联合国大会通过第 31/97 号决议，敦促国际法委员会尽快研究审议"国际法不加禁止行为的国家责任问题"。国际法委员会从 1977 年第 29 次会议开始，将该问题列入工作计划。国际法委员会在 1994—1996 年间经过三次会议暂时通过《关于国际法不加禁止的行为所产生的损害性后果的

---

① 杨力军：《论国际法不加禁止的行为所产生的损害性后果的国际责任》，载《法学研究》1991 年第 4 期，第 83 页。

② 慕亚平、郑艳：《国际损害责任的性质和法理基础》，载《法学评论》1998 年第 2 期，第 66 页。

③ 〔美〕庞德：《通过法律的社会控制·法律的任务》，沈宗灵译，商务印书馆 1984 年版，第 119 页。

国际责任公约》的部分条款及其评注，最终在1998年8月通过了《国际法不加禁止行为造成损害后果的国际责任（预防有害活动的跨界损害）条文草案》（以下简称《草案》）。

《草案》第1条明确了其适用范围，即“国际法不加禁止的，其有形后果有造成重大越境损害之危险活动”，从而解决了一直以来颇有争议的关于不具有危险的合法活动是否能纳入《草案》适用范畴的问题。国际法委员会明确指出，预防必须是有针对性的，即针对有造成跨界损害的危险活动，而不是不具有上述风险的一切合法活动。这样就较好地给这种责任进行了定性。跟1996年的草案稿相比，1998年草案删去了第3条，该条规定：“国家在其领土或在其管辖或控制下的其他区域内实施活动或许可进行活动的自由不是无限的。它服从于预防引起重大跨界损害的风险或将损害减至最小程度的一般义务，以及对其他相关国家负有的任何特定义务。”实际上，该条并没有要求一国必须保证不发生跨界损害，而是要求该国应采取一切必要的措施以预防或尽量减少这种损害。既然“预防”是这种责任的核心，那么该条具有格外重要的意义，它应作为本公约各条款的基础。因此，1998年草案将其删去是欠妥的。

1972年《斯德哥尔摩宣言》的第21条原则①一直以来被视作习惯国际法，事实上，它是国际环境法的核心。② 尽管第21条原则的重要性大家几乎取得了共识，但其内容仍有些含混不明，问题在于如何使两个明显存在矛盾的子句协调③。当前流行的观点是：责任应被视为对权利的一种限制。也就是说，国家有权开发使用它们的自然资源，如果他们可以确保其活动在管辖权内或者不会危害到其他国家的环境。否则，第二个子句就是无效的了。很显然，当时的谈判代表在语言上意图使第二个子句来限制第一个，④因此整个条文的焦点应该是第二个子句。当学者们提到第21条原则时，一般都是指这个限定性语句。从表面看，条文的意思似乎很清晰，国家必须采取措施来避免任何环境损害，包括

---

① UN Conference on the Human Environment, Stockholm Declaration, June 16, 1972, UN Doc. A/CONF. 48/14, princ. 21, 11 ILM 1416 (1972). 该原则被轻微改动后重申为1992年《里约热内卢宣言》的第2条原则，See UN Conference on Environment and Development, Rio Declaration on Environment and Development, June 14, 1992, UN Doc. A/CONF. 151/5/Rev. 1, princ. 2, 31 ILM 874 (1992).

② See John H. Knox, The Myth and Reality of Transboundary Environmental Impact Assessment, The American Journal International Law, April. 2002, p. 291.

③ See Jeffrey L. Dunoff, Institutional Misfits: The GATT, the ICJ & Trade-Environment Disputes, 15 MICH. J. INT'L L. 1043, 1094 (1994).

④ Louis B. Sohn, The Stockholm Declaration on the Human Environment, 14 HARV. INT'L L. J. 1973, pp. 423, 492.

私人行为导致的，但是，对于即将有可能成为习惯国际法新原则的第21条原则来说，它似乎不能够体现国家实践。有的学者就认为，面对每天发生的形形色色的跨界环境损害，规定一国没有权利损害别国的环境简直就是天方夜谭。①

未预防跨界环境损害的后果会引起其他一系列概念上的问题。通常国家责任法如果发生对该原则的违反，来源国一定要对受损害国的受损结果进行赔偿，很多学者会毫无疑义地支持这一观点。② 但是另有一些学者，尤其是国际法委员会中的，认为即使国家履行了义务，仍有可能为跨界损害承担责任。换句话说，就算国家尽了"due diligence"义务而不能阻止损害结果的发生，那么它们仍然必须承担对受害国的赔偿责任。

2. *海洋环境污染国家责任的定性——国际损害赔偿责任*

损害赔偿责任全称"国际法不加禁止行为所产生的损害后果的国际责任"，又称"合法活动造成域外损害的国家责任"③，或称"跨国界环境损害责任"④、"国际赔偿责任"⑤、"危险结果责任"。⑥ 一般认为，国际损害责任是指国际法律责任主体在从事国际法不加禁止的活动中造成损害所应承担的国际责任，责任的性质属于损害赔偿责任。⑦ 由于国际损害行为本身是国际法所不禁止的，只是由其造成的损害结果而产生国际责任，因此，其本质也是一种国际侵权行为。

其实，早在1941年特雷尔冶炼厂仲裁案的裁决中仲裁员就指出：任何国家没有权利以这样的方式使用或允许使用其领土，即通过烟雾使另一个国家的领土或领土上的财产、人员遭到损害。⑧ 虽然法庭用词是烟雾，但不难理解，烟雾可以引申为任何物质。⑨ 特雷尔冶炼厂案是第一个有关跨界损害的案子，是迄今惟一的关于跨界空气污染的典型案例。在特雷尔冶炼厂案发生的当时，国际环境法还没有形成，联合国人类环境会议也未召开，"依照《联合国宪章》和国际

---

① Oscar Schachter, The Emergence of International Environmental Law, 44 J. Int'l Aff., 1991, pp. 457, 463.

② See Gunther Handl, Territorial Sovereignty and the Problem of Transnational Pollution, 69 AJIL. 1975, pp. 50, 75. Alfred P. Rubin, Pollution by Analogy: The Trail Smelter Arbitration, 50 OR. L. REV. 1971, pp. 259, 273—274.

③ 周晓林：《合法活动造成域外损害的国家责任》，载《中国法学》1988年第5期，第121页。

④ 王雪漫：《论跨国界环境损害责任》，载周忠海主编：《和平、正义与法》，中国国际广播出版社1993年版，第368页。

⑤ 王铁崖主编：《国际法》，法律出版社1995年版，第162页。

⑥ 〔韩〕柳炳华著：《国际法》，朴国哲、朴永姬译，中国政法大学出版社1997年版，第478页。

⑦ 梁西主编：《国际法》，武汉大学出版社2000年修订版，第135页。

⑧ 国际法委员会第四十八届会议工作报告 A/51/10，第222页。

⑨ 蔡守秋、何卫东：《当代海洋环境资源法》，煤炭工业出版社2001年版，第246页。

法原则,各国具有可以自由地使用本国环境和自由开发本国资源的主权权利,同时亦负有责任,确保在它管辖或控制范围内的活动,不致对其他国家的环境或本国管辖范围外地区的环境引起损坏"的原则尚未确定,这就涉及到一个不可回避的问题——法律适用问题。根据美加两国1935年4月15日签订的特别协议,"适用美国在处理这类问题所适用的法律和实践以及国际法和惯例",但作为国际法庭,完全适用国内法,特别是国内的判例法,虽然法庭推定这些国内法与国际法原则完全一致,但从法理上看,这是不能作为国际诉讼的先例的。特雷尔冶炼厂的侵权行为是不是一定可以归因于国家?归因到什么程度?仲裁法庭根据习惯法体系的侵权法,裁定这就是加拿大的责任。由于当时还没有国家对在其管辖范围内的一切跨国损害行为承担绝对责任的原则,加拿大的国家责任是根据国内法、而不是根据国际法确定的。

任何国家对于给他国造成严重损害的活动,只要认可了领土的使用,则须为自己的行动承担风险。① 将特雷尔冶炼厂案作为关于跨界环境损害的国际法判例的典型案件,使加拿大对特雷尔冶炼厂的行为承担了国际法上的责任,说明"一个国家始终有义务防止其管辖下的个人的有害行为侵害其他国家"②。国际法学者普遍认为,该裁决所包含的原则可以在国际环境法及其他国际法领域中广为适用。③

在1949年国际法院受理的科孚海峡案中,国际环境责任原则得到进一步发展,国际法院指出:"任何国家在知情或应当知情的情况下,都有义务避免其领土的使用危害别国权利的行使。"④虽然科孚海峡案不是海洋环境损害导致国家责任的案例,然而由于可以将该案里的水雷合理地理解为海洋污染物,因此,国际法院在该海洋侵权案里的上述判词已经成为国际法学界探讨国际环境责任时的重要依据,这些案件的判词已成为国际习惯,它们完全可以适用于跨界海洋环境损害国家责任。

在国际实践中,损害责任依其主体的不同,可分为:(1) 国家专属责任。其主体是国家。主要涉及国家本身及其他国家实体的活动,以及其他非政府团体的活动,它们的行动引起的国际责任完全由国家来承担。(2) 由国家和经营人

① J. M. Kelson, State Responsibility and the Abnormally Dangerous Activity, Harvard International Law Journal, Vol. 13, 1972. p. 115.

② 陈致中:《国际法案例》,法律出版社1998年,第275—276页。

③ 〔美〕杰弗里·帕尔默:《制定国际环境法的新方式》,载《美国国际法年刊》1992年第2期,第265页。转引自慕亚平、郑艳,前引文。

④ The Corfu Channel Case (UK v Albania), ICJ Reports, 1949, p. 22.

共同承担赔偿责任。主要适用于民用核活动领域。(3)经营人承担赔偿责任。由经营人单独承担有限赔偿责任。

在关于国际损害责任的性质的理论上出现两种相反主张:一种观点认为,作为一个完整的理论体系,只有违反国际义务才能引起国际责任。损害责任作为国际责任的一种,源于行为的违反义务。英国的国家责任理论权威布朗利就持此观点,他认为:"责任的核心思想十分简单,即对错误行为应给予赔偿、作出解释、承担责任……。道德与法律并非就损害而论损害,而是只有在没有正当理由的情况下造成损害时,才追究责任。"[①]损害责任深层根源于行为的违反义务性,如果将其划分出来作另一类国际问题加以考虑,这种划分本身是"概念上的错误"。[②] 另一种观点认为,损害责任是因国际法所不加禁止行为的损害后果引起的,责任的产生只取决于域外损害事实的发生而不取决于行为的不法性,其与"以违反国际法的作为或不作为为前提"[③]的传统国家责任不同,因而需要将这类问题提出来,制定新的与之相适应的国际法原则,也就是国际法不加禁止行为所产生的国际赔偿责任问题。[④] 概括地讲,两种观点争论的焦点在于:对于国际损害责任,行为国应当根据自己的行为,还是根据其行为产生的后果承担责任。这两种理论针锋相对,反映了对国际法和法理学某些范畴的不同理解。笔者认为后者的观点较为恰当。随着国际法的发展,实际上国家的义务也是在不断增加的,20世纪以前,战争被认为是一种合法的手段,时至今日,禁止发动战争已经成为一个强行法规范了,所以,目前未被禁止的行为并不因其未成为各国义务而减少损害;相反,由于行为结果对人类自身发展的巨大危害,必须尽早加以规范,不能囿于条文的列举。世易时移,这些国际法不加禁止的行为有朝一日也可能经由条约固定而成为国际义务。

一些国家的国内法、区域性国际法甚至国际条约已经作出了相关规定。例如,新西兰的环境法院允许公民向其提出诉讼,而不以受到实质个人损害为必要条件[⑤],只要体现公众利益,即可诉诸法律,寻求民法上甚至在某些情况下刑

---

① Ian Brownlie, System of the Law of the Nations: State Responsibility, Part Ⅰ, Oxford University, 1983, pp. 40—47.

② Ibid.

③ 〔日〕寺泽一、山本草二:《国际法基础》,朱奇武、刘丁等译,中国人民大学出版社 1983 年版,第362页。

④ 彼埃尔·杜皮:《有关国际污染现行习惯法制度纵观》,载 D. 马格奥编:《国际法与污染》,1991年版,第79页。邵津主编:《国际法》,北京大学出版社、高等教育出版社 2000 年版,第365页。

⑤ See Resource Management Act(New Zealand), 1991, E 311(1), 316(1), 338(4) (NZ).

法上的强制执行。[①] 法院的行为越来越活跃,到1997年6月,有1224件案件中的349件得到了解决,截止2001年6月,1395个诉讼中的833件作出了判决,比4年前增加了一倍还多。[②] 类似的情况还有澳洲新南威尔士的土地和环境法院。[③]

作为《北美自由贸易协定》的相关协定而谈判签署的《北美环境合作协定》,赋予非政府组织和个人对协定的三个成员国诉讼的权利,如果后者"未有效地执行其环境法"[④]。这项规定也可以视作对法人赋予了同样的提起诉讼的权利。[⑤] 基于该协定于1995年成立的环境合作委员会在2002年10月已经收到了35份提交书,主要是近几年的[⑥],其中大部分为组织提交,往往也有个人提交的。

现在,个人及非国家实体对于其他国家违反环境和自然资源法的行为可以在常设国际仲裁法院提起仲裁,2001年6月19日,《新常设国际仲裁法院与自然资源和(或)环境相关争议的仲裁任意性规则》已经全体一致通过适用了。[⑦]

但是,因为损害责任的复杂性、新颖性和其地位的不确定性,关于这一责任的性质、范围、构成要件、内容等问题尚无定论,有待进一步研究,其中损害责任性质的认定尤为重要,因为它是解决其他相关问题的关键、难点和重点。国际法委员会考虑到损害责任的特殊性,专门将其列为一个课题,并行于传统的国家责任——即不当行为的责任,从而使国际损害责任成为国际法委员会重点研究和编纂的与国家责任并行的重要内容。但应当认清损害责任并非独立于国家责任之外,而是根据损害责任的特殊性,将其与国家责任并列于国际法律责任之中,它仍是基于违反国际义务而产生的,其与国家责任的规则和内容是相

① See Resource Management Act (New Zealand), 274(1) (amended in 1996).

② Report of the Registrar of the Environment Court for the 12 Months Ended 30 June 2001, sec. 2.1 (June 22, 2002), *available at* <http://www.courts.govt.nz/environment/news.html>.

③ See the Speaking on the Symposium: THE ILC'S STATE RESPONSIBILITY ARTICLES: Invoking State Responsibility in the Twenty-First Century, By Edith Brown Weiss, Edited by Daniel Bodansky and John R. Crook, The American Journal International Law, October, 2002, p. 798.

④ North American Agreement on Environmental Cooperation, Sept. 8—14, 1993, U.S.-Can.-Mex., Art. 14, 32 ILM 1480 (1993).

⑤ Methanex Submission, SEM-99-001 (Oct. 18, 1999), *available at* <http://www.cec.org/citizen/index.cfm? varlan = english>.

⑥ Citizen Submissions on Enforcement Matters, *at* <http://www.cec.org/citizen/index.cfm? varlan = english>. See David L. Markell, The Commission for Environmental Cooperation's Citizen Submission Process, 12 GEO. INT'L ENVTL. L. REV. 545 (2000).

⑦ Permanent Court of Arbitration, Optional Rules for Arbitration of Disputes Relating to Natural Resources and the Environment (June 29, 2001), *available at* <http://www.pca-cpa.org/BD/>.

辅相成的，而非对立的。

3. 海洋环境污染行为的后果——国家赔偿责任

五十多年前加拿大与美国之间的“特雷尔冶炼厂仲裁案”，被视为国际法上新的责任制度——国际法不加禁止的行为所产生的损害性后果的国际责任形成和发展的前奏。

自1978年国际法委员会从第30届会议将制定《国际法不加禁止的行为所产生的损害性后果的国际责任公约草案》列入议程，经过长期的争议和多年反复讨论，根据分阶段、按优先次序审议的做法，终于在1993年第45届会议上，一读通过了14个条款草案，从而使国际责任制度又增加了新的内容和根据。①

正如国际法委员会在《关于国际法不加禁止行为所产生的损害性后果的国际责任条款草案及其评注》中所指出的那样，“责任原则和赔偿原则是第4条的必要推论和补充。该条责成各国预防或尽量减少国际法不加禁止的活动引起的危险。另一方面，第5条规定了在发生重大跨界损害的时候给予赔偿或其他补救的义务”。

国际赔偿责任目前多出现在涉外民事赔偿之中，行为主体有国家、企业、公司和私人企业。而国家责任中的赔偿责任，其主体构成的行为往往是国家的政府机构或政府授权人，一般国家财政为其可能发生的国家责任做担保，一旦行为结果构成危害后果，行为者不履行义务时，可以追究国家责任。② 国际法委员会倾向于将国际责任分为“具有产生跨界损害风险的活动”和“实际产生损害的活动”两类。前一类在国内法上通常所指的具有高度危险性活动，也包括一般性的，但可能造成严重跨界损害的活动。后一类主要是那些持续不断产生危害的影响，逐渐形成严重损害的活动。

国际法委员会1996年的草案中规定了赔偿或其他救济的性质和范围问题，但1998年的草案却把这一内容删除了。因为损害责任问题关系一国的赔偿，因此各国一直无法达成有效的一致意见，但这并不意味该问题将一直悬而未决。国际法委员会应在上述1996年草案第21和22条的基础上进行更深入的协调与合作，从而不断充实该《草案》的内容。只有真正对有关赔偿或其他救济的问题给予明确规定，我们才能将这种责任落实到实处，真正保护受害国的利益。

① 《中国国际法年刊》(1994年)，法律出版社1994年版，第153页。

② 江伟钰、陈方林：《论跨国污染的国家责任和可持续发展》，载《科技与法律》1998年第3期，第26页。

先发制人行动与禁止使用武力原则

黄　瑶*

内容提要：为应对日益猖獗的国际恐怖活动，少数国家主张扩大国家单方面使用武力的权力，准予采取先发制人行动。这一主张和做法对《联合国宪章》的禁止使用武力原则提出了挑战。本文认为，无论国际反恐的形势多么严峻，也不应以此为由违反禁武原则，先发制人行动原则上仍应被禁止。不过，在严格的条件下采取预先性自卫（狭义的先发制人行动），似乎在国际上逐渐得到越来越多的响应，其可能的法律依据是联合国会员国或联合国机构对《宪章》的解释实践。但对于预防性军事行动（扩大的先发制人行动），由于其明显缺乏国际法律依据和没有被国际社会绝大多数成员所接受，故仍应予以严禁。求助于联合国安理会应对国际恐怖威胁是一种可取的做法，同时联合国会员国有必要在武力使用标准的具体界定和程序完善问题上尽可能达成共识。

关键词：禁止使用武力原则　先发制人行动　国际恐怖主义　联合国

《联合国宪章》（以下简称《宪章》）第2（4）条是当代国际法的和平基石，它确立了禁止在国际关系中使用武力或武力威胁的原则（简称禁止使用武力原则）。该原则现已成为当代国际法的一项强行法，它是维持国际和平与安全的重要保障。在《宪章》生效近六十年的时间里，之所以没有发生过一次世界大战，禁武原则功不可没。在禁武原则之下，联合国安理会对国际关系中的使用

* 中山大学法学院教授，中山大学法学理论与法律实践研究中心教授，中国国际法学会常务理事。
本文的研究与写作，受到国家社会科学基金项目（批准号04BFX054）和司法部部级科研重点项目（合同号03SFB1006）的资助，特此致谢。

武力拥有最终决定权,《宪章》第42条还赋予安理会对武力执行行动的垄断权。《宪章》的基本精神是对国际关系中的一切使用武力都进行管制。

然而,近年来随着国际恐怖主义的日益猖獗,少数国家以反恐为由主张扩大国家单方面使用武力的权力。例如,2002年美国布什总统以反恐战争为名提出了"先发制人"战略,但广遭非议。尔后不久,一些军事强国或地区大国出于各种目的,都纷纷宣称会对可能的威胁采取先发制人的军事手段。尽管联合国改革问题高级别名人小组于2004年12月向安南秘书长提交的"名人小组报告"[①],以及安南秘书长于2005年3月向第59届联大提交的"秘书长报告"[②]都谈及了"先发制人"问题,但由于这两份报告并非具有法律效力的国际法文件,并且各国对此看法不一,因而"先发制人"仍是个悬而未决的问题。察而言之,个别国家的先发制人政策对现行国际法构成了挑战,并对21世纪的国际反恐实践具有很大的潜在危害。鉴于此,本文拟从国际法角度,结合反对国际恐怖主义的现实,探讨先发制人行动的合法性问题和联合国如何规范武力反恐问题以确保禁武原则的实施。

一、先发制人行动的概念

先发制人行动,又称"先发制人军事行动"、"先发制人使用武力"、"先发制人打击",或简称"先发制人"。虽然"先发制人行动"经常与"预先性自卫"、"预防性自卫"、"预防性军事行动"、"预防性打击"(preventive strike)、"预防性战争"等术语交替使用,但"先发制人"一词在不同语境下体现出不同的含义。

联合国文件(名人小组报告和秘书长报告)中所述的"先发制人行动"是传统的"预先性自卫"(anticipatory self-defence)的一种新表述,两者具有相同的含

① *Report of the High-level Panel on Threats, Challenge and Change*, United Nations, A/59/565, 2 December 2004, http://www.un.org/secureworld/report.pdf. "名人小组报告"的全称为"一个更安全的世界:我们的共同责任"。此名人小组又名"威胁、挑战和改革高级别小组",是2003年11月在联合国秘书长安南的建议下,专门为研究国际和平与安全面临的挑战及联合国改革等重大问题而成立的,它由包括泰国前总理阿南、中国前副总理钱其琛等在内的16名国际政治和外交家组成。

② Report of the Secretary-General, United Nations, A/59/2005, 21 March 2005. "秘书长报告"的全称为"大自由:实现人人共享的发展、安全和人权",该报告的大部分内容来自名人小组报告的建议,其他的来自全球260多位经济学家提出的实施千年发展目标行动计划。

义,因而可以交替使用。[①] 在《联合国宪章》之前的国际实践中存在的预先性自卫,是指对于迫在眉睫的威胁或者在遭受到构成正在进行中的一系列武力攻击一部分的攻击之前,就使用武力作为回应。这与名人小组报告和秘书长报告所述的、以对付“迫近的威胁”(imminent threat)为特征的先发制人行动,在内涵上并无二致。名人小组报告在其第189段中,将一个国家不经过联合国安理会就声称它有权采用的预先性自卫行为(to act in anticipatory self-defence)分为两种:一种是对付紧迫威胁或近期威胁的先发制人行动(to act pre-emptively);另一种是对付非紧迫威胁或非近期威胁的预防性行动,即该报告第190段所称的“预防性军事行动”(preventive military action)。这两种称谓在秘书长报告中相应地被称为“先发制人使用军事力量(use military force pre-emptively)”(报告第122段)和“为预防目的使用军事力量(use military force preventively)”(第125段)。

可见,在这两份报告中,预防性行动比先发制人行动走得更远,因为,先发制人行动是为防备迫在眉睫的危险或威胁而使用武力,而预防性行动则是为防备一个也许在将来可能会使用武力攻击自己的敌人而使用武力。因而可以说,预防性行动是扩大化了的先发制人行动。正如美国纽约大学萨丕罗教授所指出的,预防性自卫(preventive self-defense)(即预防性行动)是一个难以捉摸的概念,它的标准模糊,更具有主观的随意性和潜在的危险性。[②]

2001年“9·11”事件后美国布什总统以反恐战争为名提出的“先发制人”战略或先发制人自卫(pre-emptive self-defence),其在概念上更接近于上述“预防性军事行动”。布什政府的先发制人战略体现在两份文件中:一是2002年6月美国布什总统在西点军校的演讲,他说:“反恐战争不能靠防御取胜。我们必须向敌人开战,粉碎他们的计划,并且在最严重的威胁出现之前就勇敢地对付它们。……我们的安全将需要所有的美国人有远见和决心,做好必要时采取先发制人的行动以捍卫我们的自由和保护我们生命的准备”[③];另一份文件是布什

---

① 美国学者中,有的认为这两个词可以互换使用,但不能与预防性自卫混为一谈。见 Miriam Sapiro, *The Shifting Sands of Preemptive Self-defense*, American Journal of International Law, vol. 97, 2003, p. 600. 有的学者将这两个词相提并论。例如,曾任国际法院法律官员的美国国际法学者贝克,使用“先发制人或预先性自卫”(anticipatory or pre-emptive self-defense)表述先发制人行动。见 Pieter H. F. Bekker, *The World Court finds that U. S. attacks on Iranian Oil Platforms in* 1978—1988 *were not justifiable as self-defense, but the United States did not violate the applicable treaty with Iran*, in ASIL Insights, November 2003, http://www.asil.org/insights/insigh119.htm, visited April 8, 2005.

② Miriam Sapiro, 前引文,第599页。

③ President George W. Bush, *Commencement Address at the United States Military Academy*, *West Point*, June 1, 2002, http://www.whitehouse.gov/news/releases/2002/06/20020601-3.html.

在2002年9月发表的《美国国家安全战略》报告①,该报告的第一部分指出,新安全战略的总目标是防止“我们的敌人用大规模杀伤性武器威胁我们、我们的盟友和我们的朋友”。该报告的第五部分说道:“美国长期以来坚持选择先发制人行动来应对危及国家安全的大量威胁。威胁越大,不行动的危险就越大。即使不确定敌人会于何时在何地发动袭击,为了保卫我们自己,必要时美国将采取先发制人行动。”在“恐怖分子所构成的威胁还没有完全形成前”,“通过对恐怖分子采取先发制人的行动,行使我们自卫的权利”。可见,布什政府所讲的先发制人并不要求有实际的或者迫近的武力攻击,而是当威胁还在酝酿中就可以进行打击。这种先发制人已经远远超出了对付迫近威胁的预先性自卫,而更符合预防性战争的性质。一些美国学者也持有这种观点。萨丕罗教授就指出,虽然布什政府将这种手段称之为“先发制人”,但是更准确地说,它是一种“预防性”的自卫,它不是针对特定的和迫在眉睫的威胁采取先发制人行动,其目的是为了防止一种更为一般性的威胁的形成。②

从严格意义上说,先发制人行动(又称“预先性自卫”)和预防性军事行动(或称“预防性自卫”、“预防性战争”)的含义确有区别。然而,在现实中,它们往往却被不加区分地使用。此原因正如德国学者卡姆普所指出的,“恰恰是美国的语言惯用法将‘先发制人’和‘预防性打击’区别开来了”,但由于“这些概念都颇具争议性,有些欧洲的国际法学者是在内容完全相反的意义上使用这些概念的”。③ 鉴于此种情况,若无特指,本文所指称的先发制人行动是宽泛意义上的,即泛指在对手发动武力袭击之前实施先行打击,以摧毁对手使用武力的能力。它包括了传统的预先性自卫(狭义的先发制人行动)和扩大化的预防性军事行动。

二、先发制人行动的合法性问题

“名人小组报告”第122段指出,近几年来,联合国会员国在以下两个问题

① *The National Security Strategy of the United States of America* (Sept. 2002), http://www.whitehouse.gov/nsc/nss.pdf.

② Miriam Sapiro, 前引文,第599—600页;美国乔治敦大学的斯特龙塞思教授也认为,布什政府所说的先发制人行动超出了预先性自卫的范畴,后者是回应迫近的(imminent)攻击的一种武力手段。见Jane E. Stromseth, *Law and Force after Iraq: A Transitional Moment*, American Journal of International Law, vol. 97, 2003, p.638, note 50.

③ 〔德〕卡尔-海因茨·卡姆普:《预防性军事行动——一种新的安全政治现实?》,载《世界经济与政治》2005年第2期,第61页。

上分歧很大,存在着不同的观点:一是国家是否有权先发制人使用武力,对紧迫威胁采取自卫行动;二是国家是否有权为预防目的使用武力,对潜在威胁或非紧迫威胁采取自卫行动。实际上,这两个问题在学界争论已久,即便在因"9·11"事件掀起的世界范围内反对国际恐怖主义热潮的大背景下,各国学者们对这两个问题的看法仍然是见仁见智,各执一词。各国和学者们争论的焦点在于预先性自卫(狭义的先发制人行动)和预防性军事行动的合法性问题,即此行动是否具有国际法律依据?

自1945年10月《联合国宪章》(以下简称《宪章》)生效以来,在涉及使用武力的合法性问题上,国际社会总是依据《宪章》的规定来判定。而《宪章》关于使用武力的规定,总的来说,是一个原则和两个例外。一个原则是指《宪章》第2(4)条规定的禁止在国际关系中使用武力或武力威胁(简称"禁止使用武力原则")。而两个例外,是指《宪章》明文规定的合法使用武力主要有自卫权(第51条)和联合国所采取的或授权采取的武力行动(第42条和第53条)。换言之,当今世界上只有两种军事行动被公认是合法的:一是经联合国安理会授权的军事行动,二是受害国固有的自卫权。由于先发制人行动的一个重要特征是国家单方面使用武力,因此,关于先发制人行动的法律依据只能在自卫权中寻找。以下将对预先性自卫和预防性军事行动的法律基础问题分别予以讨论。

(一)预先性自卫(狭义的先发制人行动)的法律依据问题

传统意义上的预先性自卫,亦即美国国务卿韦伯斯特在1837年卡罗林号案中所阐述的自卫权,指的是在敌人发起首次武力攻击之前,如果存在毋庸置疑的证据表明敌人进攻的迫在眉睫并且其他非军事的措施不会奏效的话,被威胁的国家就有采取武力行动的权利。这就是著名的"卡罗林原则"。它是由美国国务卿丹尼尔·韦伯斯特在1842年宣布的,他认为,预先使用武力仅限于在"刻不容缓的、压倒一切的、没有其他选择手段的和没有考虑时间的"情形下才可行使。① 欧美学者认为,1837年的卡罗林号事件使预先性自卫以自保的形式在国际法上第一次得到承认,即这种自卫在极为有限的必要情况下,可以使干

① 参见 Robert Jennings and Sir Arthur Watts, eds., *Oppenheim's International Law*, 9th ed., vol. 1, Peace, Longman, 1992, p. 420.

涉行为合法。此后,预先性自卫成为国际习惯法的一部分。[①]

然而,预先性自卫这一传统主张从1945年《联合国宪章》生效后到2001年美国"9·11"事件之前这几十年间,遭到许多学者的反对。他们的主要理由有二:第一,虽然早期的国际法曾经承认,在国家的领土完整受到急迫威胁情况下,可以采取预先性自卫行为,但是,二战后这种权利失去了国际社会的支持,并最终被确立禁止使用武力原则的《宪章》第2(4)条从现代国际法中剔除;第二,预先性自卫不符合《宪章》第51条关于自卫权行使的前提条件——"受武力攻击"。该条对国际习惯法上的自卫权进行了限制,将自卫权的行使限于"受武力攻击"时。这意味着必须已经发生了武力攻击或军事攻击已经实际存在时,才能使用武力进行自卫。而预先性自卫却是在单纯的军事威胁阶段就实施自卫权。可见,这种自卫不符合《宪章》第51条的规定。何况,这种自卫也同《宪章》的宗旨与目标(即指国际关系中的单方面使用武力减至最少限度)背道而驰。此外,在国际实践中,世界各国都极少援引预先性自卫作为使用武力的理由,因为它们知道预先性自卫并不被绝大多数的国家所接受。[②]

"9·11"事件后,面对新的国际安全形势,有越来越多的学者主张,预先性自卫可以在一定的限制条件下行使,即允许各国采取某些预先性自卫行动。他们的主要理由是为了顺应当前国际安全形势出现的新威胁和变化,例如,国际恐怖主义的频繁发生,大规模杀伤性武器的日益扩散,诸如导弹、巡航导弹之类的远程运输技术的进一步发展,使得越来越多的国家和恐怖组织能够从远距离发射毁灭性火力,而且一些不负责任的国家[③]庇护或支持恐怖主义和拥有或获得大规模杀伤性武器并表示不受约束地使用这类武器,等等。鉴于此,不少欧美学者主张,先发制人打击必须限制在用以回应一种迫近的而且是用其他任何方式无法避免的攻击。他们尤其关注大规模杀伤性武器所具有的特殊紧迫性

---

① 参见 Werner Meng, "*The Caroline*", in Rudolf Bernhardt, ed., *Encyclopedia of Public International Law*, vol. 1, North-Holland, 1992, p.538. 这位欧洲学者没有像美国学者那样将"先发制人"或预先性自卫与预防性自卫区别开来。此文中的"预防性自卫"实为"预先性自卫";Malcolm N. Shaw, *International Law*, 4th ed., Cambridge University Press, 1997, p.787; Abraham D. Sofaer, *On the Necessity of Pre-emption*, European Journal of International Law, vol. 14, No.2, 2003, pp.214—220. 关于卡罗林号事件,亦可参阅黄瑶著:《论禁止使用武力原则:联合国宪章第二条第四项法理分析》,北京大学出版社2003年版,第282页。

② 参见黄瑶著,前引书,第304—308页;Michael Byers, *Terrorism, the Use of Force and International Law after 11 September*, International and Comparative Law Quarterly, vol. 51, April 2002, p.408; Jackson Nyamuya Maogoto, *New Frontiers, Old Problems: The War on Terror and the Notion of Anticipating the Enemy*, Netherlands International Law Review, vol.51, No.1, 2004, pp.29—33.

③ 这些不负责的国家,被西方国家及其一些学者称为"无赖国家"(rogue states)。

和严重性所带来的挑战。有的学者提出,这类武器的破坏性是如此之大,以至于国际社会不能静候而成为化学、生物或核武器恐怖主义的受害者,否则,自卫的概念就失去其实际意义。[①] 也有学者认为,当一个国家已经发展了能够对他国造成重大损害的武器的能力,并明示或默示它要沉重打击他国的意愿或意图,那么等待显然意味着只能被动挨打。在这种情况下,预先性自卫应予以允许。[②]

本文认为,21 世纪的世界,国际社会确实存在着恐怖主义、大规模杀伤性武器的危险,特别是潜伏着那些不知在何时也不知在何地会发生的毁灭性打击,这些可怕的难以预先确定的恐怖情况,使各国无不忧心忡忡。在此情形下,要完全否认预先性自卫而不允许有任何例外,似乎不大现实。然而,由于预先性自卫缺乏现行的国际法依据,而且其本身缺乏客观的标准以供操作,为了防止武力的滥用,原则上应当禁止预先性自卫。但基于反对国际恐怖主义这一人类共同敌人的特殊需要,在极端特殊的情况下允许预先性自卫的存在,亦有其合理性的一面。例如,在有明确的打击实施标准和严格的条件(如威胁必须是迫在眉睫、遭受威胁的国家没有其他有效的应对方法等)之下的预先性自卫可被承认。[③]

与在极端情况下的特定预先性自卫的合理性相关的,是这种自卫的合法性问题,即这种特定的预先性自卫存在的法律基础是什么?对此国际上存在下列几种看法。

一种观点认为,这种预先性的自卫权存在于《宪章》之外。一些学者认为,由于拥有大规模杀伤性武器的可能性增大,故在《宪章》第 51 条之外应可主张预先性自卫权。美国纽约大学法学院弗兰克教授认为,大规模杀伤性武器的残酷性和造成损害的巨大性,使《宪章》第 51 条将国家行使自卫权限制在受到武力攻击之后的条件受到了质疑。第一次(核武器)打击能力不可避免地催生预先性自卫的主张。[④] 曾任美国参议院对外关系委员会法律顾问的格伦农教授也

---

① Jackson Nyamuya Maogoto,前引文,第 36 页。

② Michael Glennon, *Self-defense and Incoherence in the UN Charter*, Harvard Journal of Law & Public Policy, 2002, vol. 25, p.552.

③ 关于限制预先性自卫(狭义的先发制人行动)行使的条件,名人小组报告第 188 段提出的条件包括:武力攻击的威胁随时可以发生、又没有其他办法可以阻止,而且所采取的回应行动是相称的。这些条件符合国际习惯法中有关自卫权行使的条件,即必要性、即刻性和相称性原则。

④ Thomas M. Frank, *The UN and the Protection of Human Rights: When if Ever May States Deploy Military Force Without Prior Security Council Authorization*? Washington University Journal of Law & Policy, vol. 5, 2001, pp.57—58.

持有相似的观点,他认为,当今国际社会所面临的严峻安全现实,是《宪章》起草者们在半个多世纪前起草《宪章》时所无法想像的。① 其言外之意,是新的国际安全形势表明,《宪章》第51条的规定已经过时从而需要重新解释或者修改。然而,以修改《宪章》的方式来为预先性自卫提供合法依据的做法是不切实际的,因为《宪章》本身所具有的刚性特点,使《宪章》的修改,尤其是其实质性重要条款的修改变得困难重重。②

另一种观点认为,这种预先性自卫是基于国际习惯法。反对布什政府宣称先发制人战略的德国法兰克福和平研究所的博特教授认为,合法的自卫行为要求存在武力攻击的实际发生或者一种被认为等同于武力攻击的情势。他指出:"许多学者都承认,一种威胁是如此的直接和压倒一切,以至于人们不能强求受害国要等到武力攻击已经实际开始后才能进行自卫行动。在这种情况下,一种等同于武力攻击的情势之主张就占了上风。"表述这种主张及其限制的就是美国在19世纪提出而得到普遍承认的"卡罗林公式"。"包含在卡罗林公式中的必要性和即刻性原则被视为国际习惯法的一部分,甚至进入了《联合国宪章》。"③从博特教授的观点看来,在符合必要性和即刻性的严格条件下承认预先性自卫作为一种例外情况,其法律依据可视为是符合《宪章》的国际习惯法。应该承认,通过新的国际习惯法的形成来变更现行的自卫权规则,这是一种可能的途径。不过,国际习惯法的形成非一日之功,因而欲通过此方式为预先性自卫提供法律依据,并非易事。

与第一种观点相反,第三种观点认为这种预先性自卫本身就属于《宪章》规定的内容,即《宪章》第51条所确认的自卫权。例如,"名人小组报告"第188段认为:"根据长期以来得到公认的国际法,只要威胁发动的攻击随时可以发生,又没有其他办法可以阻止,而且采取的行动是相称的,受威胁的国家就可以采取军事行动。"而"秘书长报告"第124段说得更直截了当:《宪章》"第51条充分涵盖了紧迫威胁的情况,并维护主权国家对武力攻击进行自卫的自然权利。法律学者们早就认识到其中包括即将发生的攻击和已发生的攻击"。应该说,这两份报告的说法只是代表了部分西方(尤其是美国)学者的观点。然而,这一观点难以自圆其说,颇值得商榷,其理由如下:

---

① Michael Glennon, *Preempting Terrorism: The Case for Anticipatory Self-Defense*, Weekly Standard, 28 January 2002, pp. 24—26.

② 关于《联合国宪章》修改的艰难性问题,可参阅黄瑶著,前引书,第63—65页。

③ Michael Bothe, *Terrorism and the Legality of Pre-emptive Force*, European Journal of International Law, vol. 14, No. 2, 2003, pp. 227,231.

其一,《宪章》第51条规定的自卫的必要条件——“受到武力攻击”,其意义非常清楚明确,指的是已经发生了武力攻击或者军事攻击已经实际存在,它不包括仅仅是威胁的武力攻击。这一结论已为绝大多数法律学者所认同,并认为这正是预先性自卫的非法性之所在。[①] 其二,联合国成立以来的国际实践表明,绝大多数国家都不接受预先性自卫,已如前述。就连美国在1962年的古巴导弹危机期间,在公海上阻止外国船舶以防止苏联导弹转移到古巴,美国都不愿搬出预先性自卫作为它对古巴实施海上禁运行为的合法理由。[②] 倘若秘书长报告所说的《宪章》“第51条充分涵盖了紧迫威胁的情况”是事实的话,那为什么绝大多数国家都对预先性自卫持反对或保留态度?尽管名人小组报告第192段所言“我们不赞成修改或重新解释《宪章》第51条”,但事实上,名人小组报告和秘书长报告关于《宪章》第51条对自卫权规定所作的阐述,是对第51条进行了扩大化的解读,即进行了重新解释。这两份报告之所以做此种解释,或许是出于21世纪的国际安全形势尤其是国际反恐需要的考虑吧。

至此,我们不难看出,解决在例外情况下关于有限预先性自卫的合法性问题存在着困难:一是对《宪章》第51条做出严格的文义解释,无法解决例外情况下有限预先性自卫的合法性问题;二是对第51条进行的牵强附会的解释(如第三种观点)又难以让人信服和接受;三是修改《宪章》第51条则难上加难。尽管如此,但《宪章》是一部“活的”文件,《宪章》的规定有足够的伸缩性以适应变化了的条件,故《宪章》本身具有应对国际和平与安全新威胁的能力。[③] 由于修改《宪章》不切实际,许多学者都主张,应鼓励联合国成员国支持对《宪章》有关使用武力的规定进行适度的重新解释[④],这样可以防止因法律的剧变而造成打开潘多拉魔盒的后果。应该说,通过法律解释的方法使《宪章》规定顺应新形势的需要,这不失为一种变通的做法。其中,学者们尤为关注联合国会员国或联合国机构对《宪章》的解释实践。一些学者指出,《宪章》的规定可以通过联合国主要机构的解释实践而发生演变。通过国家实践来修改、重塑或者重新解释

① 参见黄瑶著,前引书,第283—285、304—306页;Michael Bothe,前引文,第228—230页。

② 参见Miriam Sapiro,前引文,第601页;Richard N. Gardner, *Neither Bush Nor the "Jurisprudes"*, American Journal of International Law, vol. 97, 2003, p.587.

③ 参见黄瑶:《论〈联合国宪章〉的解释方法问题》,载《中国法学》2003年第6期,第131页;Jane E. Stromseth,前引文,第633页;Richard A. Falk, *What Future for the UN Charter System of War Prevention?* American Journal of International Law, vol. 97, 2003, p.598.

④ Richard N. Gardner,前引文,第589—590页;Thomas M. Franck, *Preemption, Prevention and Anticipatory Self-Defense: New Law Regarding Recourse to Force?* Hastings International and Comparative law Review, vol. 27, Spring 2004, p.432; Eyal Benvenisti, *The US and the Use of Force: Double-edged Hegemony and the Management of Global Emergencies*, European Journal of International Law, vol. 15, No.4, 2004, p.699.

《宪章》的情况并不少见。①

本文认为,在国际反恐的特殊情况下应认可预先性自卫在一定条件下的有限存在,至于其合法性问题,可通过联合国会员国或联合国机构对《宪章》第51条的有权解释来解决。从条约解释的方法论上说,此种解释方法叫做惯例解释(interpretation by practice),即联合国会员国和机构适用《宪章》的嗣后实践对《宪章》有关条款所作的解释,如果符合《宪章》的宗旨及原则,而且被联合国绝大多数会员国所接受,那么这种解释可具有拘束力。② 具体而言,在当前国际反恐情况下,如果一国所受到的国际恐怖攻击的威胁迫在眉睫,又没有其他办法可以阻止,该国不得不采取相称的军事行动予以回应。倘若这种军事行动没有受到联合国绝大多数会员国(包括安理会全体常任理事国)的反对,联合国安理会也没有对此予以谴责,那么这种有限的预先性军事行动则有可能发展《宪章》第51条关于自卫权行使的前提条件,使"武力攻击"的含义扩大到等同于武力攻击的情势(如迫近的恐怖威胁等)。换言之,如果联合国会员国或安理会对一国出于国际反恐目的、对迫近的严重威胁而不得不单方面使用武力的行为采取普遍容忍或默许的态度,这将最终成为对《宪章》第51条的解释实践而使该条规定发生演变,以顺应当代国际安全形势发展的必然要求。

(二)预防性军事行动(扩大的先发制人行动)的合法性问题

以美国先发制人战略为代表的预防性军事行动有两个特征:一是单方面行动,即不需要联合国安理会的批准或授权;二是预先采取行动,即对敌人(假想敌)实施军事第一打击,将威胁消灭于萌芽状态。这种先发制人行动,并不是以威胁的紧迫性和使用武力的必要性作为前提条件。可见,在对《宪章》的自卫权概念作扩大解释上,布什政府的先发制人战略比对付迫近威胁的预先性自卫走得更远。

支持美国先发制人战略的学者认为,这种先发制人自卫是因应21世纪的大规模杀伤性武器、支持恐怖主义的无赖国家和国际恐怖主义的新威胁的需要,因为对《宪章》第51条自卫权的严格解释已不能适应"9·11"事件后国际安

① 参见 Thomas M. Franck, *Recourse to Force*: *State Action Against Threats and Armed Attacks*, 2002, pp. 5—9, 186; Richard N. Gardner, 前引文, 第589页。

② 关于《联合国宪章》的惯例解释问题,可参阅黄瑶,前引文,第137—139页。

全形势的新变化。[①] 对此,名人小组报告第189段做了更为具体的表述:那些对预防性行动说“可以”的人认为,有些威胁(例如持有核武器的恐怖分子)可能造成的危害是如此之大,不能坐等它们变成紧迫威胁,且早采取行动可能减少危害(例如,避免核武器交锋,或避免反应堆被毁产生的放射性尘埃)。

这些理由初听起来似乎有一定的合理性,但这样做的后果却颇令人担忧。在预防性军事行动中,如何判断存在潜在的威胁?怎样断定对手的袭击意图?这些问题至今都还没有客观标准可供操作,而是主要凭借主观因素作为判定依据,这就很可能被人滥用,使其成为无故动辄诉诸武力的借口。譬如,在布什政府的先发制人战略下,美国是判断何事及何人构成了威胁以及美国将于何时做出采取先发制人报复行动的惟一决断者。如此一来,美国对外使用武力就可以不受约束,这直接违背了《宪章》确立的禁止使用武力原则。

值得留意的是,2002年《美国国家安全战略》报告第五部分中说:“虽然美国不会在一切情况下都对正在出现的威胁使用武力进行先发制人,但是各国不应该使用先发制人作为侵略的借口。”其言下之意是,唯独美国一个国家可以使用先发制人,而其他国家不能使用之。这种“只许州官放火,不许百姓点灯”的主张,显然与国家主权平等原则背道而驰,当然不会被国际社会所接受。正如“名人小组报告”第191段所说的,“允许一国采取预防性行动,就等于允许所有国家采取这种行动”。而这样做的结果可想而知,一旦这种单方面的非法使用武力行动在全球扩散开来,那么法治将被强权所取代。倘若其他国家纷纷效仿美国先发制人,比如,俄罗斯对格鲁吉亚、印度对巴基斯坦、以色列对巴勒斯坦、澳大利亚对东南亚地区邻国、日本对朝鲜、伊朗对以色列和美国在中东的军事基地等,都在未受到对方国家武力侵略的情况下就大动干戈、大打出手,那岂不天下大乱?国际局势的动荡可想而知,国际秩序的破坏不难预见。这样一来,预防性军事行动会不会和恐怖主义、大规模杀伤性武器一样,成为当今世界新的安全威胁呢?

预防性军事行动不仅其合理性受到质疑,而且其合法性更是被打上了一个大大的问号。美国布什总统试图在国际法框架内为其先发制人战略寻找法律依据,他在2002年《美国国家安全战略》报告第五部分中说:“几个世纪以来,国际法承认,国家不需要在受到攻击后,才可以采取合法的行动对迫近的攻击危

① 参见 Eyal Benvenisti,前引文,第684页;John Yoo, *International Law and the War in Iraq*, American Journal of International Law, vol. 97, 2003, pp. 574—575; Ruth Wedgwood, *The Fall of Saddam Hussein: Security Council Mandates and Preemptive Self-Defense*, American Journal of International Law, vol. 97, 2003, pp. 582—585.

险进行抵抗,保护自己。法律学者和国际法学者经常将先发制人行动的正当性建立在存在迫近威胁的条件之上,此种条件最常见的是出现了准备采取攻击行动的陆、海、空军的军事调动……我们必须使迫近威胁的概念适应今天敌人的能力和目标……无赖国家和恐怖分子不会寻求传统手段袭击我们。"布什政府试图将对付紧迫攻击的预先性自卫权扩展到对付潜在的、非迫在眉睫的攻击威胁的预防性军事行动。然而,这种行动不仅与《宪章》第 51 条规定的受到实际武力攻击的条件相去甚远,而且也不符合存在紧迫威胁情况的对自卫权的扩大解释。因此,预防性军事行动显然超出了《宪章》第 51 条的自卫权范畴,两者无法相容。

也许由于预防性军事行动存在的合理性和合法性问题,正如美国国际法学者希尔吉斯教授指出的,"名人小组报告"不点名但却清楚地拒绝了美国的先发制人主张,即布什所说的"基于常识和自卫,在涉及大规模杀伤性武器的威胁完全形成之前,美国将对正在出现的这些威胁采取行动"。[①]"名人小组报告"在其第 193 段中指出:"如果一个国家威胁到其他国家……联合国宪章第七章条文本身的意义就足够广泛,允许安理会批准对一个国家采取胁迫行动包括军事行动,而不管威胁现在正在出现,快要出现,还是要在较远的将来出现,也不管威胁涉及有关国家自己的行动,还是它所窝藏或支持的非国家行为者的行动。"也就是说,《宪章》第七章给安理会的授权已很广泛,足以使安理会有权批准对国际和平的威胁采取胁迫行动,即使有关威胁不是紧迫的或者是非国家行为者所为,安理会都可以这样做。

上述分析表明,比预先性自卫具有更大的任意性和主观性的预防性军事行动,不是一个可接受的《宪章》关于使用武力的例外。正由于这个缘故,美国的先发制人战略一经宣布,即遭来了广泛的非议。在美国布什总统发表新的国家安全战略两个月后,美国国务院法律顾问在一份关于先发制人的备忘录中重新对先发制人进行狭义的解说,将已扩大化的先发制人回归到与预先性自卫相关的紧迫性和必要性标准。该备忘录写道:"总统的国家安全战略依赖于适用于卡罗林号案相同的法律框架……面对有确凿的证据证明存在迫近威胁的情况,在用尽了和平的救济措施,并在对可能出现的后果经过认真、审慎的考虑之后,

① Frederic L. Kirgis, *International Law and the Report of the High-Level U. N. Panel on Threats, Challenge and Change*, in ASIL Insights, December 2004, http://www.asil.org/insights/2004/12/insight041216.htm, visited April 8, 2005.

一个国家可以采取先发制人行动以保护它的国民免遭意想不到的伤害。"[①]虽然美国的学者们对基于紧迫性和必要性原则的预先性自卫大多持认可态度,但他们中的多数对过度扩大解释《宪章》的自卫权概念表示了担忧,并对布什政府的先发制人战略提出了种种限制的主张。[②]

2003年伊拉克战争使预防性军事行动受到国际上的普遍指责。这场战争不是先发制人行动,而是一场预防性战争或预防性军事行动。直到伊战开打之前,都没有证据显示伊拉克正在加紧准备进攻美国,伊拉克并没有实施威胁美国的行动,布什政府没有任何信息显示业已存在一种迫在眉睫的威胁。也就是说,美国是在既没有受到来自伊拉克的实际武力攻击,也没有受到迫在眉睫的攻击威胁的情况下对伊拉克单方面使用武力的。实际上,战前几个月,联合国对伊拉克进行的武器核查以及美国屯兵伊拉克境外,已经对伊拉克形成充分的压力,使它不可能对任何外国构成迫近和实质性的威胁。因此,伊拉克战争既不符合预先性自卫的概念,更超出了《宪章》第51条关于自卫权的规则,也未得到联合国安理会的授权,其非法性是明显的。这一点已成为多数学者的共识。[③]联合国秘书长安南在2004年9月15日接受英国广播公司采访时也说,美国领导的多国部队入侵伊拉克的军事行动是非法的,伊拉克战争违反了《联合国宪章》。[④]

伊拉克战争后,不少美国学者对布什政府的先发制人战略进行反思。2004年初,美国卡内基国际和平基金会发表了一份题为《在伊拉克的大规模杀伤性武器:证据与启示》的军事战略报告。该报告建议美国修改国家安全战略,尽量避免美国在没有紧迫威胁的情况下进行单边作战。该报告认为,伊拉克战争的例子说明,对于一场预防性战争来说,单边主义不符合美国的国家安全利益。

---

① William H. Taft IV, Legal Adviser, Department of State, *The Legal Basis for Preemption*, published by the Council on Foreign Relations, Nov. 18, 2002, http://www.cfr.org/publication.php? id = 5250.

② 参见 Miriam Sapiro,前引文,第603页(该文作者说:虽然联合国宪章可被解释为允许在面对迫近威胁时采取防御性行动,但是再往前走则是困难的而且是危险的);Abraham D. Sofaer,前引文,第220—224页(这位美国斯坦福大学法学院的教授指出,成为美国国家安全战略一部分的先发制人和预防性行动,必须限于应对那些迫近的并且用其他方法无法避免的攻击。为此,他提出了一系列的限制标准以使先发制人自卫具有正当性)。

③ 曾令良主编:《21世纪初的国际法与中国》,武汉大学出版社2005年版,第60—61页;余敏友、孙立文、汪自勇、李伯军:《武力打击国际恐怖主义的合法性问题》,载《法学研究》2003年第6期,第145、147页;〔德〕卡尔-海因茨·卡姆普,前引文,第61页;Michael Bothe,前引文,第233—236页;Lori Fisler Damrosch and Bernard H. Oxman, *Future Implications of the Iraq Conflict*, *Editors' Introduction*, American Journal of International Law, vol. 97, 2003, pp. 555—556.

④ 《安南:美对伊发动战争违法》,载《北京青年报》,http://news3.xinhuanet.com/world/2004-09/17/content-1992006.htm,2005年4月15日访问。

加强长期的国际安全需要的是世界各国共同认可的标准，而不是鲁莽的单边行动。[①]

以上主要是从理论层面剖析预先性自卫和预防性军事行动的合法性问题，那么各国或国际组织对这两种主张的态度如何呢？以下将从国际实践层面进行考察。

在美国"9·11"事件之前，世界各国普遍对预先性自卫的概念感到不安，并强烈反对这种扩大自卫权范围的主张。[②]"9·11"事件后，越来越多的国家赞成在极端情况下预先性使用军事力量这一原则。[③]值得一提的是，2003年6月，八国集团发表了关于不扩散大规模杀伤性武器的宣言。该宣言规定，可用于解决这类武器威胁的工具包括"……国际合作和外交努力，以及必要时采取符合国际法的其他措施"。[④]八国（美、英、法、俄、加、德、日、意）将使用武力的可能性置于"必要时采取符合国际法的其他措施"的范畴，这表明八国加强了对使用武力反恐的限制。至于带有预防性军事行动性质的美国先发制人战略，虽然得到了多数北约国家的支持，但却遭到了世界上许多国家的反对。[⑤]虽然自从美国布什总统在2002年提出先发制人战略以来，澳大利亚、日本、英国、以色列、俄罗斯、印度、法国、伊朗等军事强国或地区大国都先后表示要对敌人先发制人，但具有实力实施先发制人打击的国家毕竟只是少数。对于大多数中小国家而言，恐怕不是先发制人的问题，而是如何增强自身的防御能力以免被人"先制"的问题。如此一来，会不会掀起新一轮的军备竞赛，加剧大规模杀伤性武器的扩散呢？旨在反对大规模杀伤性武器的先发制人，其最终的结果却将是刺激其他国家想方设法生产或获得这类武器。

各国政府对有关联合国改革的建议方案——名人小组报告和秘书长报告的态度，也从一个侧面反映了各国对先发制人行动的立场及倾向。如前所述，名人小组报告第188段认可对付迫近威胁的先发制人行动（即预先性自卫），但该报告第191段认为，单方面的预防性行动是非法的，其第193段和第194段主

---

① 李燕：《找不到大规模杀伤性武器怎么办？》，载《华盛顿观察周刊》（Washington Observer Weekly）第4期，2004/2/11，http://www.washingtonobserver.org/big5/headline-mdw-021104CN69.cfm，2005年4月12日访问。

② 见黄瑶著，前引书，第306—308页。

③ 参见〔德〕卡尔-海因茨·卡姆普，前引文，第62页。

④ *G-8 Declaration on Nonproliferation of Weapons of Mass Destruction* (June 3, 2003), http://www.g8.fr.

⑤ 见〔德〕马蒂亚斯·海尔德根：《联合国与国际法的未来——现代国际法体系基本价值及其有效保障》，载《世界经济与政治》2004年第5期，第46页。

张预防性军事行动应由安理会核准。秘书长报告第124段和第125段对此也持相似看法。各国对这两份报告的反映不一。一部分国家认为,联合国与美国外交政策多次冲突后,安南已经向美国政府做出让步,他的改革报告有讨好美国之嫌。津巴布韦常驻联合国代表斯库说:“我和发展中国家的同事感觉,秘书长试图通过向发达国家战略计划倾斜以取悦美国,此做法无法让我们满意。”法国驻联合国代表团成员指出:“他们可能在讨好华盛顿政府上走得太远。联合国并非只牵涉到美国利益。”[①]在美国方面,2005年3月21日美国国务院发言人埃瑞利在例行记者会上,一方面表示美国欢迎秘书长报告及欣赏安南秘书长的努力,另一方面在关于使用武力及先发制人的敏感问题上,美国表示严重保留。他说,安南的报告已经表明国家不需要等到自己遭到实际攻击后才使用武力或进行自卫,即国家有权预先自卫,并指预先自卫权也是联合国宪章本身所包含的一项根本内容,现有宪章已经足够。他对再就此问题搞什么安理会决议的必要性与可行性表示怀疑。[②] 中国对在国际关系中使用武力向来持谨慎态度。在2005年1月27日第59届联合国大会对名人小组报告进行的讨论中,中国常驻联合国大使王光亚发言说:“预先自卫”或“预防性使用武力”的做法不可取,使用武力必须得到安理会的授权。[③]

在联合国的有关实践方面,国际法院一直保持沉默,对预先性自卫和预防性行动避而不谈,已如前述。

上述各方面的分析表明,对付迫近威胁的先发制人行动(预先性自卫)仍有争议,但具有预防性行动性质的先发制人行动,显然为现行国际法所不容,并被国际社会的绝大多数国家所拒绝。

三、联合国对反恐中武力使用的制约问题

反对国际恐怖主义行动的理想模式,应当是那种既有充分的理由(包括合法性和合理性),又能得到最广泛认可的有效方式。这是本文思考有关解决办法的出发点。

---

① 见《解读安南联合国改革报告四大焦点》,载《新京报》2005年3月22日,http://news.sina.com.cn/w/2005-03-22/01186152011.shtml,2005年4月10日访问。

② 见《安南报告要点分析及联合国改革前景展望》,中国网2005年3月22日,http://www.china.org.cn/chinese/2005/Mar/817944.htm,2005年4月15日访问。

③ 见“王光亚在联大全面阐述中国对联合国改革的立场”,新华网2005年1月28日,http://news3.xinhuanet.com/zhengfu/2005-01/28/content-2520099.htm,2005年4月6日访问。

赞成先发制人行动的理由是出于国际现实的需要。至于其合法性问题,赞成者认为,21世纪的世界出现了新的安全威胁,使潜在的目标国做出反应的时间变得越来越短。在目前的政治条件下,过去那种静候对手发起进攻然后才进行军事反击的原则,现在越来越受到质疑。对此,应该允许一国在极端的情况下,在这些威胁尚未达到极其严重程度之前就将其铲除。他们因此而认为,六十年前制定的《宪章》已不完全适应21世纪的国际安全形势,应该制定新的自卫权规则、修改或重新解释《宪章》的自卫权概念以便为先发制人提供法律依据。在支持者看来,由于技术的发展日新月异,如导弹射程的提高使防御国家做出反应的时间越来越短,因而应当容忍或允许“先下手”动用武力以免“后下手”遭殃。譬如,通过先发制人,美国强大的军事实力使其可以用“立即消灭敌手”的方式构成威慑。而先发制人行动的法律根据,可以通过扩大《宪章》的自卫权概念来获得。

不可否认,国际安全形势的变化使得以自卫形式对恐怖分子使用武力可能有一定的必要性,例如可以更为快捷地采取行动打击国际恐怖主义。但是,先发制人行动将给国际反恐实践带来很大的危害,并会给当代国际法律体系形成直接的冲击。先发制人行动对实践的可能危害,源于这种行动本身所具有的缺陷,即标准的含糊和滥用扩大自卫权的可能性。德国的海尔德根教授认为,许多国家反对美国先发制人战略的主要原因是,如果威胁难以具体界定,就很难充分说明采取单边预防措施的前提,在处理可预计的危机时也缺乏程序化的措施。① 另一方面,承认先发制人行动就意味着扩大自卫权的范围。自卫是现行国际法所承认的国家单方面使用武力的惟一合法理由,即一国可以自主决定是否采取自卫性的武力行动。虽然现行国际法要求自卫权的行使应遵循必要性、相称性、合理性的原则,但正如博特教授所说的,在一个分权的国际体制中,合理性和相称性是很难操作的概念;预防性军事行动将打开任意性和主观性的大门。② 历史上,日本就曾声称,它在1931年对中国东北的占领符合卡罗林号案所制定的标准原则。③ 可见,自卫犹如一把双刃剑,实践中它难免被别有用心的国家滥用,从而危害有关国家的主权与领土完整,或者成为个别国家对名为反恐、实为反对异己所采取的挑衅行为进行辩解的托词。

至于先发制人行动对法律的负面影响,许可先发制人行动意味着放松对

① 〔德〕马蒂亚斯·海尔德根,前引文,第46页。
② Michael Bothe,前引文,第239页。
③ Abraham D. Sofaer,前引文,第225页。

《宪章》下自卫权行使条件的限制,这将侵蚀甚至掏空《宪章》的核心——禁止使用武力原则,并损害联合国安理会在维护国际安全上的绝对权威。20世纪两次世界大战的惨痛遭遇,促使《宪章》的制定者们在《宪章》第2(4)条中确立了禁止使用武力原则,它被称为是《宪章》的和平基石与核心。[①] 而国家的自卫权是作为禁武原则的一项例外被载入《宪章》中的。也就是说,禁武原则和自卫之间是原则与例外的关系,这样,自卫权的扩大就意味着禁武原则核心部分的缩小,例外的情况愈多,原则的核心部分就变得愈小。因而在法理上,对一项原则的例外情况,应做限制性的解释,以免损害原则本身。《宪章》对国家使用武力的管制,还体现在它把国际社会中的武力使用保留给安理会。《宪章》第七章授予安理会在决定合法使用武力问题上拥有垄断权,以确保使用武力是为了国际社会的利益而非为单个国家的私利。而美国的先发制人战略体现出一种强者逻辑,它惟我独尊,且为所欲为。持批评意见的学者们指出,布什政府的先发制人战略不是基于法律和互惠,而是基于权力。这种战略旨在终结对美国求助于武力的所有集体控制。[②] 这从根本上对联合国的多边主义和集体安全体制提出了挑战。

怀疑联合国安理会在采取国际反恐行动时的效率和作为,也是先发制人行动的理由之一。先发制人行动的支持者认为,安理会做出使用武力的决定需要五大国一致,这可能招致不负责的政府和恐怖分子抢先采取行动或者采取更为猛烈的行动,因为常任理事国的否决权往往是政治考虑优先于国际法原则,致使有时符合条件也不能取得某些大国的认可。他们还以伊拉克战争为例,批评安理会在授权用武上的不作为。应当承认,安理会有效行动的能力很大程度上取决于安理会中重要成员国的利益以及它们之间的动态关系,安理会的决策难免受国际政治和其他利益的干扰,兼之目前国际社会对恐怖主义的定义看法不一,联合国集体安全体制有时不能及时发挥其应有的作用。然而,安理会的决策工作也应当一分为二看待,并非一切的武力行动安理会都应开绿灯,因为安理会的行动也须严格遵守《宪章》的规定。同样以伊拉克战争为例。伊拉克遭受了长达12年之久的制裁,其军事力量已削弱至10年前的几分之一,萨达姆政权对国际社会已难以构成威胁。直到美国对伊开战前夕,联合国的核查小组也不认为伊拉克已经重新对地区安全构成了迫在眉睫的威胁、对现时世界构成

---

① 见黄瑶著,前引书,第3页。

② Thomas M. Franck, 前引文(*Preemption, Prevention and Anticipatory Self-defense*),第429页;Thomas M. Franck, *What Happens Now? The United Nations after Iraq*, American Journal of International Law, vol. 97, 2003, p. 620.

了威胁。且根据联合国监核会的报告,对伊拉克进行武器核查的和平方法正在奏效。总之,对伊开战的理由并不充足。在此种情况下,安理会怎能通过对伊动武的决议以消除并不存在的实际威胁?安理会又怎能授权美英发动一场违反《宪章》的侵略战争?

综上,在武力反恐问题上,先发制人行动和现阶段的安理会授权方式都存在缺陷或不足。两难之间的抉择,应当是"两害相权,取其轻",而不是因噎废食。求助于安理会应对国际恐怖主义威胁更为可取,因为这种方法具有合法性,而且有望获得广泛的认可。在合法性方面,在《宪章》体系下,安理会是实施集体安全制的决策机构。根据《宪章》第39条,安理会有权采取武力执行行动来应对"对和平的威胁"。也就是说,如果一个国家对现有安全秩序构成威胁,在安理会的授权下,可以对一国实施军事打击。实践中,在美国"9·11"恐怖袭击事件发生后,安理会通过的第1368号和第1373号决议都确认,任何国际恐怖主义行为都是"对国际和平与安全的威胁"。[①] 据此,安理会同意使用武力打击恐怖主义行为,以消除这种威胁,维护或恢复世界和平与安全。

在国际认可方面,一项关涉国际安全问题的新做法或正当的改革,离开联合国这个世界上最具普遍性、代表性和权威性的国际组织,离开安理会这个各国讨论如何应对紧急威胁和危机的全球主要论坛,几乎是不可能完成的。用《美国国际法杂志》的编委法拉的话来说:"一种变革若要被广泛认为是正当的,只能在联合国的框架内实现。"[②]不过,这种认可的获得,仅凭主观愿望是难以达到的。虽然安理会主导下的集体安全行动比先发制人下的单方面使用武力有更多优越性,但集体安全行动的效率也是个关键问题。倘若联合国框架内的多边行动不能满足21世纪的安全需求,其被各国所接受的程度将打上折扣,并将为一些国家(尤其是凭借自身实力能够进行单独防御的国家)绕过安理会单方面行动留下口实。面对国际反恐的现实,改进安理会的效能已成为国际社会的共识。名人小组报告和秘书长报告正是因应这一要求而产生的。

诚如弗兰克教授所言,世界上没有一个人期望一个国家采取使自己成为坐等待毙的鸭子(sitting duck)的立场,另一方面,国际社会的大多数成员的确期望一个国家在受到严重威胁时,除了在十分迫近威胁的情形外,可以将有关的证据提供给一个国际社会的合法代表机构,等待得到授权后才采取必要的先发制

---

① S/RES/1368(2001), http://www.un.org/chinese/aboutun/prinorgs/sc/sres/01/s1368.htm; S/RES/1373(2001), http://www.un.org/chinese/aboutun/prinorgs/sc/sres/01/s1373.htm.

② Tom J. Farer, *The Prospect for International Law and Order in the Wake of Iraq*, American Journal of International Law, vol. 97, 2003, p.628.

人措施。[①] 因而,安理会改革的结果,应该是既能够限制单边行动以防武力的滥用,又可以制定出具体明确的标准以供国家在极端情况下采取预先行动来排除严重的恐怖威胁,从而兼顾国际社会的一般利益和国家利益。为此,应制定出明晰的、可操作的且可被广泛接受的标准或条件,以最大限度地减少法律的不确定性,使单个国家难以寻找理由采取单边行动。

首先,关于极端情况下可允许的有限预先性自卫(狭义的先发制人行动)的行使条件问题。在此问题上,一方面,需要制定客观的标准以辨明什么时候可使用武力或者可容忍使用武力,什么时候不能使用武力以及提供一套评估有关武力的使用是否遵守了既定标准的程序。这样的思路,既通过提供实质条件以减少单边行动的借口,又从程序上防止预先性自卫的滥用。这里所涉的实质问题,是名人小组报告第188段所描述的三项条件:威胁发动的攻击随时可以发生;没有其他办法可以阻止;所采取的回应行动是相称的。这三项条件均是必备的,缺一不可。此外,仍有具体的其他问题有待确定。由于"威胁迫在眉睫(imminent,又译'迫近')"是先发制人行动最有说服力的重要前提,所以,如何对"威胁"和"迫在眉睫"进行界定和确定,都是需要探讨的问题。对此,名人小组成员之一、挪威前首相布伦特兰女士认为,作为自卫权概念中的"威胁",其定义必须严格,"这种威胁必须非常令人信服,而不是你认为可能遭受袭击,或者你认为有一天可能发生的"。[②] 至于防止滥用的程序保障,《宪章》第51条规定的自卫权行使条件之一是行使自卫的国家负有向安理会报告的义务。据此,采取先发制人的行动国有义务立即把它们所采取的措施向安理会报告,安理会应当审查并评估有关先发制人措施是否严格遵守了有关的限制条件,并对有关的单边行动做出反应。

其次,如何对待预防性军事行动问题。根据名人小组报告第190段和秘书长报告第125段,对于潜在的或非迫在眉睫的威胁是否采取预防性军事行动,应由安理会来决定。这表明,像美国先发制人战略的预防性军事行动不属于国家单方面合法使用武力——自卫权的范畴,这种行动需要在程序上得到安理会的核准或同意。名人小组报告第190段指出,如果有充足的理由要采取预防性军事行动,并有确凿的佐证,那么应将其提交给安理会决定。该报告第195段进而指出,安理会在考虑是否核准预防性行动时,最重要的因素有二:一为是否

① Thomas M. Franck,前引文(*Preemption, Prevention and Anticipatory Self-defense*),第433页。

② 《专访联合国名人小组成员:世界在变,安理会也要变》,载《新周报》2004年12月8日,http://news.sina.com.cn/w/2004-12-08/10375157892.shtml,2005年4月16日访问。

有可靠证据表明有关威胁确实存在(既要考虑到能力,也考虑到具体意图),二是在当时情况下,军事反应是否是惟一的合理选择。为了给批准或同意军事行动的决定提供最充分的理由,名人小组报告第207段和秘书长报告第126段建议安理会在做决定前至少须考虑判断正当性的5项基本标准:威胁的严重性、动武的正当目的、万不得已的办法、军事选择与威胁是否相对应(相称)、军事行动成功的机会。实际上,这两份报告所提议的安理会授权预防性行动的原则和标准,是冷战结束后近十多年来学者们有关学术探讨的集大成者。

应该肯定的是,确定安理会授权预防性行动的标准或条件,是改进联合国集体安全体制的重要举措,它有助于减少安理会决策机制中的政治取向因素,使安理会在决策国际安全实务方面具有更多的规则取向。此外,改进安理会的决策机制,现实的做法不是变动否决权,而是扩大安理会的组成问题。一方面,废除否决权在现阶段是不现实的。五大国的否决权是历史的产物,是一种兼顾公平与效率的折中。从联合国集体安全决策机制的实践来看,以否决权保证"大国一致"原则的实现有其相当的合理性。[①] 另一方面,增加新常任理事国的否决权问题,由于其复杂性和敏感性,故绝非易事,而是来日方长。而扩大安理会但不触动否决权问题,则不仅必要,而且其可能性比较大。对安理会进行适当的扩大,尤其是增加发展中国家在安理会中的代表性,有助于安理会决策的民主化,使安理会的决议具有更大的代表性,从而使安理会的授权决定可以得到联合国会员国和国际舆论的更广泛尊重。在可行性方面,增加没有否决权的常任理事国和非常任理事国,或者只增加非常任理事国数量的安理会扩容方案,因不涉及否决权问题,还是可以被逐渐接受的。实际上,如何使安理会的授权合理而有效,这个问题与安理会非常任理事国也颇有关联。众所周知,联合国如何更好地发挥遏制安全威胁的作用,取决于安理会的共识。在这方面,人们往往更多关注五个常任理事国的共识即否决权问题,否决权也因此而背上"妨碍安理会正常有效运作"的骂名。其实,安理会授权用武决定的做出,也有赖于非常任理事国的支持。安理会在表决授权动武问题时,须有包括五大国的同意票在内的9个可决票通过。因此,2003年美国发动伊拉克战争之前,曾竭力劝说安理会中的非常任理事国予以支持,大力展开外交攻势以争取到至少4个非常任理事国的赞成票。这足以说明非常任理事国在安理会决策中的意义。

最后,以什么样的方式使各国政府在上述条件、标准和程序问题上达成尽

---

① 参见任晶晶:《联合国的昨天、今天与明天——"纪念联合国成立60周年:历史回顾、改革前景与中国作用"学术研讨会综述》,载《世界经济与政治》2005年第3期,第77页。

可能多的共识？是通过缔结国际条约的形式来制定一项法律，还是由安理会通过一项有关何时及如何使用武力的决议来达成一致？如果采取缔约的方式，那么根据条约相对效力原则，有关条约只能约束缔约国，对非缔约国没有法律约束力。美国这个当今世界惟一的超级大国会参加这个条约而轻易让别人来介入它的国家安全事务吗？至于采取决议的方式，这为名人小组报告第208段和秘书长报告第126段所采纳，它们均建议将上述安理会授权预防性行动的原则和标准列入安理会和大会的宣告性决议中。换言之，建议安理会通过一项专门决议，阐明其决定核准或授权使用武力的原则，以便在具体个案中根据这些原则做出具体决定。这是目前较为可取的解决办法，只不过由安理会就"何时及如何使用武力"对付国际安全威胁问题达成一致意见，不可能一帆风顺。正如有的专家所指出的，从控制局势来说，安理会对预防性行动的介入越多越好，但这显然会遭到有关国家以"自卫权"为理由的反对。① 前述有关各国政府对名人小组报告和秘书长报告的不同态度已反映了这一点。联合国是各国表现分歧的舞台，这是不争的事实，但是联合国要成为解决各国分歧的论坛，尤其是要在使用武力这种复杂而敏感的论题上达成共识，则往往要经历一个曲折的过程。但无论采取何种方式，重要的是达成共识，使国际社会大多数成员同意和支持安理会授权使用武力的新规定。毕竟，加强打击恐怖主义和防止大规模杀伤性武器的扩散，不单是某个国家的问题，而是全世界的问题，全球问题的解决需要所有国际社会成员的共同努力。

使联合国更好应对新时代的新挑战的改革方案——名人小组报告和秘书长报告已经出台，虽然这两份报告所载的建议引起了各国政府和各界的广泛关注，包括负责起草联合国《关于国际恐怖主义的全面公约》的特设委员会的关注和审议②，但这两份报告的建议属于学者学说的范畴，尚未经过任何的法律程序，因而不具有法律约束力。其中有关先发制人行动的建议能在多大程度上被国际社会所采纳，仍有待于继续观察。我们注意到这两份报告反映出来的安理会积极武力观的倾向。名人小组报告第194段建议，安理会在任何时候认为国际和平与安全受到威胁，就可以采取预先武力行动。"安理会很可能要愿意在这些问题上比过去更加积极主动，提早采取更加果断的行动。"需要指出的是，无论如何都应谨记，军事行动应是对付国际恐怖主义及其威胁的最后手段，一

① 前引文，《专访联合国名人小组成员：世界在变，安理会也要变》。

② 见联合国：《大会1996年12月17日第51/210号决议所设特设委员会的报告》，第九届会议（2005年3月28日至4月1日），联合国大会正式记录，A/60/37，附件一和附件二。

国和国际组织在考虑使用武力手段之前都应当首先考虑非武力的措施,诸如劝说、谈判、威慑和遏制以及国际司法等。实际上,“9·11”事件后,国际社会已经发展了各种积极的非武力反恐措施,包括防止和制止资助恐怖行为,禁止向恐怖分子提供任何支持,拒绝向恐怖分子提供安全避难所,实行有效的边界控制,加紧控制包括放射性物质和肩扛式导弹在内的敏感技术和武器,将发动恐怖行为者绳之以法,等等。① 用中国古代圣贤的话来说,“不战而屈人之兵”方是上策。相反,伊拉克战争之后的武力反恐所出现的越反越恐的怪圈,值得我们反思。实践是检验真理的惟一标准,伊战之后所发生的恐怖袭击,诸如西班牙马德里的“3·11”恐怖事件,沙特利雅德连环爆炸案,印尼巴厘岛之祸,伦敦连环爆炸事件等事实表明,世界不是更加安全了,而是更加不安全了。

四、结　论

关于联合国改革建议的名人小组报告和秘书长报告所称的“先发制人”,是存在于《宪章》之前的国家实践中的预先性自卫,属于狭义的先发制人行动;而美国新的国家安全战略中所讲的“先发制人”则是预防性军事行动。美国对伊动武是一次预防性军事行动,而不是严格意义上的先发制人行动,它显然是违反国际法的。

如果说预先性自卫(狭义的先发制人行动)在国际反恐背景下仍存有争议的话,那么,预防性军事行动就更难站得住脚。从直接抵御恐怖主义严重危险的角度看,有限的预先性自卫有其一定的合理性,其法律依据可以从联合国会员国或联合国主要机构对《宪章》第51条的解释实践中寻找。在极端情况下采取预先性自卫行动,似乎在国际上逐渐得到越来越多的响应。然而,预防性军事行动缺乏国际法律依据,它不具有合法性,这种对自卫权的扩大解释并没有形成新的国际共识。求助于联合国安理会应对国际恐怖主义威胁是一种较为可取的做法,虽然这种做法正经受着挑战,但有关的改革还是有望取得共识的,尽管可能需要一些时日。

如果说冷战结束后美苏两个超级大国间的核恐怖平衡被打破,从而为“先发制人”提供滋生土壤的话,那么,21世纪的世界不应当因国际反恐的浪潮而为“先发制人”提供合法的空间。在禁止使用武力原则下,任何国家都受到国际法约束而不得对外滥用武力,即便是国际反恐也不能例外。国际反恐条件下扩

---

① 参见 Jane E. Stromseth, 前引文,第639页;Miriam Sapiro, 前引文,第606页。

大单边预防行动和防止武力滥用之间的矛盾,促使联合国出台涉及使用武力的改革方案。对此,我们希望,制约单方面使用武力的声音能越来越强,最终能成为国际社会的主流强音。国际社会应尽量避免打开《宪章》第51条(自卫权)的潘多拉魔盒,用美国哥伦比亚大学加德纳教授的话来说,“如果我们要在传统法律对使用武力的限制上凿开一个洞,那么这个洞应当尽可能微小”。[1] 总之,国际反恐不能以损害禁止使用武力原则的核心为代价。

① Richard N. Gardner, 前引文,第588页。

体育争议与体育仲裁初探

黄　进*

随着世界经济和社会的不断发展，体育运动更加大众化、商业化和全球化，各种各样的体育争议也越来越多。如何公正、快捷、高效地解决体育争议已广受体育界、法律界、传媒和公众的关注。

一、体育争议与体育争议的解决

（一）体育争议及其特性

今天，由于商业介入、传媒介入、公众关注、科技进步以及运动员和体育组织的权益意识的增强等因素，体育争议不仅数量越来越多，而且涉及面越来越广，案情越来越复杂。

所谓体育争议，就是与体育有关的争议（sports-related disputes），或者说与体育活动有关的争议。根据其性质，体育争议大别为两类：一类是与体育有关的商事争议，如与体育有关的赞助合同争议、电视转播权合同争议；另一类是与体育有关的纪律性或者技术性争议，或者说涉及体育组织决定的争议，如涉及运动员服用兴奋剂的争议、运动员参赛资格的争议。

也有学者将体育争议分为如下四类：

第一类是与体育有关的纯商业性争议，如赞助体育比赛、租借体育场地而产生的争议。

第二类是体育组织和其成员之间的争议，如职业体育俱乐部同与其签约的运动员之间的争议。

---

* 武汉大学国际法研究所所长、教授，中国国际私法学会会长，中国国际法学会副会长，国际体育仲裁院仲裁员，2004 年雅典奥运会体育仲裁院特别分院仲裁员。

第三类是体育组织之间以及体育组织上下级机构之间就权力问题、处罚问题等产生的争议，如两个体育协会对同一体育项目都主张有管辖权的争议、上级体育组织对下级体育组织处罚的争议。

第四类是体育组织对有关运动员因归违规违纪予以处罚而产生的争议，如运动员因服用兴奋剂而被体育组织禁赛引起的争议。

当然，根据其他一些标准，体育争议还可以进一步分类。譬如，根据体育争议是否含有国际因素，我们可以将体育争议分为国际体育争议（或者叫跨国体育争议）和纯国内体育争议。前者如一国职业体育俱乐部雇佣外国运动员所产生的争议、一国公司赞助另一国的体育比赛所产生的争议、国际体育组织对其下属成员处分而产生的争议等。体育运动的全球化使国际体育争议和纯国内体育争议的界限越来越模糊。另外，根据体育争议发生的场所，我们可以将体育争议分为体育场内争议和体育场外争议。

由于体育本身的特殊性，体育争议不同于一般的民商事争议，它有自身的特性。第一是它的行业性。体育行业是自成一体的行业，也是一个正在迈向国内国际一体化，业余职业统一化的行业，其自治性很强，行业特色鲜明。这也决定了体育争议的行业特色鲜明。第二是争议性质的混合性。体育争议不限于商事争议，还包括非商事的体育行业争议，但这并等于说非商事的体育行业争议与体育的商业化没有联系。第三是它的公开性。体育运动的大众化导致体育争议备受传媒和公众的关注，传媒和公众不仅非常关注体育争议的产生与发展，而且往往非常关注体育争议的处理结果。第四是争议解决的急迫性。在体育运动中，一方面，体育竞赛的时间性很强，运动员错过时间或机会几乎难于弥补，另一方面，运动员的运动生命一般说来很短暂，十分有限。因此，体育争议一旦产生，必须尽快加以解决。

（二）体育争议的解决机制

根据体育争议是在体育组织内部解决还是在外部解决，体育争议的解决机制可以分为体育组织内部解决机制和体育组织外部解决机制，前者如通过体育组织内部设立的纪律委员会、上诉委员会、调解组织和仲裁机构等解决体育争议，后者如通过体育组织外部的调解组织、仲裁机构和法院解决体育争议。

根据解决体育争议的机构是国内机构还是国际机构，体育争议的解决机制可以分为体育争议国内解决机制和体育争议国际解决机制，前者如美国仲裁协会（AAA）对体育争议的解决，后者如欧洲法院对 Union Royale Belge des Societes

de Football Association v. Jean-Marc Bosman 一案[①]的处理。

当然,根据体育争议的解决是否有第三者介入,体育争议的解决机制可以分为争议当事人自济解决机制和第三者介入解决机制,前者如争议当事人自行和解,而其他争议解决机制均为第三者介入解决机制。

总体而言,体育争议的外部解决方式有:和解、调解、仲裁、其他 ADR 方式、诉讼。而最普遍适用的是和解、调解和仲裁。要注意的是,除仲裁外,其他 ADR 方式不适用于有关纪律问题的争议的解决。

二、体育仲裁与体育仲裁院

体育仲裁是最近 20 多年逐渐发展起来的。随着体育争议日益增多,体育仲裁业务在西方发达国家的仲裁行业中可谓蒸蒸日上。在体育仲裁的发展过程中,体育仲裁院(Court of Arbitration for Sport,简称 CAS)的成立与发展对国际上体育仲裁的不断发展发挥了重要的推动作用,它是体育仲裁的最重要的代表。下面,我们以体育仲裁院为例来讨论体育仲裁。

(一)体育仲裁院的产生与发展

面对体育纠纷的日益增多,在前国际奥委会主席萨马兰奇的推动下,体育仲裁院于 1984 年在瑞士洛桑正式设立。

体育仲裁院是一个独立的解决与体育有关的争议的仲裁机构,总部设在瑞士的洛桑。到目前为止,它的发展经历了两个阶段。

第一阶段从 1984 年至 1994 年。当时,体育仲裁院虽为独立的体育仲裁机构,但体育仲裁院的主席要由国际奥委会主席任命,国际奥委会承担体育仲裁院的运行费用,并负责体育仲裁院的行政管理及监督。在这一阶段,体育仲裁院实际上是国际奥委会的一个下属组织。

第二阶段从 1994 年至今。如前所述,1994 年以前,体育仲裁院实际上依附于国际奥委会,在这种情况下,如果体育争议涉及国际奥委会,并把该争议交由体育仲裁院进行仲裁,那么,体育仲裁院仲裁的独立性和公正性必受质疑。1993 年,瑞士联邦最高法院在对德国骑士甘德尔(Gundel)因其马匹尿样中含有禁用物质而被处以禁赛的上诉的判决中表明了这种观点。在该案中,一次赛后

① See Case C-415/93, Union Royale Belge des Societes de Football Association v. Jean-Marc Bosman, 1995*E. C. R.* I-4921, I-5046, 1 *C. M. L. R.* 645 (1996).

的尿检显示,甘德尔的马匹的尿样中含有禁用物质,国际马术联合会法律委员会决定取消甘德尔及其马匹的参赛资格,而且对甘德尔给以在三个月内禁止参加国际马术比赛的处罚。在被国际马术联合会禁赛后,甘德尔根据国际马术联合会章程的规定将该决定上诉到体育仲裁院。在审理后仲裁庭认为,马匹尿样中含有禁用物质是毋庸置疑的,负有疏忽责任的当事人并没有采取足够的预防措施以阻止其马匹在比赛前的数周以及在比赛期间服用禁用物质,因此,仲裁庭维持国际马术联合会对甘德尔及其马匹禁赛的决定,但将禁止其参加国际马术比赛的三个月的处罚减少为一个月,外加1000瑞士法郎的罚金。[①] 由于对该仲裁裁决不满意,甘德尔随后试图根据瑞士法来推翻体育仲裁院的裁决,便就该仲裁裁决向瑞士联邦法院提起了公法上的上诉。上诉人质疑体育仲裁院存在的合法性以及管辖权,对体育仲裁院独立于国际马术联合会表示怀疑。瑞士联邦法院第一民庭于1993年6月18日作出判决驳回了针对国际马术联合会和体育仲裁院仲裁裁决的上诉。瑞士联邦法院驳回甘德尔请求的理由是,体育仲裁院不是国际马术联合会的机构,它不接受该联合会的任何指示,具有其足够的自治性。瑞士联邦法院还肯定体育仲裁院是一个独立的并且能够对产生于体育运动中的体育争议具有管辖权的仲裁组织。然而,该法院的判决也注意到了体育仲裁院与国际奥委会之间存在的诸多联系:体育仲裁院几乎由国际奥委会独家提供财政资助;国际奥委会有权力修改体育仲裁院仲裁规则;国际奥委会和其主席有权任命体育仲裁院成员等。此类联系在国际奥委会为仲裁案件的一方当事人的情况下,足以使人对体育仲裁院的独立性产生怀疑。显然,瑞士联邦法院的意思是体育仲裁院应当在组织和财政上更加独立于国际奥委会。正是这一判决最终导致了体育仲裁院的重大改革,即设立国际体育仲裁理事会(International Council of Arbitration for Sport,简称ICAS)以取代国际奥委会来监管体育仲裁院的运行和财政。1994年11月22日生效的《与体育有关的仲裁规则》(以下简称《体育仲裁规则》)将这一改革肯定了下来。应该说,1994年以后,体育仲裁院成为一个完全独立于各类体育组织的仲裁机构。

(二)体育仲裁院的组织构架

体育仲裁院的组织构架由《体育仲裁规则》中的《解决与体育有关的争议的工作机构规约》加以规定。

---

① See Arbitration CAS 91/53, G. v. FEI, in Matthieu Reeb (ed.), DIGEST OF CAS AWARDS 1986—1998, 79-91 (1998).

1. 国际体育仲裁理事会。国际体育仲裁理事会是在体育仲裁院之上建立的一个组织，它由20位著名法律专家组成，其中不少为国际法院在任或离任的法官。为了保证仲裁的独立性和公正性，该理事会成员不担任体育仲裁院仲裁员。该理事会的主要任务就是在行政及财政上负责监管体育仲裁院的活动，保障体育仲裁院的独立性和有效运作，修订仲裁规则和任命仲裁员等。该理事会设主席一人，副主席二人，现任主席由前国际法院大法官和副院长以及国际奥委会委员凯巴·姆巴依(Keba M'baye)担任。

2. 普通仲裁分院(The Ordinary Arbitration Division)与上诉仲裁分院(The Appeals Arbitration Division)。体育仲裁院下设普通仲裁分院与上诉仲裁分院。前者解决商事体育争议，后者解决因体育组织决定而产生的纪律性或者技术性争议。普通仲裁分院与上诉仲裁分院各设主席一人，均由国际体育仲裁理事会从其成员中选举产生。

3. 地区分院。1996年，国际体育仲裁理事会决定分别在澳大利亚悉尼和美国纽约(开始在美国丹佛)设立了体育仲裁院分院。

4. 特别分院。从1996年亚特兰大奥运会开始，体育仲裁院在以后的夏季奥运会和冬季奥运会设立临时的体育仲裁院特别分院(The CAS ad hoc Division)。从1998年开始，它还在英联邦运动会和欧洲足球锦标赛上设立临时的体育仲裁院特别分院。

5. 体育仲裁院办事处(The Court Office)。体育仲裁院设由一位秘书长和一位或者数位顾问组成的办事处。顾问在必要时可以代替秘书长工作。

6. 体育仲裁院主席。体育仲裁院的主席由国际体育仲裁理事会主席兼任。

(三)仲裁员

体育仲裁院的仲裁员由国际体育仲裁理事会任命，列入仲裁员名册，任期4年。国际体育仲裁理事会每4年复核一次名册，新名册于次年1月1日生效。《体育仲裁规则》要求，体育仲裁院至少应有150仲裁员和50名调解员。现在的名册上有270多名仲裁员。[1] 另外，国际足联2002年接受体育仲裁院的管辖后，体育仲裁院又建立了一个专门仲裁足球争议的、由80人组成的仲裁员名册。

担任体育仲裁院的仲裁员的条件如下：(1) 受到完整的法律训练；(2) 在体育法或者国际仲裁方面具有公认的能力；(3) 充分了解体育；(4) 至少精通

① 参见 http://www.tas-cas.org/fr/membres/nationalitearbitre.pdf。2005年7月23日访问。

一门体育仲裁院的工作语言(英语或者法语)。

体育仲裁院的仲裁员由5个1/5的人员组成:(1) 1/5的仲裁员从国际奥委会推荐的人士中选任;(2) 1/5的仲裁员从国际体育联合会推荐的人士中选任;(3) 1/5的仲裁员从国家奥委会推荐的人士中选任;(4) 1/5的仲裁员为保护运动员的利益经适当咨询后选任;(5) 1/5的仲裁员从其他途径选任。《体育仲裁规则》要求国际体育仲裁理事会在选任体育仲裁院的仲裁员时应尽可能考虑他们代表各大陆和不同的法律文化。

值得一提的是,《体育仲裁规则》要求所有仲裁员和调解员签署一项声明,承诺按照《体育仲裁规则》的规定公正和独立地履行职责。同时要求仲裁员受《体育仲裁规则》规定的保密义务的约束,不得向任何第三人披露任何有关体育仲裁院所进行的程序的事实或者其他信息。

(四)体育仲裁院的功能

体育仲裁院的功能就是通过仲裁或者调解解决与体育有关的争议。

为此,《体育仲裁规则》要求体育仲裁院专注于:(1) 仲裁庭的组建;(2) 程序的平稳运行;(3) 提供必要的公共设施供当事人使用。

而仲裁庭或者说仲裁员小组的职责为:(1) 通过普通仲裁程序解决一般体育争议;(2) 通过上诉仲裁程序解决涉及体育组织决定的争议;(3) 应国际奥委会、国际体育联合会、国家奥委会、奥运会组委会、世界反兴奋剂组织等体育组织的请求,提供无约束力的咨询意见。

上述可见,体育仲裁院受理的通过仲裁解决的体育争议就是两类:一类是商事体育争议,一类是纪律性或者技术性体育争议。

(五)体育仲裁协议

体育仲裁协议有两大类:一类是普通的仲裁协议,同我们通常讲的商事仲裁协议没有什么区别,可以是合同中的仲裁条款,也可以是独立的仲裁协议书,可以事先达成,也可以在争议发生后达成。

另一类是具有体育行业特色的仲裁协议。这类仲裁协议有两种情况:一种情况是有关体育组织的章程或者规章规定将有关体育争议提交仲裁解决,而一个团体拟成为该体育组织的成员,或者参加该体育组织主办的体育运动的运动员和其他相关人员必须接受其章程或者规章,从而推定他们相互之间有仲裁协议。到2002年,随着国际足联接受体育仲裁院的管辖,所有的国际单项体育联合会都承认了体育仲裁院对与它们有关体育争议的管辖权。另一种情况是一

些体育组织在主办大型运动会时，在参加运动会的准入表(entry form)中规定了在运动会期间发生的有关体育争议提交有关仲裁机构解决的条款。如果运动员不同意该条款，则不得被允许参加体育比赛。运动员签署准入表被视为与有关方达成了仲裁协议。例如，2004年雅典奥运会准入表的仲裁条款是这样规定的："本人同意将本人与国家奥委会、国际单项体育联合会、雅典奥运会组委会以及国际奥委会之间通过内部程序所没有解决的争议提交体育仲裁院专属管辖，并由其根据体育仲裁院仲裁规则作出终局的和有拘束力的裁决。"这就是所谓要么签署去参加奥运会，要么回家看奥运会电视的缘由，这种仲裁协议带有一点强制性。

（六）体育仲裁程序

体育仲裁院的体育仲裁程序规定在《体育仲裁规则》的《程序规则》中。其仲裁程序分为两套：即普通仲裁程序和上诉仲裁程序。这两套仲裁程序除适用一些共同的一般程序规定外，各自还有自己适用的特别程序规定。

1. 普通仲裁程序

应该说，其普通仲裁程序同一般的商事仲裁程序没有什么太大的差别，大同小异。

但应该提到的是，根据《程序规则》第R41条的规定，第三人可以参加仲裁程序。如果被申请人拟使第三人参加仲裁程序，则应在其答辩中写明并附具理由，答辩亦应增加一份副本。仲裁院办事处应将副本送达被要求参加仲裁的第三人，并确定该人就其参加仲裁提出意见并根据第R39条提出答辩的期限。仲裁院办事处亦应确定申请人就该第三人参加仲裁提出意见的期限。如果第三人拟作为当事人参加仲裁，则应在为被申请人所确定的对仲裁申请书进行答辩的期限内向体育仲裁院提交相应的申请书并附具理由。该申请书应具备仲裁申请书应有的内容。仲裁院办事处应将该申请书的副本一式一份送达各当事人，并确定其就该第三人参加仲裁提出意见及可能根据第R39条提出答辩的期限。无论第三人是被申请参加仲裁还是主动申请参加仲裁，必须证明他与该争议有足够的利害关系并且受仲裁协议的约束，或者在与其他当事人达成书面协议的情况下方可参加仲裁程序。分院主席应当决定第三人是否能够参加仲裁，如果同意第三人参加仲裁，则体育仲裁院应根据仲裁员人数及委任方式组成仲裁庭。如无此约定，分院主席将根据第R40.1条和R40.2条的规定组成仲裁庭。

还要提到的是，依普通仲裁程序仲裁的案件的实体问题适用当事人选择的

法律规则,或者在当事人没有选择时,适用瑞士法律。

2. 上诉仲裁程序

上诉仲裁程序是针对由上诉人对体育组织的决定不服而向体育仲裁院提起的上诉所开展的程序。在体育仲裁院的上诉仲裁程序中,有如下几点值得注意:

(1) 当事人在提起上诉之前必须用尽有关体育组织所有的内部救济措施。

(2) 体育仲裁院管辖上诉仲裁案件的根据仍然是有关体育组织的章程或者规章里有规定,或者当事人达成专门的仲裁协议,可以将相关体育组织的决定上诉到体育仲裁院。

(3) 在没有特别规定的情况下,当事人应在收到被上诉的决定之日起 21 日内提起上诉请求。

(4) 上诉期限届满后的 10 日之内,上诉人应向体育仲裁院提交一份写明导致上诉产生的事实和法律根据的摘要,并附具所有证据及其他证据的说明。当事人未如此行事则视为撤回上诉。

(5) 仲裁庭拥有审查整个案件的事实和法律适用的充分权力,并且首席仲裁员也可以要求被上诉人提交与整个上诉争议有关的卷宗。

(6) 仲裁庭应当按照当事人选择的可以适用的体育组织的规章和法律规则裁决争议,或者在当事人没有选择时,按照作出被提出异议的决定的体育组织住所地国家的法律或者仲裁庭认为其适用为适当的法律规则裁决争议。在后一种情况下,仲裁庭应当为其裁决说明理由。

(7) 仲裁庭 4 个月内作出裁决。

(8) 与依普通仲裁程序作出的裁决必须保密的要求不同的是,上诉仲裁程序作出的裁决不需遵守任何的保密要求。体育仲裁院应当公开仲裁裁决、摘要和/或向新闻发布裁决结果,除非当事人协议应予保密。

(七) 司法救济

仲裁庭作出仲裁裁决后,当事人仍然可以基于非常有限的理由,特别是公法上的理由,如缺乏管辖权、违反基本程序规则(如违反听证权)或者与公共政策相抵触,向瑞士联邦法院寻求司法救济。

三、奥运会上的体育仲裁

（一）特别分院的产生与发展

为了解决在奥运会上发生的体育争议，国际体育仲裁理事会于1996年开始在美国亚特兰大奥运会上设立体育仲裁院特别分院。随后，在长野、悉尼、盐湖城、雅典这几届夏季和冬季奥运会上，都设立了体育仲裁院特别分院。在1996年亚特兰大奥运会上体育仲裁院特别分院受理案件6件，在1998年长野冬季奥运会上受理5件，在2000年悉尼奥运会上受理15件，在2002年盐湖城冬季奥运会上受理6件，在2004年雅典奥运会上受理案件10件。[①] 雅典奥运会之前，国际体育仲裁理事会总是为每次奥运会专门制定一个特别分院的仲裁规则，如为悉尼奥运会制定了《第27届悉尼奥林匹克运动会竞赛仲裁规则》。但这种做法稍嫌麻烦。于是，2003年10月14日国际体育仲裁理事会在新德里通过了专门的《奥林匹克运动会仲裁规则》[②]，为奥运会上的体育仲裁的进一步规范化、统一化开辟了道路。

自1998年开始，国际体育仲裁理事会还先后为英联邦运动会和欧洲足球锦标赛设立了体育仲裁院特别分院。

（二）特别分院的组成

特别分院由国际体育仲裁理事会设立，其职责在于通过按照仲裁规则组建的仲裁庭仲裁在奥运会上发生的体育争议。

特别分院由仲裁员、主席和分院办事处组成。

特别分院设仲裁员特别名册。特别名册由国际体育仲裁理事会通过其常务理事会拟定。列入该特别名册的仲裁员仅由已列入体育仲裁院仲裁员总名册并出席奥林匹克运动会的仲裁员组成。一般在夏季奥运会上特别分院有12名仲裁员，在冬季奥运会上有6名仲裁员。仲裁员特别名册要在奥运会开幕之前公布，国际体育仲裁理事会常务理事会随后可以在必要时修订。特别分院所有仲裁员必须受过法律训练和具有在体育方面被认可的能力。他们必须独立于当事人和立即披露任何可能危及其独立性的情形。特别分院所有仲裁员必

① See table overleaf of Appendix A, Michael Beloff, *The CAS Ad hoc Division at the Games of the XXVIII Olympiad in Athens in* 2004, 1 I. S. L. R. 13 (2005).

② 中文译本见《仲裁与法律》第94辑，法律出版社2004年版，第130—136页。

须出席奥林匹克运动会和在任何时间为特别分院工作。仲裁员不得在特别分院担任当事人和其他利害关系人的顾问。

特别分院设主席一人,由国际体育仲裁理事会常务理事会从国际体育仲裁理事会成员中选任。主席应当履行仲裁规则赋予他的职责和涉及特别分院适当运行的所有其他职责。主席必须独立于当事人。主席不担任仲裁员,不直接参与案件的审理,但许多程序事项由主席决定。特别分院主席必须出席奥林匹克运动会和在任何时间为特别分院工作。

通常,体育仲裁院在奥林匹克运动会举行地建立特别分院办事处。该办事处在体育仲裁院秘书长的领导下开展工作。秘书长也不担任仲裁员,不直接参与案件的审理。

(三) 特别分院的受案范围和管辖权

为了运动员和体育的利益,特别分院通过仲裁解决《奥林匹克宪章》第 74 条所指的产生于奥运会期间或者奥运会开幕式前 10 天的任何争议。[①]

如果针对国际奥委会、某一国家奥委会、某一国际体育联合会或者奥运会组委会所作出的一项决定而提出仲裁请求,申请人在提出该请求之前,必须按照有关体育团体的章程或者规章用尽所有其能用的内部救济,除非需要用尽内部救济的时间导致向体育仲裁院特别分院上诉不可能。

特别分院的管辖权基础有二:一是《奥林匹克宪章》第 74 条,它规定:“在奥林匹克运动会举办时产生或者与奥林匹克运动会有关的任何争议,应当排他地提交体育仲裁院按照《与体育有关的仲裁规则》仲裁。”二是奥运会的准入表含有将在奥运会期间发生的有关体育争议提交体育仲裁院仲裁解决的条款。[②]

被准入奥运会的任何人员和接受《奥林匹克宪章》并出席奥运会的任何体育组织均可向特别分院提请仲裁。

(四) 特别分院仲裁庭的组成

由于时间急迫,组成一个仲裁庭的仲裁员不由当事人指定,而由特别分院主席指定。受理申请后,特别分院主席组建由特别名册上的 3 位仲裁员组成的仲裁庭,并从中指定首席仲裁员。若依情形显然适当时,特别分院主席可以自行决定指定独任仲裁员。如果一项提交的申请与特别分院未决的一件仲裁案

---

① Article 1 of Arbitration Rules for the Olympic Games.

② See Michael Beloff, 前引文。

件关联,特别分院主席可以将第二项争议指派给已被指定裁决第一项争议的仲裁庭。为了决定该项指派,特别分院主席应当考虑所有情形,包括两案之间的关系和在第一个案件中已经取得的进展。

(五)特别分院仲裁的语言、地点、仲裁适用的程序法和实体准据法

特别分院进行仲裁应当由特别分院主席决定以英语或者法语进行。按照仲裁规则的规定,特别分院和每一仲裁庭的所在地在瑞士洛桑。但是,特别分院和每一仲裁庭可以在奥林匹克运动会举行地或者在它们认为适当的任何其他地方开展属于其使命范围内的一切活动。这表明特别分院的裁决均为在瑞士作出的裁决。

特别分院进行仲裁适用的程序法为《奥林匹克运动会仲裁规则》和瑞士国际私法法第12章。而仲裁适用的实体准据法是《奥林匹克宪章》、可适用的规章、其适用被认为适当的一般法律原则和法律规则。

(六)特别分院的仲裁程序

这里只讲讲特别分院仲裁程序中有特色的地方。

1. 通知。可以打电话通知,但随后要书面确认,也可以通过电子邮件给予通知。

2. 被提出异议的决定的中止和极度紧急事项的初步救济。在出现极度紧急事项的情况下,仲裁庭若已组成,或者在未组成时特别分院主席可以基于申请在未预先听取被申请人的意见的情况下裁定中止被提出异议的决定的效力或者采取任何其他初步救济措施。准许如此救济的该裁定在仲裁庭作出最终决定时终止效力。在决定是否给予任何初步救济时,特别分院主席或者仲裁庭应当按照案件可能出现的情况,考虑该救济对保护申请人免受不可挽回的伤害是否必要、请求成功的可能性,并且考虑申请人的利益是否重于对方或者奥林匹克共同体的其他成员的利益。

3. 时限。仲裁庭应当在提出申请后的24小时内作出裁决。在例外情况下,特别分院主席可以视情况需要延长该时限。

4. 裁决的作出。裁决依多数意见作出,或者在没有形成多数意见时依仲裁庭的首席仲裁员的意见作出。它应当由仲裁庭的首席仲裁员拟定、注明日期和签署,并且原则上要陈述简要的理由。在裁决书被签署前,它应当提交特别分院主席复核,特别分院主席可以作出形式上的修订,并且在不影响仲裁庭自由裁决的前提下也可以提请后者注意实体问题。裁决作出后应当立即通知当事

人。仲裁庭无须说明理由,可以决定通知裁决书的实施部分。自该通知始,裁决即应当为终局裁决。要注意的是,如果有关国家奥林匹克委员会非仲裁程序当事人并无资格接受裁决副本,该裁决应当为信息目的通知它们。

5. 裁决的移交。在考虑案件的所有情况,包括申请人的救济请求、争议的性质和复杂性、其解决的紧急性、要求的证据的范围和拟解决的法律问题的范围、当事人被听证的权利以及在特别仲裁程序结束时的记录情况后,仲裁庭既可以作出终局裁决,也可以将争议移交体育仲裁院按照《与体育有关的仲裁法典》仲裁。仲裁庭也可以对争议的部分作出裁决,而将争议的未解决部分移交体育仲裁院的常规程序。

6. 仲裁程序的免费性。体育仲裁院特别分院的设施和服务免费,包括为争议当事人提供仲裁员。但是,当事人应当承担其自己的法律代理、专家、证人和翻译的费用。

四、体育仲裁中值得特别关注和思考的几个问题

(一)可仲裁性问题

可仲裁性问题就是何种争议可以通过仲裁解决的问题,也就是可仲裁的事项或争议的范围即仲裁范围问题。[①] 而可仲裁的事项或争议就是仲裁标的。对于这个问题,各国在实践中有不同的主张,学界也有不同的看法。例如,1994年《中华人民共和国仲裁法》第2条规定:"平等主体的公民、法人和其他组织之间发生的合同纠纷和其他财产权益纠纷,可以仲裁。"1996年澳门核准仲裁制度的第29/96/M号法令第2条规定:"不涉及不可处分权利之任何争议均可成为仲裁标的;但特别法规定应提交司法法院或必要仲裁处理者,不在此限。"1998年修订的《德国民事诉讼法典》第1030条规定:"任何涉及经济利益的请求可以成为仲裁协议的对象。如果仲裁协议是关于不涉及经济利益的请求,则其在当事人有权就争议问题缔结和解协议的范围内具有法律效力。"上述可见,一般情况下,有关商事法律关系的争议,无论其属契约性还是非契约性,都是可仲裁的;在不使用"商事"概念时,涉及财产权益的争议原则上是可仲裁的,只要当事人之间的有关争议可自行和解或通过调解解决。德国的做法是凡涉及经济利益(economic interest)的请求都可提交仲裁,涉及非经济利益纠纷时,则以当事人

① 参见韩健:《现代国际商事仲裁法的理论与实践》,法律出版社2000年版,第79—81页。

是否有权对争议事项进行和解为可以提交仲裁的标准。德国的立法者把仲裁当作与国家审判权同等的法律保护措施,对可仲裁性作广义理解,争议事项只要在追求一种广义上的经济目的即可提交仲裁,而无论争议事项属于私法领域还是公法领域。[①] 尽管哪些财产性质的争议可以提交仲裁,各国的限制有所不同,但当事人有无和解的权利几乎是公认的判断可仲裁性的试金石。[②]

然而,在体育仲裁中,情况有所不同。不仅与体育有关的商事争议是仲裁的标的,具有可仲裁性;而且,一些与体育有关但当事人不能自行和解的争议,这就是与体育有关的纪律性或者技术性争议,或者说涉及体育组织的决定的争议,如涉及运动员服用兴奋剂的争议、运动员参赛资格的争议,也可以通过仲裁来解决。这等于突破了传统的公认的判断争议事项可仲裁性的标准,大大拓展了仲裁的范围。

(二)技术性问题

我们通过一个案例来说明技术性问题(technical issue)。在 2004 年雅典奥运会期间,2004 年 8 月 19 日清晨,加拿大划船运动员 David Calder 和 Christopher Jarvis 向体育仲裁院雅典奥运会特别分院提出一项请求临时救济决定的紧急申请。事情的缘由是这样的:8 月 18 日,在双人划船半决赛中,David Calder 和 Christopher Jarvis 划的船进入了两名南非划船运动员所在的划道,干扰了南非划船运动员的比赛。结果,David Calder 和 Christopher Jarvis 在半决赛中居第 2,南非划船运动员居第 4。对此,国际赛艇联合会(FISA)执行委员会决定排除 David Calder 和 Christopher Jarvis 参加 A 组决赛,但允许他们参加 8 月 19 日上午 10 点 40 分举行的 B 组决赛。加拿大两名运动员在申请中认为他们的行为不是故意的,请求特别分院下令 FISA 允许他俩参加 A 组决赛,不参加 B 组决赛。鉴于特别分院必须在不足 2 小时的时间内作出裁决,对该请求紧急初步救济的裁决由特别分院主席 R. S. Pathak 作出。特别分院主席驳回了加拿大两名运动员的申请。他强调,在特别分院被挑战的 FISA 的决定是一个技术性的决定,并且,根据体育仲裁院的通常实践,体育仲裁院的仲裁庭不审查一般认为由负责适用“游戏规则”(rules of games)的裁判在体育场地所作出的裁断,除非该裁断受到不诚信的戕害。主席最后得出结论认为,当 FISA 当局适用 FISA 有关

---

① 参见孙珺:《德国仲裁立法改革》,载《外国法译评》1999 年第 1 期,第 84 页。

② 参见宋连斌:《国际商事仲裁管辖权研究》,法律出版社 2000 年版,第 131—132 页;黄进、宋连斌、徐前权:《仲裁法学》,中国政法大学出版社 2002 版,第 22—23 页。

划船碰撞规则时它并没有不诚信行事。[①] 这一案例表明，在体育仲裁院的实践中，体育仲裁院的仲裁庭原则上不复核由裁判决定的“技术性问题”，除非仲裁庭发现裁判或者相关体育组织在处理“技术性问题”方面存在着诚信问题或者程序问题。

（三）仲裁协议的特殊性问题

仲裁协议是仲裁的基石。一般来说，仲裁协议是当事人将其已经发生或者将来可能发生的争议（无论是契约性的还是非契约性的）提交仲裁解决的协议。[②] 达成仲裁协议，当事人必须协商一致，这是仲裁协议最根本的东西。如前所述，体育仲裁协议的达成有其特殊之处，其中一类就是具有体育行业特色的仲裁协议。这类仲裁协议有两种情况：一种情况是有关体育组织的章程或者规章规定将有关体育争议提交仲裁解决，而一个团体拟成为该体育组织的成员，或者参加该体育组织主办的体育运动的运动员和其他相关人员必须接受其章程或者规章，从而推定他们相互之间有仲裁协议。另一种情况是一些体育组织在主办大型运动会时，在参加运动会的准入表中规定了在运动会期间发生的有关体育争议提交有关仲裁机构解决的条款。如果运动员不同意该条款，则不得被允许参加体育比赛。运动员签署准入表被视为与有关方达成了仲裁协议。这种仲裁协议尽管可以推定是建立在当事人自愿接受并达成一致的基础上的，但可以肯定，当事人之间没有协商，或者说不容协商，多少带有一点强制性。

（四）仲裁程序中的第三人问题

严格地讲，仲裁是建立在当事人意思自治基础之上的，应在当事人之间开展，不允许非当事人的第三人参加或介入。因此，在大多数国家的仲裁法制中，没有仿照诉讼程序中的第三人制度建立仲裁程序中的第三人制度。在近年中

① See Michael Beloff，前引文。

② 参见英国《1996 年仲裁法》第 6 条；1998 年德国《民事诉讼法典》第 1029 条。

国仲裁学术界,有不少学者探讨这一问题,意见不一。[①] 依笔者之见,在一定条件下,也就是非仲裁协议当事人的第三人如果与案件有足够的联系、其本人愿意参加并受仲裁协议约束、仲裁协议当事人接受、仲裁庭同意,可以参加或介入仲裁程序,因为这有利于争议全面和彻底的解决。体育仲裁的实践印证和支持了这种主张。在体育仲裁中,第三人分为有利害关系的第三人(interested third party)和被邀请参加仲裁的第三人(invited third party)。前者的含义不言自明,后者则是指那些在案件中没有直接的利害关系,但案件的审理结果与其有足够的联系的体育组织,比如,对某国违纪运动员与国际奥委会就后者作出的有关处罚决定的争议而言,该运动员所属国的国家奥委会不是当事人一方,但显然与它有联系,它可以被邀请作为第三人参加仲裁程序。按照《与体育有关的仲裁规则》规定,无论第三人是被申请参加仲裁还是主动申请参加仲裁,必须证明他与该争议有足够的利害关系并且受仲裁协议的约束,或者在与其他当事人达成书面协议的情况下方可参加仲裁程序。[②]

(五)仲裁结果公开问题

保密性是仲裁的特性之一。为了保证当事人的商业秘密和贸易活动不因进行仲裁而泄露,各国的仲裁法律和仲裁规则都规定了仲裁员及仲裁秘书人员的保密义务,并规定仲裁一般以不公开审理为原则。[③] 仲裁的保密性要求对仲裁的结果必须保密,不得公开。但在体育仲裁院的实践中,依普通仲裁程序作出的裁决必须保密,而依上诉仲裁程序作出的裁决不需遵守任何的保密要求,尽管开庭审理是不公开进行的。体育仲裁院应当公开仲裁裁决、摘要和/或向新闻发布裁决结果,除非当事人协议应予保密。我们知道,通过上诉仲裁程序进行仲裁的案件是与体育有关的纪律性或者技术性争议案件,或者说涉及体育组织的决定的争议案件,如涉及运动员服用兴奋剂的争议案件、运动员参赛资格的争议案件。这类案件不仅涉及体育运动的核心价值——"公平竞争"(fair

---

① 例如,刘传摹:《对仲裁庭追加第三人的法律分析》,载《人民司法》1998 年第 9 期;林一飞:《论仲裁与第三人》,载《法学评论》2000 年第 1 期;屈广清、周清华、吴丽婧:《论仲裁制度中的第三人》,载《中国海商法年刊》2000 年卷,大连海事大学出版社 2000 年版;夏蔚:《仲裁第三人研究》,载《当代法学》2000 年第 5 期;肖鹏、刘惠荣、张雷:《论第三人与仲裁》,载《中国海洋大学学报》2003 年第 2 期;余子新:《论仲裁协议约束第三人的条件》,载《当代法学》2003 年第 11 期;余子新:《仲裁第三人主体研究》,载《广西公安管理干部学院学报》2004 年第 2 期;余子新、甘玲:《合同第三人与仲裁第三人》,载《法学杂志》2004 年第 3 期;杨玲:《仲裁中不宜设立"第三人"》,载《人民法院报》2004 年 12 月 29 日第 B3 版;齐树洁、顾佳:《论仲裁程序中的第三人》,载《仲裁研究》第 4 辑,法律出版社 2005 年版。

② See Article R41 of the Code of Sports-related Arbitration (in force as from 22 November 1994).

③ 参见黄进、宋连斌、徐前权,前引书,第 14 页。

play)，而且从一开始就为公众和传媒所关注，社会要求知道仲裁的结果。为了坚守体育的价值和保护社会公益，公开仲裁结果是合情合理的，所以，体育仲裁院的仲裁规则也对之作了明确的规定。事实上，在奥运会期间，体育仲裁院特别分院不仅在互联网上公布仲裁案件的审理结果，而且还开新闻发布会公布仲裁案件的审理结果。由此可见，公开与体育有关的纪律性或者技术性争议案件的仲裁结果成为体育仲裁的一大特色。

论对世界贸易组织及其协议的认识问题

谢石松*

谨以本文献给我在武汉大学的老学长、在中山大学的老前辈端木老师从教五十五周年和八十五华诞的庆典。衷心祝愿端木老师健康、长寿!

我自1991年从武汉大学博士毕业来到广州中山大学,有幸作为武汉大学广州校友会的副秘书长及后来的秘书长和中山大学国际法教研室主任,与作为武汉大学广州校友会会长及后来的名誉会长和中山大学国际法教研室的老教授的端木老师,一直有着非常亲密的接触。

在这种亲密接触中,端木老师让我感受到了大家、名师的风范,也让我学到了很多受益终身的为人、处世、教书、育人的态度和理念。端木老师虽然在我来中山大学任教以前就已经调到了北京任最高人民法院副院长,但一直坚持参加我们国际法教研室的硕士研究生教学工作。每年的5月份他会准时回来主持我们国际法硕士点的毕业论文答辩,并同时为下学期上课的同学指定必读书目和参考资料;11月份他会准时回来集中为我们的硕士研究生讲授"国际法学史"这门课程,一直到85岁高龄。端木老师的这种敬业精神、这种对法学教育的执著和在教学过程中那种认真、负责和严谨治学的态度,教育了我们的学生、也教育了我本人。

我之所以对本文中的相关问题以及平时教学中的有关问题有这种"咬文嚼字"的认识,也是深受端木老师在主持答辩时那种严肃、认真、严谨的治学态度的影响。

* 中山大学法学院教授、武汉大学国际私法学博士,武汉大学法学院、西北政法学院兼职教授,国家教育部文科重点研究基地中山大学港澳珠江三角洲研究中心、武汉大学国际法研究所兼职研究员,中国国际私法学会副会长、中国国际法学会理事、中国国际经济法学会理事,中国国际经济贸易仲裁委员会仲裁员。

我国正式加入世界贸易组织(WTO,以下简称世贸组织)已经好几年了,但是,在我们国家的国民,特别是在我们国家的很多政府官员、专家、学者中间,包括很多专门研究世贸组织协议的法律学和经济学方面的专家、学者中,都还存在很多对世贸组织和世贸组织协议在我国的法律地位、实施要求等方面问题的模糊、甚至错误的认识。在这些年的报纸杂志和出版的各种读物和学术专著中,笔者还经常看到持有这种模糊、甚至错误认识的学术论文和学术著作;在日常的学术生活中也经常听到基于这种模糊、甚至错误认识的学术观点。笔者认为,这很有澄清的必要。①

一、世贸组织不是"经济的联合国"

很多专家学者把世贸组织比作"经济的联合国",目前我国国内出版发行的绝大多数涉及世贸组织的论文和著作,以及一些政府官员、专家、学者的讲话,都把《关税及贸易总协定》的"缔约方"叫作"缔约国",把世贸组织的"成员方"叫作"成员国"。这些都是错误的。

世贸组织虽然与联合国一样,都属于政府间的国际组织,都具有国际法律人格,在一定的范围内可以享有国际法上的权利,承担国际法上的义务。但与此同时,世贸组织又是与联合国性质完全不同的国际组织。联合国是由主权国家的政府所组成的一个政府间的国际组织;而世贸组织的成员资格却并不是以主权国家为必要。事实上,有一些非主权国家的单独关税区,如我国的香港特别行政区、澳门特别行政区、台湾地区都是该组织的成员。所以,《关税及贸易总协定》作为一个特殊的国际贸易条约,其成员只能叫作"缔约方";世贸组织作为一个特殊的国际组织,其成员只能叫作"成员方"。

也正是因为如此,《关税及贸易总协定 1994》特别在第 2 条明确规定:"关税及贸易总协定 1994 规定中提及的'缔约方'改为'成员'。提及的'欠发达缔约方'和'发达缔约方'改为'发展中国家成员'和'发达国家成员'。"②

明确世贸组织的性质,强调对有关术语的准确表达,在我国有着特别重要的意义。首先,我们不能为"台独分子"留下话柄。其次,我们可以不必理会像

① 在中国国际经济法学会于 2001 年 11 月 1 日至 4 日在上海复旦大学召开的 2001 年学术年会上,笔者还曾经就这些认识问题和与会的一些学者展开过非常激烈的争论。

② 参见《关税及贸易总协定 1994》第 2 条第 1 款,世界贸易组织中文网,http://www.chinesewto.net/right.asp#,2005 年 7 月 2 日访问。

李登辉这样一些“台独分子”在国际法上的无知。[①] 再者,我们也可以十分清楚地区分政治问题和经济贸易问题,在处理我国两岸四地,即内地与港、澳、台之间在世贸组织体系下所进行的经济贸易合作关系时,能够准确地把握哪些问题该谈,哪些问题不该谈。同时,也就不必太多地考虑和顾及政治方面的问题,从而不至于影响我国两岸四地之间在世贸组织体系下所进行的经济贸易合作。该谈的谈,不该谈的就不谈。

事实上,台湾地区的有识之士也已经充分认识到了这一点。如台湾《联合报》也发表社论,呼吁台湾当局要“正确定位”世贸组织,严格将经济贸易问题与政治问题分开。针对台湾“行政院”院长张俊雄希望两岸能够在世贸组织的架构下讨论“三通”等议题,该报社论认为:“当局显然对世贸组织的政治效益颇有寄望,期借世贸组织的国际架构来建立两岸在政治上的对等地位。但是,若将世贸组织变成一个‘经贸为借口,政治为目标’的借题发挥的政治舞台,恐怕会出现难以收拾的局面。届时,两岸关系绝不会更缓和,只会更尖锐。”“总之,当局必须对世贸组织的基本机能作出正确定位。若将世贸组织视为一个政治舞台,极可能反而折损了这一座得来不易的经贸平台。”[②]

二、世贸组织协议是调整政府间贸易关系的协议

世贸组织协议所调整的是世贸组织各成员方政府与政府之间的贸易关系,所规范的是各成员方政府通过立法、司法、行政等手段对其国际贸易活动进行管制的行为。世贸组织各成员方政府必须严格按照世贸组织协议的要求处理与其他成员方之间的贸易关系,与其他成员方政府共同推动国际贸易的自由化进程。

世贸组织协议并不调整各成员方的自然人、法人或其他社会经济组织之间的贸易关系,即各成员方的自然人、法人或其他社会经济组织之间进行商品(包括货物商品、技术商品和服务商品)交换活动时所形成的商品流转关系。这种商品流转关系,属于一种私法关系,只能由专门调整这种私法关系的国际法规

---

① 在世贸组织部长级会议通过台澎金马经济体加入世贸组织的申请以后,李登辉于2001年11月13日接受台湾东森新闻专访时公然声称,加入世贸组织之后,两岸将是“国家对国家”的关系,将来两岸谈“三通”等问题就是一种“国际关系”。见《参考消息》2001年11月16日第8版,《李登辉公然声称入世后两岸关系是“国家对国家”》一文。

② 见台湾《联合报》2001年11月14日社论,题为:《正确定位WTO:经贸平台?政治舞台?》。载《参考消息》2001年11月16日第8版,《台报社论认为两岸不可能以“WTO架构”处理“三通”》一文。

范和国内法规范，如《联合国国际货物买卖合同公约》和我国现行的《中华人民共和国合同法》等，来进行调整。发生纠纷时，也只能由国际社会和各个成员方所建立的商事仲裁机构和各个成员方的法院，依据有关调整国际商品流转关系的国际条约和国际惯例以及相关成员方的国内法律制度来处理。

世贸组织协议也不调整各个成员方政府与其他成员方的自然人、法人或其他社会经济组织之间的贸易管理关系。这种贸易管理关系，属于一种成员方国内的贸易管理关系，虽然与各成员方政府之间的贸易关系一样，也属于一种公法关系，但这种关系只能由各个成员方的国内法律规范来调整，发生了问题也只能由各个成员方的国内司法机关，依据各个成员方自己的法律制度来处理。

三、世贸组织协议不存在在国内适用的问题

我国目前还有很多的国民，包括我国的各级政府官员、相关的专家学者，都在研究和讨论世贸组织协议在我国的“适用”问题，如在各政府部门的“适用”，特别是在人民法院审判工作中的“适用”，和企业等市场主体的经济活动中的“适用”问题。有的认为可以“直接适用”；有的认为只能“间接适用”；有的认为只能“转化适用”。①

笔者认为，这些观点和认识都是错误的。世贸组织的协议，包括其相关的承诺表中所涉及到的全部内容，所调整是世贸组织各个成员方政府与政府之间的关系，属于公法性质的法律制度。只有在各个成员方之间的国际贸易关系中，如中美贸易关系、中欧贸易关系、中日贸易关系中，存在“适用”世贸组织的协议来进行调整，如果在这些贸易关系中发生了纠纷，“适用”世贸组织的协议来进行处理的问题。在各个成员方内部，当然包括在我们国家内部，不存在任何形式的“适用”问题。

以人民法院的司法审判为例，因为人民法院所审理的只能是我国内部当事人与当事人之间所发生的贸易纠纷，或者涉及到外国当事人的贸易纠纷，绝对没有权力去审理一个国家政府与另外一个国家政府之间的贸易纠纷，当然也就没有可能去“适用”只有审理这种国家政府与政府之间的贸易纠纷时才能“适用”的世贸组织的协议。② 世贸组织的协议只能由世贸组织本身在其活动中和

① 参见张乃根、李国安：《中国国际经济法学会 2001 年年会暨学术研讨会综述》，载陈安主编：《国际经济法论丛》第 5 卷，法律出版社 2002 年版，第 633—637 页。

② 目前世界上没有任何一个国家的法院，包括美国的法院，拥有这种权力。

世贸组织的各个成员在其相互的贸易关系中予以“适用”。世贸组织各个成员之间的贸易纠纷只能由世贸组织所建立的争议解决机构“适用”世贸组织的协议来处理。

而从各个企业或其他市场主体的角度来看,更不存在“适用”世贸组织协议的问题。世贸组织的所有协议都是规范各个成员方政府的行为,而没有规范、也不存在规范企业等市场主体行为的问题。有的学者以反倾销法律制度中所涉及到的相关问题为例,认为在市场主体实施了倾销行为时,会“适用”到世贸组织协议中有关反倾销法的规定。① 这种观点也是错误的。事实上,在反倾销法律实务中,世贸组织的反倾销协议只是规定各个成员方在制定和实施反倾销法时所必须遵循的原则、规则和规章制度,而并不具体规定各个市场主体具体的倾销行为的构成及其处理的问题。一个企业是否实施了倾销行为,如果实施了倾销行为,应该受到什么样的处罚,都是由各个成员方的国内立法来规定的问题,也只能“适用”各个成员方自己的相关立法来处理。世贸组织的协议只是要求各个成员方在确定识别这种倾销行为的标准,按照这种规定去处罚有关的倾销行为时不要违反世贸组织协议的相关规定。

目前,我国学术界在探讨这一问题时,之所以存在上述模糊、甚至错误的认识,笔者以为,主要是由于没有明确地区分国际公法、国际经济法和国际私法的关系,没有能够明确地区分国际公法条约、国际经济法条约和国际私法条约的适用,而大都是从一般意义上去探讨国际条约在国内法上的效力以及在国内各有关领域的适用问题。而事实上,国际公法条约、国际经济法条约和国际私法条约所调整的社会关系各不相同,其适用方式和适用范围也就不可能一样。②

如我国《民法通则》所规定的国际条约的适用,所涉及的只是国际私法条约的适用,并不能由此去推断国际公法条约和国际经济法条约的适用问题。③ 如我国参加的1980年《联合国国际货物买卖合同公约》所规范的是不同国家的、平等民商事主体之间的商事关系,属于国际私法条约的范畴,可以直接适用于

---

① 在中国国际经济法学会2001年的上海学术年会上,与笔者就这些认识问题进行争论的与会学者当时提出例外情况下可以适用世贸组织协议的观点。

② 参见谢石松:《中国国际法学科体系之我见》,载《中国国际私法与比较法年刊》(1998年)(创刊号),法律出版社1998年版;谢石松:《论国际私法与国际经济法的关系》,载《政法论坛》2001年第2期,中国人民大学《复印报刊资料》《国际法学》2001年第5期。

③ 《中华人民共和国民法通则》第142条第2款规定:“中华人民共和国缔结或者参加的国际条约同中华人民共和国的民事法律有不同规定的,适用国际条约的规定,但中华人民共和国声明保留的条款除外。”这一条款,是属于第8章的内容,而第8章的标题和第142条第1款都已经非常明确地规定了这里所涉及的只是“涉外民事关系的法律适用”问题。

我国当事人与其他缔约国当事人之间所签订的国际货物买卖合同。而我国参加的世贸组织体系下的所有协议,所调整的则是不同国家或地区,即不同的成员方政府与政府之间的经济贸易关系,属于国际经济法条约的范畴,只能适用于我国政府与其他成员方政府之间所发生的、具有公法性质的经济贸易关系。所以,我们不能以国际私法条约可以在我国的直接适用来论证国际公法和国际经济法条约在我国的直接或间接适用的问题。①

四、我国必须严格遵守世贸组织协议的规定

世贸组织的协议是我国政府与其他成员方政府之间所签订的国际条约,它规定了我国政府在进行国际贸易方面的立法、司法和行政行为时必须遵循的基本原则、规则和规章制度。按照"条约必须遵守"的国际条约法基本原则,我们的国家机关和政府部门在进行相关立法、司法和执法活动时,必须严格遵守这些原则、规则和规章制度的规定,不得违反。也就是说,我们的国家机关和政府部门,而且也仅仅只是我们的国家机关和政府部门,必须严格"遵守",而不是"适用"世贸组织协议所作的相关规定。如我们的立法机关在制定涉及国际贸易方面的立法,政府部门在制定涉及国际贸易的相关政策,以及我们的国家机关和政府部门在实施这些立法和政策时,应该严格遵守世贸组织的相关规定。如我们国家公安部在我国即将加入世贸组织之前对国产小汽车上牌程序所作的规定,就不符合世贸组织协议中有关国民待遇原则的规定②,在世贸组织协议开始对我国生效以后,就需要作出相应的修改,即需要对国产小汽车和进口小

① 在中国国际经济法学会2001年的上海学术年会上,与笔者进行争论的与会学者在提出可以在我国直接适用世贸组织协议的观点时所列举的论据之一,就是《联合国国际货物买卖合同公约》可以直接适用于我国境内。

② 2001年9月27日,公安部公布了3条新车上牌新措施。这些措施于2001年10月8日起率先在北京、深圳等15个城市试点,2002年1月起在全国范围内实施。这3条新措施分别是:(1)当日申请当日发牌。办理新车入户时,机动车所有人只需出具身份证明、车辆来历凭证、车辆合格证和车辆购置税证明4项合法证明。车辆检验合格后,当日可以领到牌证。(2)车牌号码随心选。车主申请办理新车入户时,按照新的车辆号牌编码规则,自行选择英文字母和数字组合,确定自己的车辆号牌。经确认没有重复后,或现场发牌,或通过邮寄、通知领取方式将车牌发给车主。目前此项措施范围初步划定在申请新车入户、机动车所有人为个人、车辆种类为9座以下载客汽车之内。已上牌的车辆不作变动。(3)国产新车免上检测线。2001年年底前,公安部把所有达到一定规模和质量标准的国产小轿车全部列入免检范围。下一步还将免检范围扩大到国产客车和货车。短期内进口轿车必须上检测线进行检测的方法维持不变。公安部颁发的这个新车上牌新措施,使得国产汽车的上牌手续比进口汽车的上牌手续快了很多。参见《2001年中国汽车工业年度发展报告——政策与法规》,http://www.autoinfo.gov.cn/ztfx/ana/fxbg/2001ndbg/2001-28.htm,2005年7月2日访问。

汽车一视同仁。

如就我国的人民法院而言，世贸组织协议的影响主要反映在世贸组织协议中的透明度原则方面。人民法院应该遵守世贸组织协议中所规定的透明度原则，必须对有关的国际贸易纠纷案件进行公开审理、公开裁判，并公开裁决。在审判过程中，必须给予外国当事人与我国当事人同等的诉讼权利，赋予同样的诉讼义务。

一旦我国的国家机关和政府部门违反这些规定，世贸组织的其他成员方就会对此提出异议。在双方不能协商解决时，就会启动世贸组织的争端解决机制，就会到世贸组织的争议解决机构去寻求争议的解决。而一经世贸组织的争端解决机构裁决我国违反有关的世贸组织协议，就会要求我们的国家和政府承担国际责任，甚至对我国采取报复措施。所以，我国的相关机构和部门都必须严格遵守世贸组织协议对我国的相关规定。

英美债法的第三支柱——返还请求权法探析

肖永平[*]　霍政欣[**]

内容提要：在英美法理论中，返还请求权已由传统上的救济方式发展为一种独立的请求权基础；与此相对应，调整各种返还请求权的法律部门——返还请求权法也从无到有、从小到大，并逐渐取得了与合同法、侵权行为法鼎足而立的地位。本文以返还请求权的概念为切入点，结合最新案例与理论，对英美返还请求权制度作了较为深入的梳理与研究。

关键词：返还请求权　不当得利　准契约

自20世纪后期以来，英美法理论经历了深刻的演变与发展，其中最为重要的动向之一便是其债法体系的重新构建。依传统英美法理论，债可大别为合同之债与侵权之债。但是，随着返还请求权(restitution)由单纯的救济方式发展为独立的请求权基础①，英美债法体系随之发生结构性变更。② 当前，英美理论界的主流观点认为，债法构建于三大基本原则之上：即"有效承诺而生之期望应予

---

*　武汉大学珞珈特聘教授，武汉大学法学院副院长，教育部人文社会科学重点研究基地武汉大学国际法研究所执行所长，中国国际私法学会常务副会长。

**　中国政法大学国际法学院教师、法学博士。

①　如何翻译 restitution，颇为不易。考察我国大陆和港台地区的译法，并不一致。大陆地区常将之译为"返还原物"或"恢复原状"，港台地区多译为"回复"或"归复"。以上译法，均有可商榷之处。大陆译法欠缺准确性，因为在很多情况下，restitution 并非"返还原物"或"恢复原状"，而为"价额偿还"。港台译法亦有不足，一来比较抽象，不易把握；二来汉语"回复"或"归复"之意，与救济方式近，而与独立请求权远，因而不能反映出 restitution 的本质特征。鉴于此，经再三思索，我们将之译为"返还请求权"。该译法既能够体现出 restitution 作为一种独立请求权的本质属性，亦可准确概括出其以返还不当得利为基础的外部特征。然此译法是否最佳，笔者尚有疑虑，敬请同仁惠赐教正。

②　*See* J. Beatson, Anson's Law of Contract, 22 (28th ed. 2002).

实现”、“不法侵害应予赔偿”、“不当得利应予返还”。这三大原则分别由合同法、侵权行为法和返还请求权法(the law of restitution)贯彻与体现;它们彼此独立、呈鼎足之势,并称为当代英美债法的三大支柱。[①] 可见,英美债法体系已由合同法、侵权法双雄争霸的传统格局,发展为合同法、侵权法和返还请求权法三分天下的崭新局面。

英美法的这一重大理论发展,已引起各国学者的广泛关注与高度重视。英美法国家自不待言,即便在大陆法国家,也有越来越多的学者投身于返还请求权法的研究。然而,令人遗憾的是,我国法学界对英美债法的研究,长期裹足于合同与侵权这两个传统领域,而对返还请求权法的迅速崛起与瞩目发展关注甚少、知之甚微。到目前为止,我国尚无专著或论文评介、研究英美返还请求权制度,而从比较法角度对之展开的研究更付阙如。这不能不说是我国法学研究,尤其是比较法研究的一大空白与缺憾。鉴于美、英等普通法国家在当今国际政治、经济、法律等领域的强大影响力,以及我国与上述国家交往的日益密切,对返还请求权制度展开研究,无疑具有重大的理论价值与迫切的现实意义。

一、返还请求权法的含义

在英美法中,“返还请求权(restitution)”是一个既古老又新鲜的名词。说其古老,是因为作为一种救济方式,自中世纪起它就被运用于诉讼中,通常指恢复损害发生前或违约前的应有状态,可以是取回原物,也可为支付相应的等价物。这种救济方式主要针对准契约之债,也可因侵权或信托纠纷而引起;相应的,其规则也散布于准契约、侵权、信托等制度内。[②] 可见,在传统英美法理论中,“restitution”仅为一种救济方式,而非独立的请求权基础。

这种情形一直延续了几百年,但在最近几十年间发生了根本性变化。1937年,美国法学会制订了《返还请求权法重述》(Restatement of Restitution)。该《重述》开历史之先河,将“不当得利(unjust enrichment)”作为界定“restitution”的依据,从而赋予“restitution”以崭新、统一的定义,并首次提出“返还请求权法”这一

① *See Ibid.*, at 22—23; A. S. Burrows, *Contract, Tort and Restitution—A Satisfactory Division or not?* 99 The Law Quarterly Review, 217, 217—218 (1983); Andrew Burrows, The Law of Restitution 1 (2nd ed. 2002); Konrad Zweigert and Hein Kötz, Introduction to Comparative Law 551 (3rd ed. 1998); 麦肯雅克:《契约法》,法律出版社 2002 年影印版,第 6 页。

② 参见薛波主编:《元照英美法词典》,法律出版社 2003 年版,第 1191 页。

表述,堪称突破。[1] 以此为发端,重组原有分散的返还请求权规则,建立以不当得利为原则的返还请求权法的构想,开始得到英美理论界的重视。1966年,英国出版了由高夫(Goff)和琼斯(Jones)所著的《返还请求权法》,[2]该著作猛烈批判了准契约等传统制度的弊端,论证了建立统一、独立的返还请求权法的可能性与必要性,并提出了相当完善的理论体系。该著作的出版,被誉为返还请求权法发展史上的里程碑。从此,整合原有规则、构建统一、独立的返还请求权法的呼吁一声高过一声,成为英美法学界的一致夙求。这一呼声最终于1991年得到了司法判例的回应。至此,对返还请求权法是否为独立法律部门的争议终得平息,研究和争论的焦点开始转向返还请求权法的内容。[3] 此后十余年间,在各主要英美法系国家的司法实践中,又出现了一系列具有历史意义的判例,这些判例进一步巩固了返还请求权法的独立地位,并不断充实其内容,使其取得了与合同法、侵权法鼎足而立的地位。鉴于返还请求权法惊人的发展速度,著名学者丹曼(Dannemann)不无感慨地说:“始于学术研究,辅于学术研究,返还请求权法终得法院认可。尤其是在最近十年间,返还请求权法的发展成就,是其他部门法要花费一个世纪方能取得的。”[4]由此可见,“restitution”已由传统上的救济方式,发展为一种新近独立的请求权基础。从这个意义上说,它无疑又是新鲜的。

作为一种独立的请求权,返还请求权以不当得利为基本原则,批判地继承了传统的准契约制度,整合了其他各种以不当得利为基础的权利主张,化零散于集中、化分治于统一。因此,作为一个独立的法律部门,返还请求权法是“调整各种以不当得利原则为基础的请求权的法律部门,它包括准契约,但不限于此”。[5] 该定义由高夫和琼斯于1966年首倡,被学术界和实务界广泛接受,是返还请求权法最具权威性的定义。

二、返还请求权的基本要素

返还请求权,如前所述,以不当得利原则为基础,但这一抽象原则尚需进一

---

① Lord Goff of Chieceley & Gareth Jones, The Law of Restitution 13 (5th ed. 1998).

② Lord Goff of Chieceley & Gareth Jones, The Law of Restitution 5 (1st ed. 1966).

③ Francis Rose (ed.), Restitution and the Conflict of Laws, preface (1995); George Panagopoulous, Restitution in Private International Law 6 (2000).

④ Burrows,前引书,第3页。

⑤ Goff & Jones,前引书,第3页。

步分解,才具有理论上的确定性和实践上的可操作性。依返还请求权法理论,不当得利由下列三个基本要素构成:一、被告获得利益;二、该利益系以牺牲原告利益为代价;三、被告保有该利益具有不正当性。[①] 这三个要素紧密相关,缺一不可,并称为不当得利的三大构成要件。下面一一展开分析。

(一) 被告获得利益

显然,被告获得利益,是不当得利的首要构成因素:没有得利,何来返还?在此,需对得利是否为货币作一区分。得利若为货币,至为简单,被告只需将所得钱款如数返还即可。然而,若得利并非货币(如为实物或服务),则颇值推敲。因为在得利为实物,而该物却因某种原因灭失或损毁的情况下,或者当得利为服务时,均无原物返还之可能,而仅能以价额偿还。这样一来,就存在着如何评估原物价格,即如何以货币衡量得利的问题。关于此点,向来有所谓主观法与客观法之争。大陆法国家常采用客观法,即以客观交易价值计算得利,而不以当事人的主观评判为衡量基准;[②]普通法却与之背道而驰,通常由案件中的被告来计算得利的价额。如此,在英美司法实践中,极可能出现如下情形:被告获得利益(服务或实物),且该得利有可供衡量的客观市场价,但事后他却找到某种理由,指称该得利对其毫无价值或价值甚微,从而否定客观市场价。被告的这种主张在学理上称为对得利的"主观性贬值(subjective devaluation)"。[③]

若完全采用主观标准,听凭被告的主观评判,无疑将置原告于非常不利的境地,揆情度理,显失公允。于是,普通法在采用主观标准的同时,亦对之进行例外性限制,以平衡原、被告间的利益,避免不公。主要采用的有"利益确凿无疑标准(incontrovertible benefit test)"与"自由接受标准(freely acceptance test)"两种限制措施。[④] 所谓"利益确凿无疑标准",是指当所得的非金钱收益是已经实现了的利益或可实现的利益,以及当收益节省了原本不可避免或必要的开支时,任何一个"理性人"都不能否认他因此受益,或对之进行主观性贬值。[⑤] 这

---

① 原告要成功主张返还请求权,尚需满足被告没有抗辩事由这一消极条件。Panagopoulous,前引书,第15页。

② 参见肖永平、霍政欣:《不当得利的法律适用规则》,载《法学研究》2004年第3期。

③ Goff & Jones,前引书,第18页。

④ *See* Goff & Jones,前引书,第18—26、166—172、179—180、404—405、478—482页。

⑤ Goff & Jones,前引书,第22—25页。

个标准由高夫和琼斯提出,目前已得到英、美、澳、加等国司法判例的明确认可。[①]"自由接受标准"是指如果受益人明知给予他的利益是有偿的,且有机会拒绝该利益,但仍予接受时,不得适用主观标准。典型的例子是,原告根据协议向被告提供服务,但因双方在基本条款上未达成一致而导致合同无效,原告即可依此标准,要求被告偿付"服务所值的价款"。[②]这一标准也被不少判例所肯定。[③]

(二)得利系以牺牲原告利益为代价

该要素在不当得利的三个构成要件中具有重要意义。首先,只有举证被告之所得系以牺牲原告本人而非他人之利益为代价,原告才有资格主张返还请求权。质言之,该要素是确定原告是否适格的主要依据。再者,在该要素中,隐含着返还请求权的两个关键性元素:其一,被告之得利源于原告;其二,得利由被告对原告的不法行为而产生。[④]这两个元素性质不同,旨趣相异,构成了返还请求权的分野。返还请求权由此划分为"独立不当得利返还请求权"(restitution for autonomous unjust enrichment)(以下简称为"独立返还请求权")与"不法行为返还请求权"(restitution for wrongs)两大类型。这一分类最早由波克教授提出,现已受到学术界和司法界的广泛支持,成为返还请求权法最重要的理论。[⑤]有关具体内容,将于讨论"返还请求权的类型化理论"时,再行详述。

(三)被告保有该利益有失正当性

被告得益以牺牲原告的利益为代价,并不能当然地产生返还请求权;也就是说,以牺牲原告利益而获之利并非都需返还。事实上,只有在某些情况下,出于一定的原因或符合了一定的标准,法律才将该利益定性为不当得利,给予原告以返还请求权。对于如何构建这样的标准来界定得利是否不当,有两种基本模式可供选择。其一,被告所得之利益若无"法律上的原因",则构成不当得利,

---

① BP Exploration Co. (Libya) Ltd. *v.* Hunt, (1979) 1 WLR 783; Proctor & Gamble Philoppine Manufacturing Corp. *v.* Peter Cremer GambH, (1988) 3 All ER 843; Peel (Region Municipality) v. Ontario Canada, (1993) 98 DLR (4th) 140; William Lacey (Hounslow) Ltd *v.* Davis, (1957) 1 WLR 932.

② Goff & Jones,前引书,第18—22页。

③ Steele *v.* Tardiani, (1946) 72 C. L. R. 386 (H. C. A.); Pauvey & Mathews Pty Ltd. *v.* Paul, (1987) 162 C. L. R. 221 (H. C. A.); Monks *v.* Poynice Pty. Ltd., (1987) 11 A. C. L. R. 637 (N. S. W. S. C.).

④ Peter Birk, An Introduction to the Law of Restitution 23—24, 40—44, 313—315 (1985).

⑤ Goff & Jones,前引书,第40—41页; *Cf* J. Beatson, The Use and Abuse of Unjust Enrichment 208—243 (1991).

应予返还。这种模式,比较抽象,需要借助其他部门法才能完成界定,为大多数大陆法系国家所采纳。[①] 其二,法律区别具体情况,以找出被告保有该利益的各种“不正当的因素或种类”。这一模式被普通法国家采用。与前一种相比,该模式更加具体、灵活,但亦有隐忧。因为“不正当”一词或多或少掺杂了道德层面上的意义,因而缺乏法律上的确定性。好在普通法有“因循先例”和“相同案件相同处理”的传统,所以,在判断被告保有所得利益是否“不正当”时,需要比照判例法已确定的各种不正当的因素或种类,只有在符合先例的情况下,才能产生返还请求权。如此一来,这种模式的缺陷,在很大程度上得以避免。

与返还请求权的两大类型相一致,普通法所认可的各种“不正当因素”,也根据是否有(民事)不法行为分为两类,即“独立不正当因素”与“不法行为不正当因素”。[②] 所谓“独立不正当因素”,是指被告所得利益源自原告,但未发生不法行为时,使被告保有该利益有违正当性的各种因素。就目前来看,对于“独立不正当因素”的内容与准确数量,还有争议,其中已经得到司法判例与学术界广泛认可的因素主要有:错误、胁迫、不当影响、对价灭失等四类。[③] “不法行为不正当因素”是指由于被告对原告实施了(民事)不法行为,并因此获利,则该获利有违正当性;换言之,这里的不正当因素就是各种给被告带来利益的不法行为。典型的不法行为有:侵权、违约以及衡平法上的不法行为等。[④] 在分析因这种不正当因素产生的返还请求权时,关键在于如何将之与不法行为产生的其他民事责任(如违约赔偿、侵权损害赔偿)区别开来。

不管是独立不正当因素,还是不法行为不正当因素,只有它们与被告所得之利益有因果联系时,才能产生返还请求权。原则上,证明这种因果联系的责任在原告一方。细言之,原告须证明如果没有出现不正当因素,他就不会受损、被告也不会得利。这一衡量是否存在因果关系的标准,英文称之为“but for test”。[⑤]

---

① 参见《德国民法典》第 812 条;《希腊民法典》第 904 条;《瑞士债法典》第 62 条;《意大利民法典》第 2033 条。

② Burrows,前引书,第 42 页。

③ 除了以上这四种独立不正当因素,还有几种因素也得到了一定程度上的认可,如不知情(ignorance)、能力欠缺(incapacity)、政府越权征收(ultra vires demands by public authorities)等。囿于篇幅,本文不作讨论。Goff & Jones,前引书,第 41—65 页。

④ Panagopoulous,前引书,第 15—17 页。

⑤ Burrows,前引书,第 44—49 页。

三、独立不当得利返还请求权与不法行为返还请求权

（一）请求权的类型化理论

返还请求权最为重要的理论就是将独立返还请求权与不法行为返还请求权区别开来,在不割裂其基本统一性的基础上分别加以考量。那么,这两种类型的返还请求权究竟有那些不同呢？应如何理解这种类型化理论的重要性与必要性呢？

第一,两种返还请求权的诉因不同。对于独立返还请求权而言,不当得利是诉因(cause of action),返还请求权是法律后果(response);而在不法行为返还请求权中,不法行为是诉因,返还请求权仅仅是该不法行为可能产生的数种法律后果中的一种。正是从这一点出发,波克教授认为,返还请求权两大类型的划分,恰好吻合约翰·奥斯汀(John Austin)将权利分为基本权利(primary rights)与衍生权利(secondary rights)的理论。[①]

第二,两种返还请求权的客体不同。在独立返还请求权中,原告要主张返还请求权,须证明被告之得利乃源自其所受之损失。因此,在一般情况下,原告的损失即为被告的所得。正如加拿大学者莱昂·史密斯(Lionel Smith)所言:“独立不当得利返还请求权是一场‘零和博弈’,损失与所得之和必定为零。”[②]而在不法行为返还请求权中,返还请求权的客体可以大于原告的实际损失,甚至在毫无损失的情况下,原告亦有可能主张返还请求权。这就是为什么原告有时宁愿主张返还请求权,而不主张损害赔偿请求权的主要原因。[③]

第三,在涉及三方当事人的案件中,如 A 系因 B 的胁迫、不当影响或错误陈述而向 C 转移利益,A 得直接向 C 主张独立返还请求权;而在不法行为返还请求权案件中,原告只能向不法行为实施者本人,而不能向第三人主张返还请求权。

第四,从更深层次上讲,独立返还请求权与不法行为返还请求权的法理基础不同。“任何人不得以他人受损而受益”是前者之基础,而“任何人不得从自己的不法行为中获利”是后者的法理基础。[④]

---

① Birk,前引书,第 43 页。

② Lionel Smith, *A Critique of Birks' Theory of Interceptive Subtraction*, OJSL 481, 483 (1991).

③ Goff & Jones,前引书,第 40,709 页。

④ Burrows,前引书,第 26—27、456—458 页。

由此可见，在以不当得利原则为基础构建统一的返还请求权法的前提下，对其进行类型化，是完全合理和必要的。目前，这一分类已经得到了各主要英美法系国家学术界和司法界的一致认可，成为返还请求权法最为重要的理论。

（二）独立不当得利返还请求权

被告所得利益源自原告，且被告保有该利益具有“不当性”，原告得主张返还请求权。在判断“不当性”是否存在时，如前所述，需要比照判例法所确定的种种“不正当因素”，若符合先例，则构成不当得利，而生返还请求权。目前，判例法所认可的“不正当因素”主要有“错误”、“胁迫”、“不当影响”和“对价灭失”等四类。依此，独立返还请求权可以进一步细分如下：

1.“错误”类独立返还请求权

因错误而产生的独立返还请求权较难分析，因为错误往往牵扯到合同法，而要在合同之债与返还请求权之间做出严格区分，绝非易事。这里，需要把握一个原则：返还请求权与合同之债两相抵触，通常情况下，在当事人之间存在合同关系时，不生返还请求权。原则上，只有在合同（或合同条款）无效、不可执行、已经被解除，或可撤销且已被原告撤销的情况下，才能产生返还请求权。[①]为了便于研究，此处将错误分为错误支付、错误给付实物和已履行之合同因错误而被撤销等三类分别加以分析。

（1）错误支付

在返还请求权案件中，因错误支付钱款而生不当得利最为普遍，积累的判例也最丰富。此处，“不正当因素”是付款者的错误，因为该错误抵消了原告支付钱款的意愿，故被告保有之有违正当。由于不当得利系以货币形式存在，因而其客体较易界定，只要被告缺乏有效的抗辩事由，就应将原告因错误而向其支付的钱款如数返还，不存在主观性贬值问题。

传统上，英美法对“能产生返还请求权的错误”限制较严，但近来有逐步松动的趋势。根据早期英国法，能产生返还请求权的错误仅限于“事实上的错误”，不包括“法律上的错误”。此外，即便是事实上的错误，也只有符合“假定

① 不过，这一原则目前已受到严重挑战。英国法的晚近发展表明，在合同关系存在的情况下，仍有返还请求权产生之可能。关于此点，将于下文介绍不法行为返还请求权时，再作详述。

责任标准”,才能产生返还请求权。[①] 值得注意的是,近年来的司法判例表明,以上两种限制措施已经逐渐放松乃至废除。因此,原告在实践中得以主张返还请求权的可能性已大为增加。[②]

(2) 错误给付实物

错误给付实物,是指原告因错误向被告给付了非货币的利益,如劳务、货物等。之所以将它单独列为一类,是因为此处存在以货币对被告所得利益进行计算的问题。概言之,计算实物价值时,被告得对之进行“主观性贬值”,但受制于“利益确凿无疑标准”与“自主接受标准”这两个例外性限制。前文对此已有交代,恕不赘述。

(3) 已履行的合同因错误而被撤销

当事人履行了合同规定的义务后,合同却因错误而被撤销,就存在相互返还给付利益或恢复原状的问题。关于此,传统英美法通常将之视为合同之债的一种救济方式,认为其属于合同法的调整范围。但随着返还请求权法已取得独立地位,这种观点已成昨日黄花。

按照现代英美法理论,严格意义上的“撤销”是将合同自始消灭。因此,在合同被撤销后,当事人之间的合同之债即溯及既往地消失,其效果有如该合同从未存在过。在这种情况下,若仍将他们之间的法律关系定性为合同之债,显然有悖于逻辑。事实上,此时当事人要求相互返还给付利益,并非缚于合同之债,而是基于不当得利返还原则,其性质为返还请求权。由此可见,从理论与逻辑上分析,在已履行的合同因错误而被撤销的情况下,当事人之间的关系已超出了合同法的调整范围,进入了返还请求权法的领地。[③] 尽管如此,并不能将返还请求权与合同之债绝对地割裂开来,因为当事人是否可以行使撤销权,仍须仰仗于合同法的规定,而这正是返还请求权得以产生的前提条件。

在英美合同法中,对于什么样的错误才能撤销合同,普通法与衡平法有两套不同的标准。一般来说,普通法的标准较严,效力较强;而衡平法的标准较为宽松,但效力稍逊。对于普通法与衡平法下错误的关系,斯泰瑞(Steyn)法官有如下论述:法院应当先以普通法规定来看合同是否因错误无效,如果是,则不必

---

① 所谓“假定责任标准(supposed liability test)”,是指在“金钱失而复得之诉(action for money had and received)”中,原告错误地认为根据事实,他有法律义务向被告支付钱款。只有在这种情况下,原告才能要求被告返还支付的钱款。Kelly *v.* Solari, (1841) 9 M & W 54; Aiken *v.* Short, (1856) 1 H & N 320.

② Burrows,前引书,第130—131页。

③ Ibid., at 56—60.

理会衡平法;如果不是,则要再以衡平法来看这个错误可否令合约无效。[①] 概言之,衡平法提供的是辅助性的救济。

2."胁迫"类独立返还请求权

有些时候,一方向另一方支付货币、给予实物或提供服务,并非出于本意,亦非源于错误,而是迫于对方或第三方的非法威胁。在这种情况下,原告向被告给予利益虽以被告获利为目的,但并非自主自愿,而是为了避免非法威胁内容的发生,不得已屈从了胁迫人的意志。从这个意义上说,胁迫作为一种"独立不正当因素"不同于错误。

要产生返还请求权,胁迫需要具备两个条件:一,被告所实施的威胁是非法的,这涉及威胁的质,是一个可以进行客观评判的条件;二,原告向被告给予利益是由该非法威胁引起的,这关系到威胁的量,需要探究被胁迫人当时的主观心理状态。如果胁迫同时满足了这两个条件,原告的行为就是可撤销的,他可以选择撤销,主张返还请求权。

需要注意的是,如果胁迫具备了侵权行为的构成要件,亦有可能产生损害赔偿请求权。对此,白柔斯教授总结道,胁迫并不一定构成侵权;即便构成,当事人仍可在独立不当得利返还请求权与侵权损害赔偿间作出选择。[②]

3."不当影响"类独立返还请求权

不当影响,是指一种影响、压力或控制力,它使一方当事人不能自由、独立、真实地做出意思表示。根据英美法,一方当事人从合同中获利,或接受赠与,如果对方当事人在交易中因受该方当事人的影响而无从进行自由、独立的决断,则该交易是可撤销的。[③]

对于如何准确界定不当影响的含义,理论界尚有不同看法。其中,尼可斯勋爵(Lord Nicholls)所做的论述影响最大。他认为:"阻却这类交易发生效力,其根本目的是为了防止一人滥用其对他人的影响。所谓'不当',就是'无法接受的'。在判断某影响是否为无法接受时,应综合考虑其对原告的作用力、交易在实质上是否符合正义,以及被告当时的思想状态等诸多因素。"[④]

原告在以受到不当影响为由撤销有关交易,并主张返还请求权时,需要证明他的行为与被告的不当影响有因果关系,换言之,他需要证明如果没有受到

① Associated Japanese Bank (international) Ltd. *v.* Credit Du Nord, (1989) 1 WLR 255.

② Burrows,前引书,第 213 页。

③ *Ibid.*, at 242—246.

④ Royal Bank of Scotland *v.* Etridge, (2001) UKHL 44, (2001) 3 WLR 1021, paras. 6—7.

被告的不当影响，他就不会与被告发生交易关系，即前文所说的“but for test”。[1]

4.“对价灭失”类独立返还请求权

在各种“独立不正当因素”之中，对价灭失的重要性仅次于错误。同时，它也是一个较难把握的因素，因为“对价”一词在合同法中的含义与在返还请求权法中有所不同。根据英美法理论，合同是这样一项或一组承诺：它（们）一旦被违反，法律就给予救济。而要使承诺成为法律能为之提供救济的承诺，即成为有法律约束力的承诺，受承诺人必须向承诺人提供与该承诺相对应的回报，这种回报就是对价。[2] 可见，英美合同法中的对价是指双方当事人承诺的互惠性（*quid pro quo*），它是合同赖以产生法律约束力的前提。但在返还请求权法中，对价关注的并不是承诺本身的互惠性，而是承诺的履行问题。换言之，一方按其承诺将利益转移于另一方，是以对方亦履行其承诺为条件的，这种履行承诺的条件，就是返还请求权法中的对价。因此，原告依承诺向被告转移利益，受制于该条件，其希望被告保有该利益的意愿也受制于此。当该条件无法满足时，这个有所限制的意愿就归于自始无效。而原告没有向被告给付利益的意愿，被告却得到源自原告的利益，显然有违正当。因此，在对价灭失的情况下，原告得享有返还请求权。正如莱特勋爵（Lord Wright）所言，支付原本就是有限制条件的。这个条件就是履约，若该条件无以实现，被告保有该利益的权利同时灭失。[3]

原告要以对价灭失为基础主张返还请求权，必须首先证明他与被告间没有合同之债，即便曾经有，该合同现在也归于无效。在实践中，原告通常可以通过以下两种方法来证明之。第一，他与被告之间从未有过合同。这可以是从未达成过合意，也可是曾经订立过合同，但因为某种法律上的原因，该合同自始归于无效。第二，合同已失去效力。这可以是因为原本有效的合同因违约而被解除，或因不能履行而终止。在这两种情况下，合同并不是自始无效，只是从解除或阻却事由发生时失去约束力。[4]

（三）不法行为返还请求权

顾名思义，在不法行为返还请求权中，被告对原告实施了不法行为，且因此

---

① Bank of Credit and Commerce International SA *v.* Aboody,（1990）QB 428.

② 薛波主编，前引书，第 289 页。

③ Fibrosa Spolka Akcyjna *v.* Fairbairn Lawson Combe Barbour Ltd.（1943）AC 32 at 64—65.

④ Reinhard Zimmermann（*ed.*），Unjustified Enrichment：Key Issues in Comparative Perspective 109—110（2002）.

获利。所以,在研究这类返还请求权之前,首先需将不法行为的含义做一准确表述。一般认为,此处不法行为的含义,要广于普通法中的侵权行为,是指各种行为,包括作为与不作为,其引起的法律后果可定性为违反了某种义务。因此,返还请求权法中的不法行为不但包括所有侵权行为,也涵盖了违约及违反衡平法上义务的各种行为。①

不法行为返还请求权需要解决的核心问题是:在什么情况下,不法行为的受害者得主张返还请求权,而不是其他请求权(如损害赔偿请求等)。下面以该问题为中心,从侵权行为、违约行为和违反衡平法上义务之行为等三个角度,分别加以分析。

1. 侵权行为产生的返还请求权

侵权行为可能产生数种法律后果,包括损害赔偿请求权与返还请求权等。对返还请求权而言,其诉因是侵权行为,但一经产生,它就与损害赔偿请求权在性质上有本质区别:后者仍由侵权法所调整,前者则脱离了侵权法、进入了返还请求权法的管辖范围。② 这种观点,目前在理论界和司法界占据着主导地位,其法理基础是"侵权之诉的放弃(waiver of tort)"。

侵权之诉的放弃,是由司法判例创制的一种理论,发端于著名的 United Australia Ltd. *v.* Barclays Bank Ltd. 案。③ 在该案中,原告最初提起侵权损害赔偿之诉,但在上议院判决之前,却将诉讼请求变更简约之诉(*assumpsit*)。对此,上议院法官给予准允,他们认为:"原告虽放弃侵权之诉,转而提起简约之诉,但不能就此认为侵权行为随之消失。道理很简单:没有侵权行为,何来简约之诉?实际上,在本案中,被告的侵权行为使原告同时拥有损害赔偿请求权与返还请求权,原告有权在其中择一而主张之。"④

在一系列司法判例的基础上,⑤高夫和琼斯从学理上做出了如下总结:所谓侵权之诉的放弃,是指某人因被侵权而享有的选择救济方式之权利,他可以选择主张返还请求权,要求被告返还不当得利,来替代侵权损害赔偿请求权。但

---

① Birk,前引书,第 313 页。

② 这里介绍的是主流观点,但目前还有不少学者持反对意见。有部分学者如波克教授认为,在这种情况下,诉因是侵权行为,返还请求权仅仅是一种救济方式,因而仍应属于侵权法的调整范围。而以彼得森(Beatson)教授为代表的另一些学者则认为,侵权产生的返还请求权与独立不当得利返还请求权并无二异,其诉因就是不当得利,并非寄生于不法行为之上。*See* Birk, 前引书, 第 316 页。

③ (1941) AC 1.

④ *Ibid.*, at 18—19.

⑤ Chesworth *v.* Farrar (1967) 1 QB 407, 417; Mahesan S/O Thambiah *v.* Malaysian Government Officers Co-operative Housing Society (1979) AC 374; Island Records Ltd *v.* Tring International plc. (1996) 1 WLR 1256; Tang Min Sit *v.* Capacious Investments Ltd (1996) AC 514.

在此情况下，侵权行为本身并未消灭，因为侵权行为和这两种救济方式是“无则不然（*sine qua non*）”的关系，原告不论做何选择，均应证明侵权行为之存在。①

2．违约产生的返还请求权

因违约而产生的返还请求权，是返还请求权中产生最晚、也是争论最多的一种类型。在对其进行分析前，有必要先在因违约而产生的返还请求权与合同因违约而被解除后产生的返还请求权之间做出区分。② 这两种返还请求权性质不同，不可混淆。前者产生于当事人之间尚存在合同关系的背景下，属不法行为返还请求权的一种，其基础为被告的违约行为，一般指要求违约方交还因违约而获之利的请求权；后者产生于合同之债业已消失的情况下，属于“对价灭失”类独立返还请求权。

依传统英美法理论，当事人之间若存在合同关系，一方违约，另一方则可寻求合同法上的救济，如要求损害赔偿、特定履行及申请禁止令等，但一般不能主张返还请求权。③ 有意思的是，尽管在司法判例中该原则一直被奉为定论，鲜有争执；但在学术界，情况却大不相同。长期以来，学者们各执一词，争得面红耳赤。一部分学者认为，在合同关系尚存的情况下，违约不能产生返还请求权。因为现有的合同救济方式足以保护原告的合法利益，故没有必要再引进返还请求权。特别是20世纪后期以来，以波斯纳（Posner）为代表的经济分析法学派提出的“效率违约”理论，更使这一部分学者如获至宝。④ 因为给予违约相对方返还请求权，以剥夺违约方因违约而获之利，显然有悖于效率原则，不利于实现经济利益的最大化。所以，随着经济分析法学派的迅速崛起和影响日隆，违约不能产生返还请求权的传统观点似乎找到了新的、强有力的理论支持。

但另一方面，不少学者针锋相对，提出了截然不同的观点。彼得森教授认为，在一方当事人违约的情况下，应当赋予相对人以返还请求权，因为实际上，返还请求权不过是特定履行的货币化表现形式。换言之，如果违约方因违约而获之利将被剥夺，则违约不如履约，当事人会实际履行合同。因此，在损害赔偿不能充分补偿原告损失，而实际履行得以主张时，原告应享有返还请求权。⑤ 另一些学者则从反驳效率违约理论的角度入手，较为充分地论证了给予违约相对

① Goff & Jones，前引书，第773页。

② 依据英美合同法，在某些情况下，一方违约，另一方可解除合同。*See* Beatson，前引书，第565—582页。

③ Burrows，前引书，第480—487页。

④ *See* Richard A. Posner, Economic Analysis of Law 130—133 (5th. 1998).

⑤ Beatson，前引书，第15—17页。

方返还请求权的可能性与必要性。[①]

在这两种观点激战正酣之时,英国发生了一个具有转折意义、也是备受争议的 A-G *v.* Blake 案。[②] 该案案情非常复杂,一审、二审和终审判决各不相同,可谓一波三折。最终,上议院以被告违约、原告享有返还请求权为由,做出了有利于王室的判决。该案的主审法官、上议院议员尼古拉斯勋爵(Lord Nicholls)指出:“损害赔偿、特定履行和禁止令是违约的一般救济方式,但当以上方式不充分时,返还请求权作为例外,得由违约相对方主张。于此,并无固定规则可寻,法院应做综合考虑,包括合同的标的物、被违反之合同条款的目的、违约的原因、后果以及当事人寻求司法救济时的具体情况等。一般性的指导规则是看原告对阻止被告从事获利行为是否有合法利益。”[③]

这一论述,实际上否定了违约不能产生返还请求权的传统观点,可谓震耳发聩。需要指出的是,尽管就这一判例本身而言,给予原告返还请求权固然合理,但“不充分”和“合法利益”等措辞未免弹性过大,有失明确。因此,该判例并未提供一套具体准确的标准,以在实践中判断是否应给予违约相对方以返还请求权。有鉴于此,该案以后,学者们一方面开始肯定违约能产生返还请求权;另一方面亦对此展开了反思与检讨,强调应对“不充分”、“合法利益”等词语做限制性解释,以严格限制法官的裁量权,否则有悖于损害赔偿是违约主要救济方式这一合同法的基本理论。[④]

A-G *v.* Blake 案对英美返还请求权法乃至合同法理论都产生了重大影响。[⑤] 尽管还有争执,尽管在具体操作技术上还存在缺陷,“但可以肯定,违约方因违约而获之利不能被剥夺的传统观点已不再是绝对的真理。我们必须铭记于心,自该案发生后,返还请求权已成为违约可能的救济方式之一,这是在确凿判例的铁砧上反复锻造出来的结论”。[⑥]

3. 衡平法上不法行为产生的返还请求权

现代返还请求权法是一个相当庞杂的法律体系,它不仅受普通法规则调

---

① Burrows,前引书,第 484—485 页。另参见王利明:《合同法研究(第二卷)》,中国人民大学出版社 2003 年版,第 582—585 页。

② (2001) 1 AC 268.

③ *Ibid.*, at 268—285.

④ Burrows,前引书,第 488—489 页。

⑤ 此后,英美法系国家有出现了一些案例,进一步肯定、巩固了返还请求权可以在例外情况下作为违约救济方式的观点。*See* Esso Petroleum Co Ltd *v.* Liad, (22 Novermber 2001, unreported); Bank of Amercia Candda *v.* Mutual Trust Co (2002) SCC 43.

⑥ Burrows,前引书,第 488, 490 页。

整,而且涵盖了属于衡平法管辖的一部分法律关系,这主要体现于因违反衡平法上义务而产生的返还请求权。从理论上讲,违反衡平法上义务的行为,即衡平法上的不法行为,主要有违反受托人义务、违反保密义务、第三人引诱或协助受托人违反义务等三类。考虑到英美法系国家至今还未出现因第三类不法行为导致返还请求权的判例,[①]且在违反保密义务的定性问题上尚无定论,[②]这里的讨论仅限于第一类不法行为产生的返还请求权。

所谓信托,是指受托人基于委托人的信任,以名义所有人(normal owner)的身份,就委托人授予的财产,为受益人的利益进行管理和处分的行为。在信托关系中,有一个非常重要和特别严格的责任,即"受托人责任"。概言之,该责任是指受托人不能利用信托为自己谋取利益,不能使自己处于受托人职责与个人利益相冲突的地位。[③] 该责任自1726年由Keech *v.* Sandford案确立以来,[④]就被法院不折不扣地执行,是法律所认可的最严格的一种责任标准。一般来说,只要理性人看到特定案件的相关事实后会认为存在着实际可见的冲突可能,就足以让受托人承担责任。甚至仅仅是受托人获利这个事实,也可能足以使他承担责任。即使受托人是善意行事,或者事实上有利于受益人利益,也不能构成抗辩;[⑤]如果受托人违反了信托责任,受益人就可主张返还请求权,要求受托人返还其所得利益,如果信托财产受到损失,受益人还可主张损害赔偿。[⑥] 因此,在信托关系中,受托人若因违反受托人责任而获利,则此利属不当得利,受益人或委托人可依此主张返还请求权。在性质上,这属于不法行为返还请求权的一种。

以上分别探讨了独立返还请求权与不法行为返还请求权,需要注意的是,这两类返还请求权并非绝对的排斥关系,在某些情况下可能是并存或竞合关系。如一方以胁迫的方式强迫另一方与其交易时,胁迫是一种侵权行为,当事人可依"侵权之诉的放弃"理论请求不法行为返还请求权;同时也可以胁迫为由,主张撤销交易,请求独立返还请求权。在这种情况下,当事人可以自主择一

---

① *Ibid.*, at 491.

② 有一种观点认为,违反保密义务应定性为对推定信托(constructive trust)的违反;而另有观点认为,秘密是财产的一种类型,因此违反保密义务应定性为对财产权的侵害。A-G *v.* Guardian Newspapers (No) (1990) 1 AC 109, 288; *cf.* Satnam Investments Ltd *v.* Dunlop Heywood Co. Ltd (1999) 1 ALL ER 652.

③ 薛波主编,前引书,第1360—1361、550页。

④ (1726) 2 Eq Cas Abr 741.

⑤ Regal (Hastings) Ltd *v.* Gulliver (1967) 2 AC 134n.

⑥ American Law Institute, Restatement (Second) of Trusts, §205 (1959).

行使。[1]

四、结　语

法律的发展与变化是一个渐进、持续的过程,正如罗斯科·庞德所言,法律必须是稳定的,但不可一成不变,这一永恒而无可辩驳的真理在返还请求权法的发展轨迹中得到了印证。一方面,返还请求权法系统地继承了传统英美法中的种种相关制度,不失稳定;另一方面,它也及时摈弃了传统制度中的弊端,并结合实际,不断创新,以满足实践的需要。真可谓勾连过去、着眼现在、展望未来。

本文从返还请求权法的含义入手,结合案例与理论,对返还请求权的概念、要素、类型等基本原理一一作了梳理与分析,冀以从英美法各国纷繁复杂的理论和司法实践中寻找出普遍性的规律,勾画出返还请求权法的发展脉络与理论框架。从中我们可以看出,返还请求权已由传统上的救济方式,发展为独立的请求权基础;返还请求权法已成长为一个统一、独立的法律部门。该法律部门体系庞杂,横跨普通法与衡平法;内容繁多,由被告获得利益、该利益系以牺牲原告利益为代价、被告保有该利益具有不正当性这三大要素构成,并划分为独立返还请求权与不法行为返还请求权两种基本类型。

最后需要强调,返还请求权法还是一个非常年轻的法律部门,仍处于成长阶段中,还有不少理论未臻成熟,没有定论,多有争执。而寥寥万余字,不足以对之一一做出详尽的论述与研究。故本文仅选取主流学说加以介绍、探析,而将各家争议之说及大多判例列入脚注之中,以免内容过繁。行文中,笔者尽可能详列有关著作、论文与判例,期为有心研究之士,开启探讨之门,按图索骥,进而在返还请求权法领域中开疆拓土。

---

① Birk,前引书,第413—414页。

论涉外商事审判中对判例法的查明与适用

贺晓翊*

内容提要：由于中国目前缺乏具体明确的法律规范外国法的查明与适用，法官普遍对适用外国法信心不足，通常采取各种方法回避适用外国法，而判例法与成文法不同的法律渊源和法律技术更令法官望而生畏。由于国内对于司法实践中判例法的适用的探讨尚属空白，本文将从判例法的基本特征入手，通过借鉴各国的先进经验去查明判例法，以实例探讨在司法实践中对判例法的适用应注意的方法、原则、法律推理和技巧。

关键词：判例法　先例　适用　法律技巧

在全球经济一体化的大背景下，中国作为WTO的一名成员与世界各国的民商事交往日益频繁，从而导致涉外的民商事纠纷日益增多，法律冲突的产生在所难免。目前，外国法与内国法应当平等适用已达成国际私法的共识。由于外国法的查明和适用问题直接影响到涉外案件的实体结果及能否实现个体公正，外国法的查明与适用问题在涉外审判中具有很大的现实意义。对于英美法系国家而言，适用判例法是其与大陆法系司法制度相区别的主要特征之一，那么，我们在涉外审判实践中究竟如何查明和适用判例法？本文将从判例法的基本特征入手探讨上述问题，以期对审判实践和立法有所裨益。

---

* 武汉大学国际私法专业在职博士研究生，中山大学法学院1997届法学硕士，香港大学普通法硕士，现任职于广东省珠海市中级人民法院。

一、判例法的基本特征

在涉外审判实践中我国法官习惯适用成文法，对判例法比较陌生，判例法复杂的法律技术令他们望而生畏，从而尽量绕开适用判例法。但是，由于判例法是英美法系国家法律的重要组成部分，在涉外审判中不可避免地会适用判例法，消极地避开适用判例法不利于我国对内外当事人合法权益的平等保护，也不利于我国的对外民商事交往。为了更好地适用判例法，我们有必要了解并掌握判例法与成文法相比具有那些不同的特征。

所谓判例法，是指从法院在判词内所列出的理据所推论出来并累积产生的法律原则和规范，它可以是对成文法的条文作出解释，也可以是对普通法的一些原则作出阐释、演绎或推广，以及决定怎样将这些原则应用到案件的具体情况。[①] 与成文法相比，判例法具有以下的特征：

（一）“遵循先例”（stare decisis）是判例法的核心与基础。“遵循先例”是指一个法院先前的判决对以后的相应法院在处理类似案件时具有拘束力，具体而言是在各级法院的层次中，下级法院受上级法院司法先例的约束，多数上级法院受自己的司法先例的约束。因此，一个判例是否具有拘束力主要取决于法院的等级和地位。需要注意的是：(1) 此处所讲的上下级法院是针对同一管辖范围内的同一系统而言的。如英国枢密院司法委员会和上议院是同等的终审法院，但是由于他们不是上诉法院和高等法院的上级法院，因此，英国枢密院司法委员会和上议院的司法先例对上诉法院和高等法院没有拘束力。(2) 终审法院的先例具有绝对的权威性，中间层次的法院的先例只有相对的权威，因为其先例有被上级法院推翻的可能。(3) 不同管辖权下的司法判例只具有说服力，但没有约束力，也就不适用判例规则[②]。有时不同管辖权下法院会在适用本国的判例原则有可能造成不公正的结果时引用其他国家的司法先例，该司法先例基于对具有共同判例法传统的其他国家的法官智慧和经验的尊重，具有一定的说服力，但是没有拘束力。例如在英国法院案件中引用一个美国司法判例，该司法先例对于英国法院而言只具有一定的说服力，但是没有约束力。在判例法中，只有针对实质事实的“判决理由”（ratio decidendi）才构成有拘束力的司法先例，形成的法律规则才能约束下一个判例。所谓“判决理由”是指对争讼案件

---

① 陈弘毅等：《香港法概论》，三联书店有限公司2003年版，第11页。

② 早川武夫等：《外国法》，张光博等译，吉林人民出版社1984年版，第150页。

的特殊事实范围内作出的判决来说是必不可少的东西，“判决理由”的找寻是判例法适用的重要环节，法官凭借不同的法律推理和通过对先例事实的抽象解释，不同法官对同一司法先例会找到不同的“判决理由”，因此，“判决理由”从这个角度而言具有很大的伸缩性。法官在适用司法先例时，将本案的事实与先例的事实进行解释相结合，并将总结归纳的“判决理由”赋予新的含义适用本案，因此，“判决理由”的真正含义是随着时代与环境的变化在法官适用过程中逐步发展和完善的，无疑，普通法的发展就是通过“判决理由”的伸缩性来达到目的。在审判实践中，法官与律师在“遵循先例”的约束下一般都深入判例丛林进行分析和考究，寻找自己所需要的法律规则。在一份判例法国家的判决书中，并非所有的内容都有拘束力，只有“判决理由”(Ratio decidendi)中确立的法律原则有拘束力，“判决理由”应从判决(holding)中找寻，因为只有判决(holding)中针对必要事实的“判决理由”才会产生有拘束力的法律规则，[①]“遵循先例”(stare decisis)就是遵循上述意义上的法律规则。因此，在判例中寻找和归纳判例法规则，是法官依据前述的判例法适用规则的重要法律推理过程，有的判决书的法律原则会很轻易地从法官的意见中找到，有的则应从判决意见中去总结和归纳。“判决理由”并不必然地具有惟一性，因此，有的判决理由只有一个，有的具有多个。在判决书中法官的附带说明(obiter dicta)具有说服力，但是没有拘束力。因为依照判例法规则，附带说明不对法院产生任何实质性的拘束力，但是如果是很有名望的法官作出判决的情形下，该附带说明的判例也有可能被援引，但不具有拘束力，只有一定的说服力。

(二)判例法具有针对性和技术性的特点。遵循先例是判例法的基本原则，从分析案件的事实入手归纳出法律原则或规则，这种法律思维与讲究体例合理性的成文法规则的大陆法系相去甚远。由于它是从经过累积的先例而形成新的法律原则、法律概念和规范，是以实际经验和个案事实为基础，因而具有针对性和技术性的特点。

(三)法官可以造法。判例法的拘束力来源于有拘束力的先例，在一个判决中只有针对案件实质事实的判决理由才有拘束力，而作为撰写判词的法官则通过司法活动创设了法律，即在审判过程中所创设的判例成为约束下级法院的先例，正如英国著名法学家边沁所言，在英国“是法官创设了普通法”。

(四)判例法在确保法律适用的一致性的同时保证了自由灵活性。在普通法国家，一项司法判例一经确立就具有权威性，不得随意推翻。但是，由于时代

---

① 彼得·哈伊著:《美国法律概论》(第二版)，沈宗灵译，北京大学出版社1998年版，第6页。

的变迁和发展适用一个年代久远的先例有可能会造成不公平的结果时,法官会在一些特别的情况下可以背离过往的判例,如法官会绞尽脑汁找出本案件与先例事实上存在差异,以区别前后案件从而绕开该判例;或找出先例原则或判决依据过于宽泛,不适用该判例,等等。因此,判例制度在保持可预见性的同时也保持一定的灵活性,容许司法机构随着时代和环境的变迁而发展有关的判例原则。

二、判例法的查明方法

目前,我国对外国法查明的方法与途径仅仅司法解释有规定。1988 年最高人民法院《关于贯彻执行中华人民共和国民法通则若干问题的意见》第 193 条规定了对于应当适用的外国法律,可通过下列途径查明:(1) 由当事人提供;(2) 由中国驻该国使领馆提供;(3) 由与中国订立司法协助协定的缔约对方的中央机关提供;(4) 由该国驻中国使领馆提供;(5) 由中外法律专家提供。在审判实践中,上述司法解释存在以下缺陷:(1) 查明的途径太过原则,由于没有规定具体的查明方法与程序,在审判实践中法官普遍感到查明与适用域外法很棘手,不知如何操作,尤其是当需要查明与适用的是判例法时,法官更是无所适从。在审判实践中由于缺乏查明外国法具体的可操作性的法律规定,最密切联系原则就成为有些法官随意曲解、滥用达到适用内国法的借口。笔者认为,最密切联系原则作为意思自治原则的补充,法官在适用时应当综合各种连接点客观地考察最密切联系地,以期达到个体公正与社会公正。(2) 中央机关与使领馆人员并非法律专家,通过他们去查明判例法律也是不现实的。(3) 从诉讼成本来看,法官若按照我国司法解释的方式去查明判例法,成本高,耗时久,影响了诉讼效率。(4) 从该条司法解释的内容来看,系授权性规定,由当事人提供仅仅是查明域外法的方式之一,并非当事人的义务,因此在实践中很容易成为当事人推诿责任的理由。例如,在笔者曾经审理的一宗涉澳商事案件中,当事人提出适用澳门法律,结果提交了一本厚厚的澳门民法典,并称让法官在其中寻找本案应适用的法律,其实将查明域外法的责任推给了法官。

在查明判例法的过程中,由于判例本身具有零散性、不直接性及繁杂性的特点,给查明判例法增加了难度,但是普通法的法治精神之一是法律必须公诸于世。[①] 因此,判例法国家的成文法及判例法均是公开的文件,政府刊物均有销

① 陈弘毅等,前引书,序言。

售，并有权威网站公布这些判例，由于判决繁多而且不断产生，为了查找方便，在判例法国家，一些官方或民间的出版社定期组织专家将法院的判决书整理并加上与本案有关的注解、法律条文、法律原则等出版成册，称为法律报告（law report），如美国联邦最高法院法律报告集、联邦地方法院法律报告集、各州法院法律报告集等；英国法律报告（All England Law Report）等；又如在香港，其主要的判词收录在《案例录编》（law reports\case report）、《香港刑法案例录编》和《地方法院案例录编》，自1997年起这三套录编被《香港案例录编及摘要》（hongkong law reports and digest）所代替，也有民间出版社出版的《香港判例》及《香港公法案例录编》，而且市民可以通过政府公布的网站上网查询，如律政司公布的网站公众均可以查询。①

有人提出，外国法的查明除了司法解释规定的五种途径外，还可以由民间组织、法律服务机构、行业自律性组织、国际组织等机构或组织提供，只要法律查明途径不违反我国法律强制性或禁止性法律规定，不侵犯国家、社会和第三人的利益，法院就应认可②，笔者赞同此观点。查明外国法与适用外国法是两个层面的问题，我们应当对查明外国法的途径持开放态度，因为法官对查明的外国法还要甄别、经庭审质证，最后经过法官运用法律推理适用外国法。对于查明判例法，笔者通过比较归纳其他国家查明外国法的情况，认为可以借鉴的方式和途径如下：

（一）制定和加入关于提供各国法律信息的条约以及建立和加入比较法的研究机构。如1968年的《布鲁塞尔国际公约》定期交换各国同期法律公报，包括英美法系的判例等。又如德国汉堡马克思-普朗特外国法与国际私法研究所可以提供查询各国法律的服务，同样判例法也可以通过此类比较法的研究所查明。

（二）专家意见书。英国创设的专家证人制度值得借鉴，即在特定法律领域有造诣的专家意见书可在法官内心确信下直接被采用，但是应当有一套具体明确的评价专家的机制，经专业部门考核设立专家库名单，包括国内外的国际私法专家，双方当事人可以对专家人选达成协议，意见不一致时应当由法官指定。专家意见书应当具体明确地指出指明判例法的内容，并与本案事实结合考证如何适用，对外国法的内容及出处有详细、准确的说明，以供当事人和法官进

① 陈弘毅等，前引书，第12页。

② 詹思敏、侯向磊：《域外法查明的若干基本问题》，载《民商法理论与审判实务研究》，人民法院出版社2003年版，第499页。

一步核实。专家对专家意见书的内容应当在庭审时接受质证询问,并应承担一定的法律后果,如违反诚信和专业道德的法律制裁。具体到适用判例时,专家对查明的判例的出处、法院的等级、法官的多数意见或一致意见、附带意见、该判例的基本事实、本案事实与该案的必要事实是否类似、该案的法律原则、是否构成有拘束力先例、本案是否应当遵循先例等问题,应当作出明确具体的回答。

(三)从权威的法律网站中查明的案例内容是否有效力?在互联网发展迅速的今天,世界各国成为地球村的一员,互联网涵括的信息最多也最迅速,笔者认为,在外国法的查明中应当发挥和利用互联网的无国界无地域的优点,从各国的权威法律网站中可以直接迅速地查明外国法的内容,如查明适用香港的判例时可以直接在香港律政司公布的网站中查找,又如美国的权威法律网站 www.lexis.com 等可以查到相关的普通法系国家的判例。这也符合司法任务简单化的目标,法官对当事人从网络上查明的资料在不违反我国的公共秩序的前提下,可以经庭审质证后直接采纳和适用。

(四)委托司法、外事部门及法学研究单位提供外国法律的咨询。如要查明香港的判例法,可以发挥国务院港澳办等机构的作用。

(五)当事人委托外国司法人员作出的关于判例法的法律咨询,应经认证程序,并经庭审质证后方能采纳。

三、适用判例法的方法与技巧

对于查明的判例法,在涉外审判中究竟如何适用?笔者认为应注意以下问题:

1. 对当事人提供的判例法均应当经过庭审质证。笔者认为,应将当事人通过各种方式查明的判例法本身视为一个事实,经过庭审质证听取当事人的意见后由法官提出采信意见。此外,法官通过"司法认知"内心确信查明的判例法可以不需要质证。对于查明的判例法,法官在适用时要注重审查以下内容:该判例是否有法律效力、作出判决的法院级别、该判例所产生的法律原则、判例所适用的事实等。由于"遵循先例"是判例法适用的原理,因此,考察该判例是否有法律效力、作出判决的法院级别等具有十分重要的意义。而英美法系的判例中仅仅是判决理由中才产生法律原则,法官在适用判例法时,应从判决理由中去找寻对该判例产生的法律原则的内容,并对该法律原则所适用的必要事实进行甄别。

2. 审查本案的事实能否适用该判例的法律原则,也就是说本案的事实是否

与该判例所适用的法律原则及事实相类似。例如在审理涉港担保合同纠纷中，原告系妻子，要求撤销其与银行签订的以丈夫为受益人的担保合同，双方约定适用香港法。由于香港合同法大部分系判例法，而英国判例法仍然是香港法律的一部分，当事人通过上述各种方式和途径查明到英国合同法判例，即关于妻子以受到丈夫的不当影响为由要求撤销其与银行签订的以丈夫为受益人的担保合同时，应当适用 *Royal Bank of Scotland v. Etridge*(*no*2)①的判例，法院在庭审时应对查明的该判例进行质证，具体操作如下：(1) 要求当事人提供该判例的中文文本并经公证。(2) 在阅读该判例时应当考察该判决是否有最后拘束力，然后进一步考察在该案中是否法官已形成多数意见、其法律效力如何、作出判决的法院级别等，法官应依据法律技巧和推理从该判例中的判决部分中找寻判决理由，归纳总结出该判例中产生的法律原则。该判例属于英国上议院，由英国上议院的三名法官即 Lord Nicholls、Lord Hobhouse 和 Lord Scott 组成合议庭，Lord Nicholls 在判决中的意见得到另外两位法官的赞同，因此，该判例的法律原则应从 Lord Nicholls 在判决中的意见中找寻。(3) 提炼该判例的必要事实，再对照本案的法律事实是否与该案的必要事实相类似，如果相类似就可以直接适用，否则即不适用。所谓必要事实是指对于判决结论有必要的基础事实，经判断本案的事实与该案例的必要事实相类似时，则该案例必要事实所得的结论对于本案例有拘束力，而其他的事实为非必要事实或假设事实，并没有拘束力。该判例的法律原则之一是妻子以丈夫为受益人与银行签订担保合同时，银行应告知妻子要聘请律师以及提供详尽的合理的解释担保合同的法律后果让其完全知情，否则妻子可以援引其因受到丈夫的"不当影响"而签订该担保合同，法院可以判决撤销该担保合同。在本案中，法院应比照本案的争议事实是否与该判例的必要事实相类似，如果相类似即可以直接适用该判例产生的法律原则。

3. 在当事人提交两份内容不同的判例时，如何适用？笔者认为，首先应甄别当事人提交的判例的效力范围，即两份判例是否为同一国家或地区的、是否有最终的法律效力、如果是同一国家或地区的判例，哪个判例的审结法院的级别更高，从而确定应适用级别高的法院作出的判决。其理由是遵循判例的适用原理为在同一国家内上一级法院的判例对下一级法院有拘束力。

4. 在适用判例法时应慎重适用公共秩序保留。在援引公共秩序时，应该采客观说，即在适用该判例法后有可能产生损害我国的法律基本原则、道德的基本准则和国家社会的根本重大利益等时，可以排除该判例法的适用。此外，还

① [2001]UKHL44；[2001]4ALL ER449.

应区分国内公共秩序与国际公共秩序的概念，即应适用国际公共秩序的概念来限定公共秩序保留的范围。国际公共秩序至少包括两部分：一部分是内国强制性规则中被认为十分重要而在内国具有绝对的属地效力，可强制适用于在内国的所有人，包括外国人的规则；另一部分是内国专门为国际民商事关系的法律法规中的强制性规则，如我国有关国际贸易和国际金融管制等的立法。[①]

5. 在适用判例法时，判决书中应如何表述？我国系成文法国家，判决书对成文法的适用是直接引用某法律、某条、某款并“判决如下”，对于适用判例法如何表述因其独特的法律技术而在实务界比较困惑。笔者认为，在适用判例法时，在说理部分（即本院认为部分）可以具体阐明该判例的法律原则及适用的事实，并结合本案事实是否能得到适用进行法律推理，在最后的判决中可以直接写上该判例的名称、时间及法律原则，如上述判例 *Royal Bank of Scotland v. Etridge*(*no*2)，可以直接表述为：[②]“依据 *Royal Bank of Scotland v. Etridge*(*no*2) [2001]确定的法律原则：‘……’，判决如下：……。”

判例法因其复杂而又灵活的法律技术而与讲究体例合理的成文法相去甚远，笔者认为，在审判实践中适用判例法时，应灵活掌握和运用以下推理方式、法律技术和法律技巧，方能熟练适用判例法：

1. 从法律技术来看，法官应当运用归纳推理和实质推理的方式去适用判例法。大陆法系国家在适用成文法时一般运用演绎推理，而英美法系国家在适用判例法时一般运用归纳推理方式和实质推理。归纳推理方式是指对法律行为的规范方式是从特殊到一般，法官从具体案件中抽象出一般原则，然后形成约束其他类似法律行为的一般法律规范。判例法的适用过程是从司法先例确立的法律规则和原则中推出本案的结论，法官通过从诸多的司法先例中总结出适用本案的法律规则。引用的司法先例越多，判决就越使人信服，因此归纳推理在判例法中起着主导作用。[③] 在归纳推理过程中，法官通过对以往的先例进行考察，对能适用的先例结合本案总结出具体或抽象的法律原则，法官认为与本案必要事实相区别的先例可以不适用，这个过程赋予了法官很大的自由裁量权，也使先例不断地演变以适应变化了的社会情况，从而达到公正的结果。当适用有关的先例会导致极端的不公正或出现了法律空白时，法官可以依据法律精神、正义观念、国家政策、社会习惯等实质性的因素来解决争议，如英国衡平

---

① 金振豹：《国际私法上公共秩序保留制度之比较》，载《比较法研究》2004 年第 6 期，第　页。

② 肖永平：《论香港判例法的查明和适用》，内地与港澳地区商事法律实务研讨会论文，第 257 页。

③ 刘静：《试论判例法的适用方法》，载《法律适用》2000 年第 4 期，第 35 页。

法的出现就是针对适用普通法造成不公平的结果时的救济。无疑,在涉外审判中,应当运用归纳法和实质正义法的推理方式去适用判例法。

2. 充分发挥法官在适用判例法规则时的解释权。由于我国的法律体系属于成文法,法官没有解释法律的权力,但是在法官可以造法的判例法国家,法官起着解释、演绎和适用法律的责任,法院是惟一可以对法律条文作有权威性解释的司法机构,法官按照法律的原则与精神作出判决,保持司法独立。由于判决理由可以成为判例法的一部分,因此,法官在判决书中法律推理的分析非常慎重,通常一份判决书就是法官的综合素质和水平的体现。在适用判例法时法官解释法律的作用会非常明显,尤其应当对先例的必要事实结合本案事实进行归纳方式的法律推理,如果在适用有拘束力的先例会造成不公正的后果时,可以考虑以法律原则模糊或本案与该案的事实相区别等法律技术不适用该判例法;如果适用该判例法会出现损害国家利益或社会公共利益的后果时,法院可以援引公共秩序拒绝适用该外国法,转而适用内国法。

3. 在司法实践中法官在适用判例法时可以运用以下法律技巧:(1) 本案与应适用的判例在事实上有差异,可以不适用该法律原则。法官在审理案件时找出本案的事实与该案的事实不同,而法律原则是针对案件事实的,因此本案不适用该判例,也就不适用该先例了。(2) 找出判例中判决理由的不明之处或模糊之处,通过对模糊之处进行解释或澄清,引申出新的法律原则。[①] (3) 法官可以利用英美法系判例法灵活的特质,通过扩张或限缩的方法重新解释法律规则或判决依据,发展判例规则。例如在一些特别的情形下,法官可以对遵循先例作出自己对公平的理解,宣布先例与公平公正的法律规则相冲突,从而推翻该先例,如在美国,如果经济和社会情势发生了变化,法院会毫不犹豫推翻先例。正如英国法官丹宁所说,公平正义的原则高于法律条文和司法先例。判例规则得以发展,也正是由于判例法能把既定的法律规则同特殊情况下的事实密切联系起来。

四、结　　论

由于中国目前缺乏具体明确的法律来规范外国法的查明与适用,外国法查明与适用的难度导致在涉外审判中法官普遍对适用外国法信心不足,通常采取各种方法回避适用外国法,这不利于国际民商事纠纷的解决,也不利于保护涉

① 李浩:《英国判例法与判例规避》,载《现代法学》1995 年第 2 期,第 36 页。

外当事人的合法权益。所以，我们建议中国应尽快制定操作性强的立法规范外国法的查明与适用。具体到判例法上，笔者认为对判例法的查明方式与途径应持开放的态度，由法官与当事人共同承担判例法的查明，借鉴各国的先进经验去查明判例法，并在充分了解和掌握判例法规则、法律技术和适用原理的基础上，运用归纳推理与实质正义的法律推理形式，一定能将查明到的判例法灵活自如地适用于成文法系的案例。

美国公司协议并购中"非售"条款的若干法律问题

颜湘蓉[*]

内容提要:友善协议并购渐成国际并购中的主要方式,为了保护交易,收购方与目标方均乐于在并购协议中拟订交易保护条款,而"非售"(no-shop)条款则是其中常见的一种重要条款。本文以美国特拉华州的立法与实践为切入点,从它的常见内容、性质和法院对其效力审查所适用的准则等几个方面作出了评析、研究,并预测法院对"非售"条款的司法审查准则之发展趋势。

关键词:协议并购　并购协议　非售(no-shop)条款

前　言

协议并购系友善并购,是指在两个具有共同意愿的公司经共同协商、谈判确定了交易条件及就各方面的主要问题达成共识后所进行的交易。这种方式有助于减少收购方与目标方的敌意对抗,有效配置资源,同时,对于合并后双方的融合、长期的稳定发展均是极有裨益的。也正缘于此,协议并购成为20世纪80年代以来跨国并购的变化趋势及特点之一,在该轮并购浪潮中,善意协议并购行为显著增加,并购公司与目标公司通过友好协商,在双方可接受的条件下签订并购协议。

目前,友善协议并购在国际并购市场渐成主流。1998年协议并购交易额是

---

* 武汉大学法学院国际经济法专业博士生、高级律师,主要研究方向为国际投资。

1.63万亿美元,1999年是1.73万亿美元。[①] 在2000年,则有3.46万亿美元之多的并购是非敌意的。

典型的友善协议并购需历经两个阶段完成:第一阶段,管理层代表各自公司签订并购协议;第二阶段,股东随后就交易表决。通常从第一阶段董事会签订并购协议到股东最终完成就交易的表决,要经历2至4个月的时间。这是一个动荡的、充满变数的时期。第一阶段的并购协议签订后,并购交易势必进入了市场的公开视野,"半路杀出程咬金"就成了难以避免的事情。有些大公司往往坐等竞争对手宣布一项合并协议后,就向目标公司提出新的并购竞价试图取代原先的交易。收购方有可能成为"为他人作嫁衣裳"的"掩护马"(stalking horse)被抛弃出局,目标方则可能为了追逐更高竞价而失去"情投意合"的并购伙伴,并面临交易告败而被相关利益方视为"烂货"等危险。

于是,为了应对动荡时期的变数挑战、降低成本,并购协议中的交易保护条款浮出水面。对于收购方而言,常常要花费巨大的时间与金钱成本去发现一个有协同增效潜力的、合适的目标公司,然后启动"专家分析、律师的尽职调查还有投资银行的合理意见"环节,这一环节的花费往往数以百万美元计。根据反垄断法、环境法、证券法的要求向相关政府部门取得必需的、法定的审核,则是英、美公司间合并前的必经且费时费力的程序。[②] 如果不幸成为被取而代之的"掩护马"(stalking horse),则意味着既付出了成本代价又失去了良好的商机,如果再去寻找新的目标公司则所费更甚。因此,为了减少并购过程中的实际与机会成本,收购方在并购协议谈判中对交易保护条款是志在必争。

目标公司同样认为有拟定交易保护条款的需要。首先,如果目标方有意寻觅一个"大树底下好乘凉"式的收购方,同意设定交易保护条款无疑对买方有吸引力;其次,可以将这种条款作为提高收购溢价的谈判砝码;再次,有保护设计的交易会让雇员、供应商、债权人等利益相关者有吃了"定心丸"的感觉,反之,则会让这些利益相关者因对公司最终花落谁家感到难以预料而对公司的飘摇待售状态失去信心。[③]

此外,对整个社会而言,一项有交易保护条款的并购交易,可以让其他有意角逐目标公司的竞价方充分评估加入竞争的成本,从而有效地配置社会资源。

对于收购双方来说,并购协议中的交易保护设计条款是一种各取所需、双

---

① Jhon C. Coates IV, Takeover Defense in the Shadow of the Pill: A Critique of the Scientific Evidence, 79 Tex. L. kev. 271, 276, n15(2000).

② Jhon C. Coates IV, 前引文。

③ 同上。

赢的手段,它有助于交易的完成。因此,当友善协议并购成为当今并购市场中的主流趋势时,交易保护条款应运而生并成为并购协议中的重要条款,而"非售"(no-shop)条款则是其中之一。由于美国是世界第一大国际并购市场,而特拉华州则是美国公司法最完善与发达的州,该州法院的判例对并购业界影响深远。故本文主要从该州的立法与实践对"非售"(no-shop)条款的效力等相关问题作一研究。

一、"非售"(no-shop)条款的主要内容

并购协议中的"非售"(no-shop)条款通常规定:目标公司董事会不得招揽、激发、磋商促成或赞助任何竞争性的交易,除非(1)第三方主动提出了书面的、真正的并购提议,而该提议的提出没有得到目标公司任何经济支持;(2)目标公司董事会一致认为:出于履行其对公司义务的需要,必须与第三方讨论和磋商。①

"非售"条款没有一成不变、格式化的表述。一个普通的"非售"条款主要是限制目标公司董事会在特定时期内不得主动招揽第三方竞价,即在签约收购方提出初始报价的劳动成果基础上以图获取更高报价,但是,对于由第三方主动提供的竞价,则允许目标公司董事会与该第三方磋商谈判和提供信息。由此可见,"非售"条款可以给收购方公平,避免其为了研究、搜索、发现目标公司到磋商提出初步报价过程中所付出的成本代价成为后来者的利用工具;同时,它比"勿语"条款对目标公司似乎更宽松些,它区分后来者的报价是"主动招揽的"还是"由第三方主动提供的"。②

"非售"条款在本质上是保护交易性质的还是反并购防御性的?应当适用什么法律原则来审查其效力?"非售"条款在动辄数以万亿计的协议合并中是个很特别的合同条款,因此,审查其效力的司法准则以及它的效力就成了公司法领域实践与判例所关注的前沿课题,对于跨国协议并购来说,尤需关注。

---

① Kimberly J. Burgess, Gaining Respective: Director's Duties in the Context of "No-shop" and "No-talk" Provisions in Merger Agreements, 2001 colum. Bus. L. Rev. 431, n3, Paramount Communications Inc. V. QVC. Network Inc., 637 A.2d 34,39 (Del. 1993).

② Karl F. Balz, "No-shop" Clause, 28 Del. J. Corp. L. 513, (2003) p. 514.

二、“非售”条款的性质——美国的理论与实践

关于“非售”条款的本质是反并购策略的防御性措施还是保护交易完成的保护性措施,美国司法实践与学者观点歧异。

“防御性”说认为,“非售”条款通过为第三方收购目标公司制造困难和障碍来保护一项拟议的交易,反并购策略亦旨在保护目标公司不为敌意收购者收购,因此,二者性质是一样的,“非售”条款究其实质就是防御性的。

曾任特拉华州衡平法院书记官的马克·勒波维奇(Mark Lebovith)和彼特·莫里森(Peter B. Morrison)就撰文认为:在平等合并交易中,包括“非售”条款在内的交易保护措施,旨在提高拟议交易完成的可能性而降低后来竞价接纳的可能性,其功能等同于反并购的防御性措施。①

在Mc Millan V. Inter Cargo案中,副大法官(Vice Chancellor)史纯勒(Strine)评述:“在法律上用还其本来面目的方法来看,‘交易保护’一词本身就证明了它意在防止新的交易方案和使新交易代价更高,因此,它是防御性的,应适用尤纳科尔(Unocal)判例中确立的规则审查(其效力)。‘保护’与‘防止’两个词语十分近似。这类条款很明显是防御性的。包括‘非售’、‘勿语’条款、‘终止费’条款、‘股票特权’条款等在内的交易保护条款,其主要目的是保护拟议的交易和双方当事人不被第三方新报交易所取代……”②特拉华州衡平法院在该案中还指出,“非售”这类条款的“设置用意就在于防止另一竞价者提出要约收购或竞争性地以股换股交易报价,防止这种情形破坏拟议交易的完成”,其主要目的是“充当其他非董事会寻访接纳而来的新交易方案的防御性障碍”。③由此可见“非售”条款的防御本性。

此外,在时代—华纳(Time-Warner)合并案中,特拉华州衡平法院也将交易保护条款定性为防御性的。首席大法官艾伦(Allen)在其撰写的法院意见书里在题为“保护合并的步骤”一节中写道:以股换股合并协议(含有“非售”等条款)的“主要目的”就是“阻拦任何搅乱拟议交易的企图”。他将“非售”条款则看成是“保护交易完成的额外尝试”,它“严格限制时代公司在完成拟议交易前和(任何其他第三方)开展收购谈判的能力”。艾伦大法官的表述可以清晰地表

---

① Mark Lebovitch and Peter B. Morrison, Calling a Duck a Duck: Deterring the Validity of Deal Protection Provisions in Merger of Equal Transactions, 2001 COLUM. BUS. L. Rev. 1, p. 11.

② Mark Lebovitch and Peter B. Morrison,前引文,第12页。

③ 同上。

明:该法院将“非售”条款定位为“防御性”的。①

“保护性”说则认为,仅仅因为反并购防御措施旨在保护目标公司和“非售”条款保护拟议交易——两者共有的保护色彩,就将“非售”条款归为“防御性”的,未免太过简单化了。其实从两者的基本特性的比较中就可看出,两者是截然不同的。反并购防御措施诸如毒丸政策(Poison Pills)、资产回购(self-tender)和重新资本化(defensive recapitalizations)等的特点是:1. 保护目标公司;2. 由目标公司单方自行采用;3. 帮助目标公司以防被收购。而在非敌意并购协议中的“非售”条款则有另外的特点:1. 主要保护收购方。通过促进拟议交易的完成降低其被其他竞价者破坏的风险,使收购方避免成为其他竞价者的“掩护马”,以致其为收购目标方所支出的直接费用成本和机会成本付诸东流,故收购方常主动要求将“非售”条款纳入并购协议中。2. 目标公司不能单方采用“非售”条款,须与收购方磋商达成。应对收购方的需求,目标方往往趁势将“非售”条款作为争取更好的价格条件或取得收购方在合同其他条款上让步的一个“筹码”,因此,它不是目标方的保护工具而是谈判工具。特拉华州最高法院在派拉蒙公司诉时代公司(Paramount V. Time)案中认定“非售”条款有效时,亦采用了类似观点,认为时代公司应华纳公司的要求采用了“非售”条款,该条款用以保护华纳公司的收购交易完成。3. “非售”条款不能防止目标公司被收购。事实上,它是出售目标公司交易中不可分割的一部分,它用以吸引购买者而不是驱赶购买者。

当然,持“保护性”说者不否认“非售”条款在某些特定条件下也带有“防御性”色彩。比如,当一项合并交易本身就是反并购的防御措施时,包含在该项合并协议中的“非售”条款亦不可避免地有了“防御性”。比如,当目标公司成为敌意收购对象时,目标公司为了反抗就会选择惟一的出口——与另一个“白衣骑士”(White knight)公司合并,在该情形下的“非售”条款具有了“防御性”。②

司法实践中,法院多用“背景分析法”(Contextual analysis)来判定“非售”条款在个案中的性质。特拉华州判例法确定的“背景分析法”考虑以下因素:

1. “非售”等交易保护措施是否系有独立法律意义的交易中之一部分而不是反并购防御措施;

2. 采取交易保护措施的时间;

---

① Mark Lebovitch and Peter B. Morrison,前引文,第12—13页。

② Wayne O. Hanewicz, When Silence is Golden: Why the Business Judgement Rule should Apply to No-shops in Stock-for-stock Merger Agreements, 28 IOWA J. Corp. L. 205(2003), pp. 231—234.

3. 该项交易保护措施的"防御性"是否附属在其主要功能之上。[1]

在吉尔伯特诉埃帕索（Gilbert V. EI Paso）案中，面临敌意收购的目标公司采取了系列反并购防御措施，但随后又发现敌意收购方案可能是最佳交易方案。目标公司董事会遂与收购方谈判并最终达成拟议交易方案，在该方案中收购方给了新的报价，董事会认为该报价伴随其他条款对目标公司股东更有利。但是股东们不领情，他们认为原来的报价更好，因而成讼。争议的焦点是：并购协议是否有效以及应适用何种规则审查。特拉华州最高法院认为，本案目标公司毫无疑问采取了反并购策略对付收购方，因此，"埃-帕索（目标）公司董事会成功争取了柏林顿公司（敌意收购者）作出让步后所达成的协商结果构成了防御性措施，故适用尤纳科尔（Unocal）规则审查"。该院还将本案中的并购协议与时代公司合并案中的协议作了比较分析。在时代案中，"在派拉蒙公司竞价卷入前，时代与华纳公司达成的合并协议不是防御性的"。但是，当为了对付派拉蒙公司的敌意收购，时代与华纳公司将其合并方案修改成要约收购后，则此时达成的并购协议则转换性质成了"防御性的"。[2]

关于"采取措施的时间"方面的案例有尤里纯（Unitrin）案。该案中目标公司董事会为了对付一个已预见的且不想接纳的并购要约，遂采用了"股票回购"（Stock repurchase）措施。董事会辩称"股票回购"是符合合法商业目的的，因此不是"防御性措施"。特拉华州衡平法院则认为："如果与收购报价相独立来看，'股票回购'合并协议是非防御性的，但本案中鉴于尤里纯公司董事会已经预见到了收购要约是威胁，那么从该措施被考虑采取和得以实施的时间来看，它是反并购的回应措施。"[3]该案表明："非售"条款纳入考虑和实施的时间对定性是很关键的。如果"非售"条款作为拟订的合并协议中的一部分是在敌意收购要约发出或即将威胁发出时拟就的，那么，它就是"防御性"的，否则则不是。当然，如何判断"威胁"的存在，恐怕是极惹争议的灰色区域了。

关于"附带防御性"分析的案例则有施托德诉格里斯（Stroud V. Grace）案。该案原告诉讼针对董事推荐方案，在其中董事会建议股东通过对米尼肯公司（Milliken）章程及其细则的修正案。这些修正内容确立了新的审查任职董事资格的标准和提名董事的程序。该程序要求股东应在年度大会前将其拟提名董事通知董事会并需在通知中阐明该提名人是否合格，且允许董事会在任何时候

① Wayne O. Hanewicz，前引文，第234—235页。
② 同上，第235页。
③ 同上，第236页。

对该提名人的资格提出质疑。原告的诉讼还针对一份由股东签订的协议书，在该协议中公司允许每一个股东均有权对公司股权由其他人持有提出异议。原告认为这些措施均是防御性的。法院未支持原告的意见，理由是：股东协议本身不是反并购策略，而是股东间的私人契约，而且，原告未能举证证明本案中的修正内容旨在“用来防止收购”，相反，股东协议及修正内容仅仅是附有了“防御性”。①

“保护性”说引证前述判例认为：“非售”条款主要不是作为保护目标公司的反并购防御措施，而是旨在保护收购方完成交易以获得其付出对价取得目标公司的利益，即使它带有防御色彩也极其微弱，而且是附属在其主要功能之上而已。“非售”条款与反并购防御措施的重大区别在于：前者作为一项交易不可分割的一部分，该交易旨在使目标公司让渡到一个更高价值的使用者手中；而后者则旨在防止目标公司被转移到另一个视其价更高和愿意为其付出溢价的公司手中。② 前者促进一个公司股东重要目标的实现；后者则阻碍一个公司股东重要目标的实现。

贝恩布莱吉(Bainbridge)教授就认为，“非售”条款没有什么大不了的，因为它并不能阻止竞价者向目标公司发出收购要约。即使一项“非售”条款禁止或妨碍目标公司董事会与后来的竞价者谈判，目标公司股东仍“有权否决(董事会所钟情的)合并方案”，而有意竞价者仍“可以向目标公司股东直接发出收购要约或者针对原拟议方案进行‘代理权争夺战’(Proxy contest)”。③

归根结底，“非售”条款是目标公司与其合并“原配”伙伴之间约定的契约性限制条件，它不约束第三方，也不能约束目标公司的股东，它不能防止或严重阻碍新竞价的出现。值得注意的是，在以下几个方面它会对竞价的出现产生影响：

首先，由于“非售”条款使得目标公司董事会去与第三方谈判协商或同意与该第三方合并成为不可能，那么，它实际上会减少本来愿意接触目标公司给出更高报价的公司之数量。因为敌意收购和代理权争夺战成本比协议收购高昂得多。

其次，正如里布维奇(Lebovitch)和莫里森(Morrison)指出的那样，“非售”条款禁止目标公司向第三方披露非公开信息，使得该第三方处于相对原拟议收

① Wayne O. Hanewicz，前引文，第236—237页。
② 同上，第238—246页。
③ 同上，第247页。

购方较不利的地位，也许会阻碍那些如果可以获得充分信息可能愿意竞价的第三方出现。

再次，“非售”条款可能等于向那些意图参与收购者发出信号：一旦敌意收购发生，目标公司管理层坚决反抗。正如著名的收购律师马汀·利浦登（Martin Lipton）所言：“在挑选目标公司时最重要的因素之一是要看目标公司董事会是‘柔性的’（可能不会激烈抵抗）还是‘刚性的’（可能会极度抵抗）。”限制性越强的“非售”条款所发出的“抵抗”信号越强，它会使得意欲竞价者裹足不前。

由此可见，基于协议并购的特点，“非售”条款虽不能在法律上阻止其他形式的收购发生，但它对竞价出现有影响；它阻止其他方介入协议并购的可能性发生。限制性条件规定得越多，对该项协议并购的影响越大。因此，这也引发了司法干预以审查“非售”条款效力。

三、“非售”条款的效力审查

正如在关于“非售”条款的性质问题上，美国以特拉华州法院为代表的司法界以及学界观点歧异一样，在适用何种准则来审查“非售”条款问题上，理论界与实践中亦有不同观点，而审查准则的选择与对“非售”条款的性质界定密切相关。

（一）尤纳科尔/尤里纯准则（Unocal/Unitrin Standard）

对“非售”条款持“防御性说”者认为，就如对待反并购防御措施一样，应当适用严格司法审查准则——尤纳科尔/尤里纯准则来审查“非售”条款及其所处的协议的效力。

尤纳科尔准则系特拉华州最高法院在尤纳科尔公司诉美莎石油公司案（Unocal corp. V. Mesa petroleum）案中确立的严格司法审查准则。根据该准则，董事会必须证明其已经合理地预见到了针对公司敌意收购的威胁——“合理性”和采取的反并购防御措施是恰如其分的——“适当性”。如果董事会行为不合理或不适当，那么，法院就可能启动严格司法审查并适用该原则禁止该项反并购防御措施。

1995 年特拉华州最高法院在尤里纯公司诉美国通用公司（Unitrin, Inc. V. American General corp.）案中修改了尤纳科尔准则，认为凡防御性措施如果排斥（“排斥性”）或强迫（“强迫性”）股东对合并交易表决，则不在合理与适当性范

围内,得被禁止。该案判决后,严格司法审查准则称为——尤纳科尔/尤里纯准则。[①]

主张适用该准则者认为,董事有义务和责任保护公司利益以及公司和其所有者所可能受到的、预见得到的威胁之损害,但这种义务并不意味着董事可以为所欲为。在采取抵抗威胁的防御措施中,存在董事自我利益与公司利益的冲突,因此,必须适用严格审查准则来辨析该行为是否合法有效。由于“非售”条款之类的交易保护措施在本质上就是“防御性”的,因此亦应当适用尤纳科尔/尤里纯准则来审查。这种取向是符合社会公共利益的,有助于保持董事与股东之间关于公司权力分配的平衡和确保董事正确履行在公司交易中“守门人”的本分,以及有助于减少代理成本。[②] 通常来说,“非售”条款通过该准则审查的可能性与其本身的限制性程度相关。如果针对轻度威胁的“非售”条款带有“逃逸”条款、针对中度威胁的“非售”条款是普通型的,针对重度威胁的“非售”伴有“勿语”条款,可能会被认为是合理与适度的。[③]

主张适用该准则者认为,时代案是法院适用尤纳科尔/尤里纯准则审查“非售”条款的例证。

时代公司一直在探讨其战略选择包括并购。基于各种原因考虑,时代公司认定华纳公司为最佳候选公司。两公司经谈判后签订了以股换股的合并协议,根据该方案,华纳公司合并到时代的一个子公司中去。该协议包含有“非售”条款在内的交易保护措施。依照特拉华州的法律,该合并协议应由华纳公司股东批准,依照纽约证券交易所规则,该合并协议应由时代公司股东批准。在合并表决前夕,派拉蒙公司向时代公司提出了更高的竞价。时代公司董事会认为该竞价不符合公司长期战略选择,其价值低于与华纳公司的合并方案,但他们意识到股东们可能持不同观点,有可能为了派拉蒙公司的更高竞价而否决时代—华纳的合并协议。于是两个公司磋商后变更了原合并方案,变成由华纳公司要约收购时代公司,由此一来就绕过了必须经股东批准的法定手续。派拉蒙公司和时代公司的股东针对拟议合并和重组的交易提起了诉讼。

特拉华州最高法院认为变更后的交易是反并购的防御性措施,因此适用尤纳科尔/尤里纯准则审查其合法性。对于原合并协议应适用何种准则似乎没有那么鲜明。但主张对“非售”条款的审查适用严格司法审查准则者认为,从该案

① Wayne O. Hanewicz,前引文,第 248—257 页。
② Mark Lebovitch and Peter B. Morrison,前引文,第 6—8 页。
③ 同上,第 8—22 页。

的法律意见表述来看,无疑应当适用尤纳科尔/尤里纯准则。以下一段话是有力的佐证:“原告诉称‘非售’等条款的采用……阻碍了股东失去获得本唾手可得的控制权(移转)溢价,因此违反了(在控制权移转交易中应当适用的)露华浓(Revlon)准则。我们同意首席大法官的意见即适用露华浓准则证据不足……采用保护交易措施本身并不引致露华浓准则的适用。因此诚如首席大法官所云,本案应适用尤纳科尔/尤里纯准则审查这些措施。”

在法律意见中的另一部分中,法院指出,时代与华纳公司的原拟议合并协议包含有“一些反并购防御策略”包括“非售”条款。

在费尔普斯与 ACE 案中,特拉华州衡平法院虽未直接明确适用尤纳科尔准则审查包括“非售”条款在内的交易保护措施,但其分析过程显示出法院进行了严格的司法审查,其关注点与适用尤纳科尔准则相同。[1]

(二)业务判断准则(Business Judgment Rule)

主张“非售”条款系“保护性”者认为,“非售”条款并不像反并购防御措施那样会引起董事自我利益与公司利益的激烈冲突,它旨在保护交易。诚如贝恩布里奇教授所分析的那样:在“非售”条款的谈判与确立过程中,董事会为了其自身额外的利益而与收购方讨价还价不大可能,因为“非售”是项“脆弱”的将目标公司售与收购方的承诺,它根本阻止不了第三方的敌意收购。[2] 而且,即使“非售”条款在一定程度上妨碍目标公司董事会与后来竞价者谈判,但目标公司股东仍有权否决董事会提交供其表决的合并协议,而竞争者仍可以敌意收购和代理权争夺战对付原拟议交易。[3] 换言之,鉴于“非售”条款的“保护性”,无需适用严格司法审查准则,仅适用公司法框架内的“业务判断准则”审查即可。该准则的审查重点在董事决策的程序事项。

支持适用“业务判断准则”者认为,股东可以且应该保护自己的观点贯穿在特拉华州的公司法理论中。凯恩(Kahan)教授认为特拉华州的公司法理念体现在两句名言中:“是董事而不是法院应作出业务判断;是股东而不是法院应当通过挑选董事来表达出对董事业已作出的决定之异议。”[4]故在股东利益与董事自我利益不存在激烈冲突时设计“非售”条款以保护拟议交易的情况下,不需导入司法的强力干预,无需适用尤纳科尔准则。

---

① Mark Lebovitch and Peter B. Morrison, 前引文,第 23—25 页。
② Wayne O. Hanewicz, 前引文,第 226—228 页。
③ 同上,第 243 页。
④ 同上,第 247 页。

在S. W. I. B案(State of Wisconsin Investment Board V. Bartlett),原告麦德科公司(Medco Research, Inc)的股东申请禁止令,请求禁止麦德科公司与王室制药公司(King Pharmaceuticals, Inc)的合并,他们诉称麦德科公司董事会同意了"非售"与"勿语"条款之行为系"严重疏忽",违反了注意义务。法院采用"业务判断准则"审查该案。副首席大法官史蒂利(Steele)指出:"原告的诉称未能表明麦德科公司董事会未对所有涉及该项拟议交易有关的信息充分知情。"相反,史蒂利先生发现董事会在经验丰富的投资银行帮助下,已经"积极地寻找过其他匹配的公司"并且"努力地'兜售'过公司",在开始与王室制药公司磋商合并交易前"已经为寻找更具经济价值的合并交易在市场'叫卖'过"。因此,副首席大法官认为,"证据显示麦德科公司董事会在其寻找其他合并伙伴的努力无果后开展了与王室公司的合并",并且,"与王室公司间的拟议交易是可能的、较好的选择"。因而,麦德科公司的董事会未违反其信义义务。对于该协议中的"非售"与"勿语"条款,副首席大法官也认为:"在不存在违反信义义务的情况下……这些条款被视为业务判断,因此,应得到尊重(维护)。"[①]在IXC案中,该法官也采用了"业务判断准则"。

值得注意的是,尽管支持选用尤纳科尔准则的学者常以时代案作为例证,但支持适用业务判断准则者认为,时代案也显示出支持业务判断准则的色彩。比如,法院就认为:"时代公司与华纳公司合并的最初方案只能适用业务判断准则来剖析。"而正是最初的合并协议中包含有讼争的"非售"条款。在法院意见的另一部分则表明:"(董事的)决定即通过3月3号与华纳公司的合并以拓展公司义务的决定受业务判断准则调整",而此后的变更交易方案(即为绕过时代公司股东表决程序而将华纳的合并变成其对时代的要约收购)的董事决定则引发了尤纳科尔准则的审查。而且,时代案没有表明法院针对以股换股的合并协议中的"非售"条款究竟应适用何种准则审查作出专门的探析。此外,对于原告诉称最初的合并协议及其中的交易保护条款违反了露华浓准则,即关于在公司控制权移转交易中董事有责任为股东争取最大股权价值,法院未予支持。该案中,法院从未明确针对"非售"条款适用尤纳科尔准则。法院既未分析过该案是否存在一个"非售"条款意图对付敌意收购威胁,亦未评述采用该措施是未适当,而这些正是尤纳科尔准则要审查的对象。法院仅在一个注解中表述道:交易保护条款(如"非售"条款)的合法性"不是本案的中心问题"。特拉华州最高法院采用了首席大法官的观点,即维持"非售"条款的效力,因为这是应华纳公

① Wayne O. Hanewicz, 前引文,第251页。

司的要求采用的,也是用以保护华纳公司的。

也许由于时代案在适用尤纳科尔准则和适用业务判断准则支持者看来,都可以找到为其观点佐证之处,因此,该案之后的判例法没有将时代案作为泾渭分明的案例点出,也就不足为奇了。

结　语

从以上美国特拉华州法院的判例及学界观点来看,对于"非售"条款应适用何种法律准则进行司法审查的问题,有以下几点趋势:

1. 诚如特拉华州最高法院首席大法官所云:在以股换股合并交易中,适用何种司法审查标准去审查诸如"非售"之类的交易保护措施,仍是法院未来面临的基本问题之一。① 因此可以说,调整"非售"条款法律准则仍在变化形成之中,尚是动态的。

2. 由于适用尤纳科尔准则必须审查行为的结果本身,这一过程纷繁复杂,对司法资源"消耗"甚大。也许正因为这个特点,学界如吉尔森(Gilson)和卡拉曼恩(Kraakman)教授在1989年就曾指出,针对敌意并购的诉讼中适用尤纳科尔准则审查,既引发了大量诉讼,又加重了司法资源的负累与消耗。现在善意协议并购远比敌意收购多,而"非售"条款又几乎是每项以股换股交易协议中的组成部分,每一次使用都有可能引起讼争。如果一律采用尤纳科尔准则来审查,其所消耗的司法资源将更为惊人。故对于远不如反并购防御措施那么麻烦、那么易引起激烈利益冲突且其后果尚可容股东在就拟议交易协议表决时予以纠正的"非售"条款,似乎没有必要适用严格的尤纳科尔准则来审查。②

有学者注意到,特拉华州法院在 Barkan V. Amsted Industries Inc 案和 Rand V. Western Airlines, Inc 案以及 In re Vitalink Communications Corp. 股东诉讼案(Litigation)中,适用了露华浓准则审查案中的"非售"条款并都认定了其有效性。这表明了司法实践从针对控制权移转交易中的交易保护措施采取较严的司法审查,转而向更宽松、更和缓的方向发展。③

谚语云:世事无绝对。一定要在审查"非售"条款的准则之间作出黑白分明的划线,可能并不恰当的。比如,有些案例中,法院就曾在同一个案件适用了两

---

① Karl F. Balz,前引文,第543—544页。

② Wayne O. Hanewicz,前引文,第228—230页。

③ E. Norman Veasey, Law and Fact in Judicial Review of Corporate Transactions, 10 U. Miami BUS. L. Rev. 1,12(2002).

个不同的准则来判定是非，前述时代公司案就是个例证，而另一个案件——费尔普斯案中，首席大法官钱德勒就曾用尤纳科尔/尤里纯准则审查协议中的“终止费”条款是否有“强迫性”与“排斥性”，用商业判断规则来审查“勿语”条款有无妨碍董事“充分知情”。因此，以一种灵活的态度，运用具体问题具体分析式的“情景分析法”来处理“非售”条款的审查准则，可能更务实。

内地与香港 CEPA 的法律定位

许楚敬*

内容提要：以一国之内实行“一国两制”和 WTO 体制下形成“一国四席”两种史无前例的特殊现象为背景进行的法律实践——“内地与香港关于建立更紧密经贸关系的安排”，当然也是一项前所未有的特殊尝试。尽管 CEPA 的达成、实施以及修正应遵循“一国两制”的方针，但其并不当然属于国内法的范畴，而是属于经贸领域的一项区际协议。CEPA 作为 WTO 体制下的一项区域贸易安排，必须符合 WTO 有关区域贸易安排和区域一体化的规则，因而，CEPA 属于国际法的范畴但又并非国际条约。传统上的区域贸易安排都是在主权国家之间达成的，而 CEPA 却是在一个 WTO 的主权国家成员方与隶属于该主权国家的一个单独关税区之间签订的，开创了 WTO 区域贸易安排的新模式，可以将之归入自成一类的自由贸易区协定。

关键词：CEPA　区域贸易协定　WTO 规则　法律定位

2003 年 6 月 29 日，中华人民共和国商务部副部长安民与香港特别行政区财政司司长梁锦松共同签署了《内地与香港关于建立更紧密经贸关系的安排》(the Mainland and Hongkong Closer Economic Partnership Arrangement，简称 CEPA)，标志着内地与香港的经贸关系已经进入了一个通过制度性安排来规范和推动区域经济整合的新阶段。CEPA 是中国、中国台北相继加入世界贸易组织、两岸四地在 WTO 中占据“一国四席”之后，在 WTO 体制下的又一次特殊尝试。CEPA 的性质也引起了国内外学者们热烈的讨论。尤其是，CEPA 究竟是属于国内法，抑或属于国际法？对此，学者们分歧颇大，莫衷一是。CEPA 的法律定

* 华南师范大学法学院讲师、厦门大学法学院国际法专业博士研究生。

位既牵涉到“一国两制”以及香港特殊的法律地位，又牵涉到内地与香港各自所承担的 WTO 义务，因而，在法律上予以准确定性，对于 CEPA 的顺利实施具有重要的现实意义。

一、CEPA 的法律定位：各种不同的观点

CEPA 属于国内法，抑或是国际法，学者们的观点歧异颇大。

有学者认为，在世贸组织框架下的内地、香港、澳门、台湾之间关系是一个主权国家框架下的单独关税区之间的经贸关系。首先，国际社会普遍承认这样一个事实，香港和澳门是中国的特别行政区，台湾是中国的地方性行政区域，是中国不可分割的组成部分；其次，大陆、香港、澳门、台湾在世贸组织中占有四个席位，它们各自与其他成员方发生争端后，可以利用世贸组织的争端解决机制，这并不能得出大陆与港澳台之间的经贸关系是非国内的经贸关系这一结论。这样，可以将大陆与港澳台之间的经贸关系定格为国内经贸关系。[①] 既然是国内经贸关系，CEPA 就属于国内法的范畴了。

又有学者认为，两岸四地虽然属于一个主权国家，但是，其一，根据《宪法》以及《香港特别行政区基本法》的相关规定以及“一国两制”的设定，港澳台在回归中国之后仍保留着一部分的外事权，在某些领域仍保留着与其他国际法主体签订条约的能力；其二，WTO 规则之下赋予两岸四地作为缔约方的平等的权利和义务，包括在 WTO 中的独立的代表权、参与权、申诉权以及承担责任的义务。此外，在 CEPA 的签订过程中，内地和香港是以平等的主体身份相互协商承诺权利和义务的，使得 CEPA 既不同于单一制国家的国内法通过一个立法主体制定的过程，也不仅是中央政府的一项政策安排，而是双方意思表示一致的产物，因此不能将 CEPA 定义为国内法的范畴。[②]

还有学者认为，CEPA 的主体具有双重身份，即在国内体制中分别是内地关税区与香港单独关税区，而在 WTO 体制中，则分别是 WTO 正式成员。CEPA 的调整对象也具有双重性，即调整一国国内不同关税区之间的经济关系和 WTO 不同成员之间的贸易关系。CEPA 的法律基础主要涉及国内法、国际法有关香港特别行政区自治权的规定与 WTO 区域经济一体化例外规则。主体、调整对

---

① 朱兆敏：《论“入世”后中国各单独关税区间建立紧密经贸合作关系的法律基础和框架》，载《国际经济法论丛》(第 7 卷)，法律出版社 2003 年版，第 18—26 页。

② 慕亚平、卢嘉嘉：《论 CEPA 的性质及其实施问题》，中国国际经济法学会 2004 年年会论文。

象和法律基础的双重性决定了CEPA的双重性质。[①] 也就是说,CEPA既有国内法的性质,又有国际法的性质。

此外,还有学者认为,CEPA的主体一方为主权国家的中央政府,另一方为该中央政府直辖下的特区政府,两个政府通过协商达成安排,据此互相承诺义务、享有权利,可见,CEPA不是国内法。同时,CEPA也不是传统意义上的国际法。因为香港是中国的一部分,是中国的特别行政区,不是主权国家。特区政府签署CEPA的主体资格来自其对外经济事务自治权,而这种权利的法律根源是来自我国宪法,同时受到1984年《中华人民共和国政府和大不列颠及北爱尔兰联合王国政府关于香港问题的联合声明》的确认和保证,并由《基本法》具体规定。换言之,特区政府不是传统意义上的国际法主体,其与中央政府达成的安排,调整的是一国之内两个在对外经济事务上相互独立的地区之间的经贸关系,特区政府行使自治权与中央政府达成安排的法律依据是中国国内法,而非国际法。无论是基于内地与香港同属一国,视两地经贸关系为国内经贸关系进而将CEPA定性为国内法;还是基于香港在国际经贸关系中已获得公认的"单独关税区"身份,视两地经贸关系为国际经贸关系,进而将CEPA定性为国际法,都与客观实际不符。[②] 即CEPA既非国内法,也非国际法。

可见,关于CEPA的性质,学者们的观点分歧颇大,有认为CEPA属于国内法的,也有认为CEPA属于国际法的,又有认为CEPA既属于国内法又属于国际法的,还有认为CEPA既不属于国内法又不属于国际法。CEPA是以"一国两制"依据,是同属一个主权国家之下的内地与香港特别行政区之间签订的,我们能否据此认定CEPA是国内法?而中国内地和香港又彼此是WTO体制下法律地位平等的关税区,一个主权国家的成员方与隶属于该主权国家的单独关税区之间的协议是否可以认定是属于国际法的范畴?如果CEPA既不属于国内法,又不属于国际法,那么CEPA又该怎样定性?

二、CEPA属于经贸领域的区际协议,但并非国内法

CEPA是在一国主权国家之下的内地与作为中华人民共和国地方行政区域

---

① 曾华群:《论内地与香港CEPA之性质》,载《厦门大学学报》2004年第6期,第36页。

② 隋伟:《论"内地与香港关于建立更紧密经贸关系的安排"——中国经济法制创新与挑战》,载《南开学报》(哲学社会科学版)2004年第1期,第57页。

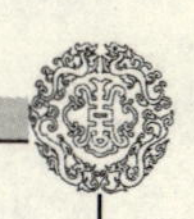

之一的香港特别行政区签订的，而且，CEPA 第 2 条也明确规定 CEPA 的达成、实施以及修正应遵循“一国两制”的方针，这可能很容易“引人误解”，认为 CEPA 是以《中华人民共和国宪法》和《中华人民共和国香港特别行政区基本法》为法律依据而制定的，因而属于国内法。其实不然，CEPA 并不属于国内法的范畴。

事实上，在签订 CEPA 之前，在其他领域两地就已经开始了这方面的法律实践。早在 1998 年 12 月和 1999 年 6 月，在区际司法协助领域最高人民法院与香港律政司先后签署了《关于内地与香港特别行政区相互委托送达民商事司法文书的安排》和《关于两地相互承认与执行仲裁裁决的协议安排》(下称“两个安排”)。[①] 这是一个主权国家内不同法律区域间的司法安排。根据《香港特别行政区基本法》第 2 条的规定，香港特别行政区实行高度自治，享有行政管辖权、立法权、独立的司法权和终审权。因而，香港回归后，内地与香港特别行政区就成为一个主权国家之下的两个独立的法域(legal region 或 legal unit)。上述两个《安排》的作出，也正式确定了内地与香港是两个地位平等、相互独立的法域，可定性为一国之内不同法域之间的区际司法协助协议。

1998 年 12 月内地与香港特别行政区之间签署的《关于内地与香港特别行政区相互委托送达民商事司法文书的安排》开创了两地以“安排”的形式签署区际协议的模式。CEPA 无疑是沿用了上述两个安排的名称。[②] 那么这里就涉及到这样的问题：CEPA 究竟与上述两个安排性质是否一样？两者之间究竟有何异同？从签署的主体来看，上述两个安排是由最高人民法院与香港律政司分别代表内地和香港特别行政区签署的，而 CEPA 则是由中华人民共和国商务部与香港财政司签署的。签署主体有异，文件的性质是否也有异？笔者认为，CEPA 其实与两个安排均属区际协议。区别只是在于它们分别是属于不同领域的区际协议。CEPA 是属于经贸领域，而两个安排则属于司法协助领域。最高人民法院代表着内地(法域)，而香港律政司则代表着香港(法域)；中华人民共和国商务部代表着内地关税区(不包括香港、澳门和台湾)，香港财政司则代表着香港单独关税区。在 WTO 体制中，无论是主权国家、国际组织，还是单独关税区，作为 WTO 的成员方都具有平等的法律地位。因而，在 WTO 体制下，以主权国

---

① 上述两个《安排》的法律依据是《香港特别行政区基本法》第 95 条，该条规定：“香港特别行政区可与全国其他地区的司法机关通过协商依法进行司法方面的联系和提供协助。”

② CEPA 的名称是经过谨慎考虑、数易其名之后才最终确定的。最先是采用“自由贸易区”的提法，接着又有“类似自由贸易区”的建议，最后双方才最终确定为“更紧密经贸关系安排”。参见张宪初：《中港更紧密经贸关系安排初探》，载《国际经济法论丛》第 7 卷，法律出版社 2003 年版，第 86—87 页。

家身份作为 WTO 成员方的中国(内地关税区)与以单独关税区身份作为 WTO 成员方的香港关税区双方是平等的。CEPA 也是双方平等磋商、意思表示一致所达致的协议。

那么,区际司法协助协议是否属于国内法的范畴呢?答案当然是否定的。虽然两个安排是依据《香港特别行政区基本法》制定的,但其不当然属于国内法的范畴。我国宪法并没有对国际条约或区际协议在国内法中的地位做出明确规定。在 2000 年 7 月 1 日起施行的《中华人民共和国立法法》中也找不到有关区际司法协议的规定。因而,如果说区际司法协助协议是属于国内法,那么,它的位阶是什么,是高于还是低于法律?是高于还是低于行政法规?更重要的一点是,两个安排都没有国内法应该具备的直接适用的效力,不能在各自法域内直接适用,而必须通过转化的方式使之得以适用。① 因此,不能认定区际司法协助协议属于国内法的范畴,虽然上述区际司法协助协议是就一个主权国家之内的两个法域之间在司法协助领域作出的安排。基于同样的理由,CEPA 也不应该属于国内法的范畴。当然,内地为实施 CEPA、落实 CEPA 的内容而制定的有关规定,则属于国内法的范畴。

三、CEPA 属于国际法的范畴,但并非国际条约

即使是认为可以把内地与港、澳、台之间的经贸关系定格为国内经贸关系的学者,也不否定 WTO 规则也是内地关税区与香港单独关税区、澳门单独关税区和中国台北单独关税区之间的建立自由贸易区的法律依据。② CEPA 必须受 WTO 规则的调整和规范,在这个问题上,学者们的观点基本上是一致的。作为 WTO 的成员,在内地与香港单独关税区之间彼此给予对方更优惠的贸易待遇,必须遵守非歧视原则;否则,就违反 WTO 规则。这是 WTO 成员方必须承担的最基本义务。因而,内地与香港特别行政区必须在 WTO 体制下寻求合法的依据,作为彼此给予对方比给予其他 WTO 成员方更优惠的待遇。

假如我国不加入世界贸易组织,那么内地与香港之间的经贸关系自然不受 WTO 规则的规范,无论内地给予香港什么样的优惠待遇,WTO 均无权过问。但

---

① 比如,内地是由最高人民法院发布司法解释的方式、香港则通过修改其《仲裁条例》来实施《关于两地相互承认与执行仲裁裁决的协议安排》的。

② 朱兆敏,前引文,第 26—28 页。

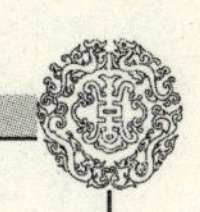

是，中国一旦成为 WTO 的成员方，情形就不一样了。CEPA 虽然是一个主权国家之内不同关税区之间的更优惠贸易安排，但在 WTO 框架下，它也不能游离于 WTO 体制之外而不受 WTO 规则的约束。《中华人民共和国加入议定书》第 4 条“特殊贸易安排”规定：“自加入时起，中国应取消与第三国和单独关税区之间的、与《WTO 协定》不符的所有特殊贸易安排，包括易货贸易安排，或使其符合《WTO 协定》。”CEPA 第 2 条也明确规定其达成、实施与修正应符合世界贸易组织的规则。在处理内地与香港之间的经贸关系方面适用 WTO 规则，是没有争议的。如果原来按国内法或区际冲突法做过什么安排的话，也都要用 WTO 规则作标准加以清理。[①] 因此，CEPA 须受 WTO 规则的调整和规范，从而属于国际法的范畴。

CEPA 作为 WTO 体制下的区域贸易安排，必须符合 WTO 有关区域贸易安排和区域一体化的规则，并接受 WTO 有关机构的审查和监督。在 WTO 规则中，规范区域贸易安排的核心规定是 1994 年 GATT 第 24 条及《关于解释 1994 年 GATT 第 24 条的谅解》。此外，1979 年东京回合的“授权条款”和乌拉圭回合达成的《服务贸易总协定》，为特定的区域贸易安排和区域一体化提供了明确的法律依据。[②]

世界贸易组织尽管允许非主权国家作为其成员方，如欧盟、香港、澳门、台湾均成为其成员方，但这并不因而改变其作为一个政府间国际组织的性质。有人说接受非主权国家为其成员的不叫“国际组织”而叫“跨国组织”，这就失于偏颇了。实际上包括联合国在内，都有将非主权独立地区接纳为会员的先例。[③] 但并没有人会否定联合国的政府间国际组织的性质。其实，在一些专门性的国际组织中，关键不在于领土的独立与否，而在于该领土是否能独立处理有关国际组织涉及的专业性问题。[④]

虽然 WTO 是个政府间国际组织，但其成员方之间的协定并不当然是国际

---

① 赵维田：《论内地与香港建立紧密经贸关系的法律障碍》，载《国际经济法论丛》（第 7 卷），法律出版社 2003 年版，第 64 页。

② 曾令良：《论 WTO 体制下区域贸易安排的法律地位与发展趋势》，载《国际经济法论丛》（第 7 卷），法律出版社 2003 年版，第 5—10 页。

③ 赵维田，前引文，第 63 页。

④ 饶戈平主编：《国际组织法》，北京大学出版社 1996 年版，第 62 页。

条约。[①] 主要是因为WTO世界贸易组织的成员资格不是以主权国家为前提,而是以关税区为适格条件。根据GATT1947第26、32和33条的规定,任何实体,不论是否主权国家,只要构成一个关税区,均可按一定程序成为GATT的缔约方;相反,即使是一个独立的主权国家,如未形成一个关税区,也不可能成为GATT的缔约方。《建立世界贸易组织协定》继续沿用“单独关税区”的概念,其第12条第1款规定:“任何国家或在处理其对外商业关系及本协定和多边贸易协定规定的其他事务中享有充分自治权的单独关税区,可按它与WTO议定的条件加入本协定。此加入适用于本协定及所附多边贸易协定。”随着中国和中国台北先后加入世界贸易组织,在WTO中“一国”占据了“四席”,形成了前所未有的“一国四席”局面。在一个主权国家之内的两个关税区之间签订的区域贸易协定,尽管仍受WTO规则的规范,但并非国际条约。

《香港特别行政区基本法》第13、116和151条规定:中央人民政府授权香港特别行政区依照本法自行处理有关的对外事务。香港特别行政区可以“中国香港”的名义参加《关税和贸易总协定》、关于国际纺织品贸易安排等有关国际组织和国际贸易协定,包括优惠贸易安排。香港特别行政区可在经济、贸易、金融、航运、通讯、旅游、文化、体育等领域以“中国香港”的名义,单独地同世界各国、各地区及有关国际组织保持和发展关系,签订和履行有关协议。虽然根据上述规定,香港可以与“中国香港”的名义在上述领域单独地同世界各国、各地区及有关国际组织签订国际条约,但是,这些都是只限于“对外事务”,也就是说,此处的“世界各国、各地区”并不包括内地在内。相应地,CEPA也就不是国际条约。

四、CEPA是自成一类的自由贸易区协定

历史上,区域经济一体化的出现比多边贸易体制还要早。关贸总协定不能无视这类区域贸易优惠安排的存在,况且这类贸易优惠安排有利于多边贸易向更自由化的方向发展,甚至可以成为多边贸易体制的实验室,尽管其背离了GATT的非歧视原则。自WTO成立以来,以建立自由贸易区(Free Trade Areas)

---

① 1969年《维也纳条约法公约》第2条规定,称“条约”者,谓国家间所缔结而以国际法为准之国际书面协定。随着现代国际法的发展,由非主权实体参与缔结国际条约并非罕见。一些实例表明,国际条约的缔结主体除主权国家外,还有国际组织、联邦制国家的成员、交战团体、享有自治权的殖民地和区域性非主权实体。上述非主权实体的缔约权分别来源于国际组织的基本文件、国家宪法、条约法和国际习惯法等。参见李浩培:《条约法概论》,法律出版社1988年版,第240页。

为基本内容的各种区域贸易协定(Regional Trade Agreements)的数量一直呈上升趋势。截至2003年10月,WTO共有成员146个,除了蒙古国外,其他所有WTO成员都参加了或正在谈判区域贸易协定。[①]

从不同的角度出发,区域经济一体化有着不同的层次或模式。在经济学上,经济一体化的发展过程一般经历由低级到高级组织形式的若干阶段:优惠贸易安排;自由贸易区;关税同盟;共同市场;经济同盟;完全经济一体化。[②] 从经济一体化的组织化、法制化的角度,区域经济一体化的模式有:高度经济一体化的超国家因素的、以硬法机制为主的欧共体模式;南北经济合作型的混合软、硬机制的模式;南南经济合作型的以软法机制为主的模式;南北经济松散合作型的软法机制模式。[③] 而WTO体制下的区域经济一体化又可以分为三种层次:自由贸易区;关税同盟;导向关税同盟或自由贸易区的临时协定。[④] 而按照区域经济一体化的参与者在WTO中的不同身份,主要可作如下分类:由主权国家参加的区域经济一体化模式,如欧盟、北美自由贸易区、东盟自由贸易区等;由国际组织和主权国家参加的区域经济一体化模式,如欧盟—土耳其关税同盟等模式[⑤]。

那么,CEPA是处于区域经济一体化的发展过程的哪个阶段?属于哪种层次或模式?根据CEPA的框架内容和发展趋势,CEPA目前只是处于区域经济一体化的初级层次或阶段[⑥],可以视为内地与香港形成自由贸易区所必需的临时协定。[⑦] 签订了这类临时协定,就意味开始了最后达到自由贸易区的进程,允许对内只部分地降低或取消关税及其他贸易限制措施。针对目前CEPA的内容是为了进一步完善双方货物和服务贸易合作的安排,其更类似于自由贸易区

① 曾令良:《区域贸易协定的最新发展趋势及其对多哈发展议程的负面影响》,载《法学研究》2004年第5期,第117页。

② 翁国民等:《WTO框架下内地与香港更紧密经贸关系安排的若干法律问题剖析》,载《浙江大学学报》(人文社会科学版)2004年第2期,第39页。

③ 杨丽艳:《中国参与区域经济一体化的法律实践的评价及几点建议》,中国国际经济法学会2004年年会暨学术研讨会论文集(下册),第438页。

④ 参见GATT第24条。

⑤ 欧盟与77个非、加、太国家之间存在近30年的《洛美协定》(Lome Agrrment)。如今,欧盟并不满足于现行的普惠制安排,已于2002年9月开始与这些发展中国家谈判包含自由贸易区在内的《经济伙伴协定》来取代现行的《科托努协定》(Cotonou Agreement),计划于2008年完成。参见曾令良,前引文,第118页。

⑥ CEPA第1条规定了CEPA的目标:“通过采取以下措施,加强内地与香港特别行政区之间的贸易和投资合作,促进双方的共同发展:一、逐步减少或取消双方之间实质上所有货物贸易的关税和非关税壁垒;二、逐步实现服务贸易自由化,减少或取消双方之间实质上所有歧视性措施;三、促进贸易投资便利化。”

⑦ 曾华群,前引文,第36页。

的制度。[①] 而鉴于 CEPA 特殊的签订背景以及 CEPA 是一个主权国家之内的不同关税区之间的自由贸易协定,CEPA 中没有像欧盟和北美自由贸易区那样规定了完善的争端解决机制,因而可以认为它是一个软法机制的模式。[②]

传统上区域经济一体化,无论是关税同盟、自由贸易区,还是导向形成关税同盟或自由贸易区的临时协定,其参加者大多数是主权国家,政府间国际组织也越来越多地融入到区域经济一体化的实践中,如欧盟、东盟[③]等。也就是说,在 WTO 框架下,区域贸易安排都是在主权国家的成员方(以及由这些主权国家组成的区域性政府间国际组织)之间达成的。而 CEPA 却是在一个 WTO 的主权国家成员方与隶属于该主权国家的一个单独关税区之间签订的区域贸易安排,开创了 WTO 区域贸易安排的新模式,可谓前所未有。因而,可以将 CEPA 归入自成一类的自由贸易区协定。

五、结　语

CEPA 的法律定位之所以引起争议,主要是因为其双方主体身份具有复杂性。一方面,内地与香港是同属一个主权国家之下的主体部分与其特别行政区的关系。虽然香港是中国的一个地方行政区域,但它又具有特殊的法律地位,《香港特别行政区基本法》规定香港特别行政区实行高度自治,享有行政管辖权、立法权、独立的司法权和终审权。另一方面,在 WTO 体制下,内地与香港又是法律地位平等的不同的关税区。虽然内地是以主权国家的身份成为 WTO 的成员方,而香港是以单独关税区的身份成为 WTO 的成员方的,但是在 WTO 体制下,内地与香港在法律地位上又是彼此平等的。简而言之,“一国两制”和“一国四席”是 CEPA 法律定位引起争议的根源之所在。

无论是“一国两制”,还是“一国四席”,都是史无前例的现象,因而,基于上述两种特殊的现象相结合而进行的法律实践——“内地与香港关于建立更紧密经贸关系的安排”,当然也是一项前所未有的特殊尝试。尽管 CEPA 的达成、实施以及修正应遵循“一国两制”的方针,但其并不当然属于国内法的范畴,而是

① 慕亚平、卢嘉嘉,前引文。

② CEPA 第 19 条规定,在解释或执行 CEPA 的过程中出现的问题由双方协商解决。联合指导委员会采取协商一致的方式作出决定。

③ 东盟正在加快与其他国家建立自由贸易区的步伐。目前,东盟除了与我国正在谈判建立中国—东盟自由贸易区之外,还正在与日本、韩国、印度进行自由贸易区的谈判,并准备与美国、欧盟商谈自由贸易区事宜。

应受 WTO 规则调整和规范的属于经贸领域的一项区际协议。CEPA 作为 WTO 体制下的区域贸易安排,必须符合 WTO 有关区域贸易安排和区域一体化的规则,因而,CEPA 属于国际法的范畴。但 CEPA 并非国际条约,这是因为尽管 WTO 是个政府间国际组织,但其成员方之间的协定并不当然是国际条约。传统上的区域贸易安排都是在主权国家的之间达成的,而 CEPA 却是在一个 WTO 的主权国家成员方与隶属于该主权国家的一个单独关税区之间签订的,开创了 WTO 区域贸易安排的新模式,可以将 CEPA 归入自成一类的自由贸易区协定。

《北美自由贸易协定》第1121条“弃权条款”研究

——维斯特管理公司诉美国案的法律透视

梁丹妮*

内容提要:《北美自由贸易协定》(NAFTA)第11章的投资者——国家仲裁机制堪称NAFTA最具创新性的制度之一。然而,投资者的仲裁申请首先必须满足NAFTA第1121条“弃权”条款的规定,仲裁庭才能取得对案件的管辖权。而在维斯特管理公司案中,仲裁庭对“弃权”条款的适用方法却严重制约了投资者维护自身合法利益的应有权利,甚至危害到NAFTA第11章的立法宗旨和价值目标。因此,NAFTA仲裁庭应当改变对第1121条的适用方法,在对仲裁请求实体情况进行初步认定的基础上审查申请人的“弃权”声明,唯有如此,才能减轻投资者对NAFTA投资解决机制的疑虑,避免NAFTA第1121条使受损害的投资者陷入程序上的困境。

关键词:《北美自由贸易协定》第1121条　弃权　投资者——国家争端解决机制

《北美自由贸易协定》(North American Free Trade Agreement,以下简称“NAFTA”)第11章[①]所创设的投资争端解决机制无疑是NAFTA最具有创新性的制度之一。当NAFTA成员国违反NAFTA的有关条款而使来自另一NAFTA成员国的私人投资者遭受损害时,该机制允许私人投资者直接提起针对东道国

* 中山大学2002届法学硕士、武汉大学国际法研究所国际经济法专业博士研究生。

① North American Free Trade Agreement, Dec. 17, 1992, Can. -Mex. -U.S., ch. 11, 32 I.L.M. 605, 639—49 [hereinafter NAFTA].

的仲裁请求。从而确保了投资者享有在国际条约保障下的投资争端解决机制中维护自身利益的权利，也避免了外国投资者在东道国国内法院寻求救济可能面临司法不公，甚至遭遇司法拒绝的风险。[①] 一直以来，美国对墨西哥以及其他发展中国家国内司法体制的稳定性与合理性都持怀疑态度，并一贯强调按有关的国际法原则解决有关的国际投资争端。而墨西哥与其他大多数发展中国际一道，坚决捍卫本国“经济主权”的完整，反对任何外国势力干涉本国管理境内外国投资的权力。而NAFTA第11章赋予投资者在国际仲裁庭的直接出诉权，标志着美国与墨西哥在国际投资争端解决方面长期存在的深刻分歧得以根本消除，堪称具有“革命性”的制度创新。

尽管NAFTA投资争端解决机制赋予了投资者前所未有的诸多利益，但在投资者提起仲裁请求的同时，基于NAFTA有关条款的设置，投资者仍然面临许多程序上的困境。而NAFTA第1121条的规定，就是任何希望根据NAFTA第11章的规定提起仲裁申请的投资者必须满足的先决条件。[②] 其中最重要的一条，要求申请人“放弃由于其所声称的东道国违反NAFTA的措施，而在东道国国内开始或继续提起的司法或行政救济程序，或其他任何有关的争端解决程序的权利”。[③] 该“弃权条款”的目的在于防止申请人就同一争端在两个不同的司法程序中寻求法律救济，以确保NAFTA投资争端仲裁的自治性与排他性。但在该条款的具体适用中，其潜在缺陷却足以构成对NAFTA投资争端解决程序的实质性威胁。

其根源在于，第1121条作为投资者提起投资争端仲裁程序必须满足的前提条件，仲裁庭首先必须审查申请人是否作出了“弃权”声明，以及该声明在形式和实质上是否符合第1121条的规定，而仲裁庭在此并不考虑申请人提请仲裁的争端实质如何。问题由此产生，由于许多仲裁请求按照国内法规定属于可诉事项，但根据NAFTA的有关条款，却未必属于第11章仲裁庭的管辖范畴。如果仲裁庭认为申请人请求仲裁的事实根据并不符合NAFTA有关“可仲裁事

① See Jonathan I. Miller, Comment, Prospects for Satisfactory Dispute Resolution of Private Commercial Disputes Under the North American Free Trade Agreement, 21 Pepp. L. Rev. 1313, 1361 (1994). 学者们总结出为何外国投资者不希望通过诉诸东道国当地法院解决有关投资争端，其原因包括：(1) 判决执行的不能预见性；(2) 当地歧视；(3) 缺乏对商业机密的保护；(4) 缺少技术专家担任陪审团成员；(5) 在当地法院诉讼所耗费的金钱和时间。见 Hope H. Camp, Jr., Binding Arbitration: A Preferred Alternative for Resolving commercial Disputes Between Mexican and U. S. Businessmen, 22 St. Mary's L. J. 717, 724 (1991).

② See NAFTA, ch. 11, art. 1121, 32 I. L. M. at 643.

③ 另一先决条件是，申请人必须提交进行NAFTA第11章下的投资争端解决程序的书面同意。

项”的规定,那么申请人将因为此前已作出的“弃权”声明,而丧失了转而在国内寻求司法或行政救济的可能性。因此,第1121条“弃权条款”的适用,实际上是迫使投资者在提请NAFTA投资争端仲裁请求的同时,在不清楚其权利请求最终是否能被NAFTA仲裁庭受理的情况下,就必须提前放弃诉诸其他程序救济的权利。

在维斯特管理股份有限公司诉墨西哥(Waste Management, INC. v. United Mexican States,以下简称“维斯特管理公司案”)[①]案中,就暴露出了上述NAFTA第1121条“弃权条款”在实践中所产生的弊端。

一、“维斯特管理公司案”案情概要[②]

(一)事实

1998年9月29日,维斯特管理股份有限公司(Waste Management, Inc.,以下简称“维斯特管理公司”)[③],并代表其投资设立的阿卡韦德公司(Acaverde S. A. de C. V.)[④],根据国家与他国公民投资争端解决中心(International Centre for the Settlement of Investment Dispute,以下简称ICSID)附加便利规则(The Additional Facility Rules of ICSID)[⑤]的相关规定提交了针对墨西哥政府的仲裁请求,诉称墨西哥政府违反NAFTA第1105条[⑥]和第1110条[⑦],该两个条款分别规定

---

① See Waste Management, Inc. and the United Mexican States, Waste Management, Inc. and the United Mexican States—Resubmitted Claim, (last visited July 8, 2005) http://www.naftaclaims.com/disputes_mexico_waste.htm. 1998年9月29日,维斯特管理股份有限公司向NAFTA仲裁庭提起的仲裁请求,2000年6月2日,仲裁庭根据NAFTA第1121条“弃权条款”的规定,驳回了申请人的仲裁请求。而于同年9月18日,维斯特管理股份有限公司再次向NAFTA仲裁庭申请仲裁,经审理,2004年4月30日,仲裁庭作出了终局裁决。本文基于主要论述NAFTA第1121条的实践及其在实践中的完善之需要,并不过多涉及该案的实体法问题,并将着重分析在维斯特管理股份有限公司首次提出仲裁请求过程中,仲裁庭对NAFTA第1121条的适用及其对本案产生的重大影响。

② See Waste Management, Inc. and the United Mexican States—Resubmitted Claim (visited July 8, 2005) http://www.economia-snci.gob.mx/sphp_pages/importa/sol_contro/consultoria/Casos_Mexico/Waste_2_management/laudo/laudo_ingles.pdf.

③ 维斯特管理股份有限公司是在美国特拉华州注册的跨国公司,其主要提供城市垃圾处理服务。

④ 阿卡韦德公司是维斯特管理股份有限公司于1994年在墨西哥投资设立的独资子公司。

⑤ ICSID附加便利规则使非《华盛顿公约》成员国也可能根据该公约提起仲裁请求,只要争端双方中的一方,即东道国或投资者母国是公约缔约国即可。See NAFTA, supra note 1, ch. 11, art. 1120, 32 *I. L. M. at* 643. 由于加拿大和墨西哥均不是《华盛顿公约》缔约国,其与美国投资者之间所产生的投资争端只能按照ICSID附加便利规则或联合国贸法会仲裁规则(UNCITRAL Arbitration Rules)的规定提请仲裁。

⑥ See NAFTA, ch. 11, art. 1105, 32 I. L. M. at 639.

⑦ See NAFTA, ch. 11, art. 1110, 32 I. L. M. at 641.

东道国政府必须给予外国投资者公平和公正待遇以及禁止东道国对外国投资的违法征收，而墨西哥联邦政府所属的本诺布莱斯发展银行（Banco Nacional De Obras Y Servicios Publicos, S. N. C. 英文简称“Banobras”）、格雷罗州（Mexican State of Guerrero）和阿卡普尔科——德华雷斯市议会（the City Council of Acapulco De Juarez，以下简称阿卡普尔科市）的一系列行为构成了申请人诉称的墨西哥政府对NAFTA的违反。其中包括阿卡普尔科市议会违反其与阿卡韦德公司签订的特许权协议（Título de Concesion），对后者提供的服务拒绝支付，以及本诺布莱斯发展银行违反担保协议，拒绝履行对阿卡普尔科市迟延给付所承担的担保责任。

根据NAFTA第1121条“弃权条款”的规定，维斯特管理公司在其向ICSID秘书长提交的一系列文件中均表达了其对该条款的书面同意，最后一份经确认的文本中，维斯特管理公司作出如下表述：

“申请人自愿放弃开始或继续根据任何一NAFTA成员国法律而提起的行政或司法程序或其他争端解决程序的权利，而这些程序都是与被申请人所采取的违反NAFTA第11章和可适用国际法原则的措施相关……但如果被申请人违反NAFTA第11章之外的法律，包括墨西哥国内法而应承担法律责任，申请人的上述弃权之效力并不及于该情形下的法律救济程序，申请人的声明并没有任何贬损NAFTA第1121条之意”。[①]

（二）争点

墨西哥认为上述申请人的“弃权”声明，无论是从形式上还是内容上均不能满足NAFTA第1121条的要求，因此ICSID仲裁庭对维斯特管理公司案没有管辖权。[②] 墨西哥在其反对意见中提出有关维斯特管理公司违反NAFTA第1121条“弃权”要求的主要证据：首先，阿卡韦德公司在墨西哥国内法院分别对本诺布莱斯发展银行和阿卡普尔科市已经提起的两个诉讼，在维斯特管理公司向ICSID递交仲裁申请之日为止仍然处于未决状态；其次，维斯特管理公司在墨西哥当地法院提起的诉讼在实质上与其提交仲裁的争端是重合的。[③]

然而，维斯特管理公司对此作出的答辩意见中指出，其在国内法院提起的诉讼，既不是以墨西哥政府为被告，其诉由也并非是墨西哥对NAFTA第11章

---

① See Waste Management, Inc. v. United Mexican States (ICSID Case No. ARB(AF)/98/2), http://www.worldbank.org/icsid/cases/waste_award.pdf. (last visited July 9, 2005).

② Ibid.

③ Ibid.

所承担的条约义务的违反，而是分别针本诺布莱斯发展银行和阿卡普尔科市的违约之诉，是严格根据东道国国内法提起的诉讼。但对东道国提起的仲裁请求却是根据东道国作为 NAFTA 缔约国所承担的国际条约义务，即 NAFTA 第 11 章有关征收和公平与公正待遇的规定，而提出的国际仲裁请求。二者在本质上是截然不同的，更不存在申请人权利请求的竞合。因此，申请人在国内法院进行的诉讼并未违背 NAFTA 第 1121 条“弃权条款”的要求。[1]

二、仲裁庭裁决及其对 NAFTA 第 1121 条的阐释

（一）第一次仲裁裁决

1999 年 6 月 3 日，根据 ICSID 附加便利规则组成本案仲裁庭，并就墨西哥提出的管辖权异议进行了审理，根据多数仲裁员的意见，于 2000 年 6 月 2 日就管辖权问题做出了裁决。[2]

1. 多数仲裁员意见

本案仲裁庭首先指出，根据 NAFTA 第 1121 条的规定，提请仲裁的投资者作出“弃权”声明，是仲裁庭取得管辖权的重要前提之一。[3] 尽管本仲裁庭无权禁止申请人诉诸其他法律救济程序以获得损害赔偿，但只有当申请人自愿放弃这种特定的权利，才能使仲裁庭有权审理其提出的权利请求。仲裁庭从以下几方面作了详尽分析：

（1）“弃权”的内涵与外延

“弃权”行为在本质上是单方法律行为，意味着权利行使人对权利的自愿放弃，并把 NAFTA 仲裁作为解决争端的惟一途径。在任何案件中，这种“弃权”必须是明确和无条件的，任何可能导致对“弃权”含义产生歧义的表述均是不恰当的。因此，根据 NAFTA 第 1121 条的规定，作出“弃权”声明的仲裁申请人有关放弃其他法律救济程序的一切措辞都必须是清楚无误的。

---

① See Waste Management, Inc. v. United Mexican States (ICSID Case No. ARB(AF)/98/2), http://www.worldbank.org/icsid/cases/waste_award.pdf. (last visited July 9, 2005).

② Ibid.

③ 仲裁庭取得管辖权的首要前提是争端当事方对提交仲裁解决争端的一致同意。NAFTA 第 1122 条规定：成员方同意根据本协定规定的程序将争端提交仲裁。而投资者将与 NAFTA 成员方之间的投资争议提交仲裁的行为，与前述条款一起构成了争端双方提请仲裁的一致同意。因此，本案仲裁庭有权审查申请人的“弃权”声明是否符合了 NAFTA 第 1121 条的规定。

(2)“弃权”声明的形式要件与实质要件

任何“弃权”声明,均必须符合NAFTA第1121条的形式要件和实质要件。

“形式”是任何法律行为的基本要件,因为任何的意思表示必须为人所知晓,“形式”就成为了承载当事人内心意愿的工具。法律行为的有效性有赖于满足法律所规定的特定的“形式”要件。根据NAFTA第1121条的规定,投资者所提交的“弃权”声明必须遵从特定的形式:“必须以书面形式表达,并告知争端另一方以及包含在所提交的仲裁申请中。”本案中的申请人所呈递的“弃权”声明均满足了上述要求,并不存在墨西哥政府所谓的形式上的欠缺。

仲裁庭指出,申请人作出的“弃权”声明不仅是其内心意愿的公诸于众,更要求其有关行为符合“弃权”条款的要求。也就是这种意思的表达不但必须采取法律固定的形式,而且要求申请人“言行一致”。因此,“弃权”的意愿存在于申请人内心是远远不够的,它必须得以公示,为人所知。在本案中,申请人的“弃权”不但要通过书面方式表达,而且必须通过符合“弃权”声明的具体行为加以宣示。因此,仲裁庭必须考察申请人的行为,如果其实际行为与“弃权”声明所表达的意思不一致,申请人就必须承担相应的法律责任。

(3)NAFTA第1121条“弃权条款”所禁止的行为

最后,仲裁庭认为有必要对第1121条所禁止的行为予以澄清。

维斯特管理公司在一系列书面文件中都作出了“弃权”声明,并强调“弃权”仅仅针对东道国不遵守NAFTA第11章的国际条约义务而寻求的法律救济程序。而阿卡韦德公司在墨西哥国内提起的诉讼是根据墨西哥国内法的规定,针对被告不履行合同的违约损害赔偿之诉,而非针对墨西哥政府违反NAFTA条约义务的权利请求,因此,并未违反NAFTA第1121条的“弃权”要求。

然而,仲裁庭并不接受申请人的辩解,认为按照申请人的意见,同一争端根据不同的法律渊源可以演变为不同形式的权利请求。根据墨西哥法律,构成违约之诉,但根据NAFTA有关条款,却可以构成东道国对国际条约义务的违反。然而,在现阶段,仲裁庭无需对申请人的权利请求作深入分析,因为这将留待仲裁庭确定了对本案有管辖权之后的审理阶段才予以考虑。

除非申请人在国内法院的诉讼与提请仲裁的争端不是基于东道国的同一措施,否则两种法律救济程序将不能够同时存在。如若不然,申请人很可能从中获取双重利益,而这正是NAFTA第1121条所严格避免出现的情况。在本案中,申请人在东道国国内进行的诉讼与其提请仲裁的权利主张都是基于东道国的同一措施。

(4) 结论

综上分析,仲裁庭多数仲裁员认为,如果允许本案申请人在作出“弃权”声明的基础上,同时保留其在东道国国内的诉讼程序以及在 NAFTA 仲裁庭提起的仲裁程序,则违背了 NAFTA 第 1121 条防止因为程序重复进行而导致申请人可能两头获利(double-dipping)的立法宗旨,并有损于 NAFTA 仲裁的自治性与排他性。因此,根据 NAFTA 第 1121 条“弃权条款”的规定,本仲裁庭对维斯特管理公司的仲裁请求缺乏管辖权。

2. 少数仲裁员意见[①]

在仲裁庭以多数仲裁员意见作出驳回维斯特管理公司的仲裁请求的裁决后,2000 年 5 月 8 日,本案仲裁员基思·海伊特(Keith Highet)发表了其对本案裁决结果及其推理过程的不同意见。

海伊特认为,申请人在其“弃权”声明中表示,“弃权”不及于因为东道国违反除 NAFTA 第 11 章以外的法律而导致的法律救济程序。申请人在此只是为了重申第 1121 条的适用范围,即该条款所禁止的是针对同一争端而提起的不同法律救济程序。NAFTA 成员方在起草该“弃权条款”时,必然对国家基于国内法而产生的法律责任与其根据 NAFTA 而产生的国际条约义务作出了基本区分。如果对投资者基于 NAFTA 的权利请求与其他权利请求不加区别,那么 NAFTA 仲裁庭似乎可以对投资者所遭受的诸如违反公平交易、特许令状,甚至是性骚扰的侵权行为进行救济。显然,这样的结论是荒谬的。因而,维斯特管理公司的“弃权”声明在本质上是符合 NAFTA 第 1121 条要求的。

此外,海伊特认为,申请人在以本诺布莱斯银行和阿卡普尔科市为被告的当地诉讼中,其诉由是被告的违约行为,而在以墨西哥政府为被申请人的 NAFTA 仲裁请求中,其根据却是东道国违反 NAFTA 规定,未给予外国投资者“公平与公正待遇”和违法的征收行为。前者完全属于墨西哥国内司法体系的管辖范畴,而后者却是 NAFTA 第 11 章“投资者——国家投资争端解决程序”给予救济的权利主张。除非维斯特管理公司在东道国国内法院提起的诉讼根据也是 NAFTA 第 11 章的可诉事项,如东道国的征收行为,歧视待遇等,否则本案申请人就没有第 1121 条所禁止的“重复司法程序”行为。综上,仲裁庭驳回申请人的仲裁申请是错误的。

从上述仲裁庭的裁决与海伊特的不同意见中可见,NAFTA 第 1121“弃权条

---

① See Dissent Opinion, http://www.worldbank.org/icsid/cases/waste_diss.pdf., visited July 12, 2005.

款”在实践中的适用远非如其文字规定一般简单明了；相反，其适用所导致的大量法律争议，在事实上大大超越了NAFTA成员国当初起草该条款的想象。而本案也并未由此终止，2000年9月27日，维斯特管理公司再次向ICSID秘书长提交了仲裁申请，其根据仍然是墨西哥政府对NAFTA第11章条约义务的违反，2001年4月30日，根据ICSID附加便利规则之规定再次组成新的仲裁庭。

（二）第二次仲裁庭对墨西哥初步反对意见的裁决[①]

在第二次仲裁申请中，申请人（维斯特管理公司）呈递了根据NAFTA第1121条规定并且非常清晰无误的“弃权”声明。而被申请人（墨西哥政府）认为，由于申请人的第一次仲裁申请已经被驳回，因此仲裁庭对其再次提出的仲裁请求也应予以驳回。仲裁庭于2002年6月26日对墨西哥政府关于管辖权的初步反对意见作出了裁决。

1. 关于第一次仲裁庭裁决的“既判力”（res judicata）

墨西哥政府认为，申请人的第一次仲裁申请已经被仲裁庭依法驳回，该裁决具有不容动摇的“既判力”，申请人就同一事由再次提起仲裁申请，无疑是滥用救济程序的行为，仲裁庭应当立即驳回其权利主张。申请人则提出，第一次仲裁裁决“既判力”所指向的内容是对其“弃权”声明有效性的否定，并据此裁决仲裁庭缺乏管辖权，对案件的实体问题并未作任何裁断。申请人现提交有效的“弃权”声明并重新请求仲裁，这并不为NAFTA所禁止，根本不存在申请人滥用程序和缺乏善意的情况。

仲裁庭在分析第一次仲裁裁决的基础上认为，原裁决认定的是，根据NAFTA第1121条的规定，维斯特管理公司的“弃权”声明是无效的，从而不能满足该条款对仲裁管辖权的先决条件。而至于如果申请人重新提交了有效的“弃权”声明，是否能再次提起仲裁请求，第一次仲裁庭对此却并未予以明确。[②] 因此，尊重原裁决的“既判力”并不排除允许申请人在有效“弃权”声明条件下再次提交仲裁申请。

2. 重新提起仲裁申请是否符合NAFTA第1121条的规定？

墨西哥政府认为，根据NAFTA第1121条的条文规定和立法意图，投资者就同一权利请求有一次、并且只有一次机会提出NAFTA仲裁申请。但仲裁庭

---

① See Decision of the Tribunal on Mexico's Preliminary Objection concerning the Previous Proceedings (June 26, 2002), http://www.worldbank.org/icsid/cases/waste_united_eng.PDF, visited July 12, 2005.

② 尽管在第一次仲裁中这一问题已被提出，但从庭审记录中看，仲裁庭并未对此表态。

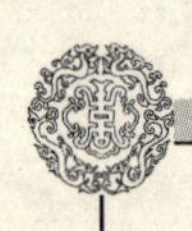

认为：

首先，纵观 NAFTA 第 11 章，没有任何条款可以作为墨西哥上述主张的根据。而第 1121 条“弃权条款”的立法意图是为了保证 NAFTA 仲裁裁决的终局性并避免程序的重复进行，以维护 NAFTA 仲裁的权威性。但在本案第一次仲裁中，由于管辖权的障碍，仲裁庭并未对案件实体问题作任何裁决，NAFTA 第 11 章并未明示或暗示，在管辖权障碍得以清除后，禁止申请人重新提起仲裁请求。

其次，NAFTA 第 1121 条(1)(b)所规定“弃权”的效力是明确的，其所关注的是申请人就同一争端“开始或继续”国内司法救济程序。如果申请人的 NAFTA 权利主张被驳回，那么不仅是 NAFTA 仲裁程序的终结，而且任何关于该争端的其他司法程序也不能再被提起。

即使根据 NAFTA 第 1120 条的规定，申请人只能就相同权利主张提起一次仲裁申请，然而这也是对仲裁庭已经就争端实体问题作出裁决的情况，而并不适用于本案中由于管辖权障碍导致申请人前一次仲裁请求被驳回的情形。

再次，NAFTA 第 11 章仲裁机制的创设旨在有效解决国际投资争端。当作为 NAFTA 仲裁申请人的投资者在放弃了寻求当地救济的前提下，却发现 NAFTA 仲裁庭对其案件没有管辖权，甚至在消除了管辖权的障碍性因素后也不能再次提起仲裁请求，那么必然导致投资者对 NAFTA 投资争端解决机制的有效性产生怀疑，NAFTA 促进和保护国际投资自由流转的目的也将受到损害。

最后，综观一般国际法原则，在国际诉讼中，一方撤回权利请求并不等于他放弃了所有寻求法律救济的权利。即使由于管辖权的原因致使其权利请求被驳回，那么当管辖权的障碍因素得以清除后，原告方仍然可以再次提起诉讼。①

3. 结论

综上分析，仲裁庭认为，根据 NAFTA 第 1131 条(1)之规定，第 11 章仲裁庭根据“本协定(NAFTA)和可适用的国际法原则对争端进行裁决”。因此，无论是根据 NAFTA 还是可适用的国际法原则，都不能禁止本案申请人在满足 NAFTA 第 1121 条的前提下再次提起仲裁申请。被申请人的初步反对主张不能成立。

---

① Case concerning the Barcelona Traction, Light and Power Company, Ltd. (New Application: 1962), Belgium v. Spain, Preliminary Objections, ICJ Reports 1964, p. 6, at p. 26. See also Amoco International Finance Corporation v. Government of the Islamic Republic of Iran, (1987) 15 Iran-US CTR 189 at p. 196 (paras. 16—18); Islamic Republic of Iran v. United States of America, Cases Nos. A15 (IV) and A24, award of 28 December 1998, para. 75: “Settlement of a claim, by definition, requires its resolution on the merits”.

2004年4月30日，仲裁庭对“维斯特管理公司案”作出裁决，认为被申请人墨西哥政府并未构成对NAFTA第1105条和第1110条的违反，对申请人维斯特管理公司的权利请求予以驳回。

本案历时数年，尽管案件本身的结果仍然以外国投资者的败诉而告终，但两次组成的NAFTA仲裁庭对NAFTA第1121条“弃权条款”的阐释却发人深省，其简短的条文下暗藏的玄机，其对仲裁庭管辖权的决定作用无需赘言。从维斯特管理公司案中反映出的诸多矛盾与争议，更彰显了对该条款予以深入探讨的必要性。否则，不但投资者根据NAFTA所享有的合法权利得不到正当程序的保障，而且NAFTA第11章作为“投资者的权利宣言”的重要性也将被极大削弱。下文就围绕维斯特管理公司案中仲裁庭对NAFTA第1121条的阐释暴露出的问题以及该条款在今后实践中的完善作初步分析。

三、从本案看NAFTA第1121条的潜在缺陷

（一）提前“弃权”的危险

在第一次仲裁中，由于维斯特管理公司提交的“弃权”声明不符合NAFTA第1121条(1)(b)的要求，从而导致仲裁庭以多数意见裁决对本案没有管辖权。尽管第二次仲裁庭组成后，在对墨西哥政府的初步反对意见的裁决中，仲裁庭对前一次裁决的既判力(res judicata)予以了极大尊重，但第一次仲裁庭就本案管辖权问题的推理过程却是难以让人信服的。

“弃权”条款迫使外国投资者放弃一切针对东道国违法措施的当地救济的权利，而这种违法措施是否构成对NAFTA的违反，是否能构成NAFTA第11章仲裁管辖的“可仲裁事项”，在这一切都是未知数的前提下，外国投资者如果要提起NAFTA仲裁申请，就必须放弃未来可能的一切法律救济途径，即使其仲裁申请最终被驳回。[1] 然而，仲裁庭在审查申请人的“弃权”声明时，不考虑其仲裁请求的实体情况，就驳回其权利请求，无疑将使受侵害的外国投资者最终可

[1] ICSID管辖权对各国法院的排斥关系则与此不同：“《华盛顿公约》第26条第1款第一句，除非另有规定，当事人同意中心仲裁，意味着不得再求助于其他任何程序。G. A. 德劳姆认为，对当事人而言，一旦同意中心仲裁，双方应保证他们将充分利用中心的便利，不把该争端提交各缔约国国内法院管辖；对于国内法院来说，则不能采取任何可能妨碍中心仲裁的自治性与排他性的行为，即：当缔约国国内法院知道某项诉讼存在中心管辖的可能性时，法院应停止该诉讼，并指引当事人到中心寻求解决办法，直到国际中心作出相反决定后，有管辖权的法院才能重新审理该诉讼。”转引自余劲松主编：《国际投资法》，法律出版社1997年版，第458页。

能陷于"申诉无门"的危险境地。这就导致外国投资者提请的NAFTA仲裁申请成为了一场赌博游戏。就"维斯特管理公司案"而言,由于东道国公共实体(本诺布莱斯银行和阿卡普尔科市)的违约行为,申请人提起有关东道国征收和给予不公平和不公正待遇的仲裁请求,是否属于NAFTA仲裁的"可仲裁事由",仲裁庭对此并不予以考虑。而是在假设该权利请求就是合格的"违反NAFTA之诉"的前提下,认为申请人在东道国国内法院提请的违约之诉,与其目前提起的仲裁请求是基于东道国的"同一措施",属于性质相同的"争端",构成了"平行的司法程序",因此是对NAFTA第1121"弃权"条款的违反。仲裁庭脱离考察申请人权利请求的实体状况,在"假设"基础上审查"弃权"声明的有效性,这种推理过程的起点就是虚幻的,其得出的结论令人疑窦顿生。

尽管海伊特不同意仲裁庭多数仲裁员的意见,但其推理过程却也存在问题。他忽略了一个事实,即无论是国内法院之诉还是NAFTA仲裁请求,二者所基于的都是东道国公共实体的同一行为,如果可以把申请人基于同一事实,根据不同法律渊源在不同司法体系中提起的权利主张视为本质上不同的两种权利请求,那么申请人就可能在并存的司法救济程序中获得多重诉讼利益,而这正是NAFTA第1121条所要预防和禁止的"双重救济"(double-dipping)的情形。本案仲裁庭认为维斯特管理公司在当地救济中和在NAFTA仲裁请求中所依据的是东道国的同一不法行为,因而构成了对NAFTA第1121条的违反,在这一点上,仲裁庭多数意见是正确的。

然而,问题的关键在于,仲裁庭认为审查申请人的"弃权"声明并不需要考虑其NAFTA权利请求的实体情形,因为NAFTA第1121条所规定的是仲裁庭取得管辖权的先决条件,与案件的实体部分并不相关。仲裁庭惟一要考虑的是申请人在提起NAFTA仲裁请求的同时,是否在其他法院或裁判庭还提起了救济程序,从而构成NAFTA第1121条所禁止的"双重程序"(dual proceedings)。显然,维斯特管理公司要寻求NAFTA仲裁程序的救济,无论其仲裁请求经仲裁庭审查是否属于NAFTA"可诉事项",都必须首先放弃未来一切当地救济的权利。当然,如果根据NAFTA其权利请求是合法的,这种提前放弃当地救济的行为并不会导致任何危害;但如果结果相反,则NAFTA仲裁申请人势必既得不到NAFTA仲裁程序的救济,又失去了诉诸当地救济的权利。究其根源,问题在于NAFTA第11章"可仲裁事项"的界定本身就充满了不确定因素,投资者在决定是否要放弃一切其他救济权利而诉诸NAFTA第11章仲裁的时候,往往非常难以判断自己的权利请求是否在NAFTA"可仲裁事项"范畴之内。

(二) NAFTA 可仲裁事项的不确定性

就“维斯特管理公司”案而言，申请人基于本诺布莱斯银行和阿卡普尔科市的违约行为而对墨西哥政府提起的“征收之诉”，根据 NAFTA 第1110条规定，这种违约行为是否就能构成东道国政府的征收行为，却不是能够立即回答的问题。众所周知，在国际法中，关于“征收”至今仍然缺乏一个统一而明确的定义，在诸多的司法和仲裁实践中，也未能就“征收”的概念达成一致。[①]

同一事实，从征收国角度而言，强调的是基于合法的公共目的，对外国投资者财产的强制没收(taking)；而从外国投资者角度而言，却是其合法财产被征收国的非法剥夺(deprivation)，导致其财产权利受到损害或丧失。解决争端的裁判庭所取的立场不同，那么对“征收”的界定也就因案件而异。更加之长期以来发达国家与发展中国家在国际投资关系中的地位极度不平衡，前者关注对其海外投资者财产的保护，而后者强调主权国家对外国投资的管理权，包括依法征收的权利，二者在“征收”问题上的分歧难以融合。

有关被征收财产的范围也不甚明确。有的仲裁庭认为，被征收财产的范围不仅包括有形财产，而且包括无形的财产权利，例如合同利益。[②] 在维斯特管理公司案中，仲裁庭就以申请人所诉东道国的“违约行为”构成“征收”为前提，来审查申请人“弃权”声明的有效性。

然而，并非所有观点都支持将东道国的“违约行为”视为“征收”。尽管关于被征收财产中“财产权利”的范围在不断扩张，但也有不少学者坚决反对将合同利益纳入其中，认为东道国违法合同而导致对外国投资者合同利益的损害应当与“征收”区别对待。[③] 如果盲目扩张“被征收财产”的范围，将使外国投资者对东道国的任何措施，即便是合法行为，也可能提出权利主张，那将是对国家经济主权的极大威胁。并且根据普遍国际法，违反商事合同的行为并不属于国际争端解决的范畴。根据商事合同的基本理论，外国投资者与东道国自愿就双方权利义务关系达成一致，表明了投资者对东道国的信赖并愿意服从其国内司法管辖的内心意愿。而“征收”却是东道国政府未经投资者同意，单方面的强制剥

---

① See Kevin Banks, NAFTA's Article 1110—Can Regulation Be Expropriation?, 5 NAFTA: L. & Bus. Rev. Am. 499, 519 (1999).

② See Mobil Oil Iran Inc, v. Iran, 16 Iran—U.S. Cl. Trib. Rep. 3 (1987). See also Phillips Petroleum Co. Iran v. Iran, 21 Iran—U.S. Cl. Trib. Rep. 79 (1989).

③ See Richard C. Levin & Susan Erickson Marin, NAFTA Chapter 11: Investment and Investment Disputes, NAFTA: L. & Bus. Rev. Am., Summer 1996, at 97. See Lawrence Herman, Ottawa Won Big in the NAFTA Decision Against Pope & Talbot, Globe & Mail, Jun. 30, 2000, at B11.

夺其财产或财产权利的行为,与合同行为存在本质区别。尤为值得一提的是,在阿兹尼安诉墨西哥政府(Azinian v. United Mexican States)中,尽管仲裁庭认为墨西哥对特许协议的违反可能构成了国家的征收行为,但仲裁庭仍然强调"NAFTA 并不允许投资者仅仅因为(东道国的)违约行为就诉诸国际仲裁"。①

由此可见,投资者的合同权利是否属于被征收财产的范围,以及东道国的违约行为是否能当然的构成"征收",这在理论上和实践中都矛盾重重,纷争不断。仲裁庭采纳何种观点,必须在对具体案件的实体情况和背景作出初步分析后才能决定的。在维斯特管理公司案中,仲裁庭在未作出申请人的"征收之诉"是否初步成立的情况下,就要求申请人首先放弃一切未来的或现在未决的其他司法救济手段,如果日后仲裁庭以东道国的违约行为不属于 NAFTA 所界定的"征收",来驳回申请人的权利请求,那么,维斯特管理公司在已经作出有效的"弃权"声明前提下,将不能再寻求任何的法律救济,补偿自己因东道国政府行为而遭受的损害。这必然使任何一寻求 NAFTA 仲裁的外国投资者陷入了可能丧失所有法律救济的危机,也严重威胁到 NAFTA 第 11 章仲裁机制保护投资者合法利益的根本宗旨。

因此,必须解决 NAFTA 第 1121 条的适用在实践中产生的上述危机,才能使 NAFTA 第 11 章投资争端仲裁真正成为"公平解决国际投资争端的有效途径"。

四、NAFTA 第 1121 条适用方法之完善

如前文所分析,由于 NAFTA 仲裁庭在尚不确定投资者的权利请求是否属于 NAFTA"可诉事项"的前提下,就审查申请人"弃权"声明的有效性,致使寻求 NAFTA 仲裁的外国投资者陷入了两难境地。要满足 NAFTA 第 1121 条的管辖权条件,申请人必须首先作出"弃权"声明,但这就意味着如果一旦其权利请求不属于 NAFTA 可仲裁事项,那么由于"弃权"声明已经生效,再寻求其他法律救济已然不可能。如果申请人在提出仲裁申请的同时,还保留诉诸其他司法救济的权利,那么就会因为违反 NAFTA 第 1121 条,不满足管辖权的先决条件,而被仲裁庭彻底驳回申请。这种状况在维斯特管理公司案中已清楚地暴露出来。这不但使利益受到东道国损害的外国投资者承受着巨大的风险,而且危及到 NAFTA 第 11 章争端解决机制的现实价值。

---

① Azinian, 14 ICSID Rev.: Foreign Investment L. J. at 564.

倘若外国投资者不再愿意承受如此由于“弃权”声明导致的风险，他们可能会选择放弃提起NAFTA仲裁请求，转而直接诉诸东道国当地救济，即使对东道国的司法体制仍心存疑虑。这无疑将鼓舞卡尔沃主义的复苏，也将使NAFTA努力营造有利于国际投资流转良好环境的长期目标以失败而告终。

要减轻投资者内心对NAFTA第1121条“弃权”条款的疑虑，就必须彻底改变仲裁庭适用该条款的推理思维。即应当首先对投资者的仲裁申请是否属于NAFTA“可诉事项”作出初步判断，如果答案是肯定的，再审查申请人的“弃权”声明是否符合NAFTA第1121条的规定，从此刻起，申请人就应当放弃一切已经开始的或未来可能针对东道国同一违法行为的司法救济。反之，如果申请人的权利请求并不属于NAFTA第11章的管辖事项，那么“弃权”声明也当然没有法律拘束力，投资者可以继续寻求其他可能的法律救济，维护自身的合法权益。

就维斯特管理公司案而言，如前文分析，并不是所有的东道国侵害外国投资者合同权利的行为都能构成“征收”，本案仲裁庭只需要初步审查案情，判断墨西哥政府违约行为以及不给付行为，在实质上是否能构成东道国违反NAFTA“征收”条款和“公平与公正待遇”条款的充分证据。只有在初步认定成立的基础上，NAFTA第1121条“弃权”条款才发生效力，禁止申请人就其同一权利主张开始或继续当地救济或其他司法程序。相反，如果初步认定不能成立，仲裁庭驳回了维斯特管理公司的仲裁申请，那么，由于维斯特管理公司之前提交的“弃权”声明并未生效，其在当地法院的未决程序也就得以保留，有关诉讼得以继续。

这种对仲裁请求实体的初步审查并不危及到NAFTA第1121条防止当事人“重复救济”的立法目的，“弃权”条款将同样有效阻止申请人在不同司法程序中提起同一权利请求。惟一的区别在于，这种适用NAFTA第1121条的方法，为可能被NAFTA仲裁庭拒之门外的外国投资者的权利保障留了“后路”，多了选择。更为重要的是，这种审查“弃权”声明有效性的方式，将减轻外国投资者对诉诸NAFTA第11章仲裁的忧虑，使NAFTA第11章投资争端仲裁机制得以更广泛和充分的利用。

五、结　　语

NAFTA第11章投资者——国家争端仲裁机制为国际投资争端的顺利解决提供了良好典范，它标志着代表发达国家的美国与发展中国家墨西哥在此问题上长期不可融合的深刻分歧就此成为历史，也消除了在国际投资争端解决中，

前者所坚持的“外交保护”与后者所不可动摇的“卡尔沃主义”之间的尖锐矛盾。NAFTA 第 11 章投资争端解决的模式也为其他自由贸易区乃至全球范围内的投资争端解决提供了值得借鉴的经验,为国际投资环境的改善以及外国投资者投资信心的增强提供了有力保障。

但立法者对制度创新的完美意图往往在实践中遭遇困境。正如本文通过分析维斯特管理公司一案中仲裁庭适用 NAFTA 第 1121 条所揭示出“弃权”条款的潜在危机,就可能对 NAFTA 投资争端解决机制的良性运作形成威胁。然而,也正是透过对实践中所产生问题的反思,寻找化解危机、弥补缺陷的方法,才能使该投资争端解决机制日臻完善。

2004年《国际商事合同通则》关于时效期间的规定评析

吴思颖*

内容提要：国际统一私法协会于2004年公布了《国际商事合同通则》修订版，其中新增的第十章是关于时效期间的规定。该章对时效期间的概念、适用范围、效力、长度、起算点、中止或中断的事由以及当事人合意修改时效期间的权利都作出了明确规定，并且与晚近世界范围内最具创新性的方案相一致。本文对该章规定的内容进行了细致的评析，特别是针对时效期间的各项具体制度就《国际商事合同通则》与《国际货物销售时效期间公约》的规定作了深入的比较分析。

关键词：《国际商事合同通则》　时效期间　《国际货物销售时效期间公约》

1994年，国际统一私法协会公布了《国际商事合同通则》（以下简称《通则》）。十年来，《通则》作为一个兼具国际商事惯例的编纂、国际示范法和国际法律重述等多重性质的文本，以其创新、开放的形式和先进、合理的条款内容，不但受到国际商法学者的瞩目，而且广泛地成为各国国内合同立法的蓝本、当事人谈判和订约的指南、当事人合意选择的合同适用法、法院和仲裁庭在司法裁判中适用的合同准据法①，成功地开辟了国际商事合同实体法统一化的一条新路径。从1998年开始，《通则》的起草工作组根据国际商事实践的发展和《通则》的实际适用情况，着手《通则》的修订工作。2004年，国际统一私法协会通

---

* 中山大学2004届法学硕士、武汉大学2004级国际法博士生。

① See Michael Joachim Bonell, UNIDROIT Principles 2004: The New Edition of the Principles of International Commercial Contracts adopted by the International Institute for the Unification of Private Law, Unif. L. Rev. 2004-4, p.5.

过并公布了《通则》修订版,不仅对原有的若干条款作了修改和调整,而且增加了一系列全新的内容,其中的第十章是关于国际商事合同时效期间的规定。这一章对时效期间的概念、适用范围和效力作出了明确的规定,并且对时效期间的所有具体制度,包括时效期间的长度、何时起算、是否能中止或中断、在何种情形下中止或中断、以及是否可以由当事人合意缩短或延长等每一个问题都提供了解决方案,这些方案与晚近在世界范围内最具创新性的潮流相一致。

一、时效期间的总则性规定

(一)时效期间的概念

《通则》所指的时效期间是指债法上的诉讼时效,而不是物权法上的取得时效。民法理论认为,时效期间制度的出发点是禁止当事人在一定期间届满后通过诉讼途径,借助法律的保护,对权利寻求公力救济;时效期间制度背后的法律意图在于维护社会关系的稳定性,并且避免令被告承担对历时久远的诉讼请求进行抗辩和举证所带来的内在不确定性以及不必要的困难和负担,例如证据的灭失、证人难寻等。[①]《通则》第十章阐述了所有的法律体系都承认时间的延续对权利有影响;时效期间的经过不会使合同项下的权利和诉权归于消灭,而只能成为当事人在诉讼程序中针对某一诉讼请求的抗辩。[②] 根据这一规定,《通则》的立场是时效期间的届满只使得法律权利成为自然权利,并不取消权利人的诉权,因此时效期间区别于形成权的除斥期间。

(二)时效期间制度的适用范围

《通则》第十章的时效期间制度适用于合同项下所有的权利,不仅包括要求履行或不履行合同的救济权利,而且包括要求降价或解除合同等权利的直接行使(第10.1条第1款)。从条款措辞来看,《通则》第十章开门见山地表明,这里的时效期间,即使不是专门地适用于,至少也是主要地适用于《通则》其他章节所涵盖的合同法上的权利的行使。因此,尽管时效期间的概念本来不仅涉及合同法上的请求权、而且涉及整个债法上所有请求权的行使,但《通则》把自己所

---

① 〔美〕文森特·R.约翰逊著:《美国侵权法》,赵秀文等译,中国人民大学出版社2004年版,第252—253页。

② 参见《通则》第10.1条及注释。商务部条约法律司编译:《国际统一私法协会国际商事合同通则》,法律出版社2004年版,第563页。

规定的时效期间基本限定在合同权利的行使范围内，这样，这套新增规则就不至于使《通则》的范围超出“国际商事合同”法律规则。

时效期间制度不适用于《通则》在其他章节规定的当事人的默示义务或附随义务的法定期间和法律后果。对于这一点，《通则》在注释中阐明，如果有权获得或行使权利的一方当事人没有在一个合理期限内给予对方适当的通知、或者不过分迟延地履行某种特定的行为，则其权利将会丧失，例如买方的验货和异议期、卖方在遭遇不可抗力时履行通知义务的合理期限等。尽管这些内容与时效期间起着相似的作用，但由于它们的设置是为了满足特定的需要，而且通常比时效期间短得多，因此，这些特殊的限制及其效果不受该章所规定的时效期间的调整。

（三）时效期间的效力

2004 年《通则》第十章对时效期间作出明细的规定，最引人关注和思考的问题就是这套规定的效力问题。时效期间是法律在对合同关系的稳定和公平这两种价值加以协调的基础上，对当事人权利划定的一种界限，在传统合同法理论中被视为典型的强制性规则。那么，《通则》的这套规定是否与《通则》作为任意性的“软法”文本这一性质相冲突？是否表明《通则》的适用有扩张并超出当事人意思自治范围的趋势？① 当《通则》与有关国内法关于时效期间的强制性规范存在冲突的情况下，《通则》关于时效期间的规定的效力如何？根据《通则》的规定，第十章的时效期间制度是任意性法律规范，在效力上，国内法、国际法的有关规定及当事人的合意均优先于该章所设立的规则。② 这与《通则》前言中关于其性质的表述是一致的。③ 但对这一概括规定的理解还有待细化：《通则》第 1.4 条的注释说明，如果当事人援引《通则》的规定仅仅是将其纳入合同、作为合同条款的一部分，这种情形下，《通则》只能在不影响合同应适用法律的强制性规范的限度内约束当事人，当事人无权以协议的方式排除这些强制性规范的适用；当《通则》被当事人在仲裁协议中选择或作为商事惯例而成为合同所适用的法律，《通则》能够排除有关国内法的强制性规范的适用，而只受到国际公共政策的限制。《通则》第十章规定的效力也符合上述的结论。换句

① Michael Joachim Bonell，前引文。

② 参见《通则》第 10.2 条的注释。商务部条约法律司编译，前引书，第 567 页。

③ 《通则》前言第二段表明，“在当事人一致同意其合同受《通则》支配时，适用《通则》”；《通则》第 1.4 条补充道：“《通则》的任何规定都不得限制根据有关的国际私法规则而应适用的强制性规范的适用，无论这些强制性规范是国内的、国际的还是超国家的。”

话说,如果当事人有充分的自由去选择《通则》,包括其关于时效期间的规定,作为他们合同所适用的法律,这时《通则》的时效期间规定效力优先于其他任何法律制度中的时效规则,无论是国内法还是国际法。[1] 相反,如果《通则》仅仅作为合同条款的一部分而适用,那么《通则》的时效期间规则的效力次于合同所适用的法律中相应的强制性规范。然而,即使是在后一种情形下,鉴于晚近各国国内法在时效期间领域有赋予当事人越来越大的合同自由这样一种趋势,《通则》关于时效期间的规定也还是很有可能得到适用。

实际上,时效期间并不是《通则》中第一个超越传统合同法中当事人意思自治范围的规定。1994 年《通则》已经对诸如欺诈(第 3.8 条)、胁迫(第 3.9 条)、重大失衡(第 3.10 条)、免责条款(第 7.1.6 条)和法庭判决的罚金(第 7.2.4 条)等问题作出规定,这些问题在国内法层面传统中均由强制性规范所调整。《通则》适用十年来,这些规定没有导致任何实际问题。[2]

二、时效期间的具体制度:《国际商事合同通则》与《国际货物销售时效期间公约》的比较分析

1974 年联合国《国际货物销售时效期间公约》(经 1980 年议定书修订,以下简称《时效期间公约》)是对联合国《国际货物销售合同公约》(CISG)的补充文本,为国际货物买卖合同有关的时效期间制订了一套系统的规则。尽管其规定相当细致,但实践中适用范围很有限,至今只有三分之一的 CISG 缔约国批准了该公约,其中只有很少数几个贸易大国,而且更重要的是,实践中几乎没有任何法院或仲裁庭在案件中对其予以适用。虽然在制定时效制度时,《时效期间公约》是当然应予参考的一个法律文本,但鉴于它仅限于调整买卖合同,《通则》第十章在若干问题上对其做了必要的背离。以下就时效期间的各项具体制度,对《通则》与《时效期间公约》的相关规定作一比较分析。

---

① 众多国际公约都确认了当事人意思自治原则在时效期间问题上的适用。例如,1980 年罗马《合同之债适用法公约》第 3 条第 1 款和第 10 条第 1 款 d 项分别规定:“合同应受当事人合意选择的法律支配”,“合同的适用法特别地应支配诉讼时效”;1994 年《美洲国家间国际合同适用法公约》第 7 条和第 14 条 d 款也有相似的规定。1974 年联合国《国际货物销售时效期间公约》第 3 条第 2 款也授予当事人排除公约的全部或部分适用的权利。

② Michael Joachim Bonell, 前引文。

(一) 时效期间的长度

关于时效期间的长度,《通则》第十章与《时效期间公约》这两套规则都采用了一个"双重体系"(two-tier system),即规定一个相对短的一般时效期间和一个最长保护时效期间,两者相结合。两套规则对最长保护时效期间的规定都是10 年[①],但对于一般时效期间,《通则》第十章的规定为 3 年,而《时效期间公约》的规定是 4 年。这一差异的存在或许令人疑惑,但《通则》第十章的规定却可从晚近各国国内法普遍采用 3 年的一般时效期间这一趋势得到合理解释。[②] 况且,即使在《时效期间公约》制订之时,其规定的 4 年期间也只是代表着主张较短期间的发达国家与主持较长期间的发展中国家之间在买卖合同领域的一种妥协意见。[③]

(二) 时效期间的起算

关于时效期间的起算时间,两套规则之间有显著的差异。《时效期间公约》规定一般时效期间自诉讼请求权产生之日起算,并针对各种请求权分别作了具体规定,比如对于就违约提起的诉讼来说是违约之日,对于就货物履行不符所提起的诉讼来说是实际交付或拒绝接受之日,对于欺诈行为提起的诉讼来说是发现或应当发现欺诈行为之日,等等(第 9—12 条);《通则》第十章则概括地规定,一般时效期间自权利人事实上或理应知道导致其诉讼请求权的事由的次日起算(第 10.2 条)。关于这一差异,同样存在历史的和现实的多方面原因。《时效期间公约》所采取的"诉权产生原则"(accrual test)在过往是通说,而且至今在买卖合同领域仍广为接受,因为买卖合同中货物履行不符的事实可以在交货

---

① 《通则》第 10.2 条的注释认为《时效期间公约》"只规定了单一的为期 4 年的绝对时效期间"。鉴于《时效期间公约》第 23 条("关于时效期间的一般限制")规定了 10 年的最长时效期间,笔者认为,《时效期间公约》第 8 条规定的 4 年期应该是指一般时效期间,实际上第 8 条与第 23 条还是构成了"双重体系"。参见商务部条约法律司编译,前引书,第 569 页;《时效期间公约》第 8、23 条。

② 一般时效期间为 3 年的规定,符合各国时效期间制度的晚近发展潮流,这种潮流主要表现在三方面的趋势:缩短一般时效期间、统一国内与国际合同的时效期间、一般时效期间的起算采用可察知原则为标准。如 2002 年 1 月 1 日生效的《德国债法现代化法典》将一般诉讼时效从 30 年缩短为 3 年(第 195 条),从债权人知悉或在无重大过失的情况下应当知悉请求权的成立以及债务人的年度末起算(第 199 条第 1 款);2001 年 2 月欧洲合同法委员会公布的《欧洲合同法原则》规定一般时效期间为 3 年,在债权人未获知、且在理性的情况下也无法获知债务人时该一般时效期间中止;英国法学会最近也建议国内合同法层面采用 3 年的一般时效期间。参见朱岩编译:《德国新债法条文及官方解释》,法律出版社 2003 年版,第 7—56 页;N. Andrews, Reform of Limitation of Actions: The Quest for Sound Policy, 57 Cambridge Law Journal, 1998, p.589.

③ Michael Joachim Bonell, 前引文。

之时或之后不久即可发现或确认,权利人的知悉与诉权的产生在时间上没有明显的差异。而《通则》的调整范围比《时效期间公约》广阔得多,不限于调整买卖合同,专业服务合同也是主要调整对象之一。因此,《通则》第十章采用了晚近更为普及的"可察知原则"(discoverability test),其法理基础是时效期间制度在保护社会关系稳定性方面的利益考虑,在某些特定情形下会让位于个案公平的价值需要,对权利主张人的主观方面给予必要的考虑。[①] 这一规定对于专业服务合同来说显得更公平、合理,因为专业服务合同中的违约事实往往不是在合同履行后立即能被受损害方所察知,而是经过相当长的时间才显现出来。[②]

《时效期间公约》规定的最长时效期间的起算点与一般时效期间的起算点相同,即视具体的请求权种类而定,如果该种请求权的一般时效期间涉及权利人知悉权利的主观因素,则其最长时效期间的起算也要考虑这种主观因素。而《通则》第十章则概括地规定最长时效期间自权利可以被行使之日起算,不问权利人是否知道或是否可推定其知道权利的存在。从最长时效期间本身的性质和目的来看,正如《通则》的注释所阐述的,这个最长保护时效期间的目的在于恢复和平状态,防止在证据灭失的情况下产生投机性诉讼。也就是说,社会稳定对个案公平的价值让位是有一个边际的,应以一个固定的时间为界限,权利人在任何情况下,无论是否知道或应当知道其权利产生的事实,经过这一界限即不能再获得权利的公力救济。从这个角度看,《通则》的规定比《时效期间公约》第23条显得更为合理。

(三)时效中止和中断的事由

关于可引起时效中止的事由,两套规则都规定了债权人启动诉讼或仲裁程序以向债务人主张权利能够引起一般诉讼时效在救济程序持续期间的中止。《通则》的注释表明,在所有的法律体系中,司法程序可能以两种方式影响时效期间的经过:司法程序可以中断时效期间,这样在司法程序结束后新的时效期间开始起算;另一种方式是司法程序只引起时效期间中止,这样,司法程序开始前已经经过的期间会被从可适用的期间中扣除,余下的期间从司法程序结束时开始继续计算。与《时效期间公约》第13条一样,《通则》第十章采用了后一种方式。[③]《通则》第十章明确规定了替代性争议解决程序(ADR)与诉讼或仲裁

---

① 〔美〕文森特·R.约翰逊著,前引书,第252—253页。

② Michael Joachim Bonell,前引文。

③ 参见《通则》第10.5条的注释。商务部条约法律司编译,前引书,第587页。

程序具有同等的效果[1]，这一点比《时效期间公约》更为先进。除了司法程序这一事由之外，两套规则都规定当债权人被不可抗力、死亡或丧失行为能力等外在因素阻碍而无法行使权利时，时效期间中止。

关于引起时效中断的事由，两套规则都规定债务人对债权人权利或诉讼请求的承认将导致时效的中断，即在承认行为之前经过的时效不再考虑，而重新计算新的时效期间。

（四）当事人合意修改时效期间的权利

《通则》第十章显然不同于《时效期间公约》的一点是关于当事人合意修改法定时效期间的权利问题。《时效期间公约》基本上排除了当事人合意修改时效期间的权利（第 22 条）；而《通则》第十章给予当事人极大的自由，可以缩短或延长一般时效及最长保护时效期间，惟一的限制是一般时效期间不能缩短至从权利人实际知道或推定知道之日起少于 1 年、最长时效期间不能短于 4 年，且两种时效期间均不能长于 15 年（第 10.3 条）。《通则》的注释对这个问题给出了解答：在一些法律体系中，出于对弱势一方、尤其是消费者的利益保护，当事人修改时效期间的权利是受到限制的。但由于《通则》调整的是商人之间的国际合同，而商人通常具有丰富的经验和知识，不像消费合同的当事人那样需要法律的特殊保护。与其让法律基于保护的目的而对其权利施加限制，不如给予他们充分的自由更有利于商事活动的开展。因此，《通则》允许当事人根据实际需要去协议修改适用于他们的合同权利的时效期间。但是，如果其他可适用的法律中有强制性规范与《通则》的有关规定相冲突，当事人在个案中的意思自治仍然可能受到限制。另外，考虑到在实际中可能出现占有优势的一方通过不适当地缩短或延长时效期间而损害对方利益的情形，《通则》还是为当事人的意思自治设置了一个边界。[2]

有学者指出，《时效期间公约》允许当事人通过协议排除其全部或部分的适用，如果当事人真的这样做，那么合同的时效一般将由合同应适用的法律确定。由于合同的适用法往往是当事人合意选择适用的法律，其对时效的规定通常允

---

① 《通则》第 10.7 条中对“替代性争议解决程序”的定义参照了 2002 年联合国国际贸易法委员会《国际商事调解示范法》第 1 条第 3 款的规定。该《示范法》第 10 条关于时效期间的中止的规定与《通则》第 10.7 条基本一致。

② 参见《通则》第 10.3 条的注释。商务部条约法律司编译，前引书，第 577 页。

许当事人合意修改时效期间。[①] 因此在实践当中,《通则》与《时效期间公约》在这个问题上也许并不会发生显著的冲突。[②]

(五)时效期间届满的法律效果

《通则》第十章规定"时效期间的经过并不使权利消灭"(第10.9条第1款),"要使时效期间的经过产生其效果,债务人必须明示主张其以作为抗辩"(第10.9条第2款),这就明确否定了普通法系国家传统下的程序性方法,即债权人在一定期间内懈怠行使权利将产生丧失诉权的效果;同样也否定了某些大陆法系国家采用的绝对实体性方法,即令时间的经过产生债权人丧失实体权利的效果。《通则》所采用的是一种相对的实体性方法,目前在国际层面通行,仅令债务人有拒绝履行的权利。正如《通则》的注释所述,时效期间届满的法律效果不会自动发生,只有在义务人将时效期间届满作为抗辩理由来主张时它才发生,该抗辩的存在可以作为司法裁判的内容或根据。至于提出此项抗辩的时机和场合,义务人可以根据合同的适用法律在任何程序中提出抗辩,或者在司法程序外提出抗辩。据此,法院或仲裁庭在审理案件的时候没有义务主动审查时效期间是否届满,更没有义务主动以时效期间届满为由驳回权利人的诉讼请求。当义务人提出此项抗辩之后,如果双方互负债务,权利人不能够主张以已经届满时效的权利来进行抵销。[③]《时效期间公约》第25条也确认时效期间届满仅在当事人援引其作为抗辩理由时才产生法律效果,但对权利人在届满后主张抵销的效力未作明确规定。

除了规定时效期间的届满作为司法程序中的抗辩理由而产生法律效果之外,《通则》还澄清了时效期间的届满对实体权利的影响。虽然时效期间届满的事实将使权利失去法律保护的外衣而变成裸露的自然权利,但权利本身并没有消灭,只要权利人在合法的途径下能够寻求私力救济以保护自然权利,法律对这种救济的效果还是予以确认。对此,《通则》举了留置权的例子:在一个以《通则》为适用法律的租赁合同中,出租人不履行合同项下对租赁物的维修义务,承租人自行维修后在时效期间内没有对出租人主张损害赔偿,时效期间届满后,出租人拒绝支付赔偿金并援引《通则》第10.2条第1款要求返还租赁物,这样

---

① 例如1980年罗马《合同之债适用法公约》第3条第1款和第10条第1款d项的规定,以及1994年《美洲国家间国际合同适用法公约》第7条和第14条d款的规定。

② Michael Joachim Bonell,前引文。

③ 参见《通则》第10.10条的注释。商务部条约法律司编译,前引书,第599页。

的情况下，承租人有权留置租赁物以主张违约损害赔偿。[①] 除了留置的情形外，《通则》第 10.11 条还明确规定，如果义务人自愿或基于错误履行了债务，那么他无权仅仅以时效期间届满为由主张返还给付。因为义务人的履行对权利人来说是一种私力救济，权利人实体权利的存在可以成为他保留给付的有效法律基础。实体权利通过这种途径得到了实现，法律对这一效果是予以保护的。《时效期间公约》第 26 条对这个问题有相似的规定。

由于时效期间制度在各国传统合同法理论中历来属于法定的、强制性的规则，国际商事交易实践中不存在关于时效期间的惯例或习惯性做法，《通则》关于时效期间的规定不是对国际商事惯例的编纂。《时效期间公约》对时效期间制度所作的统一化尝试，也只是局限于通过约束缔约国的合同立法的途径。笔者认为，《通则》第十章的规定是对各国国内法中关于时效期间制度的最合理方案和最先进潮流的归纳和总结，不仅意在成为国际和国内合同立法中时效期间制度统一化的范本，更重要的是意在通过作为当事人合意选择的合同适用法这一途径，使该章所规定的时效期间制度被国际商业社会所广泛接受并反复适用，最终得以发展成国际商法领域的一套惯例。至于能否达到这一目标，则有待包括当事人的选择适用以及法院和仲裁庭在司法程序中的适用情况在内的国际商事实践去检验了。

① 参见《通则》第 10.9 条的注释所举例子。商务部条约法律司编译，前引书，第 599 页。

世界贸易组织规则的公平问题

林健聪[*]

世界贸易组织(以下简称 WTO)是当代最重要的国际组织之一,其法律制度是国际贸易体制的主要组成部分。2001 年 11 月启动的 WTO 新一轮谈判被称为“多哈发展回合谈判”,该轮谈判主要反映出两个问题:第一,发展中国家和发达国家[①]之间的利益矛盾仍然是 WTO 的主要矛盾;第二,发展中国家在 WTO 的国际贸易模式之下仍属于劣势群体,只有进一步加强相互之间的合作,才能真正得到符合其发展需求的谈判结构。因此,探讨 WTO 规则的公平性问题,在现阶段具有重要意义。本文从当代国际分配的不公现象出发,以国际组织法为视角,对 WTO 的决策机制、争端解决机制、规则的复杂性以及退出机制等方面进行分析,进而指出 WTO 对于实现国际分配公平、使发展中国家获得更多贸易利益的作用和意义,以期得出关于 WTO 规则的公平问题的一般认识。

一、问题的提出——国际分配不公的表现

近二十年来,全球经济有了巨大发展,全世界国民生产总值约为 20 万亿美元,但贫富差距仍在不断扩大。全球经济发展是不平衡的,这在最不发达国家的问题中有所反映。联合国大会在 20 世纪 80 年代为认定“最不发达国家”制定了具体标准,最不发达国家是指该国(1) 人均国民生产总值在 250 美元以下,(2) 制造业在国民生产总值中的比重低于 20%,(3) 文盲占全国人口总数

---

* 中山大学法学硕士、北京大学 2005 级国际法学博士生。

① 为使语言更加简洁统一,如无特别说明,本文所使用的“发达国家”、“发展中国家”以及“最不发达国家”均指包括有关单独关税区在内的“发达国家和地区”、“发展中国家和地区”以及“最不发达国家和地区”,在有关国际条约中是指“发达缔约方”、“发展中缔约方”以及“最不发达缔约方”,在有关国际会议中是指“发达会员”、“发展中会员”以及“最不发达会员”,在有关国际组织中是指“发达成员方”、“发展中成员方”以及“最不发达成员方”。

的80%以上。2001年5月14日,联合国在布鲁塞尔召开"第三次最不发达国家问题会议",指出满足最不发达国家条件的国家已经增加到49个。①

战后在发展中国家中出现了高速的经济增长率,但这并不能说明世界各国的贫富差距正在缩小。在战后的绝大部分时间里,发展中国家作为一个整体,其经济增长率略高于发达国家:1950—1975年间,发展中国家国内生产总值的平均年增长率为5.6%,而发达国家仅为4.7%。在1980—1989年间,由于全球经济衰退的开始以及世界经济中不利条件的出现,发展中国家的上述增长率下降到3.8%,发达国家下降到3.0%。② 1990—2000年间,发展中国家的国内生产总值平均年增长率为3.6%③,发达国家的增长率为2.4%。④ 与过去相比,大部分发展中国家在经济上的确获得了相对的改善,然而,发展中国家并没有因为拥有较高的国内生产总值增长率,就缩短了其与发达国家之间的经济差距。相反,两者的差距仍在继续增加。⑤ 这是因为,只有当发展中国家的国内生产总值的年均增长率与发达国家的年均增长率的比率,大于发达国家的国内生产总值与发展中国家的国内生产总值的比率,发展中国家与发达国家之间的经济差距才能缩小。

关税与贸易总协定(以下简称GATT)的运作尽管使许多发展中国家获益,但却并没有缩小发展中国家和发达国家之间贸易条件的差距,甚至还扩大了这种差距。前77国集团主席、哥伦比亚驻GATT大使路易斯·费尔南多·加拉米罗指出,工业化国家仅仅占GATT成员的20%,但它们将享受实施乌拉圭回合协议所带来的额外收入的70%。在许多情况下,将这些多边贸易权利转变为具体的贸易优势,需要政府在企业界的积极支持下采取行动。许多发展中国家和转型国家发现,它们在这一目标上建立的机构、投入的人力和财政资源都是不够的。⑥ 发展中国家的经济发展速度和经济实力远低于发达国家,这与发展中国家的贸易条件的下降有密切关系。发展中国家贸易条件的下降主要反映在

① 邵沙平、余敏友主编:《国际法问题专论》,武汉大学出版社2002年版,第37、38页。

② 〔英〕马克·威廉姆斯著:《国际经济组织与第三世界》,张汉林等译,经济科学出版社2001年版,第14页。

③ 其中东亚和太平洋地区的发展中国家的增长率最高,达到7.2%,但欧洲和中亚的发展中国家的则出现负增长,为-1.6%的增长率。

④ 《世界发展报告》编写组著:《2002年世界发展报告:建立市场体制》,中国财政经济出版社2002年版,第239页。

⑤ 约翰·伊特韦尔等编:《新帕尔格雷夫经济学大辞典(第二卷:E—J)》,经济科学出版社1992年版,第884页。

⑥ 张向晨著:《发展中国家与WTO的政治经济关系》,法律出版社2000年版,第190页。

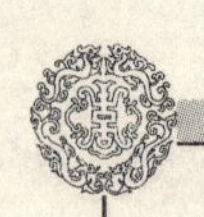

产品价格的下降上。[1] 如果以1950年的价格指数为基数100,1952—1958年期间下降为90,1959—1972年期间再下降到80以下。如果以1980年的价格指数为100,则1987年的茶叶价格为72,可可为74,咖啡为80,铜为82。但在此期间,发达国家出口到发展中国家的制成品的价格指数却有很大提高。如果以1980年发达国家制成品出口的综合价格指数为100,到1988年就上升为125。在发展中国家和发达国家的贸易关系发展过程中,发达国家始终掌握着主动权,而这种主动权的掌握对于发达国家获得比发展中国家更多的贸易利益是至关重要的。

WTO是以GATT的机制为基础建立起来的国际经济组织。和GATT相比,WTO在成员数目、协议涵盖领域、内部机制等方面都有较大的发展。当发达国家掌握着国际贸易主动权的时候,WTO的有关规则能否为发展中国家提供更为有利的制度保障呢?WTO对于营造和维护公平的国际贸易环境,有着怎样的作用和意义呢?对这些问题的回答,离不开对WTO有关规则的公平性的重新审视。

二、问题的实质——从国际组织法角度看世界贸易组织规则的公平问题

(一)决策机制方面

虽然发展中国家在WTO体制中越来越活跃,但这并不表示它们满意现有的决策机制。有意见指出,WTO的政策影响力遍及整个世界,但它不是一个民主的机构,它的规则实质上是由跨国公司的意志决定的,因为它们从一开始就深深地卷入了谈判进程。例如,美国贸易代表的意见取决于17个"工业部门委员会",真正进入谈判的都是它们的想法。[2]

多边主义是WTO处理各国间贸易的基本原则,其基本涵义是所有有关的国家均应参加处理多边贸易关系的谈判。然而,在具体运作中实施多边谈判的难度很大,因为参加谈判的国家越多,在谈判结果上达成一致意见就越困难。

---

① 柳剑平著:《当代国际经济关系政治化问题研究》,人民出版社2002年版,第187页。

② 在这个问题上存在不同意见。WTO组委会认为,WTO规则的制定是民主的。首先,WTO是一个由多个成员组成的集体,任何集体的决定都必须以共识为基础。其次,除了各成员方的政府外,其他任何人都不得进入谈判。再次,WTO的规则和协定,在发生效力之前必须经过所有成员方议会的批准。第四,WTO规则的制定具有较高的透明度,WTO通过自己的网站和各成员方的新闻界向公众提供大量的信息。参见贾继锋等著:《加入WTO以后的新问题——与企业家、领导者对话》,上海社会科学出版社2000年版,第279页。

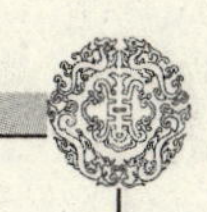

按照最惠国待遇原则,双边贸易谈判的成果将无条件地适用于未参加谈判的其他成员方。因此,在 WTO 的多边贸易体制下,贸易谈判中的多边模式和双边模式有了互补的关系。但在实际的双边贸易谈判中,如果其中一方认为对方未满足其要求,往往采取贸易制裁措施以迫使对方就范,这就使双边模式变成了单边模式。单边模式的采用以美国最为典型。在双边谈判中,假如美国认为对方未能满足其要求,就会根据"特别 301 条款"单方面认定对方有不公正的贸易行为,通过实施贸易制裁迫使对方让步。①

在 WTO 体制里,重要的决议往往是首先在一个由个别成员方组成的小集团中达成,然后由这些小集团中的成员说服其他成员接受这一决议。一些主要的成员长期处于这一程序里面,而一些新成立的或者较小的发展中国家则感觉到它们被排斥在 WTO 的决策机制之外,它们的观点和声音没有得到充分的注意。虽然小集团包括了那些和谈判内容密切相关的成员,但一项决议的作出,一个新规则的出台,都会对所有成员方产生影响。② WTO 被主要的贸易大国和商业利益集团所控制,在贸易谈判中排斥其他国家和集团的声音。国际关系学著名学者罗伯特·基欧汉和约瑟夫·奈更是一针见血地指出,其谈判过程就像一个"俱乐部"一样关起门来在少数国家之间进行。③ 实际上,谈判过程就是一个讨价还价的过程。④ GATT 被定义为谈判机制,所有谈判的结果都体现了讨价还价的大小。因为谈判的含义是交换,谁有更多可交换的东西,谁就会得到更多。这种谈判机制与那些建立在理性基础上的优惠原则有所不同。经济实

---

① 王新奎等著:《世界贸易组织与发展中国家》,上海远东出版社 1998 年版,第 18、19 页。

② John H. Jackson, William J. Davey, Alan O. Sykes, Jr., Legal Problem of International Economic Relations: Cases, Materials and Text on the National and International Regulation of Transnational Economic Relations, 4th ed., West Group, St. Paul, Minn., 2002, p. 1185.

③ Eric Stein, International Integration and Democracy: No Love at First Sight, The American Journal of International Law, 2001, Vol. 95, p. 504.

④ GATT 在某种程度上反映了讨价还价权。谈判中的讨价还价主要有三种模式。第一是分配模式,即可期待的总体利益是固定的,谈判各方只能在这固定的总体利益中占有一定份额,因此各方都力图通过谈判来提高自己的份额。在这种模式中,一方份额的增加意味着他方份额的减少,因此谈判各方之间是一种冲突关系。第二是整合模式,即总体利益并不是固定的,而是取决于各方获得利益的多少,在此情况下各方力图增加自己在总体利益中的份额的同时,创造所有谈判方都能获利的情况。在这种模式中,由于谈判各方都可以同时获利,所以它们之间的关系表现为合作关系。第三是混合模式,即尽管各方都能在谈判中获利,但一方获利越多,另一方获利就越少。例如假设 A 国和 B 国在谈判前的贸易利益分别为 200 和 100,即谈判前的总体利益为 300。经过谈判合作,双方的总体利益增加为 350。假如 A 国谈判后的利益为 225,则 B 国为 125;假如 A 国谈判后的利益为 240,则 B 国只能为 110。大部分的谈判都是混合型的,谈判各方之间的关系是既有合作也有冲突。参见威廉姆斯前引书,第 44、45 页。

力较弱的国家发现,自己在磋商条款①下难以与强大的国家抗衡。从这种意义上讲,贸易规则实施条件较差使发展中国家在谈判中处于不利的地位。②

(二)争端解决机制方面

争端解决程序是否能够有效运行呢?当争端解决程序不能完全地符合一些国家,特别是最发达国家的利益时,这些国家会企图忽略或者削弱争端解决程序的结果,争端解决机制就会因此而失去威信,并无法完成其建立一个可信赖的、以规则为导向的争端解决体系的目标。③ 下面将分别从争端解决机制的利用情况和运作效果两个角度,来探讨 WTO 规则的公平问题。

从争端解决机制的利用情况来看,由发展中国家提起的案件较少。一份报告显示,截止至 2000 年 9 月,如果以案件涉及的产品性质来划分,提交到 DSU 的案件中有超过 90 个案件涉及工业产品,只有 56 个案件涉及农产品。如果以案件当事方的身份来划分,在 207 个磋商请求中,有 154 个是由发达国家提出的(其中的 89 个是针对其他发达国家提出的,另外的 65 个是针对发展中国家提出的),占总数的 74.4%;只有 53 个是由发展中国家提出的(其中的 35 个针对发达国家提出,另外的 18 个针对其他发展中国家提出),占总数的 25.6%。④

发展中国家提起的案件较少的原因主要有三个。第一,从案件涉及的领域来看,大部分发生在发展中国家于乌拉圭回合作出承诺的领域。发展中国家在加入 WTO 之前,其贸易自由化程度就没有发达国家高,作为加入 WTO 的前提,其作出的削减关税等承诺一般会比发达国家作出的多。换句话说,发达国家对发展中国家提起诉讼的领域比发展中国家对发达国家提起诉讼的领域要广。⑤ 第二,部分发展中国家认为把贸易问题诉诸国际机构解决是把双边问题多边化,一方面担心主动利用争端解决机制是挑起事端的表现,反而会导致问题愈加复杂,另一方面又担心国际机构会作出不利于己方的处理结果。⑥ 第三,发展

① GATT 1947 第 22 条第 1 款对磋商做了规定:"每一缔约方应对另一缔约方就影响本协定运用的任何事项可能提出的交涉给予积极考虑,并应提供充分的磋商机会。"

② 张向晨,前引书,第 48 页。

③ John H. Jackson, The Jurisprudence of GATT and the WTO, 2nd ed. (影印本),高等教育出版社 2002 年版,第 411 页。

④ José Luis Pérez Gabilondo, Developing Countries in the WTO Dispute Settlement Procedures: Improving Their Participation, Journal of World Trade, 2001, Vol. 35, No. 4, p. 483.

⑤ 按照这一分析,当农业和纺织品的谈判取得进展,发达国家在主要涉及发展中国家利益的部门作出承诺后,发展中国家利用争端解决机制的机会就会有所增加。

⑥ 《关于争端解决规则与程序的谅解》第 3 条第 10 款规定:"各方理解,请求调节和使用争端解决程序不应用作或被视为引起争议的行为,如争端发生,所有成员将真诚参与这些程序以努力解决争端。"

中国家缺乏足够的人力资源应付复杂的贸易规则和专业的法律问题,也缺乏高效的行政机构和制度去及时发现他国违反协议义务的情况。[①] 从发达国家的角度来看,它们也不愿意使发展中国家在利用争端解决程序方面拥有更多权力,例如,美国对于各成员方在 WTO 中应当拥有自己的律师团的权利不予支持。[②]

从争端解决机制的运作效果来看,争端解决机制的磋商和制裁均对发展中国家不利。通过磋商解决争端是争端解决机制的首要目的,裁决只是最后手段。争端解决机制未对磋商时间的长短作出硬性规定。根据 WTO 的统计,截止至 1997 年,71 个案件中有 19 个没有经过专家组的审理,而是通过协商解决的。[③] 就像制定新规则时的谈判一样,磋商中起主要作用的因素仍然是当事方的经济实力。发达国家可以利用其经济实力在磋商中迫使发展中国家让步,而发展中国家要在这一阶段就达到目的是相当困难的。发达国家即使明知裁决的结果对自己不利,也可以尽量利用磋商的期限和裁决的过程来拖延时间,使对自己有利而对对方不利的措施可以执行相当长的一段时间。争端解决机制的最后建议和裁决的强制力是十分有限的,如果有的话,也是通过道德压力在起作用。即使可以采取包括交叉报复在内的制裁措施,弱小的发展中国家的"报复"可能对实力较强的发达国家来说是无关痛痒的。[④] 报复措施在使用上的不公平是经济实力和政治实力分化的结果,对于发展中国家来说,这一境况不会马上得到改变。[⑤]

(三)规则的复杂性方面

杰克逊认为,GATT 除了书面的规定,还有很多不成文的习惯。[⑥] GATT 规则的复杂性对发达国家有利,因为它们有足够的外交官和专家,而发展中国家在这方面明显欠缺。[⑦] 发达国家的一种成功经验是,他们的行政部门往往具备

---

① Gabilondo,前引文,第 484 页。

② Douglas Ierley, Defining the Factors that Influence Developing Country Compliance with and Participation in the WTO Dispute Settlement System: Another Look at the Dispute over Bananas, Law and Policy in International Business, Summer 2002, Vol. 33, Iss. 4, p. 647.

③ 张向晨,前引书,第 158 页。

④ 王新奎,前引书,第 294 页。

⑤ Douglas Ierley,前引文,第 647—648 页。

⑥ 张向晨,前引书,第 49 页。

⑦ 为了支持发展中国家充分参加多边贸易制度,WTO 设立了一个超过 2 千万美元的多哈发展进程全球信托基金(Doha Development Agenda Global Trust Fund)。同时 WTO 还设立了培训机构,用以提高发展中国家参与多边贸易制度的能力。参见王贵国著:《世界贸易组织法》,法律出版社 2003 年版,第 624 页。

一个专业小组,专门研究 WTO 的争端解决程序,总结所有案例的法律原则和规则,并代表国家在 WTO 中参诉。[①]

1962 年的乌拉圭案说明了发展中国家在利用 GATT 争端解决程序时的困境——它们将遇到众多的困难,特别是当它们为了在复杂的法律辩论中主张自己的观点而需要收集更广泛的信息的时候。[②] 1962 年,乌拉圭提出了一大批诉求,这些诉求针对影响其贸易出口的 576 种贸易限制措施。这些措施分别属于 15 个发达国家,其中大部分属于非关税措施,主要限制的是温带初级农产品。乌拉圭指出,这 576 种贸易限制措施导致了温带初级产品生产商之间的利益分配不均衡,其法律依据是 GATT1947 第 23 条的规定。[③] 乌拉圭要求其他当事方提供它们的贸易限制措施的合法性依据,但没有就有关的法律理论进行更深入的分析,也没有就任何违反 GATT 义务的具体行为提出详细的主张。乌拉圭甚至拒绝就特定的限制措施的合法性问题进行辩论,并且不愿就贸易损害问题提供任何的统计数据和理由。因为害怕激怒任何一个发达国家,乌拉圭对于自己的诉求采取了消极的态度。由于乌拉圭的主张没有任何资料和理由予以支持,第一个专家组对乌拉圭提出的利益分配不均衡的说法持否定态度,甚至不认为 GATT1947 第 23 条能够在该案中被引用。专家组只是"建议"所有当事方自己承认违反了有关义务。五个月以后,一些贸易限制措施被取消了,但并不是所有的被诉方都依从专家组的建议。于是乌拉圭要求再次组成专家组,以决定其是否能获得进行报复的授权。第二个专家组拒绝支持乌拉圭的要求,理由是乌拉圭应当首先证明自己满足启动报复程序的条件。1964 年,乌拉圭再次要求组成专家组,希望新的专家组能够像第二个专家组那样对被诉方施加压力,并对那些未根据第二个专家组的"建议"而被取消的限制措施作出有拘束力的法律报告。但同样地,乌拉圭没有就任何法律条文的适用提出意见和理由。第三个专家组拒绝了乌拉圭的请求。[④] 在这个案例中,乌拉圭在主张自己观点时遇到了严重的技术困难,这充分表明了规则的复杂性以及发展中国家诉讼能力的欠缺使得发展中国家在利用 WTO 规则时处于劣势。

---

① Gabilondo,前引文,第 486 页。

② Pretty Elizabeth Kuruvila, Developing Countries and the GATT/WTO Dispute Settlement Mechanism, Journal of World Trade, 1997, Vol. 31, No. 6, pp. 189—190.

③ GATT 1947 第 23 条是关于"利益的丧失或减损"的规定。

④ Uruguayan Recourse to Article XXIII (BISD 11S/95), Uruguayan Recourse to Article XXIII (BISD 13S/35), Uruguayan Recourse to Article XXIII (BISD 13S/45).

（四）退出规则方面

任何一个成员都可以退出 WTO，而不需要给予任何理由。① 虽然难以想象那些能够在世界贸易中获利的成员会退出 WTO，但是美国国内的一个事件曾经给 WTO 和其他成员在退出问题上感到不安。曾经有一份递交给美国国会的提案提议组建一个专家小组，负责审查由争端解决机构（以下简称 DSB）作出的针对美国的任何裁决。如果该专家小组累计三次发现美国在 DSB 中受到不公平的待遇，则美国国会就授权美国政府退出 WTO。这一提案最终没有被采纳。尽管如此，但可以想象美国的退出将会使 WTO 归于瘫痪。因此，DSB 对上述提案的死灰复燃会有所顾虑。从另一角度来说，DSB 的这一顾虑阻碍了较为弱小的 WTO 成员向 DSB 提起针对美国的诉讼。②

（五）小结

根据上面对 WTO 规则不同方面的重新审视，可知：

第一，WTO 的决策机制采取磋商方式，经济实力较弱的发展中国家在决策中往往处于不利地位，决策的结果也就难以很好地保护发展中国家的利益；

第二，从 WTO 争端解决机制利用情况和运作效果来看，发展中国家从中得到的制度保障和法律救济是十分有限的；

第三，WTO 规则的复杂性对于发展中国家利用规则保障自身权益提出了较高的要求；

第四，WTO 采取自由退出规则，这使得 WTO 自身及其弱小成员方都对发达成员的不参与行为有所顾忌。

综上所述，WTO 规则仍然存在许多不利于发展中国家的地方，和发达国家相比，发展中国家在 WTO 的制度框架下仍然处于劣势地位。然而，现实的不足并不能否定 WTO 对于建构国际贸易法律制度所作出的贡献。作为最重要的国际经济组织之一，WTO 对于发展中国家在国际贸易中争取更大的贸易利益具有重要意义。

---

① 《马拉喀什建立世界贸易组织协定》第 15 条第 1 款规定："任何成员均可退出本协定。此退出适用于本协定和多边贸易协定，并在 WTO 总干事收到书面退出通知之日起 6 个月期满后生效。"

② T. N. Srinivasan, Developing Countries and the Multilateral Trading System: From the GATT to the Uruguay Round and the Future, Westview Press, Colorado & Oxford, 1998. p. 99.

三、问题的启示——世界贸易组织对实现国际分配公平的意义

(一)国际法律制度与国际经济组织的作用

对分配公平的实现需要法律制度加以保障。法律制度的保障主要体现在两方面:一方面法律制度要保障"机会平等",另一方面要保障"分配公平"。公平可以分为水平的公平和垂直的公平。水平公平是指社会成员基于法律地位上的平等,应当获得相同的待遇;垂直公平是指不同的社会成员,根据其能力、拥有的生产要素、从事经济活动的内容等差异,应当在待遇上有所差别。因此,分配公平并不要求法律制度追求数字上的绝对的无差别的同等待遇。只要法律赋予了社会成员平等的法律人格,而且差别待遇的目的不是扩大自然的不平等而是缩小事实的差别,那么垂直公平可以达到实质上的更高层次的平等。①

国际法律制度的构建有赖于国际合作。国际经济相互依赖性的日益明显,要求国际社会成员加强国际合作,以应付这种相互依赖性所产生的问题。对国际合作的依赖使得每一成员都受到一定的国际规则限制,而不能任意地实施自己的国内政策。② 国际经济合作的需要导致了国际经济组织③的产生。在国际经济合作方面,国际经济组织的作用主要有两方面:一方面,国际经济组织提供了国家间进行多边合作的手段——既提供了作出决定的场所,也提供了将这些决定转化为行动的行政机制;另一方面,国际经济组织为各国政府提供了沟通的渠道,以便在问题出现时找到解决办法。④

2000 年 2 月 12—19 日在泰国曼谷举行的联合国贸易和发展会议(UNCTAD)通过了曼谷宣言,该宣言反映了多边贸易体制对实现国际分配公平的重要意义。曼谷宣言强调:"各国应当致力于建立一个公平的、平等的和以规则为基础的多边贸易体制,该体制以一种非歧视而且透明的方式运作,并为所有国家特别是发展中国家创造利益。这样一种努力包括:(1) 在涉及发展中国际特殊利益的产品和服务的领域,进一步放宽市场准入的标准;(2) 解决 WTO 协议的履行问题;(3) 充分实施特殊和差别待遇;(4) 简化加入 WTO 的程序;(5) 向发展中国家提供技术援助。"会议重申:"所有国家以及国际组织应当尽

---

① 万光侠著:《效率与公平——法律价值的人学分析》,人民出版社 2000 年版,第 245—265 页。
② Jackson,前引书,第 411 页。
③ 这里指政府间国际经济组织。
④ 饶戈平主编:《国际组织法》,北京大学出版社 1996 年版,第 7 页。

其最大努力,以确保多边贸易体制充分发挥其潜力,促进所有国家特别是最不发达国家融入全球经济的一体化进程。”①

但有一点需要强调的是,国际经济组织不是中立的、非政治性的组织。它们被创造出来履行特定的社会目标,它们的章程和决策过程反映了相互冲突的利益方之间斗争的结果。② WTO 对实现国际分配公平有什么现实意义呢?下面将作进一步的分析。

(二) 世界贸易组织对实现国际分配公平的意义

1. 保障发展中国家利益是世界贸易组织的宗旨之一

国际社会成员越是依赖于提供国际合作的国际组织,就越清晰地感觉到必须更多地关注这些国际组织的宪章文件。③ 从《马拉喀什建立世界贸易组织协定》(以下简称《建立 WTO 协议》)来看,WTO 在国际经济组织的结构上向前迈进了一步,成为国际经济制度体系的分水岭。④

《建立 WTO 协议》将 WTO 的宗旨表述为:

> 本协定各参加方,
>
> 认识到在处理它们在贸易和经济领域的关系时,应以提高生活水平、保证充分就业、保证实际收入和有效需求的大幅稳定增长以及扩大货物和服务的生产和贸易为目的,同时应依照可持续发展的目标,考虑对世界资源的最佳利用,寻求既保护和维护环境,又以与它们各自在不同经济发展水平的需要和关注相一致的方式,加强为此采取的措施,
>
> 进一步认识到需要作出积极努力,以保证发展中国家、特别是其中的最不发达国家,在国际贸易增长中获得与其经济发展需要相当的份额,
>
> 期望通过达成互惠互利安排,实质性削减关税和其他贸易壁垒,消除国际贸易关系中的歧视待遇,从而为实现这些目标作出贡献,
>
> 因此决定建立一个完整的、更可行的和持久的多边贸易体制,以包含《关税与贸易总协定》、以往贸易自由化努力的结果以及乌拉圭回

① Jackson, Davey & Sykes,前引书,第 1184、1185 页。

② 威廉姆斯,前引书,第 47 页。

③ 这就好比在国内层面人们通过关注国家宪法来限制政府的行动,防止管理者对权力的滥用一样。

④ Jackson,前引书,第 410、411 页。

合多边贸易谈判的全部结果，

决心维护多边贸易体制的基本原则，并促进该体制目标的实现。[①]

与关税与贸易总协定（以下简称GATT）相比，WTO在其宗旨中有三个新发展：一是增加了扩大服务贸易的新内容；二是提出了采取措施保护并维护环境；三是进一步明确了要“作出积极努力，以保证发展中国家、特别是其中的最不发达国家，在国际贸易增长中获得与其经济发展需要相当的份额”。[②] 2001年，三位GATT或WTO的前任总干事（Arthur Dunkel、Peter D. Sutherland和Renato Ruggiero）联合发表了一则宣言，表达他们关于WTO的观点。宣言强调，“WTO不应像一棵圣诞树一样，用来悬挂各式各样的滥用贸易实力的借口”，[③]WTO应当保障发展中国家、特别是最不发达国家在国际贸易中的利益。

2. 国际分配公平的实现需要世界贸易组织

不完善的国际贸易体制会造成国际分配不公。联合国发展计划署的报告指出，世界上最富有的20%人口消费掉世界86%的资源，而另外80%人口所消耗的资源比率只有14%。因此有人指责，WTO加重了世界各国的不平等，因为它使各国向外国资本开放国内市场，而外国资本的天性就是流向劳工工资最低、赚钱最容易、环境成本最低的地方，这导致发达国家降低工资水平和环境标准以适用国际竞争。[④] 乌拉圭回合实现的贸易自由化对收益的分配是不均衡的。例如有统计显示，北非撒哈拉一带地区在贸易自由化中的损失要大于收益。分配不均衡的其中一个原因是，早在乌拉圭回合协议诞生之前，工业化国家就已经使它们的大部分贸易领域实现自由化，并在其他国家根据乌拉圭回合协议推进贸易自由化改革的过程中获益。[⑤] 另外一个原因是，WTO体系是在自由市场交换理论上发展起来的，从WTO体系中获得的利益取决于交换过程的收益，并且这些收益首先和各国原有的资本积累相关[⑥]，贸易各方在经济起点上的差异导致了对收益分配的不均衡。

为了规范和调整当今的国际经济活动，国际社会需要设计和构建一个以条

---

① 《马拉喀什建立世界贸易组织协定》序言。

② 王时中、刘厚俊主编：《世界贸易组织与中国》，江苏人民出版社2002年版，第19页。

③ Jennifer L. Stamberger, The Legality of Conditional Preferences to Developing Countries under the GATT Enabling Clause, Chicago Journal of International Law, Fall 2003, Vol.4, No.2, p.617.

④ 贾继锋，前引书，第286、287页。

⑤ Srinivasan，前引书，第100、101页。

⑥ Peter M. Gerhart, Slow Transformations: The WTO as A Distributive Organization, American University International Law Review, 2002, Vol.17, Iss.1045, p.18.

约为基础的,能够正确地、有效地适应这一规范和调整功能的多边机构。① 如果有关分配公平的理论可以运用到国际关系中去,那么,发展中国家对 WTO 实现分配公平的要求就不是对慈善的请求,而是基于权利的主张。② 经济实力越弱的国家,就越是需要多边体系来对经济实力强大的国家加以限制。发展中国家作为经济实力较弱的群体,能够借助多边体制的资源,为自身争取利益。③ WTO 之所以肩负其实现国际分配公平的任务,还由于其高度的一体化性质有利于发展中国家作为一个集团争取自己的利益。④

综上所述,尽管 WTO 的现有规则仍然存在不利于发展中国家的内容,但是其发展对于更好地保障发展中国家的利益具有不可或缺的作用。因此,WTO 未来的发展方向应当是从规则上,特别是规则的实施效果上更为公平地对待每一成员。WTO 的发展依靠广大成员的推动,发展中国家应当进行更为广泛的国际合作,以促进 WTO 规则最终形成公平的国际贸易规则体系。

① Jackson,前引书,第 460 页。

② 对慈善的请求和基于权利的主张是不同的,前者的正当性来源于伦理价值,后者的正当性来源于合法性。参见威廉姆斯,前引书,第 228 页。

③ Jackson, Davey & Sykes,前引书,第 1177 页。

④ WTO 的高度一体化性质表现在以下几个方面:拥有可依赖的程序以及保证程序连续性的严格的时间限制;消除出现贸易障碍的可能性;设置了有利于专家组构成的国际秘书处;使用了能够为成员方设置国际义务的、赋予 DSB 决议最终有效性的"反向协商一致"制度。参见 Stein,前引书,第 501、502 页。

国际货币基金组织与世界贸易组织之间的国际收支磋商机制

阙占文*

内容提要:国际货币基金组织和 GATT 成立时,国际收支问题是各成员或缔约方密切关注的问题。国际收支问题牵涉国际货币和国际贸易两个方面,国际收支也是国际货币基金组织和 GATT 最早进行合作的领域。该文根据《国际货币基金协定》、GATT 相关条款和《建立世界贸易组织协定》以及国际货币基金组织和世界贸易组织之间的合作协定,分析国际货币基金组织和世界贸易组织在国际收支领域的磋商机制。

关键词:国际货币基金组织　世界贸易组织　国际收支　磋商机制

国际货币基金组织(以下简称"基金组织")与世界贸易组织(以下简称"世贸组织")都是普遍性的政府间国际组织①,分别承担建立和维护国际货币金融秩序和国际贸易秩序的职责。因为基金组织和世贸组织与成员国的关系不同、两个组织的监督与决策机制也有差异,并且金融和贸易之间存在密切的联系,所以基金组织和世贸组织间有合作之必要。国际收支是基金组织与世贸组织合作的基本领域和最早展开合作的领域。磋商也是两个国际组织合作的主要

* 江西财经大学法学院教师,中山大学 2005 届法学硕士。

① 截至 2005 年 2 月 16 日,世贸组织拥有 148 个成员,而且俄罗斯和沙特阿拉伯等 27 个国家或单独关税区正在同世贸组织进行加入谈判。以上数据引自世贸组织官方网站:http://www.wto.org, 2005 年 4 月 1 日访问。截至 2005 年 4 月 1 日,基金组织有 184 个成员国。数据引自基金组织官方网站:http://www.imf.org, 2005 年 4 月 1 日访问。

形式。笔者将从基金组织与关税和贸易总协定[①](General Agreement on Tariffs and Trade,GATT)的合作出发,分析基金组织与世贸组织磋商的要素,展望两个组织间合作的前景。

一、基金组织与GATT间的国际收支磋商机制

1.《国际货币基金协定》的规定

基金组织是管理国际货币金融制度的国际组织,包括成员国的国际收支和外汇制度。但是基金组织也关注国际贸易问题,基金组织宗旨中明确提到了对国际贸易的关注。《国际货币基金协定》(以下简称"《基金协定》")第1条规定基金组织的宗旨包括便利国际贸易的扩大与平衡发展,以及取消妨碍世界贸易发展的外汇管制。然而,《基金协定》中并无要求基金组织与GATT磋商的条款。《基金协定》第10条"与其他国际组织的关系"只是就基金组织与其他国际组织间的合作作出原则性规定。该条规定:"基金组织应在本协定条文范围内,与一般的国际组织和在其领导内含有专门责任的公共国际组织进行合作。"

2. GATT 1947的规定

在起草GATT 1947时,国际支付平衡问题对于发展中国家和面临战后重建的国家都是严重的问题。GATT1947准许为保障一国的对外金融地位而实行贸易限制(GATT第12条和第18条B节),这类规定反映了GATT创立时实行的是固定汇率制(布雷顿森林体系)。假定以固定汇率制为前提,政府就少了一种寻求解决国际收支的不平衡问题的手段。如果一个出现逆差的国家不能使用货币贬值或者不容易这样做,而且劳动力市场的价格也不灵活,就有理由允许实行临时进口限制。实际上,全面征收关税并同时对出口给予补贴在一定条件下完全相当于货币名义上的贬值。[②]

但是,如果允许缔约方任意以国际收支为由采取贸易限制措施,各缔约方削减关税和推动贸易的努力将受到极大损害。各缔约方可任意以国际收支目的而采取进口限制措施,实际上等于变相的征收关税。因此,各缔约方认识到,应该对为国际收支目的而采取的进口限制措施施加合理的限制。鉴于基金组

① 关税与贸易总协定有两个含义,一个指关说和贸易总协定,其中包含了从事国际贸易所应遵守的主要规则,二是指后来建立的用以支持该协议临时性的国际组织。为示区别,本文用GATT表示组织,用GATT 1947或GATT 1994表示具体的协定。

② 〔澳〕伯纳德·霍克曼、迈克尔·考斯泰基著:《世界贸易体制的政治经济学》,刘平等译,法律出版社1999年版,第188页。

织在国际收支方面的职能和技术专长,GATT 在解决国际收支而产生的贸易问题时需要与基金组织合作。GATT 1947 第 15 条第 1 款规定:“缔约方全体应寻求与基金组织进行合作,以便缔约方全体和基金组织在基金组织管辖范围内的外汇问题和缔约方全体关系范围内的数量限制和其他贸易措施方面,可以推行一个协调的政策。”基金组织与 GATT 的磋商具体地体现在 GATT 1947 第 15 条第 2 款。该款规定:“在缔约方全体被提请审议或处理有关货币储备、国际收支或外汇安排问题的所有情况下,它们应该与国际货币基金组织进行充分磋商。在此类磋商中,缔约方全体应该接受基金组织提供的关于外汇、货币储备或国际收支的所有统计或其他事实的调查结果,并应接受基金组织有关一缔约方在外汇问题方面所采取的行动是否与《基金协定》或该缔约方与缔约方全体之间订立的特殊外汇协定条款相一致的确定。缔约方全体在对涉及第 12 条第 2 款(a)项或第 18 条第 9 款所列标准形成最后决定时,应接受基金组织关于那些内容构成该缔约方货币储备严重下降、其货币储备非常低的水平或其货币储备合理增长率的确定,以及在此类情况下磋商中所涵盖的其他事项的财政方面的确定。”

GATT 1947 第 11 条禁止一切数量限制,因此,基于 GATT 第 12 条和 18 条采取的国际收支措施指数量限制,是第 11 条的例外。东京回合后,《1979 年有关国际收支问题采取贸易措施宣言》把有关原则扩大到了由于国际收支所实施的贸易措施,而不仅指数量限制。所以,由于国际收支问题采取的所有贸易措施均属于通报与磋商规定的范围。[①]

二、基金组织与世贸组织在国际收支方面的磋商

1. 乌拉圭回合的发展

乌拉圭回合中,各成员就 GATT 1947 的国际收支条款达成某些谅解,同时将 GATT 的规定延伸到其他领域。

首先,《建立世界贸易组织协定》(以下简称“《世贸协定》”)保留和完善了 GATT 1947 的国际收支合作条款。GATT 作为一个临时组织机构已经消失,但 GATT 1947 的实质义务和一些程序上的义务仍规定在《世贸协定》附件之一的

① 王福明主编:《世贸组织运行机制与规则》,对外贸易大学出版社 2000 年出版,第 331 页。

GATT 1994 中[①]。这一点在乌拉圭回合多边贸易谈判结果最后文件之一的《关于世界贸易组织与国际货币基金组织关系的宣言》中得到确认。该宣言规定，除非《乌拉圭回合多边贸易谈判结果最后文件》另有规定，否则在《世贸协定》附件 1A 所列多边贸易协定所涵盖的领域方面，适用 GATT 1947 缔约方全体与基金组织关系的规定作为世贸组织与基金组织关系的依据。

GATT 1947 第 12 条和第 18 条允许缔约方为国际收支目的采取贸易限制措施。这是 GATT 1947 的一个缺点，它与使用关税等以价格为基础的手段的总体趋势相矛盾。一般来说，对进口征税比数量限制造成的扭曲要少。但是，如前所述，在实施固定汇率制时，数量限制等于货币贬值而受到各方青睐。在固定汇率制瓦解后，求助贸易限制保障国际金融地位的必要性大为降低。20 世纪 80 年代后，发达国家认为国际收支条款使发展中国家参与 GATT 在很大程度上毫无意义。这既损害了多边贸易体制，也有损于实施该条款的发展中国家。他们在 GATT 范围内缺乏有效的手段来对抗国内强有力的保护主义势力。乌拉圭回合中，缔约方达成了有关国际收支条款的谅解。《1994 年关贸总协定国际收支条款的谅解》从法律上确认了以下事项：(1) 成员应尽快公布取消国际收支限制措施的时间表，如果不能公布取消时间表，应说明原因；(2) 应选择那些对贸易破坏最小的措施；(3) 因国际收支问题而采取的限制措施只能用于控制一般进口水平，而不得超过国际收支问题所必需的水平。

其次，《世贸协定》将 GATT 的相关规定延伸到服务贸易。在乌拉圭回合中，服务贸易也被纳入多边贸易体制中。GATS 第 12 条第 5 款(e)项有类似 GATT 第 15 第 2 款之规定。该项规定："在此类磋商中，应接受国际货币基金组织提供的与外汇、货币储备和国际收支有关的所有统计和其他事实，结论应以基金对磋商成员国际收支状况和对外财政状况的评估为依据。"GATS 第 26 条要求，总理事会就与联合国及其专门机构及其他与服务有关的政府间组织进行磋商和合作作出适当安排。所以，世贸组织与基金组织要在货物和服务贸易领域中就国际收支问题进行磋商。

2.《国际货币基金组织与世界贸易组织间协定》的有关规定

虽然存在《世贸协定》和部长宣言，基金组织和世贸组织间的法律关系仍是

① 由于世贸组织和 GATT 的法律地位不同，GATT1994 对 GATT1947 作出了某些解释性声明。与国际收支有关的解释性声明是 GATT1994 第 2 条。该条 b 项规定：第 15 条第 1 款、第 15 条第 2 款、第 15 条第 8 款、第 38 条及关于第 12 条和第 18 条的注释中，以及 GATT1994 第 15 条第 2 款、第 15 条第 3 款、第 15 条第 6 款、第 15 条第 7 款和第 15 条第 9 款关于特殊外汇协定的规定中所指的采取联合行动的缔约方全体，应视为指 WTO。GATT1994 的条款指定采取联合行动的缔约方全体履行的其他职能应由部长级会议进行分配。

单向的(one-sided)。因为《世贸协定》考虑基金组织的管辖,并要求世贸组织依赖基金组织在收支平衡评估方面的专长,但基金组织在《基金协定》下的义务却不受世贸组织行动的影响。结果,《世贸协定》要求在特定情形与基金组织磋商,但《基金协定》中并没有明确要求基金组织与世贸组织磋商的条款。[①]

为了改变这种不对称情况,世贸组织部长会议授权世贸组织总干事寻求与基金组织达成有关合作的协定。最终,1996 年世贸组织总干事与基金组织总裁分别代表两个组织签署了《国际货币基金组织与世界贸易组织间协定》(以下简称"《基金组织与世贸组织间协定》")。[②] 该协定明确了两个组织在目标上的一致性,要求为了实现经济决策的更大一致性,世贸组织与基金组织应给予对方机构和职员以观察员身份参加相关会议、双方机构和职员应就相关事宜进行磋商、在保密情况下交换信息和资料。《基金组织与世贸组织间协定》使得世贸组织和基金组织都负有与对方合作的义务,而不再仅仅是世贸组织单方的义务。

3. 基金组织与世贸组织在国际收支磋商中的地位

《基金组织与世贸组织间协定》第 4 条规定:"基金组织同意参加由世贸组织国际收支限制委员会就一世贸组织成员为保障收支平衡而采取的措施而进行的磋商。"不过,该协定没有规定在磋商过程中基金组织和世贸组织的法律地位,这些问题只能通过世贸协定去寻求答案。

根据 GATT 1947 第 15 条第 2 款之规定,总理事会和国际收支限制委员会在货币储备、国际收支或外汇安排的问题上,应该接受基金组织的以下决定或结果:(1) 基金组织提供的关于外汇、货币储备或国际收支的所有统计或其他事实的调查结果。(2) 基金组织有关一缔约方在外汇问题方面所采取的行动是否与《基金协定》相一致;如果该成员不是基金组织的会员国,则应接受基金组织提供的该行动是否与成员与缔约放全体缔结的特殊外汇协定相一致的结论。(3) 在对涉及第 12 条第 2 款(a)项或第 18 条第 9 款所列标准形成最后决定时,应接受基金组织关于哪些内容构成该缔约方货币储备严重下降、其货币储备非常低的水平或其货币储备合理增长率的确定,以及在此类情况下磋商中所涵盖的其他事项的财政方面的确定。

由上可知,世贸组织与基金组织在国际收支领域方面的磋商呈现出以下几个特点:第一,基金组织在世贸组织中的作用仅限于提供所有统计或其他事实

① Deborah E. Siegel, Legal Aspects of the IMF/WTO Relationship: The Fund's Articles of Agreement and the WTO Agreements, America Journal of International Law, Vol. 96, 2002 July, pp. 561—598.

② 根据该协定第 17 条,该协定经过世贸组织总理事会和基金组织执行董事会批准后,于签字之日生效。因此该协定于 1996 年 12 月生效,见 WT/L/195。协定具体条文可见附录一。

的调查结果,如技术信息和决定是否与《基金协定》一致,而不是对 GATT 相关条款的解释。第二,虽然基金组织关于国际收支事项所有统计或其他事实的调查结果和决定没有被世贸组织否认,但世贸组织最终决定成员的国际收支措施是否符合《世贸协定》的相关条款。第三,尽管早期 GATT 1947 和基金组织的分工以政府措施的技术为划分标准,不是以该措施对国际贸易和金融的效果为标准。[①] 国际收支限制委员会在 1981 年认为,产生贸易效果的货币措施应该视为为国际收支目的而采取的贸易措施。换句话说,根据措施的效果来确定其属于贸易措施还是外汇措施,而不是技术标准。[②]

这两个国际组织在合作时的法律地位是与其政府间国际组织的特性密切相关的。首先,国际组织是两个以上的国家组成的一种国家联盟或国家联合体,该联盟是由其成员国政府通过符合国际法的协议而成立的,并且具有常设体系或一套机构,其宗旨是依靠成员国间的合作来谋求符合共同利益的目标。[③] 因此,国际组织的权利能力和行为能力均由其组织约章规定。从国际法层面讲,如果某一国际组织的组织约章没有规定该组织应附属于其他国际组织,他们在法律上就是平等和独立的。基金协定和世贸协定都有组织合作的条款,在这些条款的范围内,另一个国际组织具有优先权。如 GATS 第 11 条第 2 款规定:"本协定的任何规定不得影响基金组织的成员在《基金协定》项下的权利和义务,包括采取符合《基金协定》的汇兑行动,但是一成员不得对任何资本交易设置与此类交易的具体承诺不一致的限制,根据第 12 条或在基金组织要求下除外。"其次,一个组织所关注的问题中心是主要的,它不仅要重点关注一个机制所涵盖的各个方面的范围,也要关注它本身实施行动的范围。因为存在多重目标会产生激励问题。迪克西特在 1996 年很具有说服力地论证了一个组织需要有一个牢固的中心以使其内部的激励是强有力的。[④] 按照这个解释,虽然《世贸协定》序言规定世贸组织的宗旨是:认识到在处理它们在贸易和经济领域的关系时,应以提高生活水平、保证充分就业、保证实际收入和有效需求的大幅稳

---

① 罗斯勒认为技术标准会导致在两个组织间的"挑选适用"。"通过银行系统管理对外贸易并因而趋向采用货币措施的国家,利用海关管理控制外贸并因而趋向采取贸易措施的国家,都应承担同样的义务。由对外贸易内部行政机构决定其应接受基金组织或是 GATT 的管辖,这是不合理的。如果一个同时通过银行系统和海关管理控制外贸,那么就会存在利用贸易控制技术适用能提供更有利待遇的组织规则。"Frieder Roessler, Selective Balance-of -Payments Adjustment Measures Affecting Trade: the role of the GATT and IMF,. Journal of World Trade, 1975, pp. 640—643.

② Deborah E. Siegel,前引文。

③ 王铁崖主编:《国际法》,北法律出版社 1995 年版,第 521 页。

④ 戴维·瓦因斯:《WTO 与 IMF、世界银行之比较:能力、议程和联系》,载安尼·O. 克鲁格编:《作为国际组织的 WTO》,上海人民出版社 2002 年版,第 82 页。

定增长以及扩大货物和服务的生产和贸易为目的，同时应依照可持续发展的目标，考虑对世界资源的最佳利用，寻求既保护和维护环境，又以与它们各自在不同经济发展水平的需要和关注相一致的方式，加强为此采取的措施。但世贸组织应该以扩大货物和服务的生产和贸易为其中心目标。只有这样世贸组织才不会被其他的目的所分散。多哈回合中，发达国家回避发展中国家有关农产品贸易、棉花问题和特殊待遇问题的议题，力图扩大世贸组织在投资、竞争和环境保护等方面的管辖范围。这降低了世贸组织对发展中国家的激励，多哈回合迟迟不能取得突破也与此有关。所以，基金组织和世贸组织在合作中应该遵守各自的授权、尊重对方的独立决策权，同时避免对成员强加交叉条件。[①]

三、世贸组织争端解决机构与基金组织磋商的权限（competence）问题

基金组织经常公布各国的国际收支状况。哪些国家出现了国际收支问题，其他国家都比较容易获悉。因而，GATT 时期，发展中国家在引用国际收支平衡条款实施进口贸易限制时，基本上没有遇到其他缔约方的反对。但因国际收支目的采取限制措施的成员应该向国际收支限制委员会汇报，由委员会审查，在有关成员的国际收支状况有所改善时，一般要求该国逐步取消进口限制。但什么情况下国际收支的改善达到了取消限制的程度，实施限制的成员与其他成员往往出现分歧，贸易争端由此产生。GATT 时期的韩国限制牛肉进口案[②]和世贸组织时期的印度对农产品、纺织品和工业产品进口限制案[③]就是其中的典型案例。因为这两个案例在国际收支方面的权限问题比较相似，下面就以印度对农产品、纺织品和工业产品进口限制案为例，说明世贸组织争端解决机构在国

---

① 《关于世贸组织对实现全球经济决策更大一致性所作贡献的宣言》第 5 段规定："经济决策的不同方面的相互联系要求每一领域的国际机构遵循一致和相互支持的政策。世贸组织因此应推行和发展与负责货币和财政问题的国际组织的合作，同时遵守每一机构的授权、保密要求以及在决策过程中的必要自主权，并避免对各国政府强加交叉条件或额外条件。部长们还提请世贸组织总干事与基金组织总裁和世界银行行长一起，审议世贸组织与布雷顿森林体系机构合作的职责所产生的交叉，以及此种合作可能采取的形式，以期实现全球经济决策的更大一致性。"

② 2/6503，BISD 356/268，adopted on 7. Nov. 1989，该案的中文简析可参见韩立余编著：《GATT/WTO 案例及评析（1948—1995）》（上卷），中国人民大学出版社 2002 年版，第 444—454 页。

③ WT/DS 90/R，6. April 1999，WT/DS 90/AB/R，2 August 1999，adopted on 22 September 1999. 该案中文概要和分析可参见韩立余编著，前引书，第 375—399 页；汤树梅、尹立主编：《以案说法：WTO 篇》，中国人民大学出版社 2002 年版，第 137—150 页；朱榄叶编著：《世界贸易组织国际贸易纠纷案例评析》，法律出版社 2000 年版，第 192—207 页。关于该纠纷极富建设性的评析，可参见左海聪著：《国际经济法的理论与实践》，武汉大学出版社 2002 年版，第 160—174 页。

际收支方面上与基金组织磋商的权限问题。

1．争议方的主张

在印度进口限制措施纠纷中，在专家组审理纠纷前，国际收支限制委员会已经就印度的国际收支状况与基金组织进行磋商并接受了基金组织的相关决定。然而在争端解决过程中，专家组仍决定就印度的国际收支状况与基金组织磋商。关于专家组是否有权审议贸易限制措施的正当性(justification)并进而与基金组织就国际收支进行磋商的问题，美国和印度双方持不同看法。美国认为，GATT 1994 第 15 条第 2 款要求世贸组织在某些问题上与基金组织磋商，这里所说的世贸组织包括世贸组织争端解决机构。印度则提出，专家组无权审理为国际收支目的而采取的进口限制措施的正当性，这是专属于国际收支限制委员会和总理事会的权力，因而，专家组也无权就国际收支状况再与基金组织协商。印度的理由是:(1)《1994 国际收支条款谅解》[①]所用“措施产生的任何事项”的措辞要求区别“措施的采取”和“措施在 GATT 下的正当性”。印度认为“脚注”的范围仅限于有正当国际收支理由的措施，它没有改变成员国的权利，即措施的正当性只能由国际收支限制委员会依据 GATT 条款决定。(2)措施是否符合 GATT 第 1、2、11、13 条、世贸协定的其他条款或专项协议，只能由专家组审查，但国际收支措施的正当性问题只能根据 GATT 第 15 条第 2 款、第 18 条 B 节、1979 年宣言和《1994 年国际收支条款谅解》规定的程序确定。印度指出，《1994 国际收支条款谅解》脚注间接确认，该谅解其他事项所引发的争端，尤其是 13 段的争端不能由专家组审查。印度声称，专家组不能取代国际收支限制委员会或总理事会作出措施正当性的决定，否则将会使 GATT 第 18 条 B 节和《1994 国际收支条款谅解》成为多余，根本改变成员国在谈判中达成的平衡。(3)根据机构平衡原则，专家组和国际收支限制委员会不应重复审查。印度还提及了 GATT 时期关于 GATT 1947 第 23 条和第 24 条的相关实践。

2．世贸组织争端解决机构的裁决

专家组认为，从通常意义看，“为国际收支目的而采取的限制性进口措施”的措辞似乎指为国际收支目的而采取的措施的事实。这些词的使用并未表明“采取措施”和“措施的正当性”之间存在对立，如果要解释为对立，需要附加表示限制性或对立的措辞，而争议句中没有这样的词语。根据 1969 年《维也纳条

① 《1994 国际收支条款谅解》规定：本谅解的任何规定无意修改各成员在 GATT1994 年第 12 条和第 18 条 B 节下的权利和义务。对于为国际收支目的而采取的限制性进口措施所产生的任何事项，可援引由 DSU 详述和适用的 GATT1994 年第 22 条和 23 条的规定。

约法公约》条约解释的规定，专家组分别分析了1994谅解的文本、GATT的条款文本、《世贸协定》的目的及宗旨、GATT以往的实践以及准备资料，最后得出结论：专家组可以审查为国际收支目的而采取的限制性进口措施。而且专家组认为，专家组审查为国际收支目的而采取的限制性进口措施并不会导致与国际收支限制委员会或总理事会的潜在冲突。因为专家组和国际收支限制委员会可能连续审查相同的为国际收支目的而采取的限制性进口措施，如果像本纠纷一样，委员会没有作出决定，冲突就不会发生。本纠纷中，虽然委员会和总理事会考虑了印度争议措施的理由，但没有作出决定，也未得出结论。专家组进一步指出，专家组的报告也没有取消委员会或总理事会就以后改变的情形作出新结论的能力。基于此理解，专家组重新审查印度为国际收支目的而采取限制性进口措施，并根据DSU第13条第1款与基金组织再次进行磋商。上述机构也确认了专家组的结论。但是，在该案中，专家组和上诉机构都不是以GATT第15条为其与基金组织磋商的依据，而是以DSU第13条为依据。在这种情况下，专家组并不必须接受基金组织提供的关于外汇、货币储备或国际收支的所有统计或其他事实的调查结果，也无义务接受基金组织有关一缔约方在外汇问题方面所采取的行动是否与《基金协定》或该缔约方与缔约方全体之间订立的特殊外汇协定条款相一致的确定，从而改变了基金组织调查报告和决定的法律地位。

笔者认为，专家组和上诉机构的上述意见是值得商榷的。专家组和上诉机构的决定改变了成员国在谈判中达成的平衡，其解释了违反了《世贸协定》。DSU第3条要求DSB的建议和裁决不能增加或减少适用协定所规定的权利和义务。这是与《世贸协定》形成的原因和严格的解释规则相一致的。《世贸协定》第9条第2款规定部长会议和总理事会拥有通过对本协定和多边贸易协议所作解释的专有权力。对于附件1中一多边贸易协议的解释，部长会议和总理事会应根据监督该协议实施情况的理事会的建议行使其权力。通过一项解释的决定，应由成员的四分之三多数作出。本款不得以损害第10条中有关修正规定方式使用。“专有权力”的措辞和“四分之三多数”的要求，表明应该严格按照《世贸协定》的要求进行解释，世贸组织规则不承认通过其他途径解释《世贸协定》。此外，与GATT时期“协商一致”通过的原则不同，世贸组织时期的争端解决机构的报告采取“消极协商一致”原则，只要有一票赞成就可获通过。在这种情况下，有可能存在一部分或相当一部分成员反对、而报告依然通过的情形。这与《世贸协定》严格的解释规则是完全不一样的，其法律效力自然也不应一样。

四、结　语

虽然GATT1947和世贸协定中包括了国际收支条款，但为国际收支目的而采取的贸易限制措施经常由各成员自行确定，容易沦为贸易保护的工具。并且，发达国家已经不需要借助国际收支来实施贸易限制措施。在这种情况下，发达国家极力在GATT和世贸组织框架内限制发展中国家利用国际收支条款。1979年的宣言和1994年关于国际收支的谅解就是明显的例证。在国际收支条款援用的场合减少时，基金组织与世贸组织就国际收支问题进行磋商的几率也相应地降低了。不过，磋商并不是基金组织和世贸组织进行合作的惟一途径。《基金组织与世贸组织间协定》就基金组织和世贸组织通过交换信息和相互参加会议的方式进行合作做出了较为详细的规定。两个国际组织在日常活动中也常常通过交换信息和相互参加会议来协调解决成员国在国际收支方面的问题，促进世界贸易的发展。①

另一方面，观念、商品和人员跨越地缘政治边界的日益流动创造了密集的相互依存网络，它不仅在物质上、而且在心理上"压缩了世界"。这种"缩小世界的效应"塑造着个人的意识和行动，也塑造着个人同其他人结合的方式。这些变革促成了在各个国家以及国际政治经济中国家、市场和公民社会各自角色在天平上的转变。② 非政府组织独立于传统主权国家，也成为国际社会的行为者之一。国际性的非政府组织无论在数量上还是对国际事务所产生的作用上，都在与日俱增。它们通过各自的活动参与国际经济规则的制定、监督国际经济规则的实施。世贸组织继承了GATT 1947的原则和规则，并成功地过渡为迄今为止人类历史上最为完整的一套世界贸易规则体系。非政府组织当然不可能放弃世贸组织这个展现其能力的大舞台，他们对将各种问题列入未来的贸易谈判产生了新的期望和兴趣。在西雅图召开的世贸组织会议就因为非政府组织的示威而没有达成预期的目标。《多边投资协议》的制定也是因为非政府组织的

---

① 1997年3月，世贸组织秘书处首次以观察员身份参加了基金组织执行董事会会议，参与世界经济前景(World Economic Outlook, WEO)的讨论。WEO是基金组织的主要出版物，每两年发行一次。WEO提供了对世界经济形式的权威认识，包括各主要国家的增长和通货膨胀率，以及贸易流量。近年来，世贸组织还参加了基金组织执行董事会有关《基金协定》修改、资本自由化和贸易自由化问题的会议。关于世贸组织与基金组织近期的合作，可参见：The Future of the WTO, Report by Consultative Board to the Director-general Supachai Panitchpakdi, available at http:// www.wto.org, visited in April .1 ,2005.

② 〔美〕戴维·布朗、桑杰夫·凯哈格拉姆：《全球化、非政府组织和多部门关系》，载李惠斌主编：《全球化与公民社会》，广西师范大学出版社2003年版，第143页。

抗议而停止。在国际货币金融领域,非政府组织也积极发挥作用。晚近在基金组织的贷款条件中,也开始加入了有关保护人权和消除腐败等方面的要求。这是一些西方国家政府、非政府组织及学者推动的结果。在国际收支方面,非政府组织的活动也将对基金组织和世贸组织的磋商产生重要影响。

论国际环境法上的共同但有区别责任

高　原*

内容提要：共同但有区别责任是随着国际社会日益关注人类共同关切事项而提出的一项基本原则，目前主要适用于国际环境法领域。本文在分析了该原则产生的背景之后，在对目前关于共同但有区别责任的不同观点予以分析的基础上，深入论述了该原则的理论基础和实施方式。共同但有区别责任对国际法产生了一定的影响，为世界各国开辟了通向可持续发展的道路。

关键词：共同但有区别责任　区别责任　公平原则　国际环境法

一、共同但有区别责任在国际环境法上的地位

（一）人类共同关切事项的概念与共同但有区别责任的提出

"共同但有区别责任"的概念越来越得到国际法的承认。① 共同但有区别责任指的是由于地球生态系统的整体性和导致全球环境退化的各种不同因素，各国对保护全球环境负有共同的但是又有区别的责任。它包括两个互相关联

* 中国政法大学2005级国际经济法博士研究生，中山大学2005届法学硕士。

① 参见 Philippe Sands, Principles of International Environmental Law(2d), 2003, pp. 225—228; Duncan French, Developing States and International Environmental Law: The Importance of Differentiated Responsibilities, International & Comparative Law Quarterly, vol. 49, 2000, p. 35; Daniel Barstow Magraw, Legal Treatment of Developing Countries: Differential, Contextual, and Absolute Norms, Colorado Journal of International Law and Policy, vol. 1, 1990, p. 69; Lavanya Rajamani, The Principle of Common but Differentiated Responsibility and the Balance of Commitments under the Climate Regime, Review of European Community and International Environmental Law, vol. 9, 2000, p. 120.

的内容,即共同的责任和有区别的责任。① 共同但有区别的责任的内容主要体现在两个方面:一是履行时间上的先后、更严格的履行标准等对缔约方的要求不同,一是资金与技术援助。美国学者克里斯托佛·D.斯通对共同但有区别责任做了更为广泛的描述。共同意味着某些危机是地球上每个国家都受其影响同时也影响着它们的发展。这些危机不但包括气候变化、臭氧层变薄,还包括与危机有关的全球共同产品,如和平、公共健康和公共安全。这种责任方式在所有需要集体行动的领域,从维护和平、打击恐怖主义、传染病控制到促进贸易等方面都引起关注。共同但有区别责任在环境领域得到最积极的推动。为减少共同面对的危机,每个国家都应该本着伙伴的精神共同合作。但是,各国的责任是有区别的,这指的是各国无需作出相同的贡献。②

以上的概念,提到了环境系统的整体性,提到了共同面对的危机,一般认为,共同但有区别责任中的共同责任根植于"人类的共同遗产"和"人类共同关切事项"的概念(有的学者采用了"人类共同利益"的概念,这两个概念恰好表明了世界各国基于人类共同关切的事项有着共同的利益)。③ "人类共同关切事项"(或者"人类共同利益")的概念在国际法中存在已久。李浩培先生就曾说过《联合国宪章》第二条第四项的规定是强行法,它是为了整个国际社会的共同和根本利益而规定的。④ 在《气候变化公约》和《生物多样性公约》中,缔约国明确承认环境问题超出了国界,属于人类共同关切之事项。有学者认为,可以将国际法规范的一类称为以人类共同利益为基础确立的国际社会共同规则,而且这才是真正意义上的国际法。⑤ 从人类的共同利益出发确立国际社会的规则,是当代国际法发展中一个值得注意的趋向。

区别责任在国际法上也久已有之。一般认为,此原则是从国际法中衡平原则的适用中发展出来的。⑥ 在这些共同关切事项上实行共同但有区别责任有着很深厚的道义基础,并体现了法律上公平的理念,如今,共同但有区别责任已逐步上升为国际法环境法上的一项原则。联合国环境规划署的《环境法教程》在

---

① 见黄瑶著:《国际法关键词》,法律出版社 2004 年版,第 152 页;蔡守秋、常纪文主编:《国际环境法学》,法律出版社 2004 年版,第 86 页;王曦编著:《国际环境法》,法律出版社 1998 年版,第 112 页。

② Christopher D. Stone, Common but Differentiated Responsibility in International Law, American Journal of International Law, vol. 98, 2004, p. 276.

③ 亚历山大·基斯著:《国际环境法》,张若思译,法律出版社 2000 年版,第 109 页。

④ 李浩培著:《国际法的概念和渊源》,贵州人民出版社 1994 年版,第 35 页。

⑤ Alexandre Kiss and Dinah Shelton: International Environmental Law, Transnational Publishers, Inc, London, England, 1991, p. 16.

⑥ Santa Barbara, Declaration of Environmental Rights, Annals of American, Encyclopedia, Inc., 1976, Vol. 19, pp. 100—101.

国际环境法和国内环境法中正在形成的原则和概念一章中,在国际法部分把"人类共同关切事项与共同但是有区别原则"作为标题并列,可见两者之间的联系。共同关切概念隐含着两个基本的假定:就共同关切的问题而言,各国不应造成损害;各国共同承担对付共同关切问题的责任,它是由每个国家针对整体国际社会所履行的义务,与义务的受益者之间不以双边互惠为条件。法国学者亚历山大·基斯指出,对于国际法,自第二次世界大战以来的全球变化的主要后果是使各国认识到,"人类具有超越单个国家利益的共同利益,而且它们并不必然是,至少在短期里,单个国家利益的总和……这必然意味着国际法的整个方法从国家的中心作用转向整体国际社会。因此,整个国际体系的焦点日益集中于人类而非单个的国家……由此必然导致一种全球的方法,该方法着眼于整体国际社会并将按照它的需要和目标来考虑它内部的各种职能——而不再按照单个国家的利益来考虑"。[①] 在 1997 年国际法院多瑙河水坝案中,特拉曼特雷法官指出,我们已经进入了一个国际法的时代。在这个时代,国际法不仅促进单个国家的利益,而且着眼于全人类和整体国际社会的利益。环境保护等具有全球性特征的困境正在呼唤着新的、调整人类共同利益的国际法规则的出现。当今世界,社会合作已经超越了国家疆界。国家之间相互依赖的特性通过产生利益和负担的复杂的社会相互作用模式表现出来。[②] 根据这种特性,发达国家中的人们有义务帮助那些受到国际层面的社会合作的不利影响的穷国中的人民。[③] 霍夫曼说:"我们的善恶观念大约处于这样一种中间状态,即我们在社区之外除了施舍不负有任何义务的观点和我们对全人类负有同样的、完全的义务的观点之间。因而,如果发现义务的基础仍不稳定,也无须奇怪。这并不意味着我们不应当努力使之更坚实、更牢固。"[④]这样,就不难理解共同但有区别原则之所以产生的背景和理由。

人类意识到人类对地球生态环境的依存关系可以追溯到遥远的古代,但是直至国际法产生以后,各国缔结的有关环境的公约也只限于对一部分自然资源的管理和利用。随着国际交往的日益密切,各国意识到合作的重要性,提出了

---

① 亚历山大·基斯:《全球变化对于国际法律体系的影响》,载爱迪·布朗·维丝编:《环境变化与国际法:新的挑战和领域》(英文版),联合国大学出版社 1992 年版,第 331—339 页。转引自王曦:《论现代国际法中的"对一切"义务概念》,载王曦主编:《国际化环境法与比较环境法评论》第 1 卷,法律出版社 2002 年版,第 94 页。

② 查尔斯·贝兹:《政治理论与国际关系》,普林斯顿大学出版社 1979 年版,第 6 页。

③ 鲍尔·G.哈里斯著:《国际正义与环境变化》,张晓波译,载王曦主编,前引书,第 50 页。

④ 斯坦利·霍夫曼:《超越边境的义务》,叙拉古大学出版社 1981 年版,第 164 页。转引自鲍尔·G.哈里斯著:《国际正义与环境变化》,张晓波译,载王曦主编, 前引书,第 53 页。

共同但有区别的责任作为适用于处理国际间环境事项的普遍遵守的原则,但这只是近几十年的事情。考察有关国际环境法文件,可以发现对国际环境的保护大致经历了从“强调共同责任”到“共同责任与区别责任并重”的嬗变过程。[①]今天,国际社会日益认识到必须以与国家的共同但有区别的责任相一致的方式来对付共同的环境问题。

克里斯托佛·D.斯通并不支持国际法上对待发达国家与发展中国家规定有区别的排污义务。[②] 他的理由是:从习惯国际法的角度,找不到任何基于贫富地位不同而不同的规则,并列举了关于海盗和侵犯外交人员的国际习惯法并没有为贫穷而作出例外的规定;再从国际法形成的另一个主要渊源——国际条约的角度,他认为有区别的原则的结果只会有利于强国的选择。由此,他提出:在环境法上,不应当有任何规定称没有足够的技术、物质资源以减轻对环境的破坏是一种抗辩,区别责任只能是例外而并非原则,一致性仍然是主要的原则。可以看出,克里斯托佛·D.斯通在对待共同但有区别责任的问题上持僵化的见解。上文已经阐述了共同但有区别责任产生的背景,是随着现代国际法的发展而提出来的一项新的原则,该原则表明国际社会加深了对解决全球共同危机、维护共同利益的方法的认识。理论上,共同但有区别责任与国际法的基本原则并不矛盾,它映证了主权原则。国际法上的主权国家之间在协商的基础上达成的协议或者加入的条约,必须是当事国自愿达成的或者自愿遵守的,现代国际法不承认胁迫或者其他非法手段达成的国际条约,那么,这样的国际条约是符合参加国家的利益。在很多情况下,人类基本道德和国际社会共同利益与各国的国家道德和利益是一致的,因而,他们可以通过国际法的规则体现出来并得到保障,虽然共同利益并不等于相加利益之和。而一致性与区别性只是权利、义务的不同表现形式,不能以此来说明背离了国际法。实践上,共同但有区别责任促进了国际协议的达成,有利于促进人类共同关切事项的进展。共同但有区别责任不是例外,也不同于条约的保留。条约的保留是对条约的某些条款的保留,而共同但有区别责任是基于历史、现状的考虑的基础之上进行责任的分配,是贯穿于整个条约的原则。

国际法的形成与发展是伴随着国际关系的演化而不断丰富发展的,“共同

---

① 参见杨兴:《试论国际环境法的共同但有区别的责任原则》,载《时代法学》2003年第1期,第83页。原文如下:可以发觉该原则(共同但有区别责任)的历史发展大致经历了从“强调共同责任”到“共同与区别责任并重”的嬗变过程。笔者认为:这是国际环境的保护责任的演变过程,而不是“共同但有区别责任”的发展历程。

② Christopher D. Stone,前引文,第277页。

但有区别责任”的出现是对现代国际关系的一种的反映,反映了各国对于共同关切问题的解决在国际法层面的响应。

(二)共同但有区别责任在国际社会的主要实践

虽然共同但有区别责任这个术语是在近年出现的,但是体现了该原则的多边协议久已存在。

1972年《人类环境宣言》赞同“要考虑发展中国家的情况和要求、把环境保护纳入发展计划的成本及在他们要求之下为环保目标为他们提供国际技术和财政支持的需要等”。宣言的第23条规定:“必须考虑这些标准的适用对于最先进的国家有效,但是对于发展中国家不适合和具有不值得的社会代价的标准的可行程度。”[①]在这次发达国际和发展中国家普遍参加的会议上,第一次达成了国际一致同意,至少是在理论上,适用共同但有区别责任和有关国际环境问题的不同标准。[②]

根据宣言,共同但有区别责任被纳入到20世纪80年代以后所通过的所有全球环境公约中,虽然有些没有使用共同但有区别责任的措辞。1987年的《关于消耗臭氧层物质的蒙特利尔议定书》及其1990年修正案都给予满足一定条件的发展中国家10年的限控CFC物质宽限期[③],并规定创设多边基金,要求发达国家建立提供资金、技术合作的机制,包括无偿的转让技术。[④] 该议定书第一个采纳援助术语作为对发展中国家加入国际环境协议的激励。[⑤] 1989年《控制危险废物越境转移和处置的巴塞尔公约》(第10条第2款)也有相关的规定。

1992年的联合国环境与发展大会最引人瞩目的地方之一就是国际社会同意在发达国家与发展中国家之间适用有区别责任,作为实现全球的环境保护和可持续发展的手段。[⑥] 这次会议通过的文件包括两个条约:《联合国气候变化框架公约》、《生物多样性公约》和三个没有约束力的文件,即《21世纪议程》、《里约环境与发展宣言》和《关于森林问题的原则申明》。这种有区别的责任在大会通过的所有这些国际法文件中都能够看到。第一个正式采用共同但有区别责

---

① 《斯德哥尔摩宣言》原则23。

② Michael Weisslitz, Rethinking the Equitable Principle of Common but Differentiated Responsibility: Differential Versus Absolute Norms of Compliance and Contribution in the Global Climate Context, Colorado Journal of International Law and Policy , vol. 13, 2002, p. 473.

③ 《关于消耗臭氧层物质的蒙特利尔议定书》第5条第1款。

④ 《关于消耗臭氧层物质的蒙特利尔议定书》第10条。

⑤ Michael Weisslitz, 前引文,第473页。

⑥ Duncan French, 前引文,第35页。

任的多边环境协定是《气候变化的联合国框架公约》。《气候变化公约》明确指出："各缔约方应在公平的基础上，并根据它们共同但有区别的责任和各自的能力……保护气候系统。"它规定了发达国家率先行动的原则，发达国家应当遵守更严格的标准和提供资金与技术支持。共同但有区别责任的理论基础在《生物多样性公约》中有明确的表述，公约第16、20、21条规定了技术转让和资金援助。1997年《京都议定书》，有学者称之为是对共同但有区别责任最严格的适用。[①] 而且，以上这些国际法文件均把共同但有区别责任作为原则适用。

上述的宣言和条约是世界各国广泛参与的，具有很强的影响力。国际社会关于共同但有区别责任的实践表明了该责任在世界上得到了广泛的承认。中国政府2005年发布的《中国关于联合国改革问题的立场文件》中，再次申明了各国应按照"共同但有区别责任"原则开展可持续发展国际合作。[②] 欧盟是《京都议定书》的积极支持者，对共同但有区别责任表示赞同。美国同世界其他国家一样，同意1992年《气候变化框架公约》中所规定的这项原则，该公约由乔治·H.布什总统签署并经参议院批准。[③] 总之，共同但有区别责任原则已经由最近几十年的讨论形成的国际环境法文件确立起来了[④]，且已经由"软法"(像里约宣言)转变为新生的、但是逐渐增强的国际法的刚性的那个组成部分(像《联合国气候变化框架公约》和《京都议定书》)。[⑤]

不但我国的学者支持共同但有区别责任作为国际环境法上的重要原则的法律地位，其他国家包括西方的大部分学者也都接受共同但有区别责任在国际环境法上的原则性的地位。菲利普·桑梓把共同但有区别的责任作为国际环境法的原则之一，并且阐述了这些新出现的原则对于国际法的基本概念和基本原则是相互解释说明的关系，并把它作为可持续发展涵盖的基本内容之一。托马斯·伯根特尔和肖恩·D.墨菲合著的《国际公法》中把它作为国际环境法的关键的原则(key principle)。[⑥] 亚历山大·基斯把共同但有区别的责任描述为国际环境法的最基本的四个概念之一，并且说明："与原则不同的是，这些概念

① Michael Weisslitz，前引文，第473页。

② 《中国政府发布关于联合国改革问题的立场文件》，2005年，见 http://news.jxcn.cn/514/2005-6-8/30038@160813.htm.

③ Paul G. Harris, Common but Differentiated Responsibility: The Kyoto Protocol And United States Policy, New York University of Environmental Law Journal, vol. 7, 1999, p. 27.

④ Frank Biermann, "Common Concern of Humankind: The Emergence of a New Concept of International Environmental Law", Archiv des Volkerrechts, 1996, vol. 34, p. 426. 转引自 Paul G. Harris，前引文。

⑤ 《联合国气候变化框架公约》第3条第1款。

⑥ 托马斯·伯根特尔、肖恩·D.墨菲:《国际公法》，法律出版社2004年版，第307页。

不能直接适用，它们隐藏在构成法律秩序的一切规则之下。它们也因此在法律的发展中起着重要的作用。”①

综上所述，共同但有区别责任形成于人类共同关切事项获得国际社会的普遍关注的背景下，成为国际环境法的指导性原则。共同但有区别责任法律地位的确定对于维护全球环境系统是至关重要的，对正在发展中的国际法的影响也将是深远的。

二、共同但有区别责任的法理基础——公平原则

在1992年的联合国环境与发展大会通过的《里约宣言》中，共同但有区别责任以完整的面貌作为一项原则出现。宣言的第6条原文如下：“应该优先考虑发展中国家，尤其是最不发达国家和环境最脆弱的国家的特殊情况和需要。”第7条宣布：“各国应本着全球伙伴精神，为保存、保护和恢复地球生态系统的健康和完整进行合作。鉴于导致全球环境退化的各种不同因素，各国负有共同的但又有差别的责任。发达国家承认，鉴于他们的社会给全球环境带来的压力，以及他们所掌握的技术和财力资源，他们在追求可持续发展的国际努力中负有责任”。② 借鉴条约文义解释和系统解释的方法，从宣言的文字本身来看，第6条指出了环境对发展中国家所造成的巨大的威胁和压力，第7条则明确地说明了共同但有区别责任的根据在于各国对环境造成的破坏程度不同，那些对环境造成巨大破坏的国家应当承担主要责任。第7条的后半段是发达国家的态度，他们认为，另一方面，他们所掌握的技术和财力资源，即他们在这方面改进的能力也是并列的一个理由。发展中国家并不否认这种能力的重要性，同时他们强调了发达国家对于环境的破坏是使发达国家承担责任的主要原因。连续的第6条和第7条清楚地显示了主要是发达国家对资源不可持续的开采使用造成了发展中国家面临的和全球的环境问题，同时发达国家具有改善这种状况的能力。根据公平原则，应当由造成环境损害并从中获益的发达国家来承担主要责任，这样利益与责任的分配才是合理的。《里约宣言》的文字体现了这种公平原则，环境损害的责任和解决问题的能力都是予以考量的因素。

《联合国气候变化框架公约》是第一个正式采用共同但有区别责任术语的

---

① 亚历山大·基斯著，前引书，第109页。

② 中国环境报社编译：《迈向21世纪——联合国环境与发展大会文献汇编》，中国环境科学出版社1992年版，第30页。

多边环境协定,因而对于考察共同但有区别责任的理论基础具有重要作用。公约的原则1重申了序言中的几个观点,其中包括共同但有区别的责任。约文如下:“各缔约方应当在公平的基础上,并根据他们共同但有区别的责任和各自的能力,为人类当代和后代的利益保护气候系统。因此,发达国家缔约方应当率先对付气候变化及其不利影响。”[①]依据文义解释的方法,从条约的文字本身来看,公约首先就提到了“公平的基础上”,表明了共同但有区别的责任建立在公平的基础上。约文中“共同但有区别的责任”与“各自的能力”并列,说明责任与能力不能混同,两者都是发达国家率先行动的重要依据。但是对此,发达国家与发展中国家却各执一词,存在分歧。发展中国家认为发达国家对气候变化负有主要责任是其率先行动的主要理由;发达国家尤其是美国反对这一理由,认为其之所以同意率先采取行动,是因为他们拥有资金和技术能力。[②]“公约总是非常清楚的保存各方的立场”。[③]公约的这种表述使人们看到了发达国家承认历史和现实,却以另外的理由作为承担责任的依据。现在依据系统解释的方法,结合条约的序言来解释说明问题。[④]《联合国气候变化框架公约》的序言用了几段来表达对发展中国家的特殊考虑,其中最重要的是第3段:“历史上和目前全球温室气体排放的最大部分源自发达国家;发展中国家的人均排放仍相对较低;发展中国家在全球排放中所占的份额将会增加,以满足其社会和发展需要。”这段话是以中立的事实陈述方式来表达的,并不能由此推论出“发达国家在应付气候变化中应承担其主导作用”。[⑤]但是,序言清楚地表明了公约产生的背景,即历史上和现在发达国家与发展中国家的温室气体排放都是存在着巨大差距。结合公约产生的背景,原则1对共同但有区别责任的规定是由这样的事实导致的,历史的和现实的因素是不能被忽视的。正如普遍认同的那样,公约在公平方面赢得了比较高的分数。[⑥]从对这两个国际法文件的分析中,可以明白地看出,共同但有区别责任建立在公平原则的基础之上,这也正是《联合国气候变化框架公约》明确表述的。

---

① 《联合国气候变化框架公约》第3条第1款。

② 联合国环境规划署,王曦编著/译:《环境法教程》,法律出版社2002年版,第166页。

③ 同上书,第159页。

④ 广义上,条约的上下文包括了条约的序言,因为有时序言对于条约的解释是非常重要的。参见国际法院在“在摩洛哥的美国国民权利案”(1952)的判决。在判决中,法院认为,某些条约的序言表明了条约的目的和宗旨,因而是重要的。见 Rights of United States Nationals in Morocco, ICJ Reports, 1952, p. 196.

⑤ 联合国环境规划署,王曦编著/译:《环境法教程》,第163页。

⑥ 同上书,第207页。

凯瑞·麦克逊说,共同但有区别责任一方面简单地反映了一种对现实的实事求是的接受和对现实的回应,即在不同的经济条件下各国不同的资金和技术资源;另一方面,它能被说成是对历史的、道德的和法律的责任,北方承担环境保护的重担,就是因为它享受了大部分是不受环境考虑的限制的经济的和工业的发展带来的好处。① 这段话与《里约宣言》以及《联合国气候变化框架公约》的精神是相近的,都承认了历史的因素、现实的因素,是发达国家应当承担主要部分的依据。这样一个历史的意识明确了过去的事情,即殖民主义、西方的工业化、歧视的对待自然界等造成了现在的环境问题。② 目前,发达国家仍然是世界资源的主要使用者,历史的因素同现实的因素一样不能忽视。

所谓环境法上的公平是同时代人在作为生存基本条件的生态系统享用上的公平,即在保持生命面前人人平等,但借以保持生命的不是生产出来的产品,而是环境要素(如空气、水、阳光、温度等)所形成的生态系统。③ 这是很深刻的环境理念,进一步阐述了环境法中的公平原则。发达国家消耗着世界能源的绝大部分,如果按人均来算更是远远地超出发展中国家的人均消耗量,而气候变化的影响将随着全球污染加剧导致的环境退化而更加明显,气候变化导致的危害的后果也更加明显,而这种后果却主要由发展中国家将承担。经济发达地区利用高额的资源和环境消耗而抵消由此产生的环境成本,却要求欠发达地区为保护生态环境牺牲自己的发展权利,这显然是不公平的。"全球变暖对大多数贫穷和承受伤害者的预测的影响在道德上是不可接受的。迫切需要采取国内和国际的行动。"④我们的道德需要我们为过去负责,把我们的现在解释为与他人的承受密切相关。⑤ 发展中国家需要享有良好的生态环境以谋求发展,这种合理的使用生态环境的权利实际上被发达国家过去和现在的行为所剥夺了,因此,发达国家应当率先行动,更多地承担有关环境的责任,以弥补后果和一定限度的恢复全球的生态系统,使世界各国共同拥有一个可持续发展的环境生态系

① Karin Mickelson, South, North, International Environmental Law, and International Environmental Lawyers, International Environmental Law Yearbook, vol. 11, 2000, p. 54.

② A. Dan Tarlock, Exclusive Sovereignty Versus Sustainable Development of a Shared Resource: The Dilemma of Latin American Rainforest Management, Texas International Law Journal, vol. 32, 1997, p. 40.

③ 吕忠梅主持:《超越与保守—可持续发展视野下的环境法创新》,法律出版社 2003 年版,第 33 页。

④ 宗教领袖关于气候问题的声明于 2001 年 3 月 29 日致总统的信。见艾里克·皮艾宁:《联盟就全球变暖问题敲打布什》,载《华盛顿邮报》2001 年 3 月 29 日。

⑤ Robert Gibbs, Why Ethics? Signs of Responsibilities, 转引自 Graham Mayeda, Where Should Johannesburg Take Us? Ethical and Legal Approaches to Sustainable Development in the Context of International Environmental Law, Colorado Journal Law of International Environmental Law and Policy, vol. 15, 2004, p. 29.

统。这体现环境法上对于平等享受生态环境和资源的公平的原则。所谓“善法”必须有道德的基础,共同但有区别责任要求发达国家承担更多的责任,正是建立在这种环境公平的理念之上的。

在相当程度上,文明本身被定义为为了经济发展的目的对资源理性的开发。[①] 发达国家的财富是通过其对全球资源的开采和利用而得到的。这种逻辑关系所表述的是:“第一项准则——责任——主要是美国和其他的对大气层中温室气体的积累负历史责任的工业化国家,尽管这一责任在未来几十年里将逐渐转移。第二项准则——保护气候的能力——值得予以同等的重视。不足为怪的是,如同责任一样,较富的国家比较穷的国家具有更大的能力。”[②]关键在于最后一句话,为什么不足以为怪呢?因为这些财富是由依据近代以来不可持续的工业发展模式消耗了大量能源所带来的。因而,财富与责任是统一的。历史的、现实的因素和能力就联系起来了。下面以排放碳的数字为例加以说明。在过去一百年里,占世界人口总数20%的工业化国家的碳净排放量达到63%,而140个左右的发展中国家的排放量只占37%。就目前而言,美国的排放量占地球总数的25%,两个最大的发展中国家即中国和印度的排放量之和大约相当于美国排放水平的3/5(或全球总量的15%)。[③] 这些数据清楚地表明了排放量大的国家往往是工业发达的国家。而且,就如同财富的悬殊一样,工业化国家与发展中国家的排放量也是如此的悬殊。因而,发达国家把损害环境的责任与能力分离,使后者作为承担共同但有区别责任的理由,是完全没有依据的。

Duncan French 持这样的观点:共同但有区别责任建立在这样的观念之上,即国际环境保护需要考虑发展中国家的社会经济现实,这并没有错。他认为:“共同的责任或许为国际社会的行动提供了基础,但正是有区别责任的概念有希望地促进了这种行动的有效性,代表一种使共同关切之事项得到有效对付的哲学。……共同但有区别责任的办法意识到这样的事实:基于不同环境中的个体,不同位置的国家优先考虑安排的事项是不同的,也将有不同的能力去处理环境问题,各国应根据其能力而做出贡献。”[④]Duncan French 的观点有一定的道理,因为能力也是采取行动的一个重要根据。而且,他看到了国家基于自利的

① Karin Mickelson, 前引文,第52—54页。

② 凯文·A.鲍默、南希·凯特著:《美国、发展中国家与气候保护:带头或者僵局?》,王曦译,载王曦主编,前引书,第173页。

③ 数据来源:世界数据研究所,基础数据源,美国能源部能源信息管理局编:《国际能源展望》(2001)。见 http://www.eia.doe.gov/emeu/iea/.

④ Duncan French, 前引文,第46页。

考虑，在缔结条约时都会考虑本国的利益和承担条约义务的可行性，并且把发展中国家视为"在一项持续进行的认识环境问题的基本性质和相适合的责任的努力中的积极的伙伴"。[①] 他提出了共同但有区别责任的价值，基于国际社会是由各个主权国家组成的情况，共同但有区别责任是促使更广大的国家参加条约的一个有效办法。他的理论符合国际法产生的根据，充分意识到了共同但有区别责任与国家主权的联系。但是，他只是片面地阐述了一方面的理由，而忽略了另一方面的理由，并没有深入探求共同但有区别责任产生的根源。实质上，共同但有区别责任是由现在的不平等和历史原因造成的。那种不考虑过去的责任的立场是不能接受的。[②] 也就是说，历史上的发达国家的行为造成了现在的状况，而且现在依然是主要的环境损害者。虽然在共同关切事项上也应当充分考虑一国的能力，但是历史的、现实的发达国家对于环境的损害都应当是确立共同但有区别责任的重要因素。

发展中国家曾经以发达国家过去的环境损害为由向发达国家请求损害赔偿。国际法上，追究过去的行为在多边环境协议中并不陌生。1989 年印度就要求发达国家提供 20 亿美元作为它签订《蒙特利尔议定书》的先决条件，理由是"西方国家造成臭氧层变薄"。瑙鲁含磷土地案（瑙鲁诉澳大利亚）中，瑙鲁于 1989 年 5 月对澳大利亚提起一项关于澳大利亚管理瑙鲁岛时发生的严重土地退化所致环境损害的政府责任的诉讼请求，要求澳大利亚为 1968 年瑙鲁独立之前由于其开采磷所致严重土地退化的恢复，为矿业国际集团所支付的人为过低的矿区使用费，以及为"加重的或精神上的损害"提供赔偿。瑙鲁认为，国际法的一般原则要求管理托管领土的国家承担义务以使该领土的条件不发生对另外一个国家对于该领土的现有的或可能发生的利益构成不可恢复的或持续的损害。在 1992 年 6 月 26 日的判决中，国际法院接受对该案的管辖，尽管该案中的环境损害发生于 1968 年之前 70 年。该案后来双方和解，由澳大利亚支付巨额赔偿金，并从法院的案件日程表上取消。殖民主义者开采挖掘世界资源对环境所造成的损害，更有甚于此。这两个案例至少可以表明一种国际上的观点，即过去的行为对现代环境法发生了影响，历史的因素是不能忽略的，也表明了国际上开始出现的一种倾向，对于过去发生的、当时没有意识到的行为造成的危害是予以承认并给予重视和采取行动以减轻责任的。而这对于现今责任的分配无疑是重要的，会对国家责任产生影响。法律一般不溯及既往，这是法

① Duncan French，前引文，第 46 页。

② Graham Mayeda，前引文。

律公平正义的一种体现,但这并不等于对历史的因素不以考量。同时,法是正义与秩序的结合,立法必须考虑社会正义和公平,这也是法学理论的精髓。

公平原则要求相关的利益、负担和决策权在国家之间公正和平等的分享,这种公正必须在国际环境协商中得到重视。洛克认为,每个人都有权在公共财产中获取所需,只要余下的部分仍然是同样好并足够留给其他人。根据法律发展的趋势,公共产品也可能变成稀缺的物品,不能免费使用。随着现代国际法内容不断的发展,根据"谁污染谁付费"的原则,目前全球环境退化主要是由发达国家造成的,发达国家应当承担主要责任。共同但有区别责任的初步确立是发展中国家经过斗争取得的一项重要成果,它是对历史和现实的承认,是指导各国参与全球环境保护事业的一项重要原则。[①]

三、共同但有区别责任的实施——《京都议定书》

共同但有区别责任旨在保护和改善环境,为世界各国的可持续发展提供环境支持,但是,维护环境负担的分配始终是各国主要关心的问题,最好的例子就是《京都议定书》的签署和实施。怎样通过公平的和有效的方法实现全球合作抗击地球升温,也就是说如何设计具体的制度以实施共同但有区别责任,一直以来在国际上争论不休。

《京都议定书》的主要组成部分是为附录1的国家(发达国家和经济转型国家)建立了有约束力的国家目标——2008年—2012年(第一义务阶段),温室气体排放量比本国1990年的水平[②]至少降低5%,规定了多种实现目标的灵活的手段和方法。[③] 在对发达国家规定了以上有拘束力的排放目标的同时,不要求发展中国家作出任何承诺。为了促进经济效率,《京都议定书》以美国为例,建立了大量灵活的国际性市场机制以促进削减排放量,包括排污权交易、[④]共同执

① 王曦编著:《国际环境法》,第113页。

② 不幸的是,《京都议定书》的目标仅仅是在2008年—2012年间工业化国家排放量比1990年的水平低8%,这仅仅能稍稍减缓大气中温室气体浓度的增加,会令全球继续变暖。

③ 《京都议定书》第3条。这些排放减量会直接得以实现或通过创造得到证实的从大气中清除、吸纳碳的碳吸收器(sink)赚取信用指标来得以实现。

④ 《京都议定书》第17条。

行温室气体排放量削减机制①和一个清洁发展机制②。公约规定了发达国家转移资金和技术以支持发展中国家削减排放。该公约主要从以上的方面规定了发达国家与发展中国家的共同但有区别责任。

对于公约规定的"共同但有区别责任"的具体措施,学者们持不同的意见。克里斯托佛·D.斯通认为,《京都议定书》所达成的共同但有区别责任是"没有效率的共同但有区别责任"。③ 因为,发展中国家如果有所承诺,这些国家就有可能引进技术,发达国家可以通过技术转让从中受益;而发展中国家无需作出任何承诺,使发达国家大大降低了承诺的目标。实质上,他意在强调发展中国家与发达国家同时承担责任。Michael Weisslitz 的看法是:由于发展中国家拥有"大约4/5的人口、更广大的土地和大量地区未被工业化,对于发展中国家来说,对环境造成污染的潜力是巨大的",如果他们不承担责任,将造成严重的环境后果。而且,缺乏有约束力的减少 GHG 排放量的统一标准,将鼓励发展中国家沿着破坏环境的方向发展。他赞同"严格的环境标准与经济发展没有联系"和"使工业受更高的水平的环境规则的约束,将从经济上受益"。④ 他设计的通过"共同但有区别责任"实现共同利益的最佳方案是一方面统一标准,另一方面由发达国家承担资金、技术的援助义务。⑤ 这些学者并非不承认"共同但有区别责任",只是赋予了不同的模式和内容,反映了他们对这个问题的各种见解。究其实质,他们认为发展中国家不作出任何承诺损害了发达国家的经济和工业,也将损害整个地球的环境。反对的理由如下:

第一,国际社会是由主权国家组成的,每一个国家的发展主要都是建立在自我发展的基础上。西方一些学者认为使发展中国家较早的承担责任,可以促使发展中国家经济发展模式的及早转变,而不再走西方工业化国家不可持续发展的道路,但是真正了解事实的人会问:发展中国家拥有这样的技术和资金支持吗?使发展中国家同时承担责任或者承担一定的责任符合他们的现状吗?一方面,关于发展中国家的各种排放预测之间的巨大差距使得作出可靠预测、

---

① 《京都议定书》第6条。"共同实施机制"指的是《京都议定书》第6条规定的以市场为基础的实施机制,允许附录1国家或公司共同实施限制或削减排放量或强化吸收器或分担排放削减单位的项目。

② 《京都议定书》第12条。该机制允许附录1国家设立基金,资助发展中国家削减排放量的项目并可因该项目产生合格的削减排放量而获得信用指标。《京都议定书》还希望附录1国家给全球基金会这样的机构"通过新的额外财政资源",以资助发展中国家履行《联合国气候变化框架公约》的义务,并弥补发展中国家为削减温室气体排放量而增加的技术转移费用。见《京都议定书》第11条。

③ Christopher D. Stone, 前引文,第295—299页。

④ Rechard B. Stewart, Environmental Regulation and International Competitiveness, Yale Law Journal, vol. 102, 1993, p. 2080.

⑤ Michael Weisslitz, 前引文,第473页。

为法律承诺奠定基础十分困难。根据美国能源部的数据，中国2020年的排放水平可能在11.5亿至20.59亿吨碳之间。将这种不可靠的数字转化为具有法律约束力的排放控制不仅存在巨大的技术上的困难，而且给有关国家带来巨大的环境和经济风险。[①] 而对于成熟的工业化国家而言，经济和排放的增长率都是稳定的，并且是可以相对地逐年可预测的。另一方面，尽管发展中国家进行技术改造，实现可持续发展的道路是十分艰难的，发展中国家实际上已经采取实质性的行动来削减其排放的增长。从1997年到1999年，中国已削减其温室气体排放量的17%；并且在过去的20年里，中国进行了全面的能源政策改革以提高能源效率和促进节能。尽管很多发展中国家正在采取行动控制排放，他们对近期有法律约束力的限制感到恐惧，因为他们几乎没有看到那些对气候变化问题负有大部分责任的工业化国家率先行动的证据。并且，共同但有区别责任为发展中国家随着他们对环境的影响的增加被要求承担更多的责任留下了空间。[②] 而美国的态度就是，由于穷国无需作出任何贡献，美国本能从合作中得到的好处消失殆尽。发达国家的一些学者抨击《京都议定书》现阶段没有要求发展中国家的承诺不但是不公平的，而且是是非颠倒的论断。

虽然基于共同的利益，各个主权国家广泛地开展合作，但是对气候变化负有主要责任的一些发达国家尚且不愿率先削减温室气体排放量，又怎么能够幻想这些国家的援助能够满足实际需要呢？克里斯托佛·斯通自己就曾经说过，国际财富的转移是吝啬的。[③] Michael Weisslitz的设想无论出于何种考虑，结果都是脱离了国际社会的现实。共同但有区别责任建立在对国际社会客观分析、对主权国家公平对待的基础之上，履行义务的重要方面上的区别对待是共同但有区别责任的主要内容，援助虽然重要，但仅仅是一个方面。

第二，显而易见的是，解决气候变化问题最有效的办法是污染最大的相应的、也是最有能力的国家采取最有力的措施。发达国家的行动不但能够最大限度地削减温室气体排放量，而且他们对发展中国家的技术转移也是非常重要的一环。因为对发展中国家来说，技术转移是一个促进它们利用工业化国家节能技术和可更新能源技术优势至关重要的因素。一个特别成功的例子表明了发达国家率先行动、提供技术转让的效果非常显著，这就是由美国的部门监督并投入了启动资金的在前计划经济的东欧和中国成立的能源拓展中心。该项目

---

① K. A. Baumert, R. Bhandari, N. Kete:《发展中国家的气候承诺将是何样?》，世界资源研究所，华盛顿特区，1999。见 http://www.wri.org/climate/develop.html。

② Duncan French，前引文，第46页。

③ Christopher D. Stone，前引文，第299页。

启动后,不但在中国和东欧的每一家中心都已经成功地实现了收支平衡,并且在实施技术转让方面取得了显著的成就。[①]

第三,西方学者设想引入市场交易模式,通过成本效益的考虑使削减排放更为便利地实现。这种建议已经被《京都议定书》采纳。因为在某些情况下,削减发展中国家的温室气体排放更为容易,这样可以使发达国家在投入不变的情况下更为便利地削减温室气体排放,这样付出同样的成本效益会有所增加。削减温室气体排放的好处主要由发展中国家享受,而发达国家从排污权交易中获益,使发达国家从这种新兴的产业中受益。美国是积极倡导这种市场交易机制的国家,但是美国设想的是主要通过这种模式来削减排放,而《京都议定书》仅仅是把它作为一种补充的制度,并且《京都议定书》并不要求发展中国家作出任何的削减承诺。广大的发展中国家和欧盟等发达国家都意识到了排污权交易不能促进国家本身努力采取措施来削减其应当减少的排放量。根据污染者负担原则,反对发达国家以讲究成本效益为由逃避责任,因而采纳这种模式作为一种补充制度。美国没有实现其通过《京都议定书》来获得利益的意图,因而不愿承担其作为世界最大的排污国所首先应当承担的削减义务,这才是美国退出《京都议定书》的真正原因。共同但有区别责任在《京都议定书》中的实施的安排是合理的,这种使主要的污染国家并且是有能力的国家率先承诺削减的指标,是这些国家必须承担的责任,然后通过市场交易作为补充,使这些国家可以通过成本效益的考虑来实现他们承诺的义务。同时,这种交易也是一种激励措施。因而,美国退出《京都议定书》是短视的,而且从长期来看,共同但有区别责任为发展中国家随着其排放量的增多而作出承诺留下了空间。正如一些学者所言,美国丧失了主导并发展这种产业的机会,因为《京都议定书》是不允许非缔约国参加排污权交易的。

共同但有区别责任之所以受到了国际社会的广泛支持,因为它考虑到了使世界各国面对人类共同关切事项而达成协议所面临的困难。从以上对《京都议定书》的分析中可以看出,共同但有区别责任既考虑到了国际社会是由主权国家构成的,主权国家对于特定问题的历史、现状和能力是有差别的,同时又考虑到有效解决共同关切事项的方法,这两者是密切联系的。共同但有区别责任能够包容灵活的实施制度,在解决全球气候上可以采取灵活的措施。在有关共同

---

① W. Chandler 等编著:《六个国家中的能源效率中心回顾》,Battelle 西北太平洋国家实验室,华盛顿特区,1999 年。转引自理查德·L.奥汀格、弗雷德·扎格曼:《促进可更新能源资源和能源效率的法律机制》,载艾德里安·J.布拉德布鲁克、理查德·L.奥汀格主编:《能源法与可持续发展》,曹明德、邵芳、王圣礼译,法律出版社 2005 年版,第 162 页。

但有区别责任的实施方面，笔者建议在发达国家对发展中国家的以环境保护为目的的资金援助上，建立一种合理的对发展中国家的外部融资机制。比如在排放温室气体上，设立一个公式，允许发达国家增加温室气体排放量建立在他们提供给发展中国家帮助的水平上。对于发展中国家所采取的有效的削减排放，可以制定规则统一中止、修改、减少发展中国家所欠的有偿使用的那部分的资金。这种计划不但可以激励发展中国家，也可以激励发达国家，通过他们的削减来减少他们必须转移给发展中国家的资金，也可以促进发展中国家自我开发的能力。

共同但有区别责任使国际社会真正作为由一个各个国家组成的集合开展行动，所有的国家都承认对环境退化应当负有责任，但是责任是有区别的，共同但有区别责任提供了一个明确的基础，必须考虑这些因素，例如历史责任、科技能力、未来环境的趋向和所有国家的可持续发展的需要。以此共同但有区别责任为基础，可以避免在未来的政策中使那些造成污染的人不承担责任而逃之夭夭。在其他重要的需要承担的国际责任上，这一原则也被确认。① 确立共同但有区别原则在国际法上具有重大的意义，体现了对人类共同关切事项的解决方法的重新审视和认识，以一种涵义明确、但是方法灵活的形式开辟了通向人类可持续发展的道路。

① Philippe Sands, The "Greening" of International Law: Emerging Principles and Rules, Indian Journal of Global Legal Study, vol. 1, 1994, pp. 295—296.

现行TRIPs协议对地理标志保护的不足

吴玉娟*

内容提要:TRIPs协议是公认的为知识产权提供全面高标准保护的国际条约。但就地理标志而言,此说法有失偏颇。该协议规定的对地理标志的保护义务和例外规则各占一半。本文对TRIPs协议对地理标志的保护进行深入分析,从以下三个方面指出TRIPs协议对地理标志保护的不足:其一,TRIPs协议对葡萄酒和烈酒以外商品的地理标志保护不充分;其二,TRIPs协议规定了地理标志保护的诸多例外;其三,TRIPs协议规定在先商标与地理标志发生冲突时,在先商标优先于地理标志受到保护。

关键词:与贸易有关的知识产权协议　地理标志　保护

地理标志是鉴别原产于一成员领土或该领土的一个地区或某一地点的产品的标志,该产品的质量、声誉或其他确定的特性应主要产生于该地理来源。① 地理标志反映特定地理环境下的产地与产品之间的关联,特定的地理环境造就了特定产品所独有的品质,而地理标志可使这种品质得到相应的经济利益。与其他知识产权,如专利、版权鼓励创新不同,地理标志是用来确保产品声誉的。地理标志所创设的权利是用来回报那些在特定地区依照当地的方式和习惯进行操作的生产者。② 地理标志表明产品的特定质量,给消费者传递关于产品的可靠信息,可以产生巨大的品牌效应,为当地的产品带来更高的销量,但这些都是建立在地理标志得到有效保护的基础上的。在关贸总协定乌拉圭回合谈判

---

* 广东省中山市广播电视大学教师,中山大学2005届法学硕士。

① TRIPs协议第22(1)条。

② Jose Manuel Cortes Martin, TRIPs Agreement: Towards a Better Protection for Geographical Indications?, Brooklyn Journal of International Law, vol. 30, 2004, pp. 118—119.

中,以法国为代表的欧洲国家成功地把地理标志作为与专利、商标等并列的一类知识产权纳入《与贸易有关的知识产权协议》(以下简称 TRIPs 协议)的保护范围。但是,与其他知识产权得到 TRIPs 协议强有力的高标准保护不同,TRIPs 协议中地理标志保护的谈判是以欧美的利益分歧为基础的,因此,现有的 TRIPs 协议(TRIPs 协议第二部分第三节,即 TRIPs 协议第 22 条到第 24 条)对地理标志的保护并不够充分。

一、TRIPs 对葡萄酒及烈酒以外商品的地理标志保护不充分

目前,TRIPs 协议对同一种知识产权(地理标志)提供两种不同水平的保护。第 22 条是对一般商品(葡萄酒和烈酒以外的商品)地理标志的保护是以产生误导效果为前提的。第 23 条只为葡萄酒和烈酒提供不以“误导”为基础的强化保护。

(一)一般商品的保护标准——是否产生“误导”效果

TRIPs 协议第 22(2)条要求成员应当向利害关系人提供法律手段以防止:“(1)在商品的标志或说明中,以任何方式明示或默示该商品来源于非其真实来源地的地理区域,而在商品的地理来源上误导公众;(2)构成《巴黎公约》(1967 年)第 10 条之二规定的意义上的不正当竞争行为的任何使用。”[①]只有当地理标志的使用造成公众对商品的性质、制造方法、特点等“误解”时,这种使用才会被禁止。因此,即使某商品并非来源于其地理标志表明的地区,只要该使用并不误导公众,这种行为还是被允许的。

第 22(3)条是对含有地理标志的商标注册的规定,它还是遵循“误导”的标准。含有地理标志的商标,即使载有该商标的产品并非来源于地理标志所表明的地域,只要该商标不会使公众对商品的真实地理来源产生误解,这种商标还是被允许注册的。[②] 第 22(4)条又再重申了“误导”的标准,即使某地理标志真

① 《巴黎公约》(1967 年)第 10 条之二列举了三类具体的不正当竞争行为,即“具有不择手段地对竞争对手的营业所、商品或者工商业活动造成混乱性质的一切行为”;“在经营商业中,具有损害竞争者的营业所、商品或者工商业活动商誉性质的虚伪说法”;“在经营商业中使用会使公众对商品的性质、制造方法、特点、用途或者数量易于产生误解的标识或者说法”。这三类不正当竞争行为中,与地理标志的使用关系最密切的是最后一类。

② TRIPs 第 22(3)条规定,如果某商标中包含有或组合有商品的地理标志,而该商品并非来源于该标志所标示的地域,在一成员地域内此种标记的使用会使公众对商品的真实来源产生误解,那么该成员在其立法允许的情况下应依职权驳回或撤销该商标的注册,或者依一方利害关系人的请求驳回或撤销该商标的注册。

实表明商品的来源,但仍误导会公众,这种行为是被禁止的。[①]

从上述分析可知,该条款对地理标志的保护是围绕保护消费者权益和禁止不正当竞争进行的,只有该标记的使用存在"误导",对它进行保护才是可能的。那怎样才算"误导"呢? TRIPs 第 16 条关于商标侵权有这样的规定,如果确将相同标记用于相同商标或服务,即应推定已有混淆之虞。[②] 而对地理标志,TRIPs 没有规定相关的推定,也没有其他任何参考的标准。按照通常的解释,TRIPs 协议把如何判断"误导"留给各国国内法处理。

美国是商标法传统的国家,在 TRIPs 谈判中极力限制地理标志保护,只防止"误导性"地理标志的使用是其谈判的立场,从其对"误导"的判断可略见 TRIPs 协议对地理标志的实质保护有多大。

美国是主要以商标制度保护地理标志的国家。[③] 美国联邦商标法禁止"欺骗性商标"和"从地理上进行错误性描述的商标"的注册,限制"主要从地理上进行描述的商标"的注册。[④] 美国的司法判例确立了这三类商标的判定标准。[⑤] "主要从地理上进行描述的商标"是指:如果一个标记的地理含义是"次要的、含

① TRIPs 第 23(4)条规定,如果某地理标志虽然逐字真实指名商品之来源地域、地区或地方,但仍误导公众以为该商品来源于另一地域,则亦应适用本条以上三款。该款保护的是这种情况:如果剑桥的陶瓷商品在新西兰消费者中较有名气,这时一家美国波士顿的厂商就把集资的陶瓷商品也拿到新西兰销售,商品包装上标明"坎布里奇"陶瓷。"坎布里奇"实实在在是在波士顿地区的一个地方,英文却正是"剑桥"的意思。这种标示法,显然会使得用惯了英国陶瓷的新西兰消费者,误认为该商品不是来自美国的坎布里奇,而是来自英国剑桥。所以,该美国厂商如想以"坎布里奇"作为商标在新西兰获得注册,则应被新西兰主管当局依照第 22(4)条驳回。郑成思著:《WTO 知识产权协议逐条讲解》,中国方正出版社 2001 年版,第 91 页。

② 郑成思著,前引书,第 69 页。

③ 美国《联邦商标法》通过证明商标保护地理标志,并禁止某些有地理描述的商标注册,另外还通过酒类、烟草、烟火管理局的标签制度规范酒类地理标志的使用,参见 Philippe Zylberg, Geographical Indications V. Trademarks: The Lisbon Agreement: A Violation Of Trips?, University of Baltimore Intellectual Propoerty Law Journal, vol. 11, 2002(fall) / 2003 (Spring), pp. 14—20. 酒类、烟草、烟火管理局的标签条例还可参见 Michael Maher: On Vino Veritas? Clarifying the Use of Geographic References on American Wine Labels, California Law Review, Vol. 89, 2001.

④ 如果该与地理标志有关的商标没有注册,其使用则受第 43 条规范。美国《联邦商标法》第 43 条规定:任何人伪称商品的原产区或进行任何虚假的描述或说明,不论文字或符号标记,并粘附于其商品或商品容器上从事商业经营以及那些明知商品原产地或说明属于虚假仍然从事承运、商业经营或者转手承运经营的,均应在民事诉讼中承担责任。但要通过该条款求得救济,当事人首先必须证明其将会受到受害(而不是纯粹的臆测),否则该当事人就没有诉权。此外还要证明该虚假描述影响消费者的购买决定。参见 Christine Haight Farley: Conflicts Between U. S. Law and International Treaties Concerning Geographical Indications, Whittier Law. Review, vol. 22, 2000, pp. 83—87.

⑤ 参见 Philippe Zylberg, 前引文,第 18—21 页; John R. Renaud, Can't Get There from here: How NAFTA and GATT Have Reduced Protection for Geographical Trademarks, Brooklyn Journal of International Law, Vol. 26, 2001, pp. 1099—1104; Christine Haight Farley, 前引文,第 82 页。

糊的、遥远的或者与该产品没有关系的”,那么该标记就不是主要从地理上描述的;如果一个知名地理名称有其他含义,则“它对潜在的购买者而言,其地理含义可能不是主要的”,那么这个商标就不被认定为是主要从地理上描述的。这种商标可以通过获得“第二含义”而获得商标注册。当一个商标满足下列条件才会被认定为从地理上进行错误性描述的:(1) 该商标的主要含义是地理方面的;(2) 购买者很可能认为商品或服务来自该商标所标示的地理区域,即购买者会产生“商品—产地”或“服务—产地”的联想。法院形象地总结了判断是否会有这样的联想的标准:一个理性的人不可能相信标有“阿拉斯加”的香蕉产自阿拉斯加,但是,一个理性的人很可能相信标有“阿拉斯加”的柠檬是产自阿拉斯加的;(3) 商品或服务并非来自该商标所标示的地域。“从地理上进行错误性描述的商标”是不能注册的。[1] 欺骗性商标具有欺诈的性质,是被严厉禁止注册的。但要证明某一含有地理标记的商标为欺骗性商标并不容易,证据必须足以表明该“从地理上进行错误性描述的商标”给予购买者的关于该商品或服务地理来源的错误信息很可能从根本上影响该购买者做出购买商品或利用服务的决定。

在 Institute National des Appellations(INAO) v. Vintners International Co. 上诉案中,美国专利商标局允许“Chablis with a Twist”的商标注册,原告以两个理由提出了异议:(1) 美国《兰哈姆法》第 2 节(a)禁止欺骗性商标的注册;(2) 美国《兰哈姆法》第 2 节(e)禁止从地理上进行错误性描述的商标注册。法院认为[2],原告不能证明酒类消费者是会通过“Chablis”标志而认为该酒产自法国的 Chablis 地区;即使有这种联想,原告也不能证明这种联想会影响消费者的购买决定。因而,“Chablis with a Twist”商标被成功注册。[3] 苏格兰威士忌酒协会也

---

① 这种商标以前是可能获得注册的。只是在《北美自由贸易协定》签订后,美国为了符合该协定对地理标志保护的要求(该协定第 1712 条规定,各成员应向利害关系人提供法律手段以防止:在商品的标志或说明中,以任何方式明示或默示该商品来源于非其真实来源地的地域、地区或地点,而在商品的地理来源上误导公众。该条款措辞与 TRIPs 协议第 22(1)条 a 项的措辞几乎一致),对兰哈姆法进行修订,禁止“从地理上进行错误性描述的商标”的注册。美国有学者认为,这种修订过于仓促,实际上是没有必要的,修订的结果造成地理商标保护的减弱。参见 John R. Renaud, 前引文,第 1099—1118 页。

② See Institute National des Appellations d' Origine v. Vintners International Company, INC. , 958 F. 2d 1578(Fed. Cir. 1992).

③ 根据美国酒类、烟草、烟火管理局的条例,Chablis 是半通用名称。这也是法院推理的依据之一。

多次尝试通过美国法院制止 Whisky 的地理标志被滥用,但也没有成功。[1]

也许美国的判断标准比较严格,但是通过举证“误导”寻求救济在其他国家也是难以成功的。对地理标志的误导性使用可以导致反不正当竞争诉讼,这是各国公认的,但诉讼的结果却是不确定的,特别是各国对地理标志知名的程度有着不尽相同的要求。对此类诉讼的要求还可能涉及到:地理标志必须是在经营中使用了特定时间,以及相关公众必须对含有地理标志的产品或服务的来源产生了联想。如果地理标志尚未在市场上获取声誉,对其提出的不正当竞争之诉讼可能就得不到支持。[2] 中国的《反不正当竞争法》第 5 条第 4 款将“伪造产地”作为“对商品质量作引人误解的虚假表示”的一种形式,而第 9 条第 1 款禁止对商品的产地作引人误解的虚假宣传。但是,一项地理标志要通过不正当竞争之诉讼获得保护,前提是该地理标志必须已得到了特定的信誉或者声誉,但由于立法未能规定判断地理标志知名程度的可操作性的标准,司法实践的结果却往往不尽如人意。

这些主要是出于保护消费者的利益、防止不正当竞争的规定对地理标志的保护并不充分,因为从维护消费者利益的角度禁止冒用地理标志与从保护地理标志本身的角度着眼规范地理标志的使用是不同的,后者更强调地理标志正当使用者的权利。这种反不正当竞争的保护措施从根本上说不利于维护地理标记的声誉,因为作为一种知识产权,如果不赋予使用人相应的权利,使用人就会缺乏维护地理标志声誉的积极性,久而久之就有可能使带有地理标志的产品丧失特征,那么,该标记就失去作为地理标志的意义。[3] TRIPs 协议保护的是载有产品特定品质、声誉或其他特征的地理标志,如果某一地理标志已经失去了这种标记性功能而弱化为某一商品的通用名称,它就失去了受保护的资格。实际上,TRIPs 协议第 24(6)条明确规定通用名称不受保护。可见,避免地理标志的通用化是保护地理标志的重要环节,但第 22 条对商品地理标志的保护建立在“误导”的判断上,即如果某一标记不会误导公众,即使它与某一地理标志相同或相近,该标记的使用也不会构成侵权,这种做法就是纵容“搭便车”的现象,放任地理标志的滥用,对地理标志的保护很不利。

① See Scotch Whisky Assoc. v. Majestic Distilling Co., 958 F.2d 594 (4th Cir. 1992); Scotch Whisky Assoc. v. U.S. Distilled Prods. Co., 952 F.2d 1317 (Fed. Cir. 1991); Scotch Whisky Assoc. v. Consol. Distilled Prods., Inc., 1981 U.S. Dist. LEXIS 14891 (N.D. Ill. May 7, 1981), all available at www.lexis-nexis.com/cis (2005 年 4 月 13 日访问).

② 孔祥俊著:《WTO 知识产权协议及其国内适用》,法律出版社 2002 年版,第 204 页。

③ 赵刚:《我国原产地名称及地理标记的保护》,载《中华商标》1995 年第 5 期,第 49 页。

(二)葡萄酒及烈酒地理标志的强化保护

对葡萄酒和烈酒的地理标志,TRIPs 协议给予强化保护。[①] 只要葡萄酒或烈酒的地理标志用于并非来源于该地理标志所表明的地方的葡萄酒或烈酒,即使使用者标明了商品的真实来源,或以翻译的方式使用地理标志,或伴以“种类”、“类型”、“风格”、“仿制”之类的方式,该使用一律被禁止。如果商标包含识别葡萄酒或者烈酒的地理标志或者由此类地理标志所构成,而该葡萄酒或者烈酒并非有如此来源,该商标的注册应被拒绝或被宣告无效。这种保护不但避免了前文提到的执法过程中的混乱,而且能有力打击“搭便车”的现象,有效地遏制地理标志被滥用而通用化的情况。可惜,这种保护只适用于葡萄酒和烈酒的地理标志,其他商品的地理标志只能依照第 22 条,即以是否产生误导效果为基础进行保护,正如上文所述,这很不利于维护地理标志正当使用者的权利。实际上,来自特定地域具有特定质量的产品与不具有同样特定质量却标有同样标记的产品之间有混淆的可能,这对所有的产品(不只是葡萄酒和烈酒)都同样是有害的。[②] 而且,对于同样符合第 22(1) 条定义的地理标志却有差别保护,这本身在法理上就很难自圆其说。

二、地理标志保护的诸多例外

TRIPs 协议第 24 条规定了地理标志保护的种种例外,这使地理标志的保护受到诸多限制。

(一)地理标志保护的通用名称例外

地理标志由于许多国家曾经一度缺少对它的法律保护,导致某些成员认为应当给予保护的地理标志在其他成员因长期使用而成为商品或服务的通用名称。如何处理地理标志和通用名称的矛盾,是欧美双方在乌拉圭回合谈判中的焦点,TRIPs 协议第 24(6)条规定:如果一成员的地理标志在其他成员已经成为商品或服务的通用名称,那么其他成员没有义务对该地理标志提供 TRIPs 协议所要求的保护。如“Hamburger”(汉堡包)已成为一种食品的通用名称,尽管它来源于德国的一个地理区域,但各成员没有保护的义务。如果是葡萄酒产品的

---

① TRIPs 协议第 23 条第 1 款和第 2 款。

② 参见 Jose Manuel Cortes Martin, 前引文,第 166 页。

地理标志,在《建立世界贸易组织的协定》生效之前,其他成员用于葡萄酒产品的地理标志与一成员领土内存在的葡萄酒品种的惯用名称相同,则该成员没有义务保护该地理标志。如在美国,香槟就被认为是一种酒的惯用名称。[①]

但是,如何判断一个地理标志是否已成为通用名称,TRIPs 协议并没有作出规定。有的地理名称在一个国家地区或地方被视为地理标志,而在其他国家、地区或地方则被视为商品通用名称。《马德里协定》原则上规定各成员国法院有"自由裁量权",综合消费者对该地理名称的认识、商业习惯、历史传统等因素加以判定。不过,它特别规定了下列几种酒类商品的著名产地名称不能视为商品通用名称:香槟(酒)、科涅克(白兰地酒)、勃艮弟(葡萄酒)、莫赛尔(酒)、雪利(酒)、马德拉岛(白葡萄酒)、葡萄牙(葡萄酒)。[②] 欧共体 2081/92 号条例规定,判定一个地理标志是否已成为通用名称应考虑以下几个因素:(1) 地理标志来源国及相关产品消费国的情况;(2) 其他成员国的情况;(3) 相关的国内法和共同体法律。[③]

美国《联邦商标法》第 14 条规定了认定退化的标准,不能仅仅因为该商标也被用作某种独特商品或服务的名称,或用来标示该商品或服务,而被视为该商品或服务的通用名称,在确定注册商标是否已成为商品通用名称时,应首先考虑注册商标对有关公众所具有的主要含义。但美国对地理标志通用名称的认定就没有那么严格。美国酒类、烟草和烟火管理局的条例把酒类的地理标志分为三类:通用名称、半通用名称和非通用名称。通用名称指已失去地理意义而只代表某种酒的地理名称。[④] 半通用名称是指还保留其地理意义,但也笼统地表示某一种酒。[⑤] 半通用名称是美国独创的概念,通用名称与半通用名称之间有多大区别难以得知。总之,Verounth,Sake 称为通用名称,而 Angelica, Burgundy, Claret, Chablis, Champagne, Chianti, Malaga, Marsala, Madeira, Moselle, Port, Rhine Wine, Sauterne, Haut Sauterne, Sherry, and Tokay[⑥] 就是半通用名称。[⑦] 对于半通用名称,只要在使用时同时表明真实产地并且产品的品质达到相应标准,其使用就不算侵权了。美国认为,这种半通用名称的使用是符

---

① 根据美国酒类、烟草和烟火管理局的条例,香槟(Champange)是半通用名称,详见下文第二段。

② 国家工商行政管理局编:《现代竞争法的理论与实务》,法律出版社 1993 年版,转引自张耕:《论原产地名称的法律保护》,载《贵州大学学报》2001 年第 1 期,第 30 页。

③ 欧共体第 2081/92 号条例第 13 条。

④ 27 C. F. R. 4.24(a), available at www.lexisnexis.com/cis (2005 年 4 月 13 日访问).

⑤ 27 C. F. R. 4.24(b), available at www.lexisnexis.com/cis (2005 年 4 月 13 日访问).

⑥ Ibid.

⑦ 在这 16 个半通用名称中,15 个是欧洲的地名,Angelica 在洛杉矶。

合第24条(6)的例外规定的。[1] 1997年美国国会通过《纳税人减免法》(Taxpayer Relief Act)确认了这种半通用名称的上述使用。欧盟农业部长曾写信给美国贸易代表,称该立法违反了TRIPs协议的规定,但欧盟一直没有启动世界贸易组织(以下简称WTO)争端解决机制。

(二) 地理标志保护的其他例外

除了通用名称不予保护外,TRIPs协议还规定了以下不予保护地理标志的情形:(1) 在先或善意使用的例外。[2] “在先”指在1994年4月15日之前已经至少有10年连续使用了该地理标志;“善意”指在1994年4月15日之前不是恶意地连续使用该地理标志。但是,这种例外仅仅适用于葡萄酒和烈酒类商品或服务。(2) 名称权的例外。[3] 对地理标志的保护不得损害他人对其姓名或名称的正常使用,即使该姓名或名称与某个受保护的地理标志相冲突,只要这种使用方式不导致公众的误解和混淆。(3) 来源国不保护例外。[4] 一旦某成员对其受保护的地理标识停止保护,或者某成员从来就对某地理标识不予保护,其他成员没有义务对该地理标识予以保护。WTO一成员的地理标志在国外能否获得保护取决于来源国的连续保护。(4) 时间限制。[5] 地理标志合法使用者针对商标的不当使用或注册的权利请求只能在5年内提出。

三、在先商标优先于地理标志受到保护

(一) TRIPs协议有关解决在先商标与地理标志保护冲突的规定

TRIPs协议第24(5)条是规范地理标志与在先商标之间的冲突。这款关于“商标善意在先注册或在先获得”的规定是这样表述的:如果(1) 在按第六部分确定的这些条款在该成员中适用之日前,或(2) 在该地理标志在其来源国获得保护之前,一项商标已被善意地提出申请或者注册,或者如果一项商标权已通过善意使用而取得,那么,为实施本节规定而采取的措施不得因一项商标与一项地理标志相同或近似而损害该商标注册的资格、注册的有效性或商标的使用

① Philippe Zylberg,前引文,第32页。
② TRIPs协议第24(4)条。
③ TRIPs协议第24(8)条。
④ TRIPs协议第24(9)条。
⑤ TRIPs协议第24(7)条。

权。该条款还有两个时间点的规定:一是在这些条款在成员国实施日之前,根据 TRIPs 协议第六部分的规定,发展中国家和不发达国家分别有 5 年(2001 年 1 月 1 日开始实施)和 10 年(2006 年 1 月 1 日开始实施)的过渡期,也就是说,对于在 1996 年 1 月 1 日前(在发展中国家是 2001 年 1 月 1 日前,不发达国家是 2006 年 1 月 1 日前)已有的商标,各成员无须宣告其无效;二是在地理标志在其来源国获得保护之前。这种规定是防止将来新受保护的地理标志对在先商标的影响。例如,如果欧盟在 2015 年把"Neopolitan Pizza"被认定为受保护的原产地名称,那么,2008 年在澳大利亚注册的商标"Sam's Neopolitana"或 2010 年在阿根廷注册的商标"Pizza Neopotlitana"也不会受到注销或遭到停止使用的威胁。① 该条款规定了在先商标的权利,但对与之发生冲突的地理标志的处理并没有明确表态,即该地理标志是否仍受保护存在争议。但是,TRIPs 协议第 16(1)条规定:注册商标所有人应享有专有权防止任何第三方未经许可而在贸易活动中使用与注册商标相同或近似的标记去标示相同或类似的商品或服务,以造成混淆的可能。这里的"标记"包括地理标志。这是否意味着只要满足第 24(5)条的条件,商标权人可以排除其他任何人在其未授权的情况下使用与其商标相同或近似的地理标志,即地理标志与商标不可以共存?在美国诉欧盟 2081/92 号条例违反 TRIPs 协议一案中,专家组给了一个明确的答案。

(二)美国诉欧共体 2081/92 号条例案

1. 该案的基本案情

1992 年 7 月 14 日欧共体理事会通过的 2081/92 号条例,即《保护地理标志及农产品及食品原产地名称的规定》,确立了地理标志的定义、登记程序和保护原则。该条例于 1993 年 7 月 24 日生效。②

美国认为欧共体第 2081/92 号条例对欧盟内、外部产品的待遇不同,没有给全体 WTO 成员同等的优惠、便利及豁免权,削弱了商标的法律保护作用,不能防止商标雷同及假商标的出现,不能提供防止滥用地理标志的法律手段,缺

---

① Justin Hughes, The Spirited Debate over Geographic Indications, Law Review(2003), p. 39, available at http://www.chicagoip.com/papers/A-IP09v1.0.pdf(2005 年 4 月 15 日访问).

② 该条例后来经过数次修改,其中最重要的修改来自两个文件:一是 1997 年 6 月 12 日的 535/97 号欧洲理事会条例,它授权欧盟委员会修改 2081/92 号条例的附件 II(关于受保护的农产品范围),它还修改了有关过渡时期的一些条款;二是 2003 年 4 月 8 日的 692/2003 号欧洲理事会条例,这次修改是由美国和澳大利亚分别在 WTO 发起的针对 2081/92 号条例的争端解决程序而引起的,即 WT/DS174 美国诉欧共体案和 WT/DS290 澳大利亚诉欧共体案。修改的主要内容未完全满足美国和澳大利亚等国的诉讼请求,美国和澳大利亚在该条例颁布后仍没有停止诉讼程序。

乏透明度及相应的执行程序。就与商标与地理标志的争议来说，美国称 TRIPs 协议第 24(5)条确立了在先商标的保护，第 16 条给予了商标权人使用商标的排他权利，而欧盟 2081/92 号条例，主要是第 14(2)条[①]，没有确保商标权人能够防止与在先商标发生冲突的地理标志的使用，因而违反了 TRIPs 协议的规定。[②]

早在 1999 年 1 月，美国就曾要求在 WTO 争端解决机制下与欧共体就第 2081/92 号条例进行磋商，该磋商在 1999 年 6 月举行，但未取得任何结果。2003 年 4 月，美国再次提出就此问题进行磋商，该磋商也以失败告终。2003 年 8 月，美国要求争端解决机构(DSB)成立专家组。[③] 2003 年 10 月 2 日，DSB 设立专家组，审查美国、澳大利亚诉欧盟农产品和食品地理标志保护措施案(DS174、DS290)。[④] 世界贸易组织 2005 年 3 月 15 日就美国和澳大利亚诉欧盟农产品和食品地理标志及商标保护措施违反世贸规则一案发布了裁决报告。

2. 该案当事方有关在先商标保护与地理标志保护关系的观点

(1) 美国的看法[⑤]

美国认为，TRIPs 协议第 16 条的通常含义表明商标权人防止商标未经授权使用的权利是排他的，是针对所有其他人而言的，这种使用的对象涵盖相同或类似的标记，包括地理标志。而第 24(5)条并没有明确提出商标保护的例外，只是规定地理标志保护的例外。美国称，如果协议允许两种权利并存的话，它会明确地写清楚，如第 23(3)条就明确规定相同的葡萄酒地理标志要同等保护。而在地理标志的使用会与第 16 条(1)相冲突的情况下，TRIPs 协议没有条款明示地理标志可以与在先商标共存。美国在第一份口头陈述中，再次强调第 24(5)条是在“例外”标题下的一个对地理标志保护的例外条款，它保护某些在

---

① 该条款规定地理标志与在先商标的关系，在满足一定条件下，在先商标可以与登记在后的地理标志共存。根据该条款的规定，在地理标志在来源国受保护之日前或相关权利人向委员会提交原产地名称或地理标志申请注册之日前，一商标已注册或申请注册或通过使用获得商标权，那么，即使后来原产地名称或地理标志得到注册，只要该商标根据国内法或欧盟相关法律没有其他被撤销或宣告无效的理由时，该商标仍可继续使用。

② 美国在该案的第一份书面意见和第一份口头陈述都称，这里指的是有效的在先商标，而不是缺乏显著性或会引起公众误解其来源地而可能被撤销的商标。

③ WT/DS174/20, available at www. wto. org/english/tratop_e/dispu_e/ (2005 年 4 月 13 日访问).

④ WT/DS174/21 and Corr. 1., available at www. wto. org/english/tratop_e/dispu_e/ (2005 年 4 月 13 日访问). 此案一经美国提出，引起许多会员国高度关切，包括澳洲、纽西兰、印度、捷克、塞浦路斯、加拿大、阿根廷、斯里兰卡、墨西哥、匈牙利、保加利亚、马耳他、斯洛维尼亚、土耳其、斯洛伐克、罗马尼亚等国均提出加入磋商的要求，澳洲更于 2003 年 4 月 17 日以起诉国身份另案提出磋商要求，后来，两案被合并审理。

⑤ See European Communities—Protection of Trademarks and Geographical Indications for Agricultural Products and Foodstuffs—Complaint by the United States—Report of the Panel, WT/DS174/R, pp. 128—130, available at www. wto. org/english/tratop_e/dispu_e/ (2005 年 4 月 13 日访问).

先商标,而不是对商标保护的例外。该款的"商标注册的有效性"一词应与商标注册后所赋予的法律权利相联系来解读,如果没有第16(1)条的权利,商标注册就会变得毫无意义。

美国还指出,TRIPs 协议第16(1)条与第22(3)条没有冲突。冲突可能会在单个商标与某个地理标志之间发生,但 TRIPs 协议规定的义务之间没有冲突。在回答专家组提出的问题时,美国进一步解释道:如果商标会使公众对商品的地理来源产生误解,那么该商标就应被拒绝注册或被注销。这样,第16(1)条与第22(3)条就可以各司其职而不冲突。既然商标导致误解就不能注册或被注销,那么只要商标注册是有效的,商标权人就应该享有排除他人以混淆方式使用该标记的权利。

(2) 欧共体的见解①

欧共体认为,TRIPs 协议承认地理标志和商标是同一层次上的知识产权,没有给予商标优先于地理标志的地位。商标的注册标准从理论上限制了商标和地理标志的冲突,但冲突还是会出现。第16条没有解决这个问题。第24条(5)则清晰地划分了一成员在第16(1)条下的义务和它保护地理标志的权利的界限,并认可地理标志与在先商标的共存,第24条(5)不是对第16(1)条下义务的免除,而是对成员在必须或可能采取措施保护地理标志时做出一些限制。

欧共体认为第24条第5项暗含两层意思:第一,对于在先商标(包括在先申请的商标):(a)成员不得损害该商标注册的有效性(或注册的资格或商标的使用权),但是(b)成员可以损害商标权人的其他权利,尤其包括制止他人使用包含该商标的标记的权利;第二,对于其他商标(或商标申请)而言,成员可以损害其任何权利。该款中的"商标注册的有效性"并不一定意味着注册必然带来排除第三方使用的专有权利。商标权人不能阻止地理标志权利人使用相同或相近的标记并不意味着注册就是没用的。"商标使用权"(the right to use a trademark)一词指的是商标权人使用商标的基本权利,无论它是通过注册获得的还是通过使用获得的。

欧共体还称,如果第24(5)条不允许商标与地理标志共存,那么每当出现一个在先商标,TRIPs 第三部分第三节对地理标志的保护就会变得毫无意义。"实施这一节的措施"这一措辞表明尽管有在先商标的存在,成员还将会继续保

① See European Communities—Protection of Trademarks and Geographical Indications for Agricultural Products and Foodstuffs—Complaint by the United States—Report of the Panel, WT/DS174/R, pp. 130—131, available at www. wto. org/english/tratop_e/dispu_e/ (2005年4月13日访问).

护地理标志的。共存也许不是一个完美地解决两种知识产权冲突的方案,但根本没有完美的方案。欧共体指出,第24(5)条体现了一种妥协,欧共体和其他成员都已同意使之变成一种强制性的共识,即商标权人有权使用商标、但无权排除地理标志权利人的使用。

欧共体同意第16(1)条与第22(3)条之间没有冲突,但与22(2)条a项就有潜在冲突,与第23(1)条也可能有冲突。第22(2)条给予了地理标志权利人制止某些商标使用的权利,这就可能与商标权人根据第16条享有的阻止某些标记使用的权利产生冲突。两种权利的同时行使就会导致商标权人和地理标志权利人都无法使用产生冲突的标记。这种冲突就是由第22(3)条、23(2)条和24(5)条来解决。

此外,欧共体还强调,解释TRIPs协议的条款要联系其宗旨和目的。在承认维护商标的排他性权利是TRIPs协议的一个宗旨和目的的同时,地理标志的排他性也同等重要,或者说更加重要,因为与商标不同,地理标志不是任意的,而且需要更长的时间才能形成。

(3) 专家组的裁决①

专家组认为第16条条文的通常含义表明,这种排他权利可以排除他人在商业活动中以可能会引起混淆的方式将相同或相近的标记用在相同或相近的产品上,这一条款并没有明确把地理标志排除在"标记"之外。第16条的文本明确这是一项"专有"的权利,这表明该项权利只属于商标权人,他可以通过行使这项权利防止任何第三人未得其授权使用该标记。而该条文的后半句,即不得损害在先权利,是对该专有权的限制。对这一权利进行限制的还有第17条,或者还有别的条款。

在对第24(5)条的分析中,专家组不同意欧共体认为该款中"商标使用权"是与第16(1)条中商标权人享有的禁止他人不当使用该商标的权利不同的另一项权利的观点。专家组认为,该款中"不能损害"一词不能支持这种解释。该款并没有给商标权人或地理标志权人创设权利,只是确保某些特定的权利不受损害。

专家组认为,第24(5)条中的"不得损害"、"商标注册的资格"、"注册的有效性"和"商标的使用权"表明这一条款对地理标志的两种保护(对所有商品地

① See European Communities—Protection of Trademarks and Geographical Indications for Agricultural Products and Foodstuffs—Complaint by the United States—Report of the Panel, WT/DS174/R, pp. 132—138, available at www. wto. org/english/tratop_e/dispu_e/ (2005年4月13日访问).

理标志的一般保护和对葡萄酒及烈酒地理标志的额外保护）的例外规定。否则，这两种保护措施就会影响第 24(5)条提到的权利。实际上，拒绝商标注册或撤销商标的作用就是取消商标注册的资格和否定注册的有效性。第 24(5)条就是确保这些权利不会受到影响。因此，第 24(5)条正像第 24 条的标题所示，是对地理标志保护的例外。

至于欧共体称第 24(5)条中的隐含意思，专家组是这样回应的：第 24(5)条明示要维护商标的使用权（TRIPs 协议没有明确规定商标使用权[①]），而没有明文限制商标权人防止他人使用可能造成混淆的标记（包括地理标志）的权利。在该条款的意思如此明了的情况下，还要去推断其还有何种内涵，是不合适的。

因此，专家组得出结论：TRIPs 协议第 16 条规定成员要确保商标权人享有阻止他人对该商标的某些使用，包括用作地理标志。第 24(5)条不能为限制该权利提供依据。[②]

3. 评析

在美国诉欧共体 2081/92 号条例一案中，DSB 专家组对 TRIPs 协议第 24(5)条及其与第 16 条的关系作出解释，明确了在满足第 24(5)条的条件下，商标得到优先保护，地理标志不能并存。这款在地理标志一节中出现的、有可能为地理标志在与在先商标的冲突中赢得起码的平起平坐的地位的规定，原来完全是为最大程度保护商标而设的。当然，这并不意味着商标与地理标志就不可以共存，根据第 22 条的规定，在商标不会与地理标志混淆以致误导公众的情况下，商标可以注册和使用。根据第 24(4)条，在 1994 年 4 月 15 日之前已经至少有 10 年连续使用的葡萄酒或烈酒地理标志可以商标或其他方式继续使用。根据第 17 条合理使用的规定，地理标志也可在商标有效的情况下在特定情形中有限制地使用。但是，在这些情况中，大多是为了保存商标的权利而允许它与已经存在的地理标志共存，这种共存的局面对地理标志是有害的，因为过多过泛的使用容易使地理标志通用化而失去保护。

---

① 即使 TRIPs 协议没有在其他条文规定"商标使用权"并不意味着该条款（第 24 条第 5 项）就是规定该权利的。商标使用权是各个成员国内法规定的权利。这种观点也在世界知识产权组织的出版物中得到确认。See Introduction to Trademark Law & Practice, The Basic Concepts: A WIPO Training Manual, 1993, pp. 51—52; WIPO Intellectual Property Handbook: Policy, Law and Use, June 2001, p. 82.

② 虽然欧共体不能以第 24(5)条为其立法抗辩，专家组根据第 17 条的合理使用条款判欧共体 2081/92 号条例第 14(2)条没有违反 TRIPs 协议规定。参见 European Communities—Protection of Trademarks and Geographical Indications for Agricultural Products and Foodstuffs—Complaint by the United States—Report of the Panel, WT/DS174/R, pp. 140—150, available at www. wto. org/english/tratop_e/dispu_e/ (2005 年 4 月 13 日访问).

另外,在案件的审理中,美国是以 TRIIPs 对商标权的明文规定对欧共体的2081/92 号条例第 14 条发起攻击的,而欧共体只能从 TRIIPs 条款的可能隐含意思中寻找抗辩的理由。这又从一个侧面反映了 TRIIPs 对待商标与地理标志这两种同样是标记性知识产权的不同待遇。地理标志虽然从形式上是与商标并行的知识产权,分别在 TRIIPs 第二部分的第二节、第三节中规定相应的保护标准,但地理标志的保护往往受到商标权的限制。从 TRIIPs 的规定看,只有当商标使公众对商品的来源产生误解或该商标与葡萄酒和烈酒的地理标志相同或由其组成,而该商标又不在例外规定的保护之列,地理标志才会优先于商标得到保护。

四、结论及原因分析

从以上分析可知,TRIPs 协议对地理标志的保护很有限,它的保护标准是很低的。TRIPs 协议对地理标志的保护很大程度上是建立在对公众是否造成"误导"的判断上,这种标准具有很大的不确定性,而不对地理标志的非误导使用进行限制,容易导致地理标志的通用化。虽然对葡萄酒和烈酒的地理标志保护是不以"误导"为基础的,但诸多的例外条款大大削弱了这种所谓的额外保护。在处理商标与地理标志的关系中,TRIPs 协议又明显偏袒了商标。

TRIPs 协议对地理标志保护的不足源于欧洲与美国对地理标志保护的态度不同。欧洲国家和以美国为代表的一些移民国家在地理标志的保护上有着不同的历史传统和法律制度,更重要的是地理标志对这两类国家的经济利益存在重大反差,因此,地理标志的保护是 TRIPs 谈判过程中最为困难的领域之一。一方面,地理标志的使用在欧洲有着悠久的历史,一些欧洲国家很早就有专门保护地理标志的立法,欧共体也通过立法建立保护地理标志的统一制度。[①] 美国则没有专门保护地理标志的传统,英美法不承认地理标志是一种专有的财产权。在美国,地理标志主要受商标法调整。另一方面,地理标志的知名度是与经济效益息息相关,不同国家经济利益上的差异使其对地理标志的保护持有不同的立场。一些国家由于有着特殊的气候、土壤及传统的生产方式等原因,盛产一些富有特色的农产品。而有些国家则相反,恰恰是这些农产品的进口消费国。一些主要的欧洲国家属于前者,随着欧洲经济的发展,作为地理标志载体

---

① 欧共体用不同的条例来规范不同产品的地理标志,如欧共体 822/87 号条例、823/87 号条例等均规范酒类产品的地理标志,而 2081/92 号条例则规范其他农产品的地理标志。

的有形商品大量输出到世界各国与地区，这促使地理标志国际保护成为他们的迫切愿望。而强化地理标志的保护对美国来说就意味着要重新命名香槟酒，勃艮弟酒和雪利酒等名称，这对美国的酒商将是沉重的打击。因此，在关贸总协定乌拉圭回合谈判中，欧美两大阵营在保护地理标志的问题上针锋相对，以法国为代表的欧洲国家主张加强地理标志的保护，美国则力争限制其保护。结果，欧洲国家成功地把地理标志作为与专利、商标等并列的一类知识产权纳入《与贸易有关的知识产权协议》（以下简称 TRIPs 协议）的保护范围，美国也通过一系列的例外保住其经济利益，还把一些悬而未决的问题留待以后的谈判解决。①

在 TRIPs 框架下强化地理标志的保护，只能寄希望于根据该协议第 24(1) 条和第 23(4) 条的国际谈判。可以预见，新的谈判道路是漫长而艰难的。拥有丰富地理标志资源的国家，包括一些发展中国家，应该采取积极的态度推动谈判的进展，提高地理标志的保护水平，分享知识产权保护所带来的利益。

---

① 待解决的问题主要是建立葡萄酒和烈酒地理标志保护的多边通告与注册制度等。根据 TRIPs 协议第 23(4) 条，与贸易有关的知识产权理事会应就此议题进行谈判，以寻求解决方法。

专　　论

国际法发展史的几个问题

端木正*

关于国际法发展史的问题很多,我今天讲四个问题。第一个问题,国际法发展史在国际法教材中的地位;第二个问题,国际法发展史的分期问题;第三个问题,国际法发展史应该讲些什么内容;第四个问题,中国与国际法。

一、国际法发展史在国际法教材中的地位

在我们这本教材中,国际法发展史是摆在第一章导论的第二节,它的地位还未上升为一章,在全书568页中占15页,只占了2.8%。国际法发展史这一节分了三个目,第一是讲国际法的来源与发展,第二是中国与国际法,第三是现代国际法的动向。从分量上讲,这三目也不是平均分配的,第一目5页,第二目4页,第三目6页。这一节的分量与这一节的内容是否合适?已经有使用经验的各位同志们对此有什么看法?在教学中发生了什么问题?各位在讲课中对这2.8%的分量比这讲得多一些呢还是讲得更少一些?同学们在接受这2.8%时是满足呢还是不满足?我们在辅导过程中同学们提的意见多呢还是少?对这些问题我还没调查清楚,我不知道大家听到一些什么反映,至少我现在从书本的角度上讲,我不敢说这2.8%是多了一点呢还是少了一点。这样一节只讲三个题目。是不是这个内容就在这十五页之中,有些是可讲不可讲,是不是有些内容还没有编入这十五页呢?这些问题,我想都不能简单地回答。我觉得要回答这些问题,首先有一个前提,就是搞清这本教材的读者对象。这个问题好

* 最高人民法院原副院长,中山大学法学院教授,中国国际法学会副会长,常设仲裁法院(海牙)仲裁员。

本文系作者在1982年由中国国际法学会在北京举办的“国际法统编教材研讨会”上的发言稿。此文稿由陈致中教授提供。

像问得很奇怪,我们这本教材是高等学校的教材,对象不是很明确吗?我觉着这个还是不够明确,为什么呢?因为在高等学校之内,还有不同的对象。开设国际法这门课的高等学校很多,但彼此的要求不完全一样,也不应该完全一样。从高等学校的层次上讲,有国际法的研究生要学,有国际私法的研究生要学,国际经济学的研究生也要学,虽然他们都要懂国际法,但对他们的要求不一样。对大学专科生和对不同的学校的要求也是不同的,最多的是我们综合性大学法学专业本科生还有国际法专业、有经济法专业。其他的学校,如外贸学院国际关系学院、外语学院等,也开国际法课。纵的讲,高等学校至少有三个层次,一个是研究生,一个四年本科生,一个两年制的专修科;从横的方面讲,有各种类别的高等院校都在开国际法课程。因此我们这样一本教科书,对于这种纵横要求都不一样的对象来讲,教材的分量和内容的要求也就不能完全一样,但我们是不是就要编十几、二十几本国际法教材呢?我想实在也没有必要,但是我们在讲授的时候,应当如何处理?在政法学院、政法干校讲国际法是不是与综合性大学有些不同呢?我看是有些不同的。因为我所看到的各兄弟院校的教学计划(我看到的不多,大约有十几份)中,我已经看到有的政法学院把国际法列为选修课,就是列为必修课的,讲课的时数相差得也很大。这样,在我们不能编国际法各种程度的教材的情况下,我们就应发挥教师的主观能动性,对教材加以调整。我现在要讲的,主要针对综合性大学的法学专业使用这本教材的有关问题。

不管是哪一类的学校,哪一个层次上进行教学,总要讲这个学科是从哪儿来的,学科的发生、发展是怎样的,我们才能够了解这个学科今天的情况以及今后发展的动向。我们要把国际法中的原则、规则、规章及制度放到一定的历史中去理解。我们国际法中的某一项原则、规则等都不是抽象地存在的,它是在一定的具体的历史条件下产生的,它经过演变。我们这个学科,我们今天担任教学和研究的这个学科,它自己是怎样发展的,有哪些理论家阐述过它,我们都应该知道,知道的多少,是有所侧重的,但无论如何,都应该有一定的分量。如果脱离了历史发展,这些原则、规则、规章和制度就会只剩得一些表面的、只有现在的这些章节目,而这些章节目是怎样来的,我们就不能了解,那么我们就只知其然,而不知其所以然。因此我们在学习过程中,我想国际法发展史这一节不是可有可无的,国际法发展史是一定要学的,问题在于分量的多少。我个人认为,对综合大学法学专业来讲,这十五页少了些,最好补充为独立一章。

下面我谈一谈重要的标准著作,外文的不讲,讲几本同志们手头有的书。一本是周鲠生先生的《国际法》,奥本海的《国际法》中文翻译本,菲德罗斯的中

文翻译本、阿库斯特的中文翻译本，还有一些兄弟院校编的教材。在我们现有几本书中，对国际法发展中讲得最详细的是菲德罗斯的那本。我们在备课时要参考这本，它的材料最多，但也不能拿来就用，要分析，并且这一段不是菲德罗斯写的，是三个人合写的，他们天主教的观念很浓厚，对这些我们不取，这种鉴别力我们都是有的，我们只是参考参考他的材料和历史的处理办法。其次是奥本海的那本，周鲠生先生那本下面讲。

关于国际法发展史在国际法教材中的地位的问题就讲到这里。

二、国际法发展史的分期问题

我们现在用的这本国际法教材，没有明确地讲分期问题，对于国际法发展史到底经过了几个时期，没有明确地讲，但是，不能回避这个问题。因为第二节第三目是讲现代国际法的动向，那么还是在历史发展中论证原则，划分历史阶段，有了一个历史分期的基础。

在一个长的历史过程中划分历史时期是必要的，因为我们讲历史不能从头到尾，国际法从十七世纪开始的话，到现在已有三百多年了，如果就主张国际法自古有之的理论，那年代更长了。我们从头到尾地讲下来，就看不到历史的阶段性、历史发展的科学的规律性，因此分期是必要的。在教材的十五页里，是没有重点提出分期问题的，但在其他的章节中，是提到了的。国际法发展史虽然写得简单，但对于每一个问题的历史发展，仍然是有所补充的。不能不讲历史。我随便举几个例子。讲到海洋法时，就有专门一节讲到海洋法的发展，接着讲到海洋法的编纂，也是从历史的角度上讲的。讲到专属经济区，前面加了一点，讲专属经济区的历史发展。讲到国籍法的时候，也简要地讲了我国解放前三个国籍法的情况。这都是我们讲国际法发展史的一部分，虽然不是放在第一章讲。最突出的是第二章第一节第三段，讲国际法基本原则的历史发展，这一节几乎就可以并到国际法发展史这节中讲。因为国际法发展史讲什么呢，其中有一部分就是讲国际法基本原则的发展，你把国际法基本原则抽出去，那国际法发展史还讲什么呢？而且第二章的写法也是历史的写法。但是有几个我也不太清楚的地方。如第五十一页讲国际法基本原则的历史发展，开头讲综观国际法的历史，国际法基本原则经历了三个重要的发展时期。我琢磨很久，这三个是重要发展时期，是不是还有几个不重要的发展时期呢？我有些也想不通，是不是不是重要原则的就有不重要的发展时期呢？这三个时期是什么呢？一个是十七、十八世纪资产阶段革命时期，从美国的《独立宣言》讲起，那我就想，为

什么不从格老秀斯的祖国荷兰革命讲起呢？荷兰是格老秀斯出生的地方，为什么不从荷兰讲起呢？第二个时期是讲第一次世界大战和十月革命以后，第三是讲第二次世界大战后，这样讲了三个时期以后，还是按着顺序，第二节讲联合国宪章与国际法基本原则，第三节是讲在联合国宪章出现以后我们提出的和平共处五项原则。把联合国宪章和和平共处五项原则很详细地发挥，仅仅和平共处五项原则就讲了二十页，超过了整个国际法发展史，超过了“中国与国际法”。和平共处五项原则是不是就是中国与国际法一定要讲的东西？我同意有些同志的看法，国际法基本原则这一章完全可以并到第一章，而把国际法发展史提出来专门成立一章。

教材对国际法发展史的问题，主要是在第一章导论中第二节用十五页讲国际法发展史的范围，但在它自己的范围内讲得不多，在下面分散地讲得不少，尤其是国际法基本原则这一章。当然这仅仅是合理布局的问题。

第二我们讲分期。这个教材虽然没有正面地提出历史分期问题，但我们使用的教科书，还有这部教材的初稿谈到了分期问题。这种分期是将社会发展的分期套在国际法发展史上的。我们从整个人类历史发展看，历史发展是一个统一的、合乎规律的过程，是从一个经济形态向另一个经济形态过渡的过程，是一个必然的过程，最后必然地发展到共产主义，把这整个过程划为五种经济形态。但是，整个世界通史的分期不能代替每一个具体国家或者每个专史的分期，因为每一个国家的社会经济形态的发展是不平衡的，当世界上许多国家已经进入资本主义时期的时候，还有不少的国家仍处在封建时期，甚至还有保留着奴隶制经济的。从 1917 年起，又有许多国家相继地进入社会主义社会。我们是从整个世界通史的角度讲分五种经济形态。但具体到某一个国家，有的国家就没有经历资本主义时期。因此，我们不能把世界通史的分期硬套在个别国家的历史上，同样，我们也不能把这种分期硬套在各个专史上。每一个专史，不管是戏剧史也好，文学史也好，戏剧史可以分话剧史歌剧史，文学也分为多种。对各种史进行分期，是不可能完全一样的。雕刻史与绘画史的分期不能完全相同，小说史的分期不能与诗歌史的分期完全相同，要看这个专门史的内容，它本身发展的特点与规律，要看这个专史的具体内容是怎样的。属于经济基础呢还是上层建筑，还是两者都不是？社会经济形态的变化对每一个专史都有影响，与专史都有联系，但是不能混为一谈。所以，每个专史根据它内容的不同而有它本身的特点。法学各个部门的发展也是不一样的，都是各自具有自己的特点。刑法的发展历史是很久的。但宪法的历史发展不见得比国际法长。再如国际环境保护法，就很难说有奴隶社会的国际环境保护法、封建社会的环保法。不能

说只有硬凑上几条作了标题，才能表明我的立场，才能保险。这些问题在历史学界已经讨论得很多了，比如说讲现代中国文学史，有人把毛主席《在延安文艺座谈会上的讲话》划分一个时期，说现代中国文学史分两个时期，但这1941年对其他专史的分期是毫无关系的。再如说1943年第三国际宣布解散，在国际共运史上，1943年就是一个划时代的年限，但1943年对其他史如戏剧史等就没有意义。每个专史内容不同，它也就有它自己划时代的年限和日期，有它自己划时代的标准，不能够都拿五种经济形态来套。我们国际法是国际社会的法律，它的发展一般地讲是属于国际关系史的发展，它既不等于社会发展史，也不同于通史，我们务必要实事求是。用社会经济形态分期这个方法，说实在话，这是最省事的了，你不用花精力去琢磨你这个专史的特点在什么地方。但如果用这种简单的方法，是不符合国际法发展史本身的要求的。历史分期的一种方法就是以这五种经济形态作分期的依据。另一种分期方法就是按时间的概念，我们通常接受的这种分期，就是古代史、中世纪史、近代史等。这个分期标准比较好理解，那么国际法发展史就与世界通史一致？是不是说近代史什么时候开始，我们现代国际法就从什么时候开始？但我们具体明确地说近代国际法、现代国际法的开始时期和结束时期，是有争论的。特别我们看西方资产阶级国家出版的书，有的就是把1648年威斯特伐利亚和约以后称之为现代的国际法，最迟的，是把第二次世界大战以后的国际法称为现代国际法。所以，在资本主义国家使用这些名词的时候，每个作者都有自己的理解。我们现在基本上与世界通史的历史分期一致，但也不完全一样。世界现代史我们讲是从十月革命和第一次世界大战结束开始的，中国的现代史从1919年的“五·四”运动开始，不一定非要讲中国现代史从1917年10月开始，这样讲与我们中国的实际不符合，但我们的1919年仍然在世界通史分期的同一时期之内。我们国际法也是这样。我们讲世界近代史，从1640年英国革命讲起。我们国际法从1648年威斯特伐利亚公会结束开始讲起，这两个标准是不一样的。世界通史的标准是英国革命。我们国际法则以结束三十年战争打开国际社会的一个新局面的威斯特伐利亚和约开始，但时间只相差八年，是属于同一个时期的。所以，我们如果采用社会经济形态的标准，或是采用时间概念作为分期标准，我们就必须把它贯彻下来，我看个别兄弟院校的讲义，不是这样的。它开始是以社会经济形态标准，讲奴隶社会的国际法，封建社会的国际法，然后讲资本主义的，最后呢，到现代部分，就不知道讲什么社会经济形态的国际法才好，就只好换另一个标准，把时间的标准接上去，讲“现代”国际法。我觉得这是不合适的，因为前三个分期是按社会经济形态的标准，到最后一部分用这种分期标准不能解决问题，就改

用时间概念的分期,分期的标准便不一致。如果现代部分用时间远近概念分期,前面部分也用这个分期好,改用古代、中世纪、近代国际法,至于古代有没有国际法,这个问题可以讨论。总之,要坚持分期标准的一致,不宜混用两种分期方法,自相矛盾。

采用社会经济形态作为国际法发展史的分期标准,还有一个困难,就是某一形态究竟在历史上什么年代开始和结束,在史学界一直有争论。我们卷进这些争论就使问题更复杂化,更难说得清了。

关于分期的问题就简单地讲到这里。

三、国际法发展史的内容

国际法发展史这一章或这一节,应该包括什么内容?据我所看到的书,国际法的著作里面我们可以把这一节分析看,可以分析出三种内容。第一种就是历史发展背景,是国际法的形成过程。这一部分可以理解为:国际法的发展史等于是国际关系史的一个分支,是国际关系史的一部分内容。关于历史背景这一部分的内容跟世界通史的关系很密切,也就是说,要掌握历史和法学的关系。这样主要讲国际关系史的一部分。因此,它的主要事件,它的分期的标志、分阶段的标志都是全球、全欧洲的性质,以致发展到全世界性质战争法跟历史上重大的国际会议,这些国际会议是带有造法性的、立法性的国际会议。但是,也不是完全等于国际关系史。而且,我们根据马克思所说的,革命是历史的火车头,革命同样也是国际法发展的火车头。那么不管是荷兰的、英国的、美国的,特别是法国资产阶级革命,在近代国际法的发展史上都起了巨大的推动作用。到了现代呢,当然是伟大的十月社会主义革命对国际法的发展起了重大的影响;还有我们中国革命的成功。所以,这些都是国际法发展史的一部分内容。那么,我们解放后一般习惯用的苏联教科书,十月革命对国际法的影响讲得足够多的了,对于法国革命、对于中国革命对国际法发展史的影响发挥得还不够。我们这本书,对于新中国革命的成功对国际法的发展是在开始研究。我只能说开始研究,因为这个问题还没有细致深入下去。这是第一部分内容,就是说发展的历史背景。

第二部分内容,是指国际法发展史的本身,或者说是国际法实践的发展的历史。

第三部分内容是国际法学史。这是法律思想体系的一部分,也可说是政治思想体系的一部分。这种国际法学史主要是介绍我们有哪些法学家,介绍有哪

几个法学学派,有哪些思想家对于我们这个学科的发展起了决定性的作用,他们各自的贡献怎么样。

这三部分内容是有联系的,但也是应该有区别的。关于这一点,在我们这本教材的十五页里面是没有分的。刚才我说了,我们教科书十五页里面分作三节,但不是按照这三个内容分的。我们应该区别法学和法律本身的发展史。这一点呢,就是我们前几天的报告里面已经有的同志在这个地方讲了,我们应该区别国际法跟国际法学。那么,在它们的历史部分,首先就是应该区别开来,而且是完全可以区别开来的。国际法学史,有自己的相对的独立性。我们这个教科书,跟我们读过所有其他的国际法教科书相比,如果说有一个特点的话,就是国际法学家介绍得非常之少。出现的人名,具体的介绍非常之少。我可以说,我所看过的国际法的书,很少像这样少的。我们这本书也没有索引,就我自己看书过程中所记得的,我们这本书一共只出现过十二个法学家的姓名,其中有许多还是一般的国际法学家;像卢梭、博丹还不能列为一个国际法专家。卢梭、孟德斯鸠虽谈到国际法,但是他们的主要成就毕竟不是国际法学的。所指出的十二名之外,许多地方就简单地称之为西方的法学家。这十二个人之中,没有苏联和东欧的法学家,而且也没有,除去惟一的例外,本该有的现代法学家。那么惟一的一个现代法学家,他的名字出现是在第116页,马尔他的一个叫帕多的人。但是,对于我们人所共知的格老秀斯这些人,我们这本书上附有英文的名字,可是唯独这位我们还不熟悉的马尔他的现代法学家是没有附原名的。因此,恕我学识浅陋,我也不知道这个帕多先生的原文名字怎么写,我也不知道他有什么著作。这些都该有介绍。但是,至少我们感到高兴的是,我们给这位第三世界国家的法学家总算是挂上了一个名字。如果我们有独特的特点的话,我是主张,我们应该对第三世界的法学家给予相当的尊重。特别是在最近十几年来,第三世界在联合国里面,在跟传统的国际法进行挑战当中,它们的法学家都起了一定的作用,我们应该给他们以足够的地位。那么,在海洋法会议上,在国际经济法讨论会里面,第三世界是出现不少优秀的、而且是年轻的法学家。但这些我们是没有充分反映的。传统的也不够,我记得,出现这十二个法学家中,只有格老秀斯是出现过五次;其他出现过两次的,只有法泰尔和边沁这两个人;其他那九位,书上只出现过一次,而且没有介绍。在这一点上跟周鲠生老师的那部《国际法》是不同的。他是把国际法另外叙述的,先讲国际法学,然后再讲国际法发展史。

奥本海的国际法教材也是很清楚的,国际法学是国际法学,国际法发展史是另外一节。咱们的这本书是把它们炒在一起了。我主张,我们要注意区分国

际法学跟国际法。在写历史的时候,也应该加以区别。我们这本书不重视国际法学还表现在另外一点上,就是对过去法学家的成就没有介绍。我们这本教材是作为一本入门书的。那么,世界各国以及我们中国有什么法学成就,许多国际法著作中都有这样一章,有哪些标准著作,如再进一步研究,有哪些主要的国际法学杂志,都应当有简要的介绍,而我们这本教科书上反而没有。我们教科书是作为入门书的,我们既没有全书的参考书目,也没有对国际法学发展史上一些重要的著作的介绍。这个我认为是以后修改、提高我们教材的时候应该考虑补充的。

这个第三问题——国际法发展史的内容,我想我只概括地讲这么一点。那么我想讲四个问题,也不是平均主义的,我想把时间留在最后一个问题上,就是中国与国际法这个问题。

四、中国与国际法

我们想编一本有中国特色的国际法教材,那么表现中国特色的方式很多,其中有一点要讲中国与国际法的问题。我们这本书讲中国与国际法,刚才我也讲过,只有四页半。这一节也同样没有区分国际法学与国际法发展的历史,也是炒在一起讲。那么就在这个讲坛上,就在前几天,已经有几位同志都谈到了这个问题。马骏同志提到一个中国古代有没有国际法的问题,完全赞同我们教科书的提法。陈体强同志整个上午报告就是讲中国与国际法的一部分,就是这个主题的一部分,讲新中国的国际法。虽然他们两位都谈过,但是像这样一个大题目,总还有未尽的意思,总还有补充的余地,大家都可以发言。首先我们要说,在我们中国出版的国际法书里面,把中国与国际法列为一专节,讲四页半,这倒是本书的一个创新。过去我们中国的书里面没有,教科书里面没有,周鲠生先生的《国际法》书里面也没有列为专题,仅仅在两个关于国际法发展史的注解里面,谈到了中国介绍国际法的情况。但在我国台湾地区出的书,丘宏达几位合编的《现代国际法》,是有专门讨论中国与国际法的。这是我们大家共同关心的问题。但这个题目,国内外学者早已经有过一些专著。刚才讲到国际法学史,我是不能介绍著作的,因为国际法学史的名著太多。而研究中国与国际法的有几本书,我想在这里提一下。这几本书,据我知道的,在北京是完全有的,在其他各地不一定都有。我所要介绍的书,是全面论述中国与国际法或很多问题的书。至于个别问题,比如说最惠国条款、租借地、领事裁判权,这些论中国的某个专题的书,举不胜举。但是全面地讲中国与国际法的书,有几本我想是

可以介绍的。头一本把中国与国际法作一个专题研究出版的专著,是在北洋政府以及在国民党政府司法部当法律顾问的法国人让·爱斯嘉拉(Jean Escarra)写的,这本书是 Le Chine et le droit international, Paris, 1931。这本书到现在为止,对于旧中国的法律地位以及我们有关的国际法问题,它是一个比较全面的介绍。所有的国外的人谈中国与国际法问题,许多都是从他这本书出发,因为他当过中国的法律顾问。第一次世界大战期间,中国的一些对外问题,是他当的法律顾问,所以他掌握的材料很多。那么中国人写的东西也很多。涉及面比较广的是董霖(L. Tung)写的 China and Some Phrases of International Law, Shanghai,1940。这位董霖先生现在是在美国,已经八十多岁啦,前年回国在北大讲过学。这本书谈了一系列的问题,但没有谈到战争和中立法,平时法也只谈了一部分。这本书是他在国外写成的,如果把它翻译成中文,分量也不算太大。我国有一个台湾同胞叫汤武。他写过一部《中国与国际法》,台北,1957年,四卷本,面很广,但一般性质的东西多。另外以前有一个日本人叫有贺长雄,是袁世凯的法律顾问。所以在战争结束后,他也不管有什么保密制度没有,把他所参加的中国的一些战争期间处理国际法问题的材料都马上写出去了。在这之前,甲午之战和日俄战争之后,已经有人研究这两个战争期间的国际法问题,例如高头忠造著的《日清战役国际法论》。有贺长雄的书是《中国与第一次世界大战》,这本书是研究中国对战争和中立法的态度的,是有文献依据的。其他有关个别法律问题的书,刚才我已经说过,不再一一地介绍。还有台湾那位同胞丘宏达,除去《现代国际法》里也很注重中国与国际法以外,他还有一本小册子,就是《中国国际法问题论集》,台湾商务印书馆 1968 年出版,汇集了他写的一些短文章。

新中国成立以后,我们的国际法学者实际上没有条件从事这方面的研究。我们中国国际法学者在这段时间不能搞这些东西的客观原因,我们今天就无需多谈了。但是我们自己不总结,有一批外国学者或华裔学者,他们在那儿认真地注视我们。他们总结,他们写书,在国外有一批华裔学者能看中文,那就与外国学者合作。他们非常注视咱们新中国如何对待国际法。对于我们中国三十年来对国际法采取什么态度,总的著作也有;关于我们怎样对待条约,对待联合国、对待海洋法,都有论文或专著。他们的主要依据是咱们公开出版的图书和杂志,无非是《人民中国》、《世界知识》、《人民日报》、《光明日报》、《新华社英文稿》等咱们可以公开出版的东西。不过咱们当时在"五·七干校",或者改行多年了,不能做自己的资料工作。你们在无法无天,他就研究你这个无法无天,无法无天也是对法律的一种态度。日久天长,等我们自己都忘了的时候,他还

没忘,他再拿出来用。所以他们写书也很快,材料积累的也很多,再加上他们的背景知识、比较法的知识比我们熟悉,他们的书出版了,而我们自己没有做。所以那天陈体强同志讲,我们国际法在六五、七五科研规划里面要重点总结我们三十年来的国际法实践,这是一件刻不容缓的事情。我们不总结,让人家总结,甚至被人家歪曲,那就不好了。

我们讲中国与国际法,从实践上讲应该怎样讲,这部教科书第十八页就说:"从1842年到1949年新中国建立的一百多年,完全是一个'不平等条约时期',是一个'列强掠夺特权时期'。"这个问题如果全面来讲,是一个不平等条约时期,也是我们坚持不懈要废除不平等条约的时期,也是我们反对和研究不平等条约时期。陈体强同志也讲了,如果说我们旧中国的国际法有什么比较有成就的地方的话,那就是对不平等条约的研究。他举出顾维钧和吴颂皋等人的著作为例,当然还有许多其他著作的例子。在旧中国与国际法的关系还有一个方面,是在第一次世界大战以后出现的,而我们这部教科书没有提的,那就是我们中国被西方法学家直到五十年代仍然划分到几等国家里面;即便你是五强之一,从国际法观点来讲,你还是不能跟欧洲国家平起平坐的。但是这是西方法学家的成见。在西方国际法学家里头,他们避而不谈一个事实,而我们应该谈,可是我们的书也没有谈,这就是中国在国际法院中的地位问题。

国际法院在1929年以前,只有十一个法官,1929年以后增加到十五个法官。到1946年,建立现在的国际法院,还是十五个法官,其中中国人必定占有一席,即使解放前,即使1940年以前,咱们还不是强国之一,可在国际法院里面,咱们那一席是很稳定的。因为《国际法院规约》第9条规定这些法官要能代表世界各主要法系。研究世界各大法系的人,不管他们对待法系的看法有什么不同,总承认说有一个中华法系。这个现象是我们不能忽视的。我国在常设国际法院里面,先后有过两个法官,一位是王宠惠,一位是郑天锡。去年(1981年)从英国回国讲学的那位郑斌教授就是郑天锡的儿子。到1946年,现在的国际法院成立了。有两个中国人当过法官,先是顾维钧,当然顾维钧是从我国台湾地区产生的。现在一个严重的问题,就是在国际法院里没有了中国人法官。而我们加入联合国以后,有三次机会我们可以提名,但是我们没有提。这个现象非常遗憾。国际法官是国际法学界里中华法系和我们国家法学界的代表人物之一。其他许多大国的法学家是在纷纷竞争,而我们中国人是没有提名。培养一个国际法官当然是不容易的。国际法官都是要能英法两种语言的,不仅国际法要有很高的造诣,而且应该懂得各种主要法系,刚才我说过的让·爱斯嘉拉这位顾问就是王宠惠请来的。后来我在巴黎看到他的时候,就和他谈这个问

题。他说你们三位国际法官(那时还没有顾维钧)我都认识,都很熟,而且王宠惠是我的保护人;但是他们有一个共同的缺点,不懂中国法律。而这位先生,这位所谓汉学家,他在巴黎大学是讲中国法的,在黑板上写汉字,教中国古代的法律。他说,你们这三个中国法官,他们都是受外国教育的。所以咱们要培养下一代,首先要能代表中国文化,不是培养一两个人的问题,要能培养许多了解中国法律和世界各主要法系的人,有这种水平的人。当然要按照《国际法院规约》第2条的规定,要有高尚的品德,还要有担任国家最高司法职务的资格。不一定全是国家最高级法院的法官,许多当教授的人从来没有当过法官的也可以。但你要有学术著作,是得到国际法界公认的法学家。一般讲的话,这些人是国际法学会的会员。但是在国际法学会会员中,我们中国去年才有一位王铁崖教授参加,当选必须得取得一定的国际声望。所以这一点,在我们谈到中国与国际法的时候,也是非常遗憾的事情。

最后一点,就是讲我们中国国际法学的发展。我说要把国际法的发展史跟国际法学的发展史区别开来。在我们国际法学的发展史上,主要的我是讲著书立说,介绍国际法学的书。首先总的讲,在我们中国的法学界里面,在我们中国的法学现代化这个过程里面,国际法是走在前面的,比国内法走在前面。我是怎样理解的呢?就是国际法这个学科,正如前两天马骏和陈体强同志都强调的,我也同意这一点:国际法在我国不是土生土长的,应该坦白承认这个是我们从外部引进来的。如果我们不用国际法的“传入”,用我们最近几年引进先进的科学技术的说法,那么我们的国际法就是引进项目。我作为一个中国人,并不以此感到耻辱,因为我们这个电灯也是引进来的,我们坐的汽车也是引进来的。我感到惭愧的是只有引进、而没有改进。这点我们是大大不如日本,也不如其他某些国家。现在美国也在买西德的技术,也正在交涉要买日本的先进技术,但它买进技术不是照搬。我们引进的是我们没有的东西。我们需要的东西应该去引进,这是没有什么可惭愧的。惭愧的是我们引进以后没有提高改进,再超过外国人,我们现在讲的国际法学,不是我们古已有之。如果说国际法学的某些规章制度在春秋战争国时代曾经有过某些萌芽的东西,或某些因素出现过,这是可以的;但是国际法学可以说是确实没有过。而且我们以前实行的那些东西和我们现在不是有连续性发展的,而是中断的。现代的国际法学是从西欧发展起来的。我想这大概是鲁迅批评过了的,就是什么我们的老祖宗是比你强得多,无政府主义吧,我们有老子,你讲共产主义吧,我们有天下为公;我们什么都有过,我们的祖宗比你强得多。这是一种什么心理状态?这不是真正的爱国主义。如果是按照旧的战争规则办事的话,现在有许多小朋友听听说书都可

以知道，咱们从前打仗还要下战书，你下战书我就是挂免战牌，我就是不跟你打；《三国演义》里也有，诸葛亮要激司马懿出来打仗，你不打仗我送套女人衣服给你，司马懿就穿女人衣服也不跟你打，还是挂免战牌，诸如此类的战争规则并没有演变到现在的国际法。在咱们国境内，古代也有过使节、结盟等做法，但是并没有演进到我们现在这个国际法体系里面来。我们现在的国际法体系是从西欧发展起来的，这是无可讳言的。正如我们毫不讳言，我们的马克思主义是从西欧发展起来的。尽管国民党当时骂：你们把自己的祖宗搬走，放个外国祖宗在这儿拜。这是国民党那个时候骂我们宣传共产主义的。国民党骂，说共产主义不适合中国国情，那时我们毫不犹豫，它是真理，即使它是在西欧产生的，那我们也必须引进，必须学习，学了才能结合中国实际有所发展。国际法也是从西欧产生的，那我们就有一个国际法输入中国的过程，有一个国际法学被我们引进的过程。这个过程据我看，可以分为几个阶段。

头一个阶段，就是从鸦片战争以后，到戊戌政变这个期间。这个时期，咱们完全作翻译工作，从片段的翻译到整部书的翻译。这时期第一部出现的完整的国际法教科书，在当时我们没有选错，当时选的就是够国际水平的，不是随便抓来翻的，都是名作。这部教科书上有的我就不说啦，我们选过 1864 年出版的惠顾的《万国公法》，最后到 1896 年译出英国费利莫尔有名的 Commentaries，译作《各国交涉公法论》。三十二年中译过六部书，其中有布论执礼的法典，我们翻作《公法会通》。一直到戊戌政变以前，我们中国国际法学界的特点是只有翻译，还没有中国人自己的著作，连通俗的小册子也没有人写过。而且这些翻译都是官方的、政府有组织的集体翻译。它们不是在法学学校里面翻译的，而是在同文馆，同文馆主要是外语学院，兼管翻译国际法；不是作为法学教育的一部分，而是作为外交学、给办外交的人用的。这个时间的翻译，面也比较广，有英国人的、美国人的、瑞士人的，在学术上也没有一定的倾向性。这是我国介绍外国国际法学的开始，比介绍其他法学部门早得多。我们有古老的刑法史，但是接受西方各国的刑法学，要等到二十世纪初。宪法在我们中国的历史不到八十年，但是我们的国际法历史要长，即使是按照惠顿的《万国公法》这第一部翻译的国际法算起，咱们的国际法已经有一百二十年，如果从林则徐主持翻译一部分法泰尔的著作算起的话，那咱们的国际法的历史、国际法学的历史就更长了。比起其他法学部门，在我们中国封建法学现代化这个过程里面，我们的国际法是走在最前头的。我想这些是第一个时期的特点。

第二个时期，我把它放在从 1898 年戊戌政变以后到 1919 年五四运动这个时期，就是从瓜分中国的危机一直到五四运动这个时期，这个时期的特点，据我

所见,是转到以翻译日本著作为主的时期,这个时期出版的国际法书,大都是日本人的著作。但是没有什么大部头,也没有什么有名的国际法学家著作。大家知道,包括我们这个国际法的名称,也是日本人先用的,是从日本引进的。在前一个时期,我们刚才说过,惠顿那本书译成《万国公法》,所以在十九世纪末叶,在我们法学用语里,公法这个词不是对私法而言的,不是像我们现在把公法和私法对立,这个公法就是指万国公法的简称,是跟一国的法律,即国内法相对而言的。所以讲公法就是指国际法。到这个时期,我们就开始向日本人搬了,搬什么呢,从名称搬起,于是出现了国际法,从而代替我们十九世纪所使用的"公法"和万国公法。这个时期为什么转为向日本学习呢?据我现在所能够解释的,就是日本在十九世纪末最先成功地废除了不平等条约——西方加给日本的不平等条约,日本废除掉了。这个对于我们仍然处在不平等条约束缚下的中国知识分子看来很佩服,认为日本的法制建设、日本的法学是值得学习的。另外从清朝统治者看来,特别是张之洞,有一句有名的话,"学西洋不如学东洋"。因为东洋好像是把西洋的东西消化了一下,更适合于我们接受,所以开始派大量的留学生到日本去。大家知道,鲁迅就是1902年到日本去的。那时留学日本成风。到1905年日俄战争,日本胜利后,好像是替我们黄种人出了口气,日本人打败了俄国,日本在中国知识分子中声望非常高。因此,从二十世纪开始,我们感到被瓜分的危机,感到需要国际法,这一个时期内,正是我们学习日本的时期。这个时期内,也是国际法开始普及的时期。以前的国际法,刚才我们说的那些同文馆印的,或者在许多办洋务的单位翻印,像江南制造局或其他地方翻译了几百部,都不是公开出卖的,我所见到的这些线装书都没有标明售价,都是发给各办外交的、办外事的机构。到我说的这个第二时期,国际法开始普及了,变成公开出卖的书。现在我们到图书馆去看一看,都是一些教科书性质的。而且国际法普及在当时文化运动史上成为"新学"的一部分。大家都知道,我国有一个新学运动,国际法可以说也成为新学的一部分。当时有志报国之士、有志气的青年,那是想懂一点国际法的;对国际法的要求,了解国际法的迫切,大概只有最近几年国际法稍微热了一点,可以跟那个时期比。那个时期热得很,我不能举很多的例子,我想请大家看史沫特莱写的朱德传即《伟大的道路》。朱总在未到云南讲武堂之前,他想去学习新的知识,他想学习的新知识中就有国际法(见《伟大的道路》汉译本的第87页)。当然他并没有意识想成为一个法学家,只是一个知识普及的事情。我们现在所看到的,从梁启超到李大钊的著作里面,都谈国际法,而他们谈的根据都是日本人的著作。但是,我说这个时期的特点,国际法普及了,比以前一个时期普及啦。前一个时期那些书都是用线装

的书,很粗糙的,是总理衙门等政府机关拨款。这个第二时期在上海书店、各地书店都出版了国际法的书,这些都是个人翻译,书店出版。但是,这个时期的国际法翻译水平据我看未必赶得上十九世纪。中国人开始写国际法的文章,但是几乎没有国际法学术著作,有的刚才我说不管梁启超也好,还是李大钊也好,他们写的大多是时论,在有些时论里面包含有国际法问题,还没有进入到国际法的学术研究领域。这些简单地讲就是第二时期的特点。

从1919年的五四运动到解放前的这三十年,我想把它归为一个总的第三时期。这个时期转过来了。这个时期我们的国际法是向英、美学习,是从英、美输进来的。这个时期的翻译也不少,我们仍然在继续翻译。以前是清朝官方组织的翻译,或是政论家,从日本翻译,这个时期开始有法学家的翻译了。比如说,格劳秀斯的《战争与和平法》我们是没有全部翻译,但是有一位先生是下决心翻译的。但是他的稿子交到商务印书馆正好是1931年的"一·二八事变",在这次事变中被烧掉了,结果只出版了那部名著的序言。翻译的这位先生叫岑德彰。他的那篇小册子叫《国法法典》。岑德彰也是第一个在中国翻译奥本海的国际法的。他翻译的第二本奥本海国际法,在解放前只有过一本。岑德彰先生翻译的文字过分典雅,现在的青年人大概很难消化这种文字,所以也不准备再版了。在五四以后,到英美的留学生就超过了到日本的留学生。因为在《二十一条》以后,我们的留学方向随着政治气氛转化,这不是今天开始的,是一向如此的。在五四运动以后,我们出现了第一批中国的国际法学者,开始有自己的国际法著作。国际法从同文馆进入到了各大学的教学领域。我们第一代的国际法学者,像周鲠生先生开始在北京大学,后来到武汉大学讲国际法。国际法课程在大学里面普遍设立了。周鲠生先生二十年代给商务印书馆写的第一个大学丛书里面的《国际法大纲》是我们解放前出版的、发行量最大的一本国际法教科书。这书先在北大使用,后来在各大学都用。1927年到1937年是周鲠生先生最富有成果的时期。他的《现代国际法问题》跟《国际公法的新发展》,这些就是当时我们学国际法的人必读的。体强同志在《年刊》第一期写的书评介绍周鲠生的《国际法》书开始的时候,有一段简要地介绍周鲠生在我们国际法学上的地位。在这个时期我们不但在大学普遍设立,而且开始培养我们自己的研究生。在北大、清华、武汉大学等学校开始培养第一批我们自己的研究生。我们开始有第一批在国内获得硕士学位的国际法研究生。三十年代在清华读过国际法研究生的人还有几位,但是,得到学位的第一位就是邵循恪先生,第二位是王铁崖先生。其他的学校也逐渐开始培养国际法研究生。

这个时期我们中国也开始自己积累国际法资料。在这方面讲,周鲠生先生

跟王世杰先生,他们从北京大学去创办武汉大学,做出了显著的贡献。当时他们两校是有来有往的,不像咱们现在单位所有制,不是分配定终身。那个时候燕树堂先生在北大呆几年,在武大呆几年,两个学校来回教,两边都是好朋友,都是老同事。所以,在两间大学都成了资料的中心,培养的中心。王世杰是宪法学者,他是武汉大学的第一任校长,周鲠生先生是武汉大学的教务长。所以,我所见到的武汉大学国际法藏书,其他书我不谈,就光国际法的书是超过了我当时在北大和清华所见到的。武汉大学的国际法老书有许多,特别是十八世纪、十九世纪这些版本的,是北大、清华也没有的。周鲠生先生买书是不限于一国文字的。不是像某些学校里面,留日派当权的,就买些日文书,留法派当权的,就买些法文书,不是这样的。周鲠生先生收集国际法的书是放眼全世界的,很全面,很有系统。所以,这个时期开始形成了我们自己国内的研究国际法的几个中心。这就是到1949年以前学习国际法的情况。其他一些学者的著作我今天就不一一介绍了。

现在我谈谈解放以后的情况。那天陈体强同志讲,解放前我们国际法的队伍很小。但这个很小的队伍到1949年就一分为三。一部分是留在我们大陆,一部分是到我国台湾地区,还有一部分留在海外居住。但我们可以很满意地说,我们绝大多数国际法学者,以我们周鲠生先生为首的都是留在大陆的。也可以说,我们国际法学界的主力是留在大陆的。甚至可以说,我们中国国际法学的正统还是在我们这边。那么,从1949年起,进入了另外的时期。这个时期是我们一边倒学习苏联的时期。我们经历过学习日本的时期,经历过学习英、美的时期,现在我们又进入一边倒学习苏联的时期。但是,国际法学界学习苏联,我是没有感性知识的。因为到国际法学习苏联的时候,我是在历史学界学习苏联,没有参加咱们国际法学界学习苏联,所以只能谈谈我现在所能看到的书。当时我们全国一边倒普遍学习俄文,就是这个时期,现在回顾起来看,我们对苏联的国际法学的介绍还是不多的。我们翻译的苏联的教科书和专门著作还是很少的。《国际问题译丛》里有一些有关国际法的文章,后来把它们编成集子了。我是觉得我们学苏联也没有学好,我们很多学生是间接学的,是苏联专家的再传弟子。真正到苏联去,按照苏联学生的水平,达到苏联法学博士的地步,这样的人很少。我想可能有,因为我不太熟悉这些,五十年代的人我就没有什么来往了。

就在这个时期周鲠生先生埋头写他的著作。这本著作是在他身后,到1976年我们才能够在内部书里买到。但是,我看了以后我觉得如果我们的周先生活着的话,他是不会这样出版的。可是他死了,他没有发言权了。他是一定要修

改后才出版的,但是已经不可能了。所以,周先生二十多年前写的这本书与其说是我们了解现在国际法的著作,还不如说主要它在国际法学史上的价值更重大。它表明我们在那个时期国际法学发展到什么程度。

就在学习苏联还没有学够的时候,法律虚无主义已影响到我们国际法的教学,教学的时间减少,教学的单位也减少了。在 1958 年以后,在左倾路线的影响之下国际法几乎是名存实亡。一直到 1962 年到 1965 年这个时期,我们经过了一个很短的恢复时期。到 1966 年以后这十年就不堪想象了。我们只能说它是一个空白,因为不能说它是一个时期。那么,最后一个时期呢,我想,从 1977 年开始,但我只说从 1977 年以后开始,不能说到现在为止,因为这个时期还在继续发展。这个时期是国际法空前迅速发展的时期。我觉得我们国际法学界比起法学其他各部门,比起刑法、民法或者法制史等其他这些部门,我们国际法队伍是恢复最快的。我们在 1980 年 2 月成立了中国国际法学会。那时,其他的法学会都还没有成立。在法学教材这么多种类之中,我们国际法教材也是出版比较早的,是第一本教科书。

当然,我们国际法学会难以同日本人相比,更不要说和欧美国家,我们比人家晚得太多。我们的《年刊》是在 1982 年出版的。在日本,国际法学杂志是 1902 年就出版了。我国台湾地区的那本国际法年刊是从 1964 年开始出版的。现在我们是急起直追。但是,我们一定要后来者居上。我们有这个志气。在这短短的几年里,我们翻译书的出版也是相当快的。我们的这个奥本海翻译本出了新版。李浩培先生翻译的菲德罗斯的《国际法》,那分量是不小的,也是世界上的名著。奥本海国际法、菲德罗斯国际法不但在英国流行,在德国流行,就是在苏联也都有翻译本。这是世界上各国学国际法的人,不管你对它的某些观点有不同的看法,但是,是必读之书。斯塔克的《国际法等论》已经译好,在法律出版社已经校好,就要出版了。社会科学出版社出版了阿库斯特的《现代国际法概论》。在短短几年里我们出版的这么几本书比起我们过去国际法学的发展历史,那这几年的成就不算小了。现在外交学院正在编国际法辞典。王铁崖先生编的国际法词汇,英、法、汉国际法词汇已经交稿了,不久,中国对外翻译出版公司就要出版。这是一部相当大部头的。就是说,我们现在一方面仍然继续引进世界名著;另外一方面,开始我们学术上的进展。在这方面我们国际法是走在其他法学部门的前面的。那么,针对整个学术界青黄不接的情况,我们招收国际法研究生的院校,据我所知,不下十个单位。在北京就有五个单位。并且,据我所知,报名投考相当踊跃,现在这是个热门。所以,这个现象和解放前是不能比的。我自己读国际法研究生的时候,那时没有几个人,在昆明研究生宿舍像

是住古庙一样。现在这种情况,说明我们国际法学后继有人,是抓得比较早的。我们各学校开的国际法课,虽然发展不平衡,但是现在我们有了一个共同的教科书。在这个教科书的基础上面,各种不同的专业,不同的层次,不同的学校,可以灵活运用。有这个和没有这个是大不一样的。但是,我们如果能够针对各种教学的对象,编出各种教科书,当然更好。现在学习国际法不限于我们综合大学,高等院校范围很广。我们的国际法实践还在继续发展之中,我们国际法学史也在继续发展之中。在这方面我们也不要妄自菲薄。我们这半个月的讲习班,将来也要写在我们国际法学发展的历史上。这个讲习班对于我们提高国际法的教学和科研,我相信是会起很大的作用的。因为我们所听到的(我是迟到的,但是就我所听到的而言)对于开阔眼界、结合实际都是大有启发的。让我们大家共同努力,向建立具有我们中国特色的国际法学迈进。我们不但要总结三十多年来我们新中国的实践,我们也要总结一百四十多年来的实践。我们不总结,就会有洋人替我们总结。我们要总结我们一百四十多年来的国际法学。我们 1949 年分开的国际法学三支队伍现在分别地都在成长。在我们这儿,我们已经比 1949 年扩大了很多倍了。刚才我说了,从招研究生到开课,这么多人能开课,招这么多研究生,有这么多指导研究生的教师,这已经比 1949 年大有进展了。同样,在我国台湾地区也不只是从北京大学去的崔书琴先生那老一辈学者了。崔书琴先生早在 1956 年就去世了。现在无论在海外或台湾地区,都有新人涌现,那边丘宏达先生等那时候是很年轻的,跟我们差不多差了一代人。现在在台湾地区有名的学者都已经是第二代了,而我们正好第二代是比较薄弱的。但是,我们第三代要超过他们。我们要大力培养我们的研究生,我们衷心地希望我们在 1949 年分开的三部分能很快地恢复到一起,不管他在什么地方,将来都属于我们中华法系的。我祝愿在坐各位在国际法学做出更多的贡献,不要像我这样,离开了国际法改行二十多年。这样命运我想你们永远不会有的。好,谢谢大家!

端木正教授年表

赵晓雁* 陆键东** 编撰

[**编者按**:因编写时间仓促、资料收集不易,本年表或挂一漏万,阙失多有,未必能完整反映端木正教授八十余年的学问人生。然先生大半生淡泊素志,笃学纯思,身教言传,行为世范,自有口碑。述先生行藏出处更为完善之文字,只好俟之他日,留待高明。需要说明的是,中山大学图书馆为本年表的编写提供了很大的帮助;先生的一些亲朋好友出力也多,在此一并敬表谢意。]

1920 年

7月,端木正先生在北京出生。先生字昭定,号翼天,回族教名易卜拉欣,祖籍安徽省安庆市。端木家族为回族,先生父亲端木杰,生于清光绪二十二年农历12月(1897年)。1911年辛亥革命爆发,未满15岁的端木杰即投笔从戎,参加安徽青年军,旋随军赴金陵卫戍临时大总统府。先生出生之年,端木杰正在北京的军需学校充任教官。

1923 年

先生3岁,母姚进每日"授字块四个,定时上课,先温习已识字块,每日再加认四个生字"。姚氏生于光绪二十九年(1903年),一生贤惠,相夫教子,宽严皆自慈爱,影响先生深矣。

1925 年

先生5岁,与大哥端木中一起在北京东城第十八小学读书。1928年先生随父移居南京,转入南京夫子庙小学就读,并在该校毕业。

---

* 中山大学法学院国际法专业法学硕士、执业律师。

** 广州市文艺创作研究所一级创作员。

1931 年

先生升入在南京的安徽中学初中部。

1937 年

7 月,先生在南京金陵中学高中毕业。

在学校期间,先生受时代风气感召,痛感现实黑暗,追求进步,参与了中共外围组织南京学联的一系列革命活动,还曾参演话剧《放下你的鞭子》等。1937 年 5 月,因当局搜出南京学联负责人名单,先生等七人被国民党逮捕,后被家人保释。先生志向本在清华大学,然“七七事变”,日寇全面侵华,清华入学考试不能如期进行,先生只得投考燕京大学,为新闻系录取,复借读于武汉大学。又因“武大”无新闻系,遂转读“武大”政治系。时武汉大学校长为教育家王星拱,王氏是安徽人,王氏的教育理念,爱国育才的坚贞信守,予“武大”学子甚深影响。

1941 年

本年先生通过武汉大学的毕业考试。1940 年下半年,先生因参加进步活动又被国民党特务逮捕,后由其父保释出狱,居家半年,到 1941 年上学期才复学,故有关学分课程要顺延补读,直到 1942 年才领到毕业文凭。

“武大”向为著名大学,师资力量雄厚。在“武大”四、五年,先生打下了良好的教育基础,并在此时期得从法国革命史权威杨人楩、国际法学者王铁崖等名师学习。时值抗战最为危险的岁月,“武大”众园丁战火下辛勤育才,以国家必胜、文化不亡的信念薪火相传,精神不衰;“武大”人团结乐观、授业读书风气纯然,这些都给了先生终身的回忆。日后先生以献身教育、培育良才为一生最荣光之事,其源盖可溯自“武大”求学之时矣。

1943 年

本年先生考入清华大学法学研究所,成为该所国际法组研究生,师从邵循恪、张奚若、陈序经等教授。从本年算起,先生在清华大学求学、从教前后共五载,先为学生、系里半时助教,毕业后复留校任教员。清华五年,几确立先生一生之前途。邵、张、陈及其他诸名家的器识、卓见、史识,乃至为人为学的勤勉、宽容,都给予了先生在治学与为人方面的塑造。

1945 年

先生 1942 年曾在云南省立昆华高级商业职业学校任教,得识在该校求学的四川籍小姐姜凝。姜凝生于 1926 年 7 月。

1月,先生与姜凝结为秦晋之好。自此之后,姜凝老师相夫教子,与先生同甘共苦至今。

1947年

本年,先生在清华大学毕业,获法学硕士学位,并留校任教。

本年,先生还通过了政府公开招考的公费赴法国留学的考试,取得留学资格。因当时赴法公派旅费未有着落,先生与同批留法学生皆未能在本年成行。

本年,先生在《观察》周刊第三卷第十六期(11月出版)发表《中国能永久中立化么?——附带讨论朝鲜永久中立问题》一文。先生以国际法的专业知识,对"二战"后中国在世界格局中不得不面临的国家处境作了分析,先生之史才、识见初显。

1948年

6月,先生在上海乘海轮远渡重洋,来到法国巴黎大学,攻读国际法专业博士学位。时巴黎国际法学界前辈巨匠多仍健在,中青俊才崭露头角,学术气氛甚浓。先生获接名师,如鱼得水。日后先生为人师表,赫然有大家气魄,推原之,先生有幸先后得此中西文化名师的沐浴,恐亦有因。

1950年

6月,先生毕业于法国巴黎大学,获法学博士学位。从1948年年中启程赴法算起,先生留法仅两年,即完成博士研究生课程及论文,洵为快捷与富有成效。对此,先生晚年屡有足启人思之追述与回忆,先生谓民国年间一些大学者留学海外,求学时间并不见得很长,如法学界权威王铁崖留英仅两年,李浩培也只三年。原因何在?皆因他们博览群书,留学前在国内已经作了不薄的学术积累,未赴洋已对专业课题相当熟悉。故一旦能求学海外名校,如鱼得水,很快进入"角色"云云。先生早在1947年即考取留法资格,在等待出洋的日子里,广读相关专业的参考书籍,做好了充分的准备,故能用两年的时间完成学业。先生求学之经历与心得,在今天依然可为新一代学子所借鉴。

1951年

本年,先生再获巴黎大学高级国际研究所毕业文凭,旋于5月返归中国。即应岭南大学校长陈序经先生所邀,任教该校历史政治学系,职级为副教授,随后担任该系代理系主任。时历史政治学系有名师数人,历史学名家陈寅恪先生即为其一,陈序经校长时嘱先生对陈寅恪等师在生活上要多加照应。先生早于

清华大学时已与陈师有来往，有此因缘，遂成为陈寅恪先生晚岁的知己友朋。

1952 年

本年，全国高等学校进行“院系调整”，私立岭南大学与中山大学合并；一代名校就此结束。又因全国旧制大学法学专业大部分遭撤销，中山大学原有法律学系与原政治学系合并而成政法学系。故本年先生转入中山大学新设立的政法学系任副教授。

本年夏秋间，先生参加了广东地区的司法改革运动。

本年，先生根据法国《星期人道报》的一篇评论，节译《法国殖民地在摩洛哥的罪行》一文，发表在《世界知识》1952 年第 15 期刊物上。

本年，姜凝老师当选岭南大学家属委员会主席。

1953 年

本年，全国各高等学校绝大部分的法学专业，或被停办或被合并归入少数几个专门的政法院校。四月，新建不到一年的中山大学政法学系被撤销，部分教师或调入武汉大学、或支援新办的中南政法学院。致使广东高等法学教育出现断层，长达近三十年。先生对“世界史”向有兴趣，在“武大”时曾选修过名师杨人梗的《法国革命史》，留法时“法国对外政策史”也是一门必修课，时中山大学历史学系“世界史”专业也急需招延师资，先生遂转到历史系，主要讲授法国史、世界历史等课程，成为历史系副教授。先生一生功业重要的一部分——对法国历史的研究、翻译及推介概由此而起。

“院系调整”后，原岭南大学及历史政治学系的师友、同事，同时转入“中大”历史学系的，还有陈寅恪、梁方仲、罗应荣、蒋相泽、陈序经（1956 年为该系教授）等人。他们中的大部分人与先生的友谊维系到终生。

3 月，先生在中山大学加入中国民主同盟。

1954 年

12 月，先生在 4 日出版的《中山大学周报》上发表《世界史科学研究工作的几点体会》一文。在文中对“世界史”这一新兴学科在科学研究中的作用、前景以及目前的不足作了总结，并云“决心服从人民需要，从事世界史教学工作”，“甘心作无名英雄”。从文中可以看出，先生已完成从一个法学教授到一个历史学教授的角色转换。

四十年后，回首半生，先生有语谓“能够做到干一行，爱一行”。

1956 年

年初,中共中央召开"关于知识分子问题的会议"。这是自 1949 年以来中国知识分子在人民共和国第一次得到全面的肯定。全国知识界为之振奋,气象一新。随后"双百方针"、"向科学进军"等潮流的掀起,吾国文化建设新局初见。从本年先生的治学轨迹,也可略见一斑。

本年,先生第一部翻译著作《法国革命,1789 - 1799》(〔法〕索布尔著)由三联书店出版发行。索布尔为法国现代著名历史学家,该书是索布尔早期名著。先生的中译本后成为我国高校历史系的重要参考书,流布甚广。先生在书后尚附录索布尔 1954 年发表的论文《法国革命时期的阶级和阶级斗争》的译文,这显示先生一直在关注着索布尔的最新学术动向。

9 月 1 日,先生在《广州日报》"国际评论"专栏发表《伦敦会议的成功和失败》评论, 近四千字。时举世瞩目中东热点——"苏伊士运河问题的伦敦会议",先生该文专门从国际法的角度对"伦敦会议"以及当时世界反殖民主义浪潮作了极为精辟的论述和前瞻,甚见功力。

10 月 12 日,先生在《广州日报》发表《从历史上看广州回民的重要性》一文。

1957 年

本年初春,中国共产党提出的"百花齐放,百家争鸣"的口号被引入到政治运动之中,一时"帮助共产党整风"的号召,在全国知识分子中激起了强烈的反响,期间报纸上、校园内掀起了阵阵"提意见、讲真话"的热潮。据姜凝老师回忆,运动期间先生"本不出风头",某日某领导亲自上门劝说先生"提意见",并亲口保证"不会有事"。先生迫不得已在其后的座谈会上作了发言,结果旋即被认定为"右派分子",在全校范围内遭到批判。当年九月新学期开学,先生即被剥夺授课资格。

本年,先生在《史学译丛》第 2 期发表法国波贝安氏《评价索布尔〈法国革命(1789—1799)〉》的译文。

1958 年

1 月,政府颁发《关于在国家薪给人员和高等学校学生中的右派分子处理原则的规定》。4 月,先生被划为"右派分子",遭连降三级,由副教授降为讲师。

4 月,先生与其他右派分子被下放广东省高明县劳动改造。

"自丁酉获罪以来,交亲相弃,可与言语者无多"(先生语)。然陈寅恪、姜

立夫、董家遵等师友却相待如昔，时有慰勉，先生念之终身。

1959 年

1 月至 6 月，仍在高明县参加劳动改造。

本年，历史系德高望重的一级教授陈寅恪先生及夫人唐篔，特意约上姜凝老师，与陈氏全家同驱车至广州城内中山四路“凌烟阁”照相馆合影照片一帧。陈教授嘱姜凝一定要将照片寄与在高明劳动的先生，意在“让他不要挂心”。陈寅恪教授对先生的关心与处事的缜密，由此可见一斑。

7 月，“高明劳动”结束，先生返归中山大学历史系，被安排到系资料室工作。此后十数年内，被打入“另册”的身份，与动辄被批判的现实环境，俱迫使先生只能将被压抑的学术热情转向史料的搜集与翻译上。

1961 年

本年，先生在外语系开设“英美概况”、“法国概况”等课程，甚受外语系学生的欢迎。先生在外语系授课一授四年，直到 1965 年结束。先生一生勤于外语学习，亦一生受惠于此。

11 月，先生在“全国贯彻第三次摘掉已改造好的右派分子的右派帽子”的政策下，终于被摘掉右派帽子，先生由资料室重返历史系世界史教研室工作，重拾史学专业教鞭，并参加编译《世界近代史参考资料选集》。据姜凝老师回忆，摘帽消息还是先在报亭上阅报得悉，当场感慨万分。

1969 年

本年先生在广东英德、乐昌“五七干校”劳动。姜凝老师则早在 1968 年 11 月已先行至乐昌“干校”劳动，陈师母(唐篔)曾为之送行。

1972 年

“干校”劳动结束，先生重返中山大学历史系教书，并参加编写《世界简史》一书。该书于 1974 年 12 月由广东人民出版社出版。

1977 年

本年，先生在中山大学组织《拿破仑时代》(〔法〕乔治 · 勒费弗尔著)一书的翻译和校对工作，该书于 1978 年由商务印书馆出版。

1978 年

5 月，先生赴杭州参加杭州大学历史学系举办的学术讨论会。

本年,先生在《法国史通讯》第1期发表论文《关于法国督政府研究的近况》。

本年,先生在《历史研究》第6期发表论文《近年来国外拿破仑史学的一些动态》。

1979年

先生自本年起招收法国史硕士研究生,先后为研究生开设"法国大革命史"、"现代法国史"等专业课程。先生在中山大学历史系的教学工作延至1982年。

本年,北京大学张芝联教授出访欧洲,延请先生前往北京大学代为授课。先生数十天的讲学,甚受北大学子的欢迎。

8月,中国法国史研究会成立,先生当选为研究会副会长兼秘书长。

1980年

本年,先生六十岁。

本年,中山大学复办法律学系,中断了二十七年的岭南高等法学教育终于重获新生。先生被学校委以筹备恢复中山大学法律学系的重任,并被任命为首任法律学系系主任。

为筹建法律系,先生劳心劳力,"当时真是一无所有,说得上是白手起家"(见"中大"校报报道)。积数十年在高校之经验,先生以师资、图书资料为建系重点,既多方吸纳英才,又宁精勿滥,为法律系在未来的发展,留足了拓展空间。至本年秋,复办的中山大学法律系首次招生,时系内仅有教工14人,首批本科生40人,被称为当时中大"最小的系"。但星星之火,广东高等法学专业教育在历劫磨难后又重新振兴,桃李不言,下自成蹊。先生对当代广东高等法学教育事业的贡献,自有青史评说。

此外,从1980年起,由先生所倡,中山大学法律学系与广东省高级人民法院、广州市中级人民法院合作办班,培训司法干部,两年一期,到1990年共举办了5期,为粤北、海南、广州等地区培养了一批合格的法官。

本年,先生继续任历史系法国史研究生指导导师。

6月,先生与学校另外六名教工、学生候选人,当选海珠区第七届人民代表大会代表,此为打倒"四人帮"后基层"人大"代表的第一次普选。据本年"校报"报道,学校全体选民都参与了投票选举。先生晚年先后在各级"人大"参政议政也以此年为始。

本年，先生在《武汉大学学报》(社科版)第1期发表论文《巴贝夫研究的演进》。

本年，先生在《历史研究》第5期发表论文《一部新出的拿破仑传记》。

本年，先生在《世界历史译丛》第4期发表译文《拿破仑与巴贝夫派》。

1981年

本年，先生赴上海与《法国革命》作者索布尔(1914—1982)会面，这是先生平生第一次见索布尔。

本年，先生在《世界历史》第4期发表论文《法国的史学杂志》。

本年，先生在《世界历史》第6期发表论文《阿尔贝·索布尔对法国革命史研究的贡献》(与张芝联教授合写)。

1982年

本年，先生首次招收国际公法研究生四名，专门开设"国际法发展史"、"条约法"等课程。其中"国际法发展史"为国内首开专业课程，既无现成讲义，又无前人经验可借鉴，先生以积年所得编写讲义，悉心授课，筚路蓝缕。

此后十多年内先生亲自指导培养的研究生有三十多名，亲自讲授国际法、条约法、国际法发展史等课程。

本年，先生在北京参加中国国际法学会举办的"国际法统编教材研讨会"，并作了题为《国际法发展史的几个问题》的报告。

本年，先生指导的两名法国史专业研究生毕业，由是先生在历史系的教学任务全部结束。

1983年

本年，先生在《历史研究》第2期发表论文《富有年鉴学派特色的〈旧制度法国历史辞典〉》。

9月底至11月，先生在法国巴黎第二大学讲学。

1984年

3月至4月，先生赴美国西南大学进行学术访问。

10月至11月，先生邀请国际著名国际法学专家、法国国际学会会长苏珊·巴丝蒂夫人来中山大学讲学五周。巴丝蒂夫人时年78岁，三十五年前是先生的法国老师。巴丝蒂夫人在中大讲坛主授"国际生活中的条约"一课，由先生在旁当场翻译；法、中两代法学家的风采尽现，中大师生眼界大开，一时传为佳话。巴丝蒂夫人回国后，先生继续讲授夫人未讲完的课程，直到该学

期结束。

自本年起，先生任全国自学高考法律专业委员会副主任，直至1996年。本年先生还主持编撰《国际法全国自学考试大纲》和《国际法》自学考试教材。

本年，先生当选中国民主同盟中山大学总支部主委。

1985 年

本年，全国人大决定成立香港基本法起草委员会，先生被全国人大常委会任命为香港基本法起草委员会委员。该委员会由59人组成，分中央和特别行政区关系小组、居民权利义务小组、政治体制小组、经济小组、社会文化事务小组。先生分在政治体制小组。

本年，先生在《法国研究》第3期上发表论文《读刘述先著〈马尔劳与中国〉》。

1986 年

本年，由中国法国史研究会组织，先生开始主编《法国大革命史辞典》一书。该书的撰稿者俱为当代中国法国史研究名家。

先生在法律系工作期间，仍继续从事历史科学研究工作。

9月，先生赴香港参加香港基本法起草委员会工作。

10月至12月，先生赴瑞士洛桑比较法研究所、弗里堡大学和日内瓦大学讲学。

本年，先生入选法国出版的《法语世界名人录年鉴(1986—1987)》。

1987 年

本年，先生创办中山大学法学研究所并兼任首任所长。

本年，中国法国史研究会在青岛举行第五届年会，先生与会，被选为该会名誉会长，并在该会主办的世界近代史讲习班上授课。

本年，先生再次当选为海珠区人大代表。

1988 年

10月，先生应罗马大学法学院国际研究所邀请赴意大利讲学一个月。10月20日应意大利全国仲裁协会邀请，参加该会五十周年学术讨论会。11月2日应法国巴黎第二大学邀请访问该学校；11月5日应政治学学院与巴黎律师公会邀请，作了“中国经济特区立法”的报告。

从本年起至1997年，先生当选为全国“人大”第七、第八届代表。

从本年起至1990年,先生任广东省第七届人大常委会副主任。

从本年起至1997年,先生当选为民盟广东省主委、中央常委;1997年至今任民盟广东省委名誉主委。

1989年

本年,时值法国大革命200周年纪念,先生主编的《法国大革命史辞典》由中山大学出版社出版,该书为中国第一部法国史工具书。

本年,先生主编的《国际法》一书由北京大学出版社出版。

本年,先生在《世界史研究动态》第7期发表论文《法国大革命时期的宪法——中外史学家近年的一些看法》。

1990年

本年,先生七十岁。

9月,先生被第七届全国人大常委会任命为最高人民法院副院长和审判委员会委员。新中国成立以后,最高人民法院第一任院长由民盟中央的副主席沈钧儒担任。先生是改革开放以后,又一位担任"最高院"领导职位的民盟知名人士。

先生任最高人民法院副院长期间,主管交通庭和有关对外交流活动。

1991年

4月,先生应泰国司法部邀请,赴泰国进行友好访问。

9月,先生任中国国际法学会副会长。

10月,先生赴西班牙巴塞罗那出席世界法学家协会第十五次大会。

1992年

7月,先生视察大连海事法院。

8月,应邀出访蒙古共和国,回国后顺道视察内蒙古自治区法院。

9月,出席在尼日利亚召开的第六届国际上诉法院法官会议,途经巴黎,最后一次拜见其法国老师苏珊·巴丝蒂夫人(夫人于1995年去世)。

10月,出席民盟中央主席扩大会议。

1993年

本年中国恢复设在荷兰海牙的国际常设仲裁法院的活动,先生成为新中国指派的首批四名仲裁员中最年轻的一位仲裁员,连任至今。

5月,应土耳其上诉法院第一院长伊斯曼特·奥加克亚奥卢的邀请,代表任建新院长出席土耳其上诉法院成立125周年纪念活动。

10月，先生赴菲律宾出席世界法学家协会第十六次大会。

12月，任中国辛亥革命研究会顾问。

1994年

5月，先生任中国法官协会副会长。

10月，先生赴意大利帕尔马市参加世界法学家协会家庭法研讨会。

本年，先生专著《法国史研究文选》由中山大学出版社出版。

1995年

6月，先生所任最高人民法院副院长和审判委员会委员两职任期届满，改任最高人民法院咨询委员会副主任。

自1990年上任至本年，先生以七十余高龄，走遍了当时全国九个海事法院和二十多个铁路法院。中华人民共和国最高人民法院院长称赞，先生在担任法律实务工作期间，他以缜密的思维、独到的见解和深厚的法学功底保证了审判业务的进行，推动了司法工作的进展，真正体现了以法报国的法学家的风采。

6月至8月，先生应法国人文科学之家和瑞士比较法研究所邀请，前往法国和瑞士进行司法交流，夫人姜凝随行。

本年，先生在《中国国际法年刊》发表《沉痛悼念苏珊·巴丝蒂教授》一文。

1997年

本年，先生主编的《国际法》再次由北京大学出版社发行新版（1997年第二版）。

1998年

本年，先生在《中国国际法年刊》发表论文《中国第一个国际法学术团体——“公法学会”》。

本年，书先生主编的《国际法》一书再次被教育部指定为高等自学考试法律专业学习教材。

1999年

5月，先生前往荷兰海牙参加国际常设仲裁法院全体仲裁员大会，适逢海牙举行“第一次海牙和平会议”100周年纪念活动。五十年前，先生也在海牙亲历“第一次海牙和平会议”50周年纪念活动。一个法学工作者在五十年间能两次

亲逢这样的盛典,也可说是奇缘矣。

2004 年

本年,中山大学举行建校 80 周年庆典,特意为先生出版《端木正文萃》一书,由中山大学出版社刊行。